MÉMOIRES DU MONDE

Cinq siècles d'histoires inédites et secrètes au Quai d'Orsay

MÉMOIRES DU MONDE

Cinq siècles d'histoires inédites et secrètes au Quai d'Orsay

Avec la collaboration
des Archives du ministère des Affaires étrangères
Sous la direction éditoriale de Sophie de Sivry
et la direction scientifique
d'Emmanuel de Waresquiel

Coordination éditoriale
Jean-Baptiste Bourrat

Secrétariat d'édition
Christine Ehm

Iconographie
Jean-Baptiste Bourrat
Frédéric Mazuy
Nathalie Buffet

Conception graphique
Alain Meylan

Mise en pages
Laurent Seminel

Prises de vue
Christelle Rousseau
Philippe Fuzeau

Photogravure
Arciel, Paris

ISBN 2-913366-01-5

33, rue Linné
75005 Paris
Tél. : 01 43 31 89 85
Fax : 01 43 31 77 97
E-mail : iconoclaste@easynet.fr

Portrait de Khan 'Alem, ambassadeur de Jahangir auprès du Schah 'Abbas,
école moghole, première moitié du XVIIe siècle.
Paris, musée Guimet.

AVANT-PROPOS

« *Pour l'enfant, amoureux*
de cartes et d'estampes,
L'univers est égal
à son vaste appétit.
Ah ! que le monde est grand
à la clarté des lampes !
Aux yeux du souvenir
que le monde est petit ! »

Charles Baudelaire, « Le voyage », *Les Fleurs du mal*.

Anatole France préférait les chroniques aux livres d'histoire, la matière première à son commentaire. Qui n'a été d'avantage séduit par le charme et l'authenticité du document original, souvent plus émouvant, plus vivant que son étude savante ? Pour l'éditeur comme pour l'historien, pouvoir arpenter librement, inventaires en main, les travées d'un fonds aussi étonnant et riche que celui du Quai d'Orsay, ouvrir les cartons, sortir les documents, les découvrir ou les redécouvrir, relève du pur plaisir.

C'est ce plaisir que nous voulons vous faire partager. Et du document le plus anonyme : un passeport des années 1780, les lettres de marque d'un corsaire au service de la République, à la pièce la plus prestigieuse : le cartulaire de Christophe Colomb, la carte de Rethondes marquée du premier tracé de la ligne de démarcation de la France occupée, ce plaisir est toujours renouvelé.

Les *Mémoires du monde* ne sont pas un livre d'histoire comme les autres. Ils relèvent avant tout du parcours initiatique à travers cinq siècles d'un dialogue ininterrompu, parfois conquérant, parfois pacifique, entre la France et le monde. On croyait connaître les événements : la captivité de François Ier à Madrid, le mariage espagnol de Louis XIV, la conquête des Indes, le congrès de Vienne, l'aventure coloniale, la Grande Guerre, la guerre froide, on les redécouvre ici, directement « palpables », incroyablement vivants.

À sa source, l'histoire prend une saveur particulière. La retraite de Russie n'est plus la même lorsqu'on a entre les mains la circulaire du quartier général russe donnant le signalement de l'empereur Napoléon en vue de sa capture, la guerre des Boxers prend une couleur différente avec le plan des légations de Pékin, dressé par un combattant au moment même de leur siège par les Chinois.

Avec les conservateurs et les historiens qui ont participé à l'aventure, nous avons sélectionné les documents de ce livre bien sûr parce qu'ils sont inédits ou importants, mais aussi pour leur valeur de témoignage. Cartes, plans, croquis, récits de voyage, lettres chiffrées, télégrammes, photographies anciennes, présentés selon un ordre chronologique, forment la trame d'une histoire qui est à la fois celle de la France et celle de la France dans le monde, comme si, dans ce livre, l'une n'allait pas sans l'autre. Quant à leurs auteurs, ils sont tout à la fois diplomates, militaires, espions et aventuriers, archéologues et écrivains, commerçants ou ingénieurs. Certains sont obscurs comme ce consul de France à Alexandrie qui en 1798 « visualise » avant l'heure la conquête de l'Égypte par Bonaparte, d'autres sont célèbres, souvent saisis à contre-emploi, tel Voltaire se faisant agent secret pour le roi de France ou Stendhal appliquant à sa mission diplomatique en Italie les méthodes d'observation du romancier.

On trouvera dans ce livre peu de traités officiels, mais plutôt leur face cachée, comme cette transcription de la dernière conversation échangée avant la rupture, entre Hitler et Coulondre ambassadeur de France à Berlin, ou un peu plus tard celle des négociations qui ont lieu dans le wagon de Rethondes en juin 1940.

En lisant et en regardant ces documents, le lecteur aura le sentiment d'une suite d'aventures individuelles, souvent insolites ou surprenantes, comme si l'histoire en était pétrie, à l'instar de cet aide de camp de Napoléon III racontant par le dessin les péripéties de l'empereur en Italie ou de ce jeune secrétaire croquant *in vivo* sur le papier de l'ambassade les heures tragiques de mars 1917 à Petrograd. De page en page, il deviendra à son tour le témoin d'événements rapportés sous ses yeux, par des acteurs parfois lucides, quelquefois aveugles.

En refermant ces *Mémoires du monde*, on ne pourra s'empêcher de penser : voici l'histoire de ce qu'ils ont vu, de ce qu'ils ont entendu, de ce qu'ils ont vécu.

SOPHIE DE SIVRY

EMMANUEL DE WARESQUIEL

Histoire de sainte Ursule. Adieux des ambassadeurs, par Vittore Carpaccio (vers 1465-1525).
Venise, musée de l'Académie.

L'HISTOIRE DES ARCHIVES

Reliure maroquin rouge aux armes de Colbert de Torcy, secrétaire d'État des Affaires étrangères (1696-1715). MAE, CP Espagne.

Lorsque Charles Colbert de Croissy, deuxième frère du grand Colbert et secrétaire d'État aux Affaires étrangères, décida, en février 1680, de faire relier les papiers de ses négociations, il ne faisait pas que préserver ses propres archives dans ces somptueux volumes rehaussés des armes familiales, la « guivre tortillée d'azur mise en pal ». Renouant avec une tradition qui remontait au siècle passé, avec la création du Trésor des Chartes, il engageait la constitution d'un patrimoine d'archives d'État destiné à recueillir les documents, rapports et traités intéressant la politique étrangère de la France. C'était, dans le même temps, assurer la continuité de l'action publique et garantir la mémoire du passé. Installé au début dans le donjon du Vieux Louvre, ce fonds fut bientôt transféré à Versailles, rue de la Surintendance, dans cette dépendance du château qui abrite aujourd'hui la bibliothèque municipale. En 1765, Choiseul édicte un premier règlement appliquant aux Affaires étrangères des normes comparables à celles que Louvois avait établies pour le dépôt qu'il avait fait constituer, lui aussi sous ses armes, pour les archives du ministère de la Guerre. Lors de la création des Archives de France, par un décret de la Convention du 7 messidor an II, le dépôt des Affaires étrangères, comme d'ailleurs celui de la guerre, conservera son autonomie.

Quelles que fussent les vicissitudes révolutionnaires, le dépôt des Affaires étrangères, dont Napoléon n'avait guère tardé à percevoir l'intérêt, fut rétabli et réorganisé sous l'Empire et la Restauration par le comte d'Hauterive, qui n'hésita pas à rappeler vertement à son ministre, le vicomte de Chateaubriand, le lien organique qui existait entre ce dépôt d'archives et les activités de son administration. C'est avec Mignet, cofondateur avec Thiers du *National*, que ce patrimoine a commencé à s'ouvrir à la recherche historique, sans s'éloigner pour autant des bureaux de la chancellerie. Lorsqu'en juillet 1845 la Chambre des députés vota un crédit extraordinaire pour la construction du ministère des Affaires étrangères dans un terrain situé entre la rue de l'Université et le Quai d'Orsay, Guizot s'opposa à ce que les Archives diplomatiques fussent reversées au Dépôt général des archives et précisa que le nouvel édifice devait comprendre tout ce qui était nécessaire et convenable à l'action diplomatique, « depuis les appartements de réception jusqu'à ces archives où sont déposés les monuments des rapports de la France avec le monde ».

Ainsi enracinées au sein du ministère, les Archives suscitent rapidement des vocations historiques et diplomatiques. L'un de leurs directeurs, Prosper Faugère, homme de lettres et éditeur des *Pensées* de Pascal, assure la publication des papiers de Saint-Simon, recueillis en 1755 après maintes péripéties par les Affaires étrangères, grâce au duc de Choiseul. En 1874, le duc Decazes crée la Commission des archives diplomatiques, et les premiers archivistes paléographes issus de l'École des chartes font leur entrée au dépôt du Quai d'Orsay dans les années 1880. Ces archives sont de plus en plus consultées : le jeune Gabriel Hanotaux, pour lequel ce fut le premier contact avec un ministère où s'illustrera son talent, se plonge dans les papiers laissés par le cardinal de Richelieu, tandis qu'un poète encore méconnu, élève lui aussi de l'École des chartes, José Maria de Heredia, y compulse, comme Mérimée, la correspondance de Philippe II. Mais pas question de laisser ces Archives se réduire à n'être qu'un dépôt patrimonial, aussi prestigieux soit-il ! Philippe Berthelot, chargé du rapport qui devait conduire à la première réorganisation générale de cette administration au cours du XXe siècle, replace délibérément les Archives au sein de l'action diplomatique : « Les archives du ministère des Affaires étrangères doivent servir, écrit-il, à faire de la politique plus que de l'histoire. » Et sa réforme met en place le circuit de collecte et de circulation des documents entre les postes diplomatiques et l'administration centrale et au sein même de l'administration centrale, à partir de ces cellules nerveuses que sont les bureaux d'ordre, devenus avec le temps « centres d'archives et de documentation ».

Les péripéties et les drames du siècle précédent – qu'il suffise de rappeler les destructions d'urgence et le transfert de la majeure partie de ces fonds dans les châteaux de la Loire lors des deux guerres mondiales – n'ont rien changé à cette double

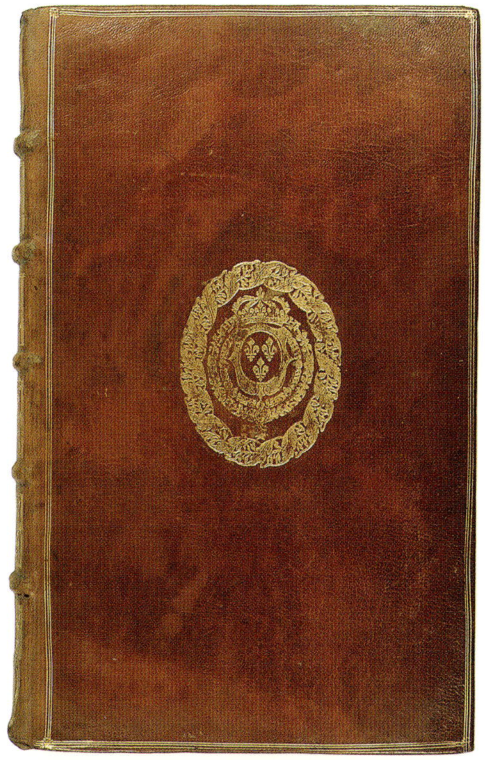

Reliure veau marbré aux armes royales.
MAE, CP, Règne de Louis XV.

Le collier qui entoure les armes est celui de l'ordre du Saint-Esprit.

Portefeuille de ratification du traité de Badajoz, le 29 septembre 1801, entre l'Espagne et le Portugal. Il est aux armes de la maison de Bragance.
MAE, Conservation des traités.

Portefeuille de ratification
du traité de Tilsit, 7 juillet 1807,
entre la France et la Russie.
Il est orné de l'aigle bicéphale russe.
MAE, Conservation des traités.

Reliure veau noir, monarchie de Juillet,
deuxième plat (Charte de 1830).
MAE, MD France.

Les tables de la Loi, dans un faisceau de drapeaux sont surmontées d'une couronne fermée. Le premier plat porte les armes royales.

vocation de témoignage historique et d'outil vivant de l'action diplomatique.

Nombre de lecteurs, français ou étrangers, fréquentent avec assiduité les salles de consultation de Paris et de Nantes où s'emploient à les conseiller une vingtaine de conservateurs du patrimoine, chargés dans le même temps de rapatrier et de classer les fonds récents, de préserver les fonds anciens, d'informatiser les inventaires et d'accroître les collections par une politique d'achat de papiers privés et de recueil d'archives orales. Cinq sous-commissions de chercheurs et d'universitaires travaillent en outre à la publication, année par année, des dépêches et télégrammes les plus importants. Et l'on ne saurait oublier, comme le rappelait Berthelot, l'imbrication étroite et constante entre le travail des archivistes et l'activité du ministère, à preuve les recherches quotidiennes de dossiers, traités ou documents cartographiques effectuées à la demande des directions du ministère et des cabinets.

Aussi ce livre est-il le bienvenu. Préparé depuis plus de deux ans avec les conservateurs du ministère des Affaires étrangères, dont la parfaite connaissance des fonds a permis un large choix de documents, il donne tout à la fois un aperçu de la richesse du fonds, une vision de l'activité diplomatique et un éclairage particulier sur tel ou tel événement, telle ou telle personnalité. Quel lecteur restera indifférent devant les conseils de Richelieu à Louis XIII ou les instructions adressées par Napoléon à Talleyrand pour les négociations de la paix d'Amiens ? Qui ne se piquera de curiosité à la lecture du voyage du duc de Liria en Moscovie ? On s'amusera à voir Beaumarchais et Mirabeau jouer les agents secrets et le comte d'Antraigues, émigré et conspirateur, écrire à l'encre sympathique. Quant aux télégrammes de Maurice Paléologue sur la révolution russe ou à celui de Vienne du 28 juin 1914 sur l'assassinat de l'archiduc François-Ferdinand, ils parleront à l'historien tout en donnant au grand public des extraits particulièrement significatifs de la correspondance diplomatique.

Ajoutons que l'un des mérites – et non des moindres – de ce livre est d'avoir associé, pour présenter ces documents, des personnalités également compétentes mais venues d'horizons divers. Mme Carrère d'Encausse, secrétaire perpétuel de l'Académie française mais aussi vice-présidente de la Commission des archives diplomatiques, a bien voulu accepter de commenter les télégrammes de Maurice

Paléologue ; de nombreuses notices ont été rédigées par d'éminents historiens, certaines par des journalistes, beaucoup par des conservateurs du patrimoine de ce ministère.

Puisse ce beau livre mieux faire connaître les richesses des Archives diplomatiques et permettre au lecteur d'en apprécier toute la spécificité pour pénétrer ainsi agréablement dans le travail d'accumulation historique qui s'y fait jour après jour.

YVON ROÉ D'ALBERT
Directeur des Archives
du ministère des Affaires étrangères

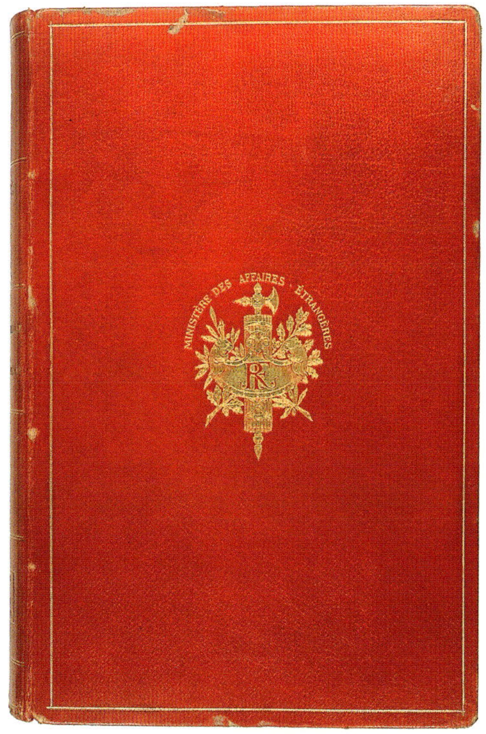

Reliure chagrin rouge, ornée du faisceau de licteur, IIIe République. MAE, CP.

Salles du dépôt des Affaires étrangères construit à Versailles sur ordre du duc de Choiseul (devenu aujourd'hui la bibliothèque municipale de Versailles). Lithogravure par Vicente Urrabietta Ortiz, XIXe siècle. MAE, Fonds iconographique.

LES AUTEURS DES NOTICES

Michel Antoine, *directeur d'études à l'École pratique des Hautes Études*
Jean-Pierre Azéma, *professeur des Universités*
Jean-Pierre Babelon, *membre de l'Institut*
Jean-Jacques Becker, *professeur émérite à l'université de Paris X-Nanterre*
François Bédarida, *directeur de recherche émérite au CNRS*
Lucien Bély, *professeur à l'université de Paris IV-Sorbonne*
Bartolomé Bennassar, *professeur émérite des Universités*
Jacques-Olivier Boudon, *professeur à l'université de Rouen, président de l'Institut Napoléon*
Cyril Buffet, *docteur en histoire*
Hélène Carrère d'Encausse, *secrétaire perpétuel de l'Académie française*
Monique Constant, *conservateur général du Patrimoine*
Mathieu Couty, *chercheur*
Michel Crouzet, *professeur émérite de littérature française à l'université de Paris IV-Sorbonne*
Élisabeth Dufourcq, *membre de l'Académie des sciences d'outre-mer*
Grégoire Eldin, *archiviste paléographe, conservateur du Patrimoine*
Pierre Fournié, *conservateur en chef du Patrimoine*
Marie-Andrée Guyot, *conservateur en chef du Patrimoine*
Marie Hamon, *conservateur en chef du Patrimoine*
Guy Hermet, *directeur d'études à l'IEP de Paris*
Françoise Hildesheimer, *conservateur en chef aux Archives nationales, professeur associé à l'université de Paris I*
Laurent Joffrin, *directeur de la rédaction du Nouvel Observateur*
Jean Lacouture, *journaliste, écrivain*
Henry Laurens, *professeur à l'Inalco*
Frédéric Laux, *conservateur du Patrimoine*
Jean-Georges Lavit, *inspecteur en chef des monuments historiques*
Florence Le Corre, *chargée d'études documentaires*
Agnès Moinet Le Menn, *conservateur du Patrimoine*
Thierry Lentz, *directeur de la Fondation Napoléon*
Évelyne Lever, *chercheur au CNRS*
Maurice Lever, *directeur de recherche émérite au CNRS*

Marc Michel, *professeur à l'université de Provence*
Pierre Milza, historien, *professeur à l'IEP de Paris*
Anne Muratori-Philip, *historienne et journaliste*
Isabelle Nathan, *conservateur en chef du Patrimoine*
Catherine Nicault, *professeur à l'université de Reims*
Daniel Nordman, *directeur de recherche au CNRS*
Yves-Henri Nouailhat, *professeur émérite à l'université de Nantes*
Émilie d'Orgeix, *chercheur associé au CNRS*
Monique Pelletier, *conservateur général honoraire des bibliothèques*
Isabelle Richefort, *conservateur en chef du Patrimoine, chef de la conservation des traités*
Anthony Rowley, *éditeur, IEP de Paris*
Georges-Henri Soutou, *professeur des Universités*
François Sureau
Étienne Taillemite, *inspecteur général honoraire des Archives de France, de l'Académie de marine*
Jean Tulard, *membre de l'Institut*
Maurice Vaïsse, *professeur des Universités à l'IEP de Paris*
Dirk Van der Cruysse, *professeur ordinaire à l'université d'Anvers*
Gilles Veinstein, *professeur au Collège de France*
Emmanuel de Waresquiel, *éditeur, ingénieur de recherche à l'EPHE*
Françoise Watel, *conservateur en chef du Patrimoine*

La sélection des documents reproduits dans cet ouvrage est le fruit d'une concertation entre la Direction des archives, les conservateurs, les historiens et les directeurs de l'ouvrage. Certains ont largement contribué à ce choix, sans pour autant être auteurs de notices. Notamment Catherine Oudin, Karole Bézut, Anne-Marie Pannier, Véronique Godefroy ; au Centre des Archives de Nantes, Annie-France Renaudin, Bruno Ricard, Jérôme Cras, Damien Heurtebise, et André Bors.
Les documents du XXe siècle ont été choisis par Maurice Vaïsse, assisté de Colette Barbier, Françoise Péquin, Antoine Daveau et Nathalie Buffet.

Portefeuille florentin de ratification
aux armes des Médicis,
milieu du XVIIe siècle.
MAE, Conservation des traités.

CONVENTIONS D'ÉDITION
concernant la transcription et l'adaptation des sources

L'orthographe et la ponctuation
ont été modernisées pour faciliter la lecture des textes.

Dans les textes modernes et contemporains,
l'orthographe a été corrigée (sauf exception)
et la ponctuation rétablie dans la mesure où elle permettait
une meilleure compréhension.

On été ajoutées à la fin du volume
les transcriptions d'un grand nombre de textes dont le fac-similé figurait seul dans
le corps de l'ouvrage, ou dont l'édition complète
a semblé nécessaire.

Les documents lisibles n'ont pas été retranscrits.

Principales abréviations :
Acq. Extr. : Acquisitions extraordinaires ; ADC : Affaires diverses commerciales ;
ARD : Archives diplomatiques ; CADN : Centre des archives diplomatiques
de Nantes ; CCC : Correspondance consulaire et commerciale ;
CP : Correspondance politique ; CPC : Correspondance politique et commerciale ;
MAE : Ministère des Affaires étrangères ; MD : Mémoires et documents ;
NS : Nouvelle série ; PA-AP : Papiers d'agent – Archives privées ;
SG : Secrétariat général ;
BNF : Bibliothèque nationale de France ; AN : Archives nationales.

Les cotes complètes sont indiquées en fin de volume.

REMERCIEMENTS

Rien n'aurait pu se faire sans l'accord et le soutien de la Direction des archives du ministère des Affaires étrangères : Louis Amigues et Monique de Nomazy dans les premiers temps de notre travail, Yvon Roé d'Albert et Monique Constant par la suite et jusqu'au dernier stade du livre. Ils ont ouvert les archives, soutenu notre projet et mobilisé leurs équipes. Sans leur adhésion, cet ouvrage n'existerait pas. Le secrétaire général du Quai d'Orsay, Loïc Hennekine, s'est régulièrement intéressé à ce projet, de même que Jamel Oubéchou, au cabinet du ministre.

De son côté, Philippe Coste a été d'un soutien sans faille. Leurs proches collaborateurs, notamment Nathalie Cadot ainsi que le personnel de la salle de lecture, ont toujours trouvé le temps de répondre à nos demandes avec patience.

Les conservateurs des archives ont éclairé et guidé nos recherches avec pertinence, notamment Pierre Fournié qui a passé beaucoup de temps à nous guider dans ces fonds à la fois riches et complexes. Parmi les historiens, André Kaspi, Catherine Nicault, Jean-Claude et Nicole Montant nous ont orientés sur des pistes originales.

Maurice Vaïsse a donné un élan décisif au XXe siècle, avec efficacité et intelligence : son rôle a été déterminant.

Isabelle Lemasne de Chermont a répondu avec compétence à toutes nos questions.

À la Fondation la Poste, Sylvie Pélissier a d'emblée soutenu ce projet : nous espérons avoir été à la hauteur de sa confiance.

La conception de cet ouvrage est le fruit d'une longue maturation : Yves Stravridès et Laurent Laffont ont été à l'origine de notre intérêt pour ces archives.

Par la suite, plusieurs directions ont été étudiées et affinées avec le concours de Serge Berstein et de Pierre Milza.

Yves Manhès nous a accompagnés quelques mois. Le soutien et les conseils de Denis Maraval ont été déterminants : nous le remercions tout particulièrement.

Ce livre d'histoire est aussi un beau livre : Sophie Antier a été un conseil inépuisable pour l'iconographie, tout comme Nathalie Buffet. Antoine Issaverdens et François Julien nous ont ouvert leurs fonds privés et leurs trésors, ajoutant leur passion à la nôtre. Les photographes Philippe Fuzeau et Christelle Rousseau ont veillé à la qualité des clichés. Jean-Baptiste Didier a contribué à la documentation et Jeanne Huchet à la relecture.

Dans ce travail de longue haleine, nous avons eu la chance de pouvoir compter sur une équipe de premier plan : Alain Meylan a apporté son œil et son élégance, Christine Ehm sa perspicacité et sa culture, Laurent Seminel sa rigueur et son efficacité, Patricia Tardito son professionnalisme et son jugement.

Pour la fabrication, Olivier Canaveso, Françoise Pham, Pierrette Crouzet-Daurat, Ridha Tabaï et Claude Morin ont confié leur expérience.

Il est impossible de finir ces remerciements sans souligner le rôle décisif de Jean-Baptiste Bourrat : il a été la cheville ouvrière de ce livre, avec une énergie de tous les instants, un engagement et une mobilisation sans faille.

Ce livre est aussi le sien.

SOMMAIRE

I. DE L'ANCIEN AU NOUVEAU MONDE (1500-1580)

II. LA FRANCE RAYONNE DANS LE MONDE (1600-1715)

III. LES SECRETS DU MONDE (1715-1789)

IV. UN MONDE QUI CHANGE (1789-1815)

V.
LE PARTAGE DU MONDE (1830-1914)

VI. UN MONDE DÉCHIRÉ (1914-1961)

I. DE L'ANCIEN AU NOU

VEAU MONDE (1500-1580)

Les historiens dans leur ensemble considèrent que le XVIe siècle marque le début des « Temps modernes ». Trois facteurs essentiels vont alors bouleverser la vision que les hommes avaient du monde : l'humanisme, qui réalise l'accord entre l'héritage de l'Antiquité gréco-romaine et les nouvelles conceptions des sciences, des techniques et de l'art ; les réformes religieuses (protestantes mais aussi catholiques), qui remettent en cause certains dogmes, font une plus grande place à l'esprit de libre examen, s'en prennent à la morale des clercs et dénoncent la corruption de Rome ; enfin, l'imprimerie, qui permet une diffusion des connaissances et des idées à la fois plus rapide et plus étendue.

Le XVIe siècle est aussi celui du développement de l'État moderne, à caractère national affirmé, comme dans le cas de l'Angleterre, de la Castille et de l'Aragon, de la France, du Portugal ou de la Suède. La Pologne, où la noblesse est encore toute-puissante et où la monarchie reste élective, est à l'écart de cette évolution. En même temps grandissent et s'affrontent deux constructions politiques nouvelles : d'un côté l'Empire ottoman, né en Asie mais qui a absorbé l'Europe du Sud-Est, du Danube à l'Adriatique et à la mer Noire, et toute l'Afrique du Nord à l'exception du Maroc ; de l'autre, l'empire espagnol qui s'est étendu à une grande partie de l'Italie, a reçu les Pays-Bas et la Franche-Comté en héritage, est devenu un empire américain grâce à la geste des conquistadors, possède des têtes de pont en Afrique du Nord et va même, à la fin du siècle, s'implanter en Extrême-Orient avec la colonisation des Philippines. L'impression d'encerclement ressentie alors par la France explique l'alliance scellée par François Ier avec le sultan Soliman, qui fit scandale à l'époque. Elle explique également en partie l'affrontement entre Charles Quint et François Ier, avec la bataille de Pavie en 1525, puis la non-exécution par la France de certaines clauses du traité de Madrid.

C'est encore au XVIe siècle que la Renaissance prend toute son extension. Quoique inégalement, tous les pays du continent subissent l'influence des architectes, des sculpteurs, des peintres et des orfèvres renaissants. Un urbanisme nouveau apparaît, qui élargit les voies de circulation, multiplie les places, les jardins et les fontaines ; c'est la récupération des ordres antiques, l'intérêt accordé à la figure humaine, l'art de la perspective, la science des couleurs.

Enfin, et peut-être surtout, le XVIe siècle ouvre l'ère de la « mondialisation ». Il ne s'agit pas d'utiliser de manière anachronique un mot en vogue aujourd'hui. C'est bien à cette époque que les hommes prennent conscience des dimensions exactes de la Terre et de sa rotondité, démontrée expérimentalement par deux « tours du monde » : d'abord celui réalisé pour le compte de l'Espagne (1519-1522) sous la direction du Portugais Magellan, qui s'achèvera sous le commandement du Basque espagnol Sebastian El Cano ; puis, beaucoup plus tard (1577-1580), celui du corsaire anglais Francis Drake. Après Christophe Colomb, les grands découvreurs du XVIe siècle parcourent les mers en tous sens. Ils tracent les routes maritimes entre l'Europe et les Amériques, l'Inde et l'Extrême-Orient.

Cette « mondialisation » crée de nouveaux échanges à l'échelle planétaire, concernant notamment des denrées de grande valeur mais de peu de poids : épices, laques, soies, indigo, cochenille, thé, puis le sucre ; et bien entendu les métaux précieux, l'or et l'argent d'Amérique vers l'Europe, voire l'Extrême-Orient. Plantes nourricières et animaux domestiques circulent. C'est aussi l'occasion d'importantes migrations humaines, en particulier de l'Europe vers l'Amérique, qui vont engendrer de graves nuisances. Ainsi, l'Amérique reçoit bien malgré elle la rougeole, la grippe, la variole, le typhus, qui déciment les populations indiennes ; en échange, il semble qu'elle ait exporté la syphilis vers l'Ancien Monde. Tout aussi désastreux, le développement de l'esclavage à grande échelle. Certes, l'institution n'est pas nouvelle : dans l'Antiquité et au Moyen Âge, chrétiens et musulmans s'étaient mutuellement réduits en esclavage ; on sait que la pratique existait aussi dans l'Amérique précolombienne. Mais les besoins de main-d'œuvre aux Amériques, surtout avec le déclin de la population indienne, provoquent l'essor massif de la « traite des Noirs » ; les nations européennes, avec la complicité des marchands d'esclaves musulmans, en sont les organisatrices et les bénéficiaires, l'Afrique noire en est la principale victime. En Méditerranée également, avec l'affrontement hispano-turc, les esclaves blancs se multiplient. Comme la mondialisation contemporaine, celle dont le XVIe siècle est l'initiateur n'aura pas apporté que des bienfaits…

BARTOLOMÉ BENNASSAR

Double page précédente :
Entrevue de François Ier et d'Henri VIII au Camp du Drap d'or le 7 juin 1520,
par Friedrich Bouterwerk, 1845.
Château de Versailles.

Le cartulaire de Christophe Colomb

Ultimes précautions avant le dernier départ

Portrait de Christophe Colomb, par Ghirlandaio, xve siècle. Gênes, Civico Museo Naval.

Nombreuses sont les représentations de Christophe Colomb, mais aucun portrait authentique n'a été réalisé de son vivant. Néanmoins, la page de garde de son cartulaire cache peut-être dans une de ses enluminures (détail à droite) le profil du célèbre amiral de la mer Océane.

« Les rois m'ont assuré qu'ils respecteront leur parole à mon égard et que mes privilèges te seront transmis [...]. Ce que nous avons reçu jusqu'à présent n'est rien. »

Christophe Colomb à son fils Diego, 14 février 1502 et 1er décembre 1504.

En janvier 1502, Christophe Colomb est à la veille de s'embarquer une dernière fois pour ce qu'il pense être les Indes. Le premier voyage, triomphal, avait été celui de la découverte ; les suivants devaient rapporter des trésors aux souverains d'Espagne, car nul doute que ces îles lointaines regorgeaient d'or, de perles et de pierres précieuses. Le navigateur, en convainquant Isabelle de Castille et Ferdinand d'Aragon de financer son expédition vers l'Asie, avait obtenu des promesses extraordinaires : les « capitulations de Santa Fe », signées le 17 avril 1492, le nommaient amiral (titre réservé généralement à un membre de la famille royale), vice-roi et gouverneur de « toutes les îles et tous les continents qui, par sa main et son industrie, peuvent être découverts ou conquis dans lesdites mers océanes » ; un dixième de tous les produits des nouvelles possessions, y compris l'or, l'argent et les pierres précieuses, devait lui être attribué ; enfin, en contribuant pour un huitième aux frais de toutes les expéditions commerciales lancées vers ces terres, il pourrait percevoir un huitième des bénéfices.

Mais les richesses attendues étaient restées introuvables et le troisième voyage avait failli être le dernier. En 1494, Colomb avait créé un établissement permanent sur l'île d'Hispaniola (Haïti), dont il avait confié l'administration à son frère Bartolomé. Très vite, des rumeurs inquiétantes étaient revenues aux oreilles d'Isabelle de Castille. Un enquêteur, Francisco de Bobadilla, avait été dépêché à Hispaniola, où il avait jugé la situation déplorable : rébellion des colons espagnols, qui se voyaient comme des conquérants et refusaient l'autorité du gouverneur, travaux forcés, violences et mauvais traitements infligés aux indigènes. Colomb et son frère avaient été arrêtés et renvoyés à Cadix enchaînés au fond d'une cale... L'amiral avait été destitué de ses titres, ses biens avaient été confisqués.

Un peu plus tard, il avait toutefois réussi à se disculper et à regagner la confiance des Rois catholiques. Ceux-ci s'étaient même laissé convaincre de financer un quatrième voyage : le Portugais Vasco de Gama venait d'atteindre les Indes (les véritables, cette fois) en passant par le cap de Bonne-Espérance et il devenait urgent pour l'Espagne de découvrir le fameux passage par l'Ouest.

En 1502, après l'humiliation d'Hispaniola, on comprend que Christophe Colomb éprouve quelque inquiétude concernant son avenir et les intérêts de ses deux fils, Diego et Fernando. D'autant que, à la cour d'Espagne, certains conseillers émettent des réserves : selon eux, les « accords, capitulations, articles » passés avec un étranger sont « nuls *ab initio* ». Le 5 janvier, quatre mois avant de s'embarquer, Colomb rassemble tous les actes officiels attestant ses titres et ses privilèges. Devant des notaires et des *alcaldes* (juges et magistrats) de Séville, il en fait faire une copie authentifiée qu'il adresse aux Rois catholiques, accompagnée d'une lettre et d'un mémorial. La réponse royale (double page suivante), datée du 14 mars, multiplie les assurances et garantit ses droits.

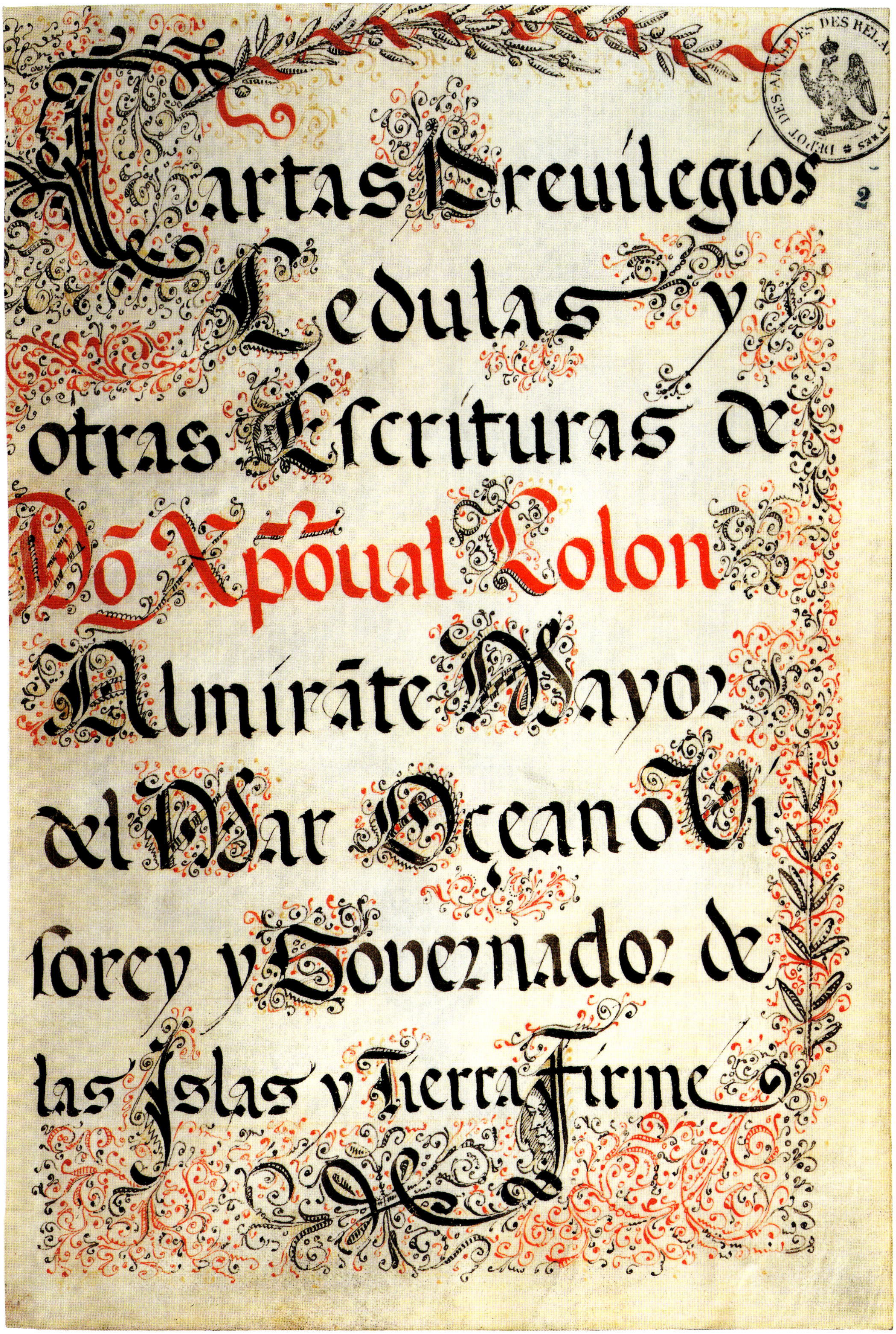

Page de garde du cartulaire de Christophe Colomb (1502).

Lettres patentes, privilèges, concessions et autres écritures de Cristobal Colon, amiral de la mer Océane, vice-roi et gouverneur des Îles et de la Terre Ferme. MAE, MD Gênes.

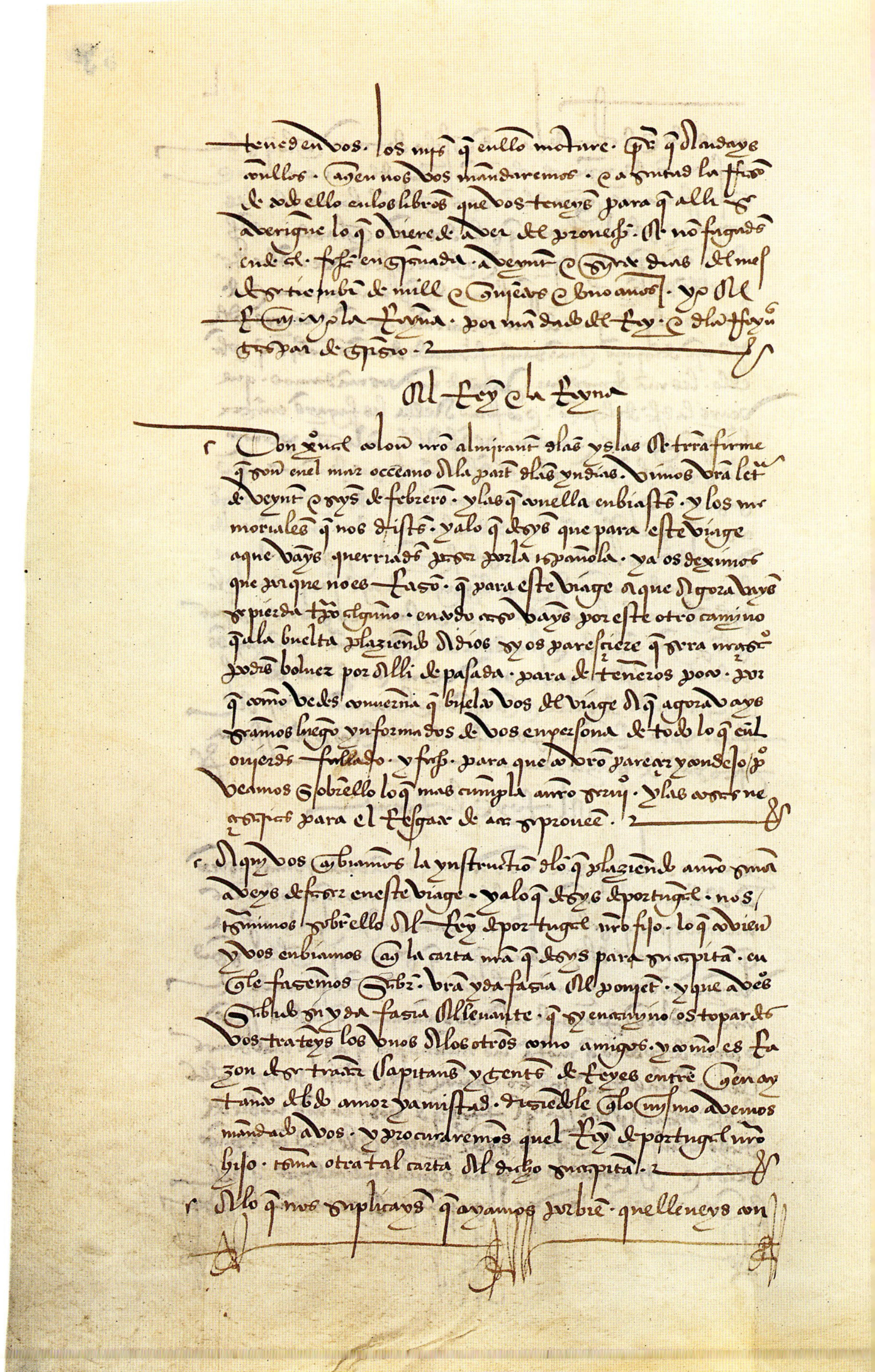

Cartulaire de Christophe Colomb, lettre des souverains espagnols du 14 mars 1502.

Dans la marge, devant les passages qui lui semblaient importants, Colomb lui-même a dessiné en rouge une petite main.

À don Christophe Colomb, notre amiral des Îles et de la Terre ferme situées dans l'Océan du côté des Indes. Nous avons lu votre lettre du 26 février et celles qui l'accompagnaient et les mémoriaux que vous nous avez fait parvenir […]. Nous vous envoyons ici les instructions de ce que, si Dieu le veut, vous aurez à faire lors de ce voyage ; […] Concernant ce que vous dites sur la part du gain qui sera distribuée entre les gens qui vous accompagnent dans les bateaux, nous vous répondons qu'ils partent dans les mêmes conditions faites à ceux qui sont auparavant partis. […] Quant aux autres questions abordées dans vos mémoriaux et lettres vous concernant vous et vos enfants et frères, vous constaterez que, nous-mêmes nous trouvant en chemin et vous sur le point de partir, nous ne pourrons pas nous en entretenir avant que nous ayons fixé notre résidence quelque part et que, si vous deviez attendre cela, votre voyage ne pourrait pas avoir lieu. C'est ainsi qu'une fois achevés les préparatifs de votre voyage, il vaut mieux que vous partiez sans plus tarder et que votre fils reste à la charge de solliciter ce que contiennent lesdits mémoriaux.

Dans le cartulaire figure naturellement le blason de Christophe Colomb : le château de Castille, le lion de León, les îles et la bande de terre ferme découvertes par le navigateur, des ancres de marine.

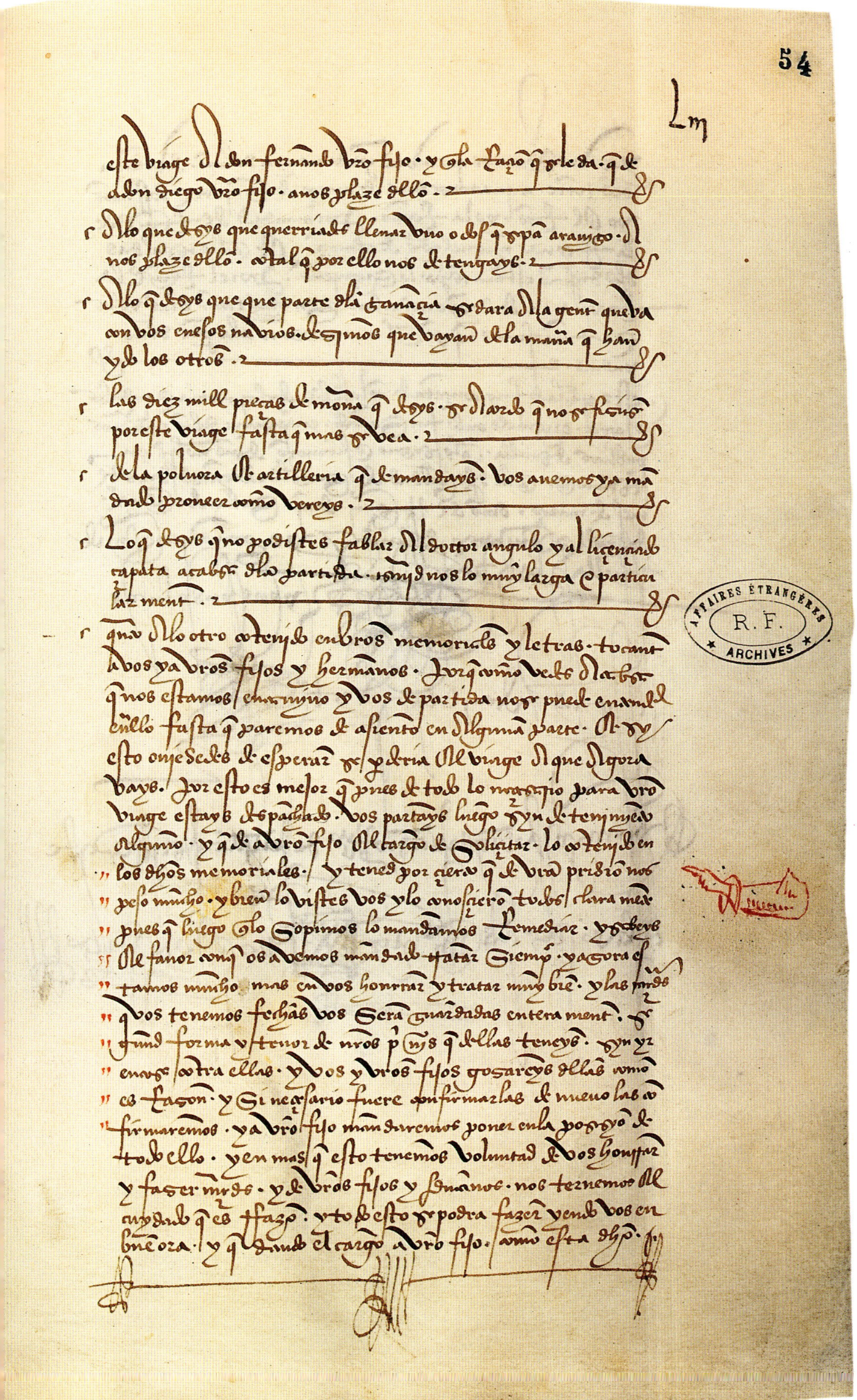

Et soyez certain que votre emprisonnement nous a beaucoup peinés, ce que vous avez bien pu voir et tout le monde comprendre clairement, car dès que nous l'apprîmes nous ordonnâmes d'y mettre un terme ; et vous savez la faveur avec laquelle nous avons toujours ordonné que vous soyez traité ; et nous tenons plus que jamais à vous honorer et à vous traiter favorablement, et les faveurs qui vous ont été accordées vous seront entièrement conservées, suivant la forme et la teneur de nos propres privilèges que vous tenez de ces faveurs, et sans que rien ne vienne à l'encontre, et vous et vos enfants jouirez d'elles comme il se doit, et s'il est nécessaire de les confirmer à nouveau nous le ferons, et nous ordonnerons que votre fils soit mis en possession de tout cela. Et bien au-delà, nous avons la volonté de vous honorer et de vous accorder des faveurs, et de vos enfants et de vos frères nous prendrons le soin qui s'impose. Et tout cela pourra être fait si vous partez le plus tôt possible et vous en laissiez la charge à votre fils comme il a été dit. Et c'est ainsi que nous vous prions de partir sans plus tarder.
À Valencia de la Torre, le 14 mars 1502.
Moi, le Roi. Moi, la Reine.
Par ordre du roi et de la reine,
Miguel Pérez de Almazán [...].
(Suite p. 31)

Tous ces actes ont été réunis dans un recueil, ou cartulaire (du latin *chartularium*), de soixante-seize pages, établi en quatre exemplaires certifiés. La page de garde (p. 27) en annonce le contenu : « Lettres patentes, privilèges, concessions et autres écritures de Cristobal Colon, amiral de la mer Océane, vice-roi et gouverneur des Îles et de la Terre Ferme. » Le premier exemplaire, Colomb l'a confié à Carvajal, son représentant à Hispaniola, afin qu'il puisse en user pour percevoir les rentes de l'amiral sur l'île ; rédigé sur papier, il n'a pas résisté au temps. Du deuxième, remis au monastère de Las Cuevas où sont rassemblées les archives de Colomb, la trace semble perdue. L'amiral, décidément méfiant, s'est assuré une garantie supplémentaire en envoyant les deux jeux restants à Gênes et en cédant 10 % de ses revenus à la banque de Saint-Georges : il espère bien que sa ville natale soutiendra son fils en cas de litige. Un exemplaire est toujours conservé à Gênes ; l'autre, présenté ici, a été « prélevé » dans les archives génoises à la demande de Napoléon. Celui-ci rêvait en effet de concentrer toutes les archives du monde dans la capitale française. En 1805, la République ligurienne fut annexée à la France ; l'orientaliste Sylvestre de Sassy, à la recherche de manuscrits anciens, put ainsi accéder à l'*archivio segreto* et découvrir, au fond d'une armoire, le fameux cartulaire.

Astrolabe nautique, XVe siècle.
Damas, Musée national.

Les craintes de Colomb n'étaient pas vaines. De fait, son fils aîné Diego sera nommé gouverneur d'Hispaniola en 1511, après la mort de son père, mais il ne percevra qu'une partie de son héritage, et les contestations entre la Couronne et les héritiers du découvreur de l'Amérique se prolongeront jusqu'au XXe siècle.

BARTOLOMÉ BENNASSAR

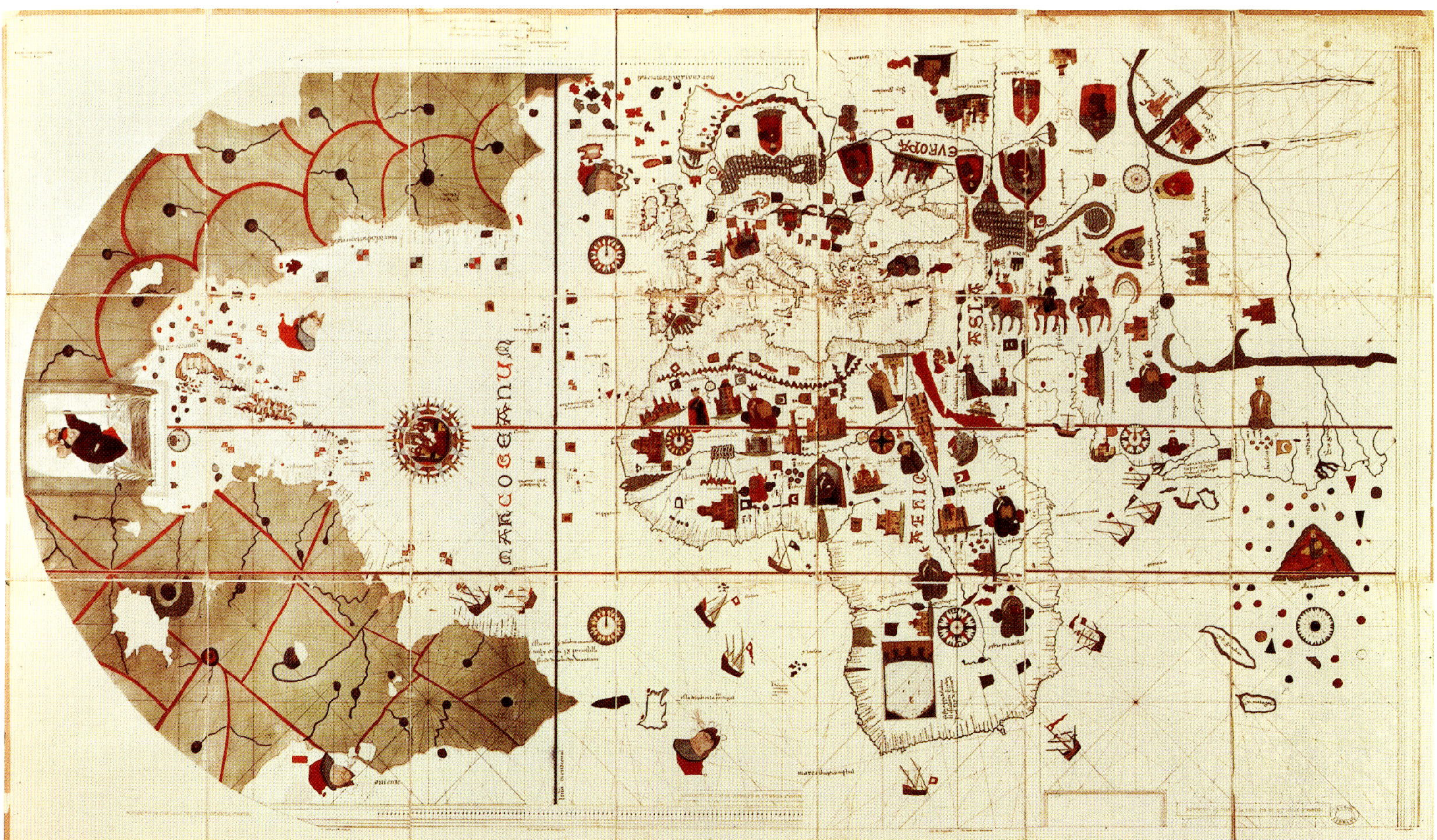

Carte du Vieux et du Nouveau Monde, par Juan de La Cosa, vers 1500. New York Public Library.

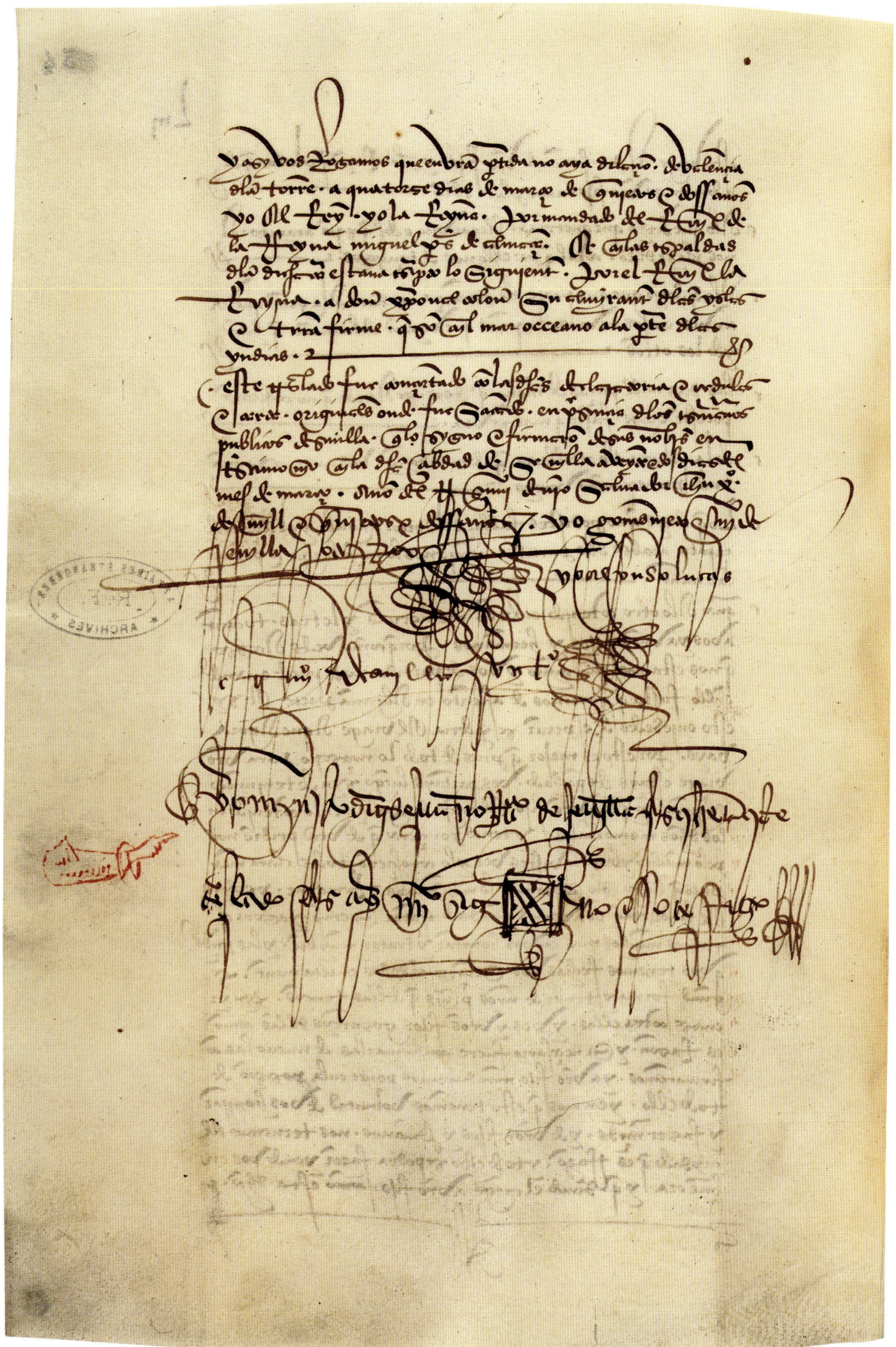

Cette transcription a été collationnée avec lesdites déclarations et cédules et lettres originales d'où elle a été extraite, en présence des greffiers de Séville qui avec leurs noms et signatures en témoignèrent dans ladite ville de Séville le 22 mars de l'année 1502 de la nativité de Notre Sauveur Jésus-Christ.
Moi, Gómez Nieto, greffier de Séville, en suis témoin. [...] Moi, Alfonso Lucas, greffier de Séville, en suis témoin. [...]
Moi, Martín Rodríguez, greffier de Seville, fis établir cette transcription et j'appose ma signature et en suis témoin. (Transcription complémentaire en fin de volume.)
MAE, MD Gênes.

François Ier et Charles Quint après la bataille de Pavie

L'honneur perdu du roi de France

DANS sa lettre au duc d'Arcos, vice-roi d'Espagne, datée de Burgos le 22 janvier 1528 (reproduite double page suivante), Charles Quint donne libre cours à sa colère contre le roi de France qui a manqué à ses engagements : détenu dans les prisons espagnoles après la défaite de Pavie, François Ier avait juré de céder un quart de la France ; libéré, il n'a pas tenu sa promesse. À travers la rivalité des deux hommes, ce sont deux conceptions du pouvoir et du devoir qui s'affrontent ; l'un est investi de la défense de la Chrétienté contre les infidèles, missionné par le Ciel pour imposer la paix aux souverains d'Europe afin d'organiser la croisade, l'autre n'hésite pas à traiter avec les Turcs pour asseoir sa puissance face au Habsbourg devenu l'ennemi héréditaire.

La capture de François Ier sous les murs de Pavie le 24 février 1525 avait brusquement placé un atout maître dans le jeu de l'empereur. Mais comment l'utiliser ? Pour l'opinion européenne, en effet, l'honneur est pour quelques mois du côté du roi, combattant malheureux victime de sa bravoure. « Ne m'est resté que l'honneur et la vie sauve », a-t-il écrit à sa mère. Transporté de château en château jusqu'au triste cachot de l'Alcazar de Madrid sous une surveillance accrue, il s'affaiblit jusqu'à faire craindre pour ses jours, comme le constate sa tendre sœur Marguerite d'Angoulême accourue à son chevet. Charles, qui vient visiter le malade grelottant de fièvre, le croit prêt à tout céder : « Sire, vous avez devant vous votre prisonnier et votre esclave. – Non pas mon esclave mais mon bon frère et véritable ami, que je tiens pour libre et qui le sera », répond le vainqueur, qui est à cette heure le maître de l'Europe.

L'occasion est bonne pour arracher sans coup férir au Valois tout ce qui tient le plus au cœur de l'empereur : la chère Bourgogne, l'Artois et la Flandre, une renonciation à toute ambition en Italie, et, pour sceller l'entente par des liens familiaux, le mariage de sa sœur Éléonore avec le roi François, veuf de Claude de France. Le traité de Madrid est signé le 14 janvier 1526, avec les serments les plus sacrés imposés par l'empereur inquiet, mais aussi les restrictions mentales et les protestations de nullité attestées secrètement par François devant notaire.

La Bataille de Pavie, par Ruprecht Heller, 1526.
Stockholm, Nationalmuseum.

Après avoir laissé sa mère Louise de Savoie à Lyon pour gouverner le royaume en son absence, François Ier s'est engagé une nouvelle fois en Italie pour reconquérir le Milanais contre Charles Quint et vient assiéger Pavie, puissante place fortifiée traversée par le Tessin. Le roi engage la bataille le 24 février 1525, poussé par son ami d'enfance l'amiral de Bonnivet. C'est toujours, comme à Azincourt ou à Fornoue, la furia francese… *Il s'élance à la tête de la cavalerie, s'interposant maladroitement devant le tir de son artillerie qui avait fait merveille, et se trouve soudain isolé, désarçonné, puis capturé. Avec lui, « toute la fleur de la chevalerie de France est prise ou morte ».*

Après un an de captivité, le roi va pouvoir regagner la France, mais l'empereur croit avoir trouvé le moyen de le contraindre à obéir : il exige en otages ses deux fils, le dauphin François et son frère Henri duc d'Anjou, futur Henri II, âgés de huit et sept ans. On procède à l'échange le 17 mars 1526 à Hendaye. Sitôt libre, le roi rejoint sa mère Louise de Savoie qui a géré la crise avec un magnifique sang-froid (certes, le roi est prisonnier mais la France est libre ! disait-elle). Et il s'empresse de dissiper les illusions. Non, il ne cédera pas la Bourgogne ni aucun territoire, le serment du sacre et ses sujets le lui interdisent. Non, il ne renoncera ni à ses alliances ni à ses ambitions dans la Péninsule. Il engage aussitôt des négociations avec le pape, les puissances italiennes et Henri VIII d'Angleterre : c'est la Sainte Ligue. Pour François, la parole donnée sous la contrainte ne saurait obliger.

Tandis que les jeunes princes dépérissent lentement dans leur prison espagnole, François Ier se lance dans une nouvelle campagne au-delà des Alpes. Bien plus, il ose envoyer des ambassadeurs pour réclamer la liberté de ses enfants ; retournant la situation, il accuse l'empereur de manquer aux lois de l'honneur et lui envoie un héraut d'armes. L'affaire va-t-elle s'achever par l'affrontement des deux champions l'épée à la main ? En fait, ni l'un ni l'autre n'y songe, mais c'est le moyen d'attester de son bon droit devant l'opinion internationale. Finalement, deux femmes de tête et de cœur s'entremettent pour ramener la paix, Louise de Savoie et la gouvernante des Pays-Bas Marguerite d'Autriche. Le traité signé à Cambrai le 3 août 1529, la « paix des Dames », renouvelle les articles de Madrid, sauf l'abandon de la Bourgogne, et fixe la rançon des deux jeunes princes à la somme colossale de deux millions d'écus d'or que les Français, contre toute attente, paieront dans les délais prévus. Charles et François, l'homme en noir et l'homme en blanc, se reverront à Aigues-Mortes en 1538 avec des protestations d'estime et d'affection, puis l'année suivante où l'empereur sollicitera, ô surprise, l'autorisation de traverser la France pour aller châtier les bourgeois de Gand.

JEAN-PIERRE BABELON

Lettre de Charles Quint au duc d'Arcos, le 22 janvier 1528.

L'empereur écrit : « Il est bien connu que je pensais élargir le roi de France qui se trouvait prisonnier dans ce royaume, parce que je considérais que ce que j'avais convenu avec lui conduirait à la paix dans la Chrétienté, laquelle j'ai toujours tant désirée, et me permettrait de poursuivre ma campagne contre les Infidèles [...].Or, maintenant qu'il se trouve libre, il vient de contracter des alliances avec des princes et des puissances pour nous déclarer la guerre ; maintenant il envoie ses ambassadeurs pour conclure de nouveaux traités. Quoiqu'il n'y ait aucune raison pour que je modifie les clauses déjà convenues, mon but principal reste cependant la paix, tant avec le roi de France qu'avec les autres souverains chrétiens avec lesquels il se trouve allié, et je pensais traiter avec lui à nouveau et renoncer à ce qui avait déjà été convenu. J'ai donc accordé aux ambassadeurs ce qu'ils me demandaient, et ils s'en trouvaient très satisfaits, et pourtant ni eux ni le roi de France ne voulaient donner d'assurance touchant ce qui était convenu, ni de retirer ses armées d'Italie où il fait la guerre sur notre territoire. Ils me demandèrent, à la place, de rendre les enfants du roi de France [...]. » Mais l'empereur juge que, « ses enfants étant ce que le roi désirait le plus, une fois qu'on les lui aurait restitués, il en tirerait avantage dans la guerre ; et qu'ayant manqué à sa parole quand il ne les avait pas, il y aurait moins de chance encore qu'il la tienne une fois qu'il aurait récupéré ses enfants ».
L'empereur s'en est ouvert aux ambassadeurs, convaincu qu'il avait raison, mais aujourd'hui, par l'entremise d'un roi d'armes, le roi de France et le roi d'Angleterre influencé par François Ier ont provoqué en duel notre personne royale et nous menacent de la guerre par le feu et par 1e sang, nous et nos sujets. [...]
Il me reste la consolation de savoir que je ne serai pas la cause de toutes les morts et des désastres qui suivront ; et que Dieu aidera ma cause comme il a déjà fait jusqu'ici.
Moi le Roi (Yo el Rey).
MAE, Acq. Extr.

La Capture de François Ier par Charles Quint à la bataille de Pavie (détail), 1528.
Tapisserie de Bruxelles d'après un carton de Bernard Van Orley.
Naples, Galerie nationale de Capodimonte.

Le roi de France, jeté à terre par la mort de son cheval, a continué de se battre l'épée à la main avant de se rendre au comte de Lannoy, vice-roi de Naples (le cavalier du centre).

+
Al Rey

84

Duque primo. A todos es notorio que la principal causa por que yo he por bien de soltar al Rey de
Francia teniendole en estos Reynos preso fue pareciendo que dello se avia de seguir asiento y capitulo de
perpetua paz universal en la Christiandad que es lo que yo siempre mas he deseado por poderme
mejor emplear en guerra contra los ynfieles y el nonbramiento la buena obra que de my recibio
y la fee y palabra que hizo de guardar y cumplir lo capitulado, que de tornar a la prision en que estava,
luego como se vio libre hizo ligas y confederaciones con algunos principes y potentados
para me hazer guerra como despues lo vos la ha hecho y me enbio con [illegible] a hazer
[illegible] otras nuevas capitulaciones, y como quier que no avia causa por que alterar las
cosas como mi principal fin ha seido querer siempre la paz, hasi con el Rey de Francia
como con los otros principes christianos con quien el sea aliado, tuve por bien de tornar al
tratar de nuevo y dexar mucho de lo que antes estava asentado, y avia venido en con-
ceder a sus enbaxadores lo que pedian, de manera que ellos estavan contentos segun la
comision que trayan, pero el Rey de Francia y ellos no quisieron dar seguridad de lo
que se asentava en mi favor, su exercito que tiene en Ytalia guerreando mas tierras e tomando
y ocupando algunas de ellas, antes me pedian que primero yo les mandase entregar
los hijos del dicho Rey de Francia que aca estan en rehenes para que los llevasen libremente
a Francia, lo qual no sera cosa que conviniese ni se devia hazer, pues si ellos viese libres sus
hijos, que es lo que desea, mas en su mano estaria la guerra aviendo fuerças que
[illegible] teniendolos aca en rehenes, menos se [illegible] se podia tener para
en lo de adelante, no los teniendo, y lo que yo les concedia, teniendolos, sera con mucha ventaja
suya, lo [illegible] hiziera por la grand razon que tengo, e por lo que toca a la autoridad de mi
real persona, sino fuera teniendo delante, como tengo, el servicio de Dios nuestro Señor
y por escusar los grandes daños que de las guerras se siguen, y por el bien de
los subditos y naturales destos Reynos, y por el trato y comercio dellos y por
tener mejor causa ante Dios para la guerra, hon [illegible] tiempo no [illegible] con
el Rey, que despues de aver entendido de mis enbaxadores todas estas causas
y justificaciones y conosciendo claramente el [illegible] que su Rey rescebia,
como en fin siempre ha sido no querer la paz, que dia de la fecha desta, con
reyes de armas en nombre del dicho Rey de Francia y del Rey de Ynglaterra
con malas informaciones y enemigos le tienen a su proposito, han desafiado
a mi persona real, ofreciendo nos guerra a fuego y a sangre, y nos ya mucho con
[illegible] estoy muy satisfecho de aver cumplido lo que en esto devo y de no ser causa
de las muertes e males que dello subcederan, y espero en nuestro Señor que siendo
mi causa tan justificada me ayudara como hasta aqui lo ha hecho y sostenido
de nuestra parte de todo como es razon. De Burgos a XXII dias de Enero de
mill e quinientos e veinte y ocho años.

Yo el Rey

Por mandado de Su Mt.
[illegible]

Soliman le Magnifique

La main tendue à François Ier, le roi très chrétien

À droite : Première lettre de Soliman II à François Ier sur l'alliance franco-turque, février 1526.
(Commentaire sur la double page suivante.)
BNF, Manuscrits.

Portrait de Soliman II, anonyme, XVIe siècle.
Vienne, Kunsthistorisches Museum.

Exécuté sans doute par un peintre vénitien de l'entourage du Titien, à la fin des années 1530, sur un modèle antérieur, ce portrait montre un homme encore jeune, au fin profil, l'œil perçant, le nez aquilin, la moustache tombante. L'allure est farouche, élégante et majestueuse.

APPAREMMENT, tout sépare ces deux illustres souverains du XVIe siècle. Tout ? Du moins, ce qu'on tient alors pour l'essentiel : la foi et les voies du salut. Comment François Ier, le Très-Chrétien, régnant avec panache sur la fille aînée de l'Église, peut-il répondre aux provocations de l'Ottoman Soliman, qui s'intitule empereur de l'Islam et brandit le sabre de Mahomet contre la chrétienté, sinon par une croisade dans la meilleure tradition ?

Pour qu'un rapprochement ait lieu, il ne faut pas moins qu'une de ces catastrophes qui, périodiquement, mettent le royaume au bord de l'abîme. Un troisième personnage en est l'instigateur : Charles Quint qui, par les multiples héritages accumulés sur sa tête, enserre la France de toutes parts, lui dispute encore la Picardie, le duché de Bourgogne, et défend aux rois des Lys de poursuivre en Italie leurs rêves d'héritages dynastiques. En 1525, à Pavie, François, superbe et imprudent, perd tout « fors l'honneur ». Captif et malade, il est emmené à Madrid et jeté dans une prison. Il n'en sortira qu'à condition de céder sur tout. C'est alors que lui-même et ceux qui, dans son royaume, cherchent à le tirer d'un si mauvais pas, sa mère, la régente Louise de Savoie et son ministre Duprat, comprennent qu'un seul peut desserrer l'étau et allumer contre leur ennemi commun les contre-feux les plus terribles, en Europe centrale et en Méditerranée : le Turc. Des premiers messagers, expédiés en secret, sont assassinés et dépouillés des présents dont ils sont porteurs par un pacha de la frontière, aveuglé par sa cupidité. Un gentilhomme croate du nom de Jean Frangipani prend la relève. Il a caché les lettres du roi et de la régente dans les semelles de ses bottes.

La reine mère a écrit : « Je viens te supplier, grand empereur, de montrer ta magnanimité en délivrant mon fils. » Le sultan ne tergiverse pas : il accorde à la France son soutien total. Au-delà de l'évidente communauté d'intérêts stratégiques, Soliman perçoit-il d'emblée toutes les promesses de cette alliance : le prestige de compter un obligé, un vassal presque, parmi les « beys » les plus puissants de la Chrétienté ; les profits du commerce avec l'ouest ; les appuis logistiques aux confins occidentaux de la Méditerranée dont sa grande flotte a besoin ? François, libéré dans l'intervalle, recueille la réponse du sultan (reproduite ci-contre) des mains de Frangipani qu'il rencontre à Brescia. Il renvoie aussitôt son émissaire à Istanbul porter la lettre par laquelle, en latin, il remercie le sultan de l'« insigne générosité de son cœur ». Si, sur le fond, la réponse de Soliman a tout pour le satisfaire, le ton employé par le « terrible Turc », le laisse peut-être songeur : il parle le noble langage d'un frère aîné, sensible et compatissant. Quelques mois après, le sultan lancera contre le roi de Hongrie, allié de Charles, une campagne décisive, « ému – à en croire des déclarations ultérieures de son grand vizir – des malheurs de François et irrité de la conduite de Charles Quint ».

GILLES VEINSTEIN

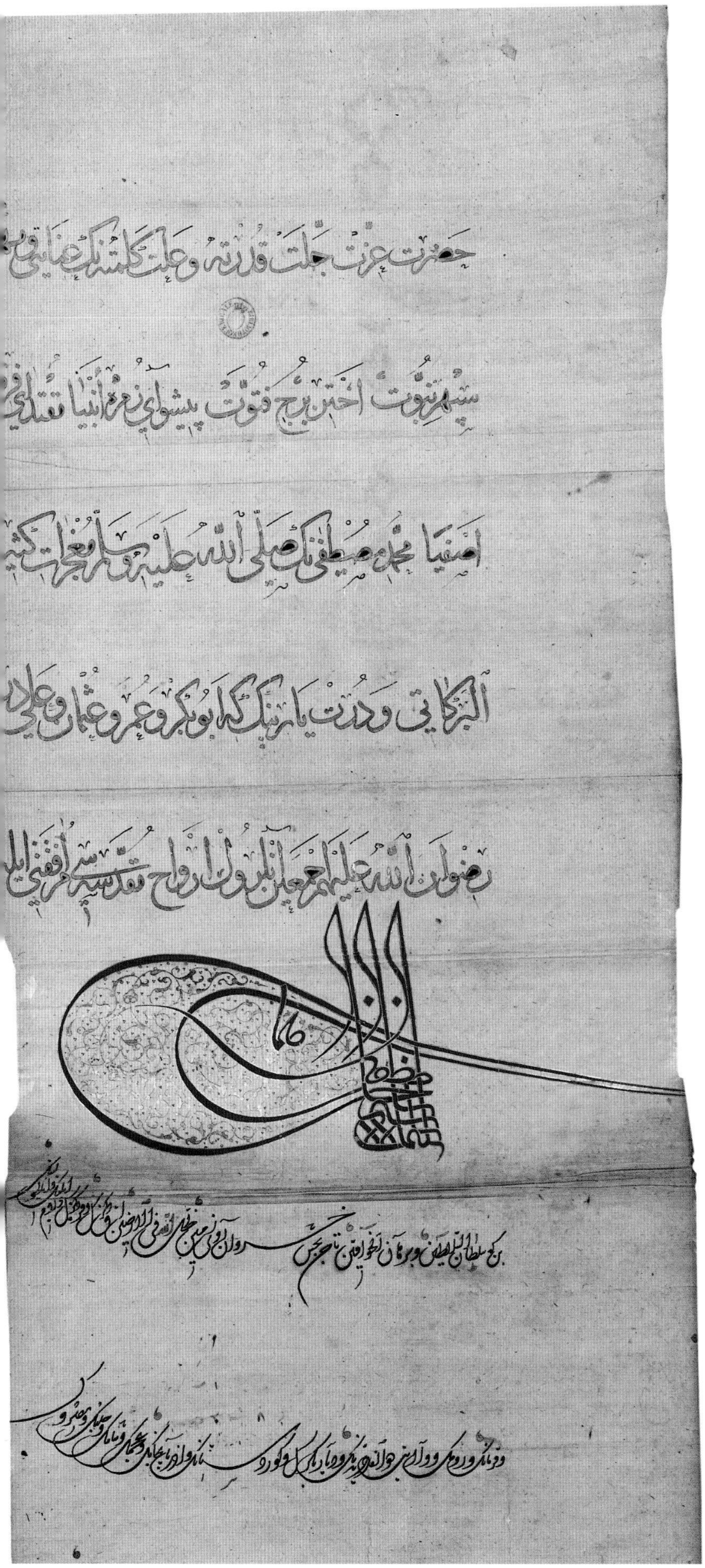

حضرت عزت جلت قدرته و علت کلمته نک عنایتی …

سپهر نبوت اختر برج فتوت پیشوای زمرهٔ انبیا مقتدی …

اصفیا محمد مصطفی نک صلی الله علیه و سلم معجزات کثیر …

البرکاتی و ذریت یارینک که ابو بکر و عمر و عثمان و علی …

رضوان الله علیهم اجمعین …

بن سلطان السلاطین و برهان الخواقین تاج بخش خسروان …

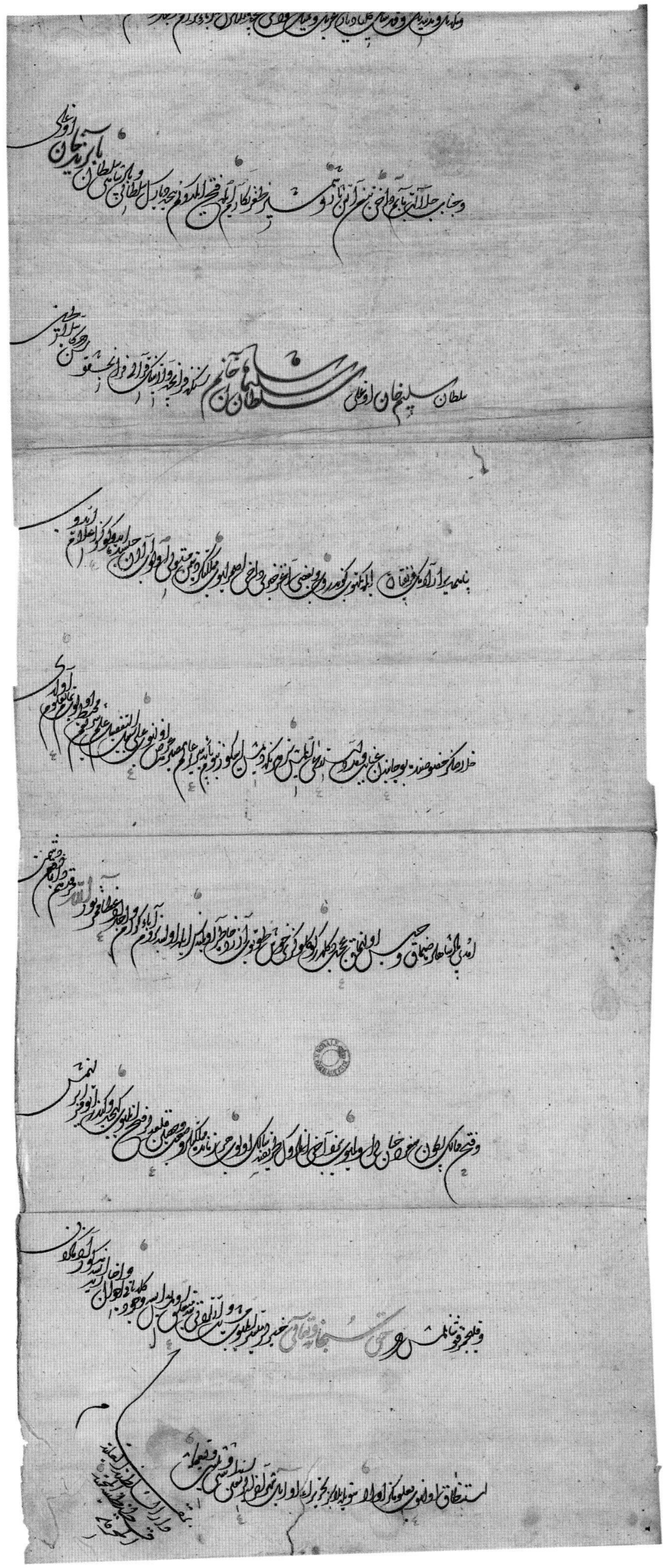

… سلطان سلیمان خان اوغلی سلطان سلیمان خانم …

La première lettre de Soliman reproduite page précédente, comme les deux autres qui ont été conservées, de 1528 et 1536, revêt la forme habituelle des « lettres augustes » émises par les Ottomans. C'est un rouleau de 1,675 m sur 0,35 m. Au sommet, deux lettres isolées (représentant le pronom personnel « Lui ») sont une évocation du Très-Haut. Cinq lignes en lettres d'or prolongent la solennité religieuse de l'acte par une invocation à Dieu, à son Prophète et aux quatre premiers califes de l'islam. Puis vient le monogramme du sultan, un élégant motif entrelaçant des lettres arabes, des courbes, des hampes et des traits horizontaux. Cet emblème, qui authentifie le document, a pu être comparé à une cage renfermant le nom et la devise du souverain. Le texte se déroule ensuite sur onze lignes à l'encre noire saupoudrée d'or. In fine, *la mention portée en biais à gauche correspond au lieu de rédaction de la lettre : Constantinople.*

هو

8.

حضرت عزت جلت قدرته وعلت كلمته نك عنايتى
ومهر سپهر نبوت اختر برج فتوت پيشواى زمرۀ انبيا
مقتداى فرقۀ اصفيا محمد مصطفى نك صلى الله عليه
وسلم معجزات كثيرة البركاتى وودت يارينك كه ابو بكر وعمر
وعثمان وعلى در رضوان الله عليهم اجمعين آنلروك ارواح
مقدسه سى مرافقتى ايله

محل طغراى

سليمان خان مظفر دائما

بن كه سلطان السلاطين وبرهان الخواقين تاج بخش خسروان روى
زمين ظل الله فى الارضين اق دكزك وقره دكزك وروم ايلينك
واناطولينك وقرمانك ورومك وولايت ذو القادريه نك
وديار بكرك وكوردستانك وآذربايجانك وعجمك وشامك
وحلبك ومصرك ومكه ومدينه نك وقدسك كليا دياد
عربك ويمنك ودخى نيجه مملكتلرك كه اباء كرام واجداد
عظام انار الله براهينهم قوت قاهرهلرايله فتح ايتديكلرى
وجناب جلالت مآبم داخى تيغ آتشبار وشمشير ظفر نثار ايله
فتح ايلديكم نيجه ديارك سلطانى وپادشاهى بايزيد خان
اوغلى سلطان سليم خان اوغلى
سنكه فرانچه ولايتنك قرالى فرانجسقوس دركاه
سلاطين

121

Copie d'une lettre de Sultan Suleyman II. adressée à François 1er Roi de France, en date de la 1ère Décade de la Lune de Reby-ulsani An de l'hégire 932. de CP.

mi février 1526.

Cette pièce diplomatique est l'une des trois lettres de S. Suleyman, qui existent en France, et qui constatent les relations de ce Sultan avec François 1er. Celle-ci appartient à la bibliothèque du Roi, fonds de Bethune, N°. 8507. et fait partie d'un recueil de lettres autographes et d'actes de François 1er. de Henry II, des Papes Paul III. & Clément VII, de Henry VIII, Roi d'Angleterre &c. &c. — des Cardinaux Farnèse & de Guise. — &c. &c. Vol. in f° aux armes de Sully, relié en maroquin rouge.

AFFAIRES ÉTRANGÈRES R. F. ARCHIVES

Copie Véritable d'une lettre de François premier

Le mot الله en lettres d'or. (الله)

* en encre d'or,

Je suis heureux

سلطان سليمان شاه خانم

Audience de l'ambassadeur d'Andrezel chez le sultan Ahmed III, le 17 octobre 1724, par J. B. Van Mour. Bordeaux, musée des Beaux-Arts.

« Je ne puis nier que je désire vivement voir le Turc puissant, non pas pour son propre avantage, car c'est un infidèle, et nous sommes chrétiens ; mais pour tenir l'Empereur en dépense, le diminuer grâce à un si grand ennemi… »

Propos de François Ier rapportés par l'ambassadeur de Venise, Marino Giustiniani, 1535.

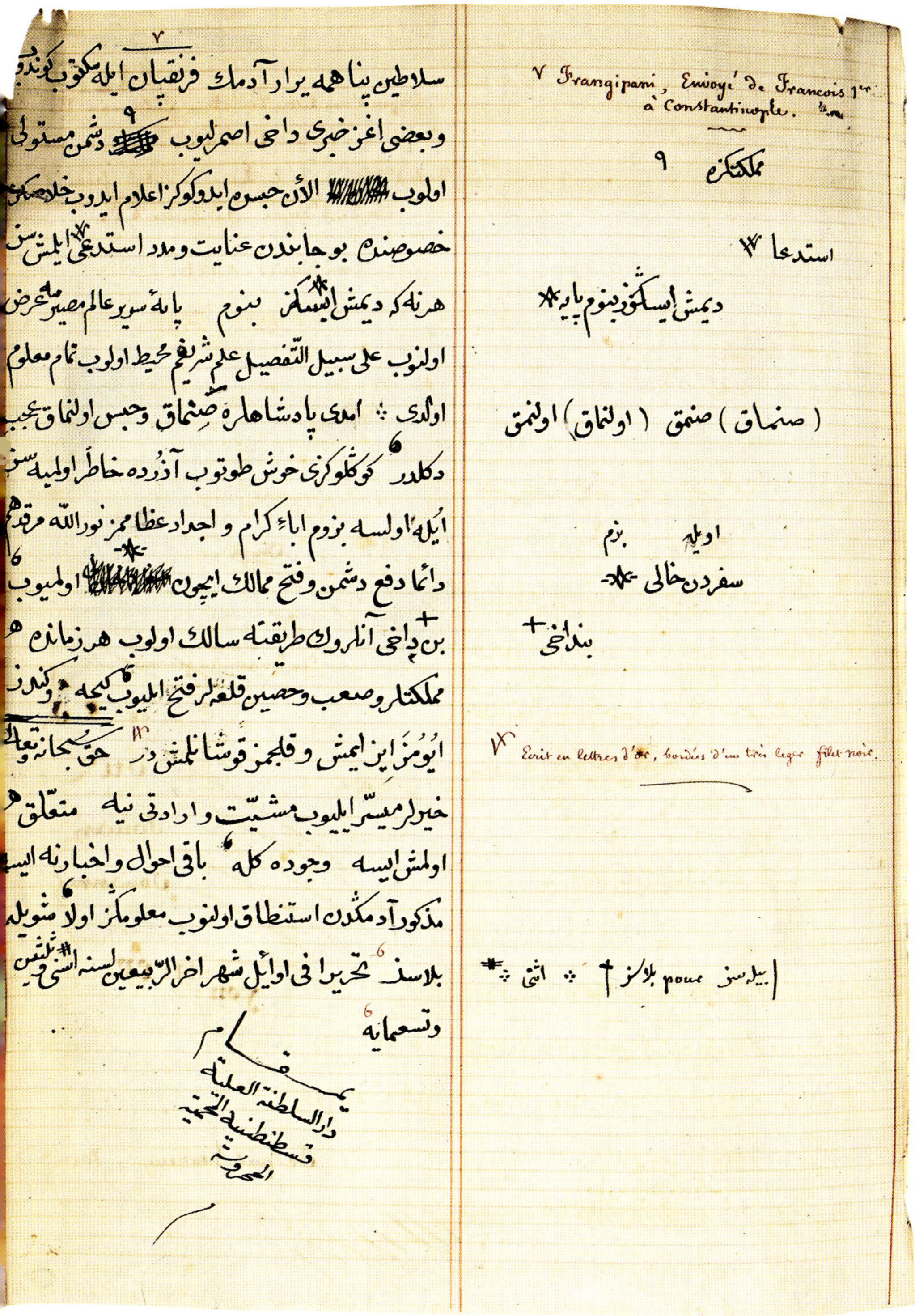

Copie annotée de la première lettre de Soliman II à François Ier (1526), par Joseph-Marie Jouannin, 1833. MAE, MD Turquie.

Le somptueux grimoire était vraisemblablement accompagné, selon un usage attesté, d'une traduction dans une langue accessible au roi et à ses conseillers, peut-être l'italien. Cette première traduction a disparu. Quant à l'original, vite passé de l'état de viatique à celui de document historique, il sera, sous Louis XIV, intégré à une vaste collection de documents originaux éclairant l'histoire de France, de Louis XI à Louis XIII. De format inusité, il fut plié et relié à la fin d'un des 160 volumes dédiés au règne de François Ier : un volume relié de maroquin rouge frappé aux armes du comte de Béthune. L'abbé Sellier, l'un des « gardes de la Bibliothèque du roi », le retrouva à la fin du XVIIIe siècle et en demanda la traduction à Louis Dominique Cardonne, secrétaire-interprète du roi, qui sera le premier professeur de turc et de persan au Collège de France. Cette traduction restera inédite. Plus tard, en 1833, un autre conservateur à la même bibliothèque répètera cette démarche en demandant à son tour une traduction à Joseph-Marie Jouannin, « premier secrétaire-interprète du roi pour les langues orientales ». La traduction de Jouannin parut dans plusieurs ouvrages, et ce dernier accomplit également plusieurs copies du document. L'une d'elles (page de gauche et ci-contre), non exempte, dans la colonne de droite, de ratures, d'errata et de divers griffonnages à l'encre rouge, a été incluse telle quelle dans un registre des archives du Quai d'Orsay : un recueil de mémoires historiques et de pièces justificatives, relatifs aux longues relations diplomatiques entre la France et la « Porte ottomane ».

Henri d'Anjou, roi de Pologne à contrecœur

Portrait d'Henri III, attribué à Jean Decourt, vers 1581. Château de Versailles.

La prestance et l'esprit du jeune Henri, ainsi que ses succès militaires, portent ombrage à son frère Charles IX, qui le voit sans déplaisir partir pour la Pologne.

À droite :
Réception des ambassadeurs polonais par Catherine de Médicis aux Tuileries. Tapisserie d'après un dessin d'Antoine Caron, 1582-1585. Florence, musée des Offices.

Le 14 septembre 1573, Catherine de Médicis reçoit les ambassadeurs polonais venus remettre à Henri d'Anjou le décret confirmant son élection. La réception s'accompagne d'un ballet dansé par seize jeunes beautés de la cour de France, sous les yeux émerveillés des palatins.

DANS les heures les plus tragiques des guerres de Religion, Catherine de Médicis poursuit imperturbablement ses combinaisons diplomatiques visant à mettre ses enfants sur les trônes de l'Europe et à sauver la France par les liens dynastiques. Pour marier son fils préféré, le troisième, Henri duc d'Anjou, elle a imaginé les projets les plus divers. Tous ont échoué, sauf le plus aventureux, qui doit entraîner le prince hors du cercle des nations policées voisines : en Pologne, où la dynastie des Jagellons est près de s'éteindre.

En l'absence d'héritier mâle, la succession du roi Sigismond II Auguste dépend du vote des palatins (députés de la noblesse). Les prétendants ne manquent pas. Pour contrer les prétentions du côté germano-russe, le Grand Turc, allié traditionnel de la France, a songé dès 1569 à un prince de la maison de Valois : Henri semble donc tout désigné. Dès la mort du dernier Jagellon, au printemps de 1572, la reine mère envoie Jean de Montluc présenter la candidature de son fils. La tâche est délicate, car les noces d'Henri de Navarre avec Marguerite de Valois se sont achevées dans le bain de sang de la Saint-Barthélemy, et la terrible nouvelle précède partout le passage de l'ambassadeur, déchaînant la colère dans les pays acquis à la Réforme luthérienne ou calviniste. En Pologne, partagée entre catholiques et protestants, la tolérance est devenue raison d'État. Montluc déploie toute son éloquence et, le 8 mai, emporte le vote des quarante mille palatins convoqués à Varsovie. Mais il doit signer les capitulations exigées par la Diète : les pouvoirs du roi sont réduits à rien et la pluralité des religions doit être respectée. La Pologne d'alors est une sorte de « république royale ».

Le deuxième acte a lieu à Paris, où l'on voit arriver la foule des palatins couverts de fourrures, la tête barbue ceinte d'un bonnet, porteurs de cimeterres étincelants et bardés de carquois. Sous l'apparence barbare brillent une culture latine et une pratique des langues étrangères qui laissent muets les seigneurs français. Avant que soit remis solennellement le décret d'élection (reproduit double page suivante) au Palais de la Cité, le duc d'Anjou doit confirmer les engagements pris par Montluc. Les réticences qu'il exprime lui valent un rappel à l'ordre : *Jurabis aut non regnabis*, « Tu prêteras serment, ou tu ne régneras pas ». Henri fait traîner les préparatifs du départ et s'arrache, en larmes, aux bras de sa famille. Il arrive à Cracovie le 18 février 1574. Ses appréhensions se vérifient : une fois sacré, il lui faut confirmer les articles de la « Confédération de Varsovie » qui donnent tous les pouvoirs à la Diète, et laisser croire qu'il épousera la princesse Anna, sœur quadragénaire du défunt roi.

La mort de son frère Charles IX, dont la nouvelle lui parvient le 14 juin, est le signal de la libération. Ayant habilement donné le change à son entourage, il s'échappe du palais dans la nuit et file vers la France à bride abattue. Son règne polonais aura duré cent quarante-six jours. Il rejoint sa mère et ceint la couronne de France pour accomplir sa destinée sous le nom d'Henri III.

JEAN-PIERRE BABELON

« [La reine Catherine] leur présenta le plus beau ballet qui fut jamais fait au monde… Ces seize dames représentaient les seize provinces de la France, avec une musique la plus mélodieuse qu'on eût su voir. »

Brantôme, *Vie des dames galantes*, 1666.

Iacobus Vchanski dei gratia sacrae Ecclesiae M

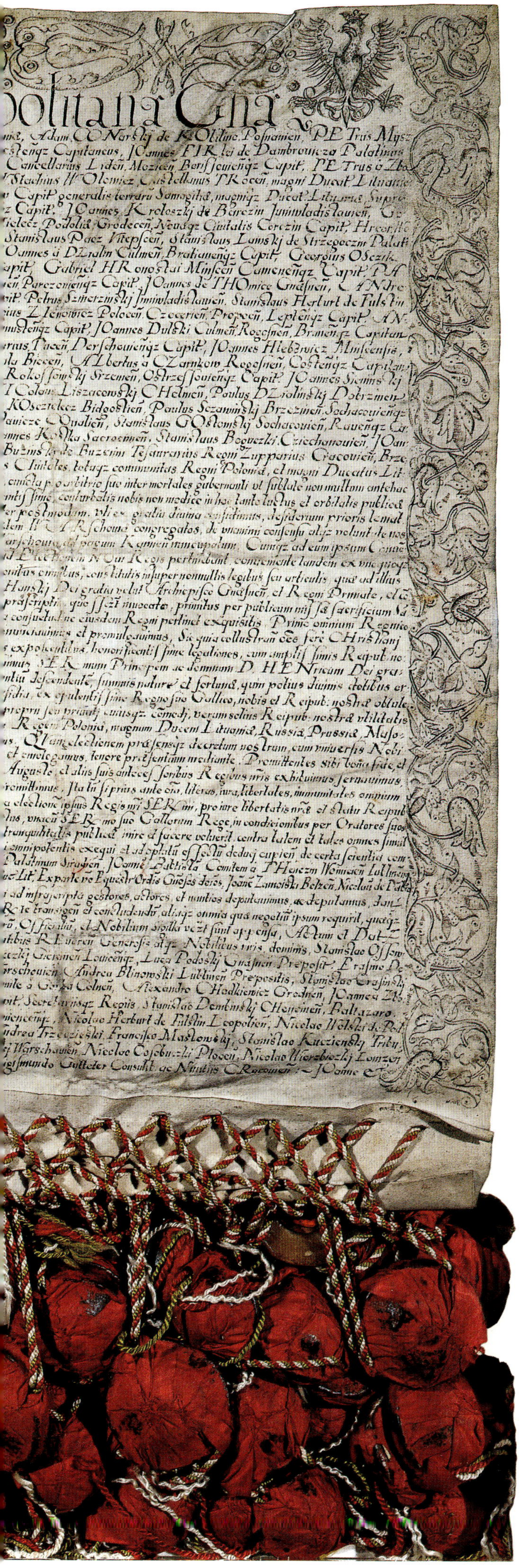

Après la réunion de la Pologne et de la Lituanie en 1569, le nouvel État prend la dénomination de « Res publica *de Pologne». Le caractère électif de la monarchie polonaise est consacré par la diète de Varsovie en 1573, après la mort de Sigismond II Auguste, le dernier des Jagellons. Il est alors décidé que l'élection du roi se fera par le vote de toute la noblesse. Celle-ci se trouve investie de tous les droits, y compris celui de couronner un de ses membres et d'imposer à son élu des conditions préalables* (pacta conventa). *Le roi sera tenu de convoquer la diète au moins tous les deux ans; dans l'intervalle entre les sessions de la diète, lui sera adjoint un conseil de sénateurs. Henri accepte de devenir un roi «sous contrôle».*

ISABELLE RICHEFORT

Instrument de ratification par la noblesse polonaise de l'élection d'Henri d'Anjou comme roi de Pologne, Varsovie, le 23 mai 1573.
Original sur parchemin scellé de 120 sceaux.

Jacob Uchanski, archevêque de la sainte église métropolitaine de Gniezno, François Crasinski, Stanislas Karucowski [...]. Alors que nous étions très troublés par la mort de Sigismond Auguste, par la grâce de Dieu, roi de Pologne, notre seigneur très pieux, chef très vigilant de ce royaume, alors que nous étions plongés dans cette grande affliction [...], une nouvelle joie procurée par la même clémence divine envahit soudain nos âmes, par la désignation d'un nouveau prince en remplacement du défunt, qui, succédant à ce dernier, [...] adoucit le regret que nous avions de son prédécesseur [...], le prince et seigneur Henri, par la grâce de Dieu duc d'Anjou, de Bourbon et d'Auvergne [...] nous avons élu et nous avons décrété par les présentes cette élection ; et étant présents, nous avons dit, nous approuvons, nous ratifions, nous tenons, nous confirmons, nous louons et nous homologuons notre décret avec tous les nobles, communautés de terres et de cités [...] ; lequel roi sérénissime élu par la grâce de Dieu étant venu à nous dans le royaume, nous promettons de le couronner vrai roi et seigneur avec la sainte couronne dont les rois de Pologne ont eu l'habitude d'être couronnés [...]. Ainsi, si nous avons bénéficié auparavant de promesses, lettres, droits, libertés, immunités de tous les États tant ecclésiastiques que séculiers que des autres rois et princes, ducs et seigneurs du royaume de Pologne et du grand duché des Lituaniens et des autres provinces appartenant au royaume, et si nous en bénéficions encore maintenant au moment de l'élection de notre roi sérénissime, lui-même pour le droit de notre liberté et le statut de la République il les observera, gardera et par serment, par lettres et privilèges authentiques, il les confirmera, ratifiera et approuvera. [...] Quiconque voudra s'opposer à ladite élection de notre roi sérénissime et au commencement de son règne, et provoquer des soulèvements et des guerres ou susciter ou organiser des groupements, des assemblées et la perturbation de la tranquillité publique, nous promettons sous la foi du serment [...] de nous dresser contre lui et tous ses pareils [...].
Fait et donné à l'assemblée de l'élection générale du nouveau roi près de Varsovie à Kamien le samedi veille de la très sainte Trinité, l'an du seigneur mille cinq cent soixante treize.
MAE, Traités, Pologne.

II. LA FRANCE RAYONNE

DANS LE MONDE (1600-1715)

Au début du XVIIe siècle, la paix semble s'installer, mais, à partir de 1618, l'Europe connaît une succession de guerres : celle dite de Trente Ans jusqu'aux traités de Westphalie en 1648, puis le conflit franco-espagnol jusqu'au traité des Pyrénées en 1659. Après une brève parenthèse, viennent les guerres d'abord lancées par Louis XIV, puis menées contre lui, la paix d'Utrecht en 1713 ne précédant que de peu la mort du roi de France. Au cœur de ces drames, et depuis le XVIe siècle, il y a avant tout l'affrontement entre le royaume de France et la maison de Habsbourg qui a rassemblé de nombreux domaines autour de l'Espagne d'une part, autour de l'Autriche d'autre part. Lorsque la France acquiert une force suffisante pour prendre l'avantage, elle s'efforce d'agrandir son territoire qui, en 1715, compte de nouvelles provinces autour de Perpignan, Arras, Lille, Besançon ou Strasbourg. Ainsi s'impose la logique des « puissances ». Il faut y ajouter les règles qui prévalent dans l'Europe des rois. Les rapprochements se marquent volontiers par des alliances matrimoniales qui dessinent une véritable « société des princes » et, lorsqu'une lignée s'éteint, ce vide suscite aussitôt, entre les prétendants à la succession, des querelles qui ne trouvent de solution que dans l'épreuve de la guerre.

Cette guerre presque permanente rend d'autant plus nécessaires les négociations pour procéder aux échanges de prisonniers, tenter de limiter les pillages, trouver des alliés, et aussi pour préparer des trêves ou des traités de paix. Comme le pape ne réussit plus à imposer son arbitrage, il faut recourir à des ambassadeurs, à des plénipotentiaires ou à des négociateurs secrets. Pour beaucoup d'États européens, la conduite des affaires étrangères devient donc une affaire essentielle et, en France, ce fut la tâche première du cardinal de Richelieu, puis du cardinal Mazarin. Derrière le Premier ministre et le Conseil du roi, un secrétaire d'État travaille à entretenir les correspondances avec l'étranger. Ce département des Affaires étrangères se développe et se structure tout au long du siècle et la conservation de ses archives est organisée en France à partir du temps de Louis XIV. À la fin du règne du roi, le ministre Colbert de Torcy imagine de créer une Académie politique pour former les futurs secrétaires d'ambassade en utilisant ces documents.

L'ampleur des conflits provoque, tout au long du siècle, des bouleversements de la carte politique de l'Europe. De là, le recours à des congrès de paix qui, souvent, durent plusieurs années, alors que les combats continuent. Des représentants des princes en guerre se retrouvent dans une ville et préparent des traités de paix, tout en attendant le résultat des opérations militaires. À Ratisbonne en 1630, à Münster et Osnabrück de 1644 à 1648, à Nimègue de 1676 à 1679 ou à Utrecht de 1712 à 1714, d'interminables réunions ont permis de remodeler l'Europe transformée par la guerre.

Les grandes puissances se préoccupent d'avoir des réseaux de représentants permanents dans toute l'Europe pour pouvoir négocier rapidement et recevoir des informations sûres. Toute une réflexion s'élabore autour des qualités qu'il faut à un ambassadeur et à propos des risques du métier. Parallèlement, le besoin se fait sentir de trouver des règles pour la guerre comme pour la paix, à travers le droit des gens, le droit international, pour lequel Grotius fut un précurseur avec son *De jure belli ac pacis* de 1625.

L'Europe du XVIIe siècle se confond encore avec la chrétienté. Même si elle est divisée, elle trouve là une forme d'identité, surtout lorsque, de l'Empire ottoman, partent de grandes expéditions contre l'Europe centrale ou contre les possessions vénitiennes en Méditerranée. Le roi de France ne participe guère, ou bien du bout des lèvres, à cette mobilisation. En revanche les rois chrétiens sont curieux de nouer des liens avec des princes lointains, et Louis XIV reçoit, avec beaucoup de cérémonie, les envoyés du roi du Maroc, du roi de Siam ou du schah de Perse.

LUCIEN BÉLY

Double page précédente :
Louis XIV reçoit dans la galerie des Glaces de Versailles Mehemet Raza-Bey, ambassadeur extraordinaire du schah de Perse Tahmasp II, le 19 février 1715,
attribué à Antoine Coypel (1661-1722).
Château de Versailles.

Les lettres d'amour d'Henri IV à Marie de Médicis

Henri IV vers 1605, dessin attribué à François Quesnel. BNF, Estampes.

Le regard est pensif. La barbe a blanchi avant les cheveux. Le pourpoint est d'une rigueur militaire. Le roi est encore un homme de guerre, même dans sa vie amoureuse.

À droite : *Le Mariage par procuration de Marie de Médicis et d'Henri IV*, par Rubens, 1600. Paris, Louvre.

Le 5 octobre 1600, Marie de Médicis reçoit l'anneau des mains de son oncle Ferdinand de Médicis, mandaté par Henri IV pour le représenter. Célébrées avec faste en présence du légat pontifical, le cardinal Aldobrandini, ces noces scellent la glorieuse destinée de la princesse de Toscane appelée au trône de France, comme naguère Catherine de Médicis. Présent dans la cathédrale de Florence, Rubens a peint la cérémonie avec la plus grande exactitude.

En 1599, au lendemain de l'édit de Nantes qui garantit la paix des âmes et la paix des armes, Henri IV se préoccupe de régulariser sa situation matrimoniale. La royauté légitime étant acceptée et installée au Louvre, il faut satisfaire l'opinion publique qui réclame une reine et un héritier mâle.

Henri a bien une épouse, Marguerite de Valois, fille d'Henri II et de Catherine de Médicis, mais chacun a mené sa vie séparément et l'union est restée stérile. Depuis quelque temps, Henri songe à régulariser sa liaison avec Gabrielle d'Estrées et même à légitimer leurs enfants, en particulier leur fils aîné César de Vendôme, dont il est très fier. Mais il faut obtenir l'annulation de la première union et Marguerite tarde à donner son accord. La mort soudaine de Gabrielle, survenue en avril 1599, met fin à ce projet.

L'annulation du premier mariage est prononcée. Libéré, le roi cherche en Europe une princesse à épouser. Il écarte quelques Allemandes et jette son dévolu sur la nièce du grand-duc de Florence, Marie de Médicis. Ce choix ne peut que plaire, tant à Marguerite de Valois qu'au Saint-Père, puisqu'il renouvelle les noces d'Henri II et de Catherine de Médicis.

Pour autant, Henri n'entend pas sacrifier ses plaisirs à la raison d'État, et il s'enquiert avec soin des qualités de la jeune princesse, son esprit certes, mais surtout sa beauté. Les portraits envoyés de Florence laissent deviner un léger embonpoint, mais on passe outre, pour la bonne et sonnante raison que la dot négociée avec le grand-duc doit éteindre l'immense dette du roi envers les Médicis. Après quelques marchandages, on se met d'accord sur le chiffre de 600 000 écus et le contrat est signé. La princesse, mariée par procuration le 5 octobre 1600, s'embarque à Livourne sur une flotte de dix-huit galères payée par le grand-duc.

Entre-temps, le roi de France s'est trouvé d'autres occupations, et d'abord la guerre contre le duc de Savoie Charles-Emmanuel, incorrigible comploteur qu'il faut mettre au pas. Les opérations le retiennent longuement sur les champs de bataille de Savoie, car il veut avoir l'œil à tout, jusqu'à la signature du traité de Lyon qui vaut à la France l'annexion des pays de l'Ain. Mais le cœur aussi est pris ailleurs : une nouvelle venue, Henriette d'Entragues, s'est imposée aux appétits du roi galant et la fine mouche a ses exigences.

La correspondance adressée par Henri à Marie de Médicis durant toute la durée de son voyage reflète avec crudité, pour qui sait lire entre les lignes, l'évolution de la pensée du roi, de l'impatience à l'embarras. À juste titre, la Florentine s'étonne de ne pas trouver le roi à Marseille, puis à chaque étape de sa remontée du Rhône, et il faut la rassurer en faisant assaut de galanterie. Mais, à mesure que le cortège se rapproche, Henri, relancé sans vergogne par Henriette, s'effraie d'avoir bientôt à se passer la corde au cou.

Le 9 décembre au soir, les époux sont enfin réunis, dans une chambre de l'archevêché de Lyon. Le dauphin Louis (futur Louis XIII) naîtra le 27 septembre 1601, un mois avant le comte de Verneuil, le fils d'Henriette d'Entragues.

JEAN-PIERRE BABELON

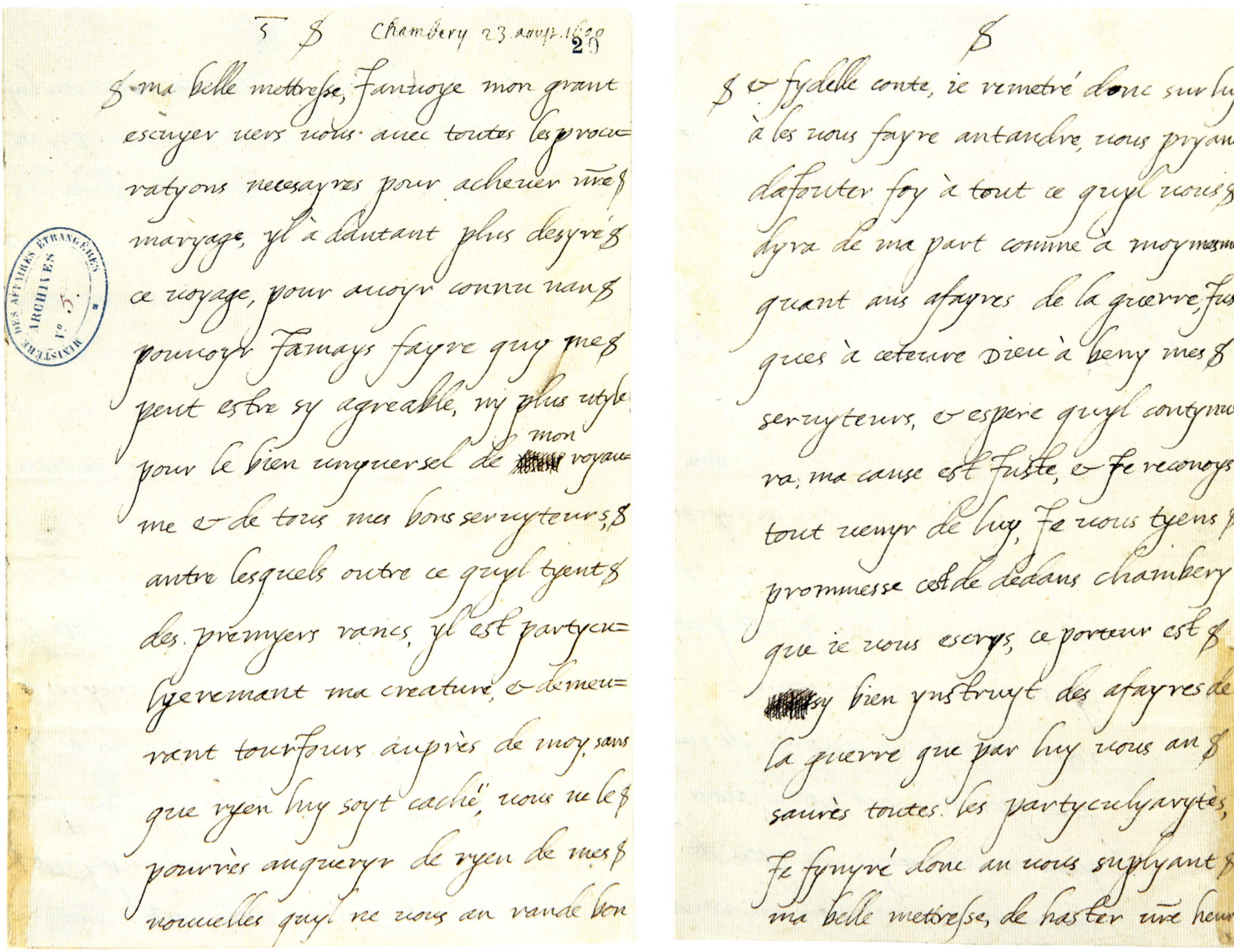

$ $ Chambéry 23 aoust 1600 29

$ ma belle mettresse, Janvoye mon grant escuyer vers vous avec toutes les procu= ratyons necesayres pour acheuer nre $ maryage, yl à dautant plus desyré $ ce voyage, pour auoyr connu nan $ pouuoyr Jamays fayre quy me $ peut estre sy agreable, ny plus utyle pour le bien unyuersel de mon royau= me & de tous mes bons seruyteurs, $ antre lesquels outre ce quyl tyent $ des premyers rancs, yl est partycu= lyeremant ma creature, & demeu= rant toujours auprès de moy, sans que ryen luy soyt caché, vous ne le $ pourrés anqueryr de ryen de mes $ nouuelles quyl ne vous an rande bon

$ & fydelle conte, ie remetré donc sur luy à les vous fayre antandre, vous pryant dajouter foy à tout ce quyl vous $ dyra de ma part comme à moymesmes, quant aus afayres de la guerre, jus= ques à ceteure Dieu à beny mes $ seruyteurs, & espere quyl contynue= ra, ma cause est juste, & je reconoys tout venyr de luy, Je vous tyens $ prommesse cest de dedans chambery que ie vous escrys, ce porteur est $ sy bien ynstruyt des afayres de la guerre que par luy vous an $ saurés toutes les partycularytés, Je fynyré donc an vous supplyant $ ma belle metresse, de haster nre heur

Lettre d'Henri IV à Marie de Médicis.
MAE, MD France (pour la double page).

Les signes $ qui encadrent les lignes, appelés « fermesses », sont des messages amoureux. Le monogramme choisi par Henri en guise de signature est une combinaison de H (Henri) et de M (Marie). L'appellation « maîtresse » est conforme à l'usage du temps : il indique que la princesse est maîtresse du cœur du roi.

Chambéry, 23 août 1600
Ma belle maîtresse,
J'envoie mon grand écuyer [le duc de Bellegarde] vers vous avec toutes les procurations nécessaires pour achever notre mariage. Il a d'autant plus désiré ce voyage pour avoir connu n'en pouvoir jamais faire qui me pût être si agréable, ni plus utile pour le bien universel de mon royaume et de tous mes bons serviteurs, entre lesquels, outre ce qu'il tient des premiers rangs, il est particulièrement ma créature, et demeurant toujours auprès de moi, sans que rien lui soit caché, vous ne le pourrez enquérir de rien de mes nouvelles qu'il ne vous en rende bon et fidèle compte. Je remettrai donc sur lui à les vous faire entendre, vous priant d'ajouter foi à tout ce qu'il vous dira de ma part, comme à moi-même.
Quant aux affaires de la guerre, jusqu'à cette heure, Dieu a béni mes serviteurs, et espère qu'il continuera, ma cause est juste, et je reconnais tout venir de lui.
Je vous tiens promesse. C'est de dedans Chambéry que je vous écris. Ce porteur est si bien instruit des affaires de la guerre que par lui vous en saurez toutes les particularités.
Je finirai donc en vous suppliant, ma belle maîtresse, de hâter votre heur [bonheur] et le mien par votre venue la plus prompte que vous pourrez. Je n'ai jamais eu un si violent désir que celui de vous voir. Que cela vous serve encore d'un coup d'éperon pour hâter votre voyage. Constance [l'un de ses messagers] a été arrêté par le duc de Savoie. Je ne sais si [il] me le renverra. J'ai bien de quoi le lui faire rendre, mais non de quoi me revancher de m'avoir privé huit jours de vos nouvelles.
Mon amour me contraint de vous supplier encore un coup de hâter votre voyage le plus que vous pourrez, et sur cette requête je ferai fin, vous baisant cent mille fois les mains,
ce 23e d'août, de Chambéry.

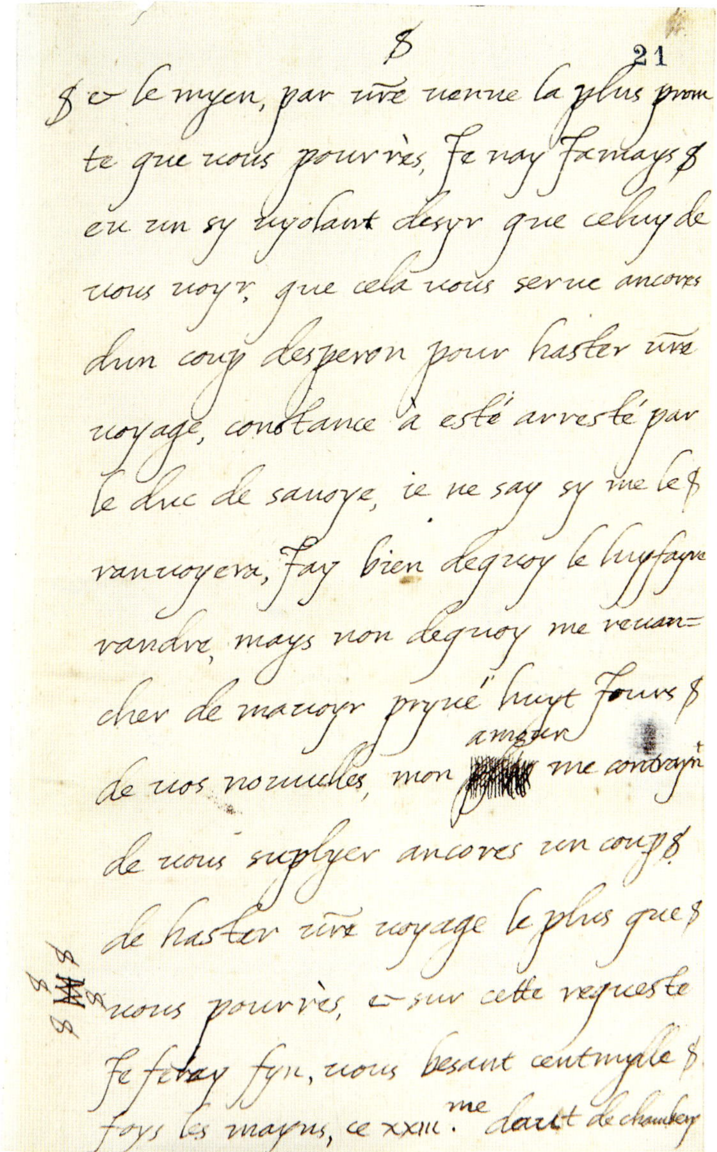
8 21

& le myen, par vre venue la plus prom
te que vous pourrès, Je nay Jamays &
eu un sy vyolant desyr que celuy de
vous voyr, que cela vous serve ancores
dun coup desperon pour haster vre
voyage, constance a esté arresté par
le duc de savoye, ie ne say sy me le &
vanuoyera, Jay bien dequoy le luy fayre
vandre, mays non dequoy me revan-
cher de mavoyr pryvé huyt Jours &
de vos nouvelles, mon amour me contraynt
de vous suplyer ancores un coup &
de haster vre voyage le plus que &
vous pourrès, & sur cette requeste
Je feray fyn, vous besant centmyle &
foys les mayns, ce xxiii.me davril de chambery

« Les lettres d'Henri IV
sont en général courtes,
pressées comme de quelqu'un
qui monte à cheval
ou qui en descend. »

Sainte-Beuve, *Causeries du lundi*, t. XI, 1855.

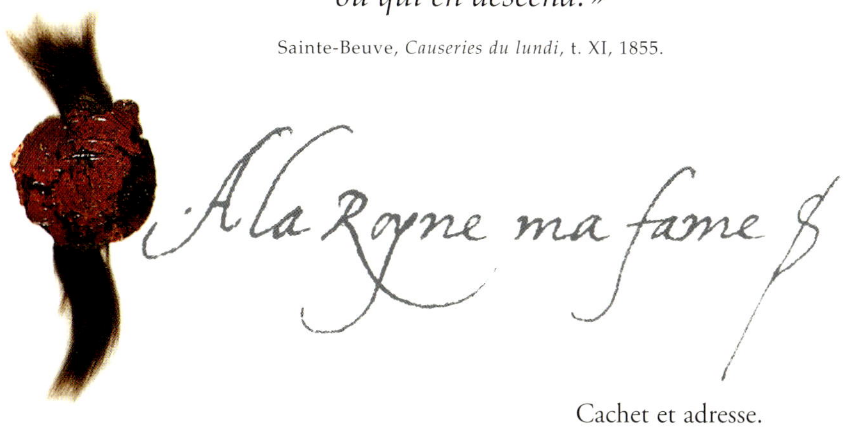

Cachet et adresse.

Henri IV reçoit
le portrait de Marie de Médicis (détail), par Rubens, 1600.
Paris, Louvre.

Avant de se décider à épouser Marie de Médicis, Henri IV s'est procuré un portrait d'elle, qu'il est venu examiner à Saint-Cloud chez Jérôme de Gondi le 25 avril 1600. Il en réclamera d'autres, bien dessinés et ressemblants, pour se faire une meilleure idée des traits de la princesse.

Les limites de la France

Cartes de la Franche-Comté

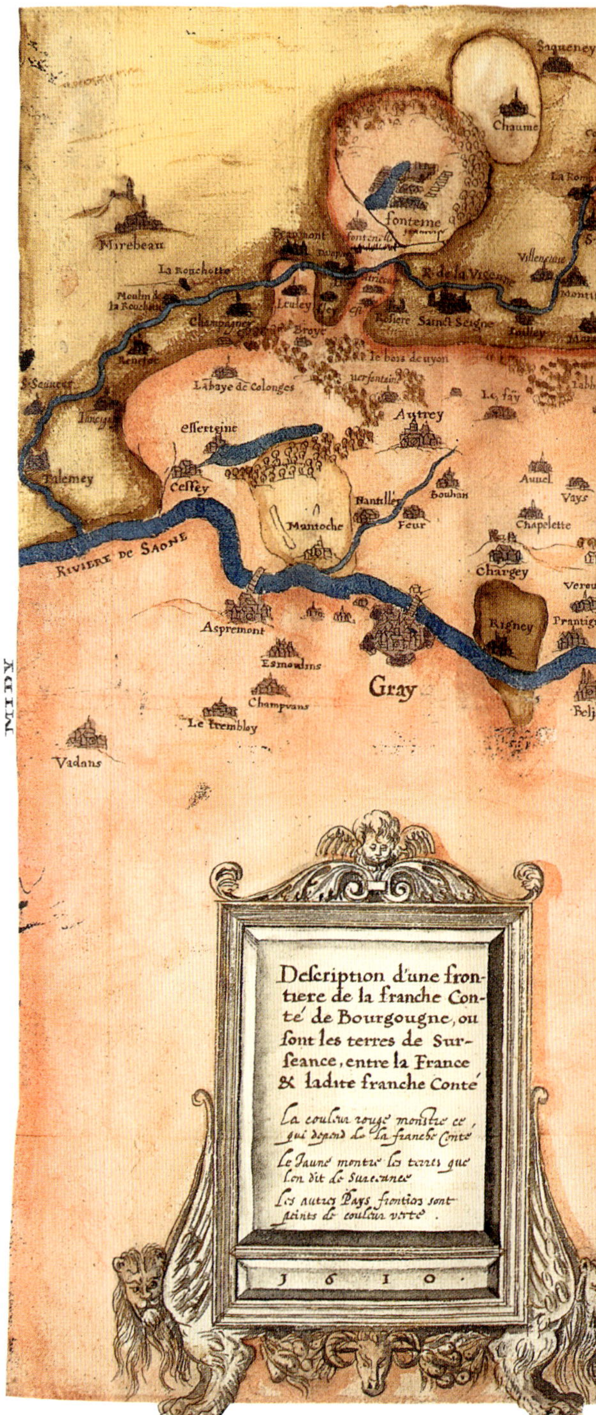

DES siècles durant, les conflits frontaliers entre la France et ses voisins ont suscité d'âpres négociations, ne portant parfois que sur quelques villages. Il ne faut pas moins d'un procès-verbal de trois cents folios pour qu'une commission mixte composée de représentants du royaume de France (pour la Bourgogne, devenue française après la mort de Charles le Téméraire) et des archiducs comtes de Bourgogne (la Franche-Comté, réunie au royaume en 1678) tentent de régler les différends. Le texte est accompagné d'une dizaine de cartes ou plans aquarellés, précis et magnifiques, abondamment légendés. Cet exposé visuel des contestations de limites, dont les historiens ont retrouvé des exemples dans les derniers siècles du Moyen Âge, sont encore relativement rares au XVIIe siècle, la description des terres demeurant linéaire et abstraite, plus juridique que figurative, jusqu'au XVIIIe. Vers 1610-1620, une telle abondance de cartes est vraiment exceptionnelle.

Tous les termes sont exactement choisis. Sur la « frontière » (au sens très militaire) de la Franche-Comté (carte ci-contre), des terres demeurent en « surséance », c'est-à-dire de statut encore incertain, jusqu'à un accord que les commissaires veulent définitif. Certaines terres sont reconnues en surséance par les deux parties, mais d'autres villages, « tenus par ceux du comté » ou « par ceux de France », ne sont dits tels que par un souverain. Le contrôle des voies de communication est toujours capital, et les commissaires de France revendiquent la souveraineté royale sur la « rue de France », de Fontaine-Française à Gray. Les seigneurs de Vauvillers et des villages qui en dépendent soutiennent qu'ils constituent une souveraineté à part (ils battent monnaie, abritent les contrebandiers). La multiplicité des conflits, qui sont traités terre

par terre, village par village, n'exclut pas une représentation continue et plane de la souveraineté : la couleur rouge est celle des terres franc-comtoises, de part et d'autre de la Saône (ici, l'idée de limite fluviale naturelle et historique, issue du traité de Verdun de 843, n'est guère qu'un souvenir).

Changeons d'échelle (laquelle ne figure pas sur le plan de Savigny et de ses environs, dans la Bresse comtoise, ci-contre). Le 8 juillet 1611, les commissaires se réunissent au couvent des Cordeliers de Lons-le-Saunier. Le lendemain, ils quittent la ville pour une « inspection oculaire », selon l'expression du temps. La « tibériade » (du nom technique et juridique, attesté en Bourgogne, des plans du Tibre) est ponctuée de lettres de l'alphabet explicitées dans le procès-verbal. Aux clochers, aux fourches patibulaires, à une croix près de l'église, qui désignent des institutions et sont des marques de l'appartenance ou de l'identité locale, s'ajoutent des bois et des étangs, une carrière, des chemins, des cours d'eau, des ponts et des moulins, des hameaux. Complétant l'argumentation juridique du texte, ils évoquent la vie des hommes, leurs travaux, le paysage rural et villageois.

DANIEL NORDMAN

Carte de la Franche-Comté et description de ses frontières, 1610. Échelle de l'original : 1/150 000 environ ; dimensions : 55 × 36 cm. MAE, Fonds des limites.

À gauche : Plan de Savigny et de ses environs, 1611. Échelle : 1/15 000 environ ; dimensions : 57 × 42 cm. MAE, Fonds des limites.

Notes de Louis XIII à Richelieu.
MAE, MD France.

Mon Cousin, je ne manquerai de me rendre à Fontainebleau vendredi à midi, auquel jour et heure j'espère vous y trouver. Assurez-vous toujours de mon affection, qui durera jusqu'au dernier soupir de vie.
Louis, à Malesherbes, ce 16 octobre 1629.

Monseigneur s'est mis un chicot dans le pied.
J'ai envoyé chercher mon maréchal pour lui ôter.

Mon Cousin, je ne saurais être en repos si je n'ai souvent de vos nouvelles, c'est pourquoi j'envoie ce porteur pour m'en rapporter que je prie le bon Dieu de tout mon cœur être telles que je les désire.
Louis, à Chalons, ce 3 octobre 1633.

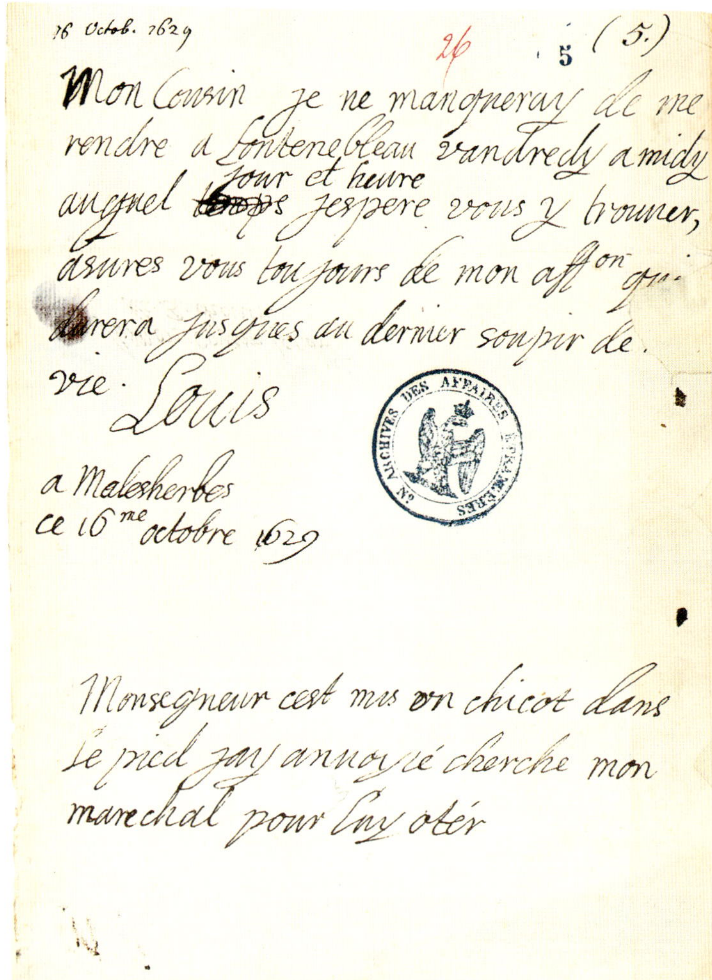

16 Octob. 1629 26 5 (5.)

Mon Cousin je ne manqueray de me rendre a Fontenebleau vandredy a midy auquel ~~temps~~ jour et heure jespere vous y trouver, asures vous toujours de mon affon qui durera jusques au dernier soupir de vie. Louis

a Malesherbes ce 16me octobre 1629

Monsegneur cest mis un chicot dans le pied jay annoyé cherche mon marechal pour luy otér

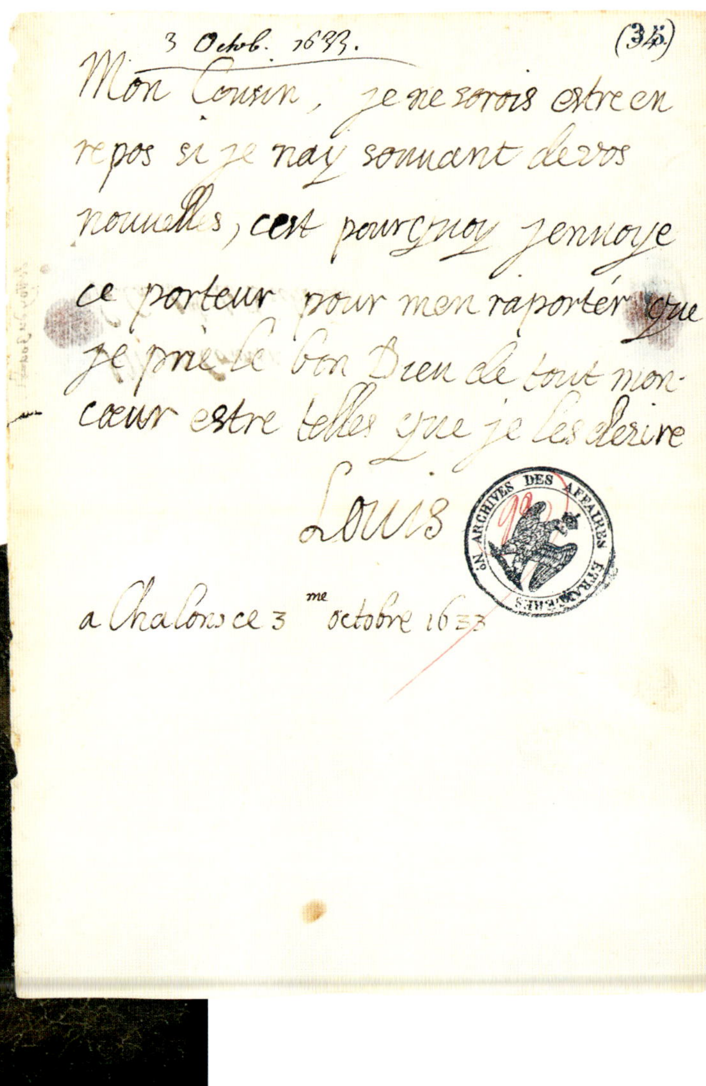

3 Octob. 1633. (34)

Mon Cousin, je ne sorois estre en repos si je nay souvant de vos nouvelles, cest pourquoy jennoye ce porteur pour men raporter que je prie le bon Dieu de tout mon cœur estre telles que je les desire

Louis

a Chalons ce 3me octobre 1633

Louis XIII et Richelieu

L'invention du « ministériat »

À gauche : *Depuis que Richelieu a été promu au cardinalat, en 1622, la coutume veut que le roi l'appelle « Mon Cousin ». Entré au Conseil en 1624, le cardinal s'est attaché à gagner la confiance de Louis XIII. Dès lors, chaque fois qu'ils sont séparés, les deux hommes échangent des billets : le ministre assure le roi de sa fidélité et de son dévouement, tandis que le roi témoigne à son ministre de son attachement, l'informe de sa santé et des événements de sa vie. Entre ces deux grands « malades d'État », les questions de santé tiennent en effet une place importante et leur valeur politique est essentielle : ce n'est qu'à une guérison inespérée de Louis XIII en 1630 que Richelieu doit son salut puis son triomphe de la journée des Dupes ; la mort du roi aurait entraîné pour lui la chute, sinon la mort.*

Entrée de Louis XIII à La Rochelle, le 1er novembre 1628 (détail), par Pierre Courtillaud. La Rochelle, musée d'Orbigny-Bernon.

En octobre 1628, La Rochelle, bastion du protestantisme, finit par tomber après un siège de quatorze mois conduit par Richelieu. En 1629, Privas est assiégé à son tour, les habitants massacrés (page suivante). Marie de Médicis et le parti dévot attendent du cardinal qu'il poursuive l'œuvre de restauration catholique en achevant de réduire la rébellion huguenote à l'intérieur de la France. Or, ce qu'il a en tête est tout autre : il propose de limiter l'action intérieure à faire en sorte que le roi « soit absolument obéi des grands et des petits », tandis qu'à l'extérieur « il faut avoir en dessein perpétuel d'arrêter le cours des progrès d'Espagne », c'est-à-dire des Habsbourg. Le « grand orage » issu de l'opposition de ces deux politiques éclate en novembre 1630, lors de la fameuse journée des Dupes : le parti dévot est anéanti et le roi réaffirme son soutien à Richelieu. Celui-ci va pouvoir suivre sa ligne de politique étrangère qui conduira à l'engagement progressif de la France dans la guerre de Trente Ans.

RICHELIEU gouverne la France de 1624 à 1642, dix-huit années qui vont durablement influencer le destin de l'Europe. « Peu d'hommes d'État peuvent se targuer d'avoir autant marqué l'histoire », dira à son propos Henry Kissinger. La tradition romantique verra en lui un personnage machiavélique et manipulateur, agitant les ficelles d'un pantin nommé Louis XIII : « Il est le flambeau. Le roi c'est la lanterne / Qui le sauve du vent sous sa vitre un peu terne » (Victor Hugo, *Marion Delorme*, II, I). En réalité, les relations qu'entretiennent le cardinal et le roi sont plus complexes. À l'engagement du ministre : « Je lui promets qu'il ne sera jour de ma vie que je ne tâche de me mettre en l'esprit ce que j'y devrais avoir à l'heure de ma mort sur le sujet des affaires publiques dont il lui plaît se décharger sur moi », répond la promesse du roi : « Quiconque vous attaquera, vous m'aurez pour second. » Dévouement et respect indéfectible chez l'un, protection et reconnaissance chez l'autre, telle est la relation exprimée dans la correspondance que les deux hommes ont pris l'habitude d'échanger quand ils sont séparés (ci-contre).

Leurs personnalités sont complémentaires : Louis XIII, de caractère ombrageux, est conscient de sa majesté, mais aussi de la supériorité intellectuelle de son ministre ; Richelieu, tout brillant qu'il soit, ne peut agir qu'à travers le roi et doit donc sans cesse se maintenir en grâce auprès de lui. Ce système de gouvernement bicéphale, appelé « ministériat », participe alors de la construction de l'État moderne : le conseiller (Richelieu, mais aussi Sully, Mazarin, Buckingham, Olivares...) gère l'appareil d'État et assume, à la place du roi, le mécontentement du peuple, permettant au monarque de conserver son image traditionnelle de suprême justicier.

Richelieu se distingue par l'exceptionnelle durée de sa carrière et par le fait que jamais il ne connaîtra la disgrâce. C'est que ce ministre est aussi pleinement cardinal, à la fois conseiller-favori et conseiller-clerc. Outre ses qualités en matière de politique, il tire une partie de son ascendant sur le roi de sa condition d'ecclésiastique et joue un rôle non officiel de direction de conscience auprès d'un Louis XIII scrupuleux à l'extrême. Mais il définit clairement la place qu'il se fixe, celle du donneur d'avis de par la grâce du roi dont il n'est que la créature : « J'étais zéro, qui en chiffre signifie quelque chose quand il y a des nombres devant lui, et maintenant qu'il a plu au roi me mettre à la tête, je suis le même zéro, qui, par mon jugement, ne signifiera rien » (Richelieu au cardinal de La Valette, 11 février 1628).

En 1630, Louis XIII est très malade, on le juge perdu. Il promet de renvoyer Richelieu. Les adversaires du cardinal croient triompher... mais le roi se rétablit. Le 11 novembre, il désavoue sa mère, Marie de Médicis, et garde son ministre. Après cette « journée des Dupes », Richelieu conservera la confiance du roi jusqu'à sa mort, en 1642.

FRANÇOISE HILDESHEIMER

« Armand, on voit que ce monarque
T'estime sans comparaison ;
Et c'est la véritable marque
Et la force de ta raison. »

Épigramme de François Mainard (1582-1646).

Richelieu et Louis XIII dialoguent aussi à travers des mémoires dressés par le cabinet du cardinal : le roi porte en marge ses apostilles et ses décisions, manifestant son souci pointilleux du détail. Charles de Nevers a hérité de son oncle le duché de Mantoue, mais Charles Emmanuel, duc de Savoie, soutenu par les Espagnols, conteste cette succession et revendique le Montferrat. En 1628, il bloque le duc de Nevers dans Casale, capitale du Montferrat ; les Français, qui protègent les Nevers, doivent forcer le pas de Suse pour libérer la ville. Le 28 avril 1629, le roi s'apprête à quitter Suse et à regagner la France. Richelieu lui soumet un texte (à droite) « avant son partement », lui demandant de trancher un certain nombre de problèmes concrets en vue de la poursuite de la campagne des troupes françaises en Italie.

La Prise de Privas par Louis XIII le 28 mai 1629, école française, XVIIe siècle. Château de Versailles.

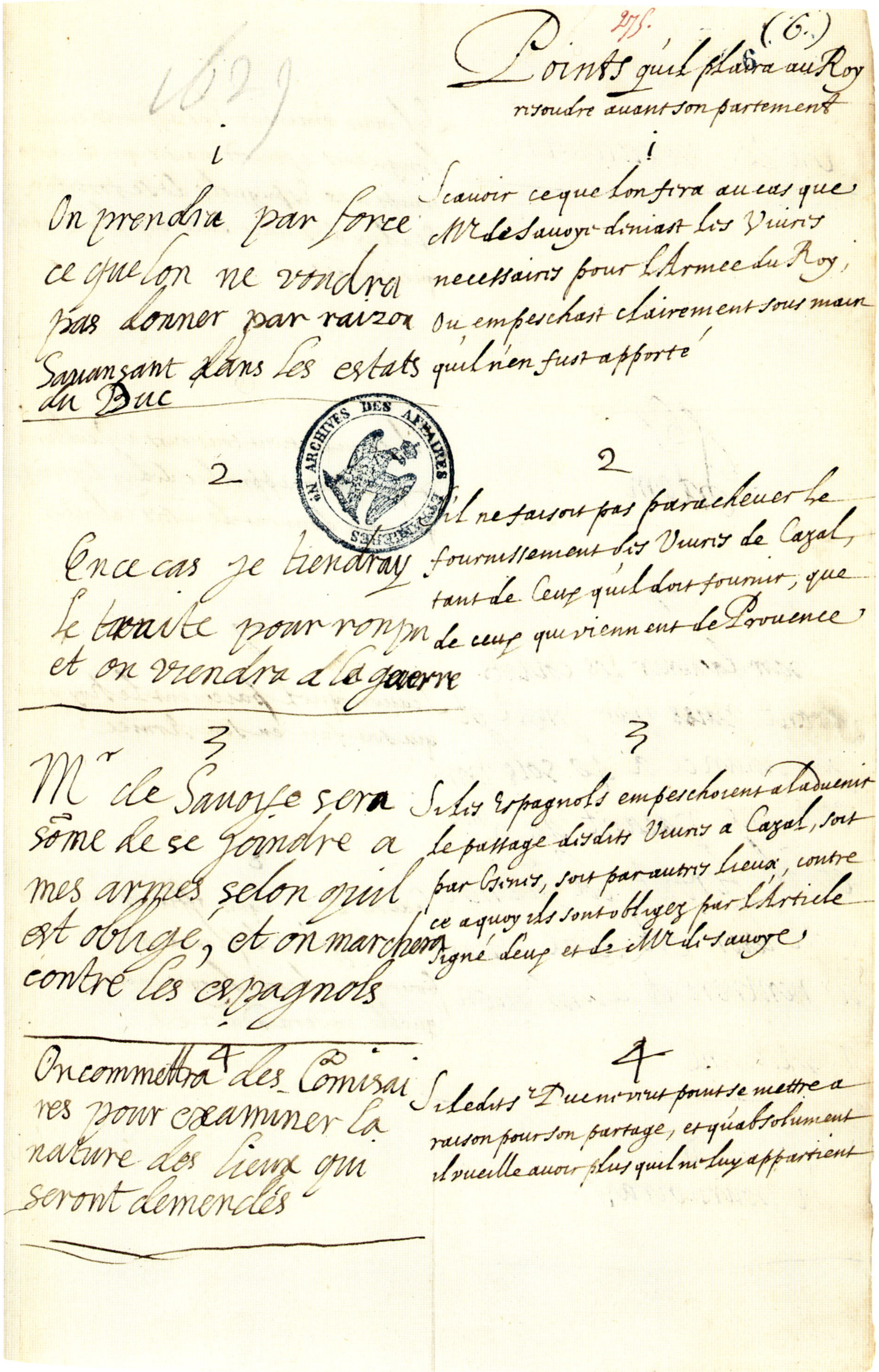
1629

275. (6.)

Points quil plaira au Roy resoudre avant son partement

1

Scavoir ce que lon fera au cas que Mr de Savoye deniast les Vivres necessairs pour l'Armee du Roy, ou empeschast clairement sous main quil n'en fust apporte

1

On prendra par force ce que lon ne vondra pas donner par raizon savansant dans les estats du Duc

2

S'il ne faisoit pas parachever le fournissement des Vivres de Cazal, tant de ceux quil doit fournir, que de ceux qui viennent de Provence

2

En ce cas je tiendray le traite pour ronpu et on viendra a la guerre

3

Si les Espagnols empeschoient a ladvenir le passage desdits Vivres a Cazal, soit par Gennes, soit par autres lieux, contre ce a quoy ils sont obligez par l'Article signé d'eux et de Mr de Savoye

3

Mr de Savoye sera sõme de se joindre a mes armes selon quil est oblige, et on marchera contre les espagnols

4

Si ledit sr Duc ne veut point se mettre a raison pour son partage, et qu'absolument il veuille avoir plus quil ne luy appartient

4

On commettra des Comisaires pour examiner la nature des lieux qui seront demendés

Questions de Richelieu à Louis XIII, avec réponses de la main du roi (colonne de gauche), juillet 1629.

Points qu'il plaira au roi résoudre avant son partement

1. [Question de Richelieu] Savoir ce que l'on fera au cas que M. de Savoie déniât les vivres nécessaires pour l'armée du roi ou empêchât clairement sous main qu'il n'en fût pas apporté.
– [Réponse du roi] On prendra par force ce que l'on ne voudra pas donner par raison, s'avançant dans les États du duc.

2. S'il ne faisait pas parachever le fournissement des vivres de Casale, tant de ceux qu'il doit fournir que de ceux qui viennent de Provence.
– En ce cas, je tiendrai le traité pour rompu et on viendra à la guerre.

3. Si les Espagnols empêchaient à l'avenir le passage desdits vivres à Casale, soit par Gênes, soit par autres lieux, contre ce à quoi ils sont obligés par l'article signé d'eux et de M. de Savoie.
– M. de Savoie sera sommé de se joindre à mes armes selon qu'il est obligé, et on marchera contre les Espagnols.

4. Si ledit sieur duc ne veut point se mettre à raison pour son partage, et qu'absolument il veuille avoir plus qu'il ne lui appartient.
– On commettra des commissaires pour examiner la nature des lieux qui seront demandés.

MAE, MD France.

Le testament politique de Richelieu

Un « bréviaire de l'homme d'État »

« Je promets à Votre Majesté qu'il ne sera jour de ma vie que je ne tâche de me mettre en l'esprit ce que j'y devrais avoir à l'heure de ma mort sur le sujet des affaires publiques dont il lui plaît de se décharger sur moi. »

Richelieu, dernière phrase du *Testament politique*.

Portrait de Richelieu (détail), par Philippe de Champaigne (1602-1674). Coll. particulière.

OUTRE ses mémoires, Richelieu a laissé un *Testament politique*, véritable « bréviaire de l'homme d'État » (Sainte-Beuve) : « Cette pièce verra le jour sous le titre de mon testament politique, parce qu'elle est faite pour servir, après ma mort, à la police et à la conduite de votre royaume, si Votre Majesté l'en juge digne, parce qu'elle contiendra mes derniers désirs à cet égard, et qu'en vous la laissant, je consigne à V. M. tout ce que je lui puis léguer de meilleur quand il plaira à Dieu m'appeler de cette vie. »

Depuis Voltaire, on a abondamment discuté de l'authenticité du document et de la participation effective du cardinal à sa rédaction. S'il ne saurait être question de l'imaginer tenant lui-même la plume (rappelons qu'on n'a pas même de certitude concernant l'identification de son écriture), on peut légitimement supposer que l'œuvre émane de son cabinet et constitue le dernier effort du ministre pour écrire son histoire, au moment où il estime que la paix quasi établie permet d'envisager un avenir dégagé. Le *Testament* rassemble une abondante production documentaire : souvenirs personnels, informations données oralement, recherches bibliographiques, avis donnés au roi, mémoires élaborés et reçus par Richelieu, maximes composées par lui-même… On y découvre une chronique des affaires du royaume de 1624 à 1638, puis un programme de réforme intérieure qui culmine avec le chapitre premier de la deuxième partie « qui fait voir que le 1er fondement du bonheur d'un État est l'établissement du règne de Dieu ».

Entre autres matières, le *Testament* évoque la pratique diplomatique, laquelle passe par la négociation permanente : « J'ose dire hardiment que négocier sans cesse, ouvertement ou secrètement, en tous lieux, encore même qu'on n'en reçoive pas un fruit présent et que celui qu'on en peut attendre à l'avenir ne soit pas apparent, est chose tout à fait nécessaire pour le bien des États. » Cette négociation se mène par l'intermédiaire des ambassadeurs et ses limites sont celles de la raison face à la force qui règne en temps de guerre ; ce qui est en jeu est essentiellement la réputation du prince, dont l'honneur surpasse jusqu'à l'intérêt de l'État : « Les rois doivent bien prendre garde aux traités qu'ils font, mais quand ils sont faits, ils doivent les observer avec religion. […] Un grand prince doit plutôt hasarder sa personne, et même l'intérêt de son État, que de manquer à sa parole qu'il ne peut violer sans perdre sa réputation et, par conséquent, la plus grande force des souverains. »

FRANÇOISE HILDESHEIMER

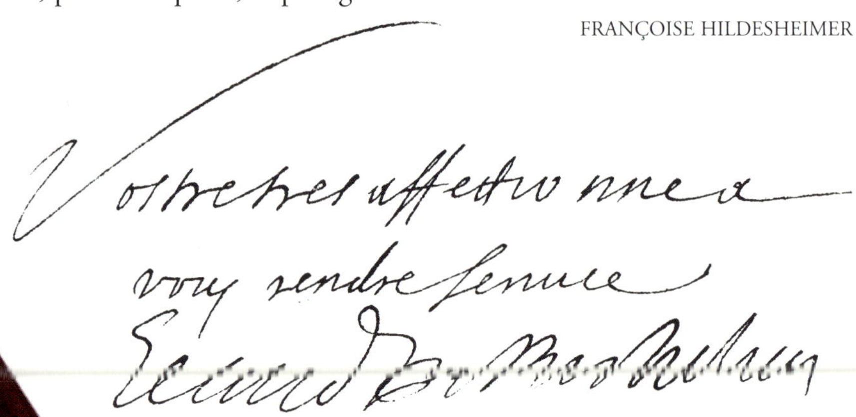

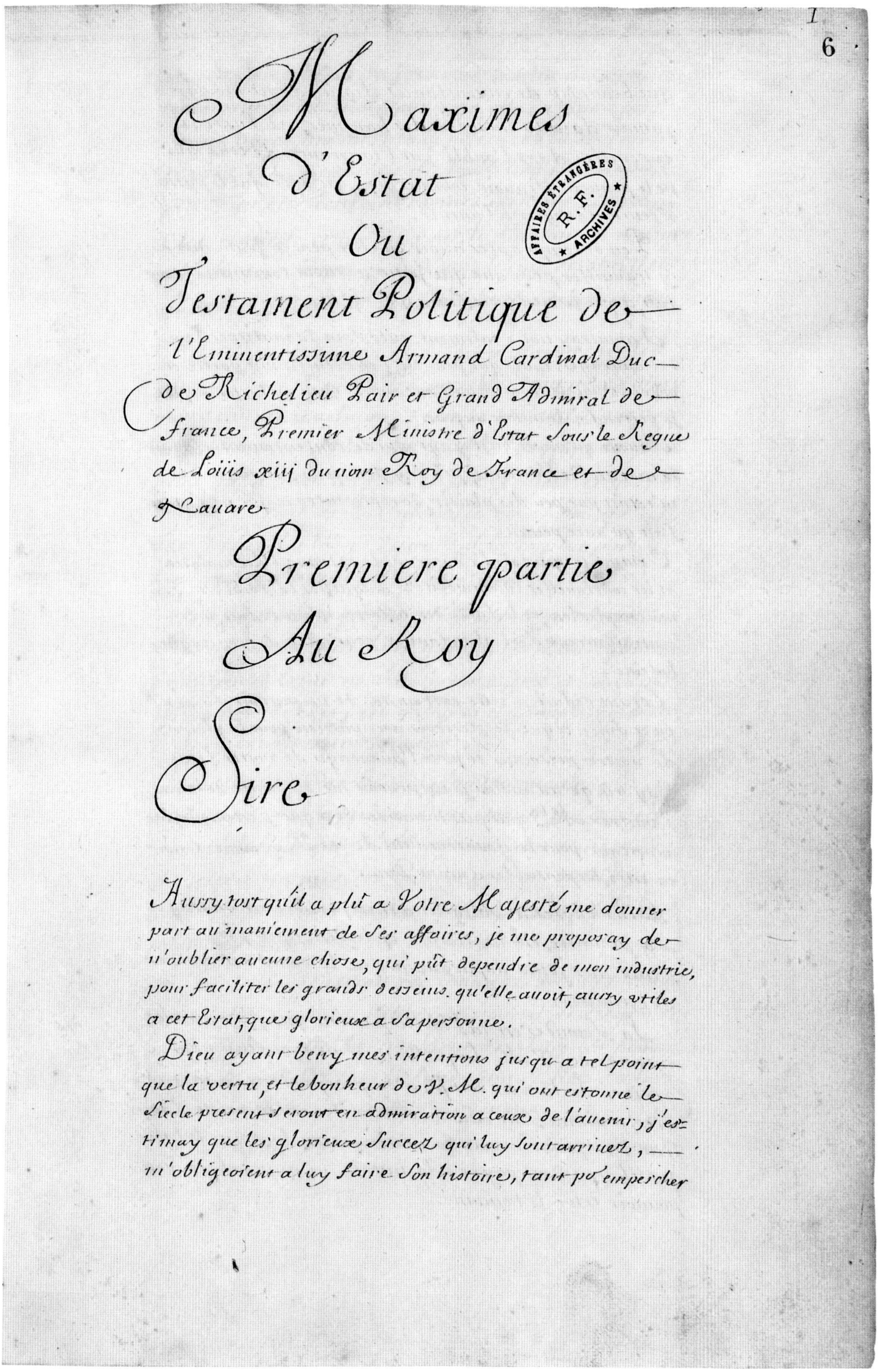

1
6

Maximes
d'Estat
Ou
Testament Politique de
l'Eminentissime Armand Cardinal Duc
de Richelieu Pair et Grand Admiral de
france, Premier Ministre d'Estat sous le Regne
de Loüis xiij du nom Roy de France et de
Navarre

Premiere partie

Au Roy

Sire

AFFAIRES ÉTRANGÈRES R.F. ARCHIVES

Aussy tost qu'il a plû a Votre Majesté me donner part au maniement de ses affaires, je me proposay de n'oublier aucune chose, qui pût dependre de mon industrie, pour faciliter les grands desseins qu'elle avoit, aussy utiles a cet Estat, que glorieux a sa personne.

Dieu ayant beny mes intentions jusqu'a tel point que la vertu, et le bonheur de V. M. qui ont estonné le Siecle present seront en admiration a ceux de l'avenir, j'estimay que les glorieux Succez qui luy sont arrivez, m'obligeoient a luy faire son histoire, tant p^o^ empescher

Maximes d'État
Ou
Testament politique
De l'éminentissime
Armand, cardinal duc
de Richelieu, pair et grand
amiral de France, premier
ministre d'État sous
le règne de Louis XIII
du nom, roi de France
et de Navarre
Première partie
Au Roi

Sire,

Aussitôt qu'il a plu à Votre Majesté me donner part au maniement de ses affaires, je me proposai de n'oublier aucune chose qui pût dépendre de mon industrie pour faciliter les grands desseins qu'Elle avait, aussi utiles à cet État que glorieux à sa personne. Dieu ayant béni mes intentions jusqu'à tel point que la vertu et le bonheur de Votre Majesté, qui ont étonné le siècle présent, seront en admiration à ceux de l'avenir, j'estimai que les glorieux succès qui lui sont arrivés m'obligeraient à lui faire son histoire, tant pour empêcher que beaucoup de circonstances dignes de ne mourir jamais dans la mémoire des hommes ne fussent ensevelies dans l'oubli par l'ignorance de ceux qui ne le peuvent savoir comme moi, afin que le passé servît de règle à l'avenir. […]
MAE, MD France.

Le nouvel atlas du monde

Les débuts de la géographie politique

À droite : Détail extrait d'une carte marine de l'océan Atlantique de Pierre de Vaux, Le Havre, 1613. BNF, Manuscrits.

EN 1639, Henricus Hondius et Joannes Janssonius font paraître à Amsterdam le premier des trois tomes de leur *Nouveau Théâtre du monde ou Nouvel atlas comprenant les tables et descriptions de toutes les régions de la Terre*. Le titre emprunte à la fois au célèbre ouvrage d'Ortelius (*Theatrum Orbis Terrarum*, 1570) et à l'*Atlas* de Mercator (1595), dont le frontispice représente Atlas, souverain de Mauritanie ; la légende veut en effet que ce roi ait étudié la sphère du monde. Dix ans après la mort de Mercator, le graveur-éditeur Jodocus Hondius a racheté les planches de son recueil de cartes, d'où le double nom sous lequel va paraître cet atlas – Mercator-Hondius. Avec ce *Nouveau Théâtre du monde*, Henricus Hondius poursuit l'œuvre de son père Jodocus.

Amsterdam est alors la capitale de la cartographie en Europe. La compétition est rude : si Henricus Hondius s'associe à son beau-frère Janssonius, c'est pour soutenir la concurrence des Blaeu père et fils. À elles seules, ces deux grandes maisons vont bientôt détenir le quasi-monopole de la publication d'atlas. Chacun de leur côté, les éditeurs s'efforcent de réunir toutes les cartes existantes, imprimées ou manuscrites. Ils reproduisent toutes sortes de documents, inédits ou non, et laissent cohabiter des informations anciennes et récentes, ce qui provoque une rapide inflation du nombre de cartes : Hondius et Janssonius en rassemblent 238 dans leur atlas de 1633, puis 318 en 1638 (présentes dans l'édition française de 1639, ci-contre) et 407 en 1650.

Pour souligner la modernité de leurs productions, les éditeurs insistent dans leurs titres sur leur caractère « nouveau ». Mais les atlas de l'époque deviennent de plus en plus des recueils de documents composites, dont la couverture géographique est loin d'être homogène (l'Europe reste dominante) et dont les échelles ne sont pas toujours cohérentes. Les graveurs des cartes masquent la diversité des sources, laissant croire à l'existence d'un cartographe unique qui aurait dressé tous les documents ; les copies et les copies de copies expliquent les erreurs qui affectent les tracés géographiques et, bien souvent, les toponymes. D'autres graveurs conçoivent les illustrations : décors des pages de titre ou des cartes, figures des cartouches… Toutes ces images sont complétées par des textes (historiques, géographiques, politiques, économiques, etc.), sans cesse étoffés et traduits dans les différentes langues qui distinguent les éditions, les cartes restant identiques d'une version à l'autre. Car l'atlas doit à la fois plaire par ses qualités éditoriales et informer par le contenu des textes et des cartes. L'objectif poursuivi est annoncé dans la préface. Jodocus Hondius, par exemple, rappelle l'utilité de la géographie pour les princes et les grands seigneurs ; ceux-ci doivent prendre la mesure de la puissance des autres monarques et acquérir cette « mémoire artificielle » donnée par les cartes s'ils veulent comprendre les histoires modernes et anciennes : « ainsi la louange de l'Histoire sert à la recommandation de la Géographie ».

MONIQUE PELLETIER

Carta Novissima Russiae tabula (détail), extraite du *Nouveau Théâtre du monde* de Henricus Hondius, 1639. MAE, Bibliothèque (pour tous les documents).

Page de frontispice du *Nouveau Théâtre du monde* de Henricus Hondius, 1639.

Cette page de titre s'inscrit dans un beau décor architectural, surmonté des figures de l'Astronomie et de la Géographie. Au centre, les armes des dix-huit pays d'Europe, encadrés par les souverains du monde, donnent à l'œuvre une résonance « géopolitique ».

Carte du monde extraite du *Nouveau Théâtre du monde* de Henricus Hondius, 1639.

Cette carte en deux hémisphères offre des tracés satisfaisants pour l'époque et rappelle que la Chine reste encore à découvrir, comme le vaste continent austral discrètement esquissé. La côte de l'Australie commence à émerger, tandis que la Californie n'est plus une presqu'île mais une île, de fausses nouvelles ayant circulé… Publiée à Amsterdam, cité marchande par excellence, cette carte du monde est « géographique » mais aussi « hydrographique » : les mers, parcourues par des navires, sont ponctuées d'îles qui forment les indispensables escales. Dans un cartouche situé en bas et au centre, l'Europe, missionnaire et commerçante, reçoit les hommages des trois autres continents : l'Asie porte les attributs de la civilisation et fait face à deux hommes peu vêtus, personnifiant l'Amérique et l'Afrique. Le successeur de Mercator sait aussi que la Terre s'inscrit dans le système du monde (qui n'a guère évolué depuis l'Antiquité) : sa carte, entourée par la figuration des quatre éléments, est dominée par un globe céleste.

Aux quatre coins de la mappemonde figurent, en médaillons, les portraits de Jules César, Claude Ptolémée, Mercator et Jodocus Hondius. Dès 44 av. J.-C., César aurait voulu mesurer le monde : cet épisode, peut-être fictif, constitue l'un des mythes fondateurs de la cartographie européenne. Mais la volonté politique ne suffit pas, il faut des méthodes cartographiques adaptées à l'ampleur du projet. C'est précisément le Grec Ptolémée, au IIe siècle de notre ère, qui a montré la nécessité de construire les cartes sur un réseau de coordonnées, ce que découvre la Renaissance. Désormais, tout est prêt pour accueillir Mercator et Hondius, et leur atlas du monde.

Un « théâtre des guerres » pour Richelieu

Siège de la citadelle de Saint-Martin dans l'île de Ré en 1625 (détail), école française, XVIIe siècle. Château de Versailles.

LE *Théâtre des guerres entre le roi d'Espagne et les États de Hollande*, daté des années 1640 mais qui pourrait être antérieur, est une grande carte manuscrite dont les parties constitutives sont collées sur des feuilles réunies dans un atlas. Son auteur, Arnold Florentz Van Langren, est issu d'une famille d'anabaptistes qui aurait émigré vers le nord des Pays-Bas à la fin du XVIe siècle. Il est « sphérographe royal » des gouverneurs des Pays-Bas espagnols en 1609, puis devient « sphérographe » du roi d'Espagne Philippe IV en 1621, délaissant parfois ce titre pour celui de « cosmographe ». Dès son arrivée aux Pays-Bas, il offre un grand globe terrestre à la ville d'Anvers, puis un autre globe aux gouverneurs. C'est la recherche de nouveaux patronages et de nouvelles ressources qui le conduit sans doute à dédier son *Théâtre* à Richelieu, allié des Provinces-Unies, mais ennemi du roi d'Espagne.

La carte veut représenter, avec le maximum d'exactitude, les provinces belges dont la rébellion est encouragée par les Provinces-Unies, alliées de la France depuis 1635. Les armées espagnoles et hollandaises s'y affrontent, les Français se battant sur un deuxième front situé plus au sud. Hesdin est pris le 29 juin 1639 avec la participation de Louis XIII, Arras le 10 août 1640, et en 1641 plusieurs places fortes du Nord sont conquises. Au cas où les provinces belges ne bougeraient pas, les alliés ont envisagé de les conquérir et de se les partager, ce qui pourrait expliquer l'intérêt de la carte pour Richelieu. La précision du document répond aux besoins des militaires : Van Langren a représenté toutes les villes et tous les forts « selon leur juste grandeur, forme et figure », et le tracé des routes a été ajouté une fois le document rédigé. La carte a bien été dressée à l'intention d'utilisateurs français, comme en témoignent les termes adoptés : « riviere », « païs », « château », « fort », « conté », « marescage », etc.

Ce document vient s'insérer dans une production française qui est alors dominée par les ingénieurs militaires. Le pouvoir royal veut disposer d'une représentation complète du royaume et des pays voisins : des atlas manuscrits sont constitués, outils stratégiques indispensables à une monarchie dont la puissance dépend de la position de ses places fortes. Dès 1634, Christophe Tassin publie un atlas imprimé qu'il intitule *Les Cartes générales de toutes les provinces de France* ; il y présente en priorité les provinces périphériques et finit son ouvrage en donnant les cartes des pays voisins. Il participe ainsi, à sa manière, à la consolidation des frontières, commencée avec le traité de Lyon de 1601 et continuée par celui de Munster de 1648. Le beau cartouche de la carte de Van Langren (ci-contre) fait d'ailleurs penser au style de Tassin.

Les « Théâtres des guerres », cartes ou atlas qui permettent de suivre les opérations militaires, en sont alors à leurs débuts. Ils vont se développer dans deux directions : ce seront soit des documents purement topographiques, nécessaires à la marche des armées, soit des documents historiques qui s'efforceront de figurer les opérations dans leur cadre topographique.

MONIQUE PELLETIER

Ci-dessous (frontispice) et double page suivante
(détail avec la ville d'Aix-la-Chapelle) :
Théâtre des guerres entre l'Espagne et la Hollande,
par Van Langren, 1640.
MAE, Bibliothèque.

Forest de Nieffwilre
Mont S. Lorant
Hockerck
Limmers
Orsbach
Loosberg
Badenbourg
Ter waden
Forest Brucher
Durwys
Holsaet
Epen
Vols
Selster chapelle
AKEN, AIX
Haren
Ter wyden
Helisbrot
Vilen
Asselhuys
Sippenbaken
Forest de Gland
Borchet Abaye
Calckhouen chasteau
Bruch
Esswiller
Nootberg
Gemenich
Forest Franckenbourg
Franckenbourg
Forest Roohaech
Hetsenich
Moulin a cuiure
Moulin
Schimper
Moresent
De beuert
Elendorff
Forest Botsger
Dente riuiere
Moulin de Cuiure
Veruersbach
Engeuenoost
Forest Pruys
Calmine
Moulin à Cuiure
Staelberg Chasteau
Herkemat
Hebschit
Vosbach
Cnouthausen
Bussbach
Nieuwenhof
Denral
Swartsenborch
Cleyn lant Weeriage
Dorp
Holsen
Thiffelt
Brandenbourg Abaye
Grossenich
Brenich
Walhorn
Raren
Valem
Venuegen
Moessbach
Nieubau
Nieudorp
Han
Crapoel
Belue
BOV RG
Wems
Liberim
Ketenisse
Reinart
Stochem
Niesdorp
Gemeret
Ouerroot
Oepen
Masertinen
Musspot
FOREST DE FANGNE
Monioe
Oft Forest
LE
Petershuys
Zoerbroot
D'Allemaigne
De Brabant
De la France
D'Italie
Stades
Verges de 20. pies

Lintsnich
Vogelsang
Lindberg
Bornheim
Keerberg
Bonenberg
DE IVLIERS
Villes du Roy d'Espaigne
Villes des Estats
Fortifications du Roy
Fortifications des Estats
Redoutes
Les Baronnies et Bourgades sont marquez par escript
Villages
Chasteaux
Cloistres
Hameaux
Moulins a vent
Moulins a eau
Iustices
Diques
Chemins
ESCHELE DE DIVERSES LIEVES

La paix des Pyrénées et le mariage de Louis XIV

Histoire d'une île singulière

Portrait de Mazarin,
par Wallerant Vaillant, 1660.

Mazarin est remarqué par Richelieu à Lyon dès 1630. Cette même année, il évite une bataille franco-espagnole en s'élançant entre les deux armées au cri de « Pace, pace ! » Nonce à Paris, il est parrain de Louis XIV, devient cardinal en 1641 et principal ministre à la mort de Richelieu en 1643. Il est à l'origine de la réconciliation franco-espagnole, qui aboutit en 1659 à la paix des Pyrénées.

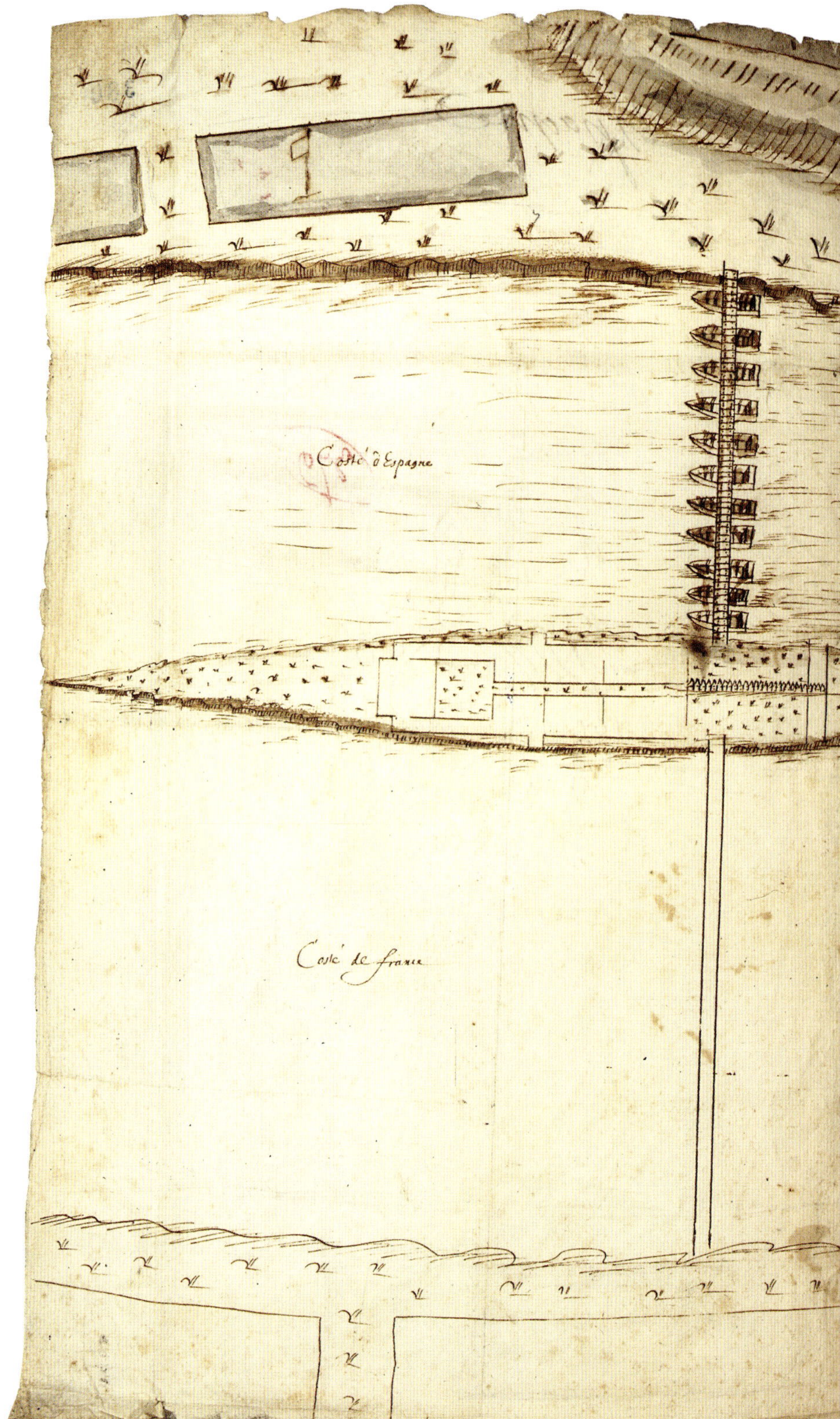

AU MILIEU du XVIIe siècle, la rivalité entre la France et l'Espagne devient légendaire. Mais la naissance de l'infant Philippe Prosper, fils de Philippe IV, en 1657, puis la mort de Cromwell en 1658 ouvrent la voie des négociations franco-espagnoles.

Le 24 juin 1659, le cardinal Mazarin, trouvant les pourparlers suffisamment avancés, décide de quitter Paris pour se rendre à Saint-Jean-de-Luz afin de rencontrer son homologue espagnol, don Luis de Haro. Une violente crise de goutte doublée des exigences de la cour d'Espagne sur l'étiquette et la préséance empêchent dans un premier temps l'entrevue des deux ministres, faute d'un accord sur le lieu de la rencontre. On songe alors à la Bidassoa, une rivière qui partage les deux royaumes et au milieu de laquelle se trouvent un

Carte de l'île des Faisans, 1659.
MAE, CP Espagne.

L'île des Faisans (ou des Faucons), au milieu de la Bidassoa, est reliée aux rives par deux ponts de bateaux, l'un espagnol, l'autre français. En bas à droite, un plan plus général situe l'environnement.

1. Île des Faucons
2. Pas de Béhobie
3. Saint-Marcel
4. Casteluçar, vieux château ruiné
5. Fort de Belleseunce ruiné
6. Vieux reste de fort
7. Pont
8. Pont des bateaux français
9. Pont des bateaux espagnols
10. Chemin de Saint-Sébastien

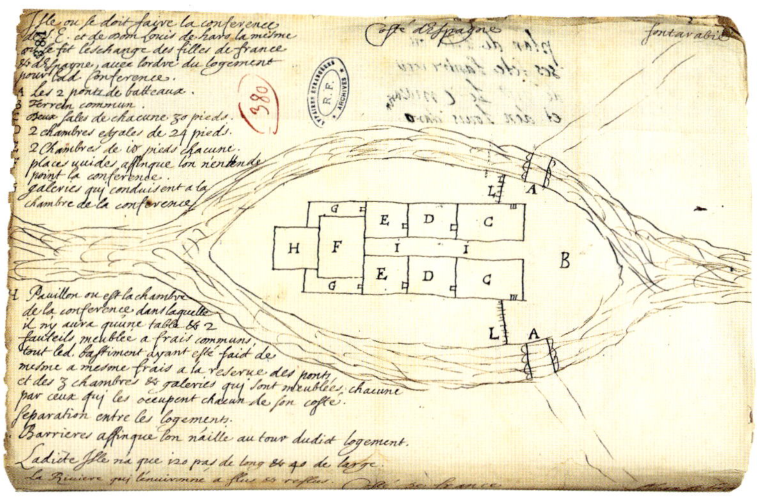

Plan des pavillons de la conférence, 1659.

Île où se doit faire la conférence de Son Excellence et de don Luis de Haro […], avec l'ordre du logement pour ladite conférence.
A. Les 2 ponts de bateaux.
B. Terrain commun.
C. Deux salles de chacune 30 pieds.
D. Deux chambres égales de 24 pieds.
E. Deux chambres de 18 pieds chacune.
F. Places vides afin que l'on n'entende point la conférence.
G. Galeries qui conduisent à la chambre de la conférence.
H. Pavillon où est la chambre de la conférence dans laquelle il n'y aura qu'une table et deux fauteuils, meublée à frais communs, tout ledit bâtiment ayant été fait de même à même frais, à la réserve des ponts et des trois chambres et galeries qui sont meublées chacune par ceux qui les occupent chacun de son côté.
I. Séparation entre les logements.
L. Barrières afin que l'on n'aille autour dudit logement. Ladite sale n'a que 120 pas de long et 40 de large. La rivière qui l'environne a flux et reflux.
MAE, CP Espagne.

certain nombre d'îlots. L'île des Faisans, réunissant les conditions de mitoyenneté exigées, est déclarée commune aux deux royaumes.

Deux ponts de bateaux permettent l'accès à l'île depuis les deux rives (carte ci-dessus). L'appartement des Espagnols est tapissé de tentures de velours cramoisi bordées d'or au centre desquelles figurent les armes de don Luis de Haro. Celui des Français est tendu de tapisseries des Actes des Apôtres et des Sabines. L'île est divisée par une barrière séparant Français et Espagnols afin d'éviter les moqueries réciproques sur l'habillement de chacun, qui, lors de précédentes rencontres avaient dégénéré en rixes. Mazarin commentait lui-même : « Je n'espère pas, vu la contrarié de ces deux nations, que quelque paix qui se fasse jamais, nous nous puissions rencontrer habillés de la même façon. »

« Le roi s'approcha de la porte et regarda la reine par-dessus son épaule. [Il] nous parut fort content de la reine ; il demeura sur le bord de la rivière, la vit embarquer ; elle regarda volontiers de ce côté-là. »

Dans la salle de la conférence, une ligne de frontière symbolique sépare la pièce en deux parties égales : de part et d'autre, une petite table pour chaque ministre et un fauteuil ; sur le côté, une autre table et une chaise pour chaque secrétaire d'État. Entre le 13 août et le 7 novembre 1659, date de la signature du traité de paix, vingt-quatre conférences ont lieu. L'Espagne cède à la France de nombreuses places de l'Artois, du Hainaut et des Flandres, ainsi que dans le Luxembourg et dans le Roussillon. La France lui rend certaines places en Flandres, en Lombardie et en Franche-Comté. Les monts des Pyrénées constituent la division entre les deux royaumes.

Une autre négociation capitale va avoir lieu sur cette même île (rebaptisée « île de la Conférence »), car, pour garantir une paix durable, Mazarin a imaginé de marier le jeune Louis XIV à l'infante Marie-Thérèse, fille de Philippe IV d'Espagne. Le contrat de mariage (ci-contre, à droite) est rédigé séparément des 124 articles du traité des Pyrénées. Il impose une dot de 500 000 écus d'or, moyennant la renonciation de l'infante et de ses descendants à tous droits sur la succession d'Espagne. Les lenteurs de la diplomatie ont repoussé le mariage au printemps. C'est seulement le 8 mai que Louis XIV et sa mère Anne d'Autriche font leur entrée à Saint-Jean-de-Luz. La ville a engagé des frais importants ; le tout-Paris élégant s'est donné rendez-vous dans le petit port devenu résidence royale pour plus d'un mois.

L'étiquette s'opposant à ce que le roi d'Espagne traverse la frontière, il est décidé que le mariage aura lieu en trois temps : le mariage par procuration à Fontarabie, la ratification des traités et du contrat dans l'île des Faisans et, enfin, la célébration du mariage à Saint-Jean-de-Luz. Sur l'île, la salle de la Conférence doit être redécorée pour l'entrevue des deux souverains (ci-dessous). En tant que grand maréchal du palais, c'est Velázquez lui-même qui décide de la décoration de la partie espagnole des pavillons. Quant à la première entrevue des deux époux, elle est digne d'un épisode d'Alexandre Dumas : Mazarin entre dans la salle de la Conférence, interrompant la conversation entre le roi d'Espagne et sa sœur, et annonce qu'un gentilhomme étranger demande à être introduit ; puis la porte s'ouvre et laisse apparaître un beau cavalier en qui Marie-Thérèse rougissante reconnaît son époux. Le 9 juin, le mariage solennel est célébré à Saint-Jean-de-Luz. Un cortège impressionnant, encadré par les suisses et les gardes français, se dirige vers l'église : deux compagnies de gentilshommes précèdent le roi, lui-même suivi de la reine vêtue d'une robe de toile d'argent et d'un manteau de velours violet. Trois princesses du sang portent sa traîne. Viennent ensuite Anne d'Autriche, Mlle de Montpensier, le cardinal, puis les duchesses, les maréchaux, les pairs et les évêques, et une foule de grandes dames et de grands seigneurs. La nef et les galeries sont revêtues de draps d'or. Mgr d'Olce, évêque de Bayonne, reçoit le consentement des époux. À la sortie du cortège, la porte royale est murée – et le reste encore de nos jours.

JEAN-GEORGES LAVIT

L'Entrevue de Louis XIV, de Philippe IV et de l'infante Marie-Thérèse sur l'île des Faisans, le 4 juin 1660 (détail). Carton de tapisserie d'Antoine Mathieu, d'après Charles Le Brun et Van der Meulen, XVIIe siècle. Château de Versailles.

Derrière Louis XIV viennent Mazarin, la reine mère Anne d'Autriche et Monsieur, duc d'Orléans, frère du roi. À droite, du côté espagnol : Philippe IV, puis l'infante Marie-Thérèse encadrée par don Luis de Haro et Velázquez.

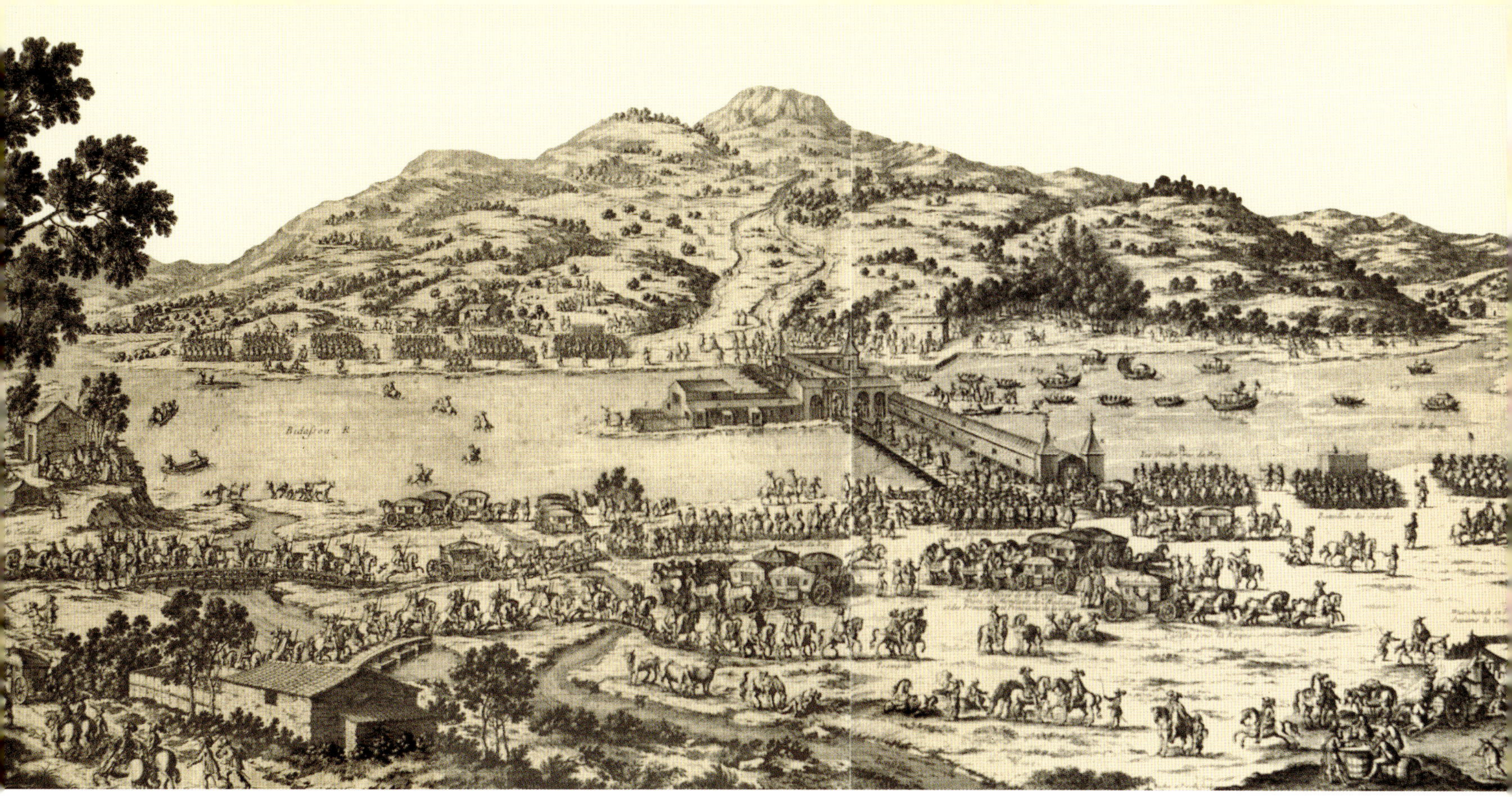

Vue cavalière de l'île de la Conférence prise du côté français, mai 1660. Gravure par Beaulieu, L. Richer et Perelle. MAE, Fonds iconographique.

On distingue au premier plan la suite royale constituée de carrosses et de militaires. Plus loin, le pont de bateaux dressé sur la Bidassoa.

Ci-contre : Copie du contrat de mariage de Louis XIV et de Marie-Thérèse. (Transcription partielle en fin de volume.) MAE, Traités bilatéraux.

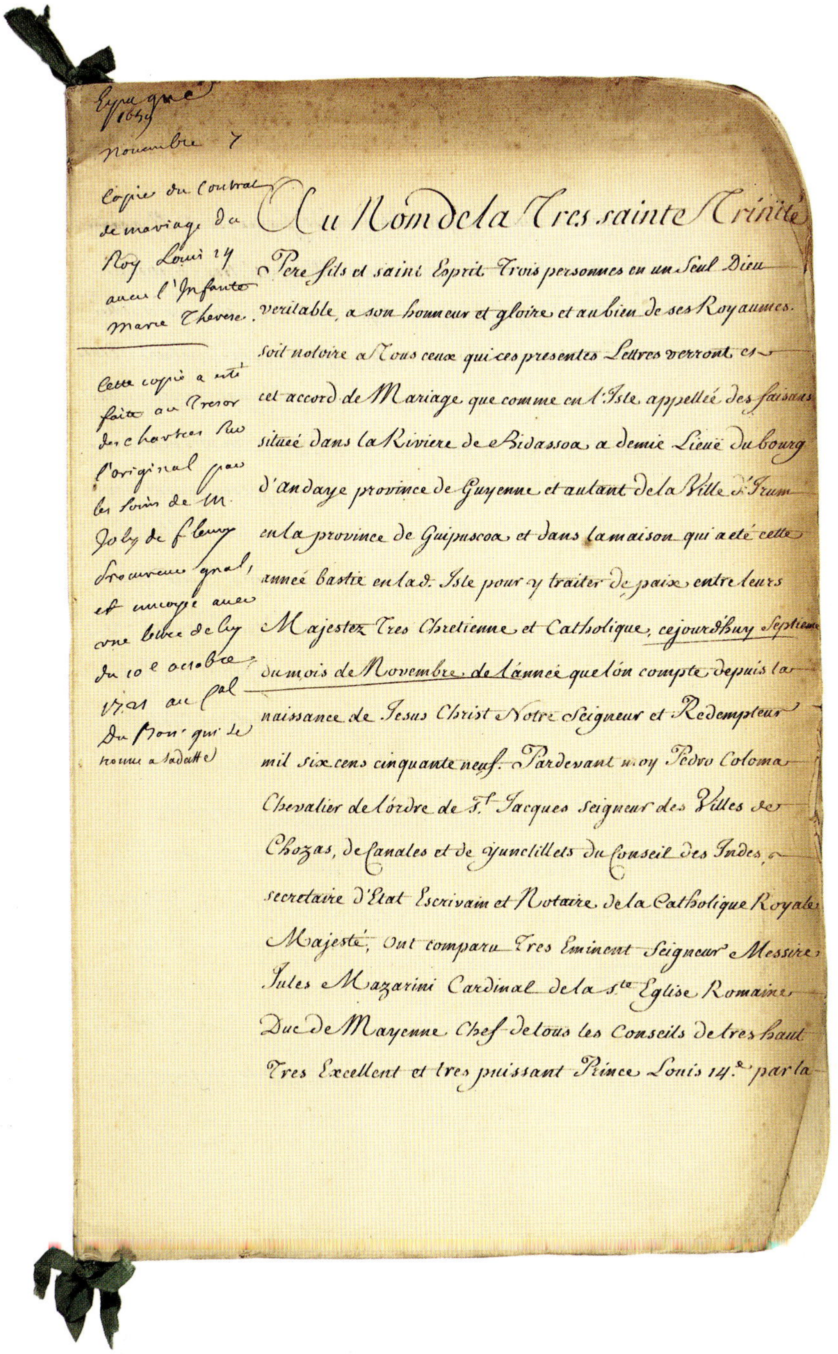

Espagne 1659 Novembre 7

Copie du Contrat de mariage du Roy Louis 14 avec l'Infante Marie Therese.

Cette copie a été faite au Tresor des chartres sur l'original par les soins de M. Joly de Fleury procureur gnal, et envoyée avec une lettre de luy du 10e octobre 1721 au Pal du Bon qui le remit a ladatte

Au Nom de la Tres sainte Trinité Pere fils et saint Esprit Trois personnes en un Seul Dieu veritable, a son honneur et gloire et au bien de ses Royaumes. Soit notoire a Tous ceux qui ces presentes Lettres verront et cet accord de Mariage que comme en l'Isle appellée des faisans située dans la Riviere de Bidassoa a demie Lieue du bourg d'Andaye province de Guyenne et autant de la Ville d'Irum en la province de Guipuscoa et dans la maison qui a eté cette année bastie en lad. Isle pour y traiter de paix entre leurs Majestez Tres Chretienne et Catholique, cejourd'huy Septieme du mois de Novembre de l'année que l'on compte depuis la naissance de Jesus Christ Notre Seigneur et Redempteur mil six cens cinquante neuf. Pardevant moy Pedro Coloma Chevalier de l'ordre de St. Jacques Seigneur des Villes de Chozas, de Canales et de Yunclillets du Conseil des Indes, secretaire d'Etat Escrivain et Notaire de la Catholique Royale Majesté, Ont comparu Tres Eminent Seigneur Messire Jules Mazarini Cardinal de la Ste Eglise Romaine Duc de Mayenne Chef de tous les Conseils de tres haut Tres Excellent et tres puissant Prince Louis 14e par la

Louis XIV et le roi de Siam

Un échange d'ambassades

Audience solennelle donnée par le roi de Siam au chevalier de Chaumont et à l'abbé de Choisy, le 18 octobre 1685.
Gravure anonyme. Château de Versailles.

Le roi de Siam reçoit l'ambassade française. Debout devant l'abbé de Choisy, Chaumont présente la lettre de Louis XIV sur une coupe d'or. Phra Naraï se penche en avant pour la prendre, tandis que son conseiller grec Constantin Phaulkon, prosterné sous la loge royale, gesticule en criant: « Plus haut! Plus haut! »

C'EST le roi de Siam qui a le premier l'initiative d'envoyer une ambassade à la cour de Louis XIV. Inquiet de voir la Hollande étendre sa puissance en Asie, Phra Naraï recherche l'alliance et la protection de ce roi français, vainqueur de Maastricht, qui a su imposer sa volonté à la république des marchands calvinistes. Après une série d'allers-retours entre la France et le Siam, les relations diplomatiques entre les deux pays, entamées dans l'enthousiasme, vont tourner au désastre…

Une première ambassade est envoyée en France en 1681 sur le *Soleil d'Orient*, fierté de la jeune Compagnie royale des Indes orientales, mais le vaisseau périt dans l'océan Indien. Deux mandarins siamois (*khunnang*), Pichaï Walit et Pichit Maïtri, arrivent à Paris en octobre 1684, escortés par le missionnaire Bénigne Vachet. Ils sont chargés de se renseigner sur le naufrage du *Soleil d'Orient* et d'offrir des présents à Seignelay, ministre de la Marine, et à Croissy, son collègue des Affaires étrangères (voir ci-contre le récit de l'audience accordée par Seignelay le 16 novembre). Vachet, ayant laissé entendre que le roi de Siam et ses sujets seraient tout prêts à embrasser la religion catholique, est invité au souper du roi deux jours plus tard. Le récit précise que « Sa Majesté l'écouta pendant son souper avec satisfaction sur diverses questions qu'elle lui fit sur les États du roi de Siam et le progrès de l'Évangile dans les différents royaumes où travaillent les évêques français […] et leurs missionnaires ».

Une ambassade française est aussitôt dépêchée au Siam, dirigée par le chevalier de Chaumont (un ancien protestant) et l'abbé de Choisy (un ancien travesti), et comprenant une demi-douzaine de jésuites astronomes et mathématiciens. Elle est reçue magnifiquement à Ayuthya, la capitale siamoise, et couverte d'honneurs et de présents. La gravure reproduite ici montre l'audience solennelle donnée par le roi de Siam au chevalier de Chaumont le 18 octobre 1685 (jour de la révocation de l'édit de Nantes). Mais la conversion tant espérée n'aura pas lieu. Chaumont doit se contenter de quelques privilèges accordés aux missionnaires français et aux marchands de la Compagnie royale établis au Siam.

« Éléphants du Siam » (détail).
BNF, Estampes (pour toutes les aquarelles).

Les illustrations reproduites ci-contre et dans les pages suivantes appartiennent à une série de seize aquarelles réalisée au cours de l'ambassade de 1687-1688. Ce sont les mêmes scènes que l'abbé de Choisy avait vues au cours de son voyage, deux années auparavant.

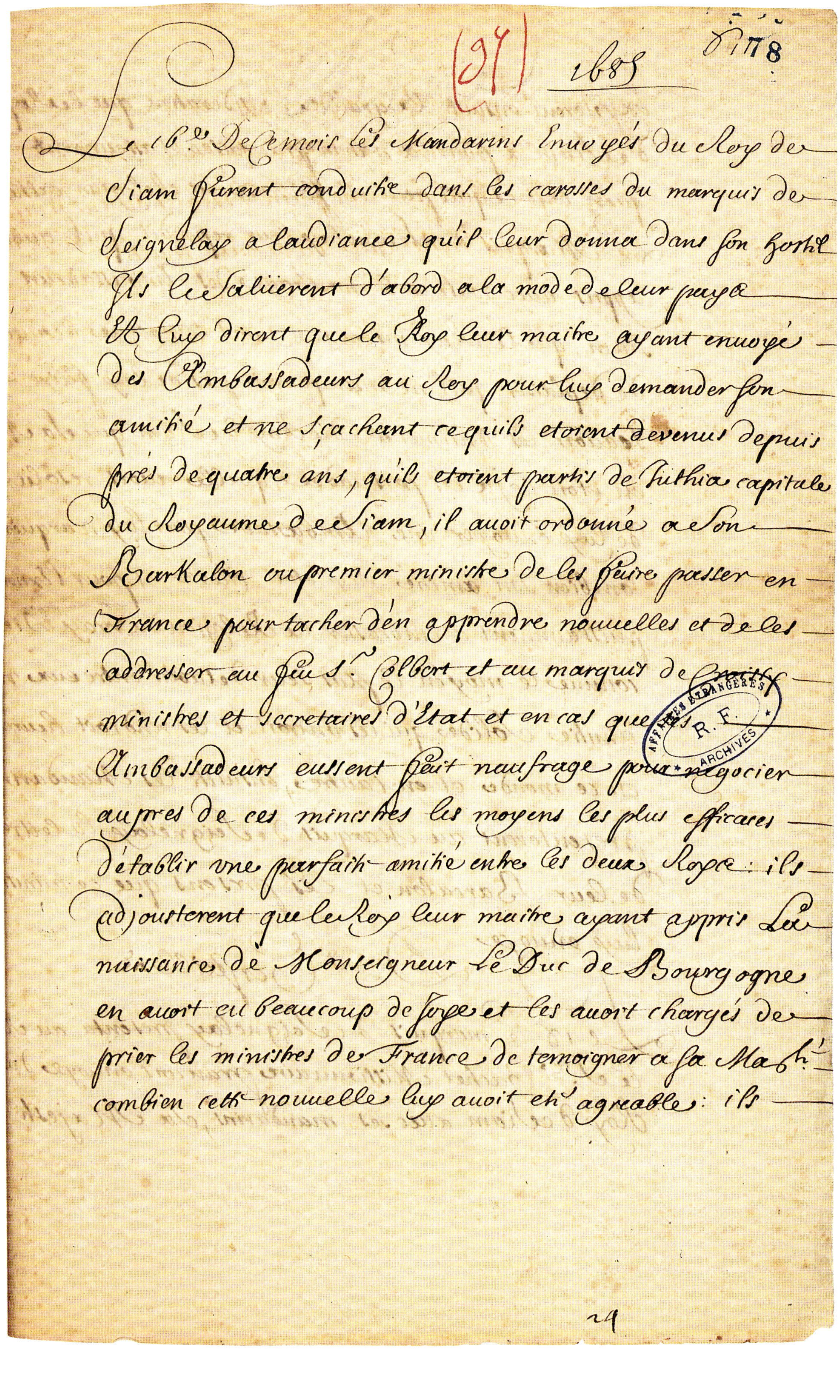
(97) 1685 178

Le 16e. De ce mois les Mandarins Envoyés du Roy de
Siam furent conduits dans les carosses du marquis de
Seignelay a laudiance quil leur donna dans son hostel
Ils le saluerent d'abord a la mode de leur pays
Et luy dirent que le Roy leur maitre ayant envoyé
des Ambassadeurs au Roy pour luy demander son
amitié et ne sçachant ce quils etoient devenus depuis
pres de quatre ans, quils etoient partis de Iuthia capitale
du Royaume de Siam, il avoit ordonné a son
Barkalon ou premier ministre de les faire passer en
France pour tacher d'en apprendre nouvelles et de les
addresser au feu Sr. Colbert et au marquis de Croissy
ministres et secretaires d'Etat et en cas que ses
Ambassadeurs eussent fait naufrage pour negocier
aupres de ces ministres les moyens les plus efficaces
d'etablir une parfaite amitié entre les deux Roys: ils
adjousterent que le Roy leur maitre ayant appris la
naissance de Monseigneur le Duc de Bourgogne
en avoit eu beaucoup de joye et les avoit chargés de
prier les ministres de France de temoigner a sa Mate.
combien cette nouvelle luy avoit eté agreable: ils

AFFAIRES ETRANGERES R.F. ARCHIVES

29

Récit de la première audience des ambassadeurs siamois devant le roi, par Bénigne Vachet, 1684.

Seignelay, ministre de la Marine, reçoit les envoyés du Siam.
Le 16e de ce mois [de novembre 1684], les mandarins envoyés du roi de Siam furent conduits dans les carrosses du marquis de Seignelay à l'audience qu'il leur donna dans son hôtel. Ils le saluèrent d'abord à la mode de leur pays et lui dirent que le roi leur maître ayant envoyé des ambassadeurs au roi pour lui demander son amitié et ne sachant ce qu'ils étaient devenus depuis près de quatre ans qu'ils étaient partis de Iuthia [Ayuthya], capitale du Royaume de Siam, il avait ordonné à son Barkalon ou premier ministre de les faire passer en France pour tâcher d'en apprendre nouvelles et de les adresser au feu Sr Colbert et au marquis de Croissy, ministres et secrétaires d'État et, en cas que ses ambassadeurs eussent fait naufrage, pour négocier auprès de ces ministres les moyens les plus efficaces d'établir une parfaite amitié entre les deux rois. Ils ajoutèrent que le roi leur maître, ayant appris la naissance de monseigneur le duc de Bourgogne [le fils aîné du Dauphin], en avait eu beaucoup de joie et les avait chargés de prier les ministres de France de témoigner à Sa Majesté combien cette nouvelle lui avait été agréable. […]
MAE, MD Asie.

« *Balon* de Siam, bateau de parade léger, très long et très étroit » (détail).

L'Ambassade de Siam reçue à Versailles le 1er septembre 1686, gravure extraite de l'almanach royal pour l'année 1687. Château de Versailles.

À droite : Harangue prononcée par l'ambassadeur Kosa Pan, le 14 janvier 1687.

Louis XIV reçoit les ambassadeurs siamois avant leur départ. Kosa Pan se prosterne devant le trône. Visiblement séduit par le modèle français, il conclut ainsi sa longue harangue : « Saisis d'étonnement, à la vue de votre haute sagesse et de tous les miracles de votre règne, notre vie nous paraît trop courte et le monde entier trop petit pour publier ce que nous en pensons. [...]. Tout l'Orient saura bientôt, et tous les siècles à venir apprendront les vertus incomparables de Louis le Grand. »

Le chevalier de Chaumont regagne la France accompagné d'une nouvelle ambassade siamoise : Phra Naraï l'a prié de prendre à son bord des émissaires porteurs d'un message gravé sur une lame d'or et de dizaines de caisses de présents somptueux (surtout des porcelaines chinoises) pour « son frère » Louis XIV et les membres de sa famille. En juin 1686, trois ambassadeurs siamois arrivent ainsi à Brest, après un voyage de six mois. Le premier, Kosa Pan, est un envoyé prestigieux puisqu'il est le frère de lait de Phra Naraï. Le deuxième est un vieux routier de la diplomatie, qui connaît bien la cour de Chine, et le troisième, malgré son âge, a déjà accompli une mission diplomatique à la cour du Grand Moghol Aurangzeb.

L'arrivée de ces ambassadeurs fait sensation, à tel point qu'une revue comme *Le Mercure galant* leur consacre plusieurs volumes dits « extraordinaires » : leur débarquement à Brest, leur voyage à Paris par la Bretagne et le Val de Loire, leur audience solennelle à Versailles le 1er septembre 1686, leurs visites des curiosités de la région parisienne et des places du Nord récemment conquises, et enfin leur audience de congé le 14 janvier 1687, au cours de laquelle Kosa Pan exprime au roi toute son admiration (voir la harangue ci-contre).

Les ambassadeurs siamois repartent de Brest le 1er mars. Ils prennent place sur une escadre de cinq vaisseaux portant deux envoyés français et un corps expéditionnaire de six cents hommes commandés par le maréchal de camp Desfarges. La mission de ce dernier est d'occuper les forteresses de Bangkok et de Mergui, au besoin par la force. Si l'on en croit ses instructions, « la principale raison qui ait porté Sa Majesté à procurer un établissement solide aux Français en ce pays-là est le dessein d'avancer les affaires de la Religion ». Mais Louis XIV n'oublie certainement pas les intérêts de la Compagnie royale des Indes, qui cherche à évincer au Siam la Compagnie hollandaise des Indes orientales...

Le roi de Siam cherchait auprès de la France un soutien, et non un protectorat. La manœuvre française, dans sa brutalité, provoque un sursaut nationaliste qui, en 1688, conduit à la révolution : prise du pouvoir par Ok-phra Petratcha, exécution de Phaulkon, mort de Phra Naraï, expulsion peu glorieuse des Français de Bangkok et de Mergui. Kosa Pan est nommé ministre, chargé des magasins royaux, des ports et des relations avec les étrangers. Ses relations avec Petratcha seront si catastrophiques qu'il sera contraint au suicide, en juin 1700. En France, la révolution de Siam est à peine mentionnée par les chroniqueurs (Sourches, Dangeau, Saint-Simon...). Un brusque silence, après les logorrhées des années précédentes, qui en dit long.

Près d'un siècle après l'effondrement des rapports franco-siamois, François Henri-Turpin notera dans son *Histoire du royaume de Siam et des révolutions qui ont bouleversé cet empire* (1771) : « Les Français, dont le début est toujours brillant, succombèrent à la vanité de vouloir gouverner et, censeurs enjoués des usages étrangers, ils eurent le ridicule de se poser pour autant de modèles. »

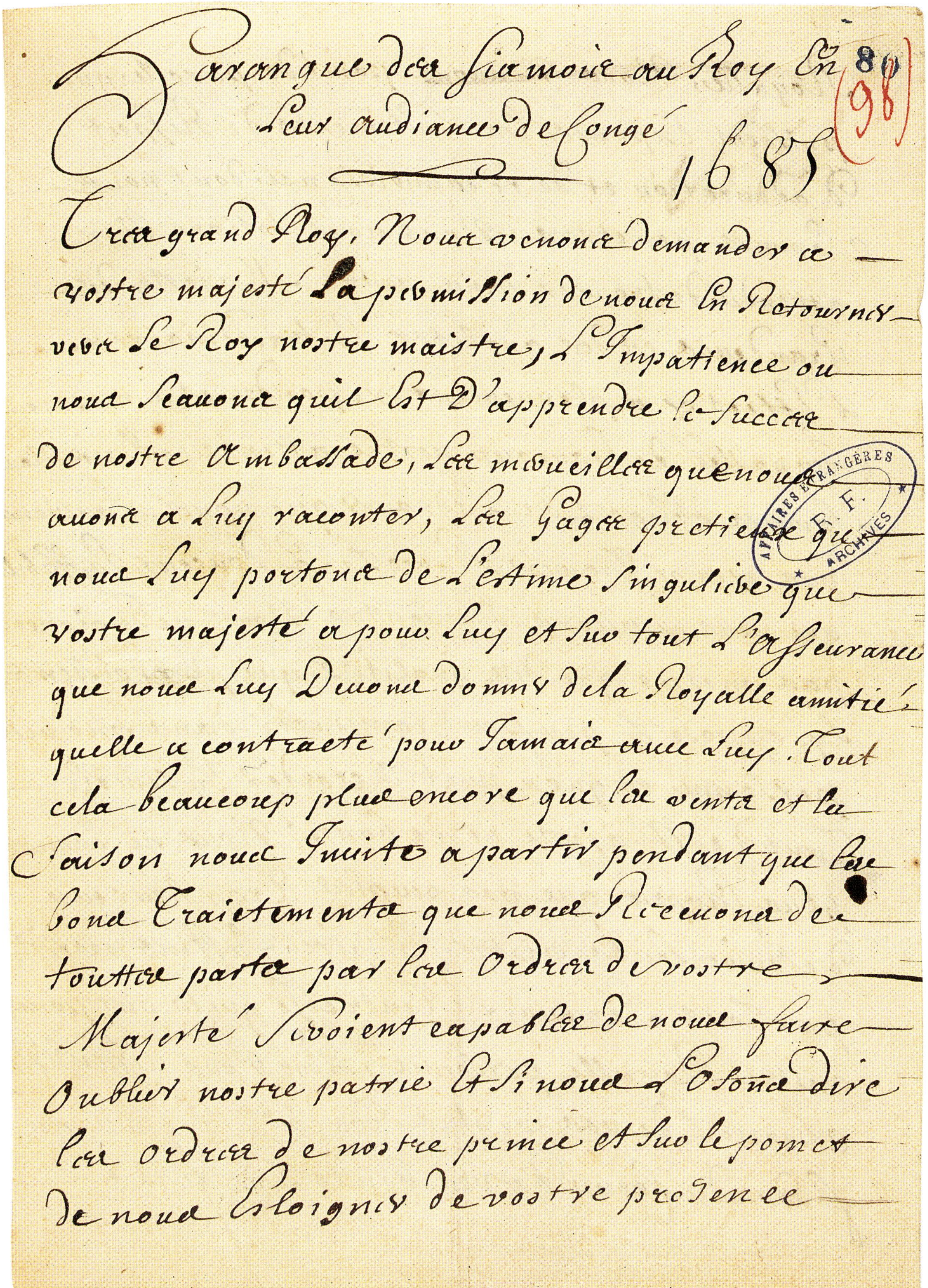
Harangue des Siamois au Roy En
Leur audiance de Congé
1685

Tres grand Roy, Nous venons demander a vostre majesté La permission de nous En Retourner vers Le Roy nostre maistre, L'Impatience ou nous scavons quil Est D'apprendre le Succes de nostre Ambassade, Les merveilles que nous avons a Luy raconter, Les Gages pretieux que nous Luy portons de L'estime singuliere que vostre majesté a pour Luy et sur tout L'asseurance que nous Luy Devons donner de la Royalle amitié quelle a contracté pour Jamais avec Luy. Tout cela beaucoup plus encore que les vents et la saison nous Invite a partir pendant que les bons Traitements que nous Recevons de touttes parts par les Ordres de vostre Majesté Seroient capables de nous faire Oublier nostre patrie Et si nous L'osons dire les ordres de nostre prince et sur le point de nous Esloigner de vostre presence

Harangue des Siamois au roi
en leur audience de congé

Très grand roi, nous venons demander à votre majesté la permission de nous en retourner vers le roi notre maître. L'impatience où nous savons qu'il est d'apprendre le succès de notre ambassade, les merveilles que nous avons à lui raconter, les gages précieux que nous lui portons de l'estime singulière que votre majesté à pour lui et surtout l'assurance que nous lui devons donner de la royale amitié qu'elle a contractée pour jamais avec lui. Tout cela, beaucoup plus encore que les vents et la saison, nous invite à partir pendant que les bons traitements que nous recevons de toutes parts par les ordres de votre majesté seraient capables de nous faire oublier notre patrie et, si nous l'osons dire, les ordres de notre prince, et sur le point de nous éloigner de votre présence royale, nous n'avons point de parole qui puisse exprimer les sentiments de respect, d'admiration et de reconnaissance, dont nous sommes pénétrés. Nous nous étions bien attendus de trouver dans votre majesté des grandeurs et des qualités extraordinaires. L'effet y a pleinement répondu et a même surpassé de beaucoup notre attente. Mais nous sommes obligés de l'avouer que nous n'avions pas cru y trouver l'accès, la douceur, l'affabilité que nous y avons rencontrée. Nous ne jugions pas même que des qualités qui paraissent si opposées puissent compatir dans une même personne et qu'on peut accorder ensemble tant de majesté et de bonté. Nous ne sommes plus surpris que vos peuples, trop heureux de vivre sous votre Empire, fassent paraître partout l'amour, la tendresse, qu'ils ont pour votre royale personne. […]
Version arrangée et traduite par M. Tiberge, missionnaire des Missions étrangères de Paris.
MAE, MD Asie.

« Il n'y a point de paroles assez magnifiques pour exprimer ce que je viens de voir. »

Abbé de Choisy, *Journal du voyage de Siam*, 4 novembre 1685.

« Entrée des ambassadeurs français dans la rivière de Siam à l'embouchure de Siam. Il y a des deux côtés une batterie de canons. Lorsque les Français en sortirent, ils y avaient tendu une chaîne avec des galères des deux côtés et des pieux comme de gros arbres plantés sur la barre [banc de vase] pour fermer l'entrée de la rivière. Tous les *balons* ou bateaux dorés servirent à l'entrée des ambassadeurs, ce qui causa un fort beau spectacle sur le cours de la rivière. »

On peut s'étonner que les envoyés français aient rapporté du Siam de nombreux récits de voyage et qu'ils n'aient pas jugé nécessaire d'agrémenter leur texte d'illustrations. L'abbé de Choisy, en 1685, avait bien songé à engager un peintre qui « fera des portraits du roi et de toute sa cour, dessinera les plus belles vues du pays, les belles maisons, les temples des dieux et les habits tant d'hommes que de femmes ». Mais l'artiste prit peur en découvrant la mer…, si bien que le superbe *Journal du voyage de Siam* de Choisy parut sans illustrations. Seul un voyageur anonyme, manifestement doué pour le dessin et le coloris, a eu l'idée de réaliser une série de seize aquarelles pendant son séjour au Siam en 1687 et 1688. On peut présumer qu'il s'agit d'un ingénieur ou d'un officier faisant partie du corps expéditionnaire français envoyé au Siam en 1687 sous le commandement de Desfarges. Il s'y trouvait encore en 1688 au moment de la révolution anti-française, comme en témoigne l'aquarelle représentant la forteresse de Bangkok occupée par les Français et cernée par les batteries siamoises.

« Le roi de Siam sur son éléphant sortant de son palais, et les mandarins de chaque côté prosternés, ayant des boîtes d'or ou d'argent selon leurs dignités d'*oyas*, d'*opras*, etc. »

« *Tabanque*. C'est une grande maison faite de claies de bambous sur le bord de la rivière de Siam, où logeaient les ambassadeurs à la dînée ou à la couchée. »

Ce recueil, intitulé *Usages du royaume de Siam, cartes, vues et plans : sujets historiques en 1688*, constitue un document historique irremplaçable sur le Siam tel que l'ont découvert les Français envoyés par Louis XIV. La vision exprimée est parfois assez fantaisiste et le dessinateur semble avoir été particulièrement fasciné par les éléphants (présents dans six aquarelles). Soucieux de retracer l'historique de la malheureuse implication française au Siam, il a pourvu ses images de commentaires circonstanciés, trahissant à la fois sa sensibilité exotique et ses préoccupations militaires. Six de ces aquarelles sont reproduites ici avec leurs légendes originales.

DIRK VAN DER CRUYSSE

« Écuries des éléphants et leur manger. Chaque éléphant a son écurie particulière bâtie ou de brique ou de bambous, et plusieurs hommes qui le servent. On appelle *cornac* celui qui gouverne l'éléphant. [...] Le roi de Siam a une grande quantité d'éléphants. On voit des rues entières autour de son palais qui ne sont composées que de maisons pour les éléphants, et chacune a une grande porte cochère à deux battants. On leur fait cuire d'une sorte de grain comme des lentilles ; on y met du poivre long dedans qui est noir et de la longueur de la moitié d'un doigt et tout chagriné, qu'on appelle poivre d'éléphant. On met ce grain en boules grosses comme la tête d'un enfant, qu'on met dans la bouche de l'éléphant. »

« Éclipse de soleil à Siam en 1688 au mois d'avril. Elle fut spéculée par les jésuites missionnaires et mathématiciens envoyés par le roi aux Indes orientales en 1687. [...] On se servait en cette occasion de la belle machine parallactique qui est une espèce d'horloge où est attachée une lunette d'approche qui suit le mouvement du soleil. »

« La forteresse de Bangkok sur la rivière de Siam où les Français furent assiégés par les troupes de Pitratche [Petratcha] qui s'empara du royaume. Les Français n'avaient que 300 hommes. Il y avait 7 ou 8 petites redoutes autour de la forteresse pour bloquer la place. On capitula et l'on sortit le 2 novembre 1688. De l'autre côté de la rivière est la ville de Bangkok avec une redoute et une pièce de canon de 100 livres de balle. »

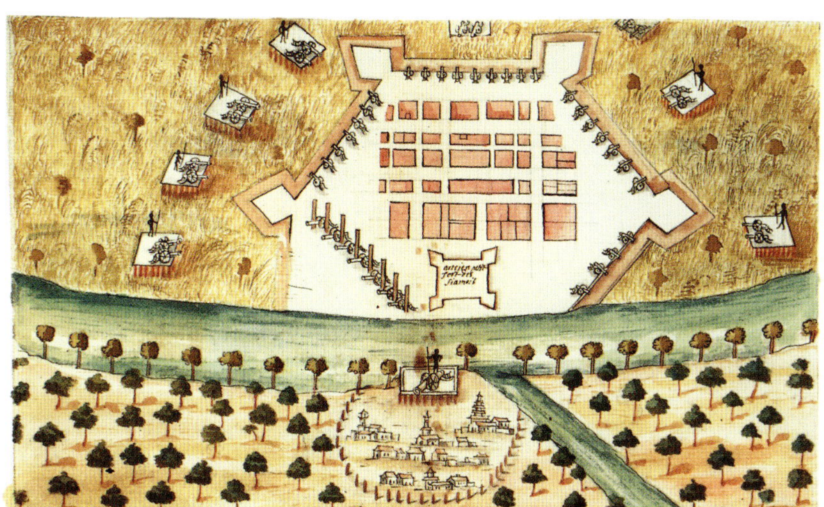

Sur les routes du Roi-Soleil

Un voyage de Versailles à Luxembourg

Louis XIV accorde une grande importance au renforcement des frontières du nord et de l'est du royaume : de 1679 à 1693, il se déplace presque chaque année pour vérifier que les travaux de fortification ont été réalisés conformément à ses instructions. C'est ainsi qu'il part de Versailles le 9 mai 1687 pour visiter la ville de Luxembourg, conquise en 1684. À cette occasion, *Le Mercure galant*, chronique de la vie de cour, rapporte que Sa Majesté « ne fait point de voyages sans avoir la carte des pays où Elle va ». Il s'agit soit de cartes déjà existantes, soit de cartes spéciales, telle la carte manuscrite ci-contre qui distingue les lieux où le roi fait étape et les haltes de la journée. Les itinéraires de l'allée et du retour sont figurés par deux tracés distincts, alors qu'ils suivent les mêmes étapes. En fond de carte sont représentées les villes et les rivières des régions traversées, ainsi que les limites des États et des provinces. En outre, à Luxembourg, est dessiné un plan de la place pour mettre en lumière « toutes les augmentations que le roi y a faites ». Lorsqu'il faudra abandonner cette conquête, en 1697, Vauban le regrettera amèrement : « Luxembourg est, avec Strasbourg, la meilleure place de l'Europe. Il n'y avait qu'à la garder [...]. Nous perdons avec elle pour jamais l'occasion de nous borner par le Rhin. »

MONIQUE PELLETIER

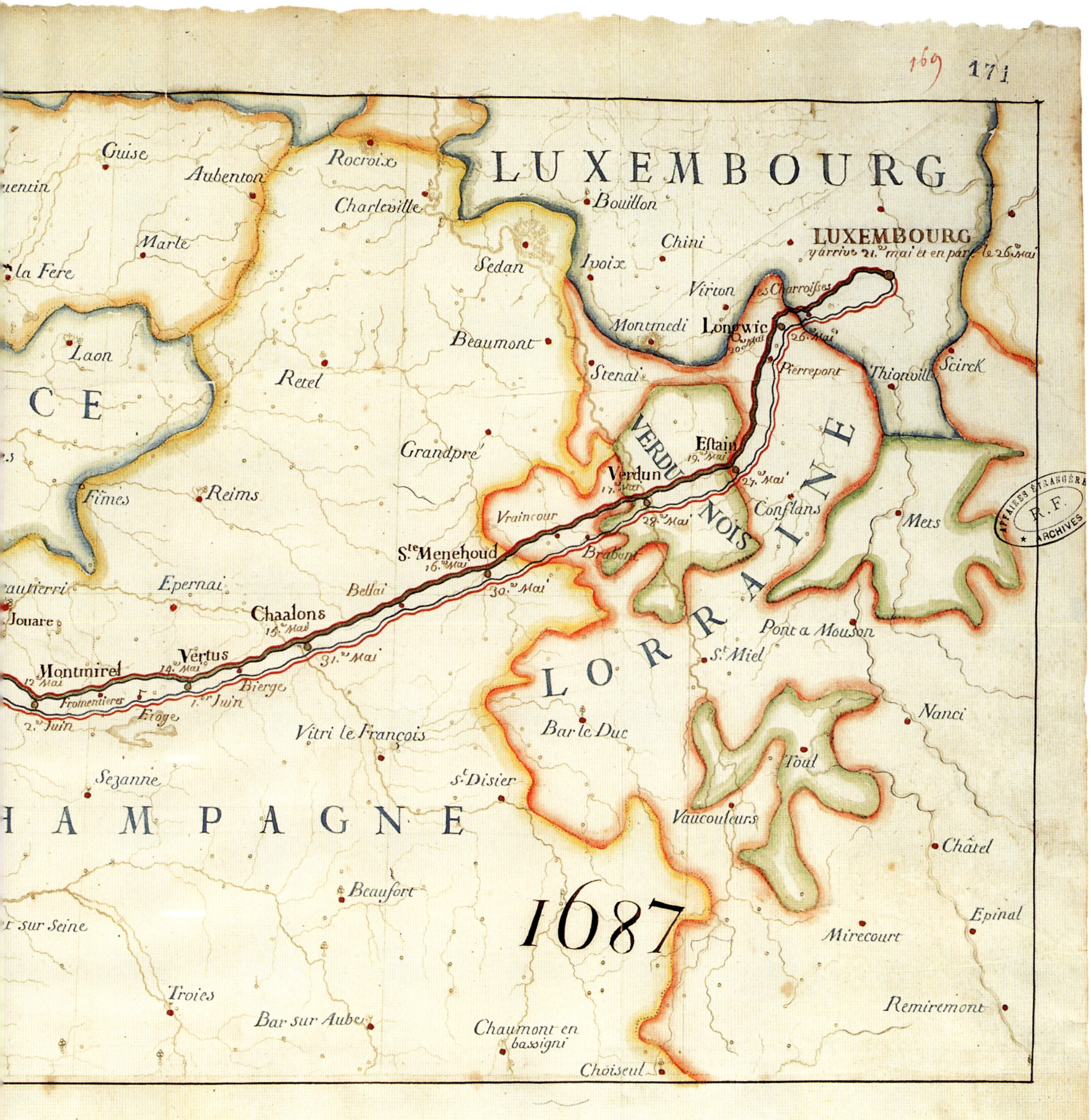

Itinéraire d'un voyage de Louis XIV entre Versailles et le Luxembourg, 1687. MAE, MD France.

Le voyage à Luxembourg s'effectue « à petites journées », car la cour y participe. Aux étapes, chacun reçoit un logis suivant son rang. Le roi utilise la route de poste, mais fait un détour par Montmirail, propriété du marquis de Louvois, secrétaire d'État à la Guerre. Tout au long du trajet, il continue à vaquer à ses occupations : il chasse, tient conseil, mais s'informe aussi de la situation des pays visités. À Verdun, qui est alors une imposante ville forte, il passe deux nuits. Longwy est une autre étape importante. La création du « nouveau Longwy », fortifié par Vauban, a facilité la prise de Luxembourg : « Il ne faut que voir Longwy pour concevoir une haute idée de la puissance du roi. »

Voyage de Louis XIV à Vincennes (détail)
par Van der Meulen (1632-1690).
Dresde, Gemäldegalerie.

Vauban, le « vagabond du roi »

Sébastien Le Prestre, sieur de Vauban, par l'atelier de François de Troy (XVIIIe siècle). Château de Versailles.

Voici le portrait que trace de lui Saint-Simon dans ses Mémoires *: « Vauban petit gentilhomme de Bourgogne tout au plus, mais peut-être le plus honnête et le plus vertueux de ce siècle, et avec la grande réputation du plus savant homme dans l'art des sièges et de la fortification* [...]. *C'était un homme de médiocre taille, assez trapu, qui avait fort l'air de guerre* [...]. *Il n'était rien moins : jamais homme plus doux et le plus avare ménager de la vie des hommes. »*

Sébastien Le Prestre, sieur de Vauban, a été le plus grand coureur de places de son temps. Nommé commissaire général des fortifications en 1668, il va parcourir pour le service du roi plusieurs centaines de milliers de kilomètres. Pendant près de quarante ans, ce rejeton de la petite noblesse morvandelle, qui a su s'attirer la confiance de Louis XIV et réformer totalement le génie militaire, chevauche « par voyes et par chemins ». « Courant de place en place, essuyant tout ce que l'hiver et le mauvais temps ont de rude et de fâcheux », souvent harassé « à ne plus pouvoir remuer ni bras ni jambes », il assiste à quarante-huit sièges et travaille sur plus de cent soixante places fortes et ports de mer. Auteur de nombreux textes et instructions militaires, instigateur de la politique du pré carré, modernisateur des techniques d'attaque et de défense, Vauban saura tirer profit de sa vie de « vagabond du roi » pour servir les politiques territoriale et militaire de Louis XIV.

Mais c'est surtout en tant que père fondateur du corps des ingénieurs du roi que Vauban va s'illustrer. Le coup d'envoi est donné en 1691 lors de la création du Département des fortifications de terre et de mer, réunissant pour la première fois ingénieurs de la marine et de la guerre. Vauban déploie alors toute son énergie pour réorganiser « son petit troupeau » en corps royal. Il instaure tout d'abord un noviciat obligatoire sur le terrain, sanctionné par un examen théorique. Puis il différencie ses recrues entre ingénieurs de places (concepteurs et bâtisseurs) et ingénieurs de tranchées (sapeurs et mineurs) afin de « pouvoir employer chacun selon son savoir ». Jugeant qu'il y a beaucoup d'ingénieurs « bons pour la tranchée mais fort peu qui entendent le bâtiment », et qu'« il n'y a guère de profession où les belles-lettres [la culture classique] soient plus nécessaires que dans celles des armes », il encourage l'étude du dessin et de l'architecture. Selon lui, l'ingénieur idéal doit être « à poil et à plume, c'est-à-dire propre à la guerre et aux travaux », si bien qu'il s'attache à faire alterner périodes de campagne militaire et travaux de fortifications.

Vivant avec ses hommes « toujours gueux sans jamais de repos ni hiver ni été », Vauban est également leur plus âpre défenseur. Il bataille sans relâche contre le favoritisme, l'injustice et les mauvais traitements. Il s'insurge contre les retards d'appointements et n'hésite pas à réprimander plusieurs fois ses supérieurs, leur suggérant même ironiquement de faire arracher les dents des ingénieurs impayés, « ne voyant pas pendant ce temps-là qu'elles puissent leur servir de rien ». Enfin, soucieux de ne pas sacrifier inutilement ses hommes, il éloigne des champs de bataille ceux qui « n'avaient jamais vu ni ouï tirer un coup de mousquet ». C'est ainsi que, tout en poursuivant « son pénible métier de visiteur de places », Vauban parvient en un quart de siècle à « contenir en un seul corps » plus de mille ingénieurs, créant, à l'échelle du royaume, une complexe mécanique humaine à laquelle chacun d'eux participe activement.

ÉMILIE D'ORGEIX

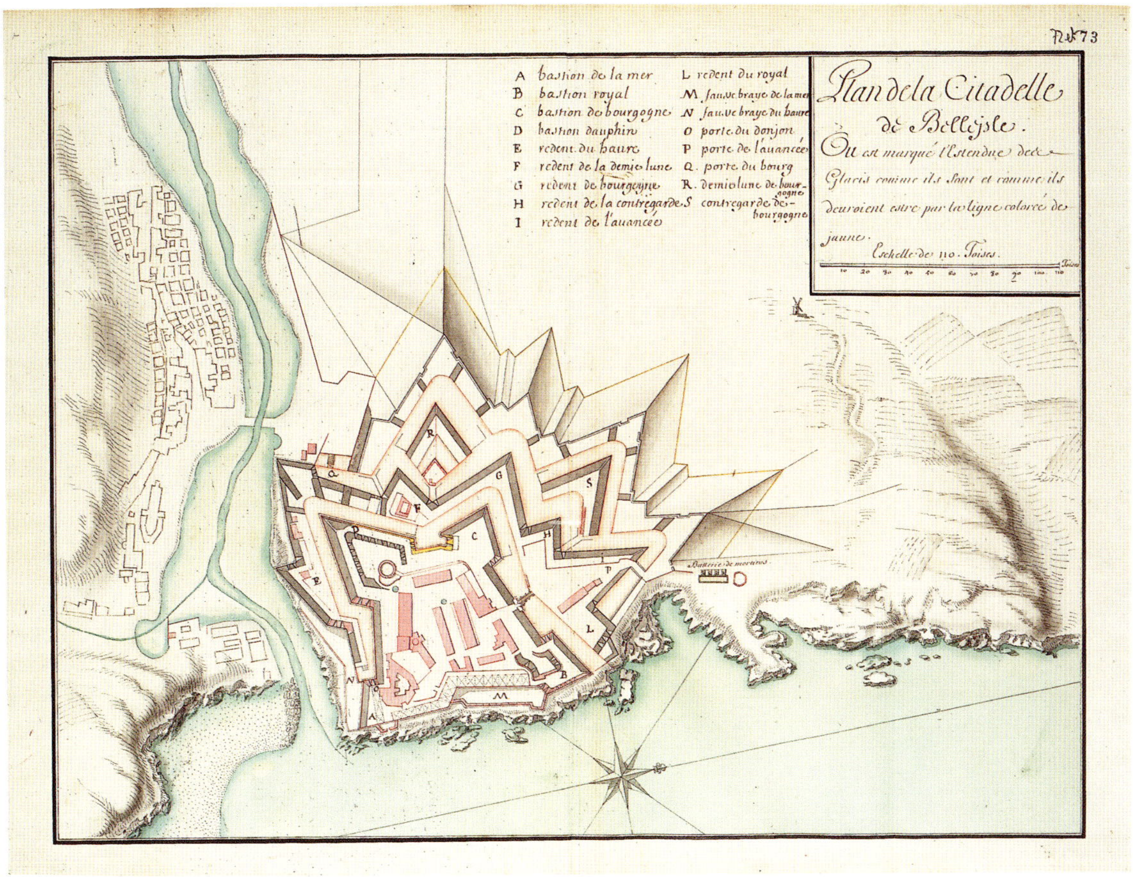

Plan de la citadelle de Belle-Île, vers 1696. MAE, MD France.

Du côté de la mer, la citadelle est protégée par une falaise. Du côté des terres, Vauban a multiplié les défenses en étoile, ne laissant aucun angle mort. Selon la codification de l'époque, les travaux encore à faire sont indiqués en jaune. Il s'agit ici des glacis (pentes douces en terre gazonnée), destinés à cacher les fortifications aux assaillants.

Construction d'une fortification, par Claude Masse, vers 1722. Vincennes, Bibliothèque du génie.

Des planches telles que celles-ci présentaient aux jeunes ingénieurs les étapes de la construction des fortifications : à gauche, l'organisation des divers corps d'ouvriers sur un chantier ; à droite, dans la partie inférieure, les différents types de coupe de pierre.

Des esclaves chrétiens aux mains des barbaresques

DEPUIS la Renaissance, les États barbaresques pratiquent la guerre de course, c'est-à-dire la piraterie, en Méditerranée. Durant près de trois siècles, des milliers d'Européens seront ainsi faits prisonniers par les corsaires barbaresques et emmenés comme esclaves en Afrique du Nord. Certains, tel Cervantès, seront libérés contre rançon après quelques années. D'autres choisiront d'améliorer quelque peu leur sort en se convertissant à l'islam.

À la fin du XVIe siècle, les ordres religieux se mobilisent pour obtenir la libération des esclaves chrétiens. Ils effectuent de grandes campagnes de collecte de fonds, puis se rendent avec sauf-conduit dans les grandes villes barbaresques (Alger, Tunis, Tripoli surtout) pour négocier le rachat des captifs. Entre 1591 et 1700, 3745 esclaves chrétiens seront de la sorte rachetés à Tunis. Le gouvernement français organise également plusieurs missions. Le maréchal de France Victor-Marie d'Estrées, par exemple, est envoyé à Tripoli en 1685, où il négocie avec succès le rachat d'esclaves français. Comme en témoigne la liste ci-dessous, les hommes qu'il libère sont relativement âgés (quatre-vingts ans pour le vétéran!) et sont restés esclaves pendant plus de vingt ans (quarante-cinq années de captivité pour le dénommé Jean Gallian...).

À la même époque, Louis XIV s'adresse directement au sultan du Maroc Moulay Ismaïl, lui demandant de libérer les esclaves chrétiens qu'il emploie en grand nombre pour construire à Meknès une sorte de Versailles marocain. En novembre 1691, le sultan est prêt à négocier et accepte que Louis XIV lui envoie un « homme de qualité » comme ambassadeur. François Pidou, chevalier de Saint-Olon, gentilhomme ordinaire de la Chambre du roi, est désigné. Il est reçu à deux reprises par Moulay Ismaïl, mais sa mission est un échec. Dans sa réponse (ci-contre), le sultan semble témoigner d'une grande considération pour le roi de France, « le plus grand des princes chrétiens » ; mais il ne juge pas digne de son intérêt, ni même de celui de l'ambassadeur, de traiter de cette question des esclaves.

BARTOLOMÉ BENNASSAR

Audience donnée à Meknès par le sultan Moulay Ismaïl à François Pidou, ambassadeur extraordinaire de Louis XIV (détail), par Pierre-Denis Martin (1663-1742). Château de Versailles.

Le 11 juin 1693, le sultan reçoit François Pidou, ambassadeur du roi de France, en audience solennelle. L'affaire commence mal : les envoyés français sont contraints d'arriver à pied au palais, hués par les Marocains. François Pidou remet au sultan la lettre de Louis XIV et lit un discours. En réponse, le sultan fait l'éloge du roi et manifeste sa volonté de paix. Mais la deuxième entrevue, huit jours plus tard, aboutira à un échec : le sultan ne voudra rien entendre à propos de l'échange ou du rachat des captifs.

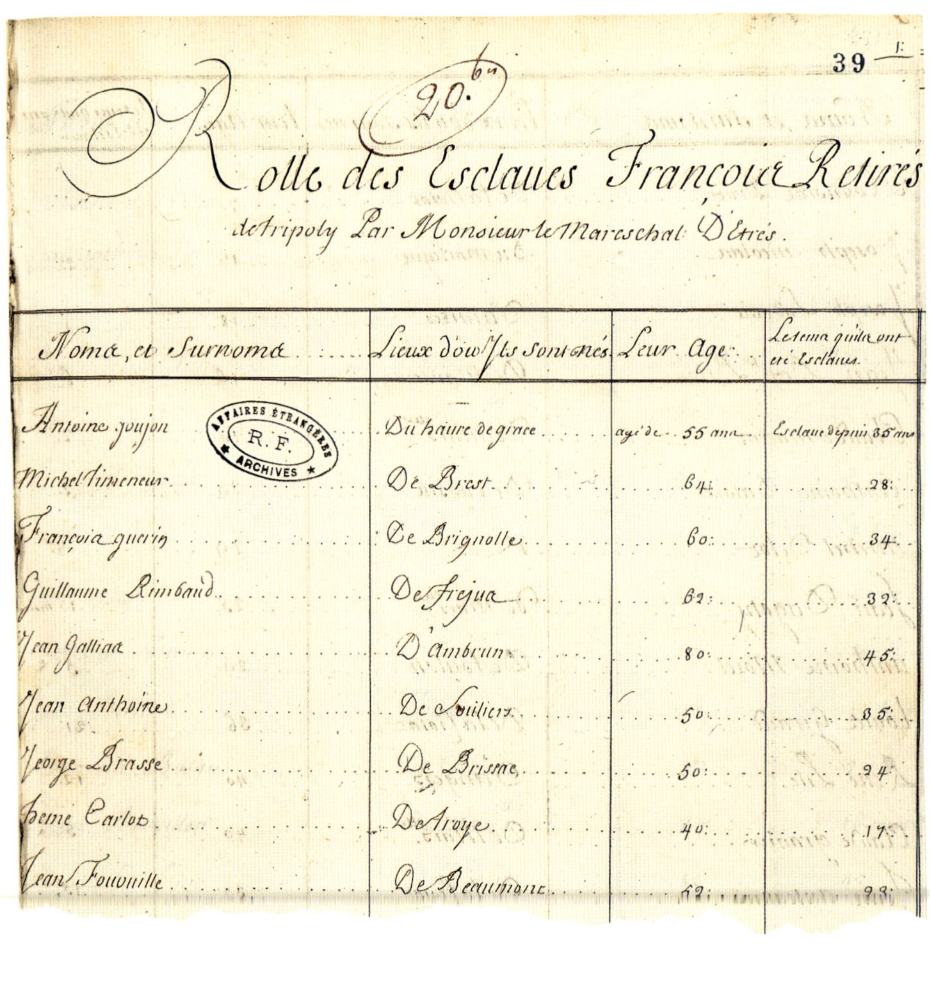

39

20. 6

Rolle des Esclaues Francois Retirés de tripoly Par Monsieur le Mareschal D'Etrés.

Noms, et Surnoms	Lieux d'où Ils sont nés	Leur Age	Le temps qu'ils ont été Esclaues
Antoine Joujon	Du haure de grace	agé de 55 ans	Esclaue depuis 35 ans
Michel Timeneur	De Brest	64:	28:
François guerin	De Brignolle	60:	34:
Guillaume Rimbaud	De frejus	62:	32:
Jean Gallian	D'ambrun	80:	45:
Jean Anthoine	De Souliers	50:	35:
George Brasse	De Brisme	50:	24:
Pierre Carlos	De Aroye	40:	17:
Jean Fouville	De Beaumont	62:	23:

AFFAIRES ÉTRANGÈRES R.F. ARCHIVES

Liste des esclaves français retirés de Tripoli le 10 juillet 1685 par le maréchal d'Estrées. MAE, MD Afrique.

بسم الله الرحمن الرحيم
ولا حول ولا قوة إلا بالله العلي العظيم

« Coups de bâton, coups de poing, brûlures, coups de fouet, la faim, la soif, une infinité de cruautés inhumaines et continuelles dont ils usent envers les pauvres chrétiens qui rament… »

Diego de Haedo, bénédictin, 1612.

Lettre du roi du Maroc à Louis XIV, le 18 août 1693.

Au plus grand prince des chrétiens, le monarque de France Louis quatorzième, le salut de paix soit donné à ceux qui suivent les inspirations de la vérité. […] Votre Majesté saura qu'aussitôt que votre serviteur l'ambassadeur est arrivé sur les terres bienheureuses de notre obéissance, nous en avons été informés par notre serviteur et notre fidèle et ami conseiller, l'alcade Ali fils d'Abdalla, qui nous a demandé congé de le faire venir en notre cour. Nous le lui avons agréablement permis, dans l'opinion que nous avions qu'il ne venait que pour traiter des affaires de la dernière conséquence, qui nous achemineraient à obtenir tout ce que nous désirerions de Votre Majesté, et elle tout ce qu'elle pourrait désirer de nous. Mais après qu'il est arrivé à notre haut trône, que nous lui avons parlé et que nous l'avons interrogé (amplement), nous avons connu qu'il n'était en fait chargé que de propositions qui concernaient les esclaves et nous ne l'avons pas trouvé revêtu de pouvoirs assez amples pour traiter avec nous d'autres affaires. Ce que n'ayant pas jugé assez considérable, nous n'avons pas cru qu'il fût à propos de nous ouvrir à lui sur des affaires de grande importance, étant certain que le sujet de son ambassade s'exécuterait parfaitement par les mains d'un simple marchand dont la dignité serait bien au-dessous de la sienne. […]
(Transcription complémentaire en fin de volume.)
MAE, Grands Traités.

La traite des Noirs

Commerce d'ébène, commerce triangulaire

« Venons-en au fait et prouvons jusqu'à l'évidence que nos colonies ne peuvent se cultiver que par des noirs accoutumés à un sol brûlant où les Européens ne sauraient résister ni suffire à leur labeur. »

Anonyme, *Aperçu sur les intérêts des colonies françaises avec la République.*

Plan en coupe d'un vaisseau négrier. Lithographie, 1820.

La cargaison humaine est répartie dans la cale de façon à utiliser au maximum la place disponible (nous pouvons compter ici plus de deux cent trente individus). Le dessin, très stylisé, montre que les Noirs sont couchés corps à corps et qu'il y a des femmes parmi eux. On devine que, dans de telles conditions, la mortalité était effrayante...

Esclaves conduits par des marchands. Gravure, MAO.

Des marchands, européens ou musulmans, généralement relayés par des intermédiaires (courtiers noirs ou musulmans), conduisent des esclaves achetés contre de la verroterie, du fer, de l'eau-de-vie, des mousquets vers les comptoirs de la côte occidentale de l'Afrique. Tous sont assujettis à une longue perche qu'ils portent sur l'épaule et qui les relie les uns aux autres, rendant l'évasion impossible.

Le contrat reproduit ici, intitulé « Conditions pour le traité de quatre mille cinq cents nègres », nous introduit de plain-pied dans la réalité d'un système multiséculaire et massif : la traite des Noirs. Pratiqué depuis le XVIe siècle, ce commerce fait intervenir plusieurs acteurs : en amont, les fournisseurs d'esclaves, généralement des marchands musulmans (que l'on voit en action sur l'estampe ci-dessous) ; en aval, les « consommateurs », c'est-à-dire les maîtres des plantations (canne à sucre, coton, tabac, café, cacao, etc.) ou des moulins à sucre qui utilisent ce type de main-d'œuvre. Aux XVIIe et XVIIIe siècles, ces clients se trouvent pour l'essentiel au Brésil, dans les colonies espagnoles du Venezuela et de la Colombie actuels, dans les îles des Antilles anglaises, françaises, espagnoles et hollandaises, ainsi que dans les colonies anglaises du sud des États-Unis actuels (Caroline, Géorgie, Virginie, etc.). La France ne participe réellement au trafic négrier qu'à partir de 1670, lorsque la Guadeloupe, relayée ensuite par la Martinique puis par Saint-Domingue, développe à fond la culture et l'industrie sucrières.

Ce document date de 1698. Il ne mentionne ni le fournisseur ni le consommateur, mais l'intermédiaire (ici MM. Boistard et Lédy) et la « marchandise », c'est-à-dire les esclaves eux-mêmes. La clause 2 prend soin de préciser la proportion hommes-femmes : deux tiers, un tiers. Les estropiés, les malades et les individus de plus de quarante-cinq ans sont exclus. De grandes précautions sont prises contre la petite vérole, avec l'institution d'une sorte de quarantaine (clause 4). Sont également écartés les Noirs du Cap-Vert et du Sénégal. Or, les esclaves originaires de ces régions ont été nombreux dans les « îles françaises » au début de la colonisation. Peut-être s'agit-il ici d'éviter la formation de populations trop homogènes, dont on peut craindre la résistance ou la rébellion.

Par ce contrat, les trafiquants s'engagent à livrer, pendant trois ans, 1 500 esclaves par an. À titre de comparaison, rappelons que, entre 1675 et 1700, la moyenne annuelle de la traite aux Amériques est de 25 000. Il s'agit donc d'une très grosse commande. La raison en est que le roi concède alors à une seule compagnie, pendant une certaine durée, le monopole de la traite (la première a été la Compagnie des Indes occidentales, en 1664). Le document ne l'indique pas, mais il est vraisemblable que c'est l'armement nantais qui se chargera de l'exécution de ce contrat : avant 1715, Nantes pourvoit à 70 % de la traite négrière française.

Durant le XVIIe siècle, le Brésil absorbera à lui seul quelque 500 000 esclaves africains, soit 42 % de ceux qui sont arrivés *vivants* aux Amériques (les pertes moyennes pendant la traversée étaient de 12 à 20 %). Chiffre énorme et cependant très inférieur à ce que connaîtra le siècle suivant : 5 millions tous pays confondus, dont 1 350 000 pour la traite française.

BARTOLOMÉ BENNASSAR

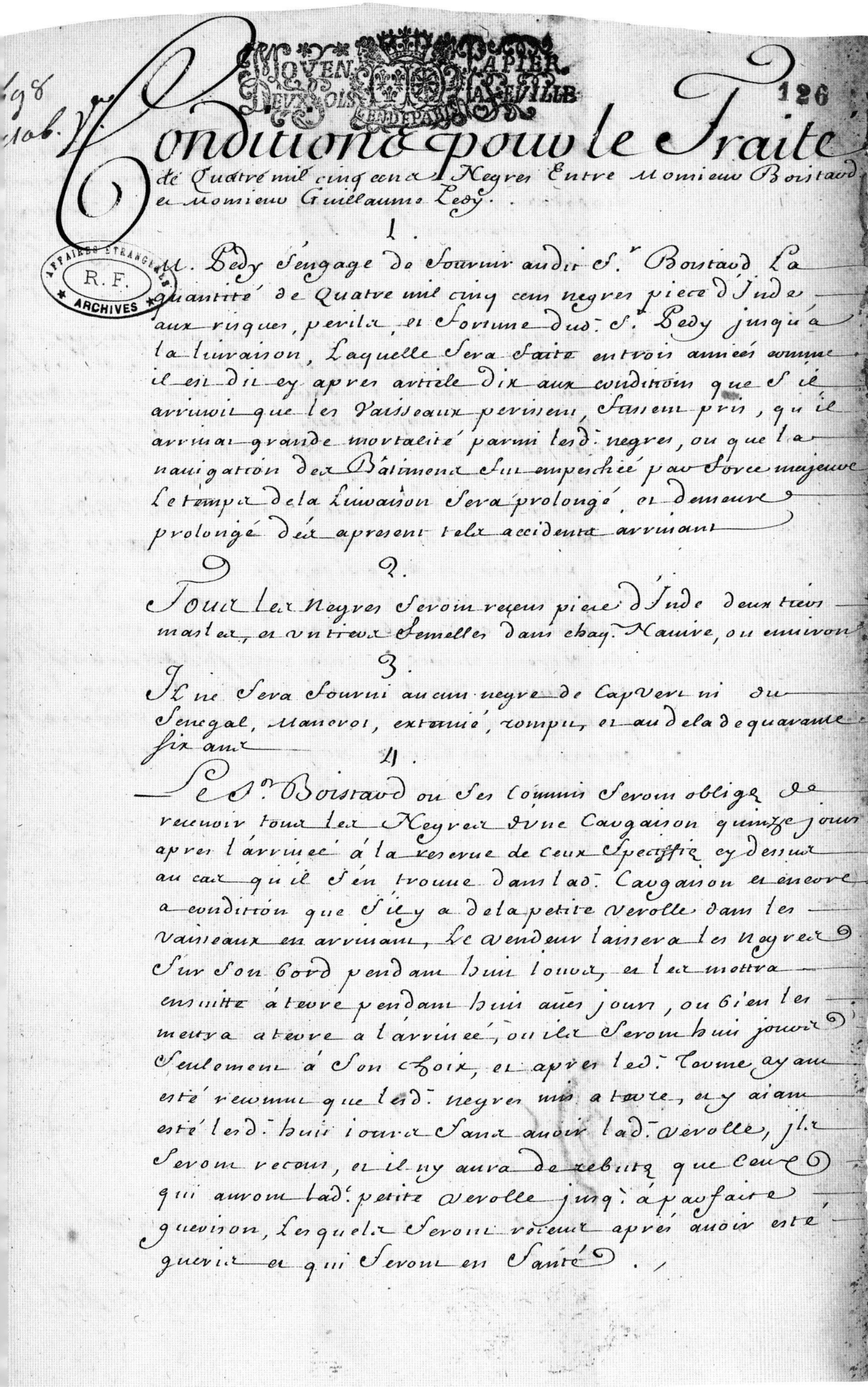

Conditions pour le Traité de Quatre mil cinq cens Negres Entre Monsieur Boistard et Monsieur Guillaume Ledy.

1.

M. Ledy s'engage de fournir audit Sr Boistard la quantité de Quatre mil cinq cens negres piece d'Inde aux risques, perils, et fortune dud. Sr Ledy jusqu'à la livraison, Laquelle Sera faite en trois années comme il est dit cy apres article dix aux conditions que s'il arrivoit que les Vaisseaux perissent, fussent pris, qu'il arrivat grande mortalité parmi lesd. negres, ou que la navigation des Bâtimens fut empeschée par force majeure le temps de la Livraison Sera prolongé, et demeure prolongé dès apresent tels accidens arrivant

2.

Tous les Negres Seront receus piece d'Inde deux tiers masles, et un tiers femelles dans chaq. Navire, ou environ

3.

Il ne Sera fourni aucun negre de Cap Vert ni du Senegal, [illegible], extenué, rompu, et au dela de quarante six ans

4.

Le Sr Boistard ou Ses Commis Seront obligez de recevoir tous les Negres d'une Cargaison quinze jours apres l'arrivée à la reserve de ceux Specifiez cy dessus au cas qu'il s'en trouve dans lad. Cargaison et encore a condition que s'il y a de la petite verolle dans les vaisseaux en arrivant, Le vendeur laissera les Negres Sur Son bord pendant huit jours, et les mettra ensuite à terre pendant huit autres jours, ou bien les mettra a terre a l'arrivée, ou ils Seront huit jours Seulement à Son choix, et apres led. terme ayant esté reconnu que lesd. negres mis a terre, et y ayant esté lesd. huit jours Sans avoir lad. verolle, ils Seront receus, et il n'y aura de rebuts que ceux qui auront lad. petite verolle jusq. à parfaite guerison, Lesquels Seront receus apres avoir esté gueris et qui Seront en Santé.

Conditions pour le traité de quatre mille cinq cents nègres entre M. Boistard et M. Guillaume Ledy.

1. M. Ledy s'engage de fournir audit Sieur Boistard la quantité de quatre mille cinq cents nègres pièce d'Inde aux risques, périls et fortune dudit Sieur Ledy jusqu'à la livraison, laquelle sera faite en trois années comme il est dit ci-après, article dix, aux conditions que s'il arrivait que les vaisseaux périssent, fussent pris, qu'il arrivâ grande mortalité parmi lesdits nègres, ou que la navigation des bâtiments fût empêchée par force majeure, le temps de la livraison sera prolongé et demeure prolongé dès à présent tels accidents arrivant.

2. Tous les nègres seront reçus pièces d'Inde deux tiers mâles et un tiers femelles dans chaque navire ou environ.

3. Il ne sera fourni aucun nègre de Cap Vert ni du Sénégal, exténué, rompu et au-delà de quarante-six ans.

4. Le Sieur Boistard ou ses commis seront obligés de recevoir tous les nègres d'une cargaison quinze jours après l'arrivée à la réserve de ceux spécifiés ci-dessus au cas qu'il s'en trouve dans ladite cargaison et encore à condition que s'il y a de la petite vérole dans les vaisseaux en arrivant, le vendeur laissera les nègres sur son bord pendant huit jours, et les mettra ensuite à terre pendant huit autres jours, ou bien les mettra à terre à l'arrivée, où ils seront huit jours seulement à son choix et après ledit terme ayant été reconnu que lesdits nègres mis à terre et y ayant été lesdits huit jours sans avoir ladite vérole, ils seront reçus et il n'y aura de rebuts que ceux qui auront ladite petite vérole jusqu'à parfaite guérison, lesquels seront reçus après avoir été guéris et qui seront en santé. […]
MAE, MD Afrique.

L'esclave est bien une marchandise. Les « nègres pièces d'Inde » sont des hommes ou des femmes entre 15 et 35 ans. Dans cette tranche d'âge, chaque individu vaut pour une « pièce » entière. Avant 2 ans, le nourrisson est compté avec sa mère; entre 2 et 7 ans, il faut deux Noirs pour faire une « pièce »; dans les autres tranches, il en faut trois pour faire deux « pièces ».

À la découverte de mondes inconnus

Histoire de la navigation de Jean Hugues de Linschot, 1638. MAE, Bibliothèque (pour toutes les illustrations, sauf mention contraire).

L'ouvrage de Linschot comporte, comme c'était alors l'habitude, un frontispice donnant le titre détaillé de l'ouvrage. Il y est également précisé que l'auteur a été assisté par un « docteur en médecine sur la matière des plantes et épiceries ».

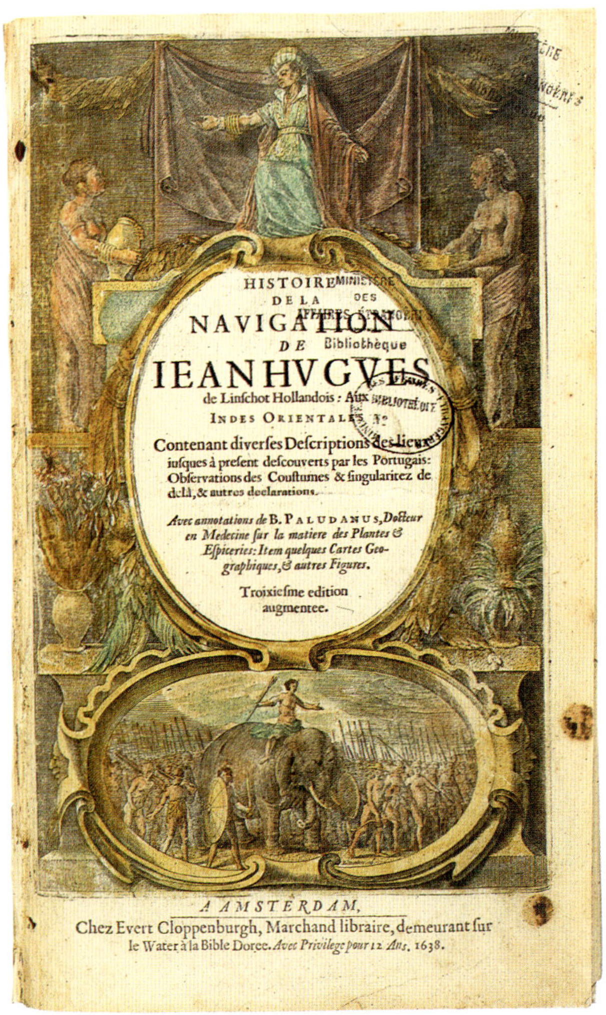

Après la fin du XVe et le XVIe siècle, qui ont vu la découverte de l'Amérique, l'ouverture de la route de l'océan Indien par le cap de Bonne-Espérance et le premier tour du monde, le XVIIe marque une sorte de temps d'arrêt dans les voyages d'exploration. Les gouvernements européens sont accaparés par d'interminables guerres et fragilisés par des révoltes intérieures, notamment en France et en Angleterre, ce qui n'est guère favorable à l'organisation d'expéditions lointaines. Les rois et leurs ministres ont trop de soucis en Europe pour s'intéresser au reste du monde.

Toutefois, quelques voyageurs vont entreprendre d'explorer des contrées lointaines, soit de leur propre initiative, soit dans le cadre d'une mission officielle comme c'est le cas des pères jésuites envoyés par Louis XIV au Siam et en Extrême-Orient en 1685 (voir p. 90). L'Europe orientale et ses prolongements asiatiques attirent aussi certains audacieux. L'Afrique, encore très mal connue car difficilement pénétrable, fait l'objet de plusieurs tentatives d'approche, en particulier la mythique Abyssinie à laquelle on attribue de fabuleuses richesses (voir p. 92). Les récits de ces voyageurs s'attachent à décrire la géographie, la flore, la faune et naturellement les populations des pays visités, alimentant ainsi le goût du merveilleux en vogue au XVIIe siècle.

UN HOLLANDAIS AUX INDES

Le récit du voyage de Jean Hugues de Linschot aux Indes orientales est d'abord publié en Hollande à la fin du XVIe siècle, puis traduit en français en 1638. Le géographe hollandais passe plusieurs années aux Indes, où il est chargé de faire de l'espionnage commercial pour le Portugal. Il recueille ainsi de précieux renseignements et fournit une description détaillée du pays et du genre de vie de ses habitants. Soucieux de donner un tableau complet des régions qu'il a visitées, il prend soin de faire illustrer son texte par toute une série de gravures extrêmement variées (ci-contre).

Certaines planches de l'ouvrage de Linschot sont consacrées à la flore exotique : ananas, arbres ou arbustes produisant des épices. D'autres présentent les navires marchant à la voile et à la rame utilisés par les Portugais dans l'océan Indien. D'autres encore, des scènes pittoresques : ci-contre, le roi de Cochin (aujourd'hui Kerala) atteint la côte de Malabar (au sud-est de l'Inde) ; il est représenté à dos d'éléphant, escorté par une troupe armée de lances.

Du Sieur de la Boullaye-le-Goux. 187

Vn Parsi.

De la Religion des Parsis, leur foy & creance, appellez par nous adorateurs du feu.

CHAP. XIX.

LEs Ottomans appellent gueuure vne secte de Payens que nous connoissons sous le nom d'adorateurs du feu, les Persans sous celuy d'Atech perés, & les Indou sous celuy de Parsi, terme dont ils se nomment eux-mesmes. Ils sont blancs, genereux & fort traitta-

Atech Peres idolatres du feu.

Aa ij

DES GENTILSHOMMES VOYAGEURS

C'est au XVIIe siècle qu'apparaît un type assez nouveau de voyageur : celui du gentilhomme épris d'exotisme et d'aventure, partant à la découverte de contrées lointaines avec quelques porteurs pour toute escorte. Le voyageur assure lui-même le financement de son équipée, parfois soutenu par une grande compagnie commerciale. Ces voyages durent plusieurs années, tant sont immenses les distances à parcourir, et alternent les moyens de locomotion les plus divers : chevaux, chameaux ou autres animaux de trait, voitures variées selon les pays, traîneaux dans les régions froides, navires pour franchir les mers ou les fleuves… Les populations locales réservent généralement bon accueil à ce modeste équipage, mais la barrière de la langue reste un obstacle essentiel et le voyageur doit recourir à des interprètes. De plus en plus souvent, un dessinateur est intégré au groupe, ce qui permet d'enrichir les récits de voyages d'un grand nombre de gravures.

Parmi ces gentilshommes voyageurs figurent François de La Boullaye-Le Gouz (à gauche) et Adam Olearius (à droite en bas), dont les récits paraissent respectivement en 1653 et 1699. L'un et l'autre parcourent les pays orientaux, qui commencent alors à ce qu'on appelle la Moscovie, c'est-à-dire la Russie d'Europe actuelle, et vont jusqu'en Perse et aux Indes. Leurs ouvrages richement illustrés permettent au lecteur français de découvrir de vastes régions du monde et de mieux connaître leur géographie et les mœurs de leurs habitants. Les cartes insérées sont encore bien fantaisistes, mais elles tendent à refléter de plus en plus la physionomie réelle des pays et des rivages. Le succès de ces récits est tel dans le public que l'on publie même des ouvrages anonymes, tel le *Voyage en divers États d'Europe et d'Asie* dont l'auteur est allé jusqu'en Chine (à droite en haut).

Les Voyages et observations du sieur de La Boullaye-Le Gouz gentilhomme angevin, Paris, 1653.

Ci-dessus : *Un parsi (peuple originaire de Perse chassé par les musulmans aux IXe et Xe siècles). « Les parsi portent la grande barbe et se font arracher le poil qui vient sous la lèvre […]. Il se faut garder de les louer en présence des Indous qui les haïssent au dernier point à cause de leur beauté, adresse et force de corps. »*

Ci-contre : *Kan ou Kochetna. « Ce saint est réputé ange du ciel. Il est ci-dessous dépeint comme je l'ai vu dans sa pagode. Il tient une flûte et trois femmes indoues lui font des offrandes et l'éventent par humilité. »*

Page de droite, en haut à gauche : *Voyage de Siam des pères jésuites envoyés par le roi aux Indes à la Chine*, par S. J. Guy Tachard, Paris, 1686.

En haut à droite : *Voyage en divers États d'Europe et d'Asie*, anonyme, Paris, 1692.

En bas à droite : *Relation du voyage d'Adam Olearius en Moscovie, Tartarie et Perse*, Paris, 1659.

AU ROY.

SIRE,

Comme c'est par vostre commandement exprés que je rends compte au Public d'un Voyage, qui a

ã ij

VOYAGE
DE
LA CHINE

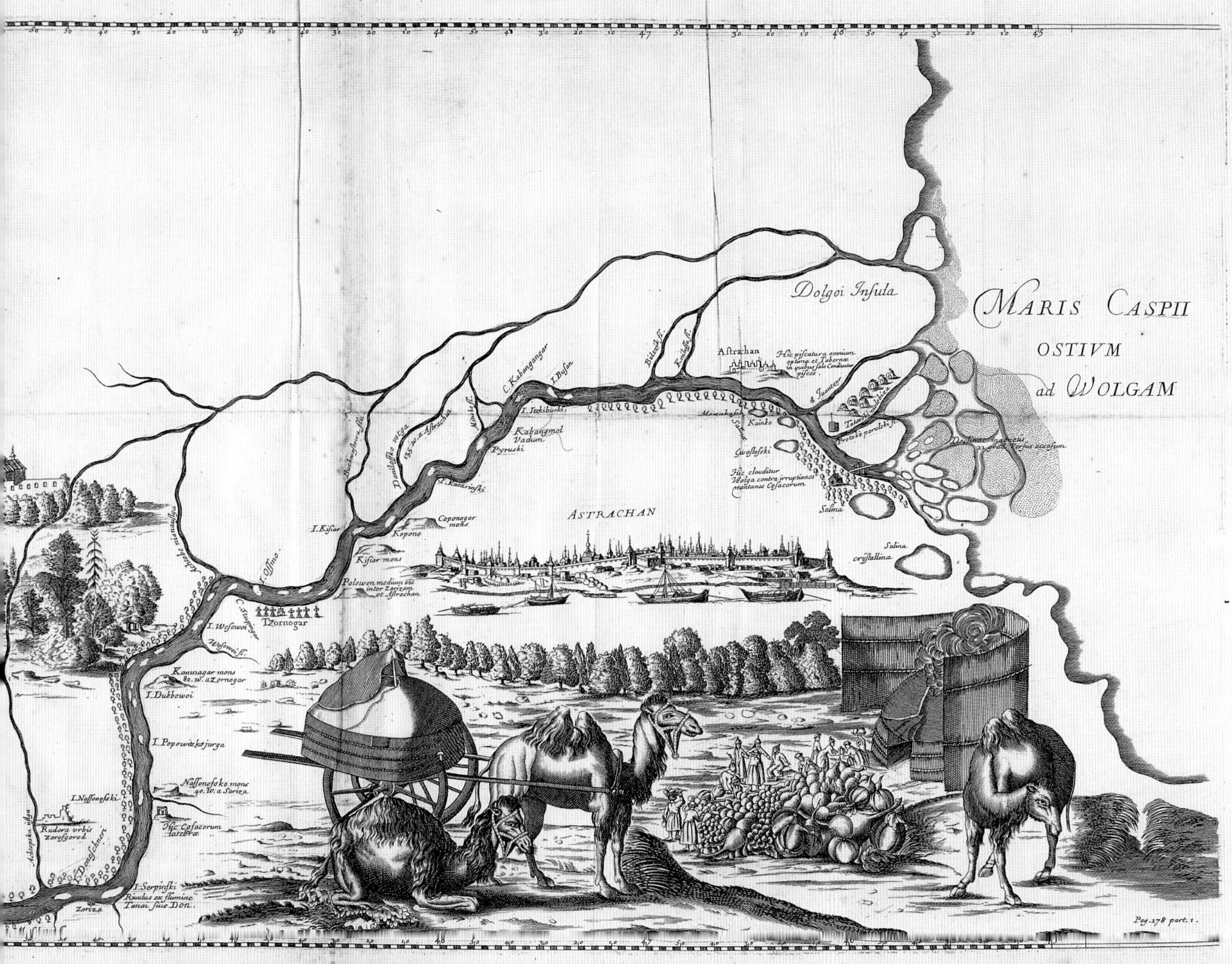

LES JÉSUITES AU SIAM ET EN CHINE

La fascination de l'Europe à l'égard de l'Asie n'épargne pas Louis XIV lui-même. En 1685, il envoie au Siam une ambassade comprenant un groupe de pères jésuites soigneusement choisis, avec le concours de la toute jeune Académie des sciences, pour leurs connaissances en astronomie et en mathématiques. Il est prévu que ces jésuites prolongent leur voyage jusqu'en Chine. On espère ainsi atteindre plusieurs objectifs : nouer des relations amicales avec ces peuples et les amener à se convertir au christianisme ; obtenir le maximum de renseignements sur ces régions afin d'y établir des liens commerciaux ; enfin, approfondir des connaissances géographiques encore sommaires.

Si le bilan est décevant à bien des égards, cette expédition est à l'origine d'un récit très vivant rédigé par le père Tachard. Publié en 1686, cet ouvrage illustré permet au public français de découvrir le royaume de Siam ainsi que plusieurs régions où les jésuites font escale au cours d'un voyage maritime de sept mois. Avant d'arriver à Bangkok, Tachard s'attache ainsi à décrire le cap de Bonne-Espérance, où il recueille des renseignements sur les Hottentots et les premières mines d'or. Construit de manière méthodique et rationnelle, le livre marque un progrès sensible sur les récits publiés au début du siècle.

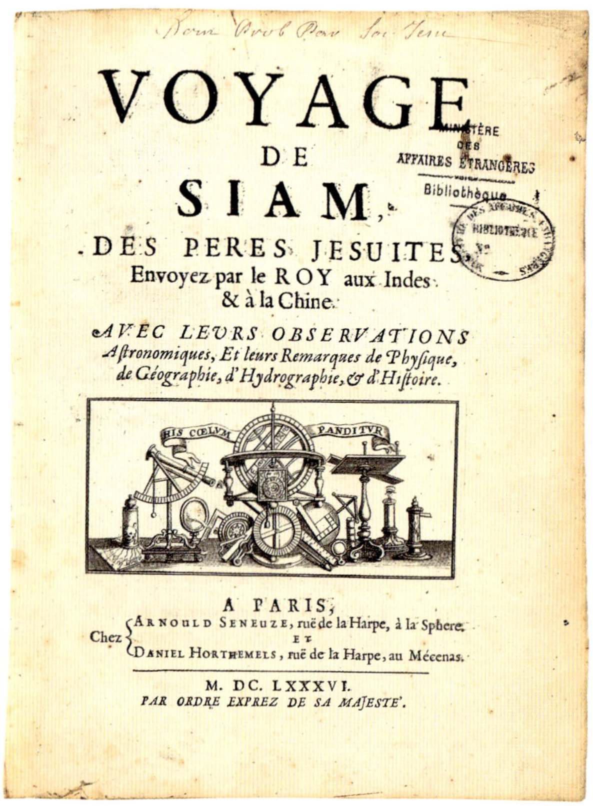
VOYAGE DE SIAM, DES PERES JESUITES Envoyez par le ROY aux Indes & à la Chine.

AVEC LEURS OBSERVATIONS Astronomiques, Et leurs Remarques de Physique, de Géographie, d'Hydrographie, & d'Histoire.

HIS COELUM PANDITUR

A PARIS, Chez ARNOULD SENEUZE, ruë de la Harpe, à la Sphere. ET DANIEL HORTHEMELS, ruë de la Harpe, au Mécenas.

M. DC. LXXXVI.

PAR ORDRE EXPREZ DE SA MAJESTE'.

Voyage de Siam des pères jésuites envoyés par le roi aux Indes à la Chine…, par S. J. Guy Tachard, Paris, 1686.

Ci-dessus : Jésuite astronome.
BNF, coll. D'Anville.

Les savants jésuites sont alors d'éminents spécialistes de l'astronomie, ce qui leur vaut l'estime des Siamois et des Chinois. En témoigne le père jésuite représenté ici avec les instruments emblématiques de cette science.

Les illustrations du voyage de Guy Tachard donnent une large place à la faune. On voit ici des animaux vivant dans la région du cap de Bonne-Espérance, dont l'un est curieusement orné, sur le dos, de croix jésuitiques.

LE ROYAUME DU PRÊTRE JEAN

Depuis les temps bibliques, l'Éthiopie (ou Abyssinie) a excité la curiosité des Européens, car on y situait le mythique royaume de la reine de Saba et sa visite au roi Salomon. Comme à tous les pays enveloppés de mystères, on lui attribuait de fabuleuses richesses. À l'époque des croisades s'était répandue la légende du Prêtre Jean, roi et prêtre chrétien régnant sur ce royaume. Cette fable avait perduré jusqu'à l'arrivée des navigateurs portugais dans l'océan Indien, à la fin du XVe siècle ; ils avaient cherché à découvrir ce royaume mystérieux mais sans réussir à pénétrer profondément à l'intérieur du continent africain.

Rien d'étonnant donc à ce que l'intérêt pour ces régions ait encore été vif au XVIIe siècle, comme en témoigne cet ouvrage du Sieur de La Croix. Celui-ci, interprète officiel de Louis XIV en langues orientales, et surtout en arabe, n'est jamais allé en Éthiopie : il s'agit d'une compilation de témoignages rapportés par divers voyageurs, donnant une description assez précise du royaume, de sa flore, de sa faune et de ses ressources réelles ou supposées. ÉTIENNE TAILLEMITE

Relation de la haute Éthiopie ou Abyssinie, vulgairement le pays du prêtre Jean, par le sieur de La Croix, 1700. MAE, MD Afrique.

[…] Les éléphants y sont si communs qu'ils courent la campagne en troupeau comme des moutons et font des ravages terribles, secouant tous les arbres qu'ils rencontrent jusqu'à temps qu'ils les renversent pour manger les fruits et les branches les plus tendres et comme tous les arbres fruitiers d'Éthiopie ne pourraient pas suffire à la subsistance du grand nombre de ses animaux, il semble que la providence ait voulu y pourvoir par la production d'un arbre de la hauteur et grosseur du cerisier […]. Cet animal surpasse tous les autres en grosseur, on peut dire aussi qu'il est

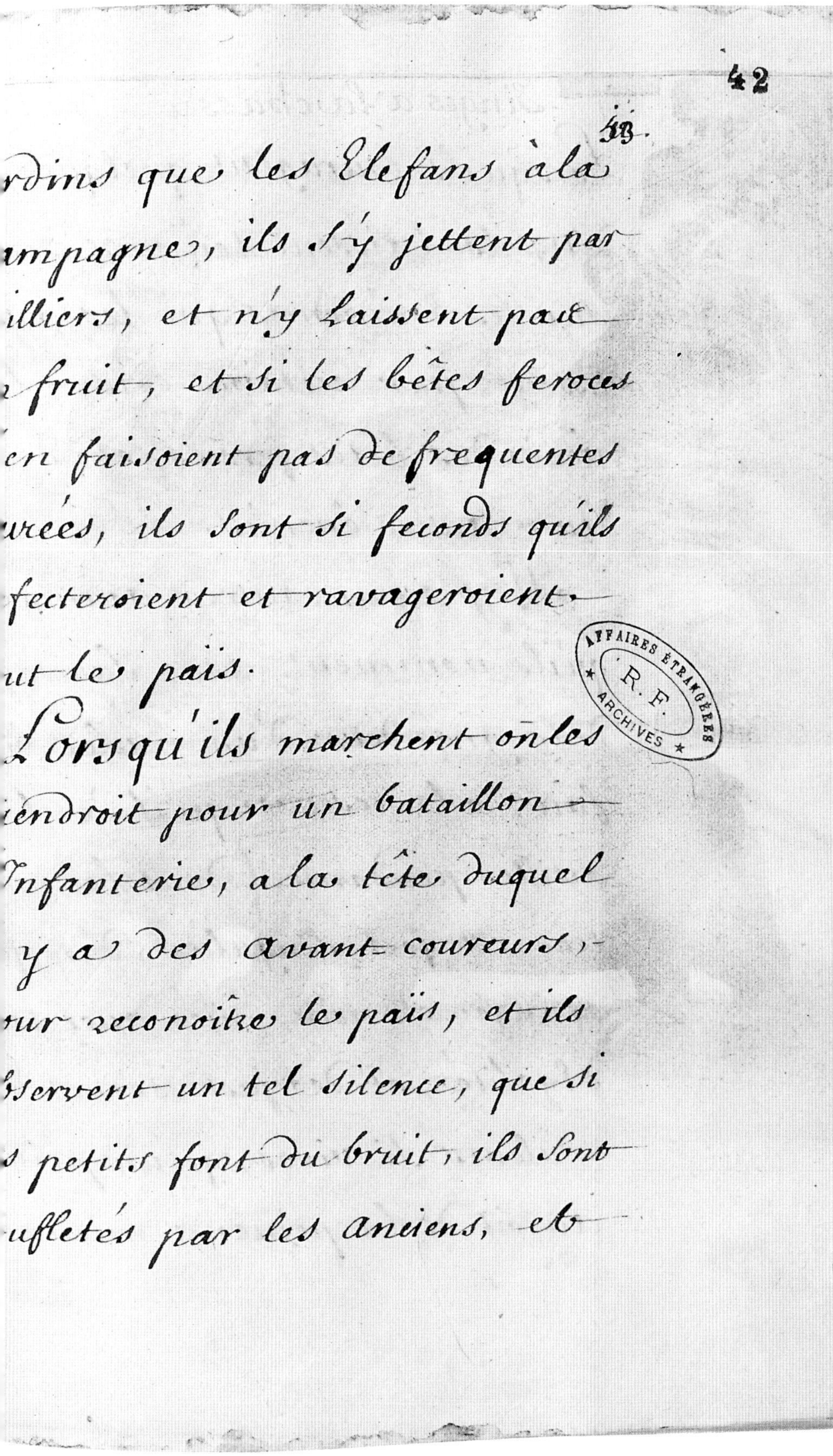

42

[illegible]

rdins que les Elefans àla
ampagne, ils s'y jettent par
illiers, et n'y laissent pas
 fruit, et si les bêtes feroces
en faisoient pas de frequentes
urées, ils sont si feconds quils
fecteroient et ravageroient
ut le païs.
Lorsqu'ils marchent onles
iendroit pour un bataillon
Infanterie, a la tête duquel
y a des avant-coureurs,
ur reconoitre le païs, et ils
bservent un tel silence, que si
 petits font du bruit, ils sont
ufletés par les anciens, et

supérieur en instinct, connaissance et adresse et que son corps malgré sa masse ne cesse pas d'être souple et maniable. Les singes ne sont pas moins à craindre dans les jardins que les éléphants à la campagne. Il s'y jettent par milliers et si les bêtes féroces n'en faisaient pas de fréquentes curées, ils sont si féconds qu'ils infecteraient et ravageraient tout le pays. Lorsqu'ils marchent on les prendrait pour un bataillon d'infanterie à la tête duquel il y a des avant-coureurs pour reconnaître le pays et ils observent un tel silence que si les petits font du bruit ils sont souffletés par les anciens [...].

« Figuier d'Éthiopie ».

« Les figues sont d'une grosseur presque incroyable, comme de petits concombres d'un goût admirable et en si grande abondance qu'il y en a plus de cinquante à un bouquet » – et pour cause : le figuier d'Éthiopie représenté ci-dessous est un bananier...

Carte particulière du cours du Nil en Éthiopie.

Cette carte, hautement fantaisiste, prétend représenter les origines du Nil, alors tout à fait inconnues. Néanmoins, l'auteur a déjà noté l'existence de deux sources.

La mort de Louis XIV

« Ne m'imitez pas… »

À droite : extraits du *Journal de la cour de Louis XIV*, de Dangeau. MAE, MD France.

Suite du mardi 27 août 1715, à Versailles
Le roi dit le soir à Mme de Maintenon : « J'avais toujours ouï dire qu'il était difficile de se résoudre à la mort. Pour moi qui suis sur le point de ce moment si redoutable aux hommes, je ne trouve pas que cette résolution soit si pénible à prendre. » Mme de Maintenon lui dit : « Cette résolution est difficile quand on a de l'attachement aux créatures, quand on a de la haine dans le cœur, des restitutions à faire ! – Ha ! pour des restitutions à faire, lui dit le roi, je n'en dois à personne comme particulier, mais pour celles que je dois au royaume, j'espère en la miséricorde de Dieu. » Cette nuit-là, il fut fort agité et à tout moment on le voyait joindre les mains et prier Dieu. Il disait toutes les prières dans son lit, qu'il disait d'ordinaire quand il était en santé, frappant sa poitrine au confiteor.

Louis XIV fut un souverain admiré et redouté. Nombreux sont ceux qui ont laissé des témoignages sur son temps, en particulier des courtisans qui vécurent près de lui et l'avaient observé avec attention. Parmi ceux-ci, il faut mettre au premier rang le duc de Saint-Simon et le marquis de Dangeau. Ce dernier n'a guère quitté le roi, dont il était l'ami, et il a noté, au jour le jour, ce qui se passait à la cour. Saint-Simon s'est appuyé sur ce *Journal* pour rafraîchir sa mémoire, et l'a annoté avec passion, afin de donner sa propre vision, beaucoup plus critique et moqueuse, du règne.

Roi de France depuis 1643, Louis XIV a près de soixante-dix-sept ans dans l'été 1715, lorsque sa santé se dégrade brutalement. Jusqu'à la fin, il consacre du temps au travail, mais sa jambe est attaquée par la gangrène. En pieux chrétien, il songe, bien sûr, à son salut, et son confesseur, le père Le Tellier, ne le quitte guère. Le roi en appelle à la miséricorde divine, il exprime son besoin d'expiation, d'absolution aussi, et il prie jusqu'à ses derniers moments.

Parce qu'il ne souffre pas en permanence, le souverain se préoccupe aussi des affaires temporelles – son successeur naturel, son arrière-petit-fils, né en 1710, est encore bien jeune. Le roi a rédigé un testament qu'il modifie encore. Surtout, il fait des recommandations à ses proches en des discours éloquents et émouvants. Il fait venir tour à tour près de son lit son neveu, le duc d'Orléans, qui doit gouverner, comme régent, après sa mort, ses bâtards aussi, surtout le duc du Maine auquel il confie la personne et l'éducation du futur Louis XV. Devant son arrière-petit-fils, le vieux roi, très ému, déclare : « J'ai souvent entrepris la guerre trop légèrement et l'ai soutenue par vanité. Ne m'imitez pas… » Il dit aux courtisans qui sont près de lui : « Adieu, messieurs, je compte que vous vous souviendrez quelquefois de moi. » Devant les membres de sa maison, ses officiers et domestiques, il aurait également prononcé cette phrase : « Je m'en vais, mais l'État durera toujours… »

Le *Journal* de Dangeau signale le départ de la marquise de Maintenon, même si elle revient brièvement encore, un peu plus tard. Le roi l'a épousée, mais le mariage n'a pas été rendu public. Louis XIV, en faisant ses adieux à celle qui a été sa compagne bien-aimée, ajoute cruellement, que, vu son âge, elle le rejoindra bientôt ! La marquise se retire à Saint-Cyr, une institution qu'elle a créée, avec l'aide du roi, et destinée à former les jeunes filles de la noblesse ainsi qu'à conserver pieusement le souvenir de ce singulier couple royal. Louis XIV meurt le 1er septembre 1715, à 8 h 15. LUCIEN BÉLY

Vue du bassin d'Apollon et du grand canal de Versailles (détail), par Pierre-Denis Martin (1663-1742). Château de Versailles.

Ayant toute sa vie aimé les promenades au grand air, le roi n'y a pas renoncé lorsque l'âge est venu, et cet ingénieux véhicule lui permet de profiter encore des admirables perspectives, des innombrables sculptures et des somptueux jeux d'eau des jardins de Le Nôtre.

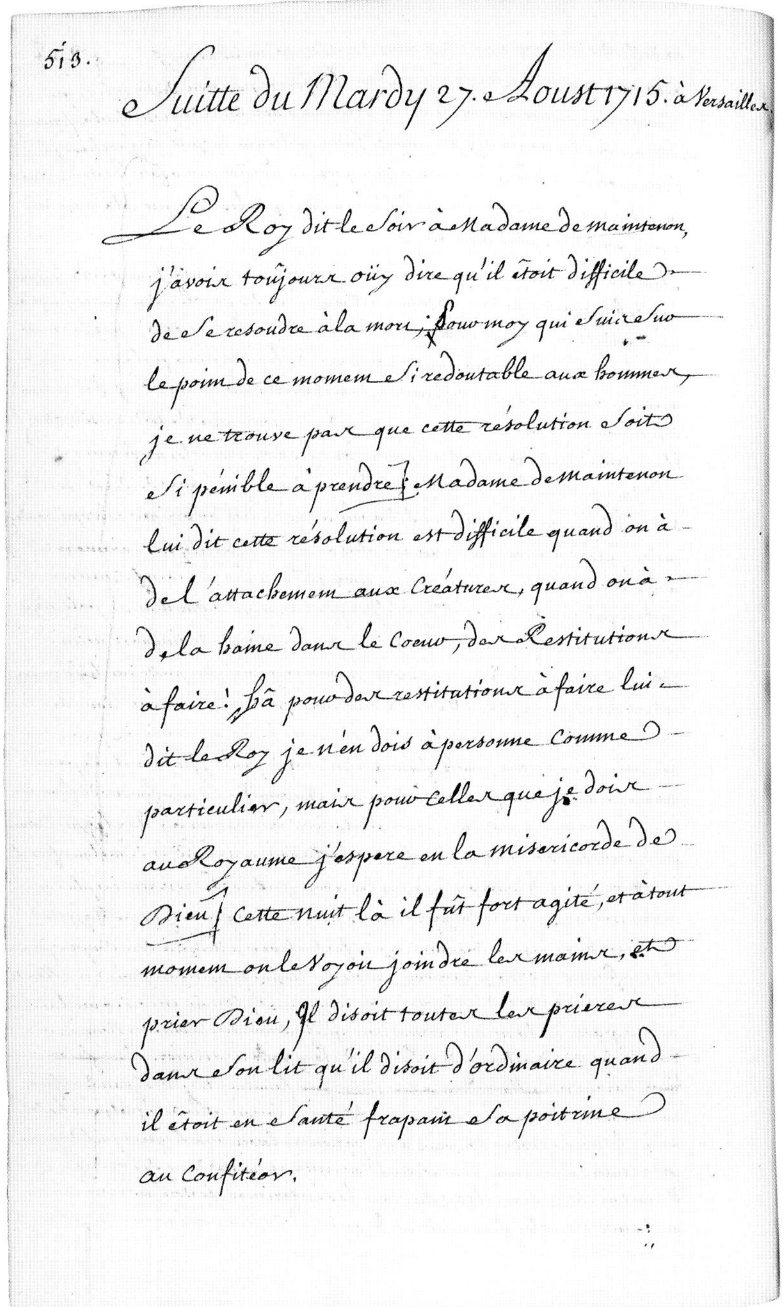

513.

Suitte du Mardy 27. Aoust 1715. à Versailles.

Le Roy dit le soir à Madame de maintenon, j'avois toujours oüy dire qu'il étoit difficile de se resoudre à la mort; pour moy qui suis sur le point de ce moment si redoutable aux hommes, je ne trouve pas que cette résolution soit si pénible à prendre. Madame de maintenon lui dit cette résolution est difficile quand on a de l'attachement aux Créatures, quand on a de la haine dans le Coeur, des Restitutions à faire: ha pour des restitutions à faire lui dit le Roy je n'en dois à personne comme particulier, mais pour celles que je dois au Royaume j'espere en la misericorde de Dieu. Cette nuit là il fût fort agité, et à tout moment on le voyoit joindre les mains, et prier Dieu, il disoit toutes les prieres dans son lit qu'il disoit d'ordinaire quand il étoit en santé frapant sa poitrine au Confiteor.

Convoi et pompe funèbre de Louis XIV en direction de Saint-Denis, le 9 septembre 1715, par François Gérard Jollain. BNF, Estampes.

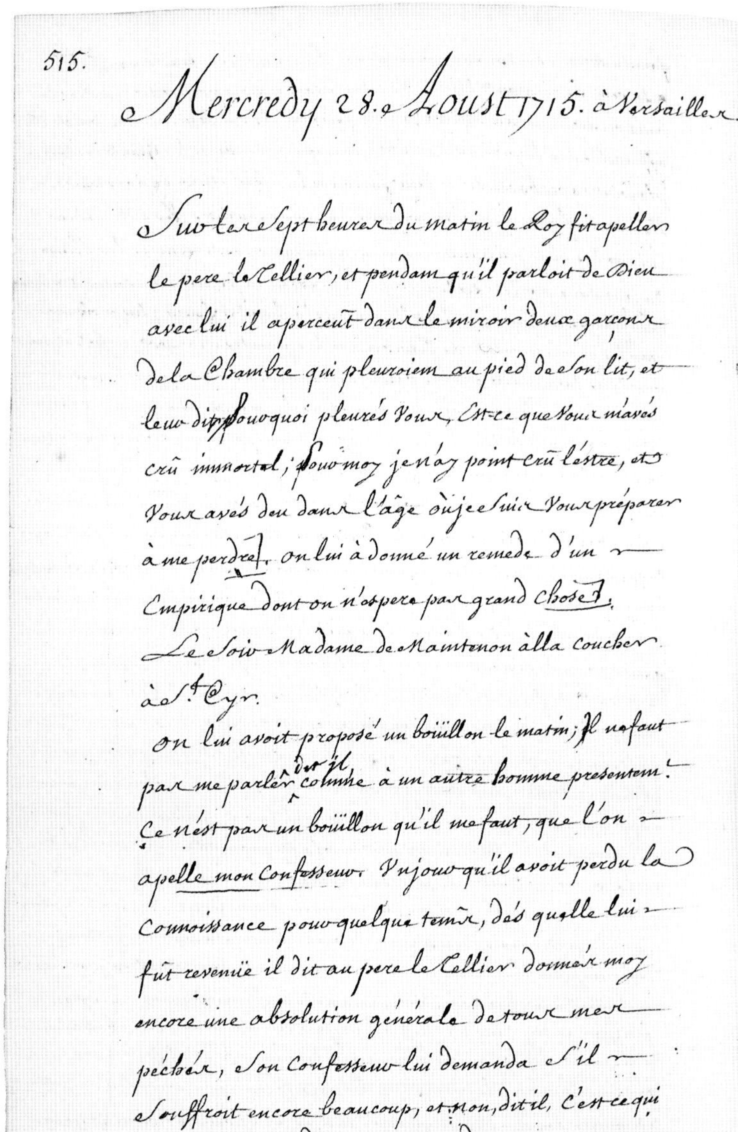

515.

Mercredy 28. Aoust 1715. à Versailles.

Sur les sept heures du matin le Roy fit apeller le pere le Tellier, et pendant qu'il parloit de Dieu avec lui il aperceut dans le miroir deux garçons de la Chambre qui pleuroient au pied de son lit, et leur dit, pourquoi pleurés vous, Est-ce que vous m'avés crû immortel; pour moy je n'ay point crû l'estre, et vous avés dû dans l'âge où je suis vous préparer à me perdre. On lui a donné un remede d'un Empirique dont on n'espere pas grand chose.

Le soir Madame de Maintenon alla coucher à S.t Cyr.

On lui avoit proposé un boüillon le matin; Il ne faut pas me parler, dit il, comme à un autre homme presentement. Ce n'est pas un boüillon qu'il me faut, que l'on apelle mon Confesseur. Un jour qu'il avoit perdu la connoissance pour quelque tems, dés qu'elle lui fût revenüe il dit au pere le Tellier donnés moy encore une absolution générale de tous mes péchés, son Confesseur lui demanda s'il souffroit encore beaucoup, et non, dit il, c'est ce qui me fâche, je voudrois souffrir d'avantage pour l'expiation de mes péchés.

L'auteur finit icy pour le mois d'aoust n'ayant rien écrit de ce qui s'est passé dans les trois derniers jours du présent mois.

Mercredi 28 août 1715, à Versailles

Sur les sept heures du matin, le roi fit appeler le père Le Tellier, et pendant qu'il parlait de Dieu avec lui il aperçut dans le miroir deux garçons de la Chambre qui pleuraient au pied de son lit, et leur dit: « Pourquoi pleurez-vous? Est-ce que vous m'avez cru immortel? Pour moi, je n'ai point cru l'être, et vous avez dû, dans l'âge où je suis, vous préparer à me perdre. » On lui a donné un remède d'un empirique dont on n'espère pas grand-chose.

Le soir Mme de Maintenon alla coucher à Saint-Cyr.

On lui avait proposé un bouillon le matin. « Il ne faut pas me parler, dit-il, comme à un autre homme présentement. Ce n'est pas un bouillon qu'il me faut, que l'on appelle mon confesseur. » Un jour qu'il avait perdu la connaissance pour quelque temps, dès qu'elle lui fut revenue, il dit au père Le Tellier: « Donnez-moi encore une absolution générale de tous mes péchés. » Son confesseur lui demanda s'il souffrait encore beaucoup. « Eh non, dit-il, c'est ce qui me fâche, je voudrais souffrir davantage pour l'expiation de mes péchés. »

L'auteur finit ici pour le mois d'août, n'ayant rien écrit de ce qui s'est passé dans les trois derniers jours du présent mois.

III. LES SECRETS

DU MONDE (1715-1789)

Le XVIIIe siècle est un temps d'intenses et permanentes négociations internationales, comme si les souverains, sensibles à l'équilibre politique qui s'est créé à l'ouest de l'Europe, hésitaient à le bouleverser. L'idée même d'équilibre devient un principe de la diplomatie européenne. À la fin des conflits, la France par exemple se montre désormais d'une grande modération : la guerre, même considérée comme juste, ne doit pas déboucher sur des bouleversements injustes. La Lorraine fut ainsi acquise par étapes. Louis XV montre également beaucoup de prudence après la guerre de Succession d'Autriche (1740-1748) au point d'en être critiqué : il n'aurait travaillé que pour le roi de Prusse.

Derrière cette stabilité apparente, l'Europe est secouée par l'émergence de deux puissances : la Prusse, qui s'appuie sur un État militaire, et la Russie, qui compte sur son immense armée et ses vastes territoires. Et après s'être placée dans le sillage de l'Angleterre, la France entre dans une série de guerres avec elle, en particulier à propos des territoires lointains de la Nouvelle-France ou de l'Inde. Ce grand affrontement conduit en 1756 à un spectaculaire renversement des alliances, souvent qualifié de « révolution » diplomatique : Marie-Thérèse d'Autriche choisit de se rapprocher de la France pour lutter contre Frédéric II de Prusse, allié maintenant de Londres. C'est la fin d'une lutte séculaire entre la maison d'Autriche et la maison de France, mais cela n'empêche pas la France de subir de sévères défaites pendant la guerre de Sept Ans contre l'Angleterre et la Prusse (1756-1763).

Finalement les ambitions des trois grandes puissances de l'Europe centrale et orientale – l'Autriche, la Prusse et la Russie – les conduisent à se partager en trois temps la Pologne, bien incapable de se défendre. Pour ces princes, il s'agissait désormais de se répartir, sans aucune justification, de grands territoires et des millions d'habitants.

Dans le monde extra-européen, les choses changent aussi : les colonies montrent une volonté nouvelle d'indépendance face à la métropole. Louis XVI, roi à partir de 1774, se laisse convaincre par son secrétaire d'État des Affaires étrangères, Vergennes, de soutenir les insurgés américains dans leur révolte face aux Anglais, ce qui facilita la naissance des États-Unis.

En France, la carrière diplomatique devient une voie privilégiée vers les fonctions politiques, et des hommes, issus de la haute noblesse, comme l'abbé de Bernis ou le duc de Choiseul, sont ainsi nommés secrétaires d'État des Affaires étrangères, après avoir été ambassadeurs.

Les bureaux s'organisent et les commis, qui restent longtemps en poste, y assurent la continuité de l'action diplomatique. Ces spécialistes observent l'évolution des pays européens, pour préparer les initiatives françaises et pour maintenir la place du royaume en Europe. Ils sont à l'origine des « systèmes » qui obsèdent ministres, diplomates et agents secrets : une alliance avec un pays étranger doit s'intégrer dans une série d'autres alliances pour être efficace. Louis XV lui-même a organisé une diplomatie secrète qui rivalise parfois avec l'action officielle de la diplomatie française, car le roi veut maintenir les liens traditionnels de la France avec l'Empire ottoman, la Pologne et la Suède.

L'ambassadeur devient même un modèle social du XVIIIe siècle. Il doit, par le luxe de sa table, par le charme de ses manières, par la somptuosité de ses équipages, par l'éclat de ses fêtes, éblouir les pays où il représente son maître. Il est aussi volontiers collectionneur de tableaux, de curiosités naturelles, d'objets rares, de manuscrits anciens. La sociabilité et le cosmopolitisme, favorisés par la pratique de la langue française, qui devient au XVIIIe siècle la langue des diplomates et des cours, sont aussi des moyens de nouer des relations politiques, de dissimuler des discussions secrètes ou discrètes, d'obtenir et de diffuser l'information. Mais, au temps des Lumières, certains en viennent à critiquer ce monde du secret, à mettre aussi en cause l'égoïsme des souverains que servent les ambassadeurs.

L'indépendance américaine annonce le temps des révolutions : à côté ou à la place des princes, des nations viennent au premier plan, bouleversant en profondeur les relations internationales. LUCIEN BÉLY

Double page précédente :
Entrée du duc de Choiseul à Rome sur la place Saint-Pierre,
par Giovanni Paolo Pannini, 1754
Berlin, Gemäldegalerie.

La minorité de Louis XV

Sept jours de la vie du cardinal Dubois

Le Cardinal Dubois, archevêque de Cambrai et ministre, par Charles-Victor-Eugène Lefebvre (1805-1882). Château de Versailles.

Voici le portrait que trace de lui Saint-Simon, dans ses Additions au Journal de Dangeau *: « Cet honnête abbé, mort cardinal et Premier ministre, a tant fait de divers personnages et de si bas s'est élevé si haut, et par degrés si surprenants et si étranges, qu'il* [...] *devint enfin le maître absolu pendant quelques années que la miséricorde de Dieu daigna abréger par la folie. »*

Louis XV n'étant âgé que de cinq ans et demi à la mort de Louis XIV, son bisaïeul, le pouvoir royal est mis en régence et celle-ci échoit au neveu du roi défunt, Philippe, duc d'Orléans. Celui-ci tentera un moment de diriger l'État en s'écartant des modes de gouvernement du dernier règne, mais sera bientôt amené à y revenir. Dans la pratique quotidienne des affaires, il est assisté par l'abbé Guillaume Dubois, son ancien précepteur, qu'il a gardé auprès de lui comme secrétaire de ses commandements et de son cabinet. Un profond attachement lie les deux hommes. Au début de 1716, le Régent fait de Dubois un conseiller d'État ; l'année suivante, lorsqu'il remet les ministères sur leur ancien pied, il lui attribue le secrétariat d'État des Affaires étrangères, poste de premier plan où l'abbé fait preuve de tant d'ardeur au travail et de sens politique qu'il acquiert une influence qui lui vaut d'être admis en octobre 1719 au Conseil de Régence. Son ascension étant freinée par sa qualité de simple clerc, il se fait revêtir des ordres sacrés, est nommé archevêque de Cambrai en 1720, cardinal en 1721, et devient ainsi la personnalité la plus en vue du gouvernement.

Au début de la Régence, les conseils, les ministères et la cour ont été transférés à Paris. Ils sont réinstallés à Versailles à la mi-juin 1722 et, le 21 août, le cardinal Dubois est nommé Premier ministre, tout en conservant le département des Affaires étrangères. Pour faire face à cette avalanche de responsabilités, il entreprend, en accord avec le Régent, d'en planifier l'exercice jour par jour et heure par heure dans le « journal de Son Éminence ». Un emploi du temps très chargé et très varié, comme on peut en juger sur la double page suivante. Ses journées commencent tôt : entre cinq et sept heures du matin, il liquide diverses formalités paperassières ; jusqu'à huit heures, il arrange ses portefeuilles, s'habille et donne des ordres ; dans la demi-heure suivante, il assiste au lever du roi. C'est le premier contact avec l'enfant, qu'il aura d'autres occasions de revoir dans la journée puisque quotidiennement, à l'exception du vendredi, il est chargé de l'initier au métier de souverain (le Régent l'assiste dans cette tâche). Le cardinal travaille ensuite avec le Régent, soit en tête à tête, soit en compagnie de certains ministres qui ont leurs horaires attitrés. Une large plage est également consacrée aux audiences des ambassadeurs étrangers.

Louis XV entre dans sa majorité le 15 février 1723. La Régence prend fin, mais le roi décide que son oncle le duc d'Orléans présidera tous ses conseils et reconduit Dubois dans sa charge de Premier ministre. On peut donc supposer que les activités quotidiennes du cardinal ont été sensiblement les mêmes que pendant la Régence. Telles qu'elles sont détaillées dans le « journal de Son Éminence », elles révèlent un grand homme de gouvernement, un animateur infatigable et implacable qui, harassé par ce labeur effréné, ne pourra résister à un méchant abcès et aux soins des médecins, et mourra à la tâche le 10 août 1723, âgé de soixante-sept ans.

MICHEL ANTOINE

« Dans la résolution que j'ai toujours eu à cœur d'instruire Votre Majesté [...], j'ai la consolation de voir que, malgré sa jeunesse, je ne trouverai pas en elle le principal obstacle qu'il y a à craindre dans les jeunes princes et qu'elle est capable de secret. »

Le duc d'Orléans à Louis XV,
alors âgé de douze ans, le 26 août 1722.

Conseil de régence présidé par le duc d'Orléans,
par Charles-Victor-Eugène Lefebvre. Château de Versailles.

Pendant la minorité de Louis XV, les différents conseils de gouvernement tenus par Louis XIV fusionnent en un unique Conseil de régence, présidé par le Régent. L'assistance y est plus nombreuse, car ce Conseil connaît non seulement de toutes les affaires de l'État, mais aussi de la tutelle du roi mineur, et, par suite, accueille les princes du sang. Parmi les treize conseillers réunis autour du Régent figure à gauche Guillaume Dubois, secrétaire d'État des Affaires étrangères.

Le journal de Son Éminence, plan d'une semaine de travail du cardinal Dubois en 1722. MAE, MD France.

Le « journal » détaille les activités de Son Éminence du dimanche matin au samedi soir. Chaque ministre a son horaire attitré : le garde des Sceaux puis les secrétaires d'État le mardi, le secrétaire d'État de la Guerre le dimanche, le mardi et le samedi, le comte de Toulouse, amiral de France, le lundi. Le cardinal suit de près la marche des finances, accueillant le contrôleur général cinq fois (dont l'une avec les intendants des finances) et quatre fois le premier commis des finances, M. Le Couturier. Le lundi, il voit à deux reprises le lieutenant général de police de Paris. Toutes ces activités correspondent à son rôle de Premier ministre. S'y ajoutent les tâches relevant en propre de sa charge de secrétaire d'État des Affaires étrangères : donner audience au corps diplomatique le mercredi et, plusieurs fois par semaine, entendre les rapports des premiers commis, se faire donner lecture des dépêches des ambassadeurs et autres représentants du roi, puis préparer et signer celles qui leur seraient adressées en retour. Le tout entrecoupé par les audiences aux « personnes mandées » et couronné le dimanche par une audience publique. Sans parler des affaires survenant à l'improviste.

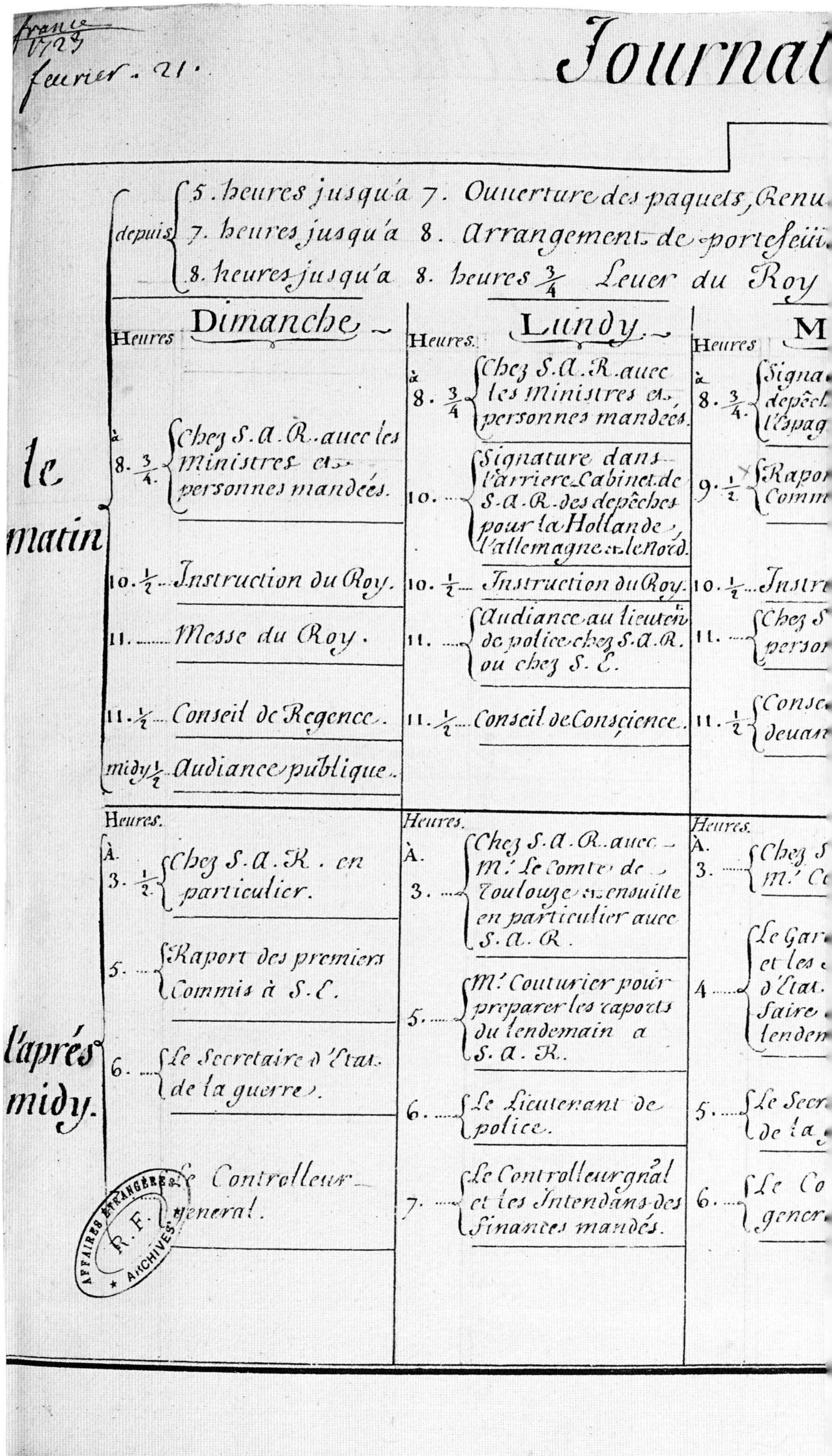

France 1723
feurier . 21.

Journal

le matin

depuis 5. heures jusqu'a 7. Ouuerture des paquets, Renu
7. heures jusqu'a 8. Arrangement de portefeui
8. heures jusqu'a 8. heures 3/4 Leuer du Roy

Dimanche

Heures	
à 8. 3/4.	Chez S. A. R. auec les Ministres et personnes mandées.
10. 1/2	Instruction du Roy.
11.	Messe du Roy.
11. 1/2	Conseil de Regence.
midy 1/2	Audiance publique.

Lundy

Heures	
à 8. 3/4	Chez S. A. R. auec les Ministres et personnes mandées.
10.	Signature dans l'arriere Cabinet de S. A. R. des depêches pour la Hollande, l'allemagne et le Nord.
10. 1/2	Instruction du Roy.
11.	Audiance au lieutenant de police chez S. A. R. ou chez S. E.
11. 1/2	Conseil de Consçience.

M

Heures	
à 8. 3/4.	Signa depêc l'Espag
9. 1/2	Rapor Comm
10. 1/2	Instr
11.	Chez S persor
11. 1/2	Conse deuan

l'aprés midy.

Dimanche

Heures.	
À. 3. 1/2.	Chez S. A. R. en particulier.
5.	Raport des premiers Commis à S. E.
6.	Le Secretaire d'Etat de la guerre.
	Le Controlleur general.

Lundy

Heures.	
À. 3.	Chez S. A. R. auec M.r le Comte de Toulouze et ensuitte en particulier auec S. A. R.
5.	M.r Couturier pour preparer les raports du lendemain a S. A. R.
6.	Le Lieutenant de police.
7.	Le Controlleur gnal et les Intendans des Finances mandés.

M

Heures.	
À. 3.	Chez S M.r C
4	Le Gar et les d'Etat. Faire lenden
5.	Le Secr de la
6.	Le Co gener

…e Son Eminence.

…VS LES JOVRS.

…lettres, placets et Memoires de la veille dans les differens bureaux et reponses aux lettres particulieres …abillement et ordres.

…	Heures	Mercredy	Heures	Jeudy	Heures	Vendredy	Heures	Samedy
…S.E. des …Italie …Portugal.					à 8. 3/4	Signature chez S.E. des depeches pour l'Italie l'Espagne et le Portugal		
…miers …	depuis 9 heures jusqu'a dix	Audiance des Ambassadeurs et Ministres Etrangers	À. 8. 3/4	Chez S.A.R. avec les Ministres et personnes mandées.	9. 1/2	Raport des premiers Commis a S.E.	A. 8. 3/4	Chez S.A.R. avec les Ministres et personnes mandées.
…Roy.			10. 1/2	Instruction du Roy.			10. 1/2	Instruction du Roy.
…ec les …dées.			11.	Audiance aux Ministres avant leur depart pour Paris.	11.	Expedition, signature et travail avec les Commis que S.E. mandera.	11.	Chez S.A.R. avec les personnes mandées.
…ances …y.							11. 1/2	Conseil des depêches devant le Roy.
			midy	Audiance publique.				
	Heures		Heures		Heures		Heures	
…uec	À 3.	Continüation de l'audiance ou conversation avec les Ambassadeurs.	A. 3.	Raport des premiers Commis à S.E.	A. 3.	Mr. Couturier pour preparer les raports du lendemain à S.A.R.	À 3.	Chez S.A.R. avec Mr. Couturier.
…aux …e. et …ont …ts le …A.R.	4	Le journal des audiances et les renvoys en consequence.	5	Ordre et preparation des depêches pour l'Angleterre, la hollande, l'allemagne et le Nord.	4.	Audiance aux personnes mandées.	5.	Lecture des lettres d'Espagne et de Portugal et ordres en consequence.
…tat	5.	Chez S.A.R. en particulier.			5.	Lecture des lettres d'Italie et ordres en consequence.	6.	Le Controlleur general.
	6. 1/2	Instruction du Roy.						
…r	7.	Le Controlleur gnal et autres personnes mandées.	7.	Audiance aux personnes mandées.			7.	Le Secretaire d'Etat de la guerre.

Marie Leszczynska, l'élue de Louis XV

La revanche du roi Stanislas Ier

Portrait de Stanislas Leszczynski, par Van Loo, 1725. Château de Versailles.

Sur ce portrait officiel, peint peu de temps après le mariage de sa fille, le roi de Pologne arbore fièrement l'ordre du Saint-Esprit.

À droite : *Réception de l'ordre du Saint-Esprit*, par Nicolas Lancret, 1724. Paris, Louvre.

Le jeune Louis XV remet l'ordre du Saint-Esprit à deux novices agenouillés dans la chapelle du château de Versailles, le 3 juin 1724.

EN 1725, Stanislas Leszczynski a quarante-huit ans. C'est un roi de Pologne sans couronne, chassé de son royaume, ruiné par les armées russes qui ont pillé ses terres et brûlé ses châteaux. Même sa vie ne tient qu'à un fil, sans cesse menacée par les exactions des sbires de son rival, l'autre roi de Pologne Auguste II.

Il est bien loin, le jeune et riche aristocrate qui montait sur le trône en 1704, poussé par le vote de la Diète et le soutien armé du roi du Suède Charles XII. L'épopée s'interrompt cinq ans plus tard, le 8 juillet 1709, quand son belliqueux mentor s'incline à Poltava devant l'armée du tsar Pierre le Grand. Stanislas prend alors la route de l'exil…

En 1714, il croit retrouver la sérénité en obtenant de Charles XII la jouissance du duché de Deux-Ponts (aujourd'hui Zweibrücken, en Rhénanie-Palatinat). Hélas, en 1718, la mort accidentelle du roi de Suède met fin à quatre courtes années de répit. Sans ressources, Stanislas ne doit son salut qu'à la sollicitude du Régent de France qui lui accorde une modeste pension et l'autorisation de résider à Wissembourg, en Alsace. C'est là, le 2 avril 1725, qu'arrive la nouvelle qui va lui offrir une spectaculaire revanche sur le sort : au terme d'une impitoyable sélection entre une centaine de princesses européennes, Louis XV a choisi pour épouse et future reine de France Marie Leszczynska, la fille de Stanislas. C'est la stupéfaction à Versailles, où on est encore sous le coup du renvoi à Madrid de la petite fiancée du roi, l'infante d'Espagne, trop jeune pour donner rapidement un héritier à la France. Rien ne plaidait en faveur de cette Polonaise inconnue et pauvre, fille d'un ex-roi d'une monarchie élective… À la cour, on raille et on fustige la promise. Mais rien n'y fait : le mariage est décidé ! Il sera célébré à Fontainebleau et le duc d'Orléans, premier prince du sang, ira à Strasbourg épouser Marie par procuration, le 15 août 1725.

L'entourage de Louis XV suit les préparatifs avec attention, au point que chaque jour le duc de Noailles, capitaine des gardes, écrit à l'évêque de Fréjus, précepteur de Louis XV et futur cardinal de Fleury, pour l'informer des faits et gestes de la princesse de Pologne (lettre ci-contre). Aussi réticents soient-ils au début, les observateurs finissent par se rallier au choix royal : Marie se révèle intelligente, fine, altruiste, charmante et cultivée. Elle ne connaît rien de la vie de cour, mais sait déjà se comporter en reine de France.

Stanislas, ému pour sa fille chérie, l'est aussi pour lui, car le jeune Louis XV a décidé de le recevoir parmi les chevaliers du Saint-Esprit, lui conférant ainsi une légitimité royale enviée par toute l'Europe. Fondé en 1578 par Henri III, en souvenir de son élection au trône de Pologne et de son accession au trône de France (voir p. 40), l'ordre du Saint-Esprit est devenu le premier ordre de la monarchie française. Stanislas recevra le cordon bleu avec la dignité des chevaliers du passé, au terme d'une nuit de prières dans l'église des Capucins de Strasbourg.

ANNE MURATORI-PHILIP

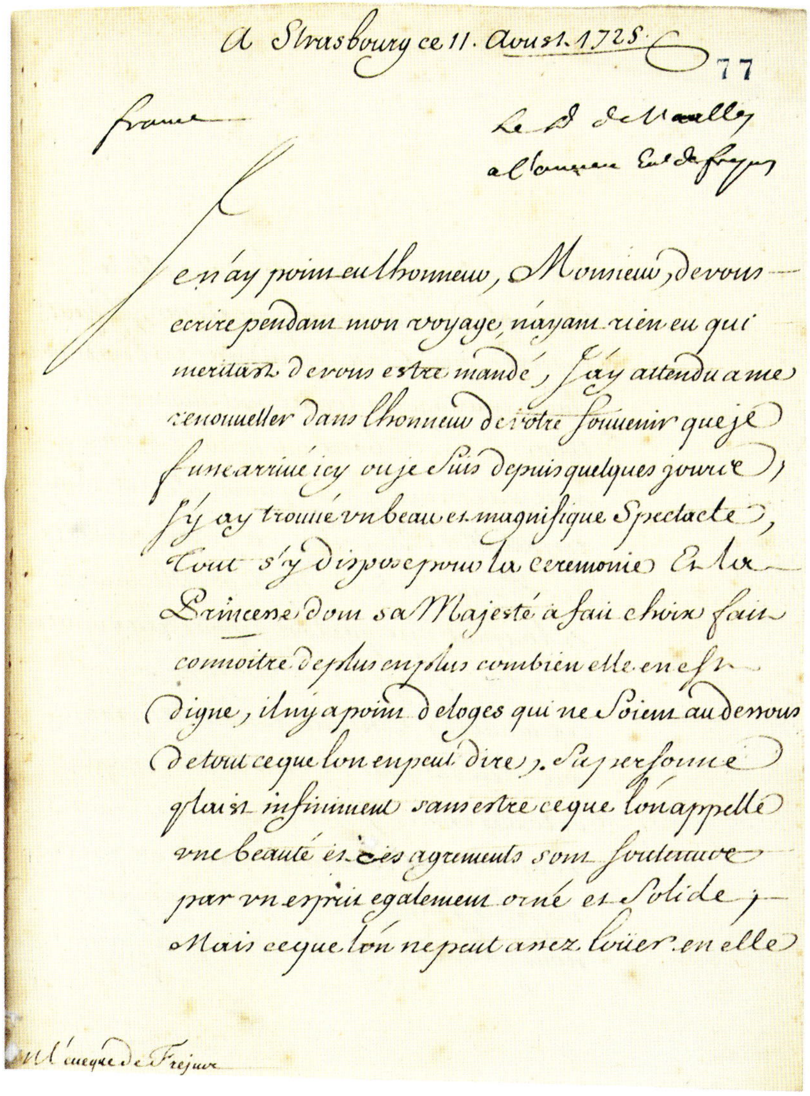
A Strasbourg ce 11. Aoust 1725. 77

france

Le S. de Noailles
a l'ancien Evd. de Frejus

Je n'ay point eu l'honneur, Monsieur, de vous
escrire pendant mon voyage, n'ayant rien eu qui
meritast d'estre mandé, j'ay attendu a me
renouveller dans l'honneur de votre souvenir que je
fusse arrivé icy ou je suis depuis quelques jours,
j'y ay trouvé un beau et magnifique Spectacle,
tout s'y dispose pour la ceremonie et la
Princesse dont sa Majesté a fait choix fait
connoitre de plus en plus combien elle en est
digne, il n'y a point d'eloges qui ne soient au dessous
de tout ce que l'on en peut dire, sa personne
plaist infiniment sans estre ce que l'on appelle
une beauté et ses agrements sont soutenus
par un esprit egalement orné et solide,
Mais ce que l'on ne peut assez loüer en elle

M. l'evesque de Frejus

« Vous étiez déjà française par votre éducation, devenez-le encore plus par votre amour pour cette nation honnête et polie, et je vous réponds de sa part d'un retour de tendresse le plus sincère et le plus constant… »

Stanislas Leszczynski, *Avis du roi à la reine sa fille lors de son mariage*, 1725.

Lettre du duc de Noailles à Stanislas Leszczynski, le 11 août 1725.
(Transcription complémentaire en fin de volume.)
MAE, MD France.

Liste des membres de l'ordre du Saint-Esprit, le 1er janvier 1725.
MAE, MD France.

Le 1er janvier de chaque année, le roi fait établir la liste des cent membres de l'Ordre. Le nom du roi Stanislas a été ajouté au bas de la page au moment des préparatifs du mariage.

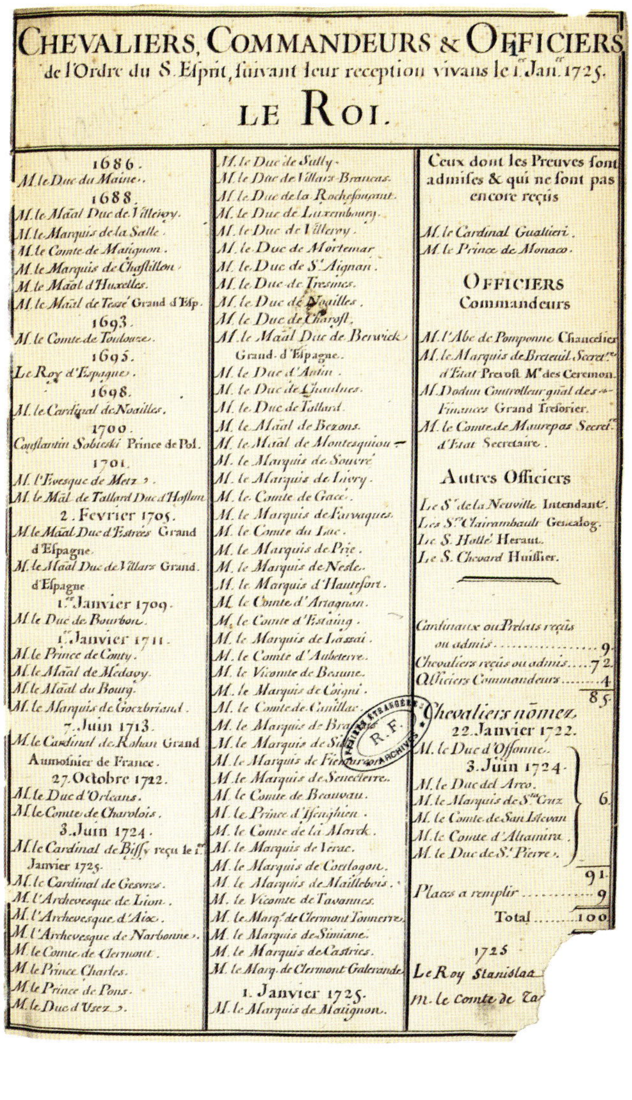
CHEVALIERS, COMMANDEURS & OFFICIERS
de l'Ordre du S. Esprit, suivant leur reception vivans le 1er Janv. 1725.

LE ROI.

1686.
M. le Duc du Maine.
1688.
M. le Maal Duc de Villeroy.
M. le Marquis de la Salle.
M. le Comte de Matignon.
M. le Marquis de Chastillon.
M. le Maal d'Huxelles.
M. le Maal de Tessé Grand d'Esp.
1693.
M. le Comte de Toulouze.
1695.
Le Roy d'Espagne.
1698.
M. le Cardinal de Noailles.
1700.
Constantin Sobieski Prince de Pol.
1701.
M. l'Evesque de Metz.
M. le Mal de Tallard Duc d'Hostun.
2. Fevrier 1705.
M. le Maal Duc d'Estrées Grand d'Espagne.
M. le Maal Duc de Villars Grand d'Espagne
1er Janvier 1709.
M. le Duc de Bourbon.
1er Janvier 1711.
M. le Prince de Conty.
M. le Maal de Medavy.
M. le Maal du Bourg.
M. le Marquis de Goezbriand.
7. Juin 1713.
M. le Cardinal de Rohan Grand Aumosnier de France.
27. Octobre 1722.
M. le Duc d'Orleans.
M. le Comte de Charolois.
3. Juin 1724.
M. le Cardinal de Bissy reçu le 1er Janvier 1725.
M. le Cardinal de Gesvres.
M. l'Archevesque de Lion.
M. l'Archevesque d'Aix.
M. l'Archevesque de Narbonne.
M. le Comte de Clermont.
M. le Prince Charles.
M. le Prince de Pons.
M. le Duc d'Usez.

M. le Duc de Sully.
M. le Duc de Villars Brancas.
M. le Duc de la Rochefoucault.
M. le Duc de Luxembourg.
M. le Duc de Villeroy.
M. le Duc de Mortemar
M. le Duc de S.t Aignan.
M. le Duc de Tresmes.
M. le Duc de Noailles.
M. le Duc de Charost.
M. le Maal Duc de Berwick Grand d'Espagne.
M. le Duc d'Antin.
M. le Duc de Chaulnes.
M. le Duc de Tallard.
M. le Maal de Bezons.
M. le Maal de Montesquiou.
M. le Marquis de Souvré
M. le Marquis de Livry.
M. le Comte de Gacé.
M. le Marquis de Farvaques.
M. le Comte du Luc.
M. le Marquis de Prie.
M. le Marquis de Nesle.
M. le Marquis d'Hautefort.
M. le Comte d'Artagnan.
M. le Comte d'Estaing.
M. le Marquis de Lassai.
M. le Comte d'Aubeterre.
M. le Vicomte de Beaune.
M. le Marquis de Coigni.
M. le Comte de Canillac.
M. le Marquis de Bra…
M. le Marquis de Si…
M. le Marquis de Fie…
M. le Marquis de Senecterre.
M. le Comte de Beauvau.
M. le Prince d'Isenghien.
M. le Comte de la Marck.
M. le Marquis de Verac.
M. le Marquis de Coetlogon.
M. le Marquis de Maillebois.
M. le Vicomte de Tavannes.
M. le Marq. de Clermont Tonnerre.
M. le Marquis de Simiane.
M. le Marquis de Castries.
M. le Marq. de Clermont Galerande.
1. Janvier 1725.
M. le Marquis de Matignon.

Ceux dont les Preuves sont admises & qui ne sont pas encore reçûs

M. le Cardinal Gualtieri.
M. le Prince de Monaco.

OFFICIERS
Commandeurs

M. l'Abé de Pomponne Chancelier
M. le Marquis de Breteuil Secret.re d'Etat Prevost M.e des Ceremon.
M. Dodun Controlleur gnal des Finances Grand Tresorier.
M. le Comte de Maurepas Secret.re d'Etat Secretaire.

Autres Officiers

Le S.r de la Neuville Intendant.
Les S.rs Clairambault Genealog.
Le S. Hollé Heraut.
Le S. Chevard Huissier.

Cardinaux ou Prelats reçûs ou admis .... 9.
Chevaliers reçûs ou admis .... 72.
Officiers Commandeurs .... 4.
85.

Chevaliers nômez
22. Janvier 1722.
M. le Duc d'Offonne.
3. Juin 1724.
M. le Duc del Arco.
M. le Marquis de S.ta Cruz
M. le Comte de San Istevan
M. le Comte d'Altamira.
M. le Duc de S.t Pierre.
6.
91.
Places a remplir 9
Total 100

1725
Le Roy Stanislas
M. le Comte de Ta…

Un voyage en Moscovie

Aux confins de l'Europe en guerre

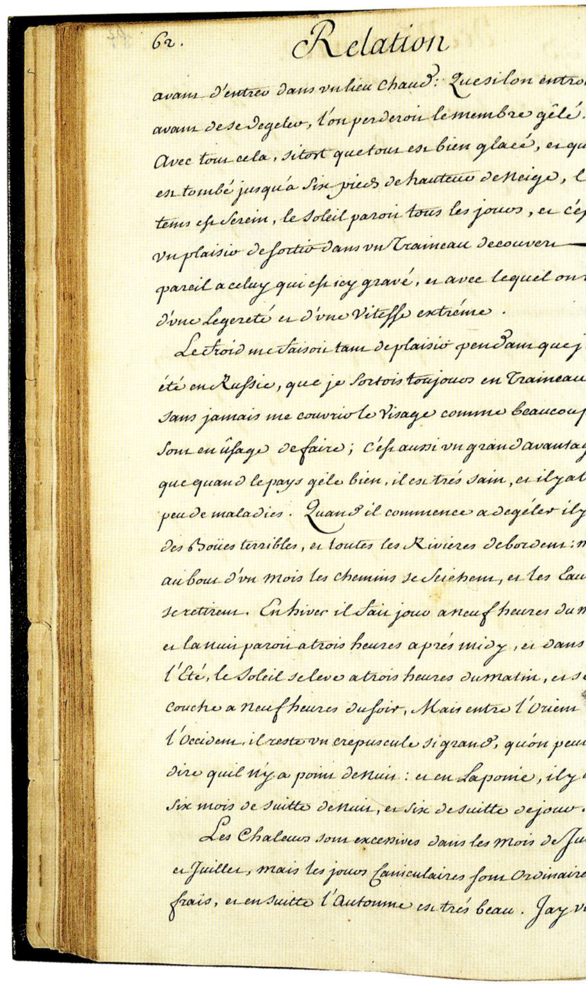
62. Relation
avant d'entrer dans un lieu chaud: que si l'on entroit
avant de se degeler, l'on perderoit le membre gelé.
Avec tout cela, sitost que tout est bien glacé, et qu'
est tombé jusqu'à six pieds de hauteur de Neige, le
tems est serein, le Soleil paroit tous les jours, et c'est
un plaisir de sortir dans un Traineau decouvert
pareil a celuy qui est icy gravé, et avec lequel on v
d'une legereté et d'une Vitesse extrême.
Le froid me faisoit tant de plaisir pendant que j'a
été en Russie, que je sortois toujours en Traineau
sans jamais me couvrir le Visage comme beaucoup
sont en usage de faire; c'est aussi un grand avantag
que quand le pays gele bien, il est très sain, et il y a tr
peu de maladies. Quand il commence a degeler il y
des boües terribles, et toutes les Rivieres debordent: m
au bout d'un mois les chemins se sechent, et les eaux
se retirent. En hiver il fait jour a neuf heures du m
et la nuit paroit a trois heures après midy, et dans
l'Été, le Soleil se leve a trois heures du matin, et se
couche a neuf heures du soir, Mais entre l'Orien
l'Occident, il reste un crepuscule si grand, qu'on peu
dire qu'il n'y a point de nuit: et en Lapponie, il y a
six mois de suitte de nuit, et six de suitte de jour.
Les Chaleurs sont excessives dans les mois de Jui
et Juillet, mais les jours Caniculaires sont ordinairem
frais, et ensuitte l'Automne est très beau. J'ay vû

« Il avait de l'esprit, beaucoup d'honneur et de valeur et une grande, mais sage ambition, était aimé, estimé et compté en Espagne, et le fut partout où il alla. Sa conversation était très agréable et gaie, instructive quand on le mettait sur ce qu'il avait vu, et très bien vu, en pays divers et en affaires […]. Il avait un talent si particulier pour les langues, qu'il parlait latin, français, espagnol, italien, anglais, écossais, irlandais, allemand et russien comme un naturel du pays, sans jamais la moindre confusion de langues. Avec cela, il aimait passionnément le plaisir, et la vie compassée, uniforme, languissante, triste de l'Espagne lui était insupportable. Il était fait pour la société libre, variée, agréable, et c'était ce qu'on n'y trouvait pas […]. C'est un homme que je regretterai toujours. » Nous devons ce portrait chaleureux du duc de Liria, auteur de la *Relation de la Moscovie*, à Saint-Simon qui fut son ami. Jacques François Fitz-James, petit-fils naturel du roi Jacques II d'Angleterre et du duc de Marlborough, a porté le nom de duc de Liria de 1716 à 1734, date de la mort de son père le maréchal de Berwick. Celui-ci, qui avait suivi Jacques II dans son exil en France en 1688, avait exclu son fils aîné de la succession à ses titres français, tant il était convaincu de recouvrer un jour ses biens en Angleterre; après la paix d'Utrecht et l'abandon de ses espoirs, il avait cédé à Jacques François la grandesse espagnole acquise par ses succès dans la guerre de Succession d'Espagne.

« Le froid me faisait tant de plaisir pendant que j'ai été en Russie que je sortais toujours en traîneau, sans jamais me découvrir le visage comme beaucoup sont en usage de le faire. »

Duc de Liria.

Après une carrière militaire, le duc de Liria devient en 1727 le premier ambassadeur d'Espagne auprès du tsar: il s'agit, de concert avec l'envoyé de l'empereur d'Autriche, de convaincre la Russie de continuer à apporter son appui à l'Électeur de Saxe, roi de Pologne, contre le candidat de la France et de la Suède Stanislas Leszczynski.

Vient la paix de Séville qui en 1729 scelle la réconciliation de la France, de l'Espagne et de l'Angleterre. La cour de France croit pouvoir utiliser les attaches françaises du duc de Liria pour obtenir que l'Espagne soutienne sa politique polonaise contre celle de l'empereur d'Autriche. Liria tente de ménager les deux camps, et continue lorsque sa mission se poursuit en 1731-1732 à Vienne: le secrétaire d'État aux Affaires étrangères Chauvelin et les envoyés français sont partagés entre l'exaspération que leur inspire ce qu'ils considèrent comme une déloyauté à leur égard, et la séduction du personnage qu'ils subissent comme chacun. Éternel déraciné en quête d'attachement, Liria meurt en 1738 à Naples, de tuberculose, niant jusqu'aux derniers instants sa maladie. Amelot de Chaillou, successeur de Chauvelin aux Affaires étrangères, lui accorde cette sèche oraison funèbre: « Quoique le duc de Berwick n'ait pas toujours donné lieu à la France de se louer de ses intentions et de ses opérations dans ce dont il a été chargé par le Roi Catholique, son nom et son sang nous le ferons regretter. »

Tous les documents présentés (citations, ouvrages et dessins) sont extraits de la *Relation de la Moscovie*, par le duc de Liria, 1731. MAE, MD Russie.

Diacre en costume ordinaire. Comme les prêtres, ils étaient indifféremment moines ou séculiers.

« Sitôt que tout est bien glacé et qu'il est tombé jusqu'à six pieds de hauteur de neige, le temps est serein, le soleil paraît tous les jours, et c'est un plaisir de sortir dans un traîneau découvert pareil à celui qui est ici gravé, et avec lequel on va d'une légèreté et d'une vitesse extrême. »

Duc de Liria.

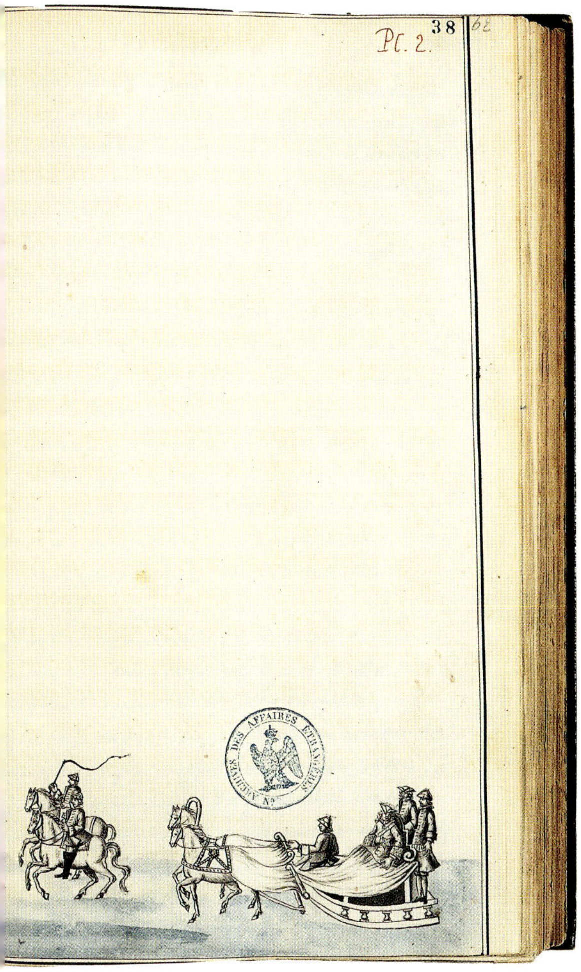

Traîneau de ville. « L'on mène toujours devant le traîneau deux domestiques de livrée à cheval, et c'est une précaution très nécessaire, parce que l'on va avec tant de vitesse dans ces voitures qu'il en pourrait arriver beaucoup d'accidents s'il n'y avait point de domestiques devant qui font place. »

Paysan et paysanne russes.

84. Relation

lui donne autant de Coups que l'ordonne le Juge: Cette fonction achevée, le Bourreau le descend, et lui remettant avec beaucoup de dexterité les bras en leur place, on le renvoye a la Prison s'il a avoüé, ou sinon on le passe par le feu, comme je lay deja dit, Quand ces deux peines du Knoutte se donnent pour la Question, l'on le fait secrettement; Mais quand c'est pour suplice, cela s'execute en place publique: et il arrive trés souvent que le Criminel meurt des Coups que l'on lui donne.

Le Second genre de peines est pour chatier Corporellement les Criminels sans leur donner la Mort, et il y en a de differentes. De plus que les Knouttes qui outre quils se donnent pour Question, se donnent aussi, comme j'ay deja dit, pour suplice. Il y a le Sadoky, et le Gato. Le Sadoky se donne de cette maniere. Ils mettent le Criminel étendu par Terre, et un Bourreau le saisit par la tête avec les genoüils, et un autre s'assoit sur ses fesses, et tous deux avec de petits batons tranchans, se divertissent sur ses Epaules comme s'ils touchoient des Timballes, faisant a chaque coup sortir le sang avec grande violence.

Pour donner le Gato, ils mettent le Criminel de la même maniere que pour le Sadoky, et ils le foüettent avec des Disciplines de Cordes toutes

Quant aux châtiments qu'ils s'infligent, je ne crois pas qu'il y ait pays en Europe où il y ait tant de tourments pour les coupables qu'en Russie; et quoique quelques-uns d'iceux fassent horreur à se les imaginer seulement, les Russiens sont si durs que la plus grande partie d'eux [...] se plaignent à peine [...]. Le second genre de peines est pour châtier corporellement les criminels sans leur donner la mort, et il y en a de différentes. De plus que les knouttes qui, outre qu'ils se donnent pour question, se donnent aussi, comme j'ai déjà dit, pour supplice, il y a le *padoky* et le *gato*. Le padoky se donne de cette manière. Ils mettent le criminel étendu par terre, et un bourreau le saisit par la tête avec les genoux, et un autre s'assoit sur ses fesses, et tous deux avec de petits bâtons tranchants se divertissent sur ses épaules comme s'ils touchaient des timbales, faisant à chaque coup sortir le sang avec une grande violence.

Prêtre (ci-contre) et boyard (noble de haut rang, à droite) en costume traditionnel, ou caftan. En 1700, dans son effort de modernisation de la Russie, Pierre le Grand leur a pourtant enjoint de se couper la barbe et de se vêtir à l'occidentale.

La *Relation de la Moscovie* du duc de Liria est le fruit de trois années d'observation de la vie quotidienne russe au cours de sa mission diplomatique à Saint-Pétersbourg et Moscou. C'est un manuscrit soigné, illustré de gouaches d'une extraordinaire fraîcheur. La personnalité ambiguë de son auteur n'y transparaît pas, sauf, qui sait, dans l'intérêt qu'il porte à la description des supplices. Divisé en deux parties, la première sur les institutions politiques, la seconde sur les coutumes, les institutions judiciaires, religieuses, la vie économique, abondant en détails précis qui prennent parfois le contre-pied des idées reçues de l'époque, l'ouvrage se termine sur un récit circonstancié de la prise du pouvoir par Anna Ivanovna en février 1730, une description des festivités données en son honneur par le duc de Liria et une apologie de la souveraine, qu'il croyait ou feignait de croire capable de faire passer la Russie dans le monde moderne. Il est possible que, parmi tous ses projets chimériques, il ait caressé l'idée de devenir le favori de la tsarine… La correspondance de son homologue français n'est pas sans le laisser entendre.

MONIQUE CONSTANT

« Les Russiens ne peuvent souffrir qu'on les appelle Moscovites, ni leur empire Moscovie, et quand quelque étranger se sert de ces noms, il leur semble que c'est pour les insulter. »

Duc de Liria.

Moine en habit complet.
« L'estime et le respect de l'état religieux est si supérieur que le moine seul est susceptible de dignités ecclésiastiques… Ils nient que leur règle soit de saint Basile, disant que leur vie est une pratique des apôtres rétablie par saint Basile et autres saints moines anciens. »

Les jésuites et l'empereur de Chine

Une étrange demande en mariage

Détail du rouleau intitulé *Qingeng tu*, « l'Empereur trace son sillon » (1723-1735). Paris, musée Guimet.

L'empereur Yongzheng (au centre, en jaune) accomplit ici l'un des rites les plus importants du système confucéen : le tracé du « premier sillon ». Cette cérémonie, en hommage aux dieux de l'agriculture et du riz, se déroule à l'aube du douzième jour du cinquième mois ; l'empereur, « fils du Ciel », ouvre la saison des travaux agricoles en traçant à la charrue le premier sillon de l'année.

ELLE est si jolie, cette lettre du roi Yongzheng au pape Clément XI, que l'on est tenté de faire, d'emblée, quelques réserves sur son authenticité. L'histoire, fût-elle celle des ménages princiers, prend-elle jamais cette forme de conte voltairien mis en musique par Rossini ? Mais nous sommes ici dans l'improbable, dans cette Chine où, quelques décennies avant que Rome ne les cloue au pilori et que Versailles ne les chasse du royaume, les jésuites font figure d'hommes de confiance de l'empereur. C'est le célèbre Matteo Ricci qui, cent trente ans plus tôt, avait fondé le crédit de la Compagnie de Jésus auprès de la cour impériale, alors dominée par Wanli, de la dynastie des Ming : sa science, sa maîtrise des classiques chinois et la merveilleuse horloge qu'il avait offerte au souverain avaient exalté son prestige au point de lui valoir la présidence de la Commission des rites, et d'être enterré aux abords immédiats de la Cité interdite…

On ne saurait donc s'étonner que ce soit un jésuite qui fût chargé (l'ayant inspirée ?) de donner forme à la surprenante demande en mariage que voici. Est-ce à l'auteur, est-ce au traducteur, que l'on doit la luxuriance de ces fleurs de rhétorique, en vue de faire entrer quelque jeune Romaine – si possible nièce du pape ou de quelque cardinal – dans le gynécée impérial, une Romaine « haute comme un épi de blé vert et grosse comme une poignée de blé sec » ? Qui a lu la correspondance adressée par Matteo Ricci à l'empereur Wanli, un peu plus d'un siècle auparavant, est en droit de se demander s'il ne s'agit pas là d'un pastiche, de quelques *Lettres chinoises* (inspirées des *Persanes* tout à fait contemporaines) à l'intention des habitués du salon de Mme du Deffand...

Le fait est que tant de virtuosité stylistique sera déployée en vain, Clément XI étant mort en 1721, quelques années avant la rédaction de cette missive (il semble que la nouvelle de son décès n'ait pas été connue des jésuites de Chine). Entre-temps, peut-être irrité par le silence de Rome, ou du fait de l'interdiction faite aux jésuites par le Saint-Office de se plier aux « rites » chinois, l'empereur Yongzheng a déclenché une longue persécution contre les chrétiens. La place n'est plus, dans le gynécée impérial, pour une « Romaine regardée de l'œil droit de Dieu »

JEAN LACOUTURE

*« Son âge ne doit pas passer deux cents lunes.
Il faut que sa taille soit de la hauteur
d'un épi de blé vert et sa grosseur
comme celle d'une poignée de blé sec. »*

Copie de la lettre du roi de la Chine écrite au pape, 1730

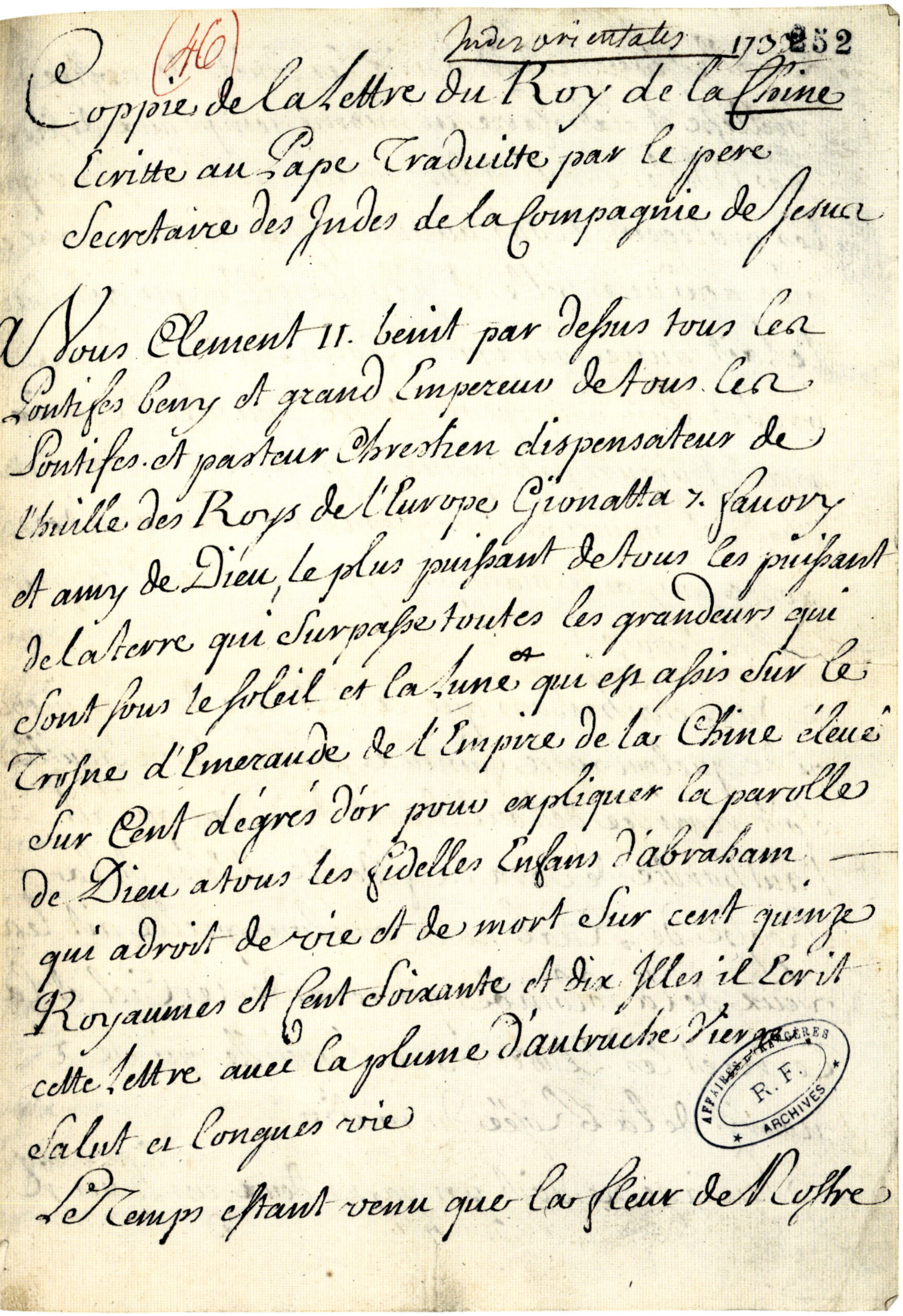
(46) Indes orientales 1730 252

Coppie de la Lettre du Roy de la Chine
Ecritte au Pape Traduitte par le pere
Secrtaire des Indes de la Compagnie de Jesus

A Vous Clement II. benit par dessus tous les
Pontifes beny et grand Empereur de tous les
Pontifes et pasteur Chrestien dispensateur de
l'huille des Roys de l'Europe Gionatta 7. favory
et amy de Dieu, le plus puissant de tous les puissant
de la terre qui Surpasse toutes les grandeurs qui
sont sous le Soleil et la Lune qui est assis sur le
Trosne d'Emeraude de l'Empire de la Chine eleué
Sur Cent degrés d'or pour expliquer la parolle
de Dieu a tous les fidelles Enfans d'abraham
qui a droit de vie et de mort Sur cent quinze
Royaumes et Cent Soixante et dix Isles il Ecrit
cette Lettre avec la plume d'autruche Vierge
Salut et longues vie
Le Temps estant venu que la fleur de Nostre

Indes orientales. 1730.
Copie de la lettre du roi de la Chine écrite au pape, traduite par le père secrétaire des Indes de la Compagnie de Jésus.
Vous Clément II, béni par-dessus tous les pontifes bénis et grand empereur de tous les pontifes et pasteurs chrétiens, [...] favori et ami de Dieu, le plus puissant de tous les puissants de la terre, qui surpasse toutes les grandeurs qui sont sous le soleil et la lune, qui est assis sur le trône d'émeraude de l'empire de la Chine élevé sur cent degrés d'or pour expliquer la parole de Dieu à tous les fidèles enfants d'Abraham, qui a droit de vie et de mort sur cent quinze royaumes et cent soixante et dix îles, il écrit cette lettre avec la plume d'autruche vierge, salut et longue vie.
Le temps étant venu que la fleur de notre royale jeunesse doit mûrir les fruits de notre vieillesse et satisfaire en même temps aux désirs de nos fidèles sujets et leur donner un successeur qui les protège, nous avons résolu de nous unir en mariage à une belle et illustre fille qui ait sucé le lait d'une courageuse lionne et d'une douce brebis. [...] Nous souhaitons que ce soit une de vos nièces ou de quelque autre fameux prêtre latin [...]. Nous voulons qu'elle ait les yeux de la colombe qui regarde le ciel et la terre et les lèvres d'une coquille qui se nourrit de la rosée du matin. Son âge ne doit pas passer deux cents lunes. Il faut que sa taille soit de la hauteur d'un épi de blé vert et sa grosseur comme celle d'une poignée de blé sec. [...] Nous irons à sa rencontre au bord de la grande rivière et la ferons monter sur notre char et elle pourra adorer auprès de nous son dieu avec vingt-quatre filles dont nous lui laisserons le choix comme la tourterelle en printemps. [...]
(Transcription complémentaire en fin de volume.)
MAE, MD Asie.

Portrait de Voltaire (détail), par Catherine Lusurier, d'après Largillière, 1718. Château de Versailles.

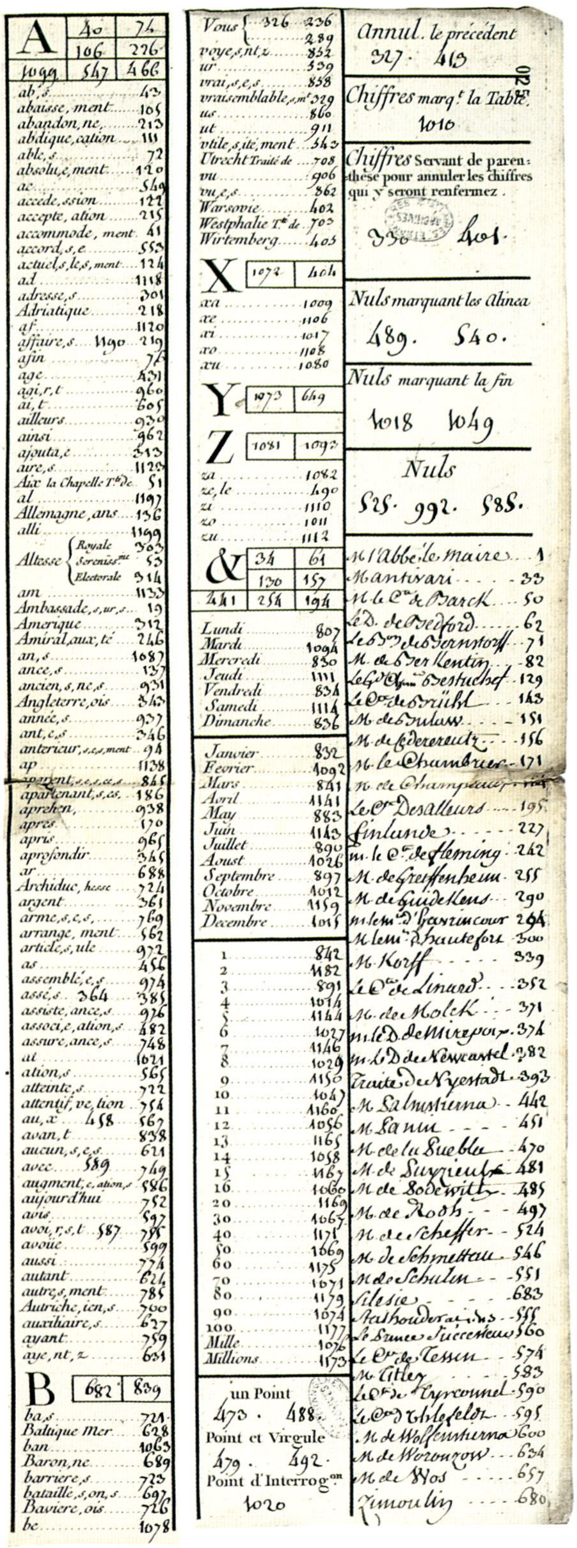
A 40 74 106 276 1099 547 466
ab, s. 43
abaisse, ment 105
abandon, ne 213
abdique, cation 111
able, s 72
absolu, e, ment 120
ac 549
accede, ssion 122
accepte, ation 215
accommode, ment 41
accord, s, e 553
actuel, s, le, s, ment 124
ad 1118
adresse, s 201
Adriatique 218
af 1120
affaire, s 1190 219
afin 7
age 431
agi, r, t 960
ai, t 605
ailleurs 930
ainsi 962
ajouta, e 513
aire, s 1125
Aix la Chapelle T.é de 51
al 1197
Allemagne, ans 156
alli 1199
Altesse Royale 303, Serenissime 53, Electorale 514
am 1133
Ambassade, s, ur, s 19
Amerique 512
Amiral, aux, te 246
an, s 1087
ance, s 137
ancien, s, ne, s 931
Angleterre, ois 563
année, s 937
ant, e, s 246
anterieur, s, s, ment 98
ap 1138
apparent, s, s, s, s 845
appartenant, s, es 186
apprehen 938
apres 170
apris 965
approfondir 345
ar 688
Archiduc, hesse 724
argent 561
arme, s, e, s 769
arrange, ment 562
article, s, ule 972
as 456
assemble, e, s 974
assez 364 385
assiste, ance, s 976
associe, ation, s 482
assure, ance, s 748
at 1021
ation, s 565
atteinte, s 722
attentif, ve, tion 554
au, x 458 567
avan, t 838
aucun, s, e, s 611
avec 589 749
augment, e, ation, s 586
aujourd'hui 752
avis 592
avoi, r, s, t 587 753
avoue 599
aussi 774
autant 624
autre, s, ment 785
Autriche, ien, s 790
auxiliaire, s 627
ayant 759
aye, nt, z 631
B 682 839
ba, s 724
Baltique Mer 628
ban 1063
Baron, ne 689
barriere, s 723
bataille, s, on, s 697
Baviere, ois 726
be 1078
Vous 326 236
voye, s, nt, z 289
ur 339
vrai, s, e, s 858
vraisemblable, s, ment 329
us 860
ut 911
utile, s, ité, ment 543
Utrecht Traité de 708
vu 906
vu, e, s 862
Warsovie 402
Westphalie T.é de 707
Wirtemberg 405
X 1072 404
xa 1009
xe 1106
xi 1017
xo 1108
xu 1080
Y 1073 649
Z 1081 1092
za 1082
ze, le 490
zi 1110
zo 1011
zu 1112
& 34 61 130 157
441 254 194
Lundi 807
Mardi 1096
Mercredi 850
Jeudi 1111
Vendredi 856
Samedi 1114
Dimanche 836
Janvier 832
Fevrier 1092
Mars 841
Avril 1141
May 883
Juin 1143
Juillet 890
Aoust 1026
Septembre 897
Octobre 1012
Novembre 1159
Decembre 1015
1 842
2 1182
3 891
4 1014
5 1144
6 1027
7 1146
8 1029
9 1156
10 1047
11 1160
12 1056
13 1165
14 1058
15 1167
16 1060
20 1169
30 1067
40 1171
50 1069
60 1175
70 1071
80 1179
90 1074
100 1177
Mille 1076
Millions 1173
un Point 470 . 488.
Point et Virgule 479 . 492.
Point d'Interrog.on 1020
Annul. le precedent 327. 413
Chiffres marq.t la Table 1010
Chiffres Servant de parenthese pour annuller les chiffres qui y seront renfermez. 336 401.
Nuls marquant les alinea 489. 540.
Nuls marquant la fin 1018 1049
Nuls 525. 992. 588.
M. l'Abbé le Maire 1
Mantovari 33
M. le C.te de Barck 50
le D. de Bedford 62
le B.on de Bernstorff 71
M. de Bentenrieder 82
le G.d Ch.er Bestuchef 129
le C.te de Bruhl 143
M. de Boulaw 151
M. de Cederceutz 156
M. le Chambrier 171
M. de Champeaux
le C.te Desalleurs 195
Finlande 227
M. le C.te de Fleming 242
M. de Greiffenheim 255
M. de Gudenus 290
M. le m.is d'Havrincour 294
M. le m.is d'Hautefort 300
M. Korff 339
le C.te de Linard 352
M. de Molck 371
M. le D. de Mirepoix 374
M. le D. de Newcastel 382
Traité de Nystadt 393
M. Salmstierna 442
M. Lanur 451
M. de la Puebla 470
M. de Suyrieux 481
M. de Sodewitz 485
M. de Rosh 497
M. de Scheffer 524
M. de Schmettau 546
M. de Schulin 551
Silesie 683
Stathouderat 555
le Prince Successeur 560
le C.te de Tessin 574
M. Titley 583
le C.te de Tyrconnel 590
le C.te Ulefeld 595
M. de Wolfenbuttel 600
M. de Woronzow 634
M. de Wos 657
Zinouky 680

Table pour chiffrer la correspondance diplomatique (extrait), 1751.
MAE, PA-AP.

Voltaire, agent secret à La Haye

Un jeu de masques

DEPUIS son arrivée à La Haye, capitale des Provinces-Unies, le 27 juin 1743, M. de Voltaire fréquente assidûment la société. Sa célébrité attire également beaucoup de visiteurs à l'ambassade de Prusse où il réside. Souvent aussi il écrit. Ce 1er août, il est dans le bureau de l'ambassadeur de France et il écrit encore. Puis il tend son manuscrit à M. de Fénelon, l'ambassadeur: « Monsieur le marquis, auriez-vous la bonté de faire chiffrer cette lettre avant de l'envoyer à Mgr Amelot [secrétaire d'État aux affaires étrangères] ? »

Qu'il s'adresse en chiffres à un ministre du roi en surprendrait plus d'un, car Voltaire a quitté la France fort maltraité par le pouvoir. L'Académie française l'a repoussé. La veille de la première représentation de *La Mort de César*, la police a interdit à la troupe de la Comédie-Française de jouer sa tragédie. Ces camouflets l'ont exaspéré; il est passé en Hollande, clamant qu'il se rendait en Prusse où son ami Frédéric II l'accueillerait à bras ouverts. En réalité, cette bruyante disgrâce sert à donner le change: la France affronte l'Autriche et l'Angleterre dans la guerre de Succession d'Autriche, et Voltaire est secrètement chargé de sonder les intentions d'un Frédéric particulièrement versatile. Dès le 9 juin 1743, il a reçu pour ses frais 8 000 francs et une année de pension. « Venez ici », lui écrivait Frédéric le 15. Cela ne pouvait mieux tomber!

À La Haye, sur le chemin de Berlin, Voltaire n'est pas dupe de l'accueil des Hollandais: « On aime les particuliers en haïssant la France. » Il pénètre la répugnance du pays à s'engager aux côtés des Anglais, qui viennent de battre les Français à Dettingen, sur les bords du Main. Il apprend que l'Angleterre envoie à ses troupes armes et munitions sur des bateaux qui traverseront les États de Frédéric, et réussit à les faire arrêter. Le 21 août, Voltaire se met en route pour Berlin. Le roi et lui se livreront pendant plus d'un mois à un véritable jeu de masques, Frédéric ayant très tôt deviné son visiteur. Quoi qu'il ait écrit dans ses *Mémoires*, le philosophe n'obtiendra aucune assurance: « La seule commission que je puisse vous donner pour la France, c'est de leur conseiller de se conduire plus sagement qu'ils n'ont fait jusqu'à présent. »

La guerre s'achèvera seulement en 1748 par la paix d'Aix-la-Chapelle. Frédéric tirera les marrons du feu en conservant sa conquête, la Silésie. Louis XV ne voudra garder aucune des siennes; il se sera battu pendant huit ans, comme on le dira bientôt en manière de proverbe, « pour le roi de Prusse »... Voltaire séjournera à nouveau à la cour de Frédéric de 1750 à 1753. Malheureusement, trop de présence nuit à l'amitié. Le philosophe et le roi se quitteront en mauvais termes, ils continueront à s'écrire mais ne se reverront jamais.

MATHIEU COUTY

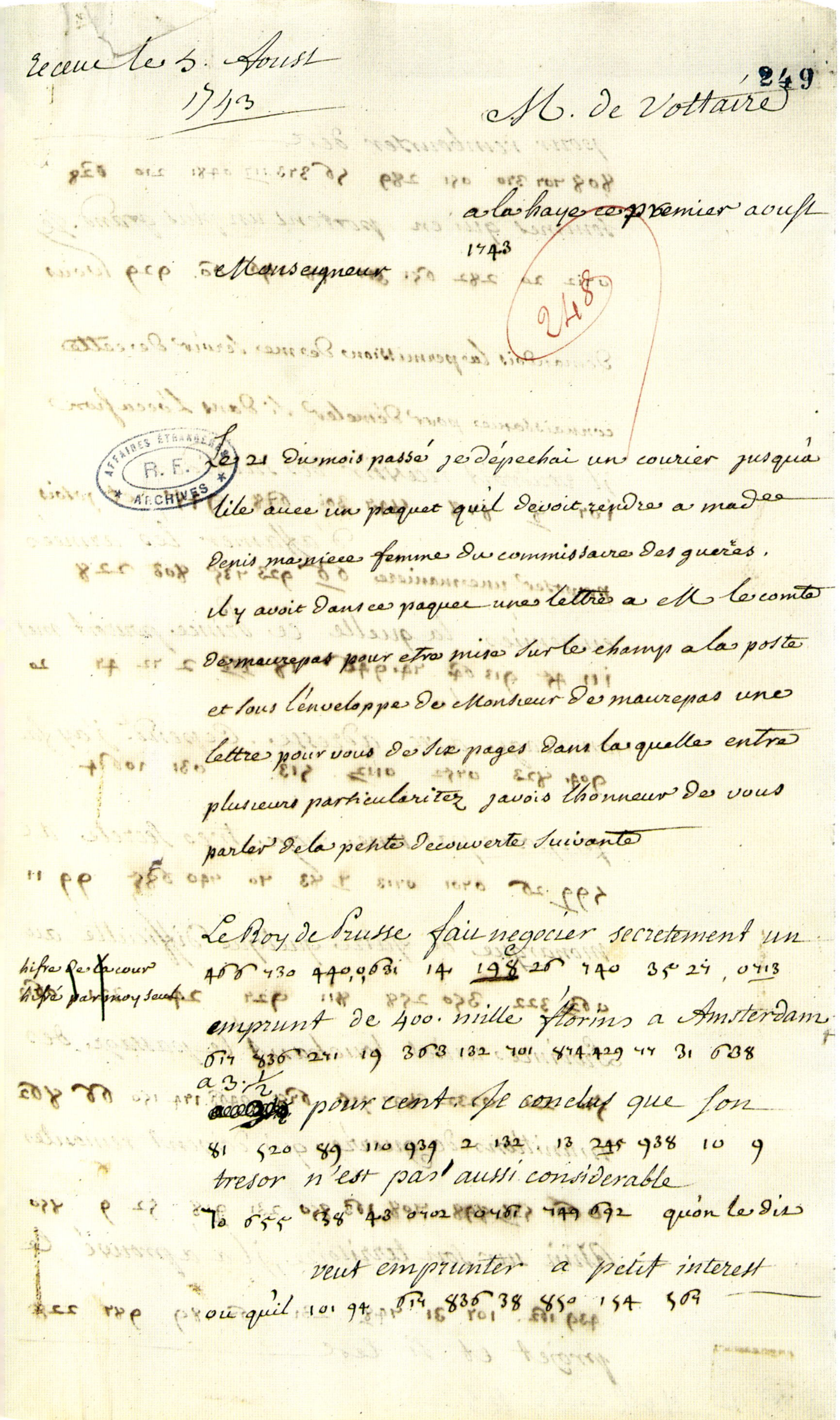
receu le 5. Aoust 1743

249

M. de Voltaire

a la haye ce premier aoust 1743

Monseigneur

Le 21 du mois passé je depechai un courier jusqua lile avec un paquet quil devoit rendre a made denis ma niece femme du commissaire des guerres. il y avoit dans ce paquet une lettre a M le comte de maurepas pour etre mise sur le champ a la poste et sous lenveloppe de Monsieur de maurepas une lettre pour vous de six pages dans laquelle entre plusieurs particulariter javois lhonneur de vous parler de la petite decouverte suivante

Le Roy de Prusse fai negocier secretement un emprunt de 400. mille florins a Amsterdam a 3 1/2 pour cent. je conclus que son tresor n'est pas aussi considerable quon le dis ou quil veut emprunter a petit interest

248

Lettre de Voltaire à Amelot de Chaillou, le 1er août 1743.
(Les parties chiffrées sont notées ici en italique.)

À La Haye ce premier août 1743
Monseigneur,
Le 21 du mois passé je dépêchai un courrier jusqu'à Lille avec un paquet qu'il devait rendre à Mme Denis, ma nièce, femme du commissaire des guerres. Il y avait dans ce paquet une lettre à M. le comte de Maurepas pour être mise sur le champ à la poste et sous l'enveloppe de M. de Maurepas une lettre pour vous de six pages dans laquelle, entre plusieurs particularités, j'avais l'honneur de vous parler de la petite découverte suivante. *Le roi de Prusse fait négocier secrètement un emprunt de 400 000 florins à Amsterdam à 3 1/2 pour cent. Je conclus que son trésor n'est pas aussi considérable* qu'on le dit, ou qu'il *veut emprunter à petit intérêt pour rembourser des sommes qui en portent un plus grand.*
Je vous demandais la permission de me servir de cette connaissance pour démêler si dans l'occasion *il voudrait recevoir des subsides*, et pensais proposer une manière *d'affamer les armées ennemies, laquelle ce prince pourrait mettre en usage avec adresse. Cepend[an]t j'ai fait proposer par une voie très secrète à ce monarque de faire quelque difficulté aux Provinces-Unies touchant le passage des munitions de guerre qui doivent remonter le Rhin sur son territoire, il a approuvé le projet et si les choses ne changent pas, son ministre a ordre de retarder ce passage autant qu'il le pourra. Il s'y prend avec beaucoup d'art. L'envoyé du roi de Prusse a ordre de n'en rien communiquer à l'amb[assad]eur de France* [Fénelon], *parce qu'on craint qu'il ne puisse s'en prévaloir dans la chaleur des conjonctures présentes. On ne veut point paraître lié avec vous. On veut vous servir sous main en ménageant la République. Je tâcherai de faire fermenter ce petit levain. Je peux vous assurer que le fonds des sentiments du r[oi] de Prusse est tel qu'il a été observé dans l'année où il écrivit la lettre* ci-jointe dont j'ai l'honneur de vous envoyer copie authentique.
Je compte toujours *lui faire ma cour à Aix-la-Chapelle* vers le *18e du mois.*
Si vous avez quelques ordres à me donner je les exécuterai avec l'empressement d'un homme qui connaît le prix de votre estime, et qui n'ambitionne que l'honneur de vous servir.
Je suis avec un profond respect,
Monseigneur, votre très humble et très obéissant serviteur xxx.
MAE, CP Hollande.

La fin du rêve français aux Indes

« Tendez-moi donc la main »

À droite, en haut :
L'exécution du comte de Lally, le 8 mai 1766.

Après son échec aux Indes, le comte de Lally est accusé de trahison. L'opinion n'est pas dupe : il n'est qu'un bouc émissaire, chargé de payer pour les faiblesses et les incohérences du pouvoir royal. Le 8 mai 1766, le condamné monte à l'échafaud. On l'a bâillonné, de crainte qu'il ne crie son innocence. Malgré les efforts de Voltaire et de la famille de l'ancien gouverneur général, le comte de Lally ne sera jamais réhabilité.

Vue des magasins de la Compagnie française des Indes au XVIIIe siècle.

Capitale de l'Inde française depuis 1674, Pondichéry est le centre des activités commerciales et politiques de la Compagnie française des Indes. Y réside une population bigarrée où se mêlent, dans une heureuse harmonie, Indiens, Arabes, Arméniens, Français et quelques autres. La ville compte de beaux édifices, tel le palais du gouverneur général (ici à droite) où sont données de somptueuses réceptions, des temples, des églises et les magasins de la Compagnie où s'entassent les produits du négoce : toile, thé, coton, porcelaine et salpêtre.

LORSQUE le comte de Lally arrive à Pondichéry, en avril 1758, le temps de la splendeur de la Compagnie française des Indes orientales est passé et les débuts de la guerre de Sept Ans font peser sur les comptoirs français de graves menaces. Une quinzaine d'années plus tôt, quand le gouverneur général Dupleix régnait, tel un véritable souverain, sur cette partie de l'Inde où il avait su nouer des alliances diplomatiques et militaires avec des princes indiens, Pondichéry avait connu une époque heureuse. Les Français installés dans la ville y menaient une vie facile et agréable. Dupleix rêvait alors de créer un empire français aux Indes, alliant prospérité commerciale et protectorat politique. Mais l'expansion française n'avait pas tardé à susciter l'hostilité des Britanniques, solidement établis de Bombay jusqu'au delta du Gange. Le conflit avait éclaté en 1756 et semblait s'éterniser. Dupleix, désavoué par Louis XV et ses ministres qui ne saisissaient pas l'ampleur de son projet, fut rappelé en France. Lally, lieutenant général des armées, est alors envoyé à Pondichéry pour organiser la défense, mais lui non plus ne bénéficiera pas d'un grand soutien.

Dans la lettre reproduite ci-contre, datée du 17 octobre 1759 et destinée à Choiseul, secrétaire d'État des Affaires étrangères, Lally analyse avec lucidité la situation militaire dans laquelle il se trouve. Venu pour chasser les Anglais des Indes, il a vite compris que lui manque un élément essentiel : une force navale capable de s'opposer à celle de l'Angleterre. Les quelques vaisseaux dont il dispose sont presque tous des navires marchands de la Compagnie, sommairement armés. Ils ne lui ont été d'aucun secours quelques mois plus tôt, quand il a tenté d'attaquer la base britannique de Madras qui constituait une menace pour Pondichéry. Coupées de tous renforts qui ne peuvent arriver que par mer, les positions françaises vont se trouver assiégées puis acculées, en janvier 1761, à une capitulation marquant la fin du rêve d'empire français aux Indes.

Lally, le ton de sa lettre le montre, souffre cruellement d'un éloignement qui n'est pas seulement géographique. Il sait qu'il faut compter un an avant d'obtenir une réponse. Sa lettre s'achève par un appel au secours: « Tendez-moi la main », qui ne sera pas entendu et ne peut pas l'être, car la guerre a pris en Europe une tournure désastreuse. D'où le mot cynique du ministre de Louis XV: « Lorsque le feu est à la maison, on ne se préoccupe pas des écuries. » Sur tous les plans, Versailles se trouve à des milliers de lieues de Pondichéry.

ÉTIENNE TAILLEMITE

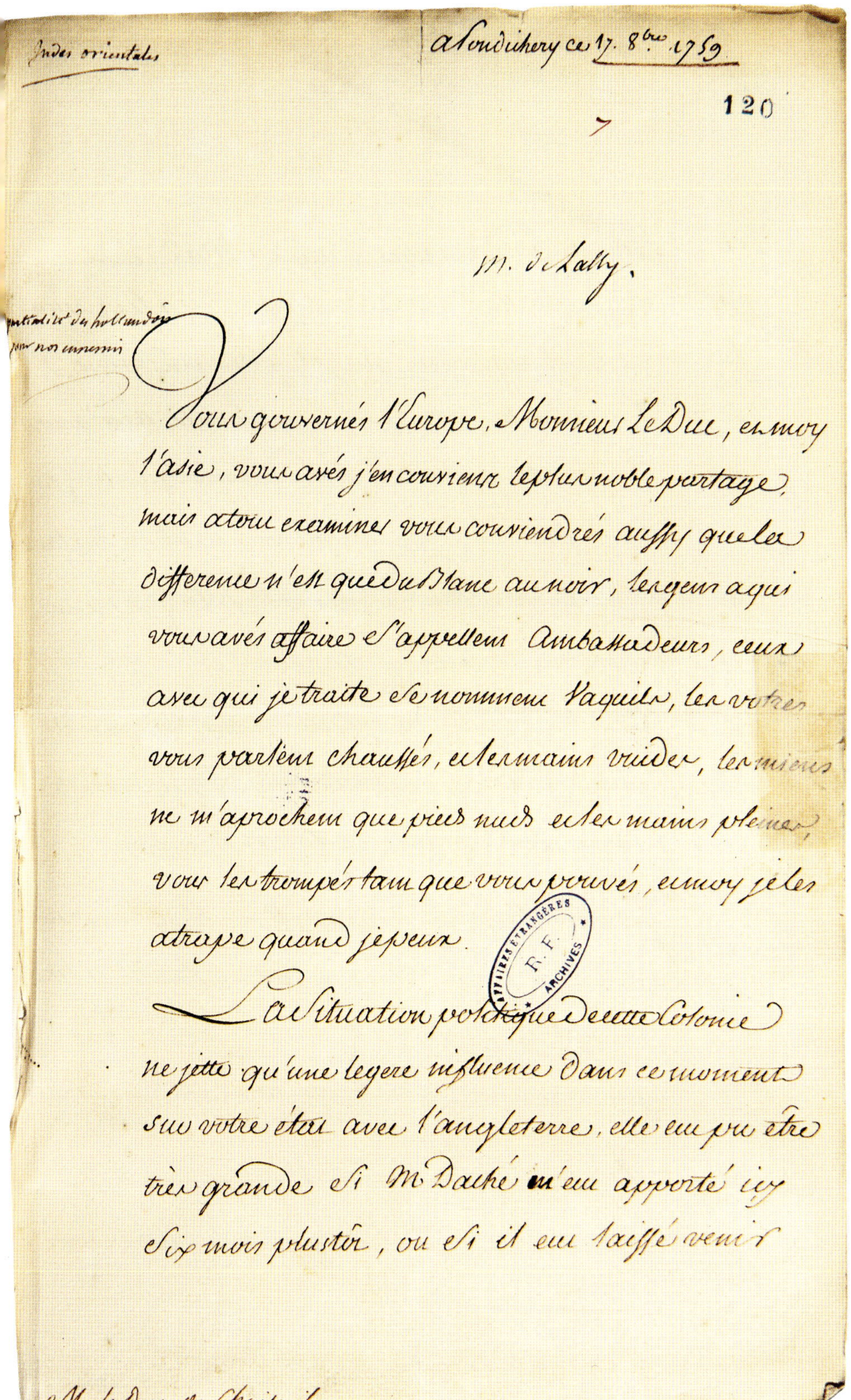

Indes orientales

a Pondichery ce 17. 8bre 1759

120

7

M. de Lally.

partialité du hollandois pour nos ennemis

Vous gouvernés l'Europe, Monsieur Le Duc, et moy l'asie, vous avés j'en conviens le plus noble partage, mais a tout examiner vous conviendrés aussy que la difference n'est que du blanc au noir, les gens a qui vous avés affaire s'appellent Ambassadeurs, ceux avec qui je traite se nomment Vaquils, les vôtres vous parlent chaussés, et les mains vuides, les miens ne m'aprochent que pieds nuds et les mains pleines, vous les trompés tant que vous pouvés, et moy je les atrape quand je peux.

La situation politique de cette Colonie ne jette qu'une legere influence dans ce moment sur votre état avec l'angleterre, elle eu pu être très grande si Mr Dachè m'eu apporté icy six mois plustôt, ou si il eu laissé venir

M le Duc de Choiseul

Lettre du comte de Lally au duc de Choiseul, le 17 octobre 1759.

À Pondichéry, ce 17 octobre 1759

Vous gouvernez l'Europe, Monsieur le Duc, et moi l'Asie. Vous avez, j'en conviens, le plus noble partage, mais à tout examiner vous conviendrez aussi que la différence n'est que du blanc au noir. Les gens à qui vous avez affaire s'appellent ambassadeurs, ceux avec qui je traite se nomment vaquils, les vôtres vous parlent chaussés et les mains vides, les miens ne m'approchent que pieds nus et les mains pleines. Vous les trompez tant que vous pouvez, et moi je les attrape quand je peux.

La situation politique de cette colonie ne jette qu'une légère influence dans ce moment sur votre état avec l'Angleterre. Elle eût pu être très grande si M. d'Aché [officier de marine] m'eut apporté six mois plus tôt ou s'il eut laissé venir M. de L'Eguille [*id.*] pendant mon siège de Madras, s'il m'y eut laissé l'année dernière six à sept cents hommes de débarquement que je lui demandais et qu'il m'a laissé cette année par honte de n'avoir paru que quatre jours avec nous depuis quatorze mois, ou enfin s'il eut gagné l'une des trois batailles qu'il a perdues et s'il n'eut pu refuser la quatrième qui lui mettait la victoire à la main.

Je me suis donc borné jusqu'ici comme homme de compagnie à des équivalents pour ce que cette Compagnie a perdu par les fautes d'autrui.

Je vais faire un dernier effort d'ici au 1er mars sur l'annonce que l'on me fait des forces formidables arrivées à l'ennemi à Bombay et qui ne peuvent être à cette côte avant ce temps. […]

Vous avez tant franchi d'échelons depuis Ettingen [Lally et Choiseul ont combattu ensemble lors des guerres précédentes] que vous m'avez quasi laissé au pied de l'échelle et vous me mettez dans le cas de crier de bas en haut : tendez-moi donc la main. […]

(Transcription complémentaire en fin de volume.)

MAE, MD Asie.

Bougainville à Montevideo

Un projet de colonie aux Malouines

Louis Antoine de Bougainville, gravure sur cuivre d'Alphonse Boily. Paris, coll. particulière.

Mathématicien, officier de cavalerie, aide de camp de Montcalm au Canada, devenu capitaine de vaisseau en 1763 par goût de l'aventure et de la découverte, Bougainville est un parfait exemple de l'homme des Lumières. Esprit vif, gai, curieux de tout, aimé de ses hommes, spirituel et mondain, aussi à l'aise dans un salon parisien que sur une frégate, doté d'un joli talent de plume, il publiera un Voyage autour du monde *qui connaîtra un grand succès auprès du public européen.*

En 1763, la guerre de Sept Ans prend fin avec le traité de Paris. La France a perdu toutes ses possessions en Amérique du Nord, du Canada jusqu'à la Louisiane, passés sous domination britannique. Louis Antoine de Bougainville, aide de camp du marquis de Montcalm au Canada, puis du duc de Choiseul dans l'armée d'Allemagne, est rendu à la vie civile. Ne goûtant guère l'inactivité, il se sent soudain une vocation de marin et imagine d'aller établir une colonie aux îles Malouines, au large de la Patagonie, région encore peu explorée.

Louis XV et Choiseul-Praslin, secrétaire d'État de la Marine, approuvent le projet, mais l'état de pénurie du Trésor royal ne permet pas de le financer. Les fonds sont donc apportés par Bougainville lui-même. Au début de septembre 1763, deux cents personnes, dont trente-neuf colons canadiens refusant la domination anglaise, quittent Saint-Malo à bord d'une frégate et d'une corvette, *L'Aigle* et *Le Sphinx*. Au milieu du XVIIIe siècle, une équipée de ce genre est encore une terrible épreuve et les problèmes sont nombreux : inexactitude des cartes marines (quand elles existent), fragilité des navires sujets à toutes sortes d'avaries, maladies décimant les équipages, mauvaise conservation des vivres sous des climats extrêmes… En janvier 1764, l'expédition fait escale à Montevideo. Comme le signale Bougainville dans sa lettre au duc de Praslin (ci-contre), le naufrage du *Sphinx* a été évité de justesse : la carte situait la côte du Brésil, vers le rio de La Plata, bien plus à l'ouest qu'elle ne l'est en réalité.

L'équipage atteint les îles Malouines, l'établissement est fondé. Mais il n'y aura pas de colonie française : d'abord favorables à l'idée, les Espagnols estiment bientôt que l'archipel leur appartient et exigent son évacuation.

Bougainville abandonnera donc son projet, mais pour en concevoir un plus ambitieux encore : faire le tour du monde. Dans son esprit, les Malouines devaient aussi servir de base pour des voyages d'exploration dans l'hémisphère Sud. Les géographes du XVIIIe siècle restaient convaincus de l'existence d'un vaste continent austral, faisant « contrepoids » aux terres de l'hémisphère Nord. En 1766, Bougainville sera chargé d'effectuer la première circumnavigation française, en partie pour tenter d'éclaircir ce mystère. C'est ainsi que *La Boudeuse* et *L'Étoile* traverseront le Pacifique du détroit de Magellan jusqu'aux Moluques.

ÉTIENNE TAILLEMITE

Vue de Montevideo prise du mouillage de la frégate *L'Aigle*.

Lorsque Bougainville y fait escale en 1764, Montevideo n'est encore qu'une toute petite ville, fondée trente-huit ans plus tôt par les Espagnols. Quelques centaines d'habitants y vivent de l'élevage d'immenses troupeaux de bœufs à demi sauvages qui constituent l'essentiel du commerce et permettent de ravitailler en viande fraîche les navires de passage.

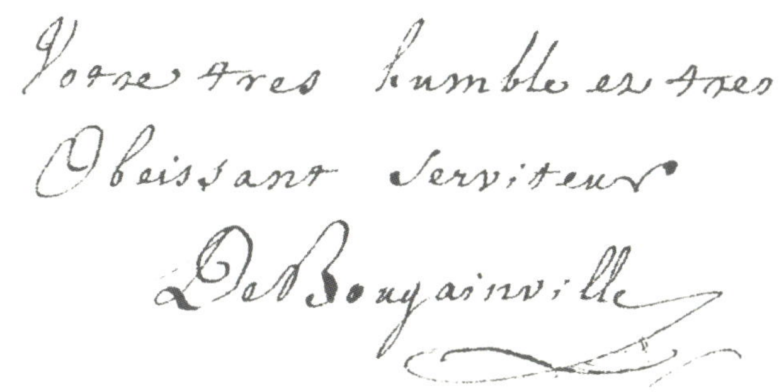

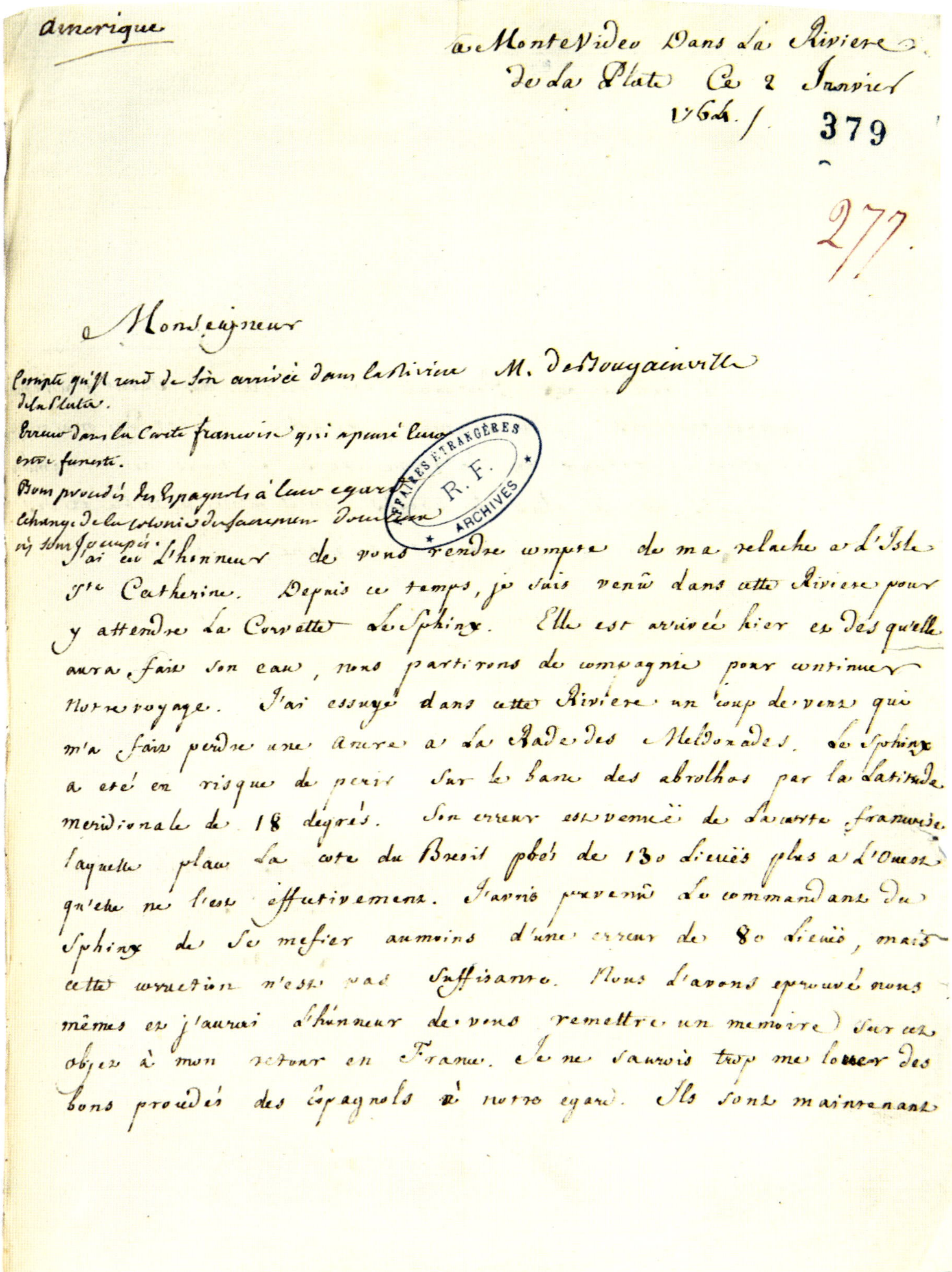

amerique

a Montevideo dans la Riviere
de la Plata Ce 2 Janvier
1764.

379

277

Monseigneur

Compte qu'il rend de son arrivée dans la Riviere de la Plata.
Erreur dans la Carte françoise qui a pensé leur estre funeste.
Bons procedés des Espagnols à leur egard.
Echange de la colonie du Sacrement dont ils sont occupés.

M. de Bougainville

AFFAIRES ÉTRANGÈRES R. F. ARCHIVES

J'ai eu l'honneur de vous rendre compte de ma relache a l'Isle
Ste Catherine. Depuis ce temps, je suis venu dans cette Riviere pour
y attendre la Corvette le Sphinx. Elle est arrivée hier et dès qu'elle
aura fait son eau, nous partirons de compagnie pour continuer
notre voyage. J'ai essuyé dans cette Riviere un coup de vent qui
m'a fait perdre une ancre a la Rade des Maldonades. Le Sphinx
a eté en risque de perir sur le banc des abrolhos par la latitude
meridionale de 18 degrés. Son erreur est venue de la carte françoise
laquelle place la cote du Bresil près de 130 lieuës plus a l'ouest
qu'elle ne l'est effectivement. J'avois prevenu le commandant du
Sphinx de se mefier au moins d'une erreur de 80 lieuës, mais
cette correction n'est pas suffisante. Nous l'avons eprouvé nous
mêmes et j'aurai l'honneur de vous remettre un memoire sur cet
objet à mon retour en France. Je ne saurois trop me louer des
bons procedés des Espagnols à notre egard. Ils sont maintenant

Lettre de Bougainville au duc de Praslin, le 2 janvier 1764.

Monseigneur,
J'ai eu l'honneur de vous rendre compte de ma relâche à l'île Sainte-Catherine. Depuis ce temps, je suis venu dans cette rivière pour y attendre la corvette *Le Sphinx*. Elle est arrivée hier et dès qu'elle aura fait son eau, nous partirons de compagnie pour continuer notre voyage. J'ai essuyé dans cette rivière un coup de vent qui m'a fait perdre une ancre à la rade des Maldonades. *Le Sphinx* a été en risque de périr sur les bancs des Abrolhos par la latitude méridionale de 18 degrés. Son erreur est venue de la carte française laquelle place la côte du Brésil près de 130 lieues plus à l'ouest qu'elle ne l'est effectivement. J'avais prévenu le commandant du *Sphinx* de se méfier au moins d'une erreur de 80 lieues, mais cette correction n'est pas suffisante. Nous l'avons éprouvé nous-mêmes et j'aurai l'honneur de vous remettre un mémoire sur cet objet à mon retour en France. Je ne saurais trop me louer des bons procédés des Espagnols à notre égard. Ils sont maintenant occupés à rendre aux Portugais la colonie du Saint-Sacrement. J'espère toujours, Monseigneur, remplir l'objet de ma mission et être de retour en France vers le mois de septembre. Je prends ici le plus de bœufs qu'il m'est possible et des chevaux dont la race est très bonne.
Je suis avec respect, Monseigneur, votre très humble et très obéissant serviteur.
MAE, MD Amérique.

Les Échelles du Levant

Des enclaves françaises au Proche-Orient

Échantillons de draps d'Angleterre, de Hollande et de France, 1733. MAE, CADN.

Parmi les marchandises exportées au Levant, les draps représentent le poste le plus important. La concurrence est rude, car les Anglais et les Hollandais tentent eux aussi de conquérir ce vaste marché. Grâce aux manufactures royales créées par Colbert et ses successeurs, la France réussira néanmoins à imposer ses draps du Languedoc.

DÈS le XVIe siècle, grâce au traité d'alliance conclu entre François Ier et Soliman le Magnifique, la France a acquis une pleine liberté de navigation et de circulation dans l'Empire ottoman. Ces Capitulations (au sens médiéval de « conventions ») ont été renouvelées périodiquement, avec chaque fois de nouveaux avantages, si bien que la France s'affirme, au XVIIIe siècle, comme le premier partenaire commercial du Levant. Le port de Marseille, équipé d'une barrière de quarantaine contre la propagation de la peste, est devenu le point de passage privilégié des échanges avec le Proche-Orient.

Au Levant, les places de commerce ouvertes aux Européens prennent le nom d'« échelles » ou d'« escales » (au sens littéral : lieu où l'on pose une échelle pour débarquer). Ainsi, Le Caire, Alep, Constantinople, Smyrne, Seyde accueillent des négociants français, qu'on appelle les « levantins ». Assistés de facteurs et de commis, ils forment une véritable petite communauté, la « Nation ». Ces commerçants sont rarement établis à leur compte. Le plus souvent, ce sont les fondés de pouvoir de grandes maisons marseillaises, ces dernières gérant l'ensemble du réseau des Échelles à partir de la chambre de commerce de Marseille. L'un des rouages essentiels du système est le consul de France, qui dépend du secrétariat à la Marine : il dispose sur les « nationaux » de pouvoirs de police, il veille au respect des bonnes mœurs et tranche entre autres les différends commerciaux.

Au lendemain des désastres de la guerre de Sept Ans, la monarchie organise en Méditerranée orientale une campagne maritime de prestige afin de montrer que la France conserve son rang et sa puissance navale. En septembre 1766, l'amiral de Bauffremont, lieutenant général des armées navales, fait ainsi escale à Smyrne (tableau ci-contre). La cérémonie organisée en l'honneur de l'escadre française, destinée aussi à affirmer la solidité de l'alliance entre la France et l'Empire ottoman, est impressionnante : le cortège est d'abord composé des autorités locales, puissance invitante, avec leurs forces de police. Ensuite défile le personnel du consulat chargé des relations avec les Ottomans : drogmans barataires, c'est-à-dire interprètes d'origine chrétienne orientale ayant un brevet de protection (*berat*) du consulat les assimilant aux levantins, et drogmans du consul (d'origine française mais portant le costume oriental). Ils sont suivis des officiers des douanes, interlocuteurs habituels des commerçants. Le consul préside le cortège proprement européen, composé des négociants. La consulesse, entourée des dames de la Nation, regarde le spectacle.

En réalité, les communautés de nationaux sont peu nombreuses. À Smyrne, l'une des places les plus importantes par son trafic, on compte moins de vingt maisons de commerce et la Nation ne comprend qu'une centaine de personnes. Mais les montants brassés sont considérables : 20 millions de livres par an transitent dans chaque sens. Outre les retombées économiques qu'ils engendrent, ces échanges auront une profonde influence sur les modes de vie et de pensée des Européens.

HENRY LAURENS

Entrée à Smyrne de l'amiral de Bauffremont, le 28 septembre 1766 (anonyme).
Paris, musée de la Marine.

Le cortège défile dans le quartier « franc » (européen). On notera que les maisons y sont en pierre, à la différence des maisons ottomanes en bois, afin de limiter les risques d'incendies ; le rez-de-chaussée sans fenêtre sert à entreposer les marchandises et le premier étage, très ensoleillé, est réservé à l'habitation.

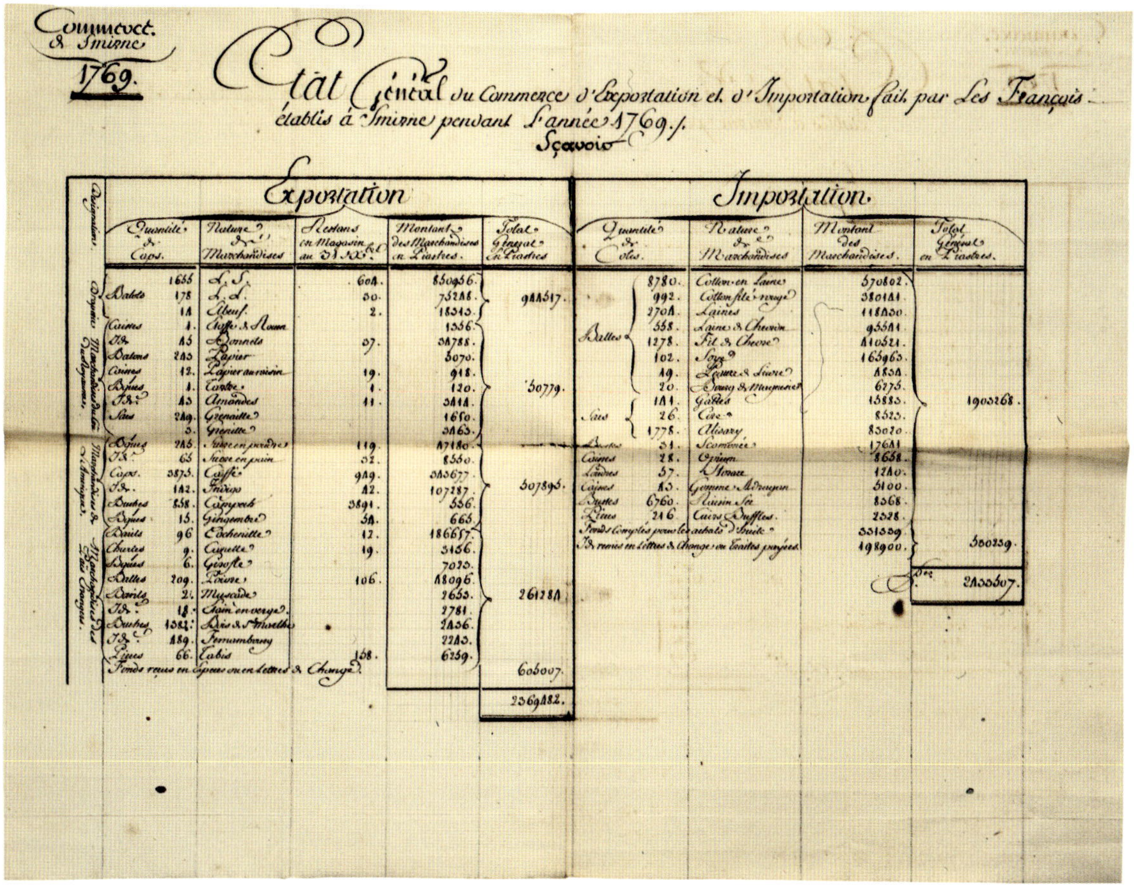
Commerce de Smirne
1769.

État Général du Commerce d'Exportation et d'Importation fait par Les François établis à Smirne pendant l'année 1769./ Sçavoir

Exportation

Quantité & Caps.		Nature des Marchandises	Restans en Magasin au 31 Xbre	Montant des Marchandises en Piastres.	Total Général en Piastres
Balles	1655	L. S.	604.	850456.	
	178	L. L.	50.	75248.	944517.
	14	Elbeuf	2.	18545.	
Caisses	4.	Étoffe de Rouen		1556.	
Id.	45	Bonnets	37.	34788.	
Balons	245	Papier		5070.	
Caisses	12.	Papier au raisin	19.	918.	
Barils	4.	Tartre	1.	120.	50779.
Id.	43	Amandes	11.	3414.	
Sacs	249.	Grenaille		1650.	
	3.	Grenille		3463.	
Barils	245	Sucre en poudre	119.	47180.	
Id.	65	Sucre en pain	32.	8550.	
Caps.	3873.	Caffé	949.	343677.	
Id.	142.	Indigo	42.	107287.	507895.
Barriques	858.	Campeche	3891.	536.	
Barils	15.	Gingembre	54.	665.	
Barils	96	Cochenille	12.	186657.	
Caisses	9.	Canelle	19.	3156.	
Barils	6.	Girofle		7025.	
Balles	209.	Poivre	106.	48096.	
Barils	2.	Muscade		2655.	261284.
Id.	18.	Étain en verge		2781.	
Bottes	1382.	Bois de Ste Marthe		2456.	
Id.	489.	Fernambouc		2243.	
Pièces	66.	Tabis	158.	6259.	
Fonds reçus en Espèces ou en Lettres de Change					605007.
					2369482.

Importation

Quantité & Coles.		Nature des Marchandises	Montant des Marchandises.	Total Général en Piastres.
Balles	8780.	Cotton en laine	570802.	
	992.	Cotton filé rouge	380141.	
	2704.	Laines	118430.	
	558.	Laine de Chevron	95541.	
	1278.	Fil de Chèvre	410521.	
	102.	Soye	165963.	
	49.	Peaux de lièvre	4834.	
	20.	Bourre de Mouflons	6275.	
Sacs	141.	Galles	15885.	1903268.
	26.	Cire	8525.	
	1778.	Alisary	85020.	
Boëtes	31.	Scamonée	17641.	
Caisses	28.	Opium	8658.	
Landres	37.	Storace	1240.	
Caisses	45.	Gomme Adragant	5100.	
Bottes	6760.	Raisin Sec	8568.	
Pièces	216	Cuirs Buffles.	2528.	
Fonds comptés pour les achats d'huile			331339.	
Id. remis en Lettres de Change ou Traites payées			198900.	530239.
				2433507.

État général du commerce d'exportation et d'importation fait par les Français établis à Smyrne pendant l'année 1769.
MAE, CADN.

Sur les routes d'Europe

« Avec un carrosse léger et un fourgon à deux roues… »

Gravure illustrant la page de dédicace de *L'Indicateur fidèle ou Guide du voyageur*, de Michel et Desnos, 1785. BNF, Estampes.

L'éditeur Louis Charles Desnos rencontre un vif succès avec son Indicateur fidèle, *un guide des voyageurs dont cinq éditions paraissent de 1764 à 1785. Dans les marges des cartes figurent les tableaux des voitures publiques (carrosses, coches ou messageries) au départ de Paris. Les « coches d'eau », plus sûrs et plus confortables, sont également signalés. Dans les années 1770, la vitesse des voitures s'accélère, les carrosses sont remplacés par les diligences, capables de parcourir une poste (9,4 km) en une heure sur des chemins difficiles. Autre réussite majeure du* XVIIIe *siècle : l'amélioration des grands axes et des routes de poste convergeant vers Paris.*

POUR se rendre dans les grandes villes d'Europe, il faut d'abord emprunter le réseau français des routes de poste. Chaque année, à partir de 1706, paraît une liste des relais en activité, avec les distances entre les relais, données en « postes », et le prix à payer par cheval pour chaque « poste ». Dans un ouvrage de 1775, Louis Dutens donne quelques conseils à celui qui se risque au-delà de ces routes bien connues. D'abord, ne pas trop charger sa voiture : « Au lieu de cela, partez avec un carrosse léger, et un fourgon à deux roues qui porte tout votre bagage. » Ensuite, « la première chose que l'on doit faire en arrivant dans une grande ville est d'envoyer chercher le *Plan*, la *Description* et le *Calendrier* [des événements]. On s'amuse de cela en attendant le souper ; et le lendemain on sait déjà ce que l'on a à faire ». Le voyageur gagne donc un temps précieux s'il dispose d'une bonne documentation. Il possède, bien entendu, une table des distances, qui lui permet d'organiser ses déplacements, mais il doit se rappeler que « les mêmes distances ne se parcourent pas dans un temps égal, en tout temps et en tout pays ».

Le titre de « carte odographique » donné en 1766 par l'éditeur Louis Charles Desnos au tableau des distances entre Paris et les villes européennes – avec de nombreuses étapes en France – montre que ces distances ont été calculées grâce à l'odomètre, une machine qui permet de compter le nombre de pas d'un cheval ou le nombre de tours de roue d'une voiture, et d'en déduire la longueur du chemin parcouru. Desnos, pour contenter une clientèle avide de nouveautés et d'exactitude, a inséré ce document dans un atlas intitulé *Tableau analytique de la France*, qui offre un ensemble de cartes thématiques assez innovantes. Les dernières feuilles du *Tableau* sont occupées par les cartes de *L'Indicateur fidèle* qui ont fait la renommée de Desnos : elles figurent les itinéraires et donnent des informations sur le service des voitures publiques (ci-contre, à gauche).

MONIQUE PELLETIER

Carte odographique de toutes les routes les plus fréquentées de Paris à toutes les capitales, ports de mer et autres villes commerçantes de l'Europe…,

Paris, 1765-1766. MAE, Bibliothèque.

« Des gens instruits ont imaginé de réunir la géographie et le compas géométrique pour donner aux commerçants et aux voyageurs les lumières qui leur ont manqué jusqu'ici. »

Louis Charles Desnos,
L'Indicateur fidèle, 1764-1785.

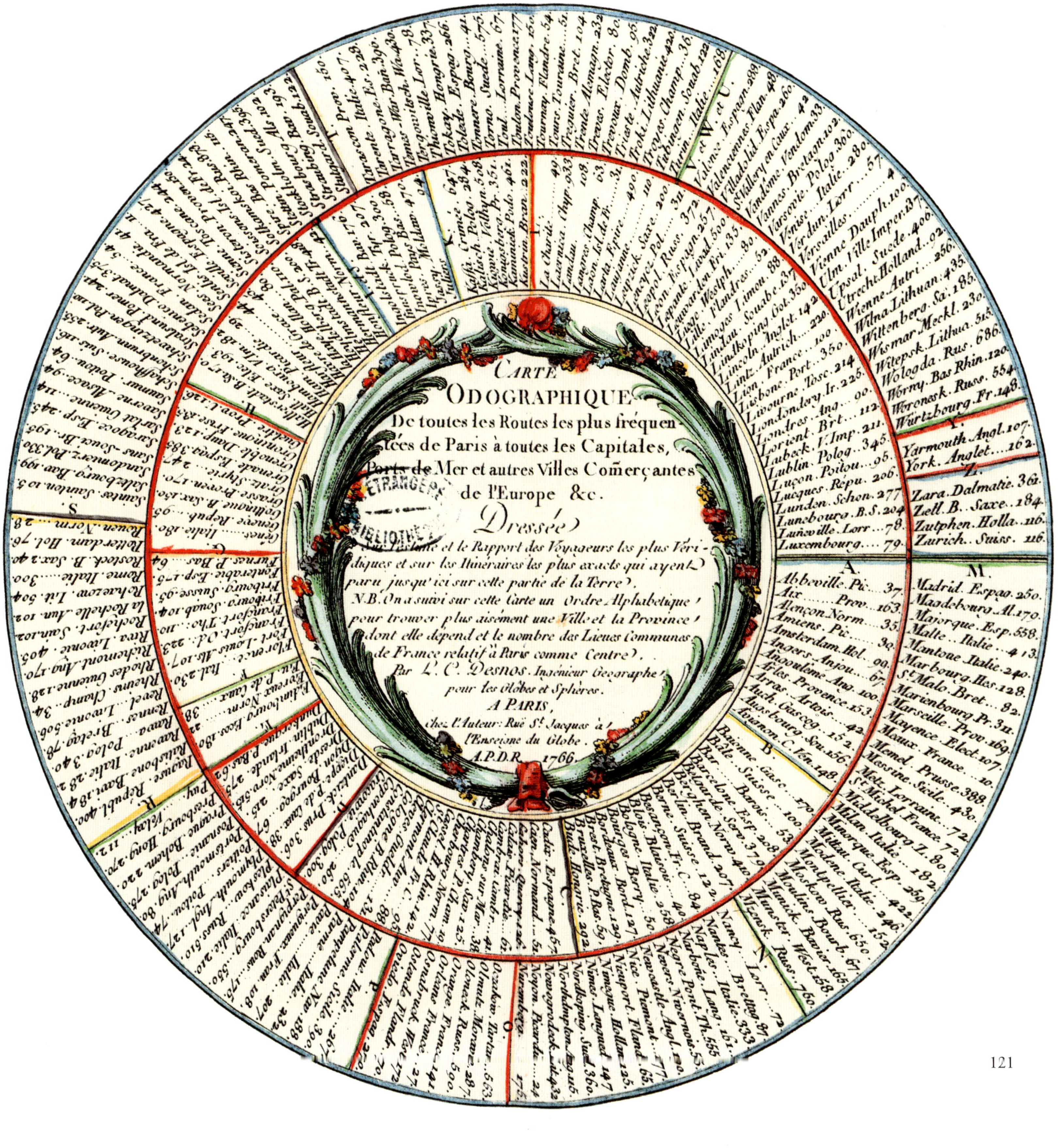

Frontières, douanes et passeports

« Nous prions de laisser sûrement et librement circuler… »

« Il prit une griffe, imprima le visa en encre bleue sur le passeport, écrivit rapidement les mots Mantoue, Venise et Ferrare, puis il fit plusieurs tours en l'air avec la main, signa et reprit de l'encre pour son paraphe qu'il exécuta avec lenteur en se donnant des soins infinis. »

Stendhal, *La Chartreuse de Parme*, 1839.

NOTRE passeport actuel a des origines fort lointaines puisque, dans l'Antiquité déjà, diverses autorités délivraient des sauf-conduits permettant aux personnes de circuler librement. Les premiers véritables passeports, établis à la fin du XVe siècle pour les étrangers arrivant en France et pour les Français se rendant à l'étranger, répondent d'abord au besoin de garantir les voyageurs des dangers liés à la guerre. Par la suite, ils s'imposent aussi pour des raisons de sécurité nationale et d'ordre public, et s'inscrivent peu à peu dans un cadre réglementaire. Ainsi, l'ordonnance du 13 décembre 1623 exige de « tous courriers et voyageurs étrangers entrant dans le royaume qu'ils soient munis de passeports s'ils se détournent des grands chemins des postes ». Cette mesure est renforcée par deux nouvelles ordonnances royales, en 1669 et en 1677, qui généralisent l'emploi du passeport et l'appliquent aux voyageurs particuliers.

Au XVIIIe siècle, seuls les actes émanant des autorités monarchiques sont jugés recevables. Le secrétariat d'État aux Affaires étrangères partage ce monopole avec d'autres départements ministériels et avec les autorités administratives, judiciaires et politiques locales. L'origine sociale et la profession du titulaire sont parfois mentionnées sur les documents de l'Ancien Régime, mais il faudra attendre le XIXe siècle, avec notamment l'ordonnance du 25 octobre 1833 sur la délivrance des passeports dans les postes consulaires, pour voir apparaître des renseignements précis sur l'état civil, le statut social et les fameux signes particuliers encore en usage aujourd'hui.

ISABELLE RICHEFORT

L'Intérieur d'une douane (détail), par Nicolas-Bernard Lepicié, XVIIIe siècle. Madrid, coll. Thyssen-Bornemisza.

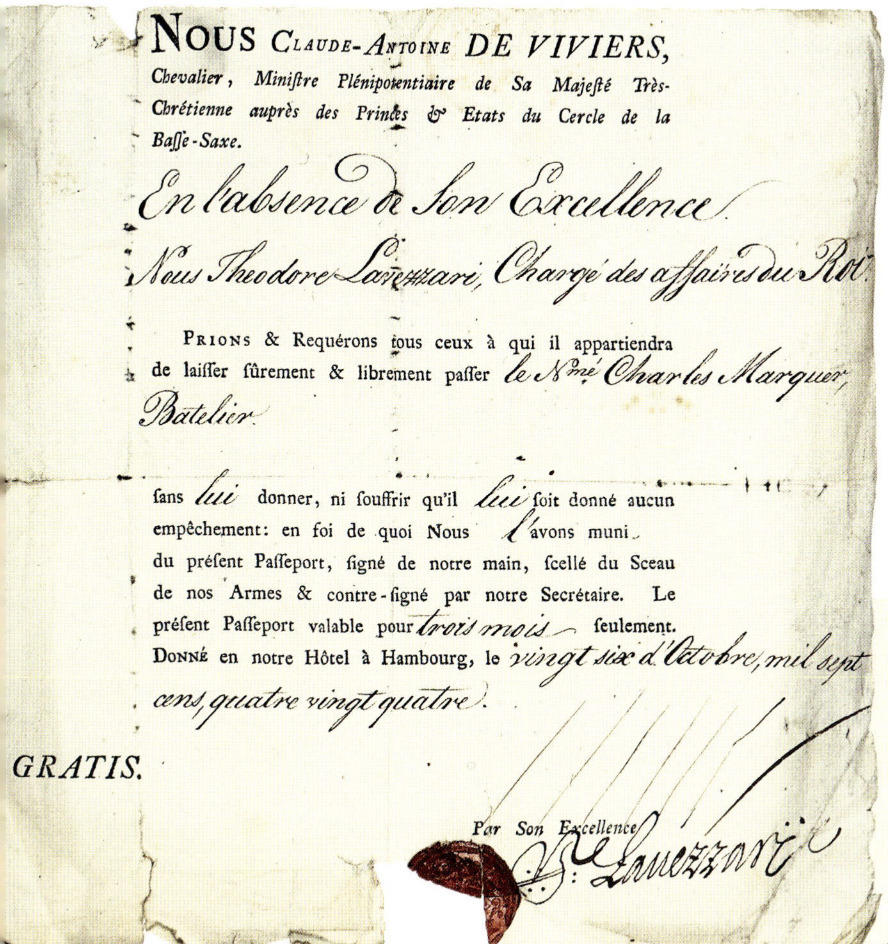
NOUS CLAUDE-ANTOINE DE VIVIERS, Chevalier, Ministre Plénipotentiaire de Sa Majesté Très-Chrétienne auprès des Princes & Etats du Cercle de la Basse-Saxe.

En l'absence de Son Excellence

Nous Theodore Lanezzari, Chargé des affaires du Roi.

PRIONS & Requérons tous ceux à qui il appartiendra de laisser sûrement & librement passer le N.mé Charles Marquer, Batelier

sans lui donner, ni souffrir qu'il lui soit donné aucun empêchement: en foi de quoi Nous l'avons muni du présent Passeport, signé de notre main, scellé du Sceau de nos Armes & contre-signé par notre Secrétaire. Le présent Passeport valable pour trois mois seulement. DONNÉ en notre Hôtel à Hambourg, le vingt six d'Octobre, mil sept cens, quatre vingt quatre.

GRATIS.

Par Son Excellence

Lanezzari

Trois passeports du XVIIIe siècle.
MAE, Passeports, Pays-Bas et Saxe.

À la fin du XVIIIe siècle, les passeports mentionnent les éléments suivants : autorité au nom de laquelle le passeport est délivré, patronyme, profession et destination du titulaire, durée de validité, lieu et date d'établissement du document, signature et cachet du représentant de l'autorité administrative.
Les titulaires sont le plus souvent des membres de familles princières et des gentilshommes, des ecclésiastiques et des pèlerins, des diplomates, des officiers, des marchands, des artisans et des artistes.

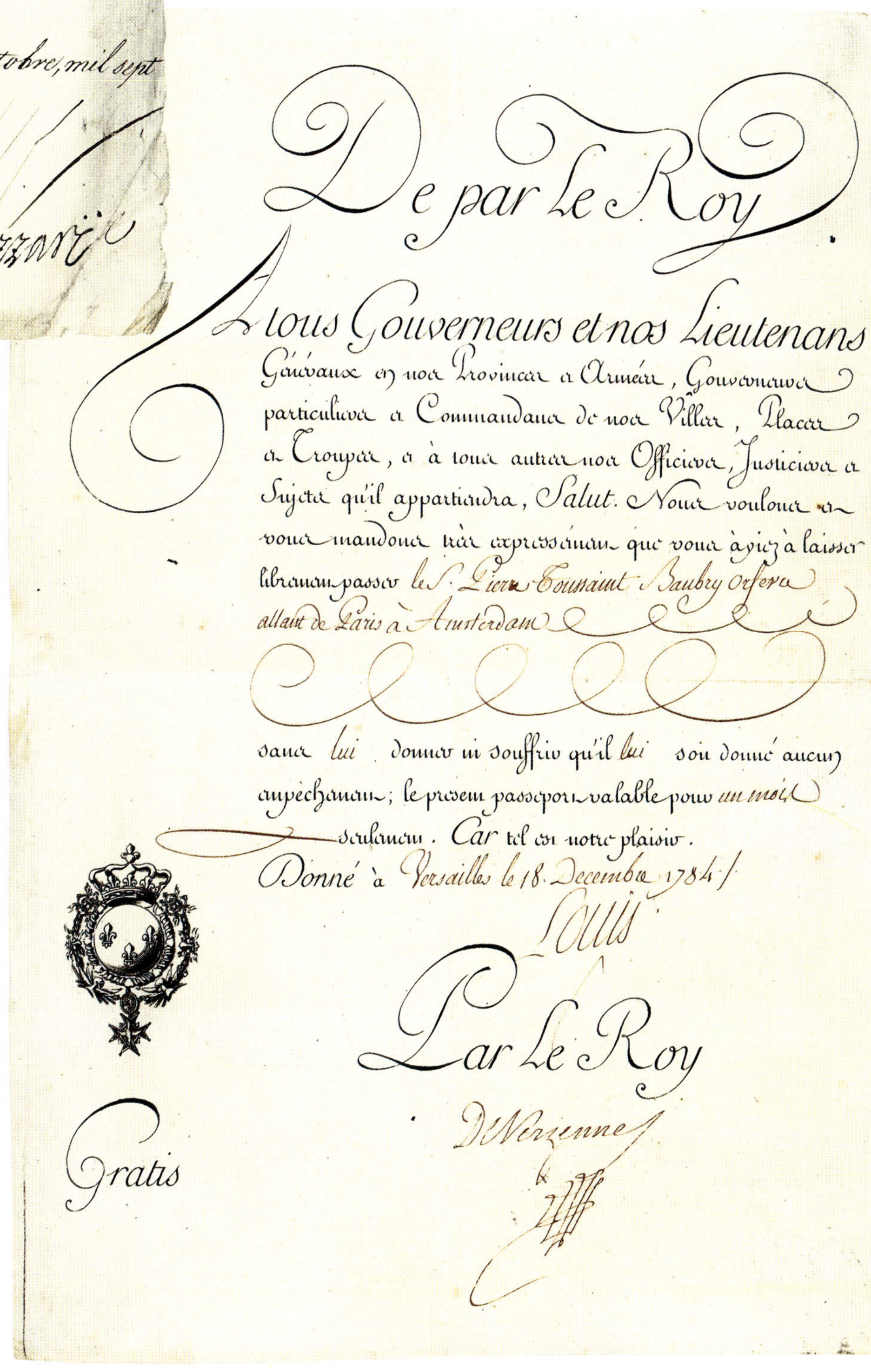
De par Le Roy

A tous Gouverneurs et nos Lieutenans Généraux en nos Provinces et Armées, Gouverneurs particuliers et Commandans de nos Villes, Places et Troupes, et à tous autres nos Officiers, Justiciers et Sujets qu'il appartiendra, Salut. Nous voulons et vous mandons très expressément que vous ayiez à laisser librement passer le S. Pierre Toussaint Baubry Orfevre allant de Paris à Amsterdam

sans lui donner ni souffrir qu'il lui soit donné aucun empêchement; le present passeport valable pour un mois seulement. Car tel est notre plaisir.

Donné à Versailles le 18. Decembre 1784.

Louis

Par Le Roy

De Vergennes

Gratis

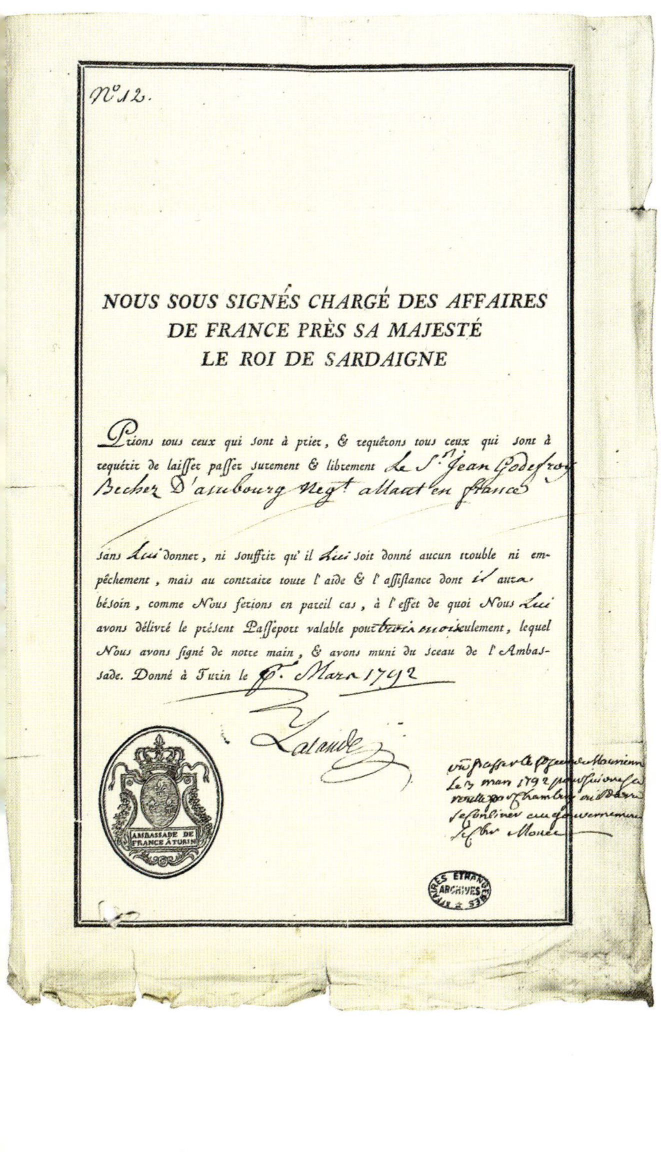
N° 12.

NOUS SOUS SIGNÉS CHARGÉ DES AFFAIRES DE FRANCE PRÈS SA MAJESTÉ LE ROI DE SARDAIGNE

Prions tous ceux qui sont à prier, & requérons tous ceux qui sont à requérir de laisser passer surement & librement le S.r Jean Godefroy Becher d'Hambourg Neg.t allant en france

sans lui donner, ni souffrir qu'il lui soit donné aucun trouble ni empêchement, mais au contraire toute l'aide & l'assistance dont il aura besoin, comme Nous ferions en pareil cas, à l'effet de quoi Nous lui avons délivré le présent Passeport valable pour trois mois seulement, lequel Nous avons signé de notre main, & avons muni du sceau de l'Ambassade. Donné à Turin le 6. Mars 1792

Lalande

AMBASSADE DE FRANCE À TURIN

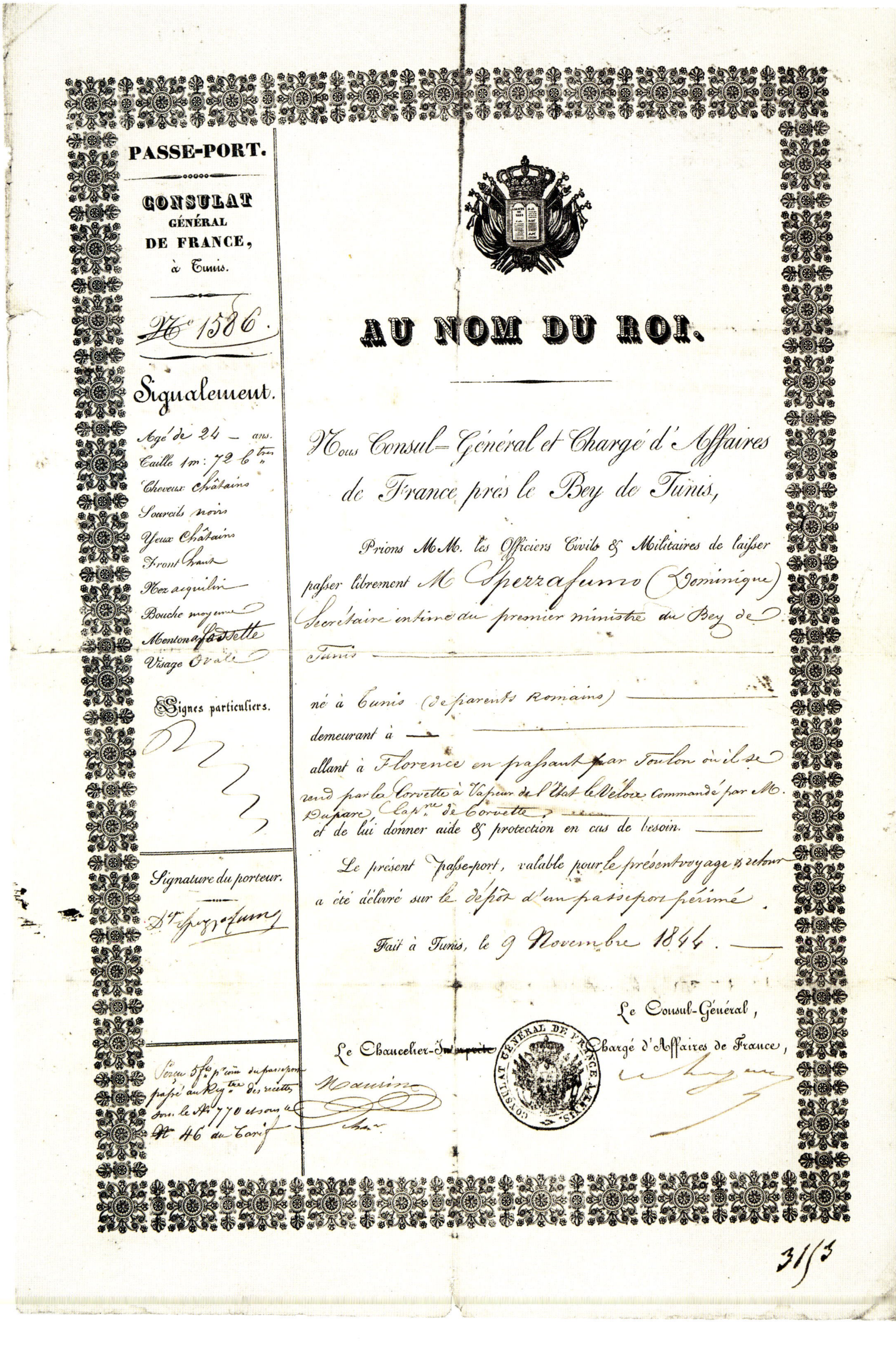

PASSE-PORT.

CONSULAT GÉNÉRAL DE FRANCE, à Tunis.

No 1586.

Signalement.

Agé de 24 ans.
Taille 1m: 72 Ctres
Cheveux châtains
Sourcils noirs
Yeux châtains
Front haut
Nez aquilin
Bouche moyenne
Menton à fossette
Visage ovale

Signes particuliers.

Signature du porteur.

Dr Spezzafumo

Perçu 5f.s pr coût du passeport passé au Regtre des recettes sous le No 770 et sous le No 46 du Tarif

AU NOM DU ROI.

Nous Consul-Général et Chargé d'Affaires de France près le Bey de Tunis,

Prions MM. les Officiers Civils & Militaires de laisser passer librement M Spezzafumo (Dominique) Secrétaire intime du premier ministre du Bey de Tunis

né à Tunis (de parents Romains)

demeurant à

allant à Florence en passant par Toulon où il se rend par la Corvette à Vapeur de l'Etat le Véloce commandé par M. Duparc Capne de Corvette

et de lui donner aide & protection en cas de besoin.

Le présent passe-port, valable pour le présent voyage & retour a été délivré sur le dépôt d'un passeport périmé.

Fait à Tunis, le 9 Novembre 1844.

Le Chancelier-~~Interprète~~

Maurin

Le Consul-Général, Chargé d'Affaires de France,

CONSULAT GÉNÉRAL DE FRANCE A TUNIS

31/3

Passeport (recto et verso) émis par le consul général de France à Tunis, le 9 novembre 1844. MAE, CADN.

Ce passeport, délivré à M. Dominique Spezzafumo, secrétaire particulier du Premier ministre du bey de Tunis, est plus tardif que ceux de la page précédente. Beaucoup plus détaillé, il indique la destination du voyageur, précise son âge et donne son signalement : taille (1,72 m), cheveux châtains, sourcils noirs, yeux châtains, front haut, nez aquilin, bouche moyenne, menton à fossette, visage ovale, absence de signes particuliers. À chaque étape de son voyage (Livourne, Pise, Florence), les autorités administratives françaises et italiennes ont apposé leurs signatures et leurs cachets au verso du document.

Nº 1753

Nº 5818

Vu à la Légation de France
Bon pour Livourne
Florence le 1er septembre 1845
l'attaché à la Légation
Anatole de Laforge

Firenze li 2 Settembre 1845
Dal Dipart. degli Affari Esteri
Visto Buono per Livorno
Vale a partire dentro tre giorni

Firenze li 29 7bre 1845
Dal Dipart. degli Affari Esteri
Visto Buono per Pisa e Livorno
Vale a partire dentro tre giorni

£2 VISTO BUONO PER Firenze
VALE A PARTIRE ENTRO TRE GIORNI
LIVORNO 4 7mbre 1845
IL COMMISSARIO
TASSA

LIVOURNE le 6 Octobre 1845
Bon pour Tunis
Le Consul Général

£2 VISTO BUONO PER Tunis
VALE A PARTIRE ENTRO TRE GIORNI
LIVORNO 6. Ottobre 1845
IL COMMISSARIO
TASSA

Le « secret du roi » : Louis XV et le comte de Broglie

Charles François, comte de Broglie, par Carmontelle, 1761. Chantilly, musée Condé.

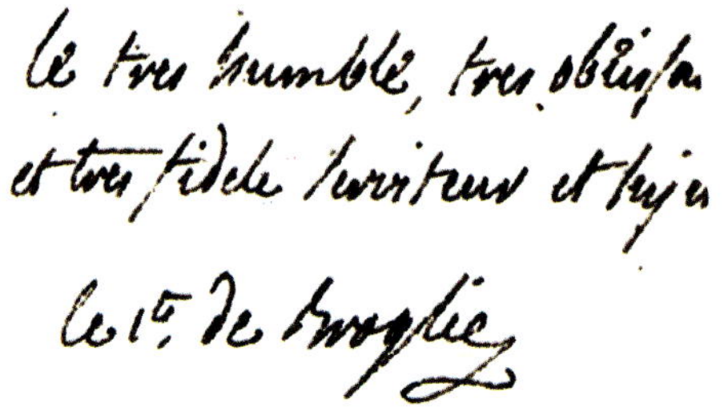

PENDANT plus de vingt ans, Louis XV va mener une diplomatie parallèle, à l'insu de son Conseil. À l'origine, en 1746, ce « secret du roi » a pour objectif de placer sur le trône de Pologne un prince de France, le prince de Conti, et non un descendant de la maison de Saxe comme le suggèrent les ministres. Après la guerre de Sept Ans, il s'agira également de préparer la revanche sur l'Angleterre, en travaillant notamment à un plan de débarquement outre-Manche.

La poursuite de tels projets nécessite des correspondances et des dépenses secrètes. Toutes ces tâches sont assurées par un réseau d'une trentaine de personnes : d'une part, les ambassadeurs et autres représentants accrédités auprès de telle ou telle cour étrangère, et au moins un de leurs secrétaires ; d'autre part, en France, quelques agents du secrétariat d'État des Affaires étrangères. Les uns et les autres agissent sous le contrôle du principal responsable du Secret, lui-même en liaison directe avec le roi.

D'abord seul responsable du Secret, le prince de Conti est secondé à partir d'octobre 1754 par Jean-Pierre Tercier, premier commis des Affaires étrangères. Lorsqu'il quitte ce « cabinet noir » en 1759, ses relations avec le roi s'étant détériorées, Conti est remplacé par le comte de Broglie, ancien ambassadeur à Varsovie. Tercier, qui a assuré l'intérim, reste sous ses ordres et constitue un rouage essentiel du Secret. Mais sa mort subite, le 21 janvier 1767, sème la panique : la règle veut en effet que, en cas de décès d'un agent des Affaires étrangères, ses papiers soient mis sous scellés par ce ministère. Le duc de Choiseul, secrétaire d'État des Affaires étrangères, soupçonne l'existence du Secret et n'attend qu'une occasion comme celle-là pour en faire la preuve.

Le comte de Broglie prend donc aussitôt des mesures de protection, qu'il résume dans une lettre adressée à Louis XV le 1er février (reproduite ci-contre). Le 24 janvier, trois jours après la mort de Tercier, il a fait transférer à son hôtel tous les papiers du Secret. Le 26, M. Durand, chef du dépôt des Affaires étrangères (et membre du Secret !), est venu poser les scellés chez Tercier. En les levant quatre jours plus tard, il a eu soin de garder ce qui pouvait, de près ou de loin, se rapporter au Secret et de ne remettre au ministère que des pièces relevant des affaires publiques. Choiseul a été devancé…

À la fin de sa lettre, le comte de Broglie aborde la question du remplacement de Tercier et propose le général Monet, initié au Secret en novembre 1763, lié à de grandes familles de l'aristocratie polonaise et ayant « une connaissance parfaite des affaires du Nord ». Louis XV agréera cette proposition. Monet, comme tous les initiés, fera preuve d'un dévouement et d'une discrétion indéfectibles. C'est Louis XVI qui mettra fin à l'existence de ce « cabinet noir ».

MICHEL ANTOINE

Un cavalier dans l'orage (détail), par Jean-Louis Ernest Meissonier (1815-1891). Paris, Louvre.

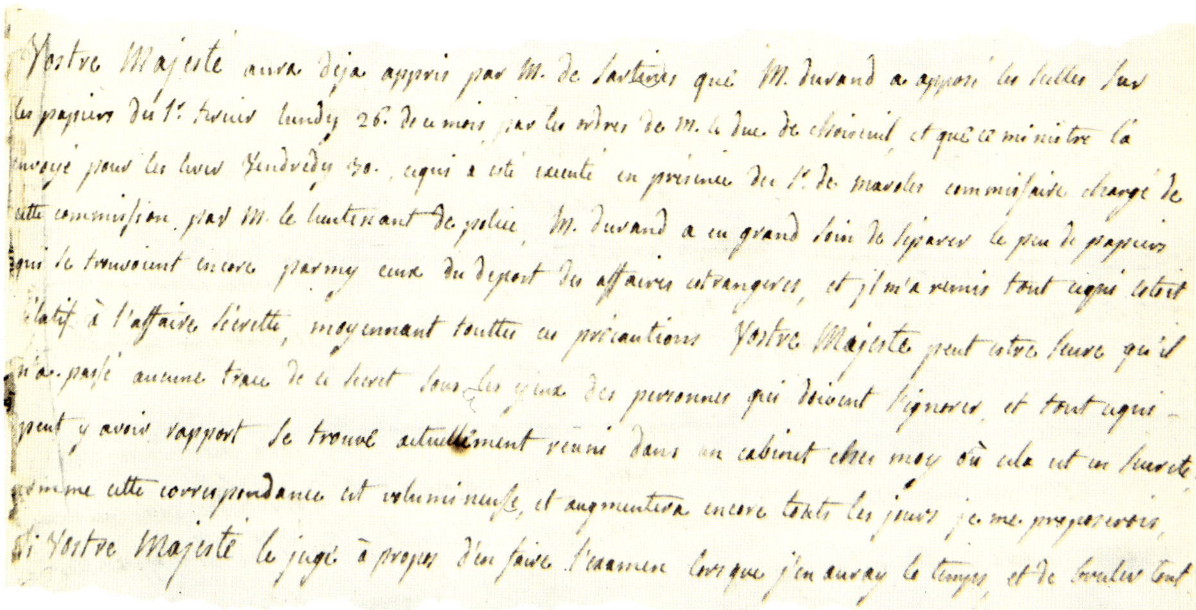

Vostre Majesté aura déja appris par M. de Sartines que M. Durand a apposé les scellés sur les papiers du Sr. Tercier lundy 26. de ce mois par les ordres de M. le Duc de Choiseul et que ce ministre l'a envoyé pour les lever vendredy 30. ce qui a esté executé en presence du Sr. de Marsolier commissaire chargé de cette commission par M. le lieutenant de police. M. Durand a eu grand soin de separer le peu de papiers qui se trouvoient encore parmy ceux du depost des affaires estrangeres, et il m'a remis tout ce qui estoit relatif à l'affaire secrette, moyennant toutes ces précautions Vostre Majesté peut estre seure qu'il n'a passé aucune trace de ce secret sous les yeux des personnes qui doivent l'ignorer, et tout ce qui peut y avoir rapport se trouve actuellement réuni dans un cabinet chez moy où cela est en sureté. comme cette correspondance est volumineuse, et augmentera encore tous les jours je me proposerois, si Vostre Majesté le juge à propos d'en faire l'examen lorsque j'en auray le temps, et de brusler tout

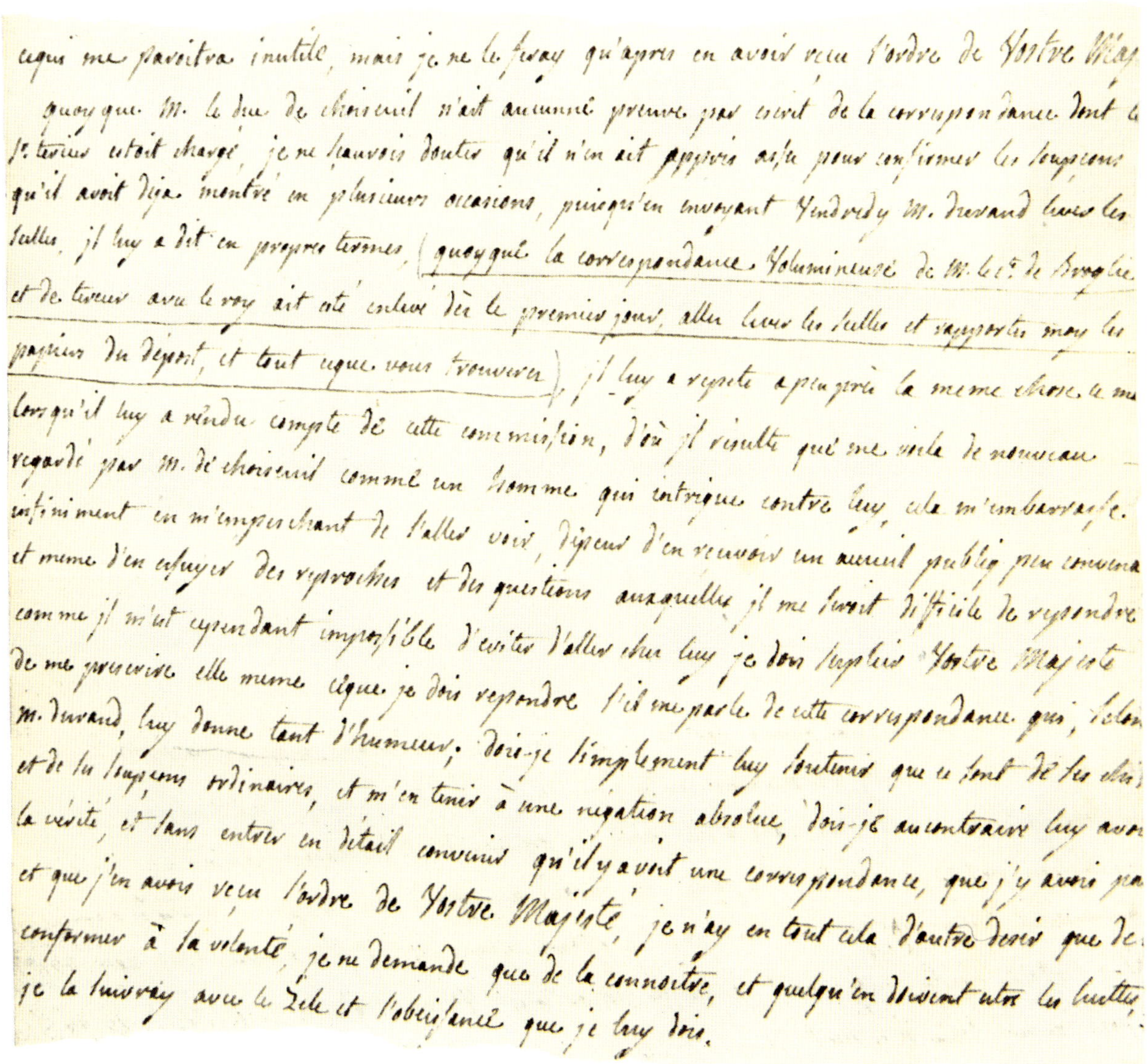

ce qui me paroitra inutile, mais je ne le feray qu'apres en avoir receu l'ordre de Vostre Maj[esté]

quoyque M. le Duc de Choiseul n'ait aucunne preuve par escrit de la correspondance dont le Sr. Tercier estoit chargé, je ne scaurois douter qu'il n'en ait appris assez pour confirmer les soupcons qu'il avoit déja montré en plusieurs occasions, puisqu'en envoyant vendredy M. Durand lever les scellés, il luy a dit en propres termes, (quoyque la correspondance volumineuse de M. le Cte de Broglie et de Tercier avec le roy ait esté enlevée dès le premier jour, allez lever les scellés et rapportez moy les papiers du dépost, et tout ce que vous trouverez) il luy a repeté à peu pres la meme chose, ce m[atin] lorsqu'il luy a rendu compte de cette commission, d'où il resulte que me voila de nouveau regardé par M. de Choiseul comme un homme qui intrigue contre luy, cela m'embarrasse infiniment en m'empeschant de l'aller voir, de peur d'en recevoir un accueil public peu convena[ble] et meme d'en essuyer des reproches et des questions auxquelles il me seroit difficile de repondre comme il m'est cependant impossible d'eviter d'aller chez luy je dois supplier Vostre Majesté de me prescrire elle meme ce que je dois repondre s'il me parle de cette correspondance qui, selon M. Durand, luy donne tant d'humeur; dois-je simplement luy soutenir que ce sont de ses idées et de ses soupcons ordinaires, et m'en tenir à une negation absolue, dois-je au contraire luy avo[uer] la vérité, et sans entrer en détail convenir qu'il y avoit une correspondance, que j'y avois pa[rt] et que j'en avois receu l'ordre de Vostre Majesté, je n'ay en tout cela d'autre desir que de me conformer à sa volonté, je ne demande que de la connoistre, et quelqu'en doivent estre les suittes je la suivray avec le zèle et l'obeissance que je luy dois.

Lettre du comte de Broglie à Louis XV, le 1er février 1767.

Sire,

Votre Majesté aura déjà appris par M. de Sartines que M. Durand a apposé les scellés sur les papiers du Sr Tercier lundi 26 de ce mois par les ordres de M. le duc de Choiseul et que ce ministre l'a envoyé pour les lever vendredi 30 […]. M. Durand a eu grand soin de séparer le peu de papiers qui se trouvaient encore parmi ceux du dépôt des Affaires étrangères et il m'a remis tout ce qui était relatif à l'affaire secrète. Moyennant toutes ces précautions, Votre Majesté peut être sûre qu'il n'a passé aucune trace de ce secret sous les yeux des personnes qui doivent l'ignorer et tout ce qui peut y avoir rapport se trouve actuellement réuni dans un cabinet chez moi, où cela est en sûreté. Comme cette correspondance est volumineuse et augmentera encore tous les jours, je me proposerais, si Votre Majesté le juge à propos, d'en faire l'examen lorsque j'en aurai le temps et de brûler tout ce qui me paraîtra inutile; mais je ne le ferai qu'après en avoir reçu l'ordre de Votre Majesté. Quoique M. le duc de Choiseul n'ait aucune preuve par écrit de la correspondance dont le Sr Tercier était chargé, je ne saurais douter qu'il n'en ait appris assez pour confirmer les soupçons qu'il avait déjà montrés en plusieurs occasions […] d'où il résulte que me voilà de nouveau regardé par M. de Choiseul comme un homme qui intrigue contre lui. […]
(Transcription complémentaire en fin de volume.)
MAE, MD France.

De l'argent pour l'Amérique

Beaumarchais au secours des insurgés

En septembre 1775, Beaumarchais rencontre à Londres un jeune Américain nommé Arthur Lee, futur député de Virginie, qui lui dresse un état des secours nécessaires à ses concitoyens pour tenir tête à l'Angleterre. Tout leur fait défaut : l'argent, les armes, les munitions. Il promet d'intercéder en leur faveur et s'exécute sans tarder. Après un appel solennel à Louis XVI, resté sans réponse, il supplie Vergennes, secrétaire d'État des Affaires étrangères, d'aider les insurgés dans leur lutte pour l'indépendance. Tour à tour séducteur et insinuant, enthousiaste et prophétique, il le harcèle de mémoires tel celui présenté ci-contre. Comme rien ne vaut un contact direct, il multiplie les navettes entre Londres et Versailles, où il s'entretient presque chaque jour avec le ministre. Le temps presse, l'aide aux insurgés devient urgente : il faudrait trois millions tout de suite, pour répondre à leurs premiers besoins.

En mai 1776, le gouvernement français cède finalement aux instances de l'écrivain et s'engage à lui verser un million de livres qui lui seront remis de la main à la main. L'Espagne apporte une contribution équivalente. Comme il importe que l'opération demeure secrète, elle devra passer, aux yeux de l'opinion, pour une simple transaction commerciale. Avant même de recevoir les fonds, Beaumarchais fonde une société d'import-export qu'il baptise « Roderigue Hortalez & Co ». Désormais, Figaro multiplie les rôles : d'agent secret, le voilà devenu chef d'entreprise, marchand de canons, armateur, amiral de la flotte, stratège naval, ministre de sa propre marine, et par-dessus tout défenseur du peuple américain.

Cette dernière activité, dans laquelle il s'investit tout entier, détermine et justifie toutes les autres. Si Beaumarchais sert la cause des *Insurgents* avec une telle passion, c'est qu'elle porte en elle tout ce dont peut rêver un homme des Lumières : la naissance d'une jeune république et l'espérance de voir s'incarner en elle son idéal de démocratie et de liberté. Aussi se dépensera-t-il sans compter pour la faire triompher. Son emploi du temps donne le vertige. Il est partout, pense à tout, s'occupe de mille choses à la fois. Outre les rendez-vous d'affaires, les visites aux arsenaux, la rédaction de rapports, les achats, les ventes et les expéditions de matériel, outre les difficultés imprévues qui surgissent à chaque instant, il trouve encore le loisir d'entretenir des filles, de coucher avec Mme de Godeville, de subir les scènes de son épouse, de passer ses soirées à l'Opéra et de travailler au *Mariage de Figaro*.

Beaumarchais est sans doute le Français qui aura le plus fait pour l'indépendance des États-Unis, sans que ceux-ci lui aient jamais rendu justice. Mais il n'est pas homme à ressasser ses déboires ; déjà mille autres projets se pressent à son esprit, souvent sans rapport les uns avec les autres. Peu satisfait de son unique destin, il eût volontiers rempli vingt existences à la fois. Ne les ayant point reçues de la nature, il mit une partie de son génie à les inventer, et l'autre à les vivre.

MAURICE LEVER

Portrait de Beaumarchais,
par Jean-Marc Nattier (1685-1766).
Paris, Comédie-Française.

Beaumarchais est ici représenté à l'âge de vingt-trois ans ; il vient d'abandonner le métier d'horloger pour entrer à la cour en qualité de professeur de harpe de Mesdames, filles de Louis XV. Le portrait reflète l'audace du jeune ambitieux, sûr de plaire, et bien décidé à se forger une brillante carrière.

« Sire, la guerre est un jeu de rois qui écrase
les particuliers
et les balaie comme la poussière. »

Beaumarchais à Louis XVI, 11 septembre 1779.

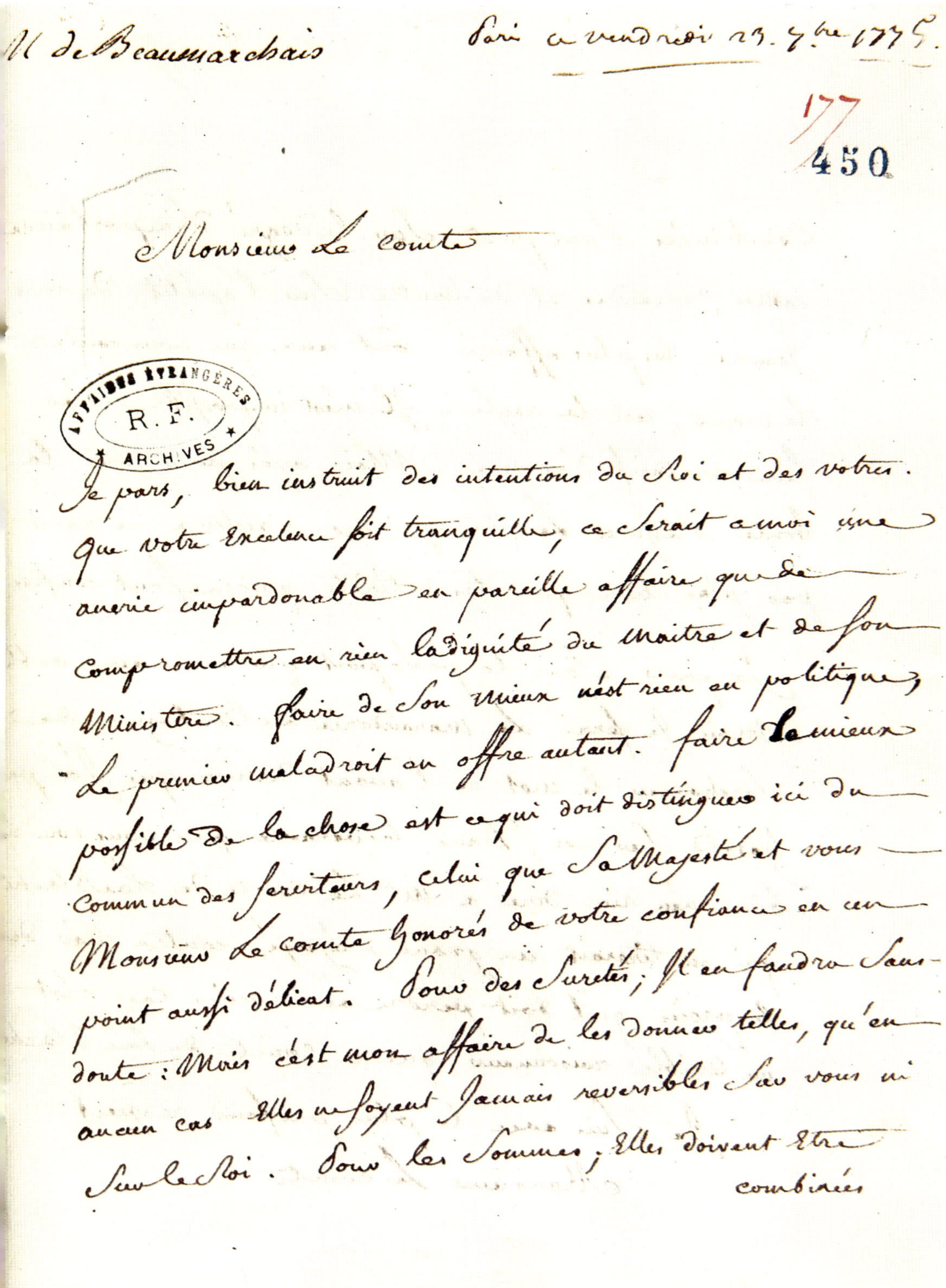

M. de Beaumarchais — Paris ce vendredi 23. 7bre 1775.

177
450

Monsieur Le Comte

AFFAIRES ÉTRANGÈRES R.F. ARCHIVES

Je pars, bien instruit des intentions du Roi et des votres. que votre Excelence soit tranquille, ce serait a moi une anerie impardonable en pareille affaire que de compromettre en rien la dignité du Maitre et de son Ministere. faire de son mieux n'est rien en politique, Le premier maladroit en offre autant. faire le mieux possible de la chose est ce qui doit distinguer ici du commun des serviteurs, celui que Sa Majesté et vous Monsieur Le comte honorés de votre confiance en un point aussi délicat. Pour des suretés, il en faudra sans doute : Mais c'est mon affaire de les donner telles, qu'en aucun cas Elles ne soyent Jamais reversibles sur vous ni sur le Roi. Pour les sommes, Elles doivent Etre combinées

S.E. M. Le Cte de Vergennes.

Lettre de Beaumarchais à Vergennes, le 23 septembre 1775.

Depuis près d'un an, Beaumarchais informe secrètement le comte de Vergennes, secrétaire d'État des Affaires étrangères, de l'effervescence qui règne dans les milieux de l'opposition londoniens. Cette lettre, écrite quelques jours seulement après sa rencontre avec Arthur Lee, procède par sous-entendus, afin de déjouer la censure britannique.

Paris, ce vendredi 23 septembre 1775
Monsieur le comte,
Je pars, bien instruit des intentions du roi et des vôtres. Que Votre Excellence soit tranquille ; ce serait à moi une ânerie impardonnable, en pareille affaire, que de compromettre en rien la dignité du Maître et de son ministère. Faire de son mieux n'est rien en politique ; le premier maladroit en offre autant. Faire le mieux possible de la chose est ce qui doit distinguer ici du commun des serviteurs, celui que Sa Majesté et vous, Monsieur le comte, honorez de votre confiance en un point aussi délicat. Pour des sûretés, il en faudra sans doute, mais c'est mon affaire de les donner telles qu'en aucun cas elles ne soient jamais réversibles sur vous, ni sur le roi. Pour les sommes, elles doivent être combinées d'une part sur le degré d'importance de mes demandes, et de l'autre sur l'appétit de mes joueurs. Les plus affamés sont ceux qui nous coûteront le moins : c'est la règle. Il m'est impossible d'en faire un tarif d'avance. Mais ayez pour moi la bonté d'assurer le roi que mon existence ne m'est pas plus chère que les intérêts qui me sont confiés.
Je pars sans le passeport que vous avez oublié, mais je ferai la marauderie à Boulogne de surcharger le mot de l'avant-dernier que j'ai par hasard sur moi, dans l'espérance que vous voudrez bien n'en rien dire à M. le comte de La Blache qui en tirerait un grand préjugé contre moi, dans le procès qu'il doit perdre avec moi, car c'est un terrible raisonneur que ce comte de La Blache.
Je suis avec le plus profond respect, Monsieur le comte, de Votre Excellence, le très humble et très obéissant serviteur.
Beaumarchais
MAE, CP Angleterre.

Beaumarchais contre d'Éon

Le libertin et la chevalière

Portrait du chevalier d'Éon, gravure anonyme, XVIIIe siècle.

Singulier personnage que ce chevalier (ou chevalière) d'Éon, ancien dragon devenu agent secret de Louis XV en Angleterre, sous le travesti féminin. La question de son sexe est si vivement débattue à Londres qu'elle y fait l'objet de paris. On le voit ici décoré des attributs de « franche-maçonne ».

TOUT commence en mai 1775. Pierre Augustin Caron de Beaumarchais, pour lors agent secret de Louis XVI en Angleterre, fait la connaissance d'un étrange personnage, dont le sexe fut longtemps une énigme et qui demeure à ce jour le plus illustre travesti de l'histoire : le chevalier d'Éon. Comme celui-ci détient des papiers compromettants sur la diplomatie secrète de Louis XV, notamment un plan de débarquement sur les côtes anglaises dont la divulgation pourrait entraîner les plus fâcheuses conséquences, Beaumarchais est chargé de les lui racheter. De leur premier entretien, d'Éon ne sort pas vraiment conquis – c'est le moins qu'on puisse dire. « Je le vis, dit-il, ce libertin, que je pourrais même appeler sans calomnie du nom de cet animal qui, les yeux en l'air et le groin en terre, cherche les truffes dans mon pays. » Le connaissant mieux, il le jugera plus sévèrement encore, ne trouvant pas de mots assez durs pour fustiger son insolence de « laquais parvenu » (voir lettre ci-contre). De son côté, l'auteur du *Barbier de Séville*, pour une fois dupe des apparences, ne doute pas que d'Éon soit une femme. Mieux encore : une faible femme, sensible et fragile. Elle a beau s'enivrer, jurer, cracher, fumer comme un soudard, c'est une femme ! D'ailleurs, il s'en porte garant auprès de Louis XVI en personne, auquel il affirme : « Quand on pense que cette créature tant persécutée est d'un sexe à qui l'on pardonne tout, le cœur s'émeut d'une douce compassion [...]. J'ose vous assurer, sire, qu'en prenant cette étonnante créature avec adresse et douceur, quoique aigrie par douze années de malheurs, on l'amènera facilement à rentrer dans le joug. » Comment un homme aussi fin, aussi expérimenté en ces matières a-t-il pu prendre un ancien dragon pour une fille d'Ève ? C'est une des plus étonnantes mystifications du XVIIIe siècle, qui pourtant n'en manque pas...

Quant à la négociation, elle ne dure pas moins de six mois et est ponctuée de maints incidents burlesques : des gazetiers annoncent même les fiançailles de M. de Beaumarchais avec la chevalière d'Éon ! Enfin, le 4 novembre 1775, un accord est conclu. Moyennant une rente viagère de 12 000 livres et l'apurement de ses dettes à Londres, « Demoiselle d'Éon de Beaumont, fille majeure », consent à remettre ses archives à l'émissaire du roi. Elle reçoit en outre une somme de 2 000 écus destinée à se constituer un trousseau féminin, mais à la condition expresse de ne plus jamais reprendre l'habit d'homme jusqu'à la fin de ses jours. C'est bien la première fois dans notre histoire – et la dernière – que le pouvoir politique aura contraint un citoyen de vivre en citoyenne !

MAURICE LEVER

Duel entre M. de Saint-Georges et le chevalier d'Éon, gravure anonyme, XVIIIe siècle.

Le chevalier d'Éon passera les dernières années de sa vie à Londres, toujours habillé en femme. Redoutable duelliste, il gagne sa vie en participant à des tournois. Les meilleurs escrimeurs de l'époque viennent se mesurer à lui. Il combattra sans masque et sans plastron jusqu'à l'âge de soixante-cinq ans !

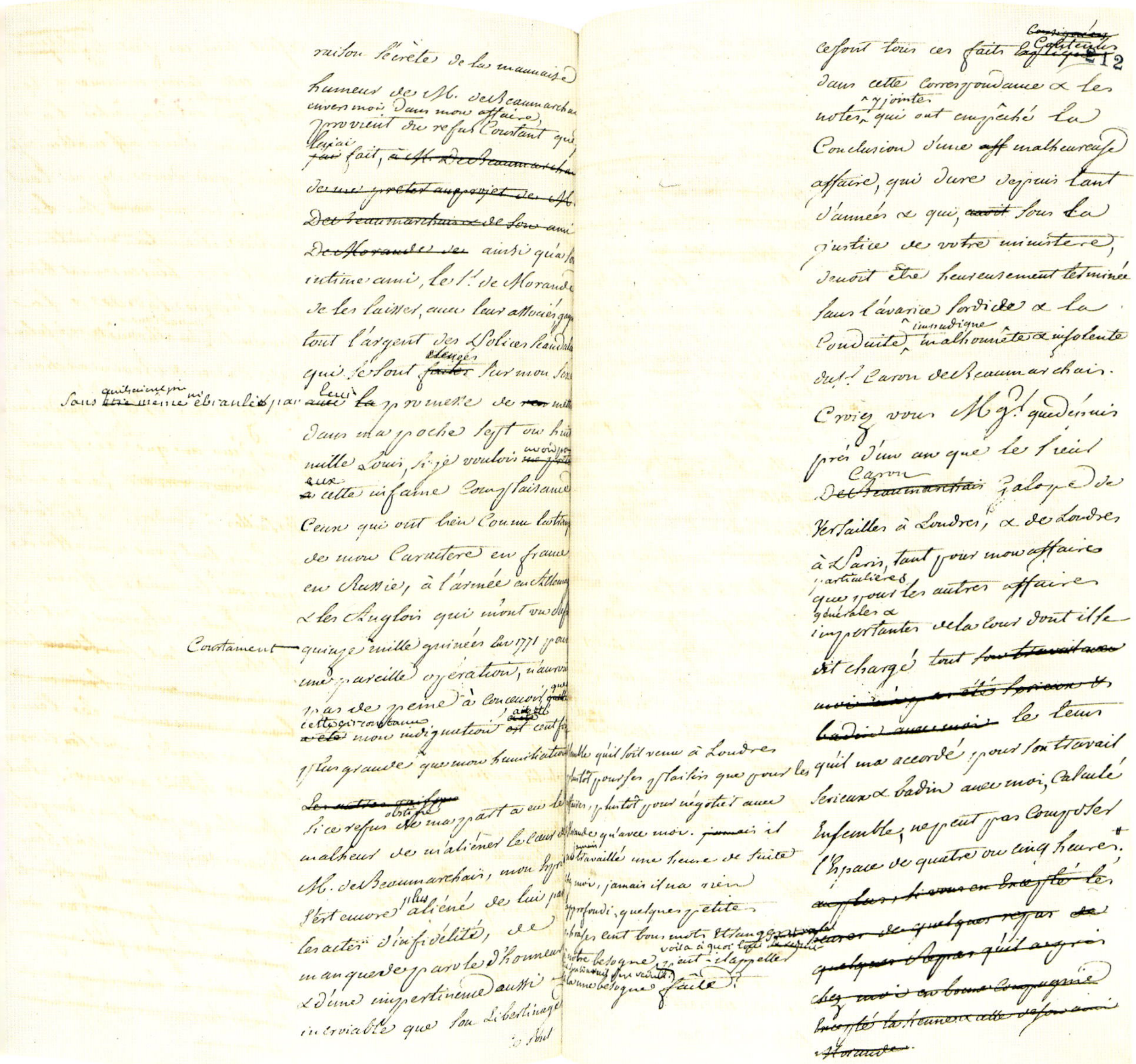

Lettre du chevalier d'Éon à Vergennes, secrétaire d'État des Affaires étrangères, le 27 mai 1776.

Monseigneur,
Je pense n'avoir pu donner une plus grande preuve de ma modération et de la reconnaissance dont je me croyais redevable envers M. de Beaumarchais, qu'en ayant différé, depuis le mois d'octobre jusqu'à présent, à vous rendre un compte fidèle de la conduite bizarre et déshonnête que cet envoyé extraordinaire a tenue envers moi […]. Je me contenterai de vous observer ici, monseigneur, que la véritable raison secrète de la mauvaise humeur de M. de Beaumarchais envers moi, dans cette affaire, provient du refus constant que je lui ai fait, ainsi qu'à son intime ami M. de Morande, de les laisser avec leurs associés gagner tout l'argent des polices scandaleuses qui se sont élevées sur mon sexe, sans qu'ils aient pu m'ébranler par leur promesse de mettre dans ma poche sept ou huit mille louis si je voulais avoir pour eux cette infâme complaisance. […] Si ce refus obstiné de ma part a eu le malheur de m'aliéner le cœur de M. de Beaumarchais, mon esprit s'est encore plus aliéné de lui par les actes d'infidélité, de manque de parole d'honneur, et d'une impertinence aussi incroyable que son libertinage. […] Croiriez-vous, monseigneur, que depuis près d'un an que le sieur Caron galope de Versailles à Londres et de Londres à Paris, tant pour mon affaire particulière que pour les autres affaires générales et importantes de la cour, dont il se dit lui-même et lui seul chargé, tout le temps qu'il m'a accordé pour son travail sérieux et badin avec moi, calculé ensemble, ne peut pas composer l'espace de quatre ou cinq heures? Il semble qu'il soit venu à Londres plutôt pour ses plaisirs que pour ses affaires […]. (Trancription complémentaire en fin de volume.)
MAE, CP Angleterre.

The Assaut, or Fencing Match, which took place at Carlton House, on the 9th of April, 1787, between Mademoiselle La Chevalière **D'EON DE BEAUMONT.** *and Monsieur* **DE SAINT GEORGE.**

La Fayette sur le champ de bataille de York Town

« Défenseur de cette liberté que j'idolâtre, libre de moi-même plus que personne, en venant comme ami offrir mes services à cette république si intéressante, je n'y porte que ma franchise et ma volonté. Le bonheur de l'Amérique est intimement lié au bonheur de toute l'humanité. »

La Fayette,
lettre à sa femme Adrienne de Noailles, 1777.

DEPUIS 1770, les colons américains tentent de s'affranchir de la tutelle britannique. Quand la lutte armée s'engage, sous le commandement de George Washington, la supériorité militaire de la Grande-Bretagne est incontestable. Il faut l'intervention de la France, à partir de 1778, pour renverser les rapports de force. En mars 1780, le commandement de l'opération est confié au lieutenant général Rochambeau. La bataille décisive, qui aboutira à la capitulation du général anglais Cornwallis et finalement à l'indépendance américaine, a lieu en 1781 à York, aujourd'hui Yorktown, en Virginie. La Fayette, tout jeune officier de l'armée française venu combattre dès 1777 aux côtés des *insurgents*, va jouer un rôle important dans cette lutte pour la liberté.

À ses amis restés en France, La Fayette écrit longuement, racontant dans le détail le déroulement des opérations et affirmant sa confiance en une victoire rapide. Le 30 septembre 1781, date de la lettre ci-contre, voici le tableau qu'il dresse de la situation militaire : par d'habiles manœuvres, dirigées en partie par La Fayette lui-même, les alliés franco-américains ont réussi à prendre en tenaille d'importantes troupes anglaises sur le site d'York. Assiégé du côté de la terre, le général Cornwallis voit ses possibilités de retraite du côté de la mer coupées par l'escadre française de l'amiral de Grasse. Quelques jours plus tôt, ces vingt vaisseaux, venant des Antilles avec un renfort de troupes, ont repoussé les forces navales anglaises arrivant de New York pour tenter de porter secours aux assiégés. La Fayette a servi d'agent de liaison entre l'armée à terre et la flotte afin de coordonner leurs actions. L'issue de la bataille laisse peu de doute, mais il est capital de maintenir les vaisseaux français dans la baie de Chesapeake,

Siège de la bataille de York Town (détail), par Auguste Couder, 1837. Château de Versailles.

L'alliance militaire franco-américaine est ici parfaitement illustrée, bien que la peinture soit postérieure à l'événement : à gauche, Washington, commandant en chef de l'armée américaine ; à droite, Rochambeau, commandant du corps expéditionnaire français ; au centre, La Fayette, qui vient de conduire une troupe mixte. Entourés de leurs officiers d'état-major, tous trois savourent une victoire qui s'était fait attendre depuis plus de quatre ans. Ils s'apprêtent à recevoir la capitulation du général anglais Cornwallis qui, à la demande des Français, remettra son épée à Washington.

seule porte par laquelle l'armée britannique peut encore espérer recevoir des renforts. La Fayette déploie donc toute son énergie pour persuader l'amiral de rester sur ses positions jusqu'à la reddition de l'armée anglaise. Son éloquence saura convaincre : la Grande-Bretagne capitule le 19 octobre.

La Fayette n'est pas le seul Français à s'être porté au secours des colons américains. Il est loin d'avoir joué le rôle militaire le plus important et son action sera moins décisive que celles de Rochambeau et de Grasse. Mais son enthousiasme, son habileté diplomatique et son charisme feront de lui, pour la postérité, le symbole de l'alliance entre Français et Américains, le porte-drapeau de la cause de la liberté.

ÉTIENNE TAILLEMITE

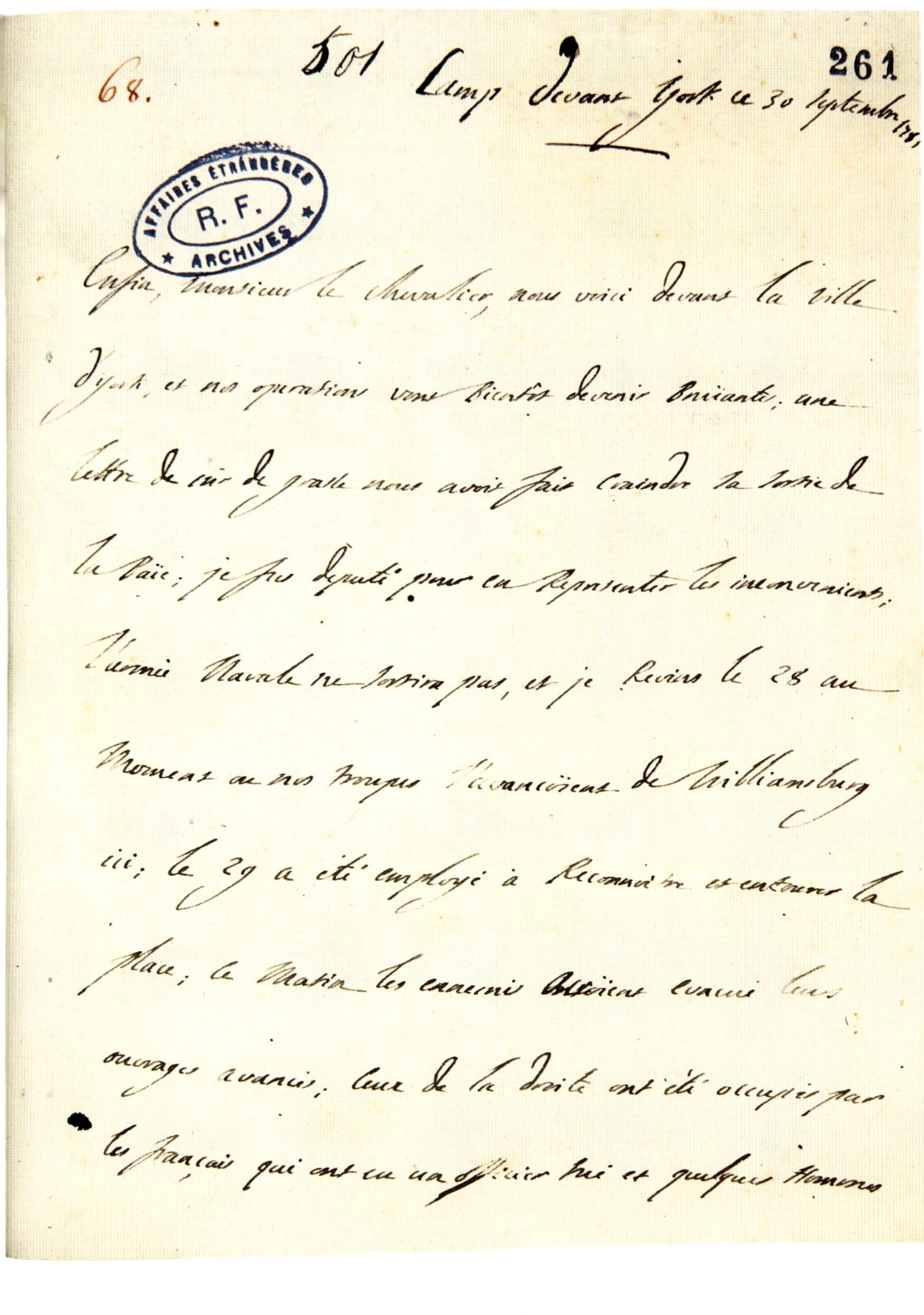
68. 501 261

Camp devant York ce 30 septembre 1781

AFFAIRES ÉTRANGÈRES R. F. ARCHIVES

Enfin, Monsieur le Chevalier nous voici devant la ville d'york, et nos operations vont bientot devenir brulantes; une lettre de mr de grasse nous avoit fait craindre la sortie de la baie; je fus député pour en representer les inconvenients, l'armée navale ne sortira pas, et je revins le 28 au moment où nos troupes s'avançoient de Williamsburg ici; le 29 a été employé à reconnoitre et entourer la place; le matin les ennemis avoient évacué leurs ouvrages avancés; ceux de la droite ont été occupés par les françois qui ont eu un officier tué et quelques hommes

Lettre de La Fayette au chevalier de La Luzerne, du camp devant York, le 30 septembre 1781.

Enfin, Monsieur le Chevalier, nous voici devant la ville d'York et nos opérations vont bientôt devenir bouillantes. Une lettre de M. de Grasse nous avait fait craindre sa sortie de la baie. Je fus député pour en représenter les inconvénients. L'armée navale ne sortira pas, et je revins le 28 au moment où nos troupes s'avançaient de Williamsburg ici. Le 29 a été employé à reconnaître et entourer la place. Ce matin, les ennemis avaient évacué leurs ouvrages avancés. Ceux de la droite ont été occupés par les Français qui ont eu un officier tué et quelques hommes blessés, ceux de la gauche ont été occupés par nous. Le colonel Flamel a été blessé et pris en reconnaissant de trop près. Voilà tout ce qu'il nous en a coûté dans la journée et l'ennemi se tient dans ses fortifications intérieures ; il est vrai que ce qu'ils ont évacué ne valait rien et ne pouvait pas même se défendre d'un coup de main, mais aussi nous les approchons plus que nous en pouvions l'espérer et nous voyons que l'expédition n'offrira pas de bien grandes difficultés. Ceci doit naturellement raccourcir notre journal de quelques jours. M. de Grasse reprendra son ancien mouillage à Linn Haven Bay. Tout bien comparé, les marins ont décidé que c'était la meilleure position qu'ils pussent prendre. Ils nous promettent de bien fermer la porte ou de faire un mauvais parti à ce qui entrera. J'ai été enchanté de la franchise et de la bonne volonté de notre amiral. Il désire emmener le plus de vaisseaux possible et a de grands projets pour la suite de la campagne. Si ceci finit vite, je voudrais bien qu'il pût nous prêter encore quelques jours d'assistance pour quelque opération dans le sud, soit grande soit petite. […] (Transcription complémentaire en fin de volume.)
MAE, CP États-Unis.

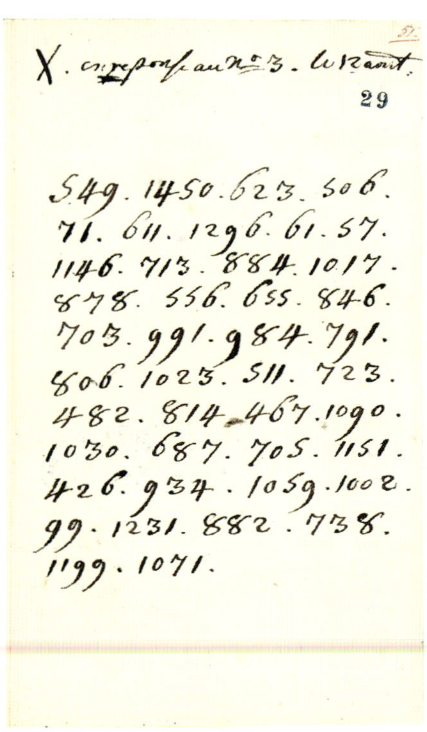
29

549. 1450. 623. 506.
71. 611. 1296. 61. 57.
1146. 713. 884. 1017.
878. 556. 655. 846.
703. 991. 984. 791.
806. 1023. 511. 723.
482. 814. 467. 1090.
1030. 687. 705. 1151.
426. 934. 1059. 1002.
99. 1231. 882. 738.
1199. 1071.

Mirabeau, agent secret à la cour du roi de Prusse

Le jour de Noël 1785, le comte de Mirabeau prend en grand équipage la route d'Allemagne. Revenu depuis peu à Paris, après un voyage en Angleterre et en Hollande, il vient de se brouiller avec Calonne, le puissant ministre des Finances. Il a pourtant fait partie du cercle de ses familiers, lui a présenté l'abbé de Périgord, futur prince de Talleyrand. Mais ayant, dans trois libelles retentissants, attaqué l'agiotage sur lequel compte Calonne pour rétablir les finances du royaume, le ministre a lancé contre lui Beaumarchais, qui qualifie les fameux libelles de « mirabelles », mettant les rieurs de son côté.

Mirabeau, que ses séjours à l'étranger ont familiarisé avec la politique européenne, décide donc de parfaire ses connaissances en se rendant en Prusse, où le déclin rapide du grand Frédéric laisse présager une succession difficile. Qui sait s'il ne pourrait pas en profiter pour obtenir un poste diplomatique, qui lui permettrait d'utiliser ses talents d'observateur et le mettrait à l'abri de la gêne toujours présente et aggravée par un train de vie fastueux ? Accompagné de sa maîtresse, de son fils adoptif, de deux secrétaires, il arrive à Berlin le 19 janvier 1786, muni d'une tiède lettre de recommandation de Vergennes, secrétaire d'État des Affaires étrangères. Il obtient pourtant d'emblée une audience de Frédéric II, curieux de le connaître, et devient le commensal de son frère, le prince Henri de Prusse, désireux de faire répandre le bruit de ses sympathies pour la France.

Pendant ce temps, l'abbé de Périgord a fait comprendre à Calonne qu'il vaut mieux avoir Mirabeau avec soi, et que son activité et la pertinence de ses vues peuvent en faire un agent très précieux. Le document présenté ci-contre, intitulé « Sur la situation actuelle de l'Europe », est un mémoire écrit à l'issue du premier séjour de Mirabeau en Prusse. Remarquable par sa facture, par la franchise et la justesse de ses prévisions, fondé sur des informations confidentielles et sûres, il est en faveur d'une alliance avec l'Angleterre, à laquelle pourrait s'associer la Prusse : cette proposition si conforme aux vues de Calonne et de Talleyrand, qui tiennent à une alliance franco-anglaise cimentée par un traité de commerce, recueille l'adhésion de Vergennes. Convoqué secrètement, Mirabeau arrive à Paris le 22 mai et repart pour la Prusse en juillet, nanti cette fois d'une modeste pension et d'instructions précises : ses rapports chiffrés seront transmis – déchiffrés et éventuellement récrits – par l'abbé de Périgord à Calonne qui les mettra ou les fera mettre par Vergennes sous les yeux du roi.

Hélas, le bouillant personnage se rend bientôt suspect à Berlin ; il se brouille avec Henri de Prusse puis, après la mort de Frédéric II, le 17 août 1786, avec son fils Frédéric-Guillaume II. Soupçonné d'être un agent français, à nouveau en proie aux difficultés financières, il quitte Berlin le 20 janvier 1787, mais ce séjour lui a donné l'occasion de mûrir et d'élargir le champ de ses centres d'intérêt. Lorsque paraît en 1789 l'*Histoire secrète de la cour de Berlin*, le polémiste s'efface, l'homme d'État est prêt à naître.

MONIQUE CONSTANT

« On me mande à Paris. On m'y demande des notions préliminaires sur la Prusse, et je les donne en homme libre et non en courtisan. »

Mirabeau, *Mémoires, 1833-1835.*

Page de gauche

En haut : *Portrait de Mirabeau dans son cabinet de travail en 1791*, par Dabos. Paris, musée Carnavalet.

En bas : Lettre chiffrée de Mirabeau, le 12 avril 1787.
MAE, MD France.

Mémoire de Mirabeau, le 2 juin 1786.

Sur la situation actuelle de l'Europe.

Le roi de Prusse va mourir ; il est peut-être mort au moment où j'écris. Il est impossible qu'il vive encore deux mois. Avec lui tombera la clef qui resserrait la voûte politique de l'Europe. Tout annonce la guerre. L'empereur s'est engagé d'amour-propre et très récemment encore à tâter le nouveau roi de Prusse aussitôt son avènement au trône. Tâter, *c'est son mot.* Faire cesser la criante usurpation de qui a ravi la Silésie à l'auguste maison d'Autriche, *c'est le cri de ralliement de tous ses écrivains* ; l'empereur a peu d'argent, mais 400 000 soldats, quelques officiers et le fatal pouvoir d'engloutir jusqu'au dernier de ses sujets dans l'abîme de la guerre. Tous ses engagements publics et secrets avec l'impératrice de Russie, tendent à réaliser et cimenter le système oriental, devenu la passion de Catherine II, le salut, l'espoir et l'asile de Potemkine. L'empereur n'abandonnera jamais ce système que pour l'invasion de l'Italie qui nous serait encore plus funeste que le démembrement de la Turquie européenne ou pour le bouleversement de l'Allemagne qui ruinerait tout équilibre en Europe. Quelque plan qu'il choisisse, sa turbulence naturelle, ses projets gigantesques appellent la confusion, le trouble, la discorde ; c'est son élément.
(Transcription complémentaire en fin de volume.)
MAE, MD France.

IV. UN MONDE QU

CHANGE (1789-1815)

Le double jeu de Louis XVI
La Constitution de 1791 et l'Europe

Surcouf et les corsaires de la République

Bonaparte en Italie
Un « général de guerre civile » se mue en homme d'État

La bataille des Pyramides
Un rapport prémonitoire

Bonaparte et le Concordat
La naissance d'une Église d'État

Le vrai-faux départ du général Bernadotte aux États-Unis

Napoléon, Talleyrand, une diplomatie au son du canon

Des espions contre Napoléon
Le comte d'Antraigues émigré et conspirateur

La bataille d'Austerlitz
« Je n'avais pas idée d'une pareille défaite »

OUVRANT ses *Mémoires*, Chateaubriand écrit : « Je me suis rencontré entre les deux siècles comme au confluent de deux fleuves ; j'ai plongé dans leurs eaux troublées, m'éloignant à regret du vieux rivage où j'étais né, et nageant avec espérance vers une rive inconnue où vont aborder les générations nouvelles. » Entre deux rives. Les naissances sont toujours douloureuses. Celle du monde moderne qui s'ouvre en 1789 n'échappe pas à la règle, avec son cortège de guerres, civiles et étrangères. Pendant vingt-cinq ans, la France porte la vigueur comme le poids de sa révolution. Elle affronte successivement sept coalitions européennes et subit deux invasions étrangères, en 1814 et 1815. Les années de guerre sont de loin beaucoup plus nombreuses que les années de paix, à peine quelques mois de mars 1802 à mai 1803 (la paix d'Amiens avec l'Angleterre) et de mai 1814 à mars 1815 (du premier traité de Paris avec la coalition européenne, au retour de Napoléon). Paradoxalement, à la puissance des idées révolutionnaires qui vont faire de la France, pendant longtemps, un modèle en Europe et dans le monde, correspond un abandon, relatif et momentané, de ses positions maritimes et coloniales, consacré par le traité de paix de mai 1814. Un repli politique aussi, car avec la révolution s'ouvre le long et douloureux débat, au gré des régimes et des constitutions, de la souveraineté, de la légitimité, de la représentation et de la nation, à l'origine de l'État moderne. De cet affrontement des légitimités, monarchique ou républicaine, populaire ou représentative, naissent et meurent des pouvoirs et des hommes qui les incarnent. Seconds rôles ou figures de proue, ils traversent ce chapitre, à reculons pour certains, au pas de charge pour d'autres, à commencer par Napoléon, le plus extraordinaire de cette époque extraordinaire, du sauveur au « soldat impérialisé ».

Le roi fantôme de 1791 et l'homme de Marengo se font face. Suivent les figures du cortège : d'Antraigues, Talleyrand, Langeron, Bernadotte et les autres, diplomates, espions et hommes de main, généraux fidèles ou rebelles selon le côté où l'on se place, selon le sens que l'on donne au mot « patrie ». Tous ne sont pas présents, bien sûr, mais les événements auxquels ils ont participé trouvent ici, grâce aux textes choisis, une fraîcheur à laquelle on ne s'attend pas : lettres de marques d'un corsaire armé contre l'Anglais, ordre d'une mission qui n'aura jamais lieu, cartes de la bataille d'Austerlitz levée par un Français au service de l'armée russe, rapport de police et lettre d'espion à l'encre sympathique contre celui qui deviendra tout à la fois en 1814, sous la plume de Benjamin Constant, « Attila » et « Gengis Khan ». Au bout de cette période, l'étonnant congrès de Vienne réunit tous les souverains d'Europe sur les dépouilles de l'Empire. Un recul en apparence seulement, car s'il consacre encore pour quelque temps la supériorité des monarques sur les nations, il entre dans l'histoire comme l'un de premiers essais de règlement concerté, à l'échelle internationale, des droits et des obligations de chacun.

EMMANUEL DE WARESQUIEL

La retraite de Russie
L'Aigle à l'agonie

Le congrès de Vienne
Une « vacance de rois »

Double page précédente :
La Bataille d'Austerlitz, 2 décembre 1804, par François Gérard, Salon de 1810. Château de Versailles.

Ce tableau, commandé par Vivant Denon à François Gérard en février 1806, représente l'un des tournants de la bataille d'Austerlitz, au moment où le général Rapp (à gauche) annonce à Napoléon la défaite des Chevaliers gardes russes et la prise du plateau de Pratzen. Sa mise en scène, centrée sur la figure « noble et calme » de Napoléon transfiguré en héros, face au soleil d'Austerlitz, en fait un redoutable instrument de propagande et l'enjeu symbolique du pouvoir politique. D'abord installée aux Tuileries, La Bataille d'Austerlitz *en est retirée sous la Restauration, puis est à nouveau exposée au Louvre sous la monarchie de Juillet avant de finir au centre de la galerie des Batailles du Musée historique de Versailles créée par Louis-Philippe.*

Le double jeu de Louis XVI

La Constitution de 1791 et l'Europe

Le Roi Janus, ou l'homme a deux visages.

Louis XVI en roi Janus.
BNF, Estampes.

Lorsque Louis XVI prête serment à la Constitution, personne n'est dupe du double jeu qu'il a mené et qu'il risque de poursuivre. Activement secondé par Marie-Antoinette, qui ne voit dans ce texte législatif qu'« un tissu d'absurdités impraticables », le roi persévérera dans son attitude ambiguë.

LE 14 septembre 1791, Louis XVI se rend solennellement devant l'Assemblée réunie dans la salle du Manège, proche des Tuileries, pour prêter fidélité à la nouvelle Constitution. À sa grande surprise, on ne lui a pas réservé un trône, mais un simple fauteuil fleurdelisé. À peine a-t-il prononcé les premières paroles du serment, tête nue, debout, qu'il s'aperçoit que les députés, assis, se sont couverts. Il pâlit brusquement, se rassoit et continue de lire d'une voix blanche. La bourgeoisie au pouvoir tient à lui montrer la sujétion dans laquelle elle entend le tenir. C'est une véritable révolution d'étiquette, symbolisant la souveraineté nationale, qui bouleverse le roi autant que le texte constitutionnel lui-même.

L'institution monarchique se trouve ainsi profondément transformée. La légitimité du souverain, roi des Français, représentant héréditaire, inviolable et irresponsable de la nation, réside désormais dans la nation elle-même, qui lui délègue le pouvoir exécutif. Si ses pouvoirs restent étendus en politique extérieure (la guerre ne peut être déclarée que sur sa proposition et il négocie les traités), il ne conserve qu'une faible participation au pouvoir législatif: il est censé faire exécuter les décisions des députés, élus au suffrage censitaire, lesquels ont l'initiative des lois et peuvent mettre les ministres en accusation. Cependant le souverain détient un droit de veto pour deux législatures, qui lui permet de s'opposer aux décrets de l'assemblée. Dans l'exercice de ses fonctions, il est assisté par des ministres qu'il choisit et peut révoquer, mais il a besoin de leur signature pour prendre la moindre décision.

Cette Constitution (la première que la France ait connue) ne peut satisfaire Louis XVI. C'est pour éviter de la ratifier qu'il a fui Paris, le 20 juin précédent. Il comptait s'appuyer sur des troupes fidèles pour rétablir la monarchie traditionnelle, tempérée par quelques concessions, telle qu'il l'avait définie en juin 1789. Son refus de partager la souveraineté avec les représentants de la nation avait alors paru inacceptable.

Les députés ont longtemps hésité avant de se prononcer sur le sort du régime et sur celui du roi, arrêté à Varennes et ramené de force aux Tuileries. Bien qu'il n'apparaisse plus comme un chef d'État crédible, les élus, en majorité modérés et redoutant la république, ont décidé de le rétablir. Louis XVI se trouve donc contraint d'accepter le texte constitutionnel pour recouvrer sa liberté. En réalité, il n'espère plus de salut que dans l'intervention des puissances étrangères. Aussi la lettre officielle qu'il adresse aux souverains européens, le 19 septembre 1791, est-elle un acte de pure forme, dénué de toute valeur. Elle est démentie par sa correspondance secrète et par celle de la reine. Ce double jeu, qui n'abuse personne, conduira à une radicalisation de la Révolution et à un conflit armé qui précipitera la chute de la monarchie.

ÉVELYNE LEVER

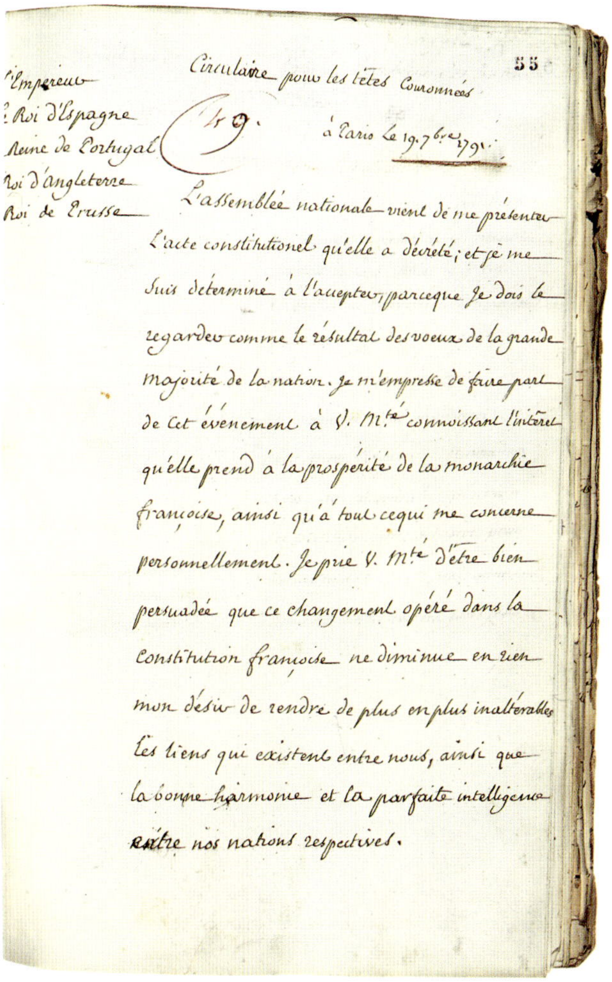

l'Empereur
Le Roi d'Espagne
Reine de Portugal
Roi d'angleterre
Roi de Prusse

Circulaire pour les têtes Couronnées 55

49. à Paris le 19. 7bre 1791.

L'assemblée nationale vient de me présenter l'acte constitutionel qu'elle a décrété; et je me suis déterminé à l'accepter, parceque je dois le regarder comme le résultat des voeux de la grande majorité de la nation. Je m'empresse de faire part de cet évènement à V. Mté connoissant l'intérêt qu'elle prend à la prospérité de la monarchie françoise, ainsi qu'à tout cequi me concerne personnellement. Je prie V. Mté d'être bien persuadée que ce changement opéré dans la constitution françoise ne diminue en rien mon désir de rendre de plus en plus inaltérables les liens qui existent entre nous, ainsi que la bonne harmonie et la parfaite intelligence entre nos nations respectives.

« Quand j'ai accepté la Constitution, j'en ai senti tous les défauts et l'impossibilité de la faire marcher, mais j'ai cru devoir y souscrire pour n'être pas la cause de plus grands troubles et regagner par là la confiance de la majorité de la nation qui n'est égarée que par les factieux. »

Lettre de Louis XVI à Charles IV, roi d'Espagne, le 26 novembre 1791.

Lettre de Louis XVI aux monarques européens, le 19 septembre 1791.

Circulaire pour les têtes couronnées
L'Assemblée nationale vient de me présenter l'acte constitutionnel qu'elle a décrété ; et je me suis déterminé à l'accepter, parce que je dois le regarder comme le résultat des vœux de la grande majorité de la nation. Je m'empresse de faire part de cet événement à Votre Majesté, connaissant l'intérêt qu'elle prend à la prospérité de la monarchie française, ainsi qu'à tout ce qui me concerne personnellement. Je prie Votre Majesté d'être bien persuadée que ce changement opéré dans la Constitution française ne diminue en rien mon désir de rendre de plus en plus inaltérables les liens qui existent entre nous, ainsi que la bonne harmonie et la parfaite intelligence entre nos nations respectives.
MAE, MD France.

Jeu de l'oie révolutionnaire, fin du XVIIIe siècle. Paris, musée Carnavalet.

Instrument de propagande inspiré par les feuillants, royalistes modérés, ce jeu retrace les principaux événements survenus depuis la prise de la Bastille jusqu'à l'acceptation de la Constitution par Louis XVI. Le message est clair : le serment du roi doit mettre fin à la Révolution et assurer le bonheur des Français.

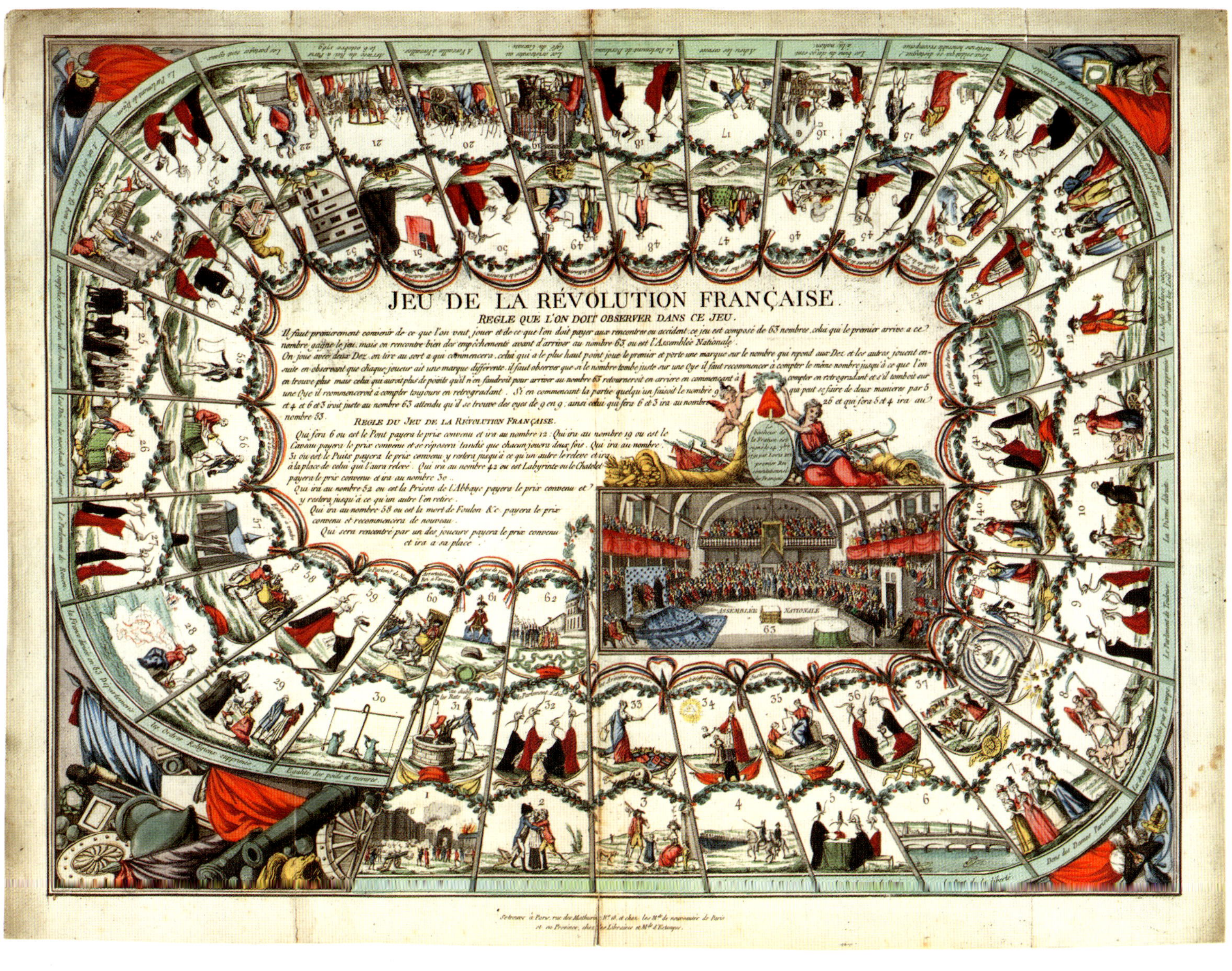

Surcouf et les corsaires de la République

Prise du « Kent » par Surcouf, commandant « La Confiance », dans le golfe du Bengale, par Louis-Ambroise Garneray, 1800. Musée de Saint-Malo.

Le 7 octobre 1800, Surcouf accomplit dans l'océan Indien l'un de ses plus célèbres exploits : la prise du Kent, *un énorme vaisseau de la Compagnie anglaise des Indes. On mesure toute l'audace de ces marins qui, avec une habileté manœuvrière extrême, n'hésitent pas à s'attaquer à des proies disproportionnées par leur taille et leur armement.*

LE 1er février 1793, la Convention nationale déclare la guerre à l'Angleterre. Mais la flotte française est loin de pouvoir rivaliser avec la première puissance navale du monde. Par le passé déjà, ses navires de combat étaient trop peu nombreux, mal équipés et mal armés. Depuis 1789, la situation s'est aggravée : un désordre général sévit dans les arsenaux, dans l'administration et dans le recrutement des officiers et des équipages. Les assemblées révolutionnaires décident alors de remettre au goût du jour une pratique ancienne, la « guerre de course », qui consiste à attaquer le commerce naval d'un pays ennemi. On arme donc des « corsaires », c'est-à-dire des navires marchands dotés de quelques canons et d'un équipage renforcé.

Le capitaine d'un corsaire reçoit du ministre de la Marine une lettre de marque (ci-contre, en haut), document qui l'autorise à capturer à la mer tous les navires battant pavillon des ennemis de la République. Il se distingue ainsi du pirate ou forban, ce hors-la-loi qui écume les océans en attaquant tout ce qui passe à sa portée. En retour, le corsaire a certaines obligations : il doit déposer le rôle d'équipage, c'est-à-dire la liste de tous les hommes présents à bord (ci-contre, à droite), et remettre un rapport de campagne. Un Conseil des prises examine les conditions de capture des navires ennemis : si tout est en règle, la cargaison, dûment inventoriée (ci-contre, en bas), est vendue aux enchères au profit de l'équipage du corsaire.

Les corsaires sont de taille très variée. Certains peuvent être minuscules, avec un seul canon ; d'autres, armés d'une vingtaine de pièces, sont plus imposants. Ils s'attaquent aux navires marchands ennemis dans les zones de trafic intense comme la Manche, la mer du Nord, la Méditerranée, mais aussi les Antilles et l'océan Indien. Le plus célèbre des corsaires français de cette époque est Robert Surcouf, né à Saint-Malo, qui sévit surtout dans l'océan Indien où il fait subir au commerce anglais des pertes sérieuses. Il n'hésite pas à s'attaquer à des navires beaucoup plus gros et mieux armés que le sien, comme le *Kent*, puissant vaisseau de la Compagnie anglaise des Indes qu'il réussit à prendre à l'abordage (ci-contre). Toutefois, en dépit de tels succès, la guerre de course n'empêchera jamais la flotte britannique de dominer les océans.

ÉTIENNE TAILLEMITE

N.° 119.

Liberté. Egalité.

République Française.

Lettre de Marque.

Le Directoire Exécutif permet, par la présente, au Cit. Impr. Lambert, Corse réfugié de faire armer et équiper en guerre une Felouque nommée la Corsaire du port de — tonneaux, avec tel nombre de canons, boulets, et telle quantité de poudre, plomb et autres munitions de guerre et vivres qu'il jugera nécessaires pour la mettre en état de courir sur tous les Ennemis de la République, et sur les Pirates, Forbans, gens sans aveu, en quelque lieu qu'il pourra les rencontrer, de les prendre et amener prisonniers avec leurs Navires, armes et autres objets dont ils seront saisis; à la charge par l'Armateur de se conformer aux Ordonnances et Loix concernant la Marine, et notamment aux Loix des 21 janvier 1793 (v. st.) et 23 thermidor an III, concernant le nombre d'hommes devant former son Équipage; de faire enregistrer la présente Lettre au Bureau des Classes du lieu de son départ; d'y déposer un rôle signé et certifié de lui et du Capitaine, contenant les noms et surnoms, âges, lieux de naissance et demeures des gens de son Équipage; et à la charge par ledit Capitaine de faire, à son retour ou en cas de relâche, son rapport par-devant l'Administrateur de la Marine.

Le Directoire Exécutif invite toutes les Puissances amies et alliées de la République française, et leurs Agens, à donner audit Capitaine toute assistance, passage et retraite en leurs Ports avec sondit bâtiment et les prises qu'il aura pu faire, offrant d'en user de même en pareilles circonstances. Ordonne aux Commandans des Vaisseaux de l'État, de laisser passer ledit Capitaine avec son bâtiment et ceux qu'il aura pu prendre sur l'Ennemi, et de lui donner secours et assistance.

Ne pourra la Présente servir que pour six mois seulement, à compter de la date de son enregistrement.

En foi de quoi le Directoire Exécutif a fait signer la présente Lettre de Marque par le Ministre de la Marine et des Colonies.

Donné à Paris, le 24 floréal, l'an quatre de la République Française.

Par le Ministre de la Marine et des Colonies.

Lettre de marque.
CADN, Gênes.

Ci-dessous : Rôle d'équipage du bateau corsaire *Le Républicain*.
CADN, Cadix.

Les navires de guerre ou de commerce doivent être munis d'un « rôle d'équipage » mentionnant les noms, qualités et âge de toutes les personnes se trouvant à bord, avec les dates précises de leur embarquement et de leur débarquement ainsi que le motif de ce dernier. Pour les corsaires, ce document doit être complété par une lettre de marque (à gauche) qui les autorise, en temps de guerre, à combattre et à capturer les navires ennemis.

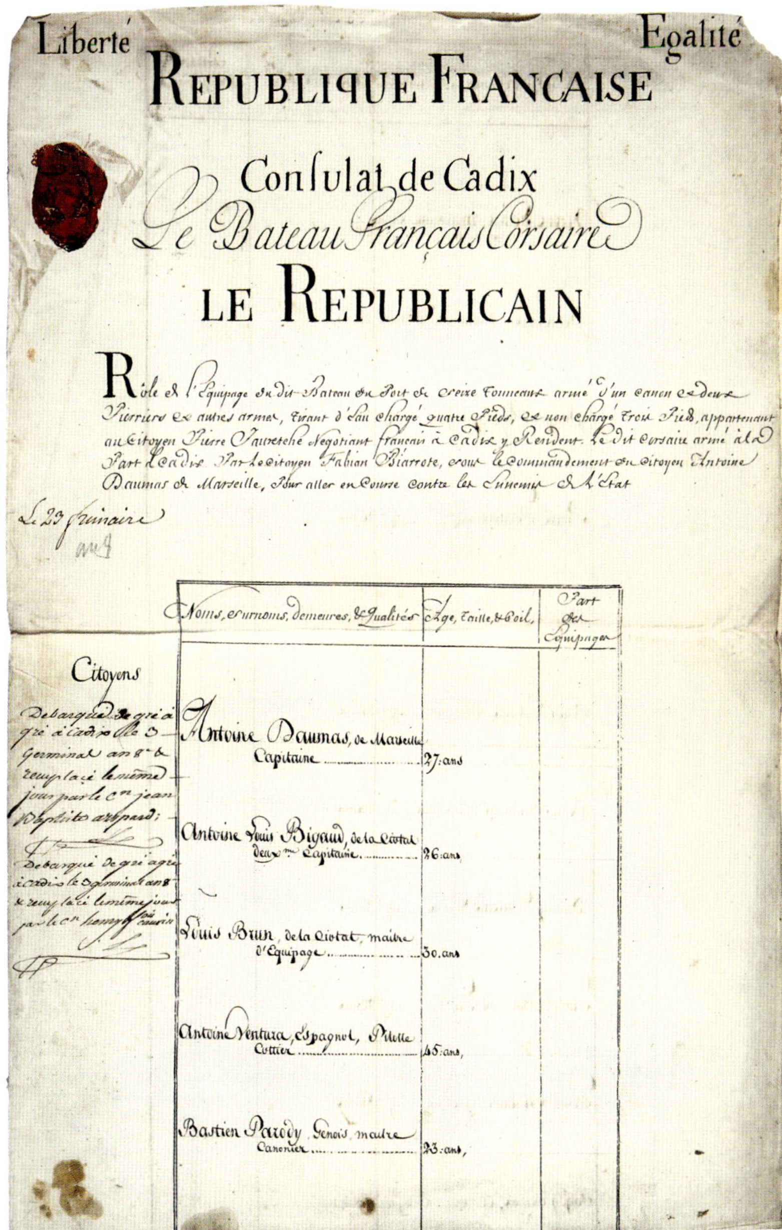
Liberté Egalité

REPUBLIQUE FRANCAISE

Consulat de Cadix

Le Bateau Français Corsaire

LE REPUBLICAIN

Rôle de l'Équipage du dit Bateau du Port de treize tonneaux armé d'un canon et deux Pierriers et autres armes, tirant d'eau chargé quatre Pieds, et non chargé trois Pieds, appartenant au Citoyen Pierre Jaureche Négociant françois à Cadix y Résident. Le dit Corsaire armé à ce Port de Cadix Par le citoyen Fabian Biarrote, sous le commandement du citoyen Antoine Daumas de Marseille, Pour aller en Course contre les Ennemis de l'État

Le 23 frimaire an 8

	Noms, surnoms, demeures, et Qualités	Âge, Taille, et Poil	Part de Équipage
Citoyens			
	Antoine Daumas, de Marseille Capitaine	27 ans	
	Antoine Louis Bigaud, de la Ciotat second Capitaine	26 ans	
	Louis Brun, de la Ciotat, maître d'Équipage	30 ans	
	Antoine Ventura, Espagnol, Pilote Côtier	45 ans	
	Bastien Parody, Genois, maître Canonier	23 ans	

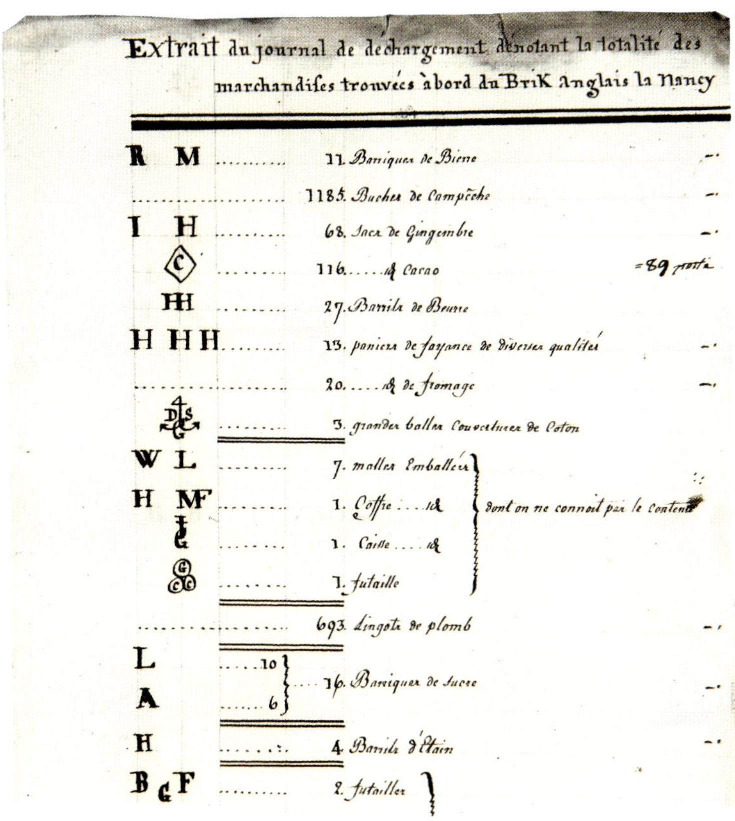
Extrait du journal de déchargement dénotant la totalité des marchandises trouvées à bord du Brik Anglais la Nancy

R M	11. Barriques de Bierre	—
	1185. Buches de Campêche	—
I H	68. Sacs de Gingembre	—
◇C	116. … id Cacao	= 89 [illegible]
HH	27. Barrils de Beurre	
H HH	13. paniers de fayance de diverses qualités	—
	20. … id de fromage	—
DS G	3. grandes balles Couvertures de Coton	
W L	7. malles Emballées	dont on ne connoit pas le contenu
H MF	1. Coffre … id	
G	1. Caisse … id	
GC	1. futaille	
	693. lingots de plomb	—
L	10 / 36. Barriques de Sucre	
A	6	
H	4. Barrils d'Étain	—
B GF	2. futailles	

Inventaire de prise du brick *La Nancy*.
CADN, Cadix.

Lorsqu'un corsaire capture un navire ennemi, il le conduit dans un port français où les autorités maritimes établissent aussitôt un inventaire détaillé de la cargaison. Celle de ce brick anglais est particulièrement composite : bière, bois de campêche (bois tropical), gingembre, cacao, sucre, fromage faïences, lingots de plomb et d'étain. Des sigles (colonne de gauche), apposés sur les sacs et sur les tonneaux, permettent d'identifier rapidement les marchandises entassées dans les cales.

Bonaparte en Italie

Un « général de guerre civile » se mue en homme d'État

Bonaparte au pont d'Arcole, par Antoine Jean Gros, 1796. Château de Versailles.

« CET intrigant ne s'appuie sur rien », écrit le chef de bataillon Suchet en apprenant que, le 2 mars 1796, le Directoire a nommé à la tête de l'armée d'Italie un « général de guerre civile » : Napoléon Bonaparte. Il est vrai que la carrière du jeune Corse Buonaparte (il ne francisera son nom que quelques semaines après sa nomination) a été chaotique et, pour tout dire, discrète. Officier d'artillerie dans l'armée royale au début de la Révolution, il s'est surtout fait remarquer… par son absence, hésitant entre la lutte pour l'indépendance de son île natale et un franc engagement aux côtés de la République. En 1794, il a bien commandé l'artillerie au siège de Toulon, mais seule la légende napoléonienne fera de l'épisode un exploit. Tout au plus sait-on de lui qu'il a pris part à la répression de l'émeute royaliste de Vendémiaire et commandé l'armée de l'Intérieur. C'est finalement grâce à sa proximité du pouvoir directorial (il est ami de Barras) et à la protection de Carnot qu'il obtient sa mutation en Italie. Et encore, son commandement n'est guère reluisant : une troupe d'hommes hirsutes, mal nourris, mal payés, mal organisés, voilà ce qu'est, au printemps de 1796, l'armée d'Italie.

C'est dans ce contexte difficile que commence la vraie carrière militaire de Bonaparte. Son expérience est encore limitée, mais sa personnalité, sa vitalité et sa volonté vont transformer son armée démoralisée en phalange victorieuse. Le 20 floréal an IV (9 mai 1796), soit un mois et dix jours après l'entrée en campagne, il écrit à un représentant du Directoire pour lui rendre compte des premiers succès remportés (lettre ci-contre). Comme l'éclair, l'armée française a défait les Autrichiens et leurs alliés partout où elle les a rencontrés : Montenotte (12 avril), Millesimo (13 avril), Dego (15 avril), Mondovi (21 avril). Le Pô a été franchi le 7 mai. Le duc de Parme a demandé un armistice le 9. Demain, ce sera la victoire de Lodi. Dans une semaine, l'entrée à Milan.

Le ton d'une carrière est donné. Certes, le destinataire n'est pas un haut personnage de l'État et la dépêche de Bonaparte n'a d'autre but que de l'informer du déroulement de la campagne. Mais on ne peut s'empêcher de reconnaître ici le style de toute une vie épistolaire et de commandement : les phrases sont courtes et simples, les mots presque claquants. Napoléon ne perce pas sous Bonaparte, il est dans Bonaparte. Voici qu'entre en diplomatie (dont fait partie la guerre) celui qui fera plier l'Europe. Mais aussi celui qui, pressé, ne prendra pas non plus le temps d'asseoir son œuvre dans la paix. Qu'importe, pour l'heure. Dans six mois, Bonaparte aura conquis l'Italie et la gouvernera en proconsul indépendant. Puis ce sera l'Égypte, Brumaire, le grand Consulat et l'Empire. La diplomatie du XVIIIe siècle aura vécu. La force ne se cachera plus derrière les coutumes, les mœurs policées et l'éducation supérieure des élèves de Choiseul. Avec l'irruption de cet enfant de la Révolution arrivé à maturité, et au-delà de sa propre personne, c'est une page de l'histoire des relations internationales qui se tourne. THIERRY LENTZ

« Dès lors, j'ai prévu ce que je pouvais devenir. Je voyais déjà le monde fuir sous moi, comme si j'étais emporté dans les airs. »

Bonaparte à Sainte-Hélène, évoquant la campagne d'Italie.

Lettre autographe signée de Bonaparte au ministre Faipoul, 20 floréal an IV (9 mai 1796).

Le Pô est passé, l'ennemi est battu, nous bordons l'Adda, le quartier général part ce soir pour Casal, mille prisonniers, beaucoup de bateaux, de cargaisons, de bagages, voilà le résultat, jusqu'à cette heure, de notre passage. [Le général] La Harpe a été tué, nous n'avons pas en tout perdu quinze hommes. Petit souvenir à madame et à la petite nièce.
Bonaparte
MAE, MD France.

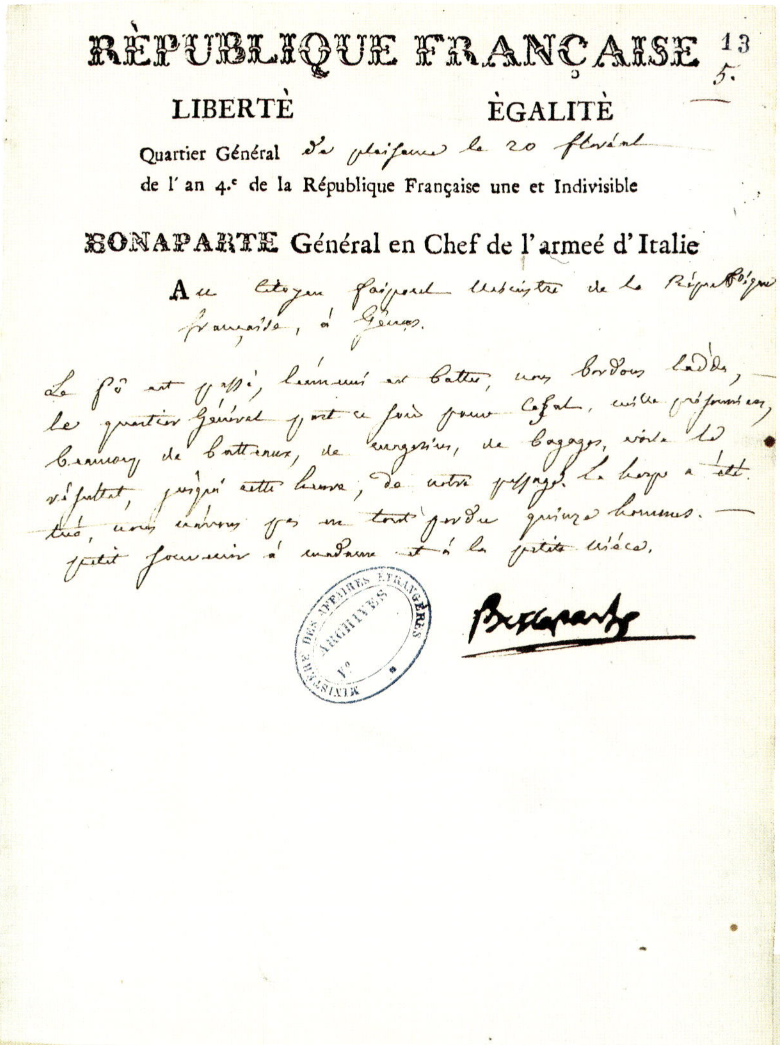

RÈPUBLIQUE FRANÇAISE 13 5.

LIBERTÈ ÈGALITÈ

Quartier Général de plaisance le 20 floréal de l'an 4.e de la République Française une et Indivisible

BONAPARTE Général en Chef de l'armeé d'Italie

Au citoyen faipoul ministre de la République française, à Gênes.

Le pô est passé, l'ennemi est battu, nous bordons l'adda, le quartier général part ce soir pour Casal, mille prisonniers, beaucoup de bateaux, de cargaisons, de bagages, voilà le résultat, jusqu'à cette heure, de notre passage. La harpe a été tué, nous n'avons pas en tout perdu quinze hommes. — petit souvenir à madame et à la petite nièce.

Bonaparte

Bonaparte à la bataille de Lodi, le 10 mai 1796, par Louis-François Lejeune, vers 1804.

À 30 km de Mantoue, le village de Lodi et ses ponts sur l'Adda ont une importance stratégique considérable pour permettre à Bonaparte de tourner les Autrichiens. L'attaque est conduite par le général en chef en personne et la journée s'achève par une belle victoire française ouvrant la route de Milan. C'est à compter de ce jour que les soldats baptiseront celui qui a combattu au milieu d'eux « le Petit Caporal ».

La bataille des Pyramides

Un rapport prémonitoire

Le 5 décembre 1797, le général Bonaparte revient à Paris, auréolé de ses victoires en Italie. Beaucoup pensent qu'il va renverser le Directoire et s'emparer du pouvoir. Mais il juge que la situation n'est pas encore mûre. Peut-il pour autant rester désœuvré ? C'est courir le danger de se faire oublier. Entreprendre un débarquement en Angleterre serait un pari risqué. Hoche lui-même a échoué. C'est alors que le « mentor » du jeune général, Talleyrand, ministre des Relations extérieures, sort de ses cartons un rapport que, parmi d'autres, lui avait remis le consul de France en Égypte Magallon.

Charles Magallon, un commerçant, s'est établi en Égypte une trentaine d'années auparavant. Il y a épousé la veuve d'un négociant vénitien spécialisé dans le commerce des tissus. D'abord « député de la nation française » en 1768, c'est-à-dire chargé de la défense des intérêts commerciaux de la France, il a reçu le titre de consul général en janvier 1793. Dans son rapport (ci-contre), Magallon recommandait l'occupation de l'Égypte. Il la prédisait facile en raison du déclin des mamelouks qui dominaient le pays. En débarquant dans le courant de mai, expliquait-il, « la conquête de l'Égypte entière peut et doit être achevée en neuf mois ». Cette conquête assurerait à la France une nouvelle colonie pouvant remplacer les Antilles et ruiner le commerce anglais avec l'Inde.

Pourquoi Bonaparte, en attendant que s'accélère le discrédit du Directoire, ne serait-il pas le conquérant de l'Égypte ? Il pourrait ainsi continuer à faire parler de lui grâce à la conquête, annoncée facile, d'un pays que l'idéologue Volney vient de mettre à la mode à travers ses livres.

Bonaparte se laisse d'autant mieux convaincre qu'il est fasciné par l'Orient. Le 25 pluviôse an VI (14 février 1798), Talleyrand adresse au Directoire un rapport sur la nécessité de conquérir l'Égypte, où il reprend la démonstration de Magallon. Le Directoire se laisse à son tour convaincre, ravi de se débarrasser d'un général encombrant.

À droite : *Dans son mémoire sur l'Égypte, Magallon présente des suggestions (d'où l'emploi du conditionnel) que Bonaparte ne suivra qu'en partie. Il s'emparera en effet d'Alexandrie, mais prendra ensuite la route du désert (et non le Nil) pour atteindre Le Caire au prix de lourdes pertes dues à la chaleur. Magallon voit juste quand il prédit une victoire facile aux environs du Caire : ce sera la bataille des Pyramides. Magallon a également raison quand il annonce une conquête aisée de la Haute-Égypte. Ce qu'il n'avait pas prévu, c'est la destruction de la flotte française à Aboukir.*

La Bataille des Pyramides, le 21 juillet 1798, par Louis François Lejeune, 1806. Château de Versailles.

Ce tableau est une reconstitution exécutée après coup par l'un des maîtres en la matière, alors chef de bataillon au corps impérial du génie. Son exactitude est sans doute contestable. Mais nous savons que le combat eut lieu, d'après le rapport de Berthier au ministre de la Guerre, près des villages de Waraq el-Hader et de Bechtil, non loin des pyramides de Gizeh.

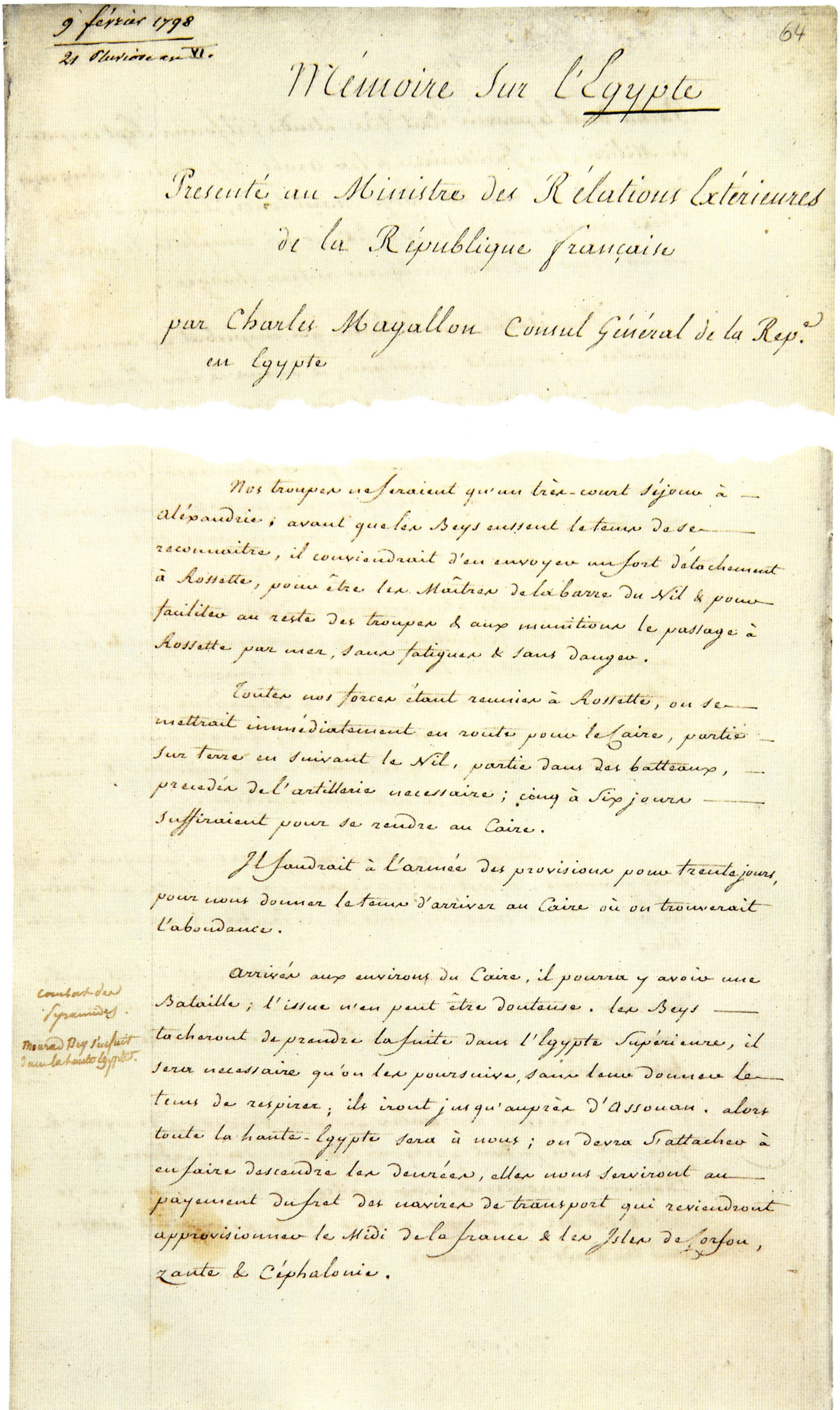

9 février 1798
21 Pluviôse an VI.

64

Mémoire sur l'Égypte

Présenté au Ministre des Rélations Extérieures de la République française

par Charles Magallon Consul Général de la Rep.que en Egypte

Nos troupes ne feraient qu'un très-court séjour à Alexandrie; avant que les Beys eussent le tems de se reconnaître, il conviendrait d'en envoyer un fort détachement à Rossette, pour être les Maîtres de la barre du Nil & pour faciliter au reste des troupes & aux munitions le passage à Rossette par mer, sans fatigues & sans danger.

Toutes nos forces étant réunies à Rossette, on se mettrait immédiatement en route pour le Caire, partie sur terre en suivant le Nil, partie dans des batteaux, précédés de l'artillerie nécessaire; cinq à six jours suffiraient pour se rendre au Caire.

Il faudrait à l'armée des provisions pour trente jours, pour nous donner le tems d'arriver au Caire où on trouverait l'abondance.

combat des Pyramides.
Mourad Bey s'enfuit dans la haute Egypte.

Arrivés aux environs du Caire, il pourra y avoir une bataille; l'issue n'en peut être douteuse. les Beys tâcheront de prendre la fuite dans l'Egypte Supérieure, il sera nécessaire qu'on les poursuive, sans leur donner le tems de respirer; ils iront jusqu'auprès d'Assouan. alors toute la haute-Egypte sera à nous; on devra s'attacher à en faire descendre les denrées, elles nous serviront au payement du fret des navires de transport qui reviendront approvisionner le Midi de la france & les Isles de Corfou, Zante & Céphalonie.

Rapport du consul Magallon, le 9 février 1798.

Mémoire sur l'Égypte
Présenté au ministre
des Relations extérieures
de la République française
Par Charles Magallon,
consul général de la République
en Égypte. […]

Nos troupes ne feraient qu'un très court séjour à Alexandrie. Avant que les beys eussent le temps de se reconnaître, il conviendrait d'en envoyer un fort détachement à Rossette [Rosette], pour être les maîtres de la barre du Nil et pour faciliter au reste des troupes et aux munitions le passage à Rossette par mer, sans fatigues et sans dangers.

Toutes nos forces étant réunies à Rossette, on se mettrait immédiatement en route pour Le Caire, partie sur terre en suivant le Nil, partie dans des bateaux précédés de l'artillerie nécessaire; cinq à six jours suffiraient pour se rendre au Caire.

Il faudrait à l'armée des provisions pour trente jours, pour nous donner le temps d'arriver au Caire où l'on trouverait l'abondance.

Arrivé aux environs du Caire, il pourra y avoir une bataille. L'issue n'en peut être douteuse. Les beys tâcheront de prendre la fuite dans l'Égypte supérieure, il sera nécessaire qu'on les poursuive sans leur donner le temps de respirer; ils iront jusqu'auprès d'Assouan. Alors toute la haute Égypte sera à nous; on devra s'attacher à en faire descendre les denrées, elles nous serviront au paiement du fret des navires de transport qui reviendront approvisionner le midi de la France et les îles de Corfou, Zante et Céphalonie. […]

(Transcription complémentaire en fin de volume.)

MAE, MD Égypte.

« Il n'y a rien à faire en Europe
depuis deux cents ans ;
ce n'est que dans l'Orient
que l'on peut travailler en grand. »

Napoléon, cité dans Pradt, *Histoire de l'ambassade dans le grand-duché de Varsovie en 1812*, 1815.

Le Général Kléber à Saint-Jean-d'Acre (détail), dessin de Géricault (1791-1824). Rouen, musée des Beaux-Arts.

Sans l'avoir connu, puisque ce dessin est très postérieur à la mort de Kléber, Géricault a souhaité immortaliser, sous un uniforme fantaisiste, celui dont Napoléon dira plus tard à Las Cases : « Le vrai caractère pèse toujours dans les grandes circonstances : il est des dormeurs dont le réveil est terrible. Kléber était d'habitude endormi ; mais dans l'occasion et toujours au besoin, il avait le réveil du lion. »

Le projet de Magallon devient réalité : le 19 mai 1798, Bonaparte s'embarque à Toulon avec quelques-uns des meilleurs généraux de la République, Kléber, Desaix, Murat, Lannes et Davout, auxquels s'ajoutent plusieurs savants, Monge, Berthollet, Geoffroy Saint-Hilaire et Vivant Denon dont la présence donne à la conquête un alibi scientifique. C'est le 1er juillet, comme l'avait recommandé Magallon, que Bonaparte arrive en vue d'Alexandrie. La marche sur Le Caire, à travers le désert, est éprouvante. La bataille décisive a lieu près des pyramides de Gizeh, le 21 juillet. Les charges de cavalerie des mamelouks se brisent sur les carrés formés par les soldats de Bonaparte. Comme l'avait prévu Magallon, la domination des mamelouks s'écroule aussitôt, tandis que leur chef, Mourad, fuit en Haute-Égypte. Le 21 juillet, Bonaparte entre au Caire. Il lance à ses habitants une proclamation : « Ne craignez rien pour vos familles, vos maisons, vos propriétés et surtout pour la religion du Prophète que j'aime. »

Bonaparte quitte l'Égypte le 23 août 1799, laissant le commandement des troupes à Kléber. Arrivé à Paris, le 16 octobre, il renverse le Directoire et devient Premier consul, avec Talleyrand comme ministre des Relations extérieures et Carnot à la Guerre.

En Égypte, Kléber doit faire face à la pression des Anglais et des Turcs. Les difficultés de communication avec le nouveau pouvoir à Paris sont grandes, la flotte anglaise contrôlant la Méditerranée. D'où la nécessité de chiffrer les instructions envoyées à Kléber ainsi que les réponses de celui-ci. Mais la cryptographie de l'époque est rudimentaire, comme en témoigne le document ci-contre détaillant une toute nouvelle méthode. Quoi qu'il en soit, ce procédé n'aura guère l'occasion de servir. Certes, Kléber est vainqueur des Turcs à Héliopolis le 20 mars 1800, mais il est assassiné au Caire le 14 juin. Au même moment, Bonaparte remporte la victoire de Marengo au cours de laquelle périt Desaix, l'une des grandes figures de la conquête de l'Égypte.

JEAN TULARD

La cryptographie, à la fin du XVIIIe siècle, repose essentiellement sur le procédé de substitution : on remplace les mots par d'autres ou par des chiffres. La méthode proposée ci-contre, en mars 1800, est plus raffinée puisqu'elle consiste à introduire des mots inutiles, destinés à égarer celui qui aurait intercepté le message. Pourquoi prendre ces mots dans la Thora ? On n'oubliera pas qu'il existe alors une importante communauté juive en Palestine. Des agents juifs circulent entre Le Caire et Damas ou Alep. Ne parle-t-on pas de la formation, au profit des juifs, d'un royaume de Jérusalem ? On brouille ainsi les pistes.

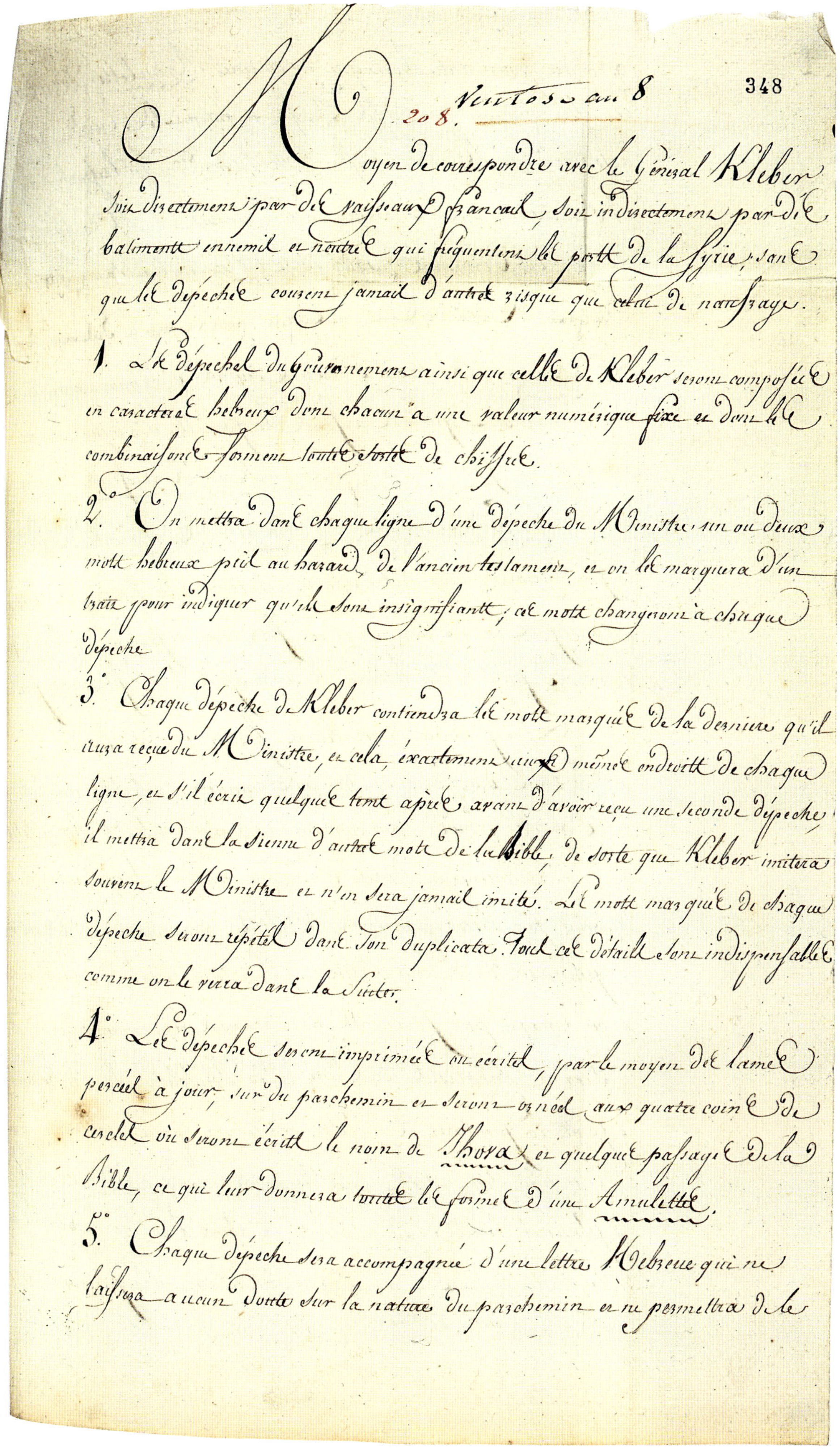
348

208. Ventôse an 8

Moyen de correspondre avec le Général Kleber soit directement par des vaisseaux françois soit indirectement par des batiments ennemis et neutres qui fréquentent les ports de la Syrie, sans que les dépêches courent jamais d'autres risques que celui de naufrage.

1. Les dépêches du Gouvernement ainsi que celles de Kleber seront composées en caractères hébreux dont chacun a une valeur numérique fixe et dont les combinaisons forment toutes sortes de chiffres.

2° On mettra dans chaque ligne d'une dépêche du Ministre un ou deux mots hébreux pris au hazard de l'ancien testament, et on les marquera d'un trait pour indiquer qu'ils sont insignifiants ; ces mots changeront à chaque dépêche

3° Chaque dépêche de Kleber contiendra les mots marqués de la dernière qu'il aura reçue du Ministre, et cela, exactement aux mêmes endroits de chaque ligne, et s'il écrit quelques tems après avant d'avoir reçu une seconde dépêche il mettra dans la sienne d'autres mots de la Bible, de sorte que Kleber imitera souvent le Ministre et n'en sera jamais imité. Les mots marqués de chaque dépêche seront répétés dans son duplicata. Tous ces détails sont indispensables comme on le verra dans la suite.

4° Les dépêches seront imprimées ou écrites par le moyen des lames percées à jour, sur du parchemin et seront ornées aux quatre coins de cercles où seront écrits le nom de Thora et quelques passages de la Bible, ce qui leur donnera toutes les formes d'une Amulette.

5° Chaque dépêche sera accompagnée d'une lettre Hébreue qui ne laissera aucun doute sur la nature du parchemin et ne permettra de le

Ventôse an VIII (février 1800).

Moyen de correspondre avec le général Kléber soit directement par des vaisseaux français, soit indirectement par des bâtiments ennemis ou neutres qui fréquentent le port de la Syrie sans que les dépêches courent jamais d'autre risque que celui de naufrage.

1. La dépêche du gouvernement ainsi que celle de Kléber seront composées en caractère hébreux dont chacun a une valeur numérique fixe et dont les combinaisons forment toutes sortes de chiffres.

2. On mettra dans chaque ligne d'une dépêche du ministre un ou deux mots hébreux pris au hasard de l'Ancien Testament, et on le marquera d'un trait pour indiquer qu'ils sont insignifiants ; ces mots changeront à chaque dépêche.

3. Chaque dépêche de Kléber contiendra les mots marqués de la dernière qu'il aura reçu du ministre et cela exactement au même endroit de chaque ligne, et s'il écrit quelque temps après, avant d'avoir reçu une seconde dépêche, il mettra dans la sienne d'autres mots de la Bible, de sorte que Kléber imitera souvent le ministre et n'en sera jamais imité. Les mots marqués de chaque dépêche seront répétés dans son duplicata. Tous ces détails sont indispensables comme on le verra dans la suite.

4. Les dépêches seront imprimées ou écrites par le moyen des lames percées à jour sur du parchemin et seront ornées aux quatre coins de cercles où seront écrits le nom de Thora et quelques passages de la Bible, ce qui leur donnera toutes les formes d'une amulette.

5. Chaque dépêche sera accompagnée d'une lettre en hébreu qui ne laissera aucun doute sur la nature du parchemin […].

MAE, MD Égypte.

Bonaparte et le Concordat

La naissance d'une Église d'État

Instrument de ratification du Concordat réalisé pour Pie VII, Rome, le 15 août 1801. MAE, Grands Traités.

Lorsque Bonaparte prend le pouvoir, au lendemain du 18 brumaire, l'Église de France est profondément divisée entre, d'un côté, le clergé constitutionnel resté fidèle aux idéaux de 1789 et, de l'autre, le clergé réfractaire qui espère un retour à l'ordre ancien. Désireux de pacifier les esprits, Bonaparte s'emploie à les réconcilier, n'hésitant pas à braver pour ce faire l'opinion républicaine réticente à voir renaître une religion catholique puissante.

Le Premier consul a compris que la réorganisation de l'Église ne peut passer que par une négociation avec Rome. Dès la deuxième campagne d'Italie, il engage des négociations avec le nouveau pape, Pie VII. Ce dernier charge Mgr Spina de négocier avec les représentants français, notamment l'abbé Bernier, les clauses d'un nouveau concordat.

Les discussions sont déjà très avancées au mois de novembre et un premier projet a été soumis à Bonaparte. Ce dernier continue pourtant de se faire adresser divers rapports sur les conditions d'élaboration d'un concordat. L'un de ces rapports (ci-contre) lui est envoyé par Alexandre d'Hauterive en novembre 1800. Derrière lui se profile l'ombre de Talleyrand, l'ancien évêque d'Autun en rupture d'Église, très attentif à ce que le Saint-Siège n'impose pas ses vues à Bonaparte. D'Hauterive plaide en faveur de la réconciliation entre catholiques et républicains, mais c'est pour mieux défendre l'idée du pluralisme religieux qui divise alors les négociateurs du concordat, puisque le Saint-Siège veut à tout prix que le catholicisme retrouve son statut de religion d'État.

Bonaparte n'a que faire de ces arguments généraux. Il lui importe avant tout de voir rapidement réglés les problèmes liés à la réorganisation religieuse du pays. C'est pourquoi, en marge du rapport d'Hauterive, il pose une série de questions destinées à préciser certains points. Il note aussi d'adjoindre au document un traité secret, soulignant que le projet de concordat ne règle pas toutes les questions en suspens. On peut y voir l'embryon des articles organiques, ajoutés au texte du concordat en avril 1802 sans avoir été négociés avec Rome, qui restreindront considérablement les libertés de l'Église.

Les annotations autographes de Bonaparte à ce rapport sont particulièrement importantes, car elles montrent combien le Premier consul, très attentif à l'avancée des négociations avec le Saint-Siège, espère les voir aboutir au plus vite. Pourtant, il faudra huit mois, plusieurs crises et la venue en France du secrétaire d'État, le cardinal Consalvi, pour que les pourparlers débouchent sur la signature du concordat, dans la nuit du 15 au 16 juillet 1801. Dix mois encore seront nécessaires pour que le concordat, complété par les articles organiques, devienne texte de loi et que s'opère la réorganisation religieuse de la France.

JACQUES-OLIVIER BOUDON

Signature du concordat entre la France et le Saint-Siège, le 15 juillet 1801, par François Gérard. Château de Versailles.

Ce dessin est typiquement une œuvre de propagande visant à magnifier le rôle de Bonaparte, présenté en restaurateur des cultes. C'est lui en effet que l'artiste montre signant le texte final, alors que ce dernier fut paraphé par Joseph Bonaparte (qui ici se contente de tendre la plume à son frère). Quant aux autres protagonistes des négociations, ils ont tous disparu à l'exception de Mgr Spina, l'envoyé du pape, représenté à la gauche du Premier consul. Mais ni l'abbé Bernier ni le secrétaire d'État Consalvi ne sont présents. En revanche, Gérard a mis en scène Portalis (à l'extrême droite), chargé de l'administration des cultes à partir d'octobre 1801, qui n'avait pas pris part à la signature.

« Si vous ôtez la foi au peuple,
vous n'avez que des voleurs
de grand chemin. »

Napoléon au Conseil d'État, en mars 1805.

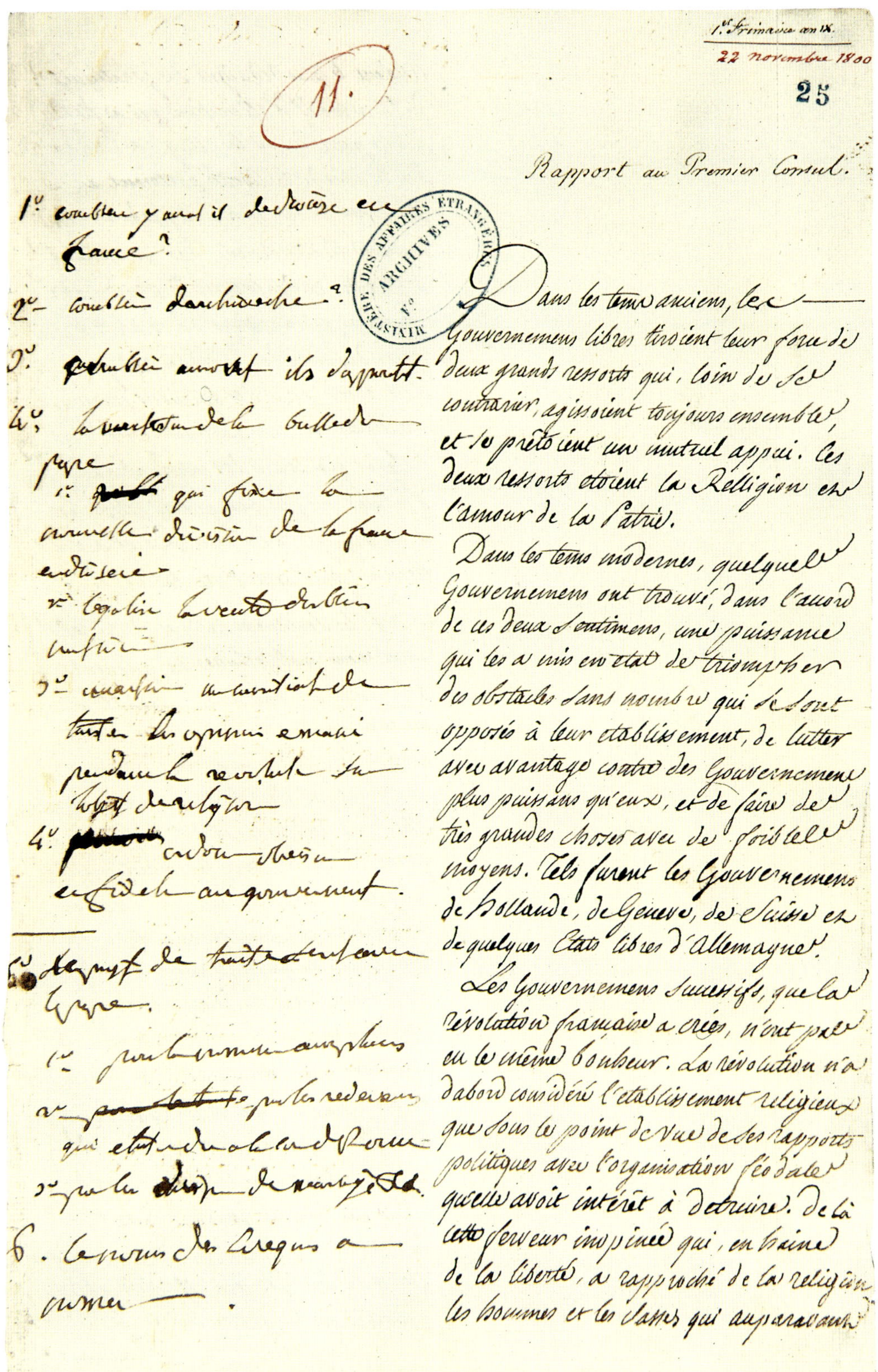

1er Frimaire an IX.
22 novembre 1800
25

11.

Archives des Affaires étrangères

Rapport au Premier Consul.

Dans les tems anciens, les Gouvernemens libres tiroient leur force de deux grands ressorts qui, loin de se contrarier, agissoient toujours ensemble, et se prêtoient un mutuel appui. Ces deux ressorts étoient la Religion et l'amour de la Patrie.

Dans les tems modernes, quelques Gouvernemens ont trouvé, dans l'accord de ces deux sentimens, une puissance qui les a mis en état de triompher des obstacles sans nombre qui se sont opposés à leur établissement, de lutter avec avantage contre des Gouvernemens plus puissans qu'eux, et de faire de très grandes choses avec de foibles moyens. Tels furent les Gouvernemens de Hollande, de Genève, de Suisse et de quelques Etats libres d'Allemagne.

Les Gouvernemens successifs, que la révolution française a créés, n'ont pas eu le même bonheur. La révolution n'a d'abord considéré l'établissement religieux que sous le point de vue de ses rapports politiques avec l'organisation féodale qu'elle avoit intérêt à détruire. De là cette ferveur inspirée qui, en haine de la liberté, a rapproché de la religion les hommes et les dames qui auparavant

Rapport au Premier consul, 1er frimaire an IX (22 novembre 1800).

En marge du rapport rédigé par Alexandre d'Hauterive, dans lequel il est rappelé au Premier consul combien la stabilité de l'État passe par la consolidation du lien religieux, Bonaparte répond de sa main par des questions très pragmatiques sur la future organisation de l'Église de France.

1. Combien y aura-t-il de diocèses en France ?
2. Combien d'archevêchés ?
3. Combien auront-ils d'appointements ?
4. La vérification de la bulle du pape
   1. qui fixe la nouvelle division de la France en diocèses ;
   2. légalise la vente des biens nationaux ;
   3. [contienne une conciliation ?] de toutes les opinions énoncées pendant la Révolution sur les objets de religion ;
   4. ordonne obéissance et fidélité au gouvernement.
5. Le projet de traité secret avec le pape
   1. pour la nomination aux places ;
   2. pour les redevances qui étaient dues à la cour de Rome ;
   3. pour les dispenses de mariage, etc. etc.
6. Les noms des évêques à nommer.

(Transcription complémentaire en fin de volume.)
MAE, MD France.

Le vrai-faux départ du général Bernadotte aux États-Unis

« La vanité de cet homme est excessive.
Il a des talents médiocres.
Je ne me fie d'aucune manière à lui. »

Napoléon à propos de Bernadotte, 1809.

JEAN-BAPTISTE Bernadotte, surnommé « sergent Belle-Jambe » ou « le Gascon », a débuté sa carrière d'officier supérieur pendant la Révolution. Lui et Bonaparte sont rivaux en politique. Le premier, réputé jacobin, a été ministre de la Guerre sous le Directoire. Le second, moins ferme dans ses convictions, s'est constitué un joli capital de gloire en Italie. Bernadotte penche vers la gauche, Bonaparte vers le centre droit. Ajoutons que le premier a épousé l'ancienne fiancée du second, Désirée Clary, ce qui contribue sans doute à compliquer leurs relations.

Lors du coup d'État du 18 brumaire, Bernadotte est resté à l'écart, tentant même, selon certains témoignages, de s'opposer à la prise du pouvoir par son rival. Une sorte de méfiance réciproque s'est installée entre le nouveau chef de l'État et ce général qui se compromet d'ailleurs dans une petite conspiration militaire en 1802. C'en est trop pour un Premier consul qui mène dans l'armée une impitoyable épuration. Déjà, plusieurs généraux peu sûrs ont été éloignés : Macdonald, Lannes, Romieu, Gouvion-Saint-Cyr ont été nommés ambassadeurs à Copenhague, Lisbonne, Corfou et Madrid, tandis que, moins chanceux, Richepance et Decaen ont dû s'embarquer pour les colonies.

Bernadotte reçoit à son tour une affectation diplomatique : nommé ambassadeur de la République française aux « États-Unis d'Amérique septentrionale », il doit représenter la France à Washington. Le 31 décembre 1802, Bonaparte signe les lettres de créance (voir p. 238) de Bernadotte, qui sont contresignées par Talleyrand, ministre des Relations extérieures, et par Maret, secrétaire d'État (ci-contre).

Mais en avril 1803, avant même de traverser l'Atlantique, Bernadotte apprend que Talleyrand vient de signer avec James Monroe, alors gouverneur de Virginie, la vente de l'immense territoire appelé Louisiane ! Ne jugeant plus sa présence indispensable à Washington, le général rentre à Paris de sa propre initiative. Le Premier consul n'aura donc pas réussi à se débarrasser de son dangereux rival…

Bernadotte est mis en réserve de la République et n'est employé qu'à des tâches subalternes. En 1804, dans une dernière et vaine tentative pour obtenir son ralliement, Napoléon devenu empereur le nomme maréchal de l'Empire, puis prince de Pontecorvo en 1806. Bernadotte n'en poursuit pas moins sa fronde contre l'Empereur avant d'être élu le 21 août 1810, à la surprise générale, prince héritier de Suède. Napoléon laisse faire et s'en mordra les doigts, car, loin d'être un soutien de la France en Europe du Nord, Bernadotte se rapproche de ses ennemis et déclare la guerre à son ancienne patrie, en 1813. Devenu roi de son pays d'adoption en février 1818, sous le nom de Charles XIV, il régnera jusqu'à sa mort. Sa dynastie occupe encore aujourd'hui le trône de Suède. Étrange destin pour cet homme qui, selon la légende, avait fait tatouer sur sa poitrine : « Mort aux rois ! »

THIERRY LENTZ

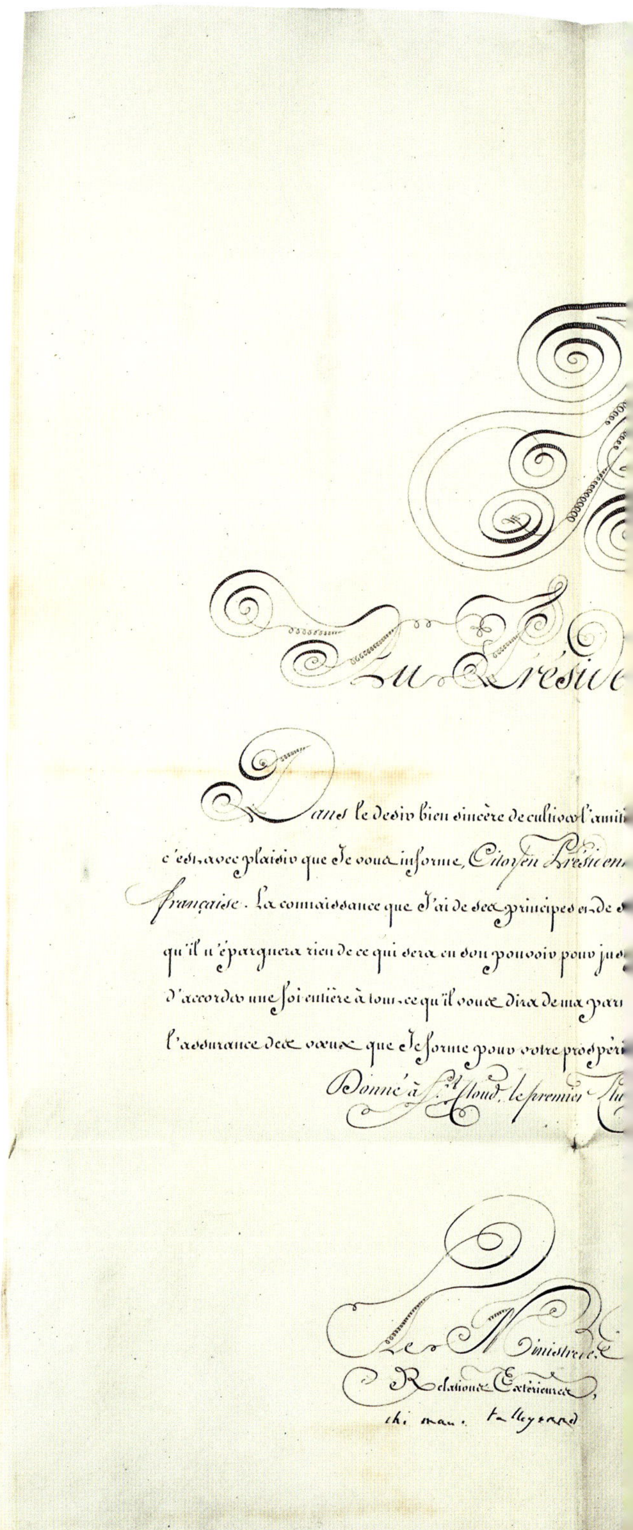
Au Présid…

Dans le desir bien sincère de cultiver l'amiti…
c'est avec plaisir que je vous informe, Citoyen Présiden…
française. La connaissance que j'ai de ses principes et de…
qu'il n'épargnera rien de ce qui sera en son pouvoir pour ju…
d'accorder une foi entière à tout ce qu'il vous dira de ma par…
l'assurance des vœux que je forme pour votre prospéri…
Donné à St Cloud, le premier Ni…

Le Ministre
des Relations Extérieures,
Ch. Mau. Talleyrand

Carte de la Louisiane, extraite de M. de Barbé-Marbois, *Histoire de la Louisiane*, 1829.

Le territoire appelé alors Louisiane est bien plus vaste que l'État fédéré que nous connaissons aujourd'hui. Sous domination espagnole depuis 1761, il a été cédé à la France au printemps de 1801, mais les troupes de la République n'en ont jamais pris possession. Napoléon décide donc de le vendre aux États-Unis pour 80 millions de francs. Souvent présentée comme un magnifique témoignage de l'amitié entre les deux pays, cette opération est en réalité une affaire commerciale permettant de soulager les finances publiques de la France.

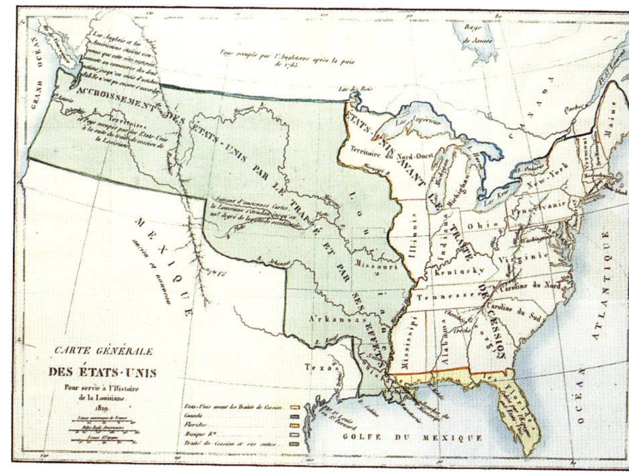

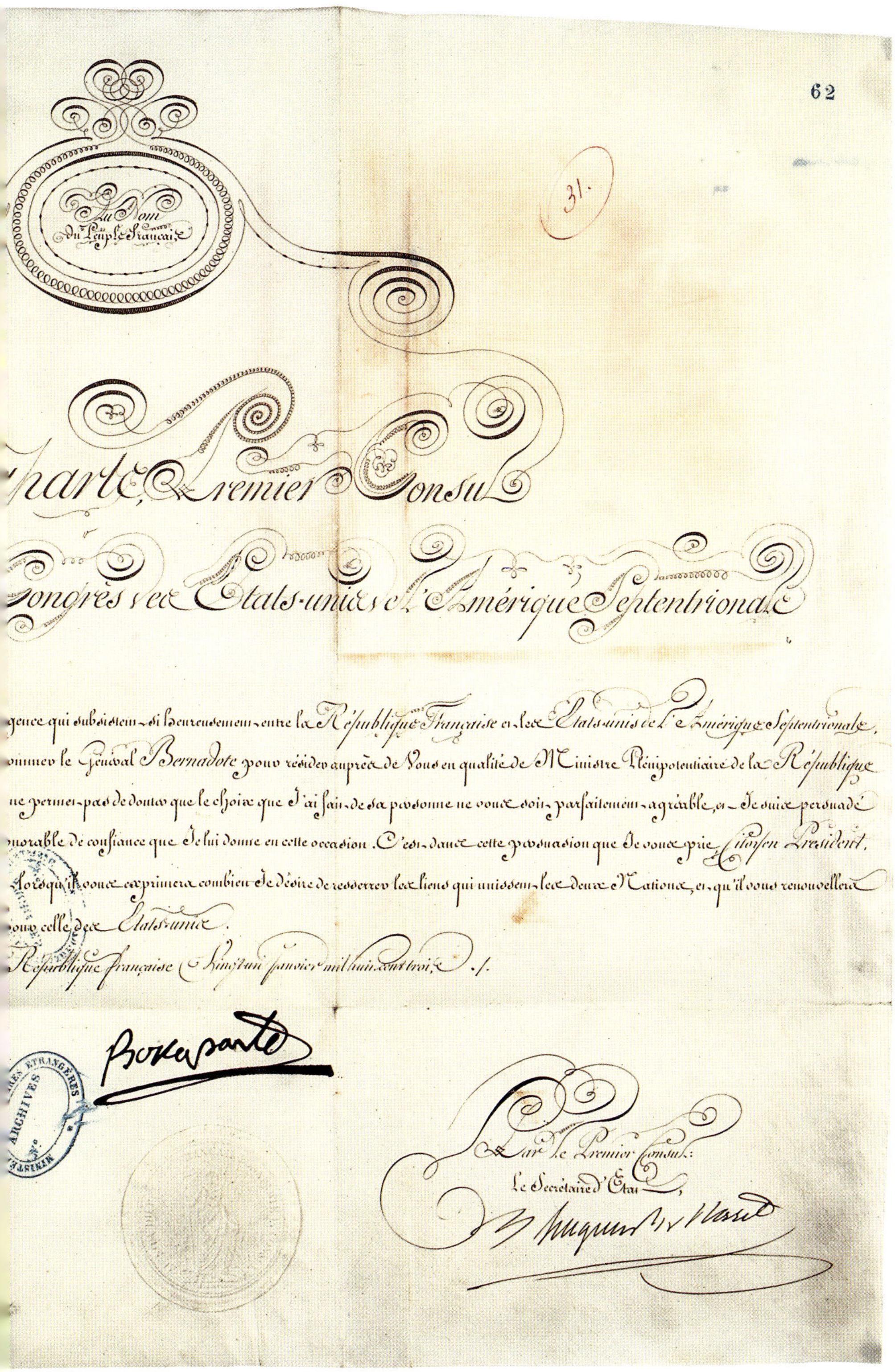
62

31.

Au Nom du Peuple Français

…parte, Premier Consul

…ongrès des États-unis de l'Amérique Septentrionale

…gence qui subsistent si heureusement entre la République Française et les États-unis de l'Amérique Septentrionale
…nommer le Général Bernadotte pour résider auprès de Vous en qualité de Ministre Plénipotentiaire de la République
…ne permet pas de douter que le choix que j'ai fait de sa personne ne vous soit parfaitement agréable, et je suis persuadé
…norable de confiance que je lui donne en cette occasion. C'est dans cette persuasion que je vous prie Citoyen Président,
…lorsqu'il vous exprimera combien je désire de resserrer les liens qui unissent les deux Nations, et qu'il vous renouvelle
…ous celle des États-unis.
…République française le vingt un janvier mil huit cent trois.

Bonaparte

Par le Premier Consul:
Le Secrétaire d'État,

Lettre d'accréditation de Bernadotte ambassadeur à Washington, le 21 janvier 1803.

Dans le désir bien sincère de cultiver l'amitié et la bonne intelligence qui subsistent si heureusement entre la République française et les États-Unis d'Amérique septentrionale, c'est avec plaisir que je vous informe, Citoyen Président, que je viens de nommer le général Bernadotte pour résider auprès de vous en qualité de ministre plénipotentiaire de la République française. […]
MAE, MD France.

Jean-Baptiste Bernadotte, maréchal de l'Empire, par Joseph Nicolas Jouy, XIXe siècle.
Château de Versailles.

18-19-20

BONAPARTE 1er CONSUL DE LA RÉPUBLIQUE

Commission de Ministre des Relations Extérieures

Au nom du Peuple Français.

Bonaparte, premier Consul de la République,

Nomme le Citoyen Talleyrand

Ordonne, en conséquence, que ledit Citoyen Talleyrand

Donné à Paris, le

ARCHIVES

Bonaparte

Par le premier Consul,
Le Secrétaire d'État,

Napoléon, Talleyrand, une diplomatie au son du canon

L'Entrevue d'Erfurt (détail), par Nicolas Gosse, 1838. Château de Versailles.

Lors de cette négociation avec Alexandre Ier, Napoléon reçoit le 28 septembre 1808 le baron de Vincent (à gauche), envoyé de l'empereur d'Autriche. Talleyrand (au centre), qui assiste impassible à la scène, jouera une fois de plus sur les deux tableaux, conseillant à la fois l'Empereur et le tsar. Sous le Consulat déjà, Napoléon admirait cet homme de tous les partis, comme en témoigne le portrait qu'il fait de lui à Cambacérès : « Il a beaucoup de ce qu'il faut pour les négociations : l'esprit du monde, la connaissance des cours de l'Europe, de la finesse pour ne pas dire quelque chose de plus, une immobilité dans les traits que rien ne peut altérer, enfin un grand nom… Je sais qu'il n'appartient à la Révolution que par son inconduite ; jacobin et déserteur de son ordre dans l'Assemblée constituante, son intérêt nous répond de lui. »

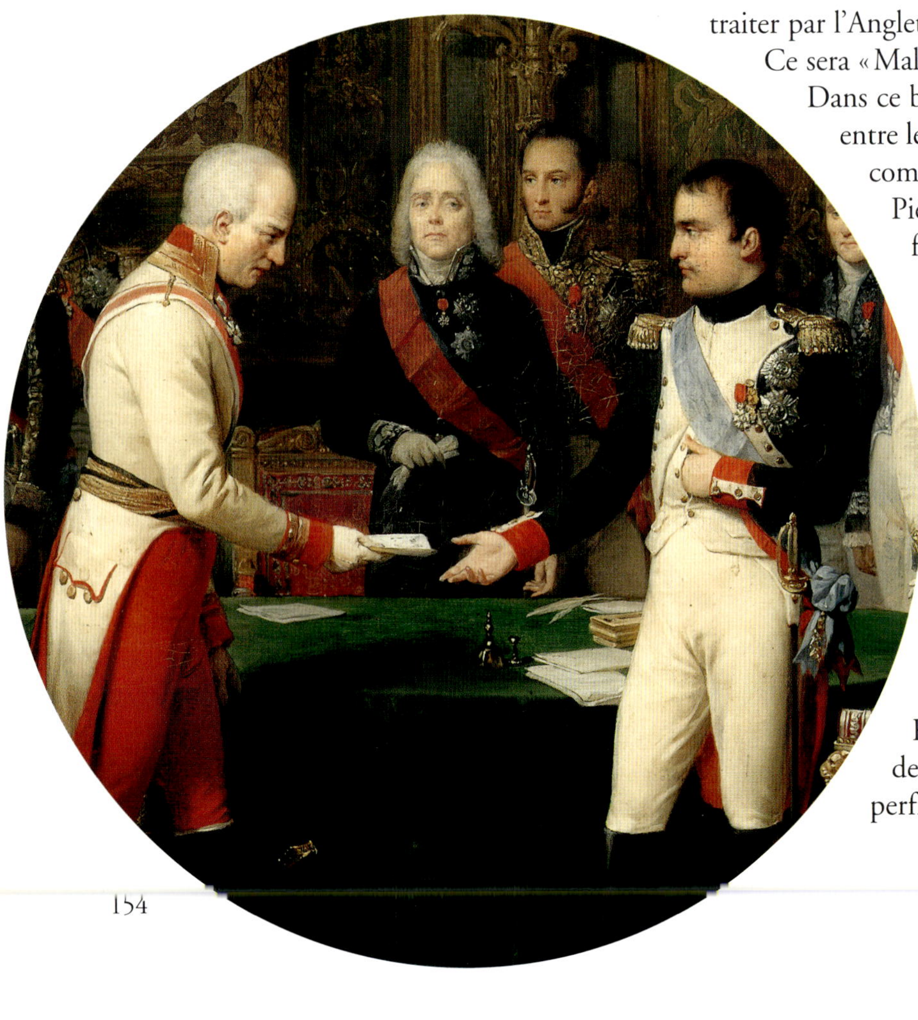

DANS la soirée du 9 mai 1803, l'ex-évêque d'Autun, Charles Maurice de Talleyrand, ministre des Relations extérieures de Bonaparte, qui n'est pas encore prince mais toujours courtisan, attend lord Withworth, l'ambassadeur du roi d'Angleterre George III à Paris. Pâle, impassible et muet comme à son habitude, négligemment adossé au manteau de la cheminée pour soulager sa mauvaise jambe, il a en poche des instructions précises du Premier consul, rédigées le jour même à quatre heures et demie de l'après-midi, au château de Saint-Cloud (ci-contre, à droite). L'atmosphère est à l'orage. Aux Tuileries, le 13 mars, l'Anglais a été publiquement et violemment pris à partie par Bonaparte. Depuis quelques jours, il a réclamé ses passeports et a fait charger ses voitures pour Londres. L'entrevue du 9 mai est un peu celle de la dernière chance, celle qui décidera du maintien de la paix ou de la guerre avec l'Angleterre. Talleyrand le sait, mais ne se fait pas d'illusions. Car la paix signée à Amiens le 25 mars 1802, après dix années de déchirements, est fragile. Une bonne paix repose presque toujours sur un sentiment d'équité, partagé entre les signataires. Or, ce sentiment n'existe pas. En Méditerranée, l'Angleterre refuse d'abandonner Malte qu'elle a cédée à contrecœur ; de son côté, Bonaparte n'a pas renoncé à ses prétentions hégémoniques sur le continent. En moins d'un an, il annexe l'île d'Elbe et le Piémont, occupe militairement la Suisse et élude tout traité de commerce avec Londres. Il refuse de se laisser traiter par l'Angleterre « comme une garnison qui demanderait à capituler ». Ce sera « Malte ou la guerre, et malheur à ceux qui violent les traités ! » Dans ce bras de fer qui conduira, le 16 mai, à la rupture définitive entre les deux pays, Talleyrand est l'homme de la paix. Toutefois, comme souvent, son jeu est double. Il s'oppose à l'annexion du Piémont et laisserait volontiers Malte aux Anglais, mais il finit par s'incliner. La diplomatie au son du canon n'est pas la sienne, c'est celle de Bonaparte, « l'homme le moins influençable, écrit-il à un ami, et le plus tenace que Dieu ait créé ». « Il signait les événements, il ne les faisait pas », dira plus tard méchamment Chateaubriand à propos du diplomate et de son rôle sous le Consulat. D'un côté, l'énergie, l'activité débordante d'un consul de trente-trois ans ; de l'autre, la mesure et la lenteur, le « surtout, pas de zèle » d'un ministre de presque cinquante ans qui sait la gravité d'une rupture avec l'Angleterre et en mesure les conséquences, mais qui sait aussi qu'on n'abandonne pas une puissance. Il n'en est pas encore temps. Encore quatre ans, et le ministre des Relations extérieures de Napoléon, vice-Grand Électeur de l'Empire – le seul « vice » qui lui manquait, selon le mot perfide de Fouché –, donnera sa démission.

EMMANUEL DE WARESQUIEL

À gauche : Lettre de nomination du citoyen Talleyrand comme ministre des Relations extérieures par Bonaparte, le 4 nivôse an VIII (25 décembre 1799).
MAE, MD France.

« Quel dommage qu'il ne soit pas paresseux… »

Talleyrand à propos de Napoléon.

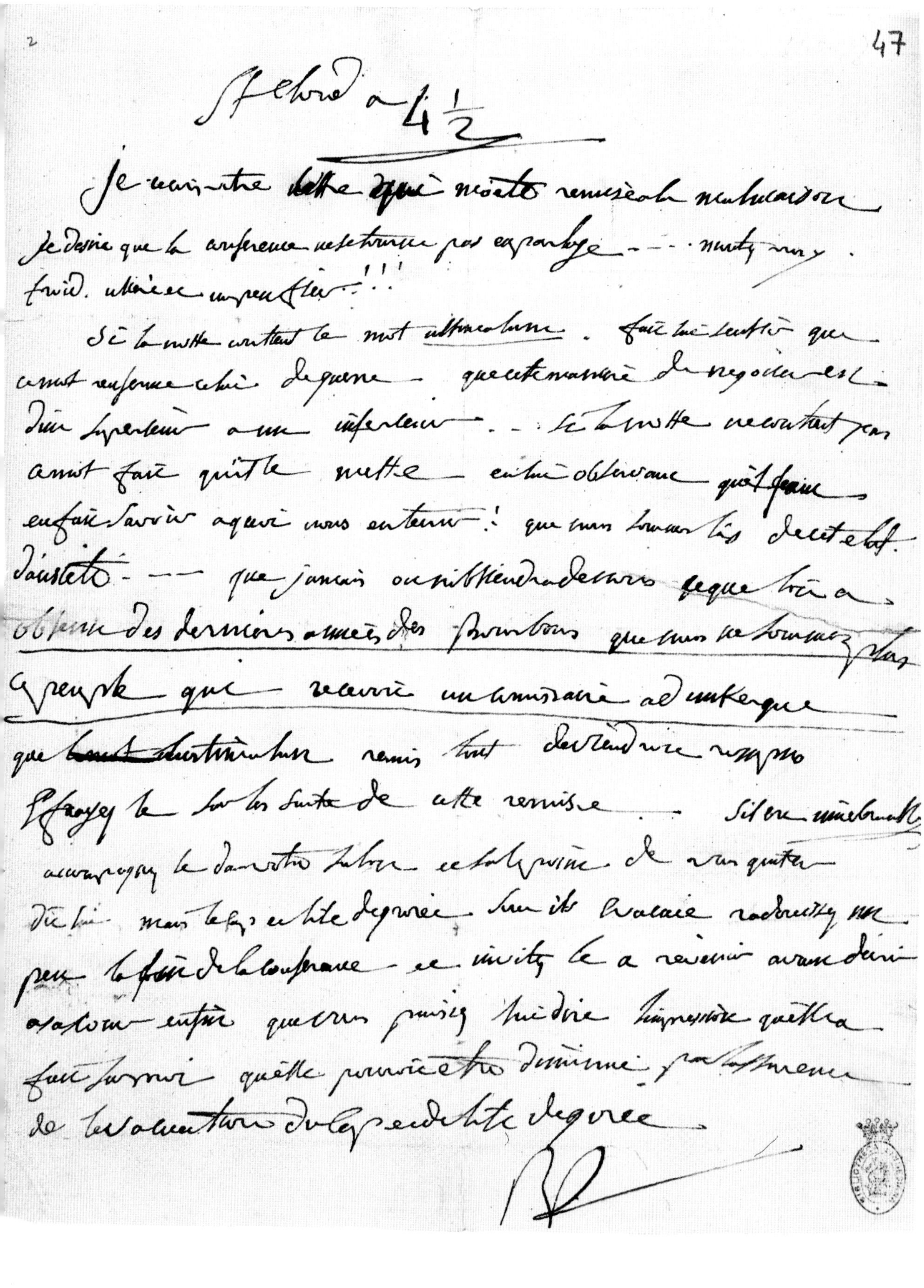

Lettre autographe de Bonaparte à Talleyrand lui donnant ses instructions pour les négociations avec l'Angleterre, le 9 mai 1803.

Saint-Cloud à 4 1/2

Je reçois votre lettre qui m'a été remise à la Malmaison. Je désire que la conférence ne se tourne pas en partage. Montrez-vous y froid, altier, et un peu fier !!!
Si la note contient le mot *ultimatum*, faites-lui sentir que ce mot renferme celui de guerre, que cette manière de négocier est d'un supérieur à un inférieur. Si la note ne contient pas ce mot, faites qu'il le mette, en lui observant qu'il faut en fait savoir à quoi nous en tenir, que nous sommes las de cet état d'anxiété […] que jamais on n'obtiendra de nous ce que l'on a *obtenu des dernières années des Bourbons, que nous ne sommes plus ce peuple qui recevait un commissaire à Dunkerque*, que l'ultimatum remis, tout deviendra rompu. Effrayez-le sur les suites de cette remise. S'il est inébranlable, accompagnez-le dans votre salon, et sur le point de vous quitter, dites-lui : « Mais le Cap et l'île de Gorée sont-ils évacués ? » Radoucissez un peu la fin de la conférence et invitez-le à revenir avant d'écrire à sa cour, enfin que vous puissiez lui dire l'impression qu'elle a fait sur moi, qu'elle pourrait être diminuée par l'assurance de l'évacuation du Cap et de l'île de Gorée. BP
MAE, Acq. Extr.

Des espions contre Napoléon

Le comte d'Antraigues, émigré et conspirateur

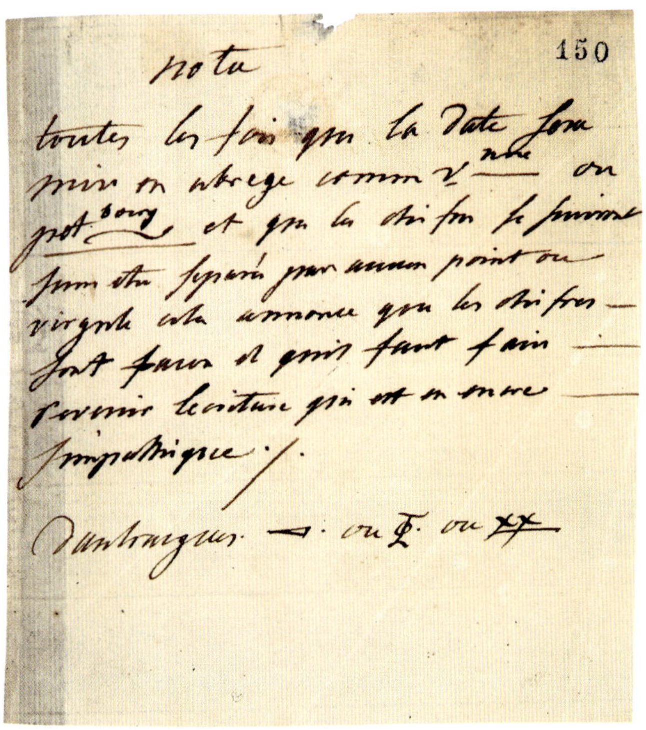
150

nota

toutes les fois que la date sera mise en abrege comme V^{nre} ou Pet^{bourg} et que les chiffres se suivront sans etre separés par aucun point ou virgule cela annonce que les chiffres sont faux et qu'il faut faire survenir lecriture qui est en encre simpathique /.

D'antraigues ◁ ou Φ ou XX

Note accompagnant le chiffre utilisé par d'Antraigues, sans date.

Toutes les fois que la date sera mise en abrégé comme V^{nvre} [5 novembre] ou Pet^{bourg} [Pétersbourg] et que les chiffres se suivront sans être séparés par aucun point ou virgule cela annonce que les chiffres sont faux et qu'il faut faire survenir l'écriture qui est en encre simpathique [*sic*]. D'Antraigues : ◁ ou Φ ou XX. MAE, MD France.

« Vous vous souvenez d'une certaine manière de plier les lettres dont vous me laissâtes un modèle. Eh bien, elle n'est plus sûre : [...] au moyen de certaines gommes dont la trace est aisée à effacer, on délie et on rétablit tout. »

Lettre de Jean de Müller à d'Antraigues, le 22 mai 1804.

EMMANUEL de Launay, comte d'Antraigues, est l'un des plus étonnants agents royalistes de la Révolution puis de l'Empire. Nourri des idées des philosophes et passionné par les événements de 1788-1789, il écrit un *Mémoire sur les États généraux*, en 1788. Déçu ensuite par la tournure des événements, il part en Suisse en mai 1790 puis s'installe près de Côme. Là, il entre en rapport avec Las Casas, ambassadeur d'Espagne à Venise, et Wickham, ambassadeur d'Angleterre à Berne, et commence à mettre sur pied un vaste réseau d'espionnage. À Paris, ses agents forment un groupe utilisant tous les moyens de renseignements possibles, des rumeurs des rues et des clubs jusqu'aux personnages proches du pouvoir en place (Comité de salut public, Directoire, ministres de Napoléon). Les membres de ce réseau, baptisé « la Manufacture » ou « Tête carrée » ou « l'Agence », adressent à d'Antraigues des bulletins qu'il transmet ensuite aux ambassadeurs d'Espagne et d'Angleterre.

D'Antraigues, fuyant Venise envahie par les troupes de Bonaparte, est arrêté à Trieste le 21 mai 1797. Transféré à Milan, il s'entretient avec le général. Des papiers saisis sur lui mettent au jour la conspiration royaliste contre le Directoire de mai 1797. Libéré sous surveillance, il parvient à s'enfuir au Tyrol, puis à Dresde où, infatigable, il reprend ses activités de renseignements de 1802 à 1806 comme attaché à la légation russe. Chassé par les armées napoléoniennes, il finit par se réfugier en Angleterre où il reçoit un accueil réticent de la part des milieux royalistes. Il termine sa vie dans des conditions mystérieuses, assassiné avec son épouse, la Saint-Huberty, chanteuse d'opéra, le 22 juillet 1812 par un serviteur congédié.

La lettre présentée ici, datée du 8 novembre 1804, est écrite par Jean de Müller, l'un de ses correspondants à Berlin qui, après avoir dirigé la Bibliothèque impériale de Vienne, occupe le poste d'historiographe de la maison de Brandebourg et travaille au rapprochement de l'Autriche et de la Prusse. Il y parle d'un pamphlet écrit par d'Antraigues intitulé *Fragment du XVIIIe livre de Polybe* qui sera traduit en allemand, en anglais et en italien. Cette allégorie à la mode antique destinée à pousser la Prusse à la guerre contre Bonaparte mettra ce dernier en rage. Il y est aussi question de Rumbold, représentant britannique à Hambourg, arrêté sur l'ordre de Bonaparte. Cette arrestation arbitraire irritera le roi de Prusse et l'incitera à se rapprocher des ennemis de Bonaparte.

Les lettres adressées à d'Antraigues par ses correspondants français – « l'ami de Paris », bien placé auprès du ministre des Relations extérieures et à la Guerre, et « l'amie de Paris » qui fréquente la cour du Premier consul et reçoit les confidences de Joséphine – sont écrites à l'encre sympathique entre les lignes d'une correspondance en clair totalement banale. Elles sont trempées dans l'eau de plantain, une herbe sauvage commune, pour révéler l'écriture. D'autres méthodes sont aussi employées : une correspondance chiffrée et un système complexe de pliage et collage du papier connu des seuls destinataires.

MARIE-ANDRÉE GUYOT

Toussaint Rose, secrétaire « de la main » de Louis XIV (détail), par François de Troy (1645-1730).
Château de Versailles.

Muller 22

247

T. à V.

Berlin ce 8 Nov. 04.

Lettre de Jean de Müller au comte d'Antraigues, le 8 novembre 1804.

En bleu : texte écrit à l'encre sympathique et révélé par de l'eau de plantain ou une autre substance liquide. En noir (traces) : texte anodin aux trois quarts dilué dissimulant entre ses lignes le texte à l'encre sympathique. Le papier lui-même est en très mauvais état en raison du traitement qu'il a subi.

L'écrit que vous m'avez envoyé est charmant mais je n'ai pas encore eu le temps ni l'occasion ni les moyens de m'emparer de la confiance d'un imprimeur de façon à pouvoir m'en servir pour faire sortir de ses presses, chose qui ne fut pas connue de la censure. Le parti y est attentif et il y a ses lois sévères. De plus tard qu'il y a un an, un des premiers libraires a été conduit à Spandau pour une telle chose et ceux qui voient que je ne suis pas des leurs seraient enchantés de me voir compromis, pour me fâcher et faire faire quelque faux pas. Je suis sur le point cependant de lier une connaissance comme il nous la faut, mais cela n'est pas fait encore.
En attendant j'ai donné cet écrit à lire à quelques personnes qui en ont été enchantées, et je trouve vraisemblable qu'il paraisse sans que vous ni moi nous nous en mêlions. L'affaire de Rumbold (non pas Humbold comme vous écrivez son nom) a fait un grand bien ; je vois aussi qu'on se rapproche sensiblement de XX [l'empereur d'Autriche]. Tout cela est bon ; j'espère que les fureurs de ◁ [Bonaparte] précipiteront les choses mais il faut être, quant à moi, d'autant plus sur mes gardes pour ne pas effaroucher.
Le roi [de Prusse] vient d'appeler un ministre pour un autre département, à la vérité (c'est le baron de Stein) mais un vrai ancien chevalier, et homme d'État. Je ne sais quelle influence il aura, mais c'est toujours très avantageux pour la bonne cause.
Je l'ai anciennement connu et il est très bon pour moi. Adieu
Tout à vous
MAE, MD France.

La bataille d'Austerlitz

« Je n'avais pas idée d'une pareille défaite… »

Un dragon russe, dessin extrait des *Mémoires* de Langeron. MAE, MD Russie (pour tous les documents).

Officier d'Ancien Régime passé au service du tsar en 1790, acteur de toutes les guerres de la Révolution et de l'Empire, arrogant, brillant, courageux, le comte de Langeron est le mieux placé, du côté des vaincus, pour conter heure par heure cette bataille qui va porter l'étoile de Bonaparte au firmament (voir son récit, accompagné de plans, dans les pages suivantes).

Plan de la bataille de Schöngrabern (Hollabrunn), 16 novembre 1805, planche II.

Quelques jours avant Austerlitz, ces combats préalables ont mis les Russes et les Autrichiens en confiance.

A-T-IL trébuché sur une souche ? Ou bien appelé un grenadier pour lire la carte ? On ne sait. Mais vers minuit, ce 1er décembre 1805, un soldat a allumé une torche pour aider son général en chef, l'empereur Napoléon Ier, dont l'armée avancée en Moravie se prépare à affronter les Russes et les Autrichiens non loin d'un village inconnu appelé Austerlitz.

L'Empereur est parti en reconnaissance tard dans la soirée. Il a entendu des roulements d'affûts d'artillerie au sud du plateau de Pratzen. Il a voulu vérifier lui-même. Il en est sûr, maintenant : les Russes sont tombés dans le piège. Ils vont l'attaquer sur sa droite pour le couper de Vienne. Lui chargera au centre pour séparer en deux tronçons l'armée ennemie et écraser les Russes avancés trop au sud, pris à revers. Pensif et tranquille, il revient vers sa tente quand le grenadier obligeant l'éclaire d'une gerbe de paille enflammée. Il est vite reconnu par la troupe, qui allume à son tour les torches. Bientôt, c'est toute la ligne qui lui fait une double haie de flambeaux improvisés et crie à tue-tête : « Vive l'Empereur ! » Son petit chapeau vissé sur sa tête, sa redingote grise traînant dans la neige, il marche en prodiguant des conseils d'apaisement au milieu de la ligne fanatisée. Arrivé au quartier général, il dit à Ségur : « C'est le plus beau jour de ma vie ! »

À quelques kilomètres de là, le comte de Langeron, émigré français passé au service des Russes, militaire consommé et aristocrate cultivé, lucide malgré sa fidélité fanatique à l'Ancien Régime, pose la question décisive : « Et si les Français nous attaquent ? » Weyrother, le chef d'état-major autrichien, relève à peine l'argument : « Bonaparte ne songe qu'à la retraite ! »

Mais Langeron a tragiquement raison. Le lendemain à l'aube, il emmène à l'assaut une des colonnes russes qui doivent prendre les villages de Tellnitz et Sokolnitz avant de déboucher dans le dos de l'armée française. Napoléon a prévenu la manœuvre : il a fait avancer Davout cantonné autour de Vienne, arrêtant les Russes dans les villages ; à neuf heures, les fantassins de Soult sont montés à l'assaut du plateau de Pratzen au son du tambour et du fifre, ragaillardis par l'eau-de-vie avalée en guise de petit-déjeuner. Commandés par un Koutouzov désabusé, les Russes voient leur armée coupée en deux. Les Français menacent même l'état-major. En six heures, ils ont dispersé des troupes sûres de leur victoire et battu deux empereurs, le tsar Alexandre Ier et François II d'Autriche. « J'avais déjà vu des batailles perdues, dira Langeron, je n'avais pas idée d'une pareille défaite ! »

Les récits d'Austerlitz abondent bien sûr côté français. On connaît l'apostrophe prononcée par l'Empereur dans le sublime un peu pompier qu'il affectionnait : « Et il vous suffira de dire "J'étais à la bataille d'Austerlitz" pour qu'on réponde : "Voilà un brave!" » Le témoignage de Langeron, de l'autre côté de la colline – ou du miroir –, donne à la bataille une couleur moins ronflante et sans doute plus vraie. Le vainqueur contrôle la légende ; le vaincu confesse la vérité.

LAURENT JOFFRIN

Planche 2onda
219
Infanterie
Francaise
Schöngraben
Regiment de Podolie
Kuntendorf
PLAN
de
la bataille de Schöngraben
AFFAIRES ÉTRANGÈRES
R. F.
ARCHIVES

Planche 3eme
1ere Position
Austerlitz
Schlapanitz

Plan de la bataille d'Austerlitz, 1er décembre au soir, planche III, première et deuxième positions (voir récit page suivante).

L'armée française est dangereusement avancée au-delà de Vienne. Derrière elle, une seule ligne de communication vers la capitale autrichienne et les plaines de Moravie, où elle se perdra sans ravitaillement si elle se rabat au nord. Le général autrichien Weyrother, persuadé que les Français ne songent qu'à la retraite, veut déborder leurs défenses par le sud et se retrouver sur les arrières de Napoléon. Dès le début de la nuit, les Russes commencent à descendre du plateau de Pratzen (au centre), au nord d'Austerlitz. « Pendant qu'ils chercheront à tourner ma droite, ils me présenteront le flanc », déclare Napoléon. Telle est la mécanique du drame : en prenant le plateau de Pratzen pendant que les Russes attaquent Davout au sud, l'Empereur va couper l'armée ennemie par une attaque directe et l'anéantir.

Soldat de l'infanterie russe.

« À la place du costume élégant et commode du soldat russe sous l'impératrice Catherine, l'empereur Paul en a fait les ridicules caricatures représentées par la figure. »

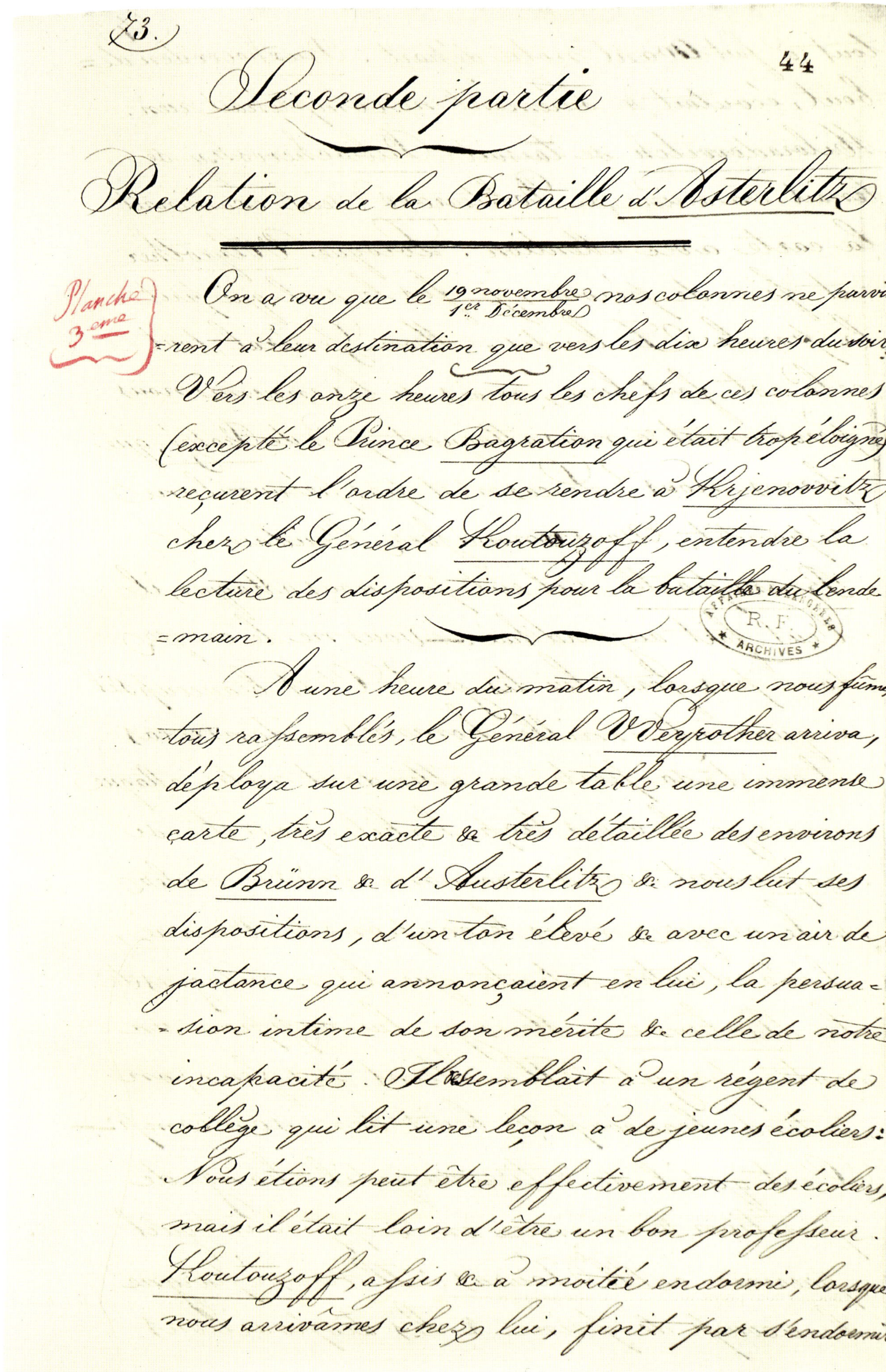

73. 44

Seconde partie

Relation de la Bataille d'Asterlitz

Planche 3ème

On a vu que le 19 novembre / 1er Décembre nos colonnes ne parvinrent à leur destination que vers les dix heures du soir. Vers les onze heures tous les chefs de ces colonnes (excepté le Prince Bagration qui était trop éloigné) reçurent l'ordre de se rendre à Krjenovvitz chez le Général Koutouzoff, entendre la lecture des dispositions pour la bataille du lendemain.

A une heure du matin, lorsque nous fûmes tous rassemblés, le Général Weyrother arriva, déploya sur une grande table une immense carte, très exacte & très détaillée des environs de Brünn & d'Austerlitz & nous lut ses dispositions, d'un ton élevé & avec un air de jactance qui annonçaient en lui, la persuasion intime de son mérite & celle de notre incapacité. Il ressemblait à un régent de collège qui lit une leçon à de jeunes écoliers: Nous étions peut être effectivement des écoliers, mais il était loin d'être un bon professeur. Koutouzoff, assis & à moitié endormi, lorsque nous arrivâmes chez lui, finit par s'endormir

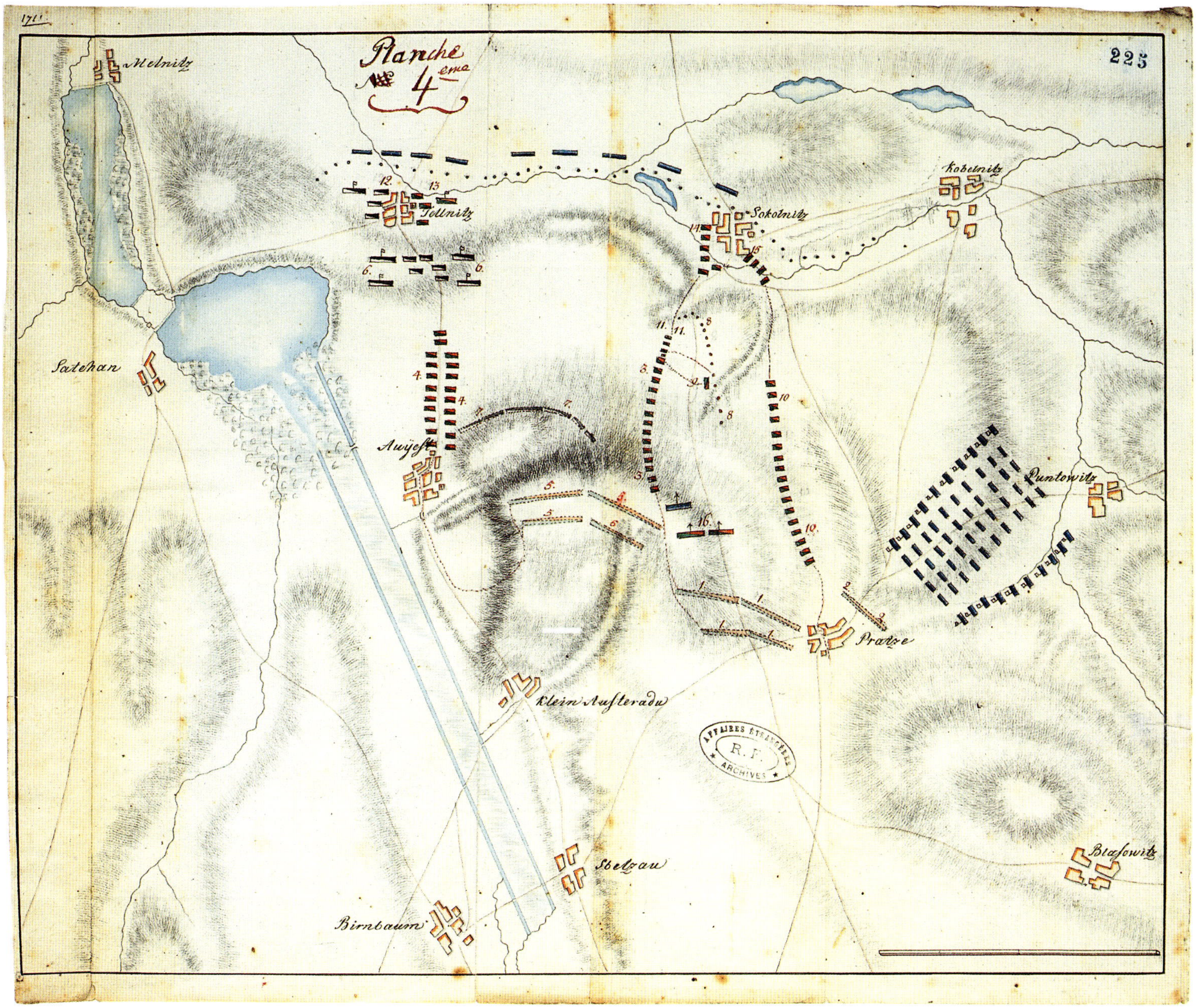

Plan de la bataille d'Austerlitz, 2 décembre au matin, planche IV.

Six heures. Les grosses colonnes russes (indiquées par des rectangles rouges et bleus) commandées par Doktorov (nos 4 et 5), Pzrybyzewski (no 10) et Langeron (nos 1 et 3) ont fait mouvement pour attaquer à l'aube les positions française de Sokolnitz (nos 14 et 15) et de Tellnitz (nos 12 et 13), sur la droite de l'armée française (rectangles bleus). Les soldats de Davout sont arrivés dans la nuit. Ils sont épuisés, affamés et frigorifiés. Ils supportent pourtant le choc principal avec une abnégation impavide. Les villages sont emportés par les Russes, mais bientôt repris sur l'ordre de Davout.

Seconde partie. Relation de la bataille d'Austerlitz.

On a vu que le 19 novembre (1er décembre) nos colonnes ne parvinrent à leur destination que vers les dix heures du soir. [...] À une heure du matin, lorsque nous fûmes rassemblés, le général Weyrother arriva, déploya sur une grande table une immense carte, très exacte et très détaillée des environs de Brünn [Brno] et d'Austerlitz et nous lut ses dispositions, d'un ton élevé et avec un air de jactance qui annonçaient en lui la persuasion intime de son mérite et celle de notre incapacité. [...] lorsque Weyrother eut fini de pérorer, je fus le seul qui prit la parole. Je lui dis : « Mon général, tout cela est fort bien, mais si les ennemis nous préviennent et nous attaquent près de Pratzé [Pratzen], que ferons-nous ? » – « Le cas n'est pas prévu », il me répondit.
(Transcription complémentaire en fin de volume.)

Un cavalier cosaque.

« Les Kozak sont les restes d'une ancienne et belliqueuse nation [...] alternativement soumis aux grands ducs de Russie ou au roi de Pologne [...]. Depuis Pierre le Grand, ils sont devenus sujets russes ; mais ils ont cependant encore conservé des lois et des privilèges particuliers auxquels ils sont attachés. »

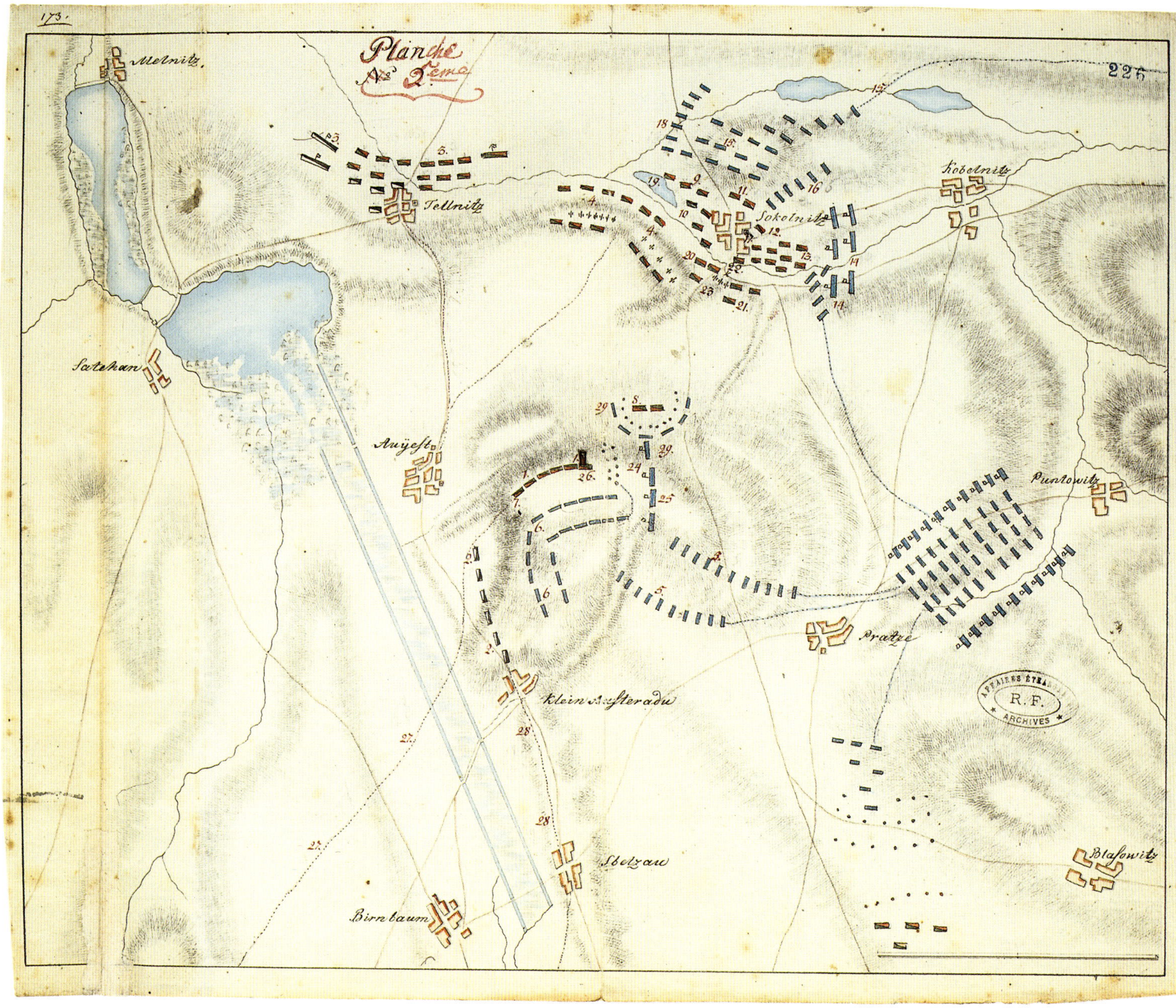

Plan de la bataille d'Austerlitz,
2 décembre au matin, planche V.

Neuf heures. Napoléon envoie Soult et ses fantassins (nº 5) prendre le plateau de Pratzen (nº 6), au centre de l'armée austro-russe. Attaqués sur le flanc là où ils ne l'attendent pas, les Russes sont « pris en flagrant délit ». À midi, l'affaire est jouée : l'armée de Koutouzov est coupée en deux. Langeron, entendant une fusillade dans son dos, presse Buxhoewden de donner l'ordre de faire demi-tour pour faire face aux soldats qui ont pris Pratzen. « Vous voyez des ennemis partout », lui répond Buxhoewden, qui a un peu forcé sur l'eau-de-vie qu'on distribue à la troupe avant l'assaut. Ce à quoi Langeron rétorque : « Et vous, monsieur, vous n'êtes plus en état d'en voir nulle part ! »

Plan de la bataille d'Austerlitz,
2 décembre dans l'après-midi, planche VI.

À deux heures, le gros des troupes russes commence à céder à la panique. Napoléon a fait avancer ses canons au bord du plateau (nº 7). Davout organise la contre-attaque à partir de Tellnitz (nº 15) et Sokolnitz (nº 11). Pris dans l'étau, les soldats de Langeron tourbillonnent et reculent pour sauver leur vie (nºs 3 et 4). Bientôt, ils tournent les talons et prennent le pas de course. Les Français les poursuivent. Quelques bataillons russes s'avancent sur les étangs gelés (à gauche). Napoléon fait canonner la glace : quelques centaines de Russes périssent noyés. Dans le bulletin, Napoléon grossira à loisir l'épisode qui a le grand mérite de frapper les imaginations. Le surlendemain, l'empereur d'Autriche signe l'armistice. Napoléon a vaincu en moins de deux mois la coalition.

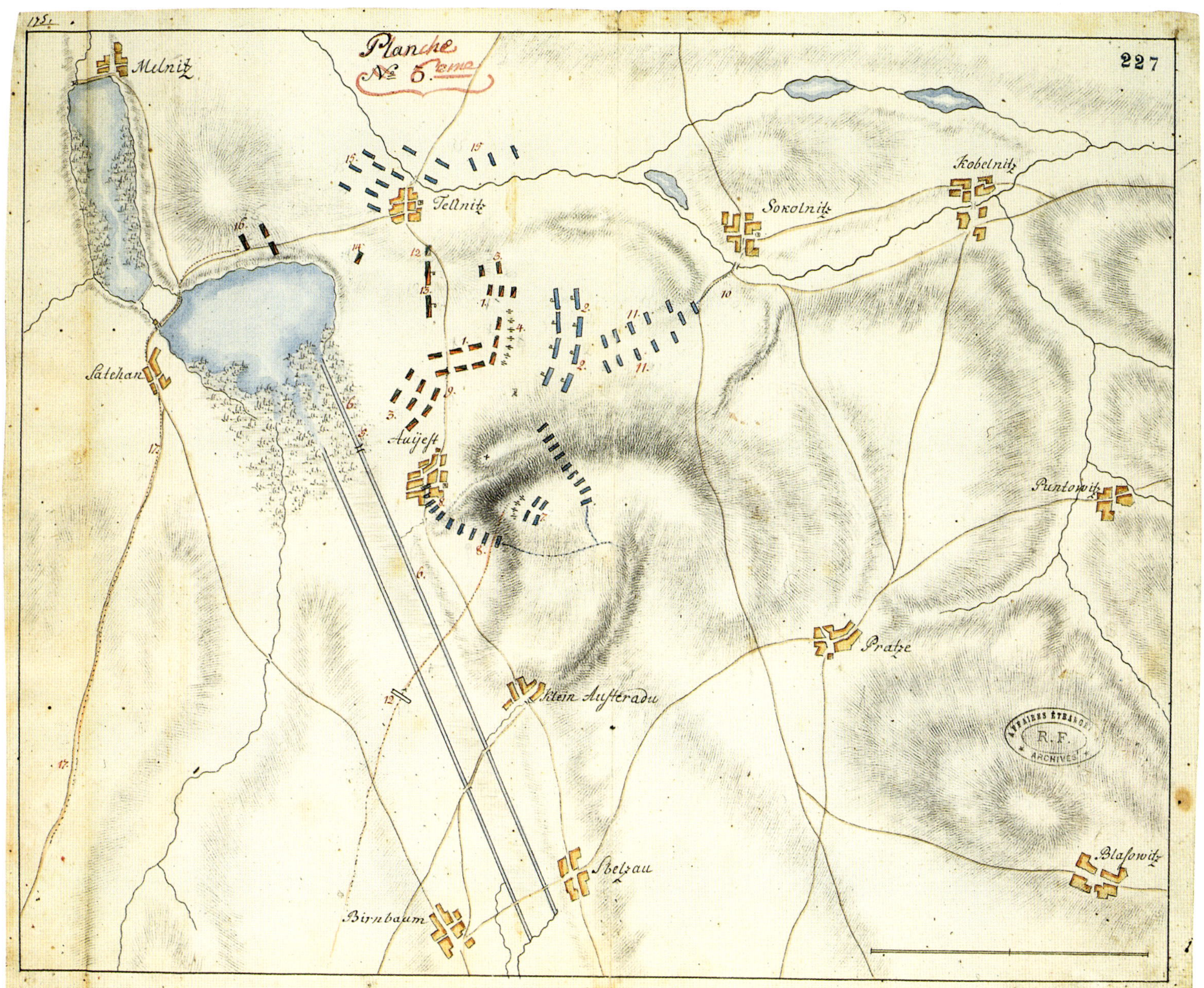

La retraite de Russie

L'Aigle à l'agonie

OCTOBRE 1812. Depuis quelques jours, «la Grande Armée française commandée par l'empereur Napoléon en personne» a quitté Moscou en cendres. Les premiers flocons ont commencé à tomber. Au quartier général de Koutouzov, à «Malay Taroslawitz» (en réalité Maloïaroslavetz), on sonne l'hallali (document ci-contre). Le commandement russe a compris que, en empruntant la même route qu'à l'aller, celle qu'il a déjà dévastée pendant l'été, le conquérant court à sa perte.

Dès sa sortie de Moscou, l'Aigle baisse la tête. Les rangs de l'armée sont sens dessus dessous. Chargés de butin, enivrés par un mois de pillage, les grognards n'ont aucune idée de l'enfer vers lequel ils marchent en désordre. Un enfer de froid dans lequel les diables cosaques vont au galop sur leurs petits chevaux, entamant les rangs irréguliers de la troupe en débâcle et massacrant les traînards éloignés du troupeau. Il ne faut que quelques jours pour que la débandade soit totale. Nul n'obéit plus aux officiers, chacun pille à sa guise… lorsqu'il reste quelque chose à prendre. Ce que le froid ou les Russes ne parviennent pas à défaire, la fuite, la désertion, la faim ou le suicide le parachèvent. L'arrière-garde de Ney est bientôt perdue. L'artillerie doit être abandonnée à cause du verglas qui entrave sa marche. On mange les chevaux, si bien que Grouchy ne trouve qu'une poignée d'officiers montés pour composer un «escadron sacré». Il n'y a bientôt plus de Grande Armée, puis plus d'armée du tout. On brûle les aigles impériales pour qu'elles ne tombent pas aux mains de l'ennemi.

En réalité, le quartier général russe vise plus haut: pourquoi ne pas se saisir de Napoléon lui-même? On diffuse son signalement en dernière page de l'ordre du jour: il faut arrêter cet empereur au regard «atrabilaire ou fougueux», qui prise le tabac à s'en maculer les narines, se cache sous un «petit uniforme» et ne se déplace jamais sans son mamelouk. Et c'est vrai, à plusieurs reprises pendant la retraite, Napoléon est environné de cosaques prêts à le faire prisonnier. Chaque fois, il leur échappe. Car il doit marcher vers son destin.

En novembre, la horde s'en tire de justesse à Krasnoïe et prend le chemin de Borisov, sur les rives de la Bérézina. Elle réussit à franchir la rivière à moitié gelée (ci-contre), mais tout espoir est perdu. À Paris, la tentative de coup d'État du général Malet a déstabilisé l'Empire. Apprenant la nouvelle, Napoléon décide de rentrer. Il laisse ses derniers soldats aux prises avec des températures de moins trente-six degrés et part en traîneau, accompagné du seul général Caulaincourt. En France, le XXIXe bulletin de la Grande Armée a avoué la défaite. On a toutefois rassuré l'opinion: «La santé de Sa Majesté n'a jamais été meilleure.» Talleyrand l'a compris, c'est le «commencement de la fin». L'agonie va encore durer plus d'un an. Deux campagnes plus tard, Napoléon abdiquera et partira pour l'île d'Elbe.

THIERRY LENTZ

Traduction de l'ordre du jour du quartier général de Koutouzov, 12-24 octobre 1812.

Il est ordonné à tous les commandants de corps, aux chefs des régiments de cosaques, ainsi qu'à tous leurs partisans qui voltigent autour des restes de la Grande Armée française, commandée par l'empereur Napoléon en personne, de redoubler d'activité et d'attention dans l'exécution de ce qui leur est enjoint, afin que rien ne puisse échapper des débris de cette armée […].
Signalement de l'empereur Napoléon:
La taille épaisse et ramassée, les cheveux noirs, plats et courts, la barbe noire et forte, rasée jusqu'au-dessus de l'oreille, des sourcils bien arqués, mais froncés vers le nez, le regard atrabilaire ou fougueux, le nez aquilin avec des traces continuelles de tabac, le menton très saillant; toujours en petit uniforme sans appareil, et le plus souvent enveloppé d'un petit surtout gris, pour n'être point remarqué, et sans cesse accompagné d'un mamelouk.
(Transcription complémentaire en fin de volume.)
MAE, CP Russie.

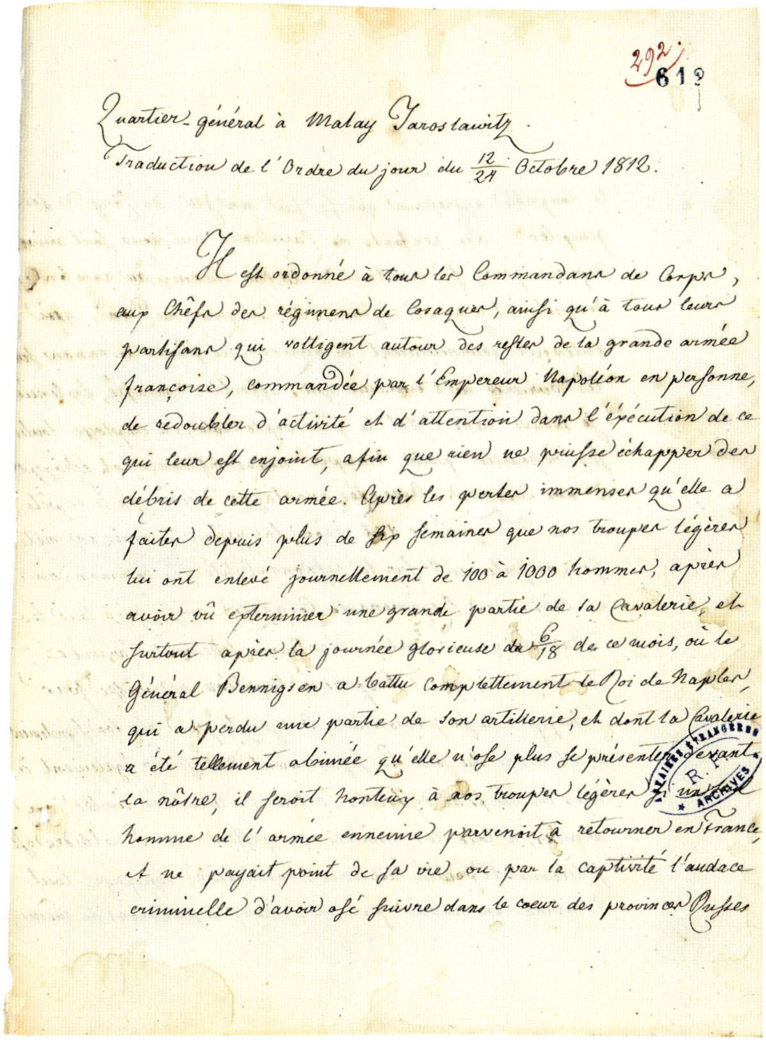

292
612

Quartier-général à Malay Jaroslawitz.
Traduction de l'Ordre du jour du 12/24 Octobre 1812.

Il est ordonné à tous les Commandans de Corps, aux Chefs des régimens de Cosaques, ainsi qu'à tous leurs partisans qui voltigent autour des restes de la grande armée françoise, commandée par l'Empereur Napoléon en personne, de redoubler d'activité et d'attention dans l'exécution de ce qui leur est enjoint, afin que rien ne puisse échapper des débris de cette armée. Après les pertes immenses qu'elle a faites depuis plus de six semaines que nos troupes légères lui ont enlevé journellement de 100 à 1000 hommes, après avoir vû exterminer une grande partie de sa cavalerie, et surtout après la journée glorieuse du 6/18 de ce mois, où le Général Bennigsen a battu complettement le Roi de Naples, qui a perdu une partie de son artillerie, et dont la cavalerie a été tellement abimée qu'elle n'ose plus se présenter devant la nôtre, il seroit honteux à nos troupes légères si un homme de l'armée ennemie parvenoit à retourner en France, et ne payoit point de sa vie, ou par la captivité l'audace criminelle d'avoir osé suivre dans le coeur des provinces Russes

Scène de la campagne de Russie (anonyme). Turin, bibliothèque du Risorgimiento.

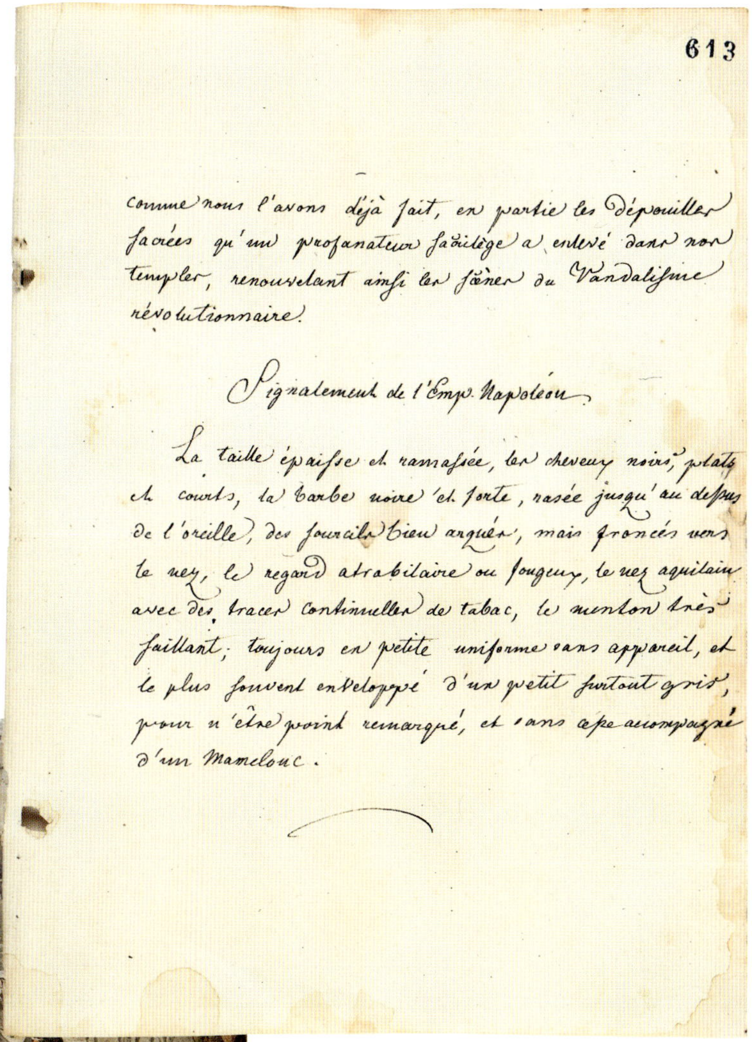

613

comme nous l'avons déjà fait, en partie les dépouilles sacrées qu'un profanateur sacrilège a enlevé dans nos temples, renouvelant ainsi les scènes du Vandalisme révolutionnaire.

Signalement de l'Emp. Napoléon

La taille épaisse et ramassée, les cheveux noirs, plats et courts, la barbe noire et forte, rasée jusqu'au dessus de l'oreille, des sourcils bien arqués, mais froncés vers le nez, le regard atrabilaire ou fougueux, le nez aquilain avec des traces continuelles de tabac, le menton très saillant, toujours en petite uniforme sans appareil, et le plus souvent enveloppé d'un petit surtout gris, pour n'être point remarqué, et sans être accompagné d'un Mamelouc.

Le Passage de la Bérézina, par Janvary Souchodolski, vers 1859. Posen, Musée national.

Le 22 novembre 1812, l'armée en retraite est arrêtée devant la Bérézina, qu'un dégel imprévu rend infranchissable. Une semaine durant, dans l'eau glacée, les soldats du général Éblé construisent des ponts, avant de les faire sauter pour empêcher les Russes d'en profiter à leur tour. 50 000 hommes ont ainsi pu être sauvés, mais plus de 12 000 sont restés sur l'autre rive.

Le congrès de Vienne

Une « vacance de rois »

Ci-dessus et à droite :
Deux caricatures bonapartistes
de Talleyrand, 1815.
BNF, Estampes.

Bien que sans véritable pouvoir, Talleyrand est au centre du congrès de Vienne, et donc la cible des caricaturistes. Le Nain jaune, *journal satirique et bonapartiste, lui consacre un dessin le 15 avril 1815 : voici « l'homme aux six têtes », dédié à MM. les chevaliers de la Girouette, l'une des inventions les plus burlesques du journal. La caricature originale portait un point d'interrogation sur la bulle centrale, car on ne savait pas encore qui des Bourbons ou de Napoléon allait l'emporter. Celle présentée ici est une variante de la seconde Restauration. La bulle centrale porte sans ambiguïté la mention : « Vive le roi ! »*

Talleyrand est également présent dans cette autre caricature bonapartiste déposée à Paris le 12 juin. On le voit caché sous une table, dans une position inconfortable, tenant le portrait de Louis XVIII. Autour de lui, les souverains découpent la carte de l'Europe. De gauche à droite : François Ier (Autriche-Hongrie), Frédéric-Guillaume III (Prusse), Alexandre Ier (Russie), le prince-régent futur George IV (Grande-Bretagne), Murat (Naples), Napoléon et son fils, le roi de Rome. Chaque symbole, chaque légende renvoient à un épisode particulier de l'histoire du congrès.

Il y a là tout ce que l'Europe compte de souverains et de ministres, de princes et de dignitaires, d'aventuriers et d'escrocs, de solliciteurs et d'hommes d'affaires, de jolies femmes et de courtisans. Quinze mille personnes en tout. Ce n'est pas un « joli petit congrès », comme le dira le prince de Metternich, en 1818, à propos du congrès d'Aix-la-Chapelle, mais un congrès inouï, colossal, unique en son genre, la première conférence internationale de tous les temps. À Vienne, entre les mois de septembre 1814 et de juin 1815, naît une nouvelle Europe, recomposée, redessinée sous la férule de l'Angleterre, de l'Autriche, de la Russie et de la Prusse qui se taillent la part du lion. Vienne consacre l'échec d'un quart de siècle de politique victorieuse de la France sous la Révolution et l'Empire, après l'abdication de Napoléon à Fontainebleau en avril 1814. Des royaumes entiers y sont créés : celui des Pays-Bas sous le contrôle de l'Angleterre, constitués des anciennes Provinces-Unies et de la Belgique, celui de Lombardie-Vénétie donné à l'Autriche. D'autres renaissent, profondément modifiés : la Pologne, le royaume de Saxe, celui de Hanovre, ceux de Naples et de Sardaigne. La Confédération germanique y est créée. La Suisse y reçoit une Constitution et la garantie de sa neutralité. On y définit pour la première fois un droit de navigation internationale sur certains fleuves comme le Rhin. On y déclare l'abolition de la traite des Noirs. Sous l'impulsion du ministre anglais Castlereagh, on pense même, sans toutefois y parvenir, adjoindre au traité une déclaration commune, signée par toutes les puissances présentes au congrès, de garantie générale de la paix. C'est la première tentative du genre. En cela, le congrès de Vienne est incroyablement moderne. Le nouvel équilibre européen défini à Vienne durera bon an, mal an jusqu'en 1848, et dans ses grandes lignes jusqu'en 1914. Non pas que Vienne ait été seulement le congrès des utopies et du « juste équilibre ». Les quatre puissances de la dernière coalition anti-napoléonienne, celle de 1813, vont s'y combattre âprement, y montrer leur bel appétit et s'y tailler de nouvelles frontières par des échanges de populations, en dépit du droit des peuples à disposer d'eux-mêmes.

Le congrès de Vienne, c'est aussi le congrès des coups de théâtre, des arrangements secrets et des paniques. Imagine-t-on aujourd'hui l'onde de choc qu'a pu être la nouvelle, dans la nuit du 6 au 7 mars 1815, du débarquement de « l'Ogre » Napoléon sur les côtes françaises ?

Vienne, enfin, c'est tout à la fois une opérette et une scène de bal. C'est une vacance pour les rois qui sont aussi venus là pour s'y distraire. Dix mois de fastes et de magnificences, de revues, de parades, de carrousels, de ballets à l'Opéra, de chasses au Laxenburg, de fêtes populaires au Prater, et surtout de bals, masqués ou pas, costumés ou pas, toujours jusqu'à l'aube. « Le congrès ne marche pas, ironise le prince de Ligne, il danse. »

EMMANUEL DE WARESQUIEL

Ci-dessous : *Réunion des membres du congrès de Vienne*, gravure d'après un tableau de Jean-Baptiste Isabey, 1819.
MAE, Estampes.

Jean-Baptiste Isabey arrive à Vienne le 1er octobre 1814 pour exercer ses talents de portraitiste. Son grand tableau du congrès, sans s'inspirer d'une scène réelle, rassemble les représentants des huit puissances signataires du traité. On y reconnaît l'Autrichien Metternich, debout à gauche, la main tendue vers la droite, l'Anglais Castlereagh, assis au centre, le Russe Nesselrode, assis derrière la table, la tête tournée vers la droite, et bien sûr Talleyrand, le prince des diplomates, assis à droite, de face.

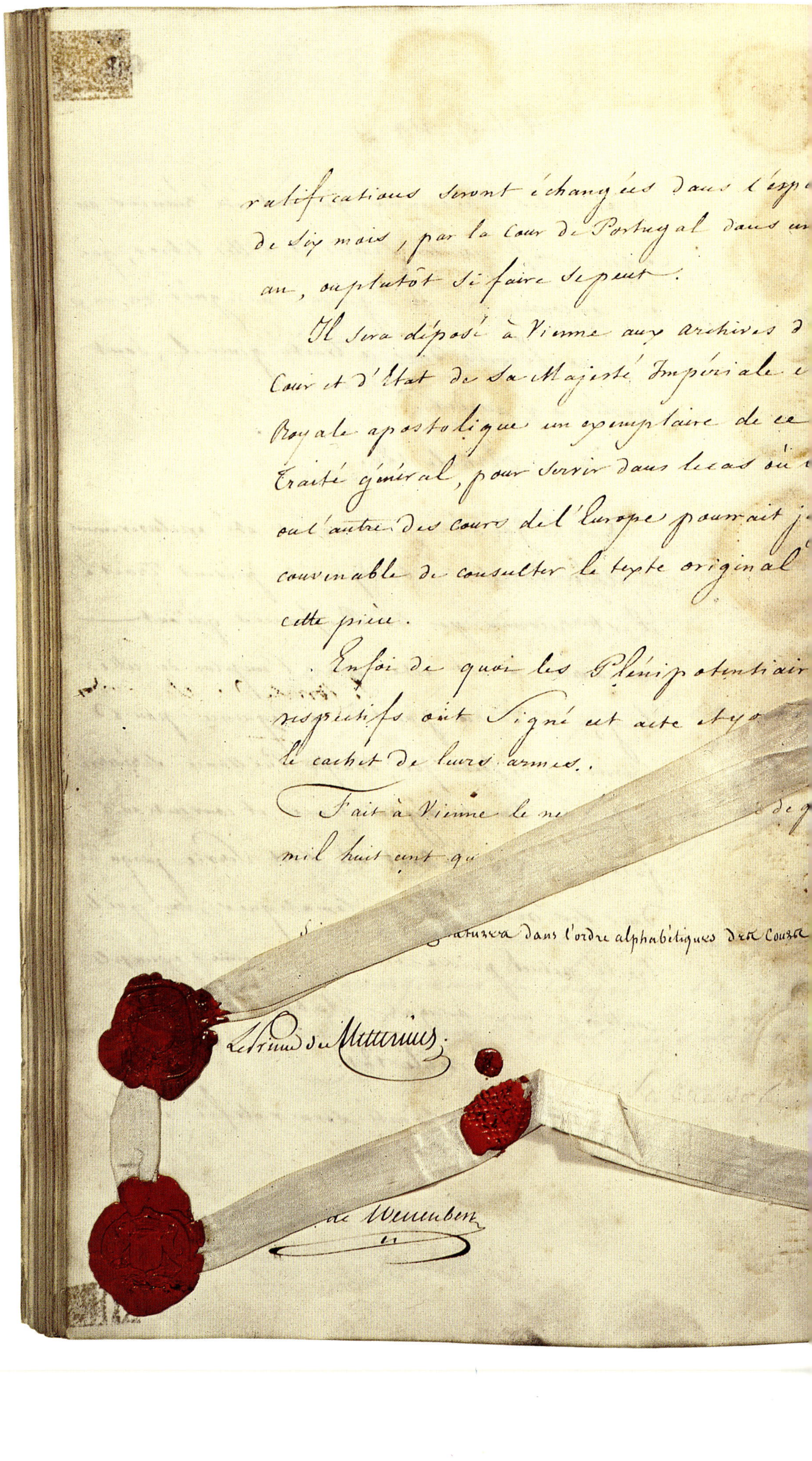
ratifications seront échangées dans l'espa
de six mois, par la Cour de Portugal dans un
an, ou plutôt si faire se peut.
Il sera déposé à Vienne aux archives d
Cour et d'Etat de Sa Majesté Impériale e
Royale apostolique un exemplaire de ce
Traité général, pour servir dans le cas où
une ou l'autre des cours de l'Europe pourrait j
convenable de consulter le texte original
cette pièce.
En foi de quoi les Plénipotentiair
respectifs ont signé cet acte et y o
le cachet de leurs armes.
Fait à Vienne le ne de
mil huit cent qu
...gnatures dans l'ordre alphabétiques des Cours
Le Prince de Metternich
de Wessenberg

Acte du congrès de Vienne, le 9 juin 1815.
MAE, Traités multilatéraux.

En septembre 1814 s'ouvre le congrès qui, après les guerres napoléoniennes, doit établir une paix durable et redessiner la carte de l'Europe. L'Angleterre, l'Autriche, la Prusse et la Russie, liées par la Quadruple Alliance, envisagent tout d'abord de laisser la France en dehors des négociations. Mais Talleyrand obtient que la discussion ait lieu entre les représentants des huit puissances qui avaient pris part au traité de Paris quelques mois plus tôt : l'Angleterre, l'Autriche, l'Espagne, le Portugal, la Prusse, la Russie, la Suède et la France. Après de longues et difficiles négociations, une commission est chargée de mettre au point la rédaction définitive de l'acte général du congrès, qui sera soumis à l'approbation de tous les plénipotentiaires. Cet acte final, dont les cent vingt et un articles sont rédigés en français, est adopté le 9 juin 1815, pendant les Cent-Jours, avant la défaite de Waterloo du 18 juin. Il n'est que la consécration des traités particuliers passés entre les puissances. Les cent sept premiers articles, qui portent pour la plupart sur les cessions de territoires et sur la constitution de nouveaux États, réorganisent l'espace européen. En annexe figurent dix-sept traités, conventions, déclarations, règlements et autres actes particuliers adoptés pendant le congrès.

Les plénipotentiaires ont apposé leur signature sur les deux dernières pages du traité avec, pour chacun, le cachet de cire marqué de ses armes. On reconnaît, dans l'ordre alphabétique des pays : le prince de Metternich, le baron de Wessenberg (Autriche) ; le prince de Talleyrand, le duc de Dalberg, le comte Alexis de Noailles (France) ; Clancarty, Cathcart, Stewart, lieutenant général (Grande-Bretagne) ; le comte de Palmella, Antonio da Saldanha da Gama, D. Joaquim Lobo da Silveira (Portugal) ; le prince de Hardenberg, le baron de Humboldt (Prusse) ; le prince de Rasoumoffsky, le comte de Nesselrode, le comte de Stackelberg (Russie) ; le comte Charles Axel de Löwenhielm (Suède). Huit exemplaires du texte intégral ont été établis, l'un voué à rester aux Archives impériales autrichiennes, les autres étant destinés à chaque puissance.

ISABELLE RICHEFORT

V. LE PARTAGE DU MONDE

1830-1914)

Le XIXe siècle charrie le meilleur et le pire : il voit naître la victoire de l'Homme sur les contraintes de la Nature, la libération des esclavages, les grandes inspirations sociales et politiques, la confiance dans la perfectibilité humaine, mais aussi le machinisme asservissant, la vanité bourgeoise, l'argent roi et le colonialisme triomphant. Pourtant, à la différence de celui qui l'avait précédé et de celui qui le suivra, ce fut tout de même un siècle optimiste.

Pour la France, l'époque commence mal : la défaite clôt l'ère révolutionnaire ; le congrès de Vienne consacre le triomphe des princes et scelle pour un temps le destin de l'Europe. Quinze ans s'ensuivent de retour des vieilles forces réactionnaires. Mais elles ne peuvent l'emporter sur les forces nées de la Révolution ; l'Ancien Régime meurt en 1830. La bourgeoisie triomphe avec l'intronisation de Louis-Philippe, l'aventure coloniale s'amorce en Algérie. Certes, c'est une aventure accidentelle et longtemps incertaine. Destinée d'abord à sauver la monarchie de Charles X de l'effondrement, elle se transforme en une cruelle et hésitante entreprise de domination de tout un peuple, de la victoire de Bugeaud sur Abd el-Kader jusqu'à la soumission totale des Kabylies sous le second Empire.

Ce second Empire, dont le souverain ne mérite peut-être pas tous les anathèmes de Victor Hugo, transforme la France dans ses profondeurs. Certes, il naît en signant la mort de la IIe République et engage le pays dans une guerre inconsidérée avec la puissance montante de l'Europe, la Prusse de Bismarck. Mais après dix-huit années marquées par une évolution continue vers plus de liberté et de démocratie, c'est une France industrielle et prospère qui émerge.

Sa politique extérieure est très contradictoire, on l'a souvent souligné. Se portant au secours des nationalités, soutenant les Italiens, la France du second Empire finira par braquer ces derniers tout en heurtant les Allemands. Elle s'engage dans des aventures en Crimée, au Mexique ; elle soutient des initiatives hasardeuses dans les mers lointaines et les espaces ultramarins, en Afrique, dans le Pacifique et en Indochine. Mais elle agit en grande puissance et patronne le percement du canal de Suez : inauguré en 1869, à la veille de la chute du régime, l'ouvrage est son apothéose.

La IIIe République se bâtit sur les ruines de l'Empire et sa condamnation sans appel par les républicains. Les débuts sont difficiles. Le nouveau régime (le plus long que la France ait connu) s'installe d'abord dans le provisoire. La République ne se stabilise qu'après 1877 ; elle peut alors sortir du « repliement » et suivre les voies que lui indique Gambetta. L'expansion coloniale sert d'exutoire à son trop-plein d'énergie et de ressources (elle est à cette époque le pays le plus riche). S'ouvre une période d'initiatives tous azimuts dans le partage du monde. La France déclenche la « course au clocher » en Afrique, puis se lance à Madagascar, en Asie, en Indochine et en Chine ; elle est aussi présente en Égypte, en Amérique du Sud et surtout dans l'Empire ottoman ; la Russie devient le champ favori de ses investisseurs et son alliée privilégiée. Sur le chemin de cette conquête du « rang », elle trouve évidemment des adversaires, mais elle sait s'accommoder avec l'Angleterre dans le dernier marchandage colonial qu'est l'Entente cordiale de 1904 : l'Égypte est troquée contre le Maroc, comme prix de la réconciliation… Les hantises françaises se reportent vers « l'ennemi héréditaire » ressuscité et désigné : l'Allemagne. En 1910, la question marocaine, avec l'« incident d'Agadir », est révélatrice des peurs et des hostilités réciproques du siècle qui naît.

MARC MICHEL

Double page précédente : le corps diplomatique à Tokyo en janvier 1893.

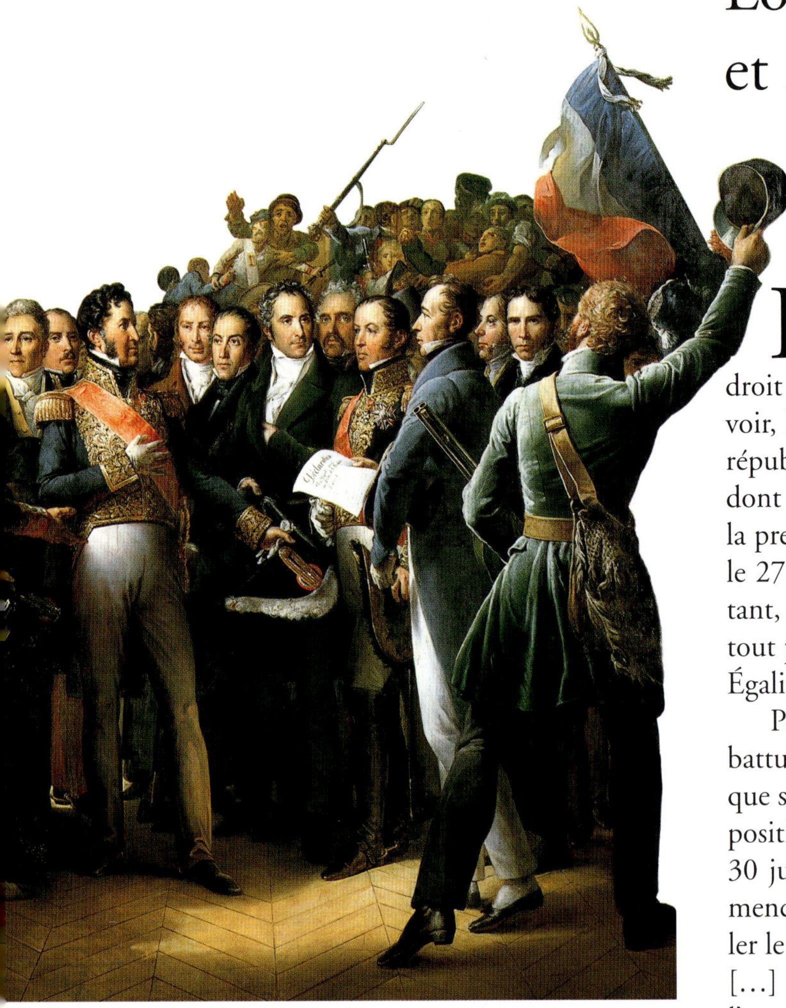

Lecture à l'Hôtel de Ville de Paris de la déclaration des députés et de la proclamation du duc d'Orléans, lieutenant général du royaume, le 31 juillet 1830 (détail), par François Gérard, 1835. Château de Versailles.

À droite : *Le duc d'Orléans quitte le Palais Royal pour l'Hôtel de Ville le 31 juillet 1830*, par Horace Vernet, 1833. Château de Versailles.

Pour Louis-Philippe d'Orléans, cette journée est décisive. Nommé la veille à la lieutenance générale du royaume, il doit maintenant se faire reconnaître par la révolution qui siège à l'Hôtel de Ville. À sa demande, Horace Vernet exécute ce tableau dont le sujet a été minutieusement choisi par les deux hommes : le prince, revêtu de l'uniforme de la garde nationale, quitte son palais parisien pour l'Hôtel de Ville, précédé du drapeau tricolore qui détrône le drapeau blanc de la monarchie « légitime », suivi des représentants de la nation. À leur tête, le banquier Laffitte et Benjamin Constant, l'un goutteux, l'autre blessé. Une barricade s'ouvre sous les pas du cheval princier, aux cris enthousiastes des combattants dont le peintre a voulu souligner la diversité sociale qui légitimise d'autant la démarche du futur roi.

Louis-Philippe et la révolution de 1830

Une couronne sur les barricades

LA révolution de juillet 1830 sonne le glas de la vieille monarchie de droit divin en France. Charles X, le dernier des frères de Louis XVI au pouvoir, hanté par ses souvenirs de 1789, croit en la réalité d'un vaste complot républicain. En prenant la décision de dissoudre la Chambre des députés, dont la majorité lui est une nouvelle fois hostile, et de suspendre la liberté de la presse, il tente un coup de force qui se retourne contre lui. Paris s'embrase le 27 juillet et crie victoire le 30. Alors que le vieux roi, impuissant et hésitant, est enfermé dans son château de Saint-Cloud, dans un autre château tout proche, au Raincy, Louis-Philippe d'Orléans, le fils du régicide Philippe Égalité, attend son heure.

Pour beaucoup, le chef de la branche cadette des Bourbons, qui a combattu à Valmy et à Jemmapes en 1792 et 1793, incarne la révolution libérale que son cousin refuse d'engager. À Paris, Thiers et Laffitte, les ténors de l'opposition libérale et bourgeoise, travaillent pour lui. Dans la nuit du 29 au 30 juillet, une affiche placardée dans tous les quartiers de la capitale commence par ces mots : « Charles X ne peut plus entrer dans Paris ; il a fait couler le sang du peuple. Le duc d'Orléans est un prince dévoué à la Révolution. [...] Le duc d'Orléans s'est prononcé ; il accepte la Charte comme nous l'avons toujours voulue et entendue. C'est du peuple français qu'il tiendra sa couronne. » Le 31 juillet 1830, La Fayette embrasse Louis-Philippe sur le balcon de l'Hôtel de Ville, tous deux enveloppés dans un drapeau tricolore. Ce « baiser républicain » fait du prince un roi des Français. Le 9 août, Louis-Philippe prête serment à la nouvelle Charte constitutionnelle du royaume – légèrement modifiée en la circonstance par rapport à celle de 1814.

Encore faut-il faire passer la pilule aux souverains d'Europe. François Ier en Autriche et Nicolas II en Russie mettront un certain temps à se décider ; on craindra même la guerre. En Angleterre, le nouveau roi Guillaume IV est de loin le plus facile à convaincre : les Anglais n'aiment pas Charles X et son ministre Polignac qui viennent de conquérir Alger, un crime contre leur toute-puissante hégémonie en Méditerranée. De plus, les deux pays ont des régimes politiques assez semblables. Le général Baudran, chargé de faire reconnaître le nouveau régime à Londres, est porteur d'une lettre du roi, rassurante et longuement travaillée comme l'attestent les nombreuses corrections de sa main (ci-contre). Le style officiel y domine. Ce n'est pas le roi des barricades, mais le roi des Français, de l'ordre public et de la garde nationale qui parle. Le message passe. Comme l'écrit Aberdeen, qui se fait le porte-parole du roi d'Angleterre : « C'est au duc d'Orléans seulement, qu'il soit roi ou régent, que nous devons donner notre confiance pour la conservation de l'ordre et de la tranquillité en France. » Louis-Philippe Ier est reconnu à Londres dans les derniers jours d'août. Talleyrand y viendra bientôt, représenter le roi de la paix et du « juste-milieu ». C'est un premier pas vers l'Entente cordiale.

EMMANUEL DE WARESQUIEL

Minute corrigée de la main de Louis-Philippe au roi d'Angleterre Guillaume IV, le 19 août 1830.

Monsieur mon frère, des événements qui vous sont connus avaient troublé la paix intérieure de la France et semblaient la menacer des plus grandes calamités. Appelé par le vœu des deux Chambres et l'assentiment général de la nation, j'ai accepté la couronne avec le titre de roi des Français. Mes sentiments personnels sont trop connus de Votre Majesté pour qu'il me soit nécessaire de l'entretenir de tout ce que j'ai éprouvé dans cette conjoncture. Je gémis des malheurs de la branche aînée de ma famille. Ma seule ambition aurait été de les prévenir et de rester dans le rang où la providence m'avait placé. Mais les circonstances étaient impérieuses et j'ai dû me dévouer. La moindre hésitation de ma part pouvait plonger le royaume dans des désordres dont on ne pouvait prévoir le terme et qui auraient pu compromettre la continuation de cette paix, indispensable au bonheur de tous les États. Dans des circonstances aussi graves, mon premier besoin est d'assurer Votre Majesté de la ferme résolution où je suis de ne rien négliger pour affermir et resserrer les liens d'amitié et la bonne harmonie qui existent entre les deux pays. J'ai lieu d'espérer qu'elle partagera mes dispositions et qu'elle m'aidera à atteindre un but si important pour le repos du monde.
MAE, MD France.

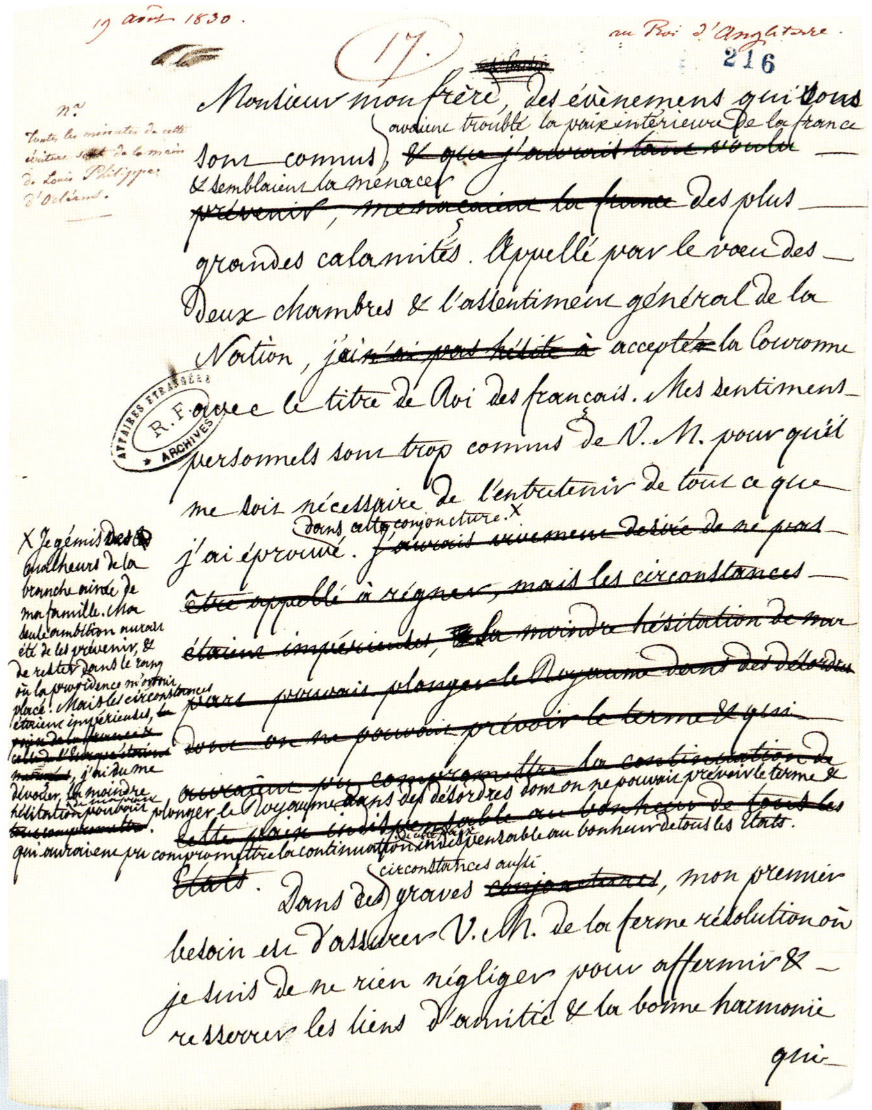
19 août 1830.

au Roi d'Angleterre.

(17)

216

Monsieur mon frère, des événemens qui vous sont connus, avaient troublé la paix intérieure de la France & semblaient la menacer des plus grandes calamités. Appellé par le voeu des Deux chambres & l'assentiment général de la Nation, j'ai accepté la Couronne avec le titre de Roi des français. Mes sentimens personnels sont trop connus de V. M. pour qu'il me soit nécessaire de l'entretenir de tout ce que j'ai éprouvé dans cette conjoncture.

X Je gémis des malheurs de la branche aînée de ma famille. Ma seule ambition aurait été de les prévenir, & de rester dans le rang où la providence m'avait placé. Mais les circonstances étaient impérieuses, j'ai dû me dévouer, la moindre hésitation pouvait plonger le Royaume dans des désordres dont on ne pouvait prévoir le terme & qui auraient pu compromettre la continuation de la paix indispensable au bonheur de tous les États.

Dans des circonstances aussi graves, mon premier besoin est d'assurer V. M. de la ferme résolution où je suis de ne rien négliger pour affermir & resserrer les liens d'amitié & la bonne harmonie qui

Stendhal : un consul diplomatiquement incorrect

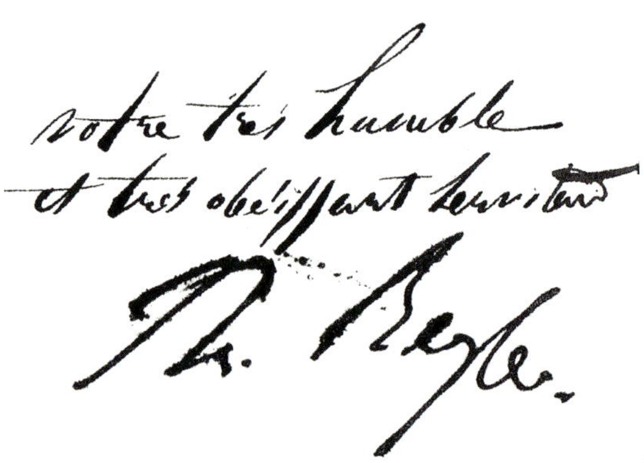

Portrait de Stendhal,
par Silvestro Valeri, 1835-1836.
Grenoble, bibliothèque municipale.

Stendhal est représenté en grand uniforme de consul avec sa Légion d'honneur ; lui-même se trouvait un air de vieux général dur à cuire.

L'ENTRÉE en diplomatie d'Henri Beyle, *alias* Stendhal, se fait presque par hasard. Avec la grande curée de 1830, les vainqueurs ont fait main basse sur tous les postes. Les ressources de l'écrivain sont insuffisantes, il doit compléter ses états de service pour avoir une retraite. Le 11 août 1830, il note dans la marge de son exemplaire du *Rouge et le Noir* : « Esprit perd préfecture. » « Esprit », c'est lui. Il a en effet songé à être préfet, mais Guizot s'y oppose. Alors, le 25 août, il se tourne vers la diplomatie. Il a des appuis sérieux auprès du comte Molé, ministre des Affaires étrangères, auquel il demande un poste de consul général en Italie ou, à défaut, de premier secrétaire. Cette fois, « Esprit gagne consulat ». Le 26 septembre, il est nommé à Trieste, port de l'empire d'Autriche. Grosse erreur : Stendhal est pratiquement interdit de séjour en Lombardo-Vénétie, il a contre lui un gros dossier où les policiers de Vienne ont minutieusement analysé, dans ses ouvrages, ses attaques contre les Habsbourg. Sur ordre de Metternich, trop heureux de bafouer Louis-Philippe, l'exequatur lui est refusé.

Vient la deuxième bévue. De cet écrivain irréligieux, auteur de terribles phrases contre le gouvernement pontifical, on fait le 11 février 1831 un consul à Civitavecchia, petit port de pêche des États de l'Église. La Curie proteste. L'Autriche lui communique le fameux dossier et Metternich en personne suit l'affaire. Mais l'ambassadeur, le comte de Sainte-Aulaire, tient bon. Le 25 avril, il obtient que le gouvernement de Rome, de très mauvaise grâce, accepte l'encombrant consul enfin casé.

Encombrant, il le restera jusqu'au bout. Entré dans la « carrière » par effraction, livré à un incurable ennui et à tous les tourments bureaucratiques qui l'empêchent d'écrire et surtout de publier, l'écrivain sera toujours un corps étranger, un irréductible intrus, un inassimilable mauvais esprit. Tout le sépare des diplomates de carrière, ces « hauts sur cravate », ces « buses savantes » en perpétuelle représentation. « Un homme comme moi ou plutôt comme mon habit », dit le consul de Civitavecchia, qui soupçonne ces affectés de profession de ne pas savoir à quel point ils ne sont qu'une contenance. Stendhal s'intéresse au jeu des intérêts et des passions, à l'envers du décor politique, à la mise à nu de la face grotesque et tragique du pouvoir, saisi dans l'individuel, l'anecdotique. Il a bien tenté d'envoyer des dépêches « politiques » – aux ministres hommes d'esprit –, on lui a fait comprendre qu'un consul doit rester à sa place.

Le langage aussi, qu'il veut dur et libre, le différencie. En témoigne cette petite lettre du 8 juillet 1831 (ci-contre) adressée à « notre agent à Ancône », un vice-consul manifestement incompétent à qui Henri Beyle donne des leçons de « logique » et de style qui appartiennent à Stendhal. Dans le tableau par colonnes qu'il lui conseille d'adopter, la vérité se donne à voir, claire comme une épure, rapide comme un coup d'œil, intelligible comme un schéma ; et voir, c'est penser, vite et net. Ce style « napoléonien » détonne dans l'administration juste-milieu.

MICHEL CROUZET

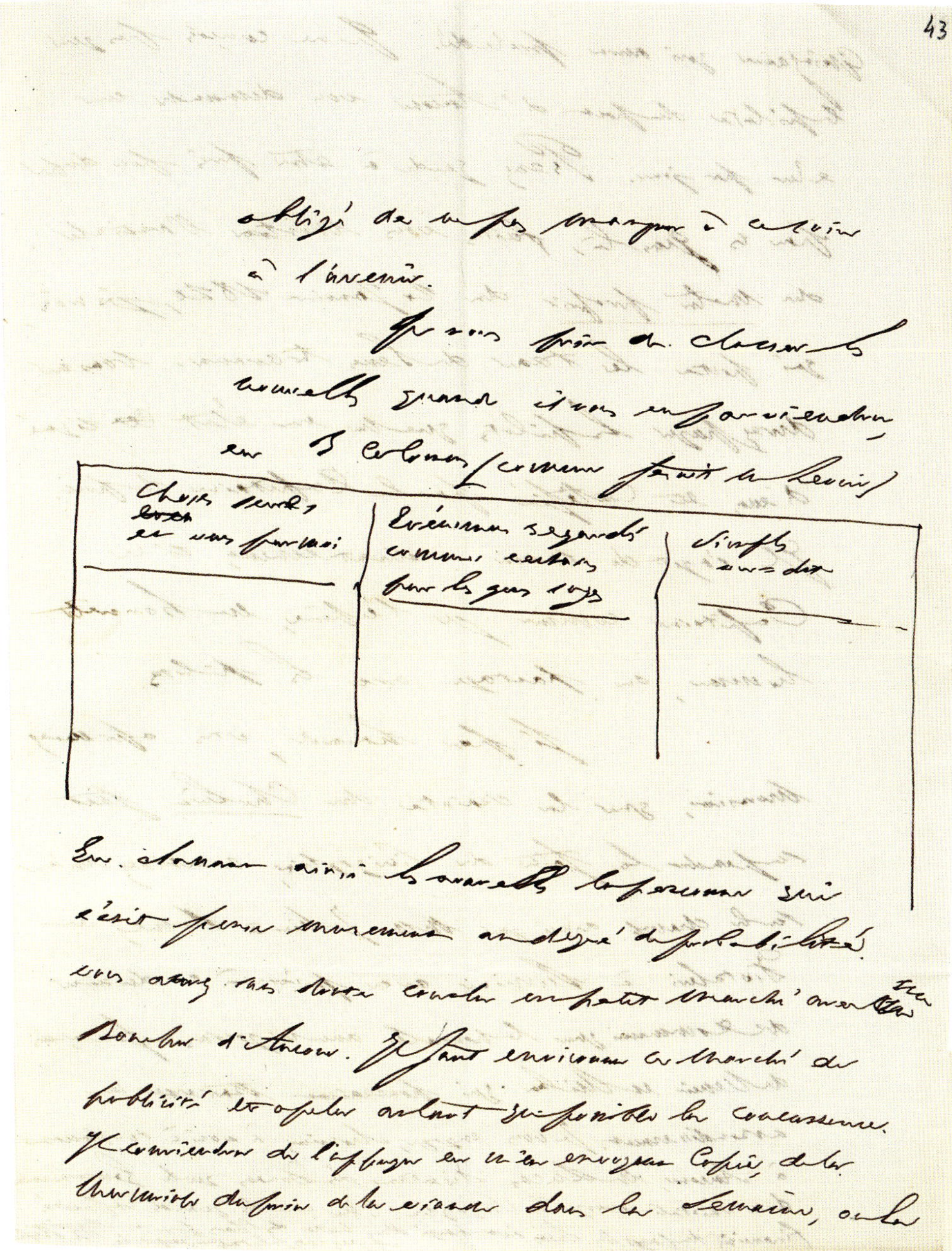

Lettre (et enveloppe) d'Henri Beyle au vice-consul Frédéric Quilliet, le 8 juillet 1831.

Je ne vous demande pas, Monsieur, les rapports de haute politique que vous pourriez adresser à l'ambassadeur du roi à Rome, mais vous devez m'adresser des rapports sur tous les autres objets du service et me faire parvenir les nouvelles qui peuvent intéresser le ministère des Affaires étrangères. Je les adresse à Son Excellence les 1, 11 et 21 de chaque mois. [...]
Je vous prie de classer les nouvelles quand il vous en parviendra en trois colonnes [...] :
– choses sûres et vues par moi ;
– événements regardés comme certains par les gens sages ;
– simples on-dit.
En classant ainsi les nouvelles, la personne qui écrit pense mûrement au degré de probabilité. Vous avez sans doute conclu un petit marché avec M. Bourbon d'Ancône. Il faut environner ce marché de publicité et appeler autant que possible la concurrence.
Il conviendra de l'appuyer, en m'en envoyant une copie, de la mercuriale du prix de la viande dans la semaine ou la quinzaine qui aura précédé. [...]
MAE, Correspondance Ancône.

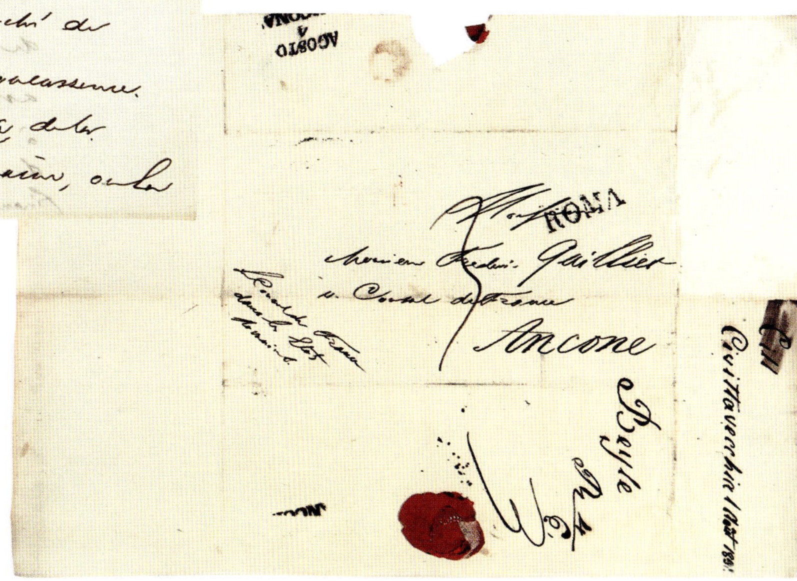

Le Forum vu des jardins Farnèse, par Camille Corot (1796-1875). Paris, Louvre.

Des consuls-archéologues sur les traces des Assyriens

Détail des taureaux de Khorsabad conservés au Louvre.

AUX Antiquités orientales du Grand Louvre, deux taureaux ailés flanquent l'entrée des nouvelles salles, bienveillants gardiens des trésors de l'antique Assyrie. Leur découverte et leur installation à Paris sont l'aboutissement d'une véritable aventure humaine, menée il y a cent cinquante ans aux environs de Mossoul, capitale de la province ottomane de Mésopotamie.

Dans le « Grand Jeu » que se livrent alors les puissances européennes en Orient, la région est le théâtre d'une rivalité entre la France et l'Angleterre à la fois politique, économique et scientifique. Les voyageurs, les hommes d'affaires, les savants et les poètes font connaître à l'Europe les noms des cités assyriennes encore enfouies : Assur, Ninive, Nimrud. On rêve d'aller à Mossoul fouiller les *tells*, collines artificielles formées par l'amoncellement de ruines, ou déchiffrer l'hermétique écriture cunéiforme. Les Anglais, forts de la présence sur place d'un tout-puissant consul et des agents de la richissime Compagnie des Indes, lancent plusieurs expéditions à l'assaut d'improbables vestiges. Sans résultat notable.

La France de Louis-Philippe se décide à prendre part à cette compétition archéologique. Le 21 septembre 1842, Paul-Émile Botta est nommé consul de France à Mossoul. Il n'a droit à aucun des attraits des « Échelles du Levant » : ni résidence de luxe, ni cérémonies fastueuses. Son rôle demeure très diplomatique : assurer la protection des communautés chrétiennes, renseigner Paris sur la politique du pacha turc et des cheikhs locaux, enquêter sur les possibilités commerciales qu'offre la région. S'il s'en acquitte convenablement, son intérêt est ailleurs, dans une activité que le ministère des Affaires étrangères considère comme annexe : l'archéologie.

À l'aide de sa fortune personnelle, Botta commence par fouiller le tell de Kuyunjik, près de Mossoul. Quand un villageois lui conseille de chercher à Khorsabad, un petit village situé à une quinzaine de kilomètres, Botta hésite mais finit par y déplacer son chantier. En quelques jours, les ouvriers excavent les murs d'une formidable citadelle, ornés de quantité d'inscriptions et de bas-reliefs. Persuadé qu'il a découvert Ninive (il s'agit en réalité du palais de Sargon II, roi d'Assyrie au VIIIe siècle avant notre ère), Botta alerte ses correspondants parisiens. Le gouvernement lui accorde une aide financière importante. Le consul peut enfin voir grand, même s'il doit se battre sur plusieurs fronts : les autorités turques, tracassières et susceptibles, les menées des cheikhs bédouins et kurdes, la chaleur, les maladies des ouvriers. Assisté du dessinateur Étienne Flandin, il fait des relevés d'une rare précision et organise le transport vers la France des principales œuvres sculptées. Mais l'argent vient bientôt à manquer ; découragé par l'immensité de la tâche, Botta stoppe les travaux (voir lettre ci-contre). Le 1er mai 1847, à Paris, il assiste à l'inauguration du premier musée assyrien. Ce coup d'éclat ne lui vaut cependant pas la reconnaissance du nouveau régime issu de la révolution de 1848 : tombé en disgrâce, il est nommé à Jérusalem ; il ne retournera jamais à Mossoul.

*« Homme en ruine, homme de ruines,
dans la ville des ruines ; nie tout, et m'a l'air
de tout haïr si ce n'est les morts. »*

Gustave Flaubert, dans ses carnets de voyage en 1850,
à propos de Paul-Émile Botta.

Portrait de Paul-Émile Botta,
par Champmartin, vers 1840.
Paris, Louvre.

Après sa disgrâce et sa nomination à Jérusalem, qui mettent brutalement fin à sa carrière d'archéologue, Paul-Émile Botta est un homme solitaire, amer, rancunier. Gustave Flaubert le rencontre en Palestine, lors de son voyage en Orient avec Maxime Du Camp, et évoque dans ses carnets l'« homme en ruine » qu'il est devenu.

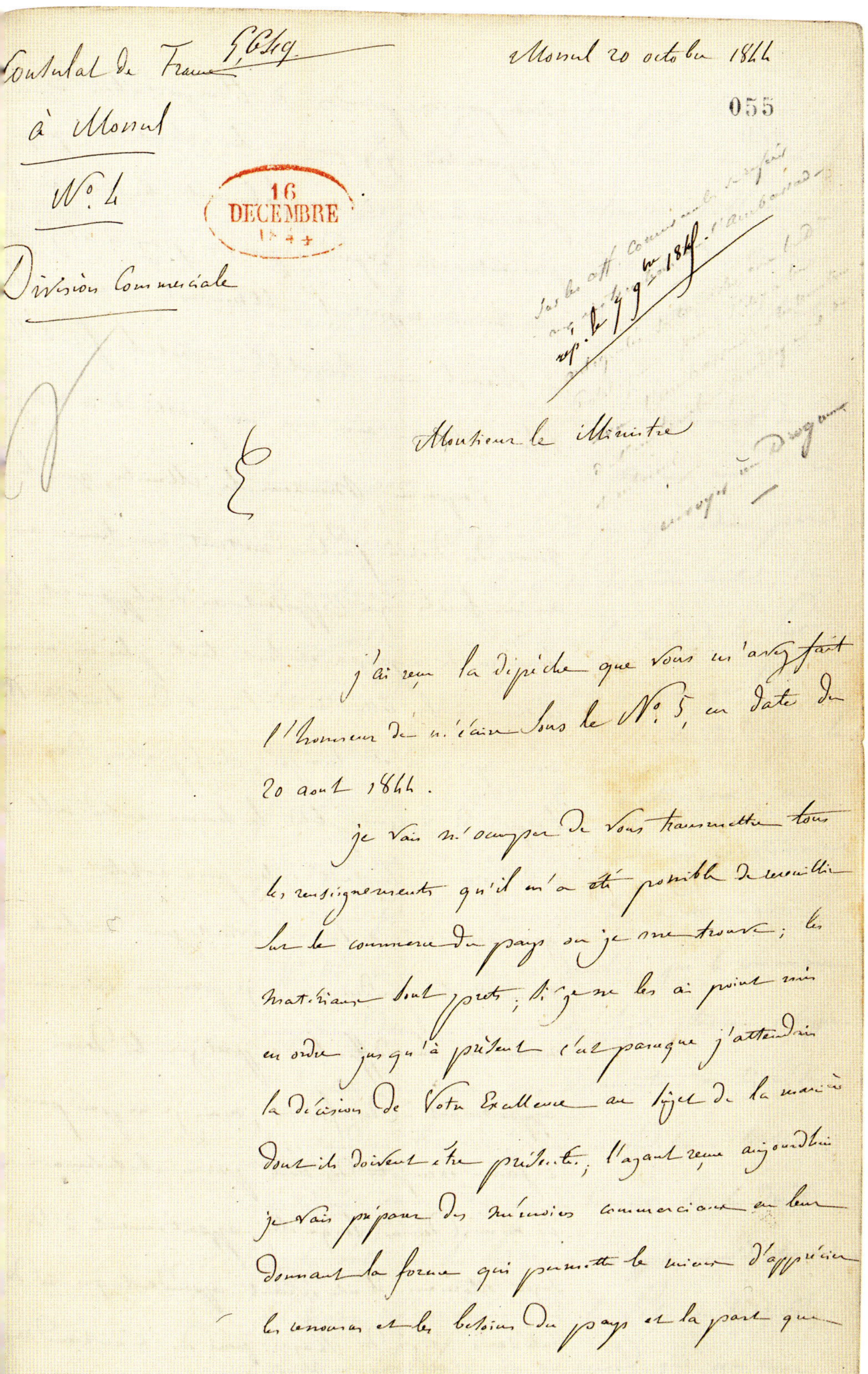

Consulat de France à Mosoul
N° 4
Division Commerciale

Mosoul 20 octobre 1844

055

16 DECEMBRE 1844

Monsieur le Ministre

J'ai reçu la dépêche que vous m'avez fait l'honneur de m'écrire sous le N° 5, en date du 20 août 1844.

Je vais m'occuper de vous transmettre tous les renseignements qu'il m'a été possible de recueillir sur le commerce du pays où je me trouve ; les matériaux sont prêts, si je ne les ai point mis en ordre jusqu'à présent c'est parce que j'attendais la décision de Votre Excellence au sujet de la manière dont ils doivent être présentés ; l'ayant reçue aujourd'hui je vais préparer des mémoires commerciaux en leur donnant la forme qui permette le mieux d'apprécier les ressources et les besoins du pays et la part que

Lettre de Paul-Émile Botta au ministre des Affaires étrangères, le 20 octobre 1844.

Monsieur le Ministre,
[…] Votre Excellence m'a fait l'honneur de s'intéresser à mes découvertes archéologiques et de me demander quelques détails sur la suite de mes travaux. Elle apprendra peut-être avec plaisir que nous touchons à leur fin après avoir mis au jour une surface de bas-reliefs sur un développement d'au moins 1 500 mètres de longueur. Ce n'est évidemment cependant qu'une très petite portion d'un monument immense mais le reste a été détruit à demi dans les temps les plus reculés et les pierres en ont été enlevées ; peut-être cependant le monticule renferme-t-il encore des richesses archéologiques, car nous sommes loin de l'avoir traversé dans tous les sens, mais les chances d'un succès sont si faibles et les dépenses si considérables qu'ayant déjà dépassé le crédit qui m'avait été alloué, j'ai jugé convenable de m'arrêter. Il est certain d'ailleurs, par les recherches que nous avons faites, que, si quelques restes cachés peuvent encore être découverts, ils sont complètement insignifiants en comparaison de ce que nous possédons. Telle qu'elle est, cette découverte, par son caractère et sa grandeur, est certainement la plus importante qui ait été faite depuis longtemps […].
MAE, CCC Mossoul.

Victor Place, consul de France
à Mossoul (1851-1855).
Collège de France, Cabinet d'assyriologie
(pour toutes les photographies).

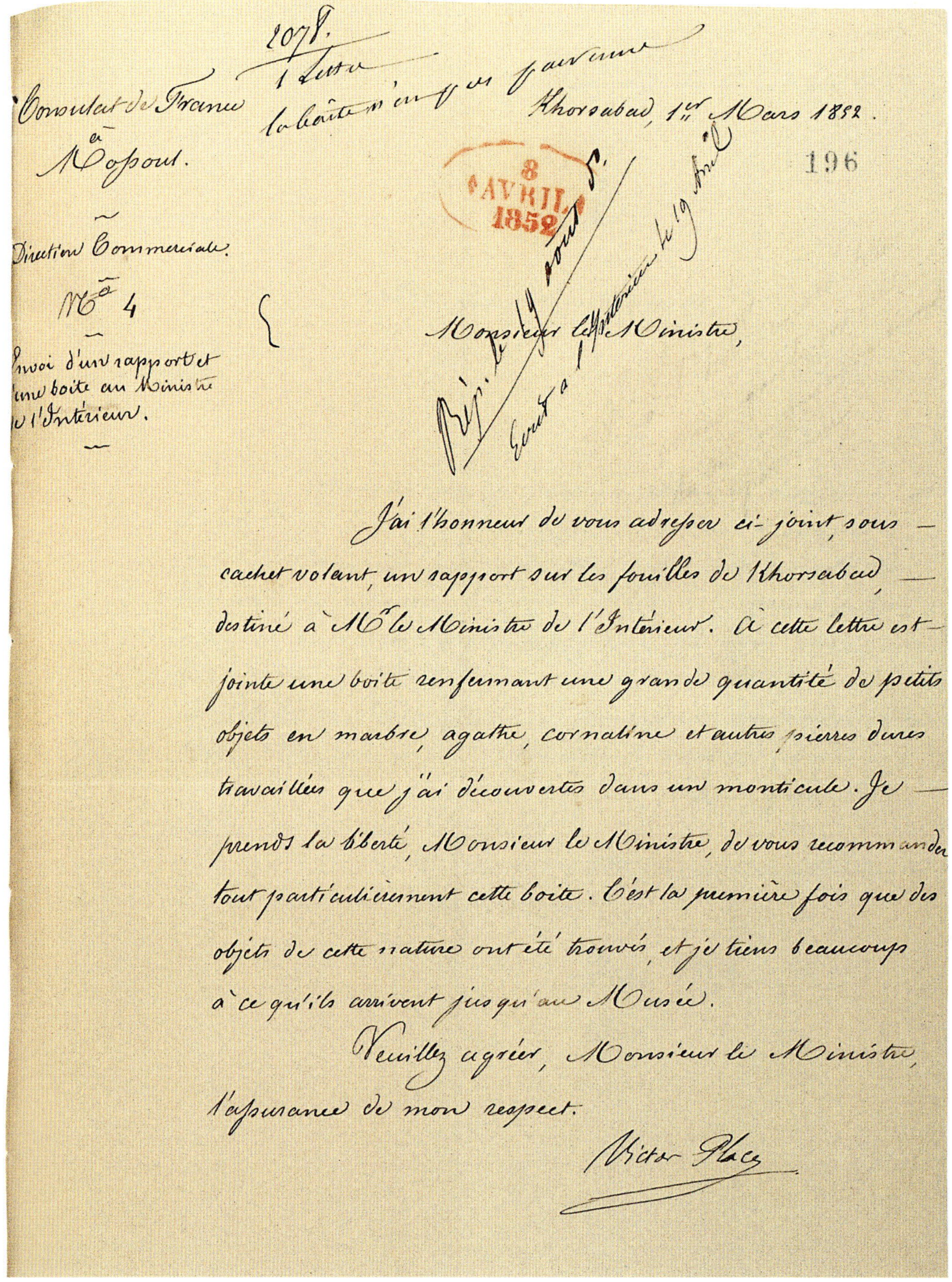

2078.

Consulat de France à Mossoul.

Direction Commerciale.

N° 4

Envoi d'un rapport et une boîte au Ministre de l'Intérieur.

Khorsabad, 1er Mars 1852.

8 AVRIL 1852

196

Monsieur le Ministre,

J'ai l'honneur de vous adresser ci-joint, sous cachet volant, un rapport sur les fouilles de Khorsabad, destiné à M. le Ministre de l'Intérieur. À cette lettre est jointe une boîte renfermant une grande quantité de petits objets en marbre, agathe, cornaline et autres pierres dures travaillées que j'ai découvertes dans un monticule. Je prends la liberté, Monsieur le Ministre, de vous recommander tout particulièrement cette boîte. C'est la première fois que des objets de cette nature ont été trouvés, et je tiens beaucoup à ce qu'ils arrivent jusqu'au Musée.

Veuillez agréer, Monsieur le Ministre, l'assurance de mon respect.

Victor Place

Lettre de Victor Place au ministre des Affaires étrangères, le 1er mars 1852.

Monsieur le Ministre,
J'ai l'honneur de vous adresser ci-joint, sous cachet volant, un rapport sur les fouilles de Khorsabad destiné à M. le ministre de l'Intérieur. À cette lettre est jointe une boîte renfermant une grande quantité de petits objets en marbre, agate, cornaline et autres pierres dures travaillées que j'ai découvertes dans un monticule. Je prends la liberté, Monsieur le Ministre, de vous recommander tout particulièrement cette boîte. C'est la première fois que des objets de cette nature ont été trouvés et je tiens beaucoup à ce qu'ils arrivent jusqu'au musée.
Veuillez agréer, Monsieur le Ministre, l'assurance de mon respect.
Victor Place
MAE, CCC Mossoul.

Khorsabad, laissé à l'abandon, éveille la convoitise des Anglais et attire des fouilleurs peu scrupuleux. En 1851, Victor Place est désigné pour rouvrir le consulat de Mossoul et poursuivre les fouilles. Au bout de deux ans, après s'être lui aussi lourdement endetté, il parvient à dégager une centaine de salles. Il découvre surtout les portes monumentales flanquées des fameux taureaux ailés à tête humaine. Mais les ministres parisiens n'aiment décidément pas les consuls-archéologues : Victor Place est sommé de stopper les travaux et se voit affecté en Roumanie. Pis encore, il lui est interdit de convoyer jusqu'à Paris le fabuleux résultat de ses fouilles. L'inconséquence des bureaux parisiens va avoir des effets terribles. Au mois de mai 1855, les bédouins attaquent et coulent dans le Chatt al-Arab les radeaux sur lesquels ont été entreposées les œuvres dans l'attente d'un navire de France qui n'est jamais arrivé. Ce pitoyable désastre clôt l'ère des pionniers de l'assyriologie, passionnés et humbles serviteurs de la science. Ils lui avaient sacrifié carrière, santé et fortune.

PIERRE FOURNIÉ

Ci-contre : L'équipe de Khorsabad devant la porte n° 3 de la ville.

En bas à droite : Victor Place et F. Thomas sur la tête des taureaux de la porte n° 1 de la ville.

Ci-dessous : Victor Place (à droite) et Gabriel Tranchand (?) de part et d'autre de l'un des taureaux ailés.

Napoléon III et l'Italie

Un journal de campagne

Lecture du premier ordre du jour de l'armée d'Italie dans les faubourgs de Paris, 1859.
MAE, album Ch. Robert
(pour l'ensemble des documents).

Dans les premiers jours de mai 1859, Napoléon III fait connaître au peuple, par voie d'affiche, sa décision d'intervenir en Italie : « Soldats ! Je viens me mettre à votre tête pour vous conduire au combat. Nous allons seconder la lutte d'un peuple revendiquant son indépendance. […] »

À droite : Petit épisode de notre séjour à Alexandrie (Palazzo Reale)

« Les personnes logeant dans cette partie du Palais sont priées de faire le moins de bruit possible, car c'est ici qu'habite Sa Majesté ». Cet écriteau était cloué dans l'escalier qui, de l'étage où habitait l'empereur dans le Palais royal d'Alexandrie, mène aux chambres plus que modestes de MM. Ch. Robert et Lemarié. Le dessin ci-dessous prouve que les précautions prises dans l'intérêt de Victor-Emmanuel et de Charles-Albert n'ont pas suffi pour assurer la tranquillité de Napoléon III […]. (Transcription complémentaire en fin de volume.)

La campagne menée par les Français entre mai et juillet 1859 doit aider l'Italie du Nord à se libérer du joug autrichien. Napoléon III dirige personnellement les opérations. Il a choisi pour secrétaire particulier un jeune maître des requêtes au Conseil d'État, Charles Robert, né en 1827 à Mulhouse. Chargé de la rédaction des dépêches diplomatiques, celui-ci assiste de loin aux combats et profite de ses moments de liberté pour réaliser un véritable reportage sur la guerre : l'album présenté ici réunit des photographies, des gravures, des lettres autographes de l'empereur et surtout des dessins, à la plume ou à l'aquarelle, accompagnés de commentaires. Le ton est vivant, souvent humoristique, facétieux, railleur, voire irrévérencieux à l'égard des officiers… Sur le général de Martimprey, il note : « Grande aptitude ; activité infatigable ; accès possible à la dignité de maréchal », mais il juge le colonel comte Lepic, chargé des finances, « impudent et avide ». Protestant convaincu, il montre peu d'indulgence vis-à-vis du pape Pie IX, qu'il n'hésite pas à caricaturer, ou du chapelain de l'empereur, qu'il représente les paumes ouvertes devant un parterre de militaires goguenards : « Neuvième *Domine salvum* de l'abbé Lainé, raté et chanté faux comme les huit précédents. »

Les dessins de Charles Robert nous plongent au cœur de la vie quotidienne de l'empereur, présenté comme un homme sensible et plein d'humour. Nous suivons le périple des Français au jour le jour, voyons Napoléon III acclamé par la foule à Alexandrie et à Milan, les soldats ardents au combat à Montebello, les officiers d'état-major déjeunant à la table de l'empereur.

La bataille de Solferino, le 24 juin, va être décisive, non par son issue victorieuse, mais par la lourdeur des pertes : 16 000 soldats français y sont tués. Napoléon III, craignant en outre l'intervention de la Prusse, décide d'arrêter les combats. Les préliminaires de paix sont signés à Villafranca, après quelques heures de préparation fiévreuse que Charles Robert croque de façon gentiment impertinente, montrant même l'empereur en chemise de nuit (p. 188).

Le retour vers la France passe par le lac de Garde, occasion de dessins savoureux (p. 188) : une promenade en barque, l'aéronaute Godard dans son ballon, l'empereur nageant dans le lac à Desenzano… Mais Napoléon III a signé la paix sans demander leur avis aux Italiens, et l'accueil qui lui est réservé à Milan est moins enthousiaste qu'à l'aller : « On ôtait les chapeaux, des dames agitaient leurs mouchoirs, mais peu de cris, pas de fleurs et un assez grand nombre de fenêtres fermées. »

Le reportage s'achève le 17 juillet avec l'arrivée du train impérial devant le château de Saint-Cloud (p. 189). Charles Robert sera admis au grade de chevalier de la Légion d'honneur. Son album, sorte de bande dessinée sur la campagne d'Italie, n'était pas destiné à être publié. Il faudra attendre 1934 pour que ses enfants en fassent don au ministère des Affaires étrangères.

FLORENCE LE CORRE

Petit épisode de notre séjour à Alexandrie. (Palazzo Reale).

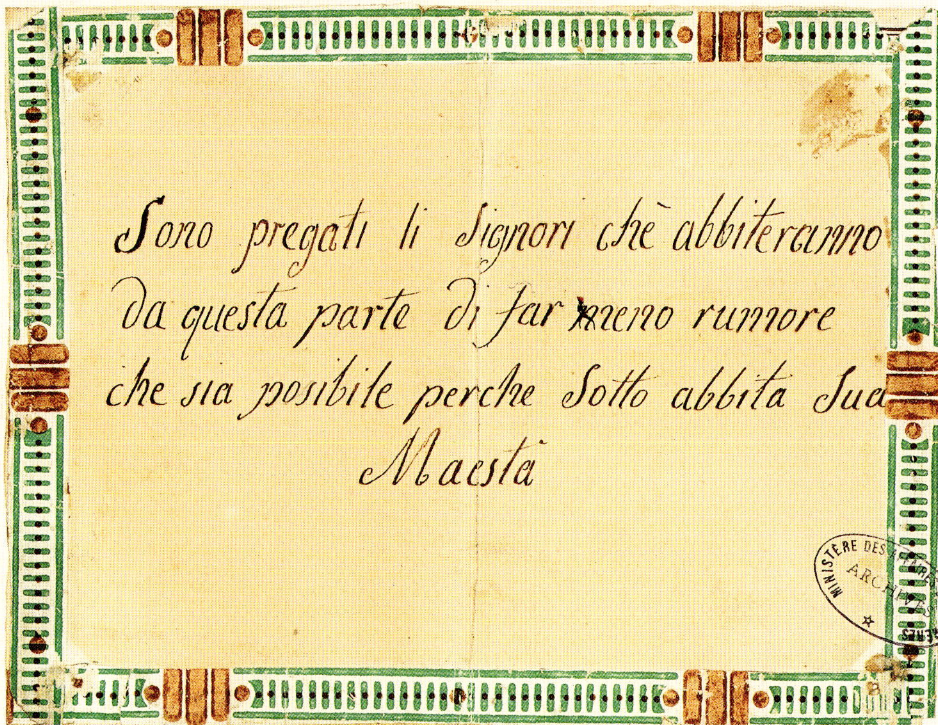

Cet écriteau était cloué dans l'escalier qui de l'étage où habitait l'Empereur dans le Palais Royal d'Alexandrie, mène aux chambres plus que modestes de MM. Ch. Robert et Lemarié. Le dessin ci-dessous prouve que les précautions prises dans l'intérêt de Victor-Emmanuel et de Charles-Albert n'ont pas suffi pour assurer la tranquillité de Napoléon III.

Explication. Un soir de notre séjour à Alexandrie du 14 au 30 Mai, vers 10 heures, nous nous étions couchés tous deux, mais avec cette différence que je voulais dormir et mon compagnon veiller. Il s'obstinait à me lire le Constitutionnel à haute voix ; je le prie de se taire, il continue, j'insiste, c'est comme si je chantais ; je le menace, il se moque de moi. Alors je me lève en courroux pour aller souffler sa chandelle. Devinant mon projet il saisit d'une main le chandelier, de l'autre son journal, saute du lit et se sauve en renversant les chaises ; je le poursuis, il fuit dans ma chambre, escalade mon lit, et tombe dans la ruelle en faisant le bruit que comporte son poids.... Mais à l'instant on frappe à la porte.. C'est un valet de chambre de l'Empereur qui vient nous prier de vouloir bien ne pas troubler le repos de sa Majesté.

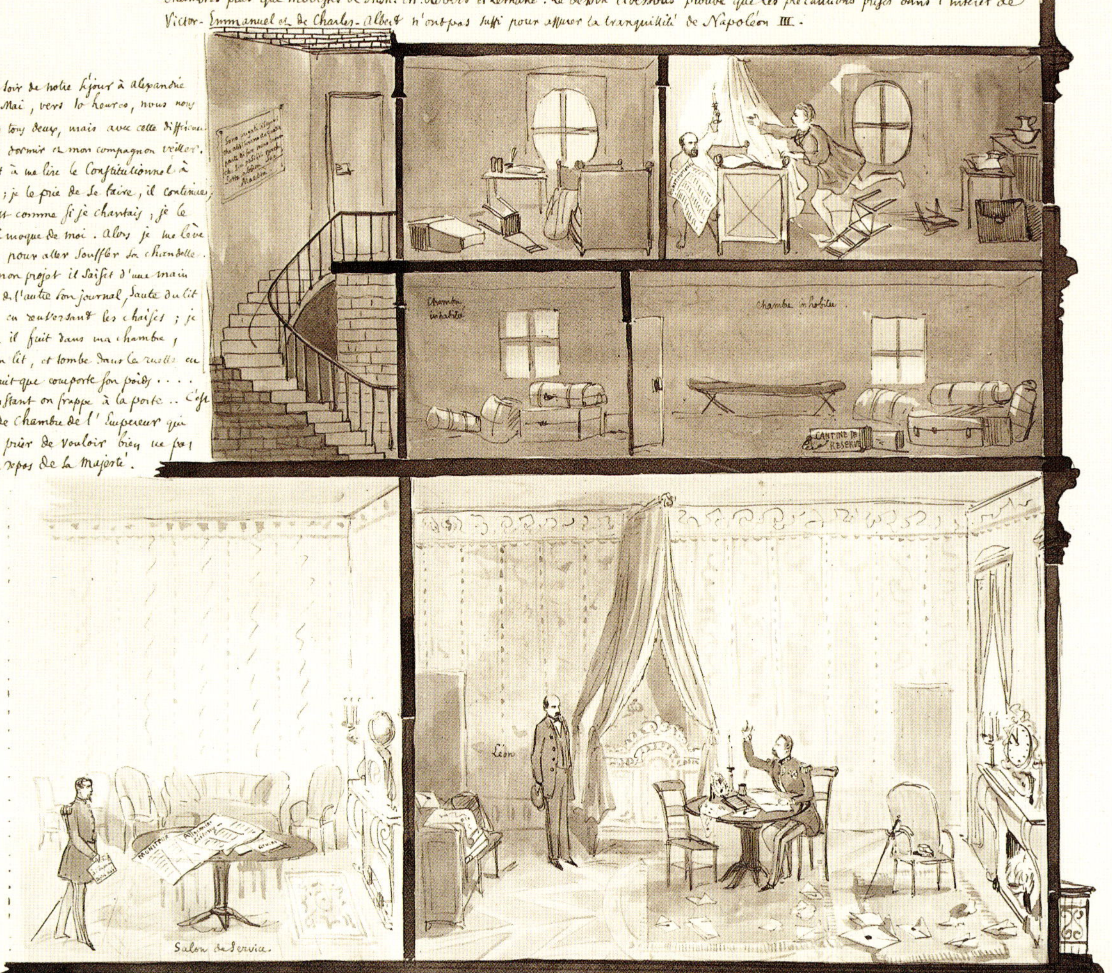

Coupe Verticale d'une partie du Palazzo Reale d'Alexandrie.

En haut à gauche : Dessin à l'encre, à la plume et au lavis, « Les conversations de l'empereur avec l'intendant Paris ».

– Vos approvisionnements de biscuits sont-ils au complet ?
– Sire, j'ai une grande quantité de fourrage en magasin.
– Je parle du biscuit !
– Sire, mes caisses de tabac et de café sont arrivées hier.
– L'empereur (d'une voix retentissante) : « Le biscuit !!! »
– Oh, Sire, pour le biscuit, il y a un retard que je ne m'explique pas.
– Je veux savoir la vérité.
L'intendant général Paris, quoique sourd, et plus sourd que de nature quelquefois, est un excellent administrateur qui a rendu de grands services pendant la guerre ; il avait une tâche difficile, ingrate ; [il] était responsable de tout le service des approvisionnements, et voyait souvent ses transports par chemin de fer interrompus par du matériel ou des troupes. Remarquons à ce sujet la différence qu'il y a entre les règles suivies ici et les usages du Premier Empire. Sous Napoléon Ier, l'armée vivait sur le pays, sans payer, par le maraudage et le pillage ; elle ne recevait pas sa solde et n'avait presque pas de bagages. Pendant la guerre actuelle, tous les approvisionnements nous suivaient, on n'a pas fait de réquisitions ; on a payé tout ce qu'on a pris (nous avions une masse de bagages, que nous serait-il arrivé en cas de défaite ! Quel encombrement ! Quel désastre ç'aurait été). La civilisation a marché depuis Napoléon Ier et on a tenu grand compte des idées de justice et d'humanité qu'elle a développées dans le monde. Par un singulier contraste, c'est l'armée qui a été pillée. Presque partout les marchands et les habitants ont fait payer aux soldats les menues denrées à des prix excessifs. J'ai vu des officiers exaspérés de cette exploitation éhontée : « Ce sont des cochons », s'écriaient-ils en parlant des indigènes.

En bas, à gauche : Vue de Brescia, chromolithographie.

En haut, à droite : Lithographie réalisée d'après un dessin, « Bateau à vapeur autrichien coulé sur le lac de Garde par une batterie piémontaise, devant Salo ».

En bas, à droite : Dessin à la plume, au lavis et à l'encre.

Le colonel Friant, officier en second : Sire, l'empereur a fait demander le maréchal Vaillant. On ne le trouve pas, on ne sait pas où il est.
L'empereur : Il est peut-être malade. Il a mangé ce matin une soupe à l'oignon !
Le commandant Victor : C'est pourtant une bonne chose !

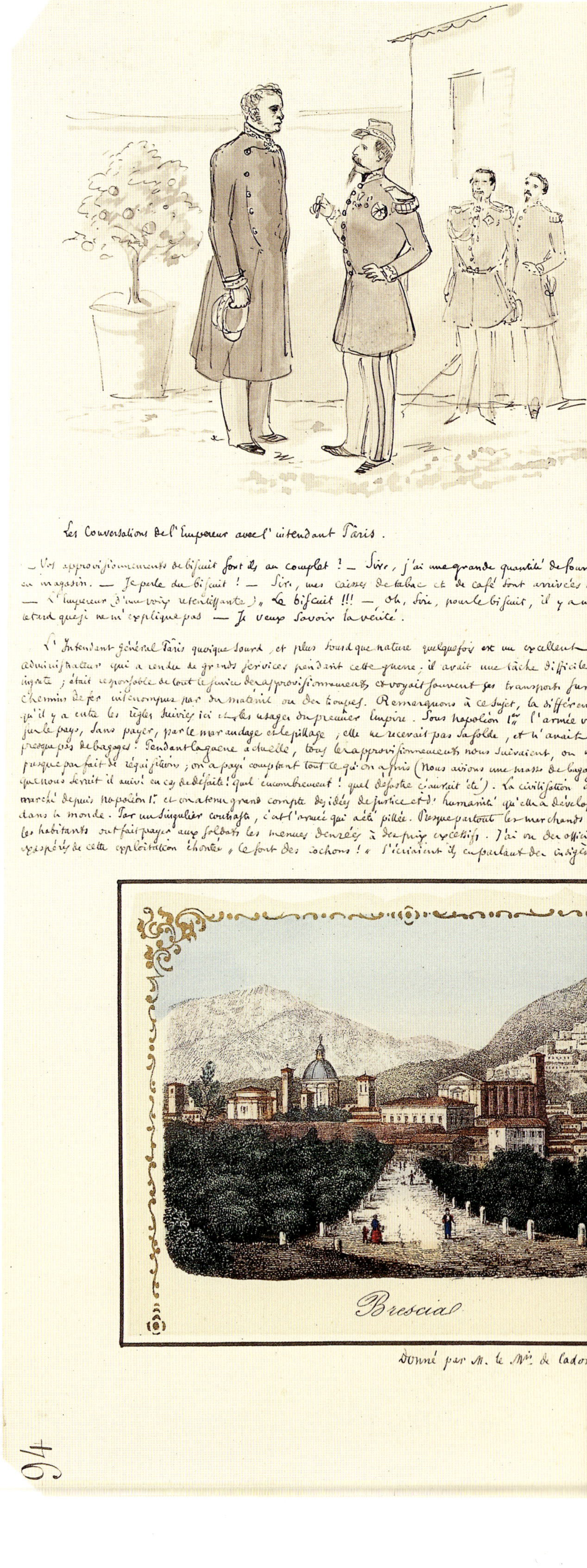

BATEAU A VAPEUR AUTRICHIEN COULÉ A FOND SUR LE LAC DE GARDE, PAR UNE BATTERIE PIÉMONTAISE, DEVANT SALO, LE 19 JUIN 1859.
— D'après un dessin de M. le chevalier Giacomelli.

Le Capitaine friant, officier d'ord^ce « Sire, l'Empereur a fait demander le maréchal Vaillant, on ne le trouve pas, on ne sait pas où il est. »
L'Empereur. « Il est peut être malade, il a mangé ce matin une soupe à l'aignon ! »
Le Commandant Victor « C'est pourtant une bonne chose !! »

Travagliato. Soirée du 17 Juin.

Ce 22 juin 1859, l'empereur est assis sur la butte dominant Montechiari et ses environs. L'état-major se tient respectueusement derrière lui, tandis qu'au premier plan la troupe prépare son repas. Du chien, mascotte du régiment, il est précisé qu'il « a fait la campagne de Crimée ».

Magnifique soirée : le général qui cause avec l'Empereur est le général Mellinet. Celui qui est le plus près à gauche est le général de Cotte, mort subitement dans la nuit. L'esquisse de ce dessin a été faite le lendemain matin, 23, à l'ombre d'un bonnet à poils posé sur une baïonnette.

Napoléon III.

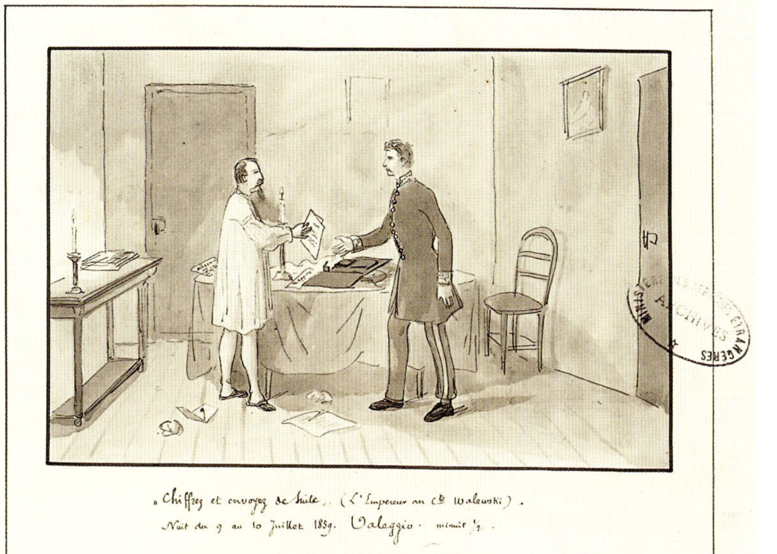

Le comte Walewski, fils de Napoléon Ier et de la comtesse Walewska, est ministre des Affaires étrangères de 1855 à 1860. La veille de l'armistice de Villafranca, le télégraphe ne fonctionne plus et l'empereur doit faire porter ses messages par un cavalier.

Ci-contre, à droite : *La paix de Villafranca est signée et Napoléon III regagne la France. Une halte au lac de Garde est l'occasion de plaisirs bucoliques : on pêche, on nage, on canote… mais les canons autrichiens ne sont pas loin.*

Quartier général de Cavriana.
26 juin 1859. 6 h du matin.
Dortoir, réfectoire,
salle de réunion et de travail
à Cavriana.
C'est dans cette grande galerie
que l'Empereur vainqueur
soupait avec son état-major
le soir de Solferino à 9 h
et m'a tendu la main quand,
arrivant de Castiglione, je suis
allé vers lui pour le saluer.
Cette maison appartient à une
fille de la duchesse de Berry
et du comte Lucchesi Palli.

« Dès que cela est réglé, je vole vers toi », avait écrit l'empereur à Eugénie. C'est par le train qu'il arrive à Saint-Cloud le 17 juillet: féru des nouvelles techniques, il a fait aménager une ligne de chemin de fer qui s'arrête aux portes de son château (détruit pendant la guerre de 1870). Parmi la foule qui l'accueille, à l'arrière-plan, une femme s'exclame: « Grâce pour mon père! Vive l'Empereur! Grâce! » Le commentaire sous le dessin précise, laconique: « Cette femme, au fond, a eu sa grâce. »

Saint-Cloud, Dimanche 17 Juillet, 10 heures du matin.
L'arrivée du train Impérial, s'arrêtant à la grille du parc.
(Cette femme qui supplie, au fond, a eu sa grâce).

Abd el-Kader, le « harki » de Napoléon III

« Je suis aussi bien l'empereur des Arabes que l'empereur des Français. »

Napoléon III, 1863.

Abd el-Kader vers 1860.

Né en 1808, l'émir Abd el-Kader est un des leaders de l'insurrection des « indigènes » contre les « envahisseurs » français, dès les débuts de la conquête de l'Algérie. Battu par le duc d'Aumale lors de la célèbre prise de sa smala le 16 mai 1843 (ci-dessous), il se constitue prisonnier en décembre 1847. Après sa libération par Napoléon III, il partage sa vie entre la France (où il est considéré comme un personnage officiel), l'Algérie et la Syrie, sauvant notamment de nombreux chrétiens lors des révoltes qui sévissent dans ce pays. Il meurt à Doummar, en Syrie, le 26 mai 1883. D'abord inhumée à Damas, sa dépouille a été transférée à Alger en 1964.

BEAUCOUP d'Algériens contemporains considèrent l'émir Abd el-Kader comme un « harki », une sorte de supplétif politique qui aurait rallié la puissance coloniale et servi ses intérêts. Il faut reconnaître que cette lettre personnelle que lui envoya Napoléon III (ci-contre) semble appuyer ce point de vue. Toutefois, la chose mérite d'être nuancée, notamment à la lumière des projets caressés par l'empereur.

Retenu prisonnier depuis 1847, mais confortablement assigné à résidence à Amboise, l'ancien leader de l'insurrection des autochtones est libéré en octobre 1852 par Napoléon III. C'est à son retour d'un pèlerinage à La Mecque que l'empereur lui adresse cette lettre. Le ton est celui d'un ami : il remercie Abd el-Kader d'avoir consacré une partie de son temps de prière à la famille impériale. Mais il rend compte également des révoltes qui ont secoué le sud de l'Algérie et qui, comme de coutume, ont été rudement étouffées par les troupes françaises. Il confirme aussi sa volonté de faire des « indigènes » une nation et de leur procurer « tous les avantages d'un peuple civilisé ».

Jusqu'au règne de Napoléon III, les quelque deux millions et demi d'« indigènes » d'Algérie avaient peu de droits ; le pays était administré sous l'étroit contrôle de l'armée et des partisans de la manière forte pour asseoir l'autorité de la puissance coloniale. À partir de 1858, l'empereur tente de redonner la préséance aux civils, au travers d'un puissant ministère de l'Algérie et des Colonies. Il va même plus loin après 1860 : il prône l'égalité entre les Européens et les musulmans, accordant la nationalité française à ces derniers.

Napoléon III ne pourra mener ses projets à bien : le Corps législatif, travaillé par le lobby colonial, rejette les textes gouvernementaux qui auraient pu aboutir à la création de « départements indigènes » et à la participation des autochtones au pouvoir. Les Européens d'Algérie montrent même leur opposition en votant majoritairement pour le « non » au plébiscite de 1870 instaurant l'« Empire parlementaire ».

THIERRY LENTZ

La Prise de la smala d'Abd el-Kader par le duc d'Aumale, par Horace Vernet, 1845. Château de Versailles.

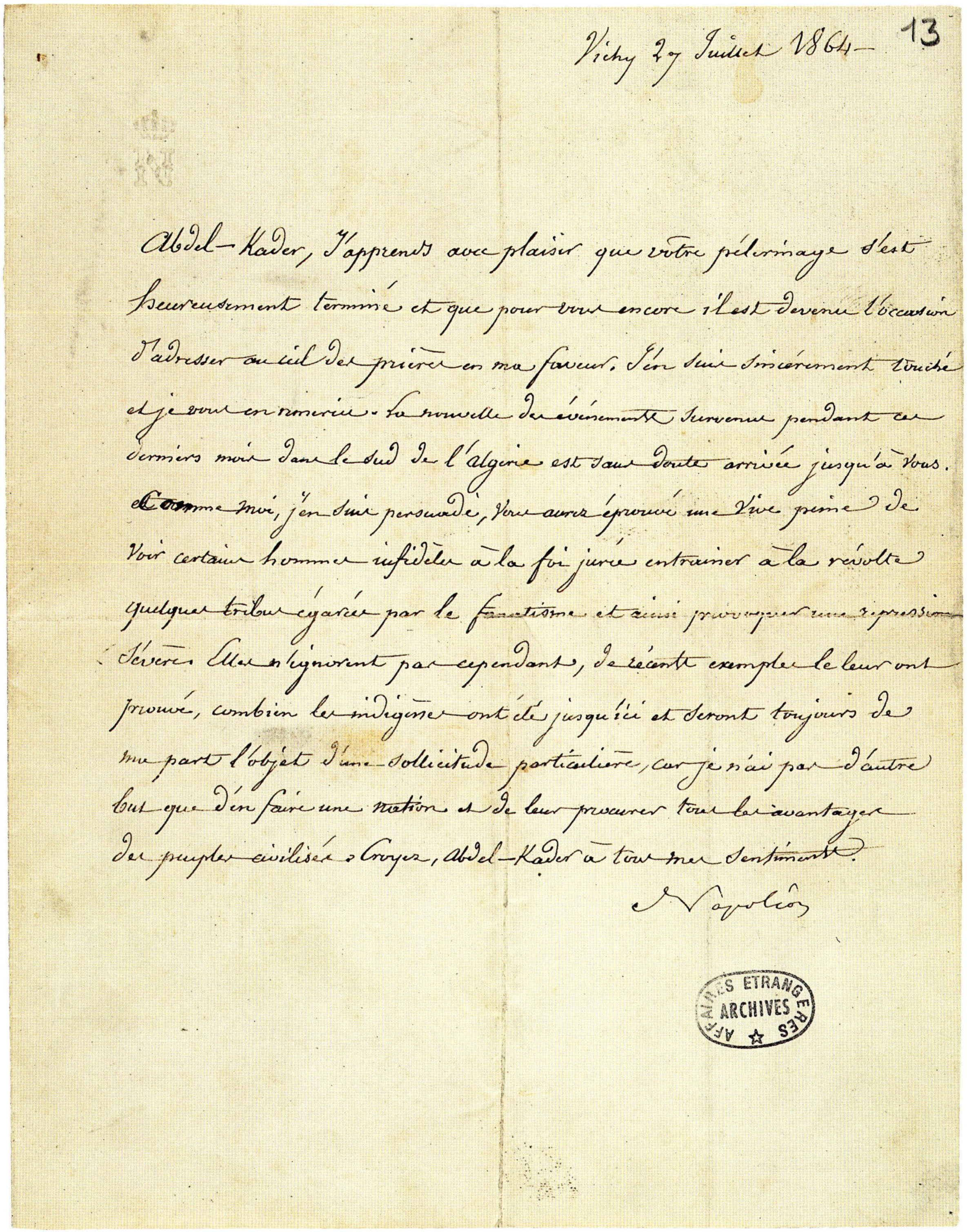

13

Vichy 27 Juillet 1864

Abdel-Kader, J'apprends avec plaisir que votre pèlerinage s'est heureusement terminé et que pour vous encore il est devenu l'occasion d'adresser au ciel des prières en ma faveur. J'en suis sincèrement touché et je vous en remercie. La nouvelle des événements survenus pendant ces derniers mois dans le sud de l'Algérie est sans doute arrivée jusqu'à vous. Comme moi, j'en suis persuadé, vous aurez éprouvé une vive peine de voir certains hommes infidèles à la foi jurée entraîner à la révolte quelques tribus égarées par le fanatisme et ainsi provoquer une répression sévère. Elles n'ignorent pas cependant, de récents exemples le leur ont prouvé, combien les indigènes ont été jusqu'ici et seront toujours de ma part l'objet d'une sollicitude particulière, car je n'ai pas d'autre but que d'en faire une nation et de leur procurer tous les avantages des peuples civilisés. Croyez, Abdel-Kader à tous mes sentiments.

Napoléon

Lettre de Napoléon III
à Abd el-Kader.

Vichy, 27 juillet 1864

Abd el-Kader, j'apprends avec plaisir que votre pèlerinage s'est heureusement terminé et que pour vous encore il est devenu l'occasion d'adresser au ciel des prières en ma faveur. J'en suis sincèrement touché et je vous en remercie. La nouvelle des événements survenus pendant ces derniers mois dans le sud de l'Algérie est sans doute arrivée jusqu'à vous. Comme moi, j'en suis persuadé, vous aurez éprouvé une vive peine de voir certains hommes infidèles à la foi jurée entraîner à la révolte quelques tribus égarées par le fanatisme, et ainsi provoquer une répression sévère. Elles n'ignorent pas cependant, de récents exemples le leur ont prouvé, combien les indigènes ont été jusqu'ici et seront toujours de ma part l'objet d'une sollicitude particulière, car je n'ai pas d'autre but que d'en faire une nation et de leur procurer tous les avantages des peuples civilisés.
Croyez, Abd el-Kader,
à tous mes sentiments.
Napoléon
MAE, Acq. Extr.

L'épopée du canal de Suez

Un événement dans le siècle

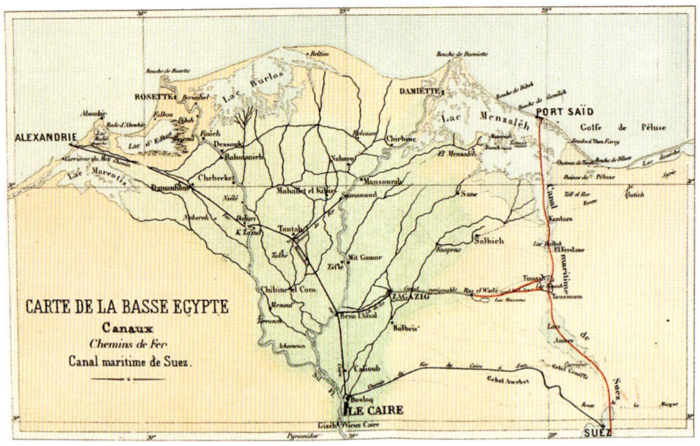

Plan général des terrains nécessaires à l'établissement et à la conservation des canaux et des ports, dressé par M. Voisin, directeur des travaux, le 9 mai 1864.
MAE, MD Égypte.

RELIER la Méditerranée à la mer Rouge ! Ce rêve, que l'on caressait déjà sous l'Antiquité, va enfin voir le jour au XIXe siècle. Les souverains égyptiens, depuis l'expédition de Bonaparte, se sont entourés d'ingénieurs européens qui établissent des relevés et imaginent de creuser un canal d'Alexandrie à Suez. Linant de Bellefonds, vers 1830, recommande un trajet plus direct en perçant l'isthme de Suez, terre de faible relief, hormis le seuil sablonneux d'El-Guisr et les dunes du Serapeum. Le jeune consul de France au Caire, Ferdinand de Lesseps, auquel il fait part de son projet, est aussitôt enthousiasmé.

Héritier d'une véritable dynastie de consuls dans les Échelles du Levant, Lesseps se sent un peu chez lui en Égypte. En 1854, à l'invitation du vice-roi d'Égypte Saïd Pacha, auquel le lie une vieille amitié, il s'installe à Alexandrie. Il crée la Compagnie universelle du canal maritime de Suez, obtient une concession de quatre-vingt-dix-neuf ans et lance ce pari jugé alors invraisemblable : tracer un canal long de 161 kilomètres et large de 52 mètres, nécessitant l'excavation de 100 millions de mètres cubes de terre ! Techniquement, la chose est faisable, mais Lesseps doit avant tout convaincre les futurs actionnaires et les gouvernements français, anglais, turc et égyptien. Charmant, brillant causeur, pendant cinq ans il parcourt le monde pour démontrer les mérites de son projet. Le 25 avril 1859, le premier coup de pioche est enfin donné.

Dix années durant, Lesseps et ses ingénieurs vont avoir à affronter les obstacles les plus divers, techniques, juridiques et financiers. En 1863, les travaux sont arrêtés : Ismaïl Pacha s'oppose à la « corvée », instaurée par son prédécesseur Saïd, qui fournissait une main-d'œuvre gratuite de vingt mille fellahs. Napoléon III doit intervenir : il suggère de rétribuer les ouvriers et d'employer des machines. Le chantier reprend, à l'aide cette fois d'excavatrices et de dragues flottantes. Le projet est achevé à la fin de 1869. L'« événement du siècle » peut avoir lieu : du 17 au 20 novembre, le canal est solennellement inauguré en présence des plus grandes familles princières d'Europe.

PIERRE FOURNIÉ

Profil en long (détail) du canal de Suez, le 1er juillet 1860.
MAE, MD Égypte.

Le seuil sablonneux d'El-Guisr et le Serapeum constituent les parties les plus accidentées du terrain. Le Serapeum, renflement de terre qui a empêché la mer Rouge de pénétrer dans l'isthme de Suez, sera le dernier grand obstacle technique du chantier.

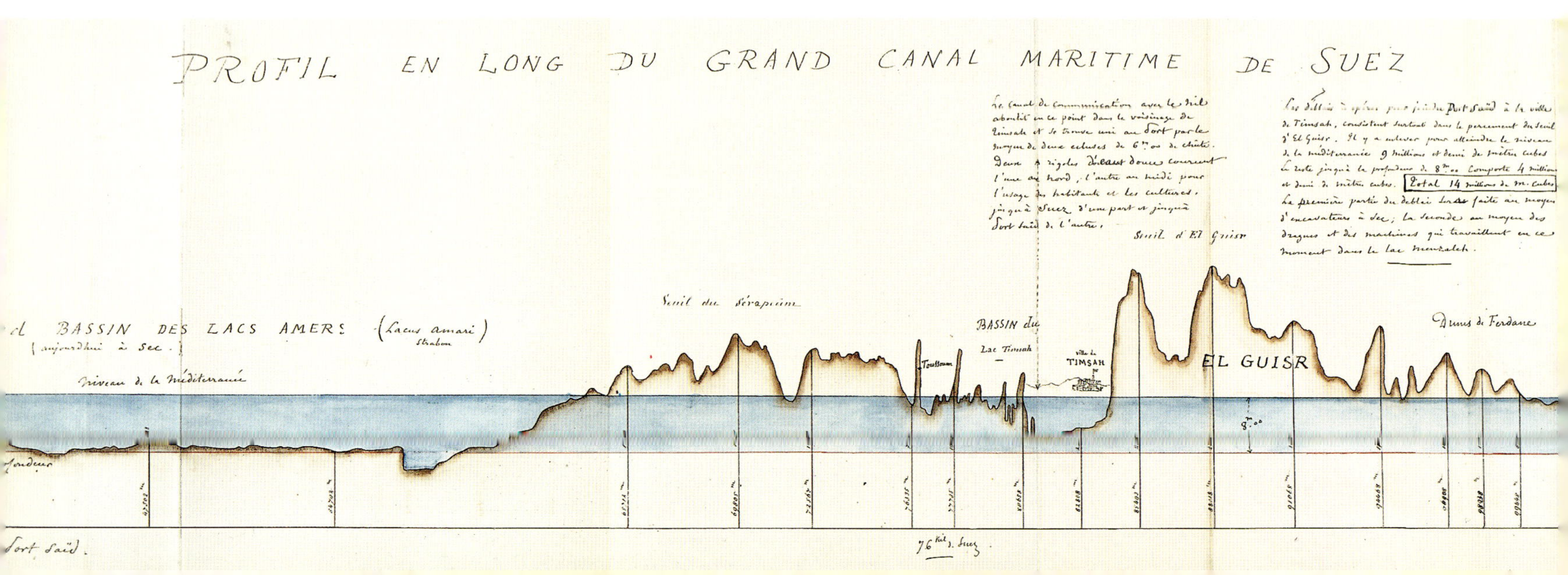

Le chantier du canal, vers 1865.

Cinq ans après le début des travaux, les différents chantiers ont commencé à être équipés de machines qui, peu à peu, ont remplacé les milliers d'ouvriers égyptiens, syriens et palestiniens.

Inauguration du canal de Suez, les 17-18 novembre 1869.

L'événement donne lieu aux cérémonies les plus fastueuses du siècle. L'Aigle, *avec à son bord l'impératrice Eugénie, petite-nièce de Ferdinand de Lesseps, a pris la tête d'un cortège de près de soixante bâtiments. Tous les invités se retrouvent à Ismaïlia, mais la présence auprès du khédive d'hôtes aussi prestigieux que François-Joseph d'Autriche et de Frédéric de Prusse ne peut faire oublier l'absence des deux grands rivaux sur la scène égyptienne, Napoléon III et la reine Victoria. Autre «fausse note», l'opéra* Aïda *de Verdi, commandé pour l'occasion mais non terminé, ne pourra être joué.*

La guerre de 1870

L'engrenage fatal de la dépêche d'Ems

Entrevue de Guillaume Ier et de l'ambassadeur Benedetti à Ems.

Contrairement aux légendes qui courront par la suite (on prétendra que le roi a levé sa canne vers l'ambassadeur), l'entretien est resté très courtois.

DEPUIS qu'il a été nommé chef du gouvernement prussien en 1862, Bismarck s'emploie à son grand œuvre : la réalisation de l'unité allemande. En écrasant l'Autriche en 1866 à Sadowa, la Prusse a parcouru la moitié du chemin : elle domine l'Allemagne du Nord. La France a laissé faire, espérant quelque compensation territoriale. Mais n'ayant rien obtenu, pas même le Luxembourg, Napoléon III se fait le protecteur des États du Sud, d'ailleurs très soucieux de préserver leur particularisme. Bismarck n'a plus d'autre choix que de recourir à la guerre pour lever l'obstacle français : toutefois, pour susciter un véritable élan de défense de la nation germanique parmi tous les peuples allemands, il faut que la France soit l'agresseur. Depuis 1867, il multiplie donc les agaceries à l'égard des Français. En 1870, il forge de toutes pièces un *casus belli*. Le trône d'Espagne est vacant : il lance en sous-main la candidature de Léopold de Hohenzollern, cousin du roi de Prusse. Comme prévu, la France s'indigne, ne pouvant accepter de voir la dynastie prussienne la prendre en étau comme les Habsbourg le firent au temps de Charles Quint.

Le 9 juillet, le comte Benedetti, ambassadeur de France en Prusse, rejoint Guillaume Ier en cure dans la petite station thermale de Bad Ems, en Hesse. Il réussit à convaincre le roi d'intervenir auprès de son cousin. Le 12 juillet, la candidature de Léopold est retirée. Néanmoins, poussé par les parlementaires et par l'opinion publique, le duc de Gramont, ministre des Affaires étrangères, ne veut pas s'en contenter. Il lui faut une victoire diplomatique sur Bismarck : le roi de Prusse doit donner une garantie officielle de renonciation au trône espagnol. Le jour même, Napoléon III, torturé par la gravelle, le teint plombé, marchant avec une canne, valide ces nouvelles instructions que Gramont télégraphie aussitôt à Benedetti.

Le 13 juillet au matin, l'ambassadeur rencontre donc Guillaume Ier à la promenade des Sources et lui présente la demande française. Tout en se réjouissant de la renonciation de son cousin, le roi refuse de mêler son gouvernement à ce qu'il considère comme une simple affaire de famille. Dans l'après-midi, Benedetti sollicite à deux reprises une audience. Quelque peu excédé, le roi finit par lui faire dire par son aide de camp qu'il n'a rien à ajouter. Pour lui, la crise est dénouée.

À Berlin, au soir du 13 juillet, Bismarck dîne avec le ministre de la Guerre et le chef d'état-major des armées. L'ambiance est lugubre. Bismarck parle de démission, son plan ayant échoué. Les convives sont encore plus atterrés à la lecture d'une dépêche arrivée de Bad Ems qui rapporte la réponse du roi à Benedetti (télégramme ci-contre). Bismarck la lit et la relit. Soudain, il se dresse, s'assied à une petite table, lisse sa moustache tombante et saisit un crayon rouge. Il biffe des bribes de phrases. Le texte raccourci prend une tournure insultante, en particulier la formule suivante : « Le roi lui a fait dire, par l'aide de camp de service, qu'il n'avait plus rien à lui communiquer. » Il en fait lecture à ses comparses, dont les visages s'illuminent aussitôt d'un large sourire. Ils tiennent enfin leur *casus belli*.

La Bataille de Loigny, 2 décembre 1870, par Charles Castellani (1838-1913). Paris, musée de l'Armée.

Après avoir libéré Orléans, l'armée de la Loire lance une offensive pour secourir Paris assiégé. Malgré l'héroïsme des zouaves pontificaux, les Français sont mis en déroute à Patay et à Loigny, et repoussés au sud de la Loire. Orléans est repris et l'espoir de libérer Paris s'évanouit.

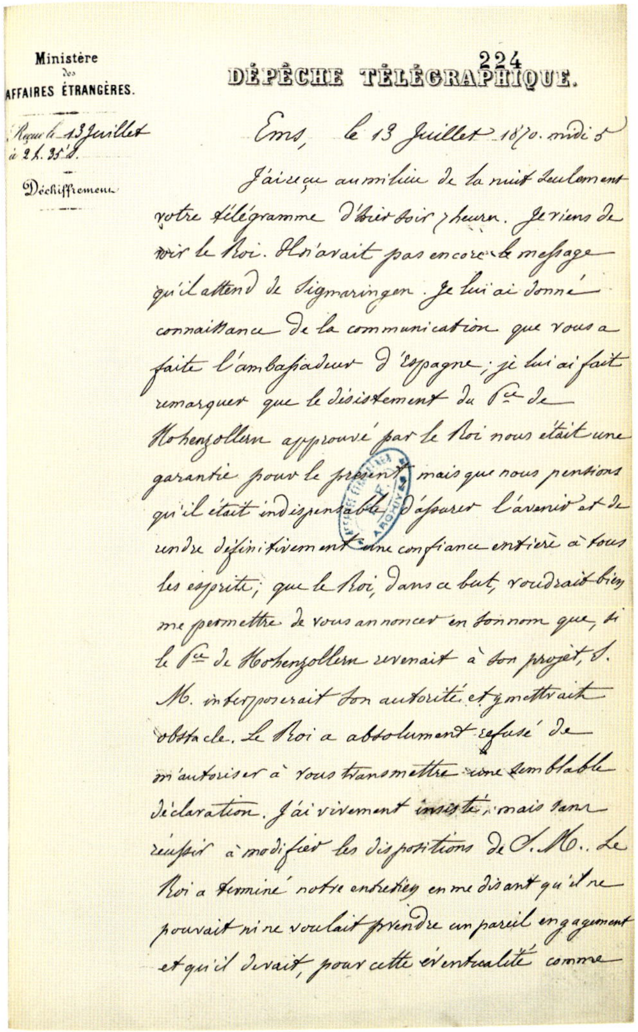
Ministère des Affaires étrangères.

224

DÉPÊCHE TÉLÉGRAPHIQUE.

Reçue le 13 juillet à 2 h. 35 s.

Déchiffrement.

Ems, le 13 juillet 1870. midi 5

J'ai reçu au milieu de la nuit seulement votre télégramme d'hier soir 7 heures. Je viens de voir le Roi. Il n'avait pas encore le message qu'il attend de Sigmaringen. Je lui ai donné connaissance de la communication que vous a faite l'ambassadeur d'Espagne ; je lui ai fait remarquer que le désistement du Pce de Hohenzollern approuvé par le Roi nous était une garantie pour le présent, mais que nous pensions qu'il était indispensable d'assurer l'avenir et de rendre définitivement une confiance entière à tous les esprits ; que le Roi, dans ce but, voudrait bien me permettre de vous annoncer en son nom que, si le Pce de Hohenzollern revenait à son projet, S. M. interposerait son autorité et y mettrait obstacle. Le Roi a absolument refusé de m'autoriser à vous transmettre une semblable déclaration. J'ai vivement insisté, mais sans réussir à modifier les dispositions de S. M. Le Roi a terminé notre entretien en me disant qu'il ne pouvait ni ne voulait prendre un pareil engagement et qu'il devait, pour cette éventualité comme

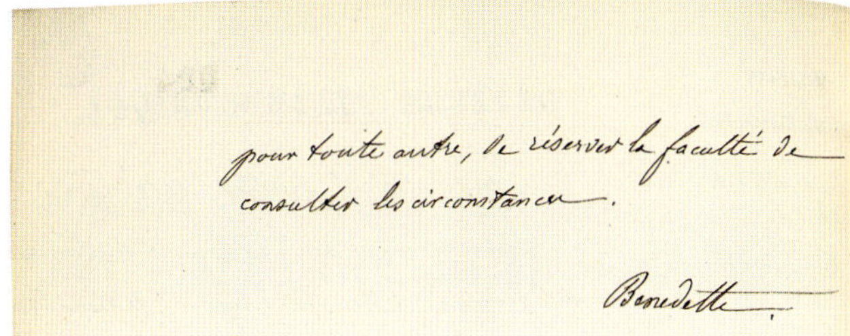
pour toute autre, se réserver la faculté de consulter les circonstances.

Benedetti.

Dépêche de Benedetti au ministère des Affaires étrangères, le 13 juillet 1870, rédigée après l'entrevue avec le roi.

J'ai reçu au milieu de la nuit seulement votre télégramme d'hier soir 7 heures. Je viens de voir le roi. Il n'avait pas encore le message qu'il attend de Sigmaringen. Je lui ai donné connaissance de la communication que vous a faite l'ambassadeur d'Espagne ; je lui ai fait remarquer que le désistement du prince de Hohenzollern approuvé par le roi nous était une garantie pour le présent, mais que nous pensions qu'il était indispensable d'assurer l'avenir et de rendre définitivement une confiance entière à tous les esprits ; que le roi, dans ce but, voudrait bien me permettre de vous annoncer en son nom que, si le prince de Hohenzollern revenait à son projet, Sa Majesté interposerait son autorité et y mettrait obstacle. Le roi a absolument refusé de m'autoriser à vous transmettre une semblable déclaration. J'ai vivement insisté, mais sans réussir à modifier les dispositions de Sa Majesté. Le roi a terminé notre entretien en me disant qu'il ne pouvait ni ne voulait prendre un pareil engagement et qu'il devait, pour cette éventualité comme pour toute autre, se réserver la faculté de consulter les circonstances.
MAE, CP Prusse (pour toutes les dépêches).

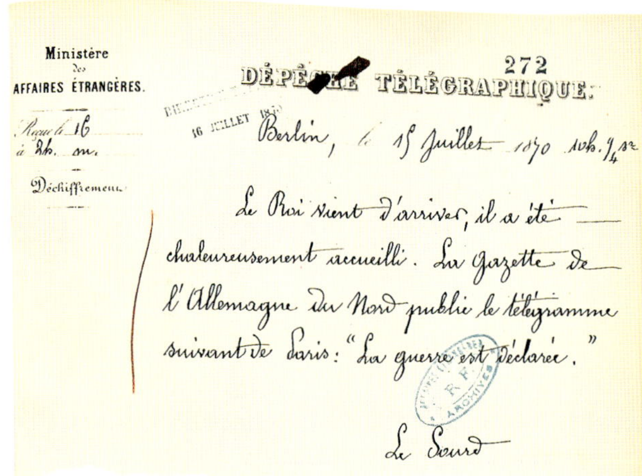

Ministère des Affaires étrangères.

272

DÉPÊ[redacted] TÉLÉGRAPHIQUE.

Reçu le 16 à 2h. m.

Déchiffrement.

16 JUILLET 1870

Berlin, le 15 juillet 1870 10h. 1/4 s.

Le Roi vient d'arriver, il a été chaleureusement accueilli. La Gazette de l'Allemagne du Nord publie le télégramme suivant de Paris : "La guerre est déclarée."

Le Sourd

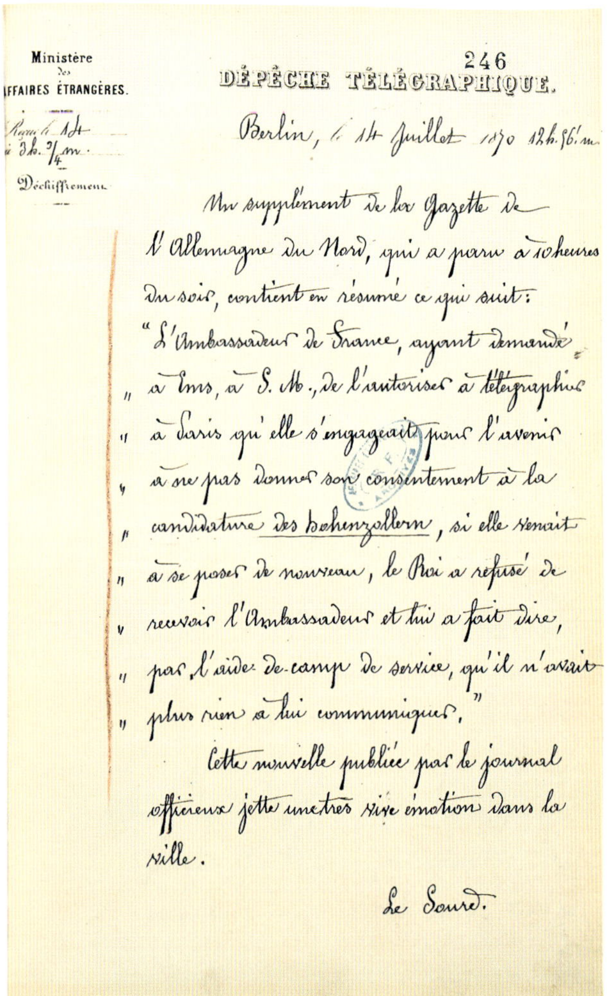

Ministère des Affaires étrangères.

246

DÉPÊCHE TÉLÉGRAPHIQUE.

Reçu le 14 à 3h. 1/4 m.

Déchiffrement.

Berlin, le 14 juillet 1870 12h. 36 m.

Un supplément de la Gazette de l'Allemagne du Nord, qui a paru à 10 heures du soir, contient en résumé ce qui suit : "L'Ambassadeur de France, ayant demandé à Ems, à S. M., de l'autoriser à télégraphier à Paris qu'elle s'engageait pour l'avenir à ne pas donner son consentement à la candidature des Hohenzollern, si elle venait à se poser de nouveau, le Roi a refusé de recevoir l'Ambassadeur et lui a fait dire, par l'aide-de-camp de service, qu'il n'avait plus rien à lui communiquer."

Cette nouvelle publiée par le journal officieux jette une très vive émotion dans la ville.

Le Sourd.

Dépêche de Le Sourd, chargé d'affaires par intérim, au ministre des Affaires étrangères, le 14 juillet 1870, rédigée à la suite de la « manipulation » imaginée par Bismarck.

Un supplément de *La Gazette de l'Allemagne du Nord*, qui a paru à 10 heures du soir, contient en résumé ce qui suit : « L'ambassadeur de France, ayant demandé à Ems, à Sa Majesté, de l'autoriser à télégraphier à Paris qu'Elle s'engageait pour l'avenir à ne pas donner son consentement à la candidature des Hohenzollern, si elle venait à se poser de nouveau, le roi a refusé de recevoir l'ambassadeur et lui a fait dire, par l'aide de camp de service, qu'il n'avait plus rien à lui communiquer. » Cette nouvelle publiée par le journal officieux jette une très vive émotion dans la ville.

Dépêche de Le Sourd au ministre des Affaires étrangères, le 15 juillet 1870.

Suite et fin de l'engrenage…

Le roi [le futur empereur Guillaume Ier] vient d'arriver, il a été chaleureusement accueilli. *La Gazette de l'Allemagne du Nord* publie le télégramme suivant de Paris : « La guerre est déclarée. »

Soldats prussiens sur la place de la Concorde, le 2 mars 1871.

« Il est essentiel que nous soyons les attaqués ; la présomption et la susceptibilité gauloise nous donneront ce rôle. »

Bismarck commentant la dépêche d'Ems remaniée, le 13 juillet 1870.

Défilé des troupes prussiennes sur les Champs-Élysées, le 1er mars 1871.

En signant le 26 février 1871 les préliminaires de paix (la France perd l'Alsace-Lorraine et doit verser 5 milliards de francs-or), Thiers accepte que 30 000 Allemands défilent à Paris. Le 1er mars 1871, les troupes allemandes descendent les Champs-Élysées (ci-dessus) jusqu'à la Concorde (page de gauche) dont les statues sont voilées de crêpe. Le 3 au matin, elles évacuent la capitale pour regagner leurs cantonnements extra muros.

Bismarck transmet à la presse de Berlin la version abrégée du télégramme, connue désormais dans l'histoire sous le nom de « dépêche d'Ems ». Le 14 juillet au soir, une édition spéciale de *La Gazette de l'Allemagne du Nord* est distribuée gratuitement. La réaction est immédiate, la foule crie : « À Paris ! Au Rhin ! » Dès lors, tout va très vite. Le 15, tandis que Guillaume Ier arrive à Berlin, la France vote la mobilisation. Le 19, la déclaration de guerre à la Prusse est officiellement notifiée. Le 6 août, à Wœrth, l'armée française essuie sa première grande défaite. En l'espace d'un mois, l'Empire s'effondre. Le 2 septembre, Napoléon III sort de Sedan assiégé pour se rendre aux Allemands. Deux jours plus tard, la république est proclamée à Paris. Épuisée par la guerre, en partie occupée du 18 mars au 28 mai 1871, la France se résigne à signer l'armistice le 28 janvier 1871. Dix jours plus tôt, l'Empire allemand a été proclamé à Versailles, dans la galerie des Glaces : Bismarck a réalisé son grand dessein.

FRÉDÉRIC LAUX

La colonisation : une invitation à l'aventure

UNE première fois, à la fin du XVe siècle, l'Europe s'était lancée à la découverte des terres lointaines : navigateurs, conquistadors, missionnaires et marchands avaient porté la gloire et les armes de leurs princes jusqu'aux confins du monde connu. Au début du XIXe siècle, il ne reste plus grand-chose de ces conquêtes. L'Espagne et le Portugal ont reculé au rang de puissances déchues. La France s'est embourbée dans les guerres révolutionnaires puis napoléoniennes. La Hollande, encore maîtresse nominale des Indes orientales, est paralysée. Seule l'Angleterre garde la maîtrise de l'Orient, de l'Inde et des chemins de la lointaine Asie, mais elle a tiré la leçon de l'émancipation des colonies américaines et le « boulet colonial » commence à lui peser.

Néanmoins, plusieurs facteurs vont être à l'origine d'un nouvel élan colonisateur. Les Lumières et le *Revival* protestant avaient répandu l'idée d'une mission civilisatrice de l'Europe contre les « ténèbres de la barbarie ». Un mouvement de curiosité savante, amorcé lui aussi au XVIIIe siècle, prend toute son ampleur avec les explorateurs et les géographes impatients de faire disparaître les dernières « taches blanches » des cartes du monde. À partir de 1850, l'Europe s'ouvre à la modernité avec la révolution des moyens de transport et de communication (navigation à vapeur, chemin de fer, télégraphe...). À cela s'ajoute une perspective de profit : « La création d'une colonie, c'est la création d'un débouché », rappelle Jules Ferry en 1885 aux milieux économiques. Enfin, pour beaucoup de jeunes énergies, l'expansion coloniale est une invitation à l'aventure.

Quand cela commence-t-il vraiment ? En Algérie en 1830 ? En Afrique du Sud en 1795, lorsque les Anglais deviennent les nouveaux maîtres du Cap ? Bien plutôt dans les deux dernières décennies du siècle : d'abord la France en 1880, qui pénètre au Congo, au Sénégal, et intervient en Tunisie ; puis l'Angleterre en 1882, qui occupe l'Égypte. Dès lors, la « ruée » est enclenchée, toute puissance digne de ce nom se doit d'avoir des colonies. « Rayonner sans agir, sans se mêler des affaires du monde [...], c'est abdiquer, et, dans un temps plus court que vous pouvez le croire, c'est descendre du premier au troisième et au quatrième rang », déclare encore Jules Ferry. En 1885, à Berlin, les États européens se mettent d'accord sur des règles de conduite – qu'ils s'empresseront d'oublier très largement. Les rivalités se focalisent en Afrique, sur des territoires plus ou moins mythiques : c'est la course au Niger, au Tchad, au Nil (voir p. 218)... Les compétitions sont moins acharnées, en apparence du moins, dans le Pacifique et en Asie. La France s'installe en Annam, au Tonkin, au Cambodge et au Laos à partir de son ancienne base de Cochinchine (voir p. 200). Vers 1900, un nouveau partage du monde s'est accompli. Seules quelques rares régions échappent encore à la tutelle des conquérants.

La colonisation est par essence un acte de force et rares sont les voix qui dénoncent la « civilisation par le sabre » imposée par les Européens. Mais l'Europe apporte aussi les fondements de sa propre contestation et du droit des peuples à disposer d'eux-mêmes.

MARC MICHEL

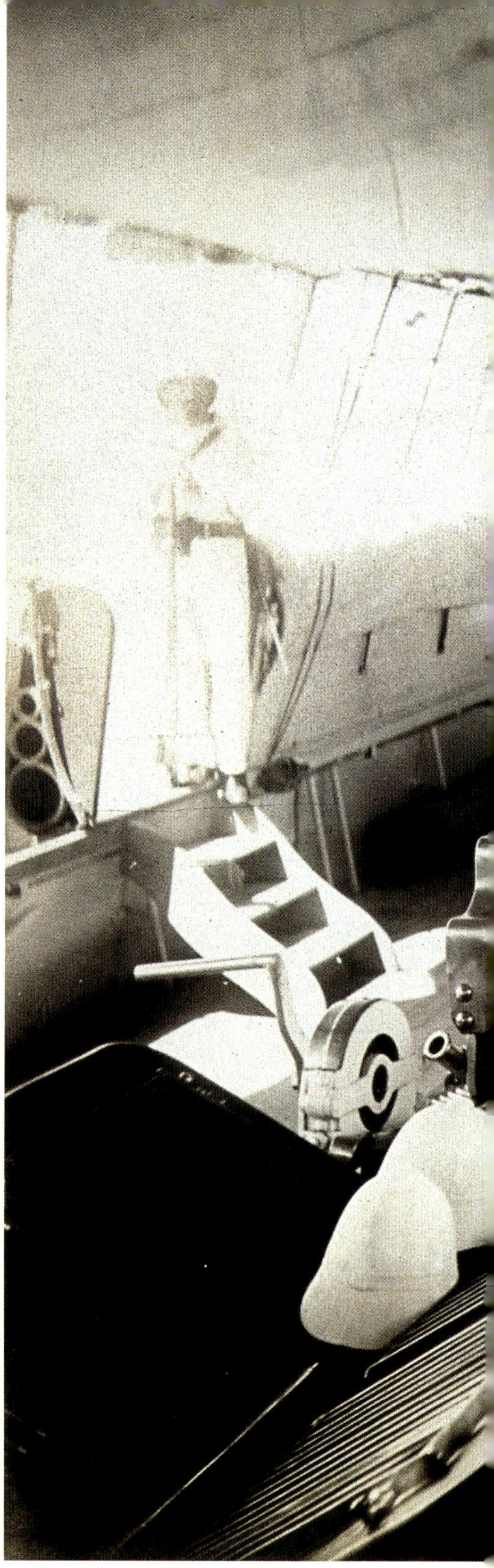

L'équipage de *La Comète*, 1900. MAE, Fonds iconographique.

Si la France veut concurrencer la Grande-Bretagne dans son expansion, elle doit développer sa flotte. Au cuirassé, on préfère la canonnière, petit bâtiment armé capable de remonter les estuaires, peu coûteux, adapté à des missions courtes et rapides. Ce type de navire sera particulièrement employé en Orient (ici en Chine), en préparation des expéditions coloniales proprement dites, et deviendra le symbole de l'interventionnisme européen outre-mer.

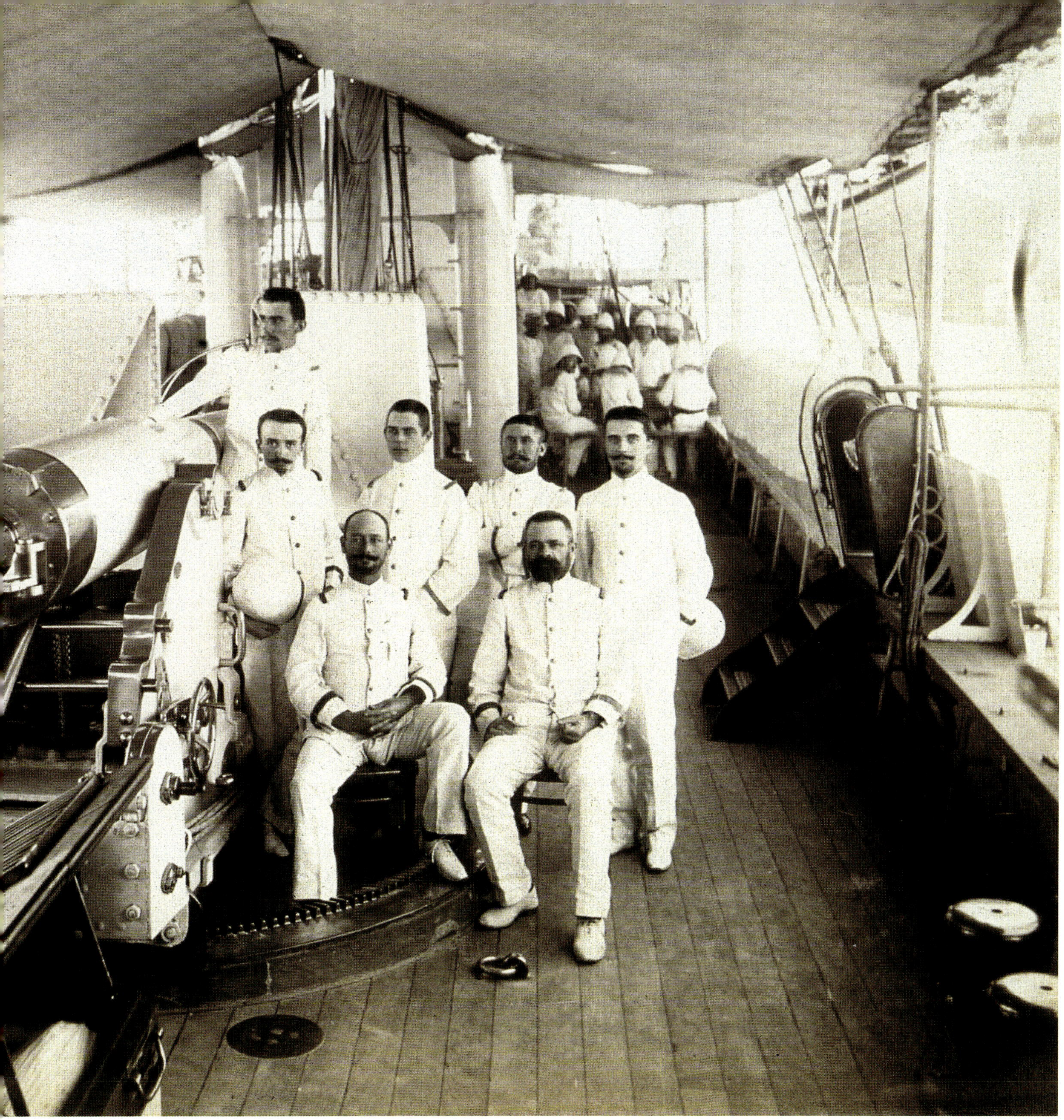

Carte du monde présentant l'empire colonial français (in *Atlas des colonies françaises*, Paris, 1902). MAE, Division géographique.

À la fin du XIX*e siècle, les grandes puissances occidentales se partagent le monde. Dans ce nouvel ordre international, la France semble occuper un rang éminent, si l'on en juge par l'étendue des taches roses sur les planisphères de l'époque. En réalité, les empires les plus prospères sont la Grande-Bretagne, dont le joyau reste l'Inde, et la Hollande, maîtresse d'une grande partie de l'Indonésie.*

De l'empire d'Annam à la Cochinchine

Le roi d'Annam à Hué (Tonkin), vers 1875.
MAE, Fonds iconographique (pour toutes les photographies).

LA Cochinchine a longtemps été considérée, dans l'histoire coloniale française, comme une sorte de chasse gardée des marins, car ce sont les chefs de l'escadre d'Extrême-Orient qui ont pris possession de cette province de l'empire d'Annam. En 1859, l'expédition de Rigault de Genouilly remonte prudemment les méandres d'un fleuve encore presque inconnu, le Mékong, et atteint une assez misérable agglomération, Saigon, à travers de multiples arroyos parcourus par des sampans de palmes. Cette minuscule enclave française, devenue colonie en 1862, est placée sous l'autorité d'une succession d'amiraux: Rigaud de Genouilly, Bonnard, La Grandière, Dupré…

En 1879, ce « règne des amiraux » prend fin avec l'arrivée des républicains au pouvoir. C'est Charles Le Myre de Vilers, ancien directeur des Affaires civiles en Algérie, qui inaugure le régime civil, fermement décidé à « franciser » la Cochinchine. Très vite, Saigon accueille des services administratifs, judiciaires, scolaires, des commerces, des églises. Un tramway est même inauguré (ci-contre), mais il est loin de pouvoir concurrencer les moyens de transport plus traditionnels. Vingt ans plus tard, Saigon est une métropole grouillante, s'étendant le long du Mékong et regroupant en réalité deux agglomérations, une « française » et une « chinoise », Cholon, dominée par quelques bâtiments de prestige de l'administration française. La conquête du Tonkin à partir dc 1882, puis lc transfcrt dc la capitale à Hanoi, en 1902, entraîneront le déclin du rôle politique de Saigon, mais la ville ne perdra pas son importance commerciale et restera le « grenier de l'Indochine ».

MARC MICHEL

Un sampan sur le Mékong, vers 1882.

« Je ne connais pas de sacrifices plus utiles et plus féconds que ceux que la colonie s'imposera pour familiariser les Annamites à nos idées, à notre morale, à notre industrie, à nos connaissances scientifiques et économiques. »

Déclaration du gouverneur Le Myre de Vilers à sa prise de fonction en 1879.

Ci-dessus : Panorama de Saigon, vers 1882.

Saigon n'a alors que vingt ans d'existence. C'est une ville aux limites assez indéfinies, s'étirant sur les bords du Mékong ; mais le lieu est « riant [...] comme un coin de Canebière qu'on foule, sous les flamboyants, avec une dose d'exotisme qui séduit », écrit en 1886 Auguste François, consul de France (voir p. 214).

Inauguration du tramway de Saigon, 1882.

Modernité, luxe, un parfum de métropole... Le tramway à vapeur est inauguré en grande pompe en 1881 devant la société blanche, alors que les blocs de pierre sont à peine dégagés ; à l'arrière-plan et dans les derniers wagons, la société indigène.

Groupe d'éléphants montés, vers 1882.

Les éléphants sont un moyen de transport pittoresque, mais bien incommode. Le petit peuple leur préfère les sampans glissant sur les multiples bras du delta du Mékong ou les charrettes à bœufs.

Auguste Pavie en mission au Laos

À la conquête des cœurs

Sceau de Luang Prabang.
MAE, ADP Indochine.

Ce sceau a été remis à Auguste Pavie par les Pavillons-Noirs en signe de ralliement. Lui-même le déposera aussitôt aux Archives.

Groupe royal de Luang Prabang.
Coll. particulière

Auguste Pavie commence modestement sa carrière à Saigon, en Cochinchine, dans l'administration des Postes et Télégraphes. Muté en 1879 au Cambodge, d'abord dans un petit poste de province, puis à Phnom Penh, il sillonne la région en vue de préparer la construction d'une ligne télégraphique. Mais il ne se contente pas d'accumuler les relevés topographiques : durant les sept années qu'il passe au Cambodge, il se familiarise avec la culture khmère et la religion bouddhiste, qui le passionnent, et noue des liens avec les populations locales dont il a appris la langue. Les photographies de l'époque (p. 204) montrent un étrange personnage d'allure chétive, au visage émacié masqué par une longue barbe, coiffé d'un chapeau à large bord. Portant le plus souvent de grossiers vêtements de toile ou un simple costume de postier, il va volontiers pieds nus.

À Phnom Penh, Pavie fait la connaissance du gouverneur d'Indochine Le Myre de Vilers et réussit à le convaincre d'appuyer son rêve : poursuivre l'exploration de Francis Garnier jusqu'aux hautes régions du Mékong. En 1887, le voici chargé d'ouvrir le consulat de France à Luang Prabang, au nord du Laos. La situation politique est délicate. Les différends entre la France, l'Angleterre, la Chine et le Siam à propos de la suzeraineté du pays commencent à tourner à l'imbroglio. Les rivalités entre les minorités thaïes, annamites et chinoises viennent encore compliquer la situation.

Dès son arrivée à Luang Prabang, le consul va vivre un événement dramatique : la capitale est envahie par des bandes de pirates chinois, les Pavillons-Noirs. Avec son équipe, il recueille les blessés et réussit à arracher le roi et le chef des bonzes (le *satou*) à une mort certaine. En signe de gratitude, le vieux roi décide de faire « don » de son royaume à la France.

Pavie est alors chargé d'examiner le bien-fondé des prétentions siamoises sur la région. Sa connaissance approfondie du pays lui permet de conclure que les arguments invoqués, tant géographiques (frontières naturelles) qu'ethniques (présence d'importantes minorités thaïes, c'est-à-dire siamoises), sont peu convaincants. D'après lui, si le Siam revendique le royaume de Luang Prabang, c'est par pur désir d'expansion. Pour mieux asseoir cette thèse, il faut toutefois remonter plus au nord, dans ces hautes régions du Mékong que Pavie rêve d'explorer. Ce sera l'objectif essentiel de la « mission Pavie », entre 1890 et 1895.

En 1893, parti du Tonkin, Pavie atteint Laichau, vers la frontière chinoise. Là, il obtient le ralliement des anciens Pavillons-Noirs : ils lui remettent symboliquement le sceau (ci-contre, en haut) que les rois du Laos avaient reçu de la Chine et dont eux-mêmes s'étaient emparés lors de la prise de Luang Prabang.

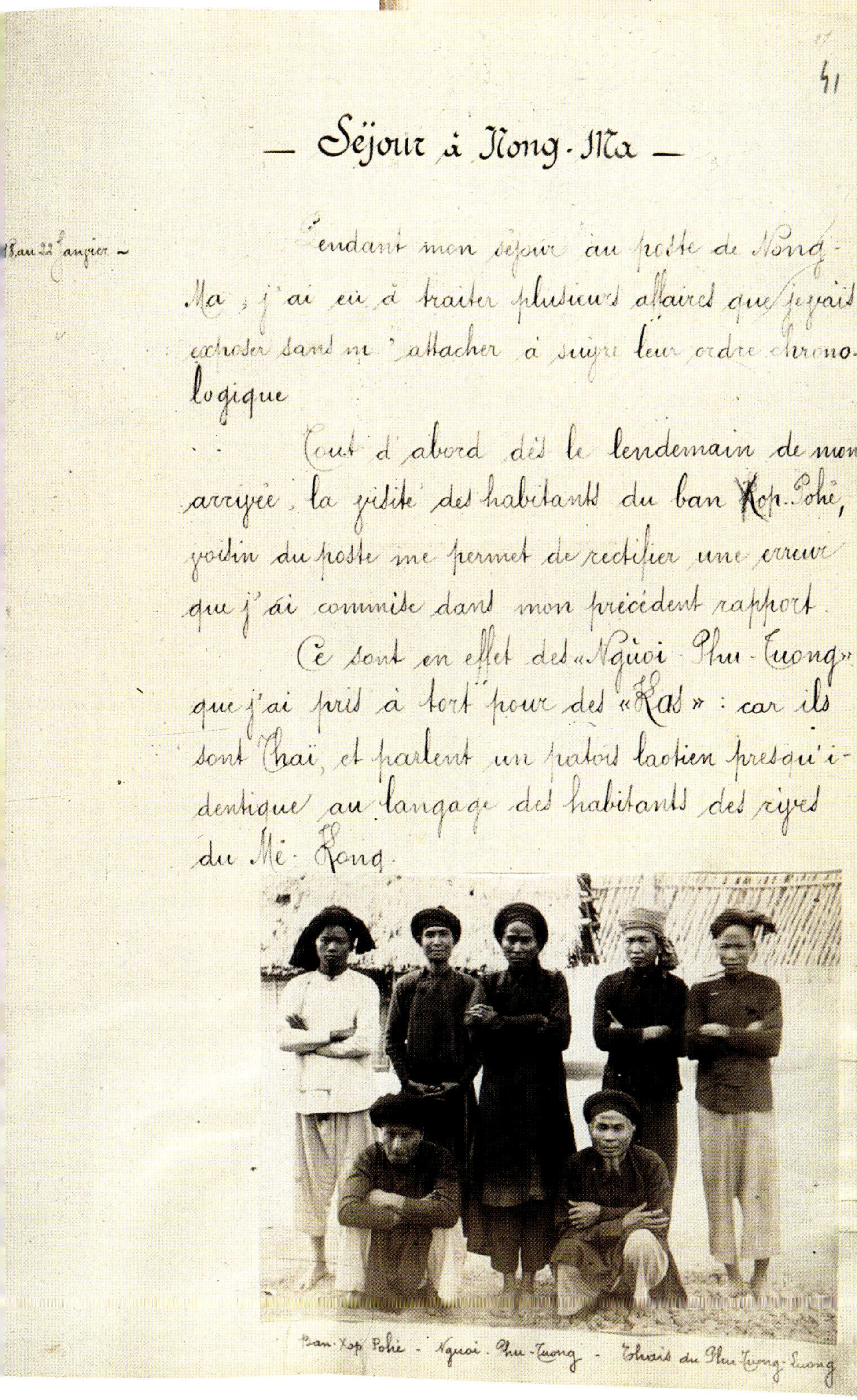

Compte rendu de mission du lieutenant Rivière, officier topographique de la mission Pavie, janvier 1891.
MAE, Papiers Auguste Pavie.

Pavie n'est pas le seul explorateur et agent politique à avoir tenu de tels journaux ; c'était même la règle. Mais les siens sont remarquables par leur variété, la curiosité humaniste dont ils témoignent, leur précision ethnologique également. Esprit curieux et ouvert, il s'intéresse aussi bien aux langues (il ébauche des dictionnaires des langues et dialectes rencontrés) qu'aux activités manuelles des hommes, à leurs organisations sociales et politiques, à leurs croyances et à leur histoire. Auguste Pavie a fait des émules et suscité des vocations. En 1892, le docteur Yersin, qui découvrira le bacille de la peste, entreprend un grand voyage d'exploration sur un affluent du Mékong ; il rédigera ses rapports de mission sur le modèle de ceux de Pavie.

Un officier de la mission Pavie pendant un relevé topographique. Coll. particulière.

Ci-dessous : Pavie (au centre, son chapeau à la main) entouré de ses collaborateurs français et cambodgiens, 1888. MAE, Fonds iconographique.

« Dans le contact constant avec les indigènes, je me familiarisais avec l'idée de vivre complètement parmi eux », écrira Pavie de retour en France.

Ainsi, sans avoir recours aux armes, il réussit à faire reconnaître la souveraineté de la France.

Mais les Siamois ne s'inclinent pas encore. Ils multiplient les manœuvres et installent des avant-postes à l'est du Mékong. Pavie ne cesse d'aller et venir entre Bangkok, Paris et Luang Prabang, déployant tous ses efforts pour aboutir à une conciliation. À l'automne, une colonne française est massacrée par des soldats siamois ; la cour de Bangkok couvre les responsables. Pavie est remplacé par Le Myre de Vilers, porteur d'un ultimatum. Le 3 octobre 1893, Bangkok finit par renoncer à toute revendication sur la rive gauche du Mékong et sur les îles du fleuve.

Reste à régler le contentieux avec la Chine. Pavie est de nouveau sollicité. Il obtient cette fois le précieux concours d'une équipe d'officiers topographes, dessinateurs et photographes pour délimiter les frontières avec les Chinois du Yunnan. Du côté de la Birmanie, sous domination britannique, les choses sont compliquées par les manœuvres d'un roitelet local que les Anglais auraient volontiers placé à la tête d'un État tampon. Un accord finit toutefois par être signé en 1895. Pavie, sans jamais utiliser la force, a réussi à asseoir les frontières du royaume du Laos et à le faire passer sous protectorat français.

De retour en France en 1895, dans sa Bretagne natale, l'explorateur consacre la fin de sa vie à exploiter les notes recueillies dans ses journaux de marche, couvrant principalement la période 1887-1888. Ses mémoires, préfacés par Georges Clemenceau, paraissent en 1921 sous le titre *À la conquête des cœurs*. Quant aux travaux de la mission, il ne faudra pas moins de quinze volumes pour les consigner : trois cent mille kilomètres de relevés géographiques et topographiques, une superficie explorée plus importante que la France, un atlas, ainsi que des considérations d'ethnographie, de littérature et d'histoire naturelle sur ces pays que Pavie a profondément aimés.

MARC MICHEL

Le passage d'un rapide sur la rivière Noire.

La traversée des rapides, dans les hautes régions du Mékong, s'avère périlleuse. Les gros sampans sont surmontés de têtes de dragons, peut-être destinés à repousser les « esprits des eaux furieuses ».

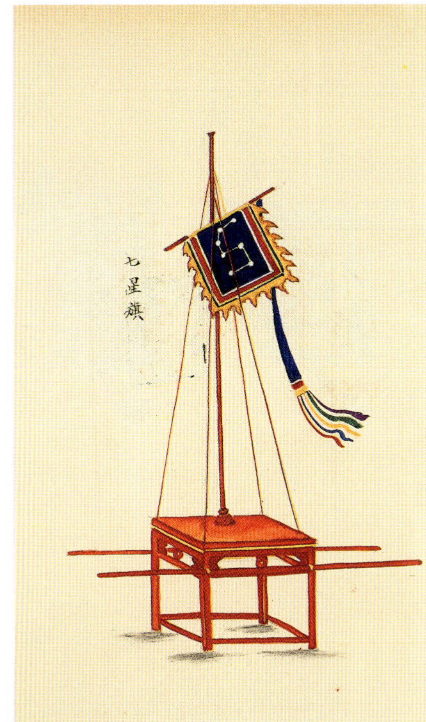

Ci-dessus et page de gauche : Pavillons et bannières (dessinés dans les journaux de marche) des corps de troupe qui accompagnent l'empereur d'Annam dans ses sorties et lors de cérémonies solennelles.
MAE, Papiers Auguste Pavie.

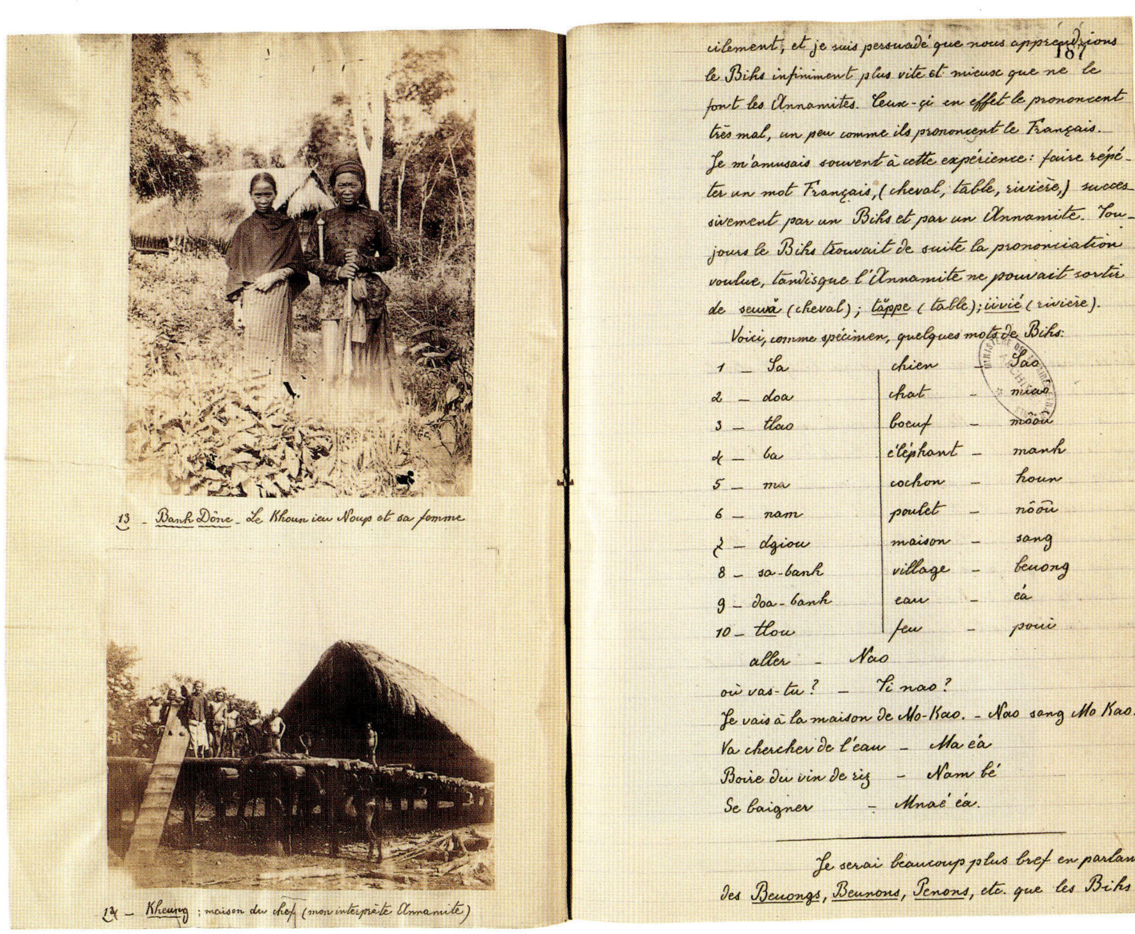

13 – Bank Dône – Le Khoun ieu Noup et sa femme

14 – Kheung : maison du chef (mon interprète Annamite)

187

cilement, et je suis persuadé que nous apprendrions le Bihs infiniment plus vite et mieux que ne le font les Annamites. Ceux-ci en effet le prononcent très mal, un peu comme ils prononcent le Français. Je m'amusais souvent à cette expérience : faire répéter un mot Français, (cheval, table, rivière,) successivement par un Bihs et par un Annamite. Toujours le Bihs trouvait de suite la prononciation voulue, tandisque l'Annamite ne pouvait sortir de seuvă (cheval) ; tăppe (table) ; iivié (rivière).

Voici, comme spécimen, quelques mots de Bihs :

1 – Sa	chien	–	Sao
2 – doa	chat	–	miao
3 – tlao	bœuf	–	mâou
4 – ba	éléphant	–	manh
5 – ma	cochon	–	hour
6 – nam	poulet	–	nôou
7 – dgiou	maison	–	sang
8 – sa-bank	village	–	beuong
9 – doa-bank	eau	–	éa
10 – tlou	feu	–	pouï

aller – Nao
où vas-tu ? – Ti nao ?
Je vais à la maison de Mo-Kao. – Nao sang Mo Kao.
Va chercher de l'eau – Ma éa
Boire du vin de riz – Nam bé
Se baigner – Mnaé éa.

Je serai beaucoup plus bref en parlant des Beuongs, Beunons, Penons, etc. que les Bihs

Compte rendu de mission du lieutenant Rivière, officier topographique de la mission Pavie.
MAE, Papiers Auguste Pavie.

Des missionnaires en Chine

L'Église sous la protection de la France

Les pères de Scheut en Mongolie.

En 1865, les lazaristes français installés en Mandchourie et en Mongolie, où des chrétiens avaient été déportés au début du XIXe siècle, confient ces territoires aux Belges de la congrégation de Scheut. La protection des missionnaires flamands n'en reste pas moins de la responsabilité de la légation de France. Après les dévastations causées par la guerre des Boxers, un jeune secrétaire de la légation est envoyé en Mongolie pour évaluer les dégâts. À première vue, la plupart des pères qu'il photographie ce jour-là semblent chinois. Ne nous y trompons pas, ils sont flamands ! À propos de l'un d'eux, le diplomate écrit : « Le vicaire apostolique des Ordos n'a rien d'un évêque ; c'est un homme gigantesque à la mine terrible, portant la tresse et le costume chinois. »

PENDANT la Révolution et l'Empire, la France, absorbée par ses ambitions européennes, a cessé de tourner ses regards vers la Chine. Seuls quelques-uns de ses anciens missionnaires, dispersés et souvent même traqués dans l'empire du Milieu, ont maintenu le souvenir d'une présence chrétienne remontant, pour l'essentiel, au début du XVIIe siècle. Entre 1801 et 1829, pas un missionnaire étranger ne pénètre en Chine où les chrétiens persécutés ne subsistent que dans la clandestinité, à moins qu'ils ne soient déportés en Mongolie ou en Mandchourie.

En 1820 et 1840, deux religieux français, le père Clet et le père Perboyre, sont torturés et exécutés dans la ville d'Ou-Tchang Fou. Le père Huc, un lazariste toulousain, réussit néanmoins l'exploit d'entrer dans l'Empire à bord d'une jonque partie de Macao. Ses lettres, publiées en France à partir de 1842, enflamment la curiosité des fidèles. Aux yeux de l'opinion catholique alors dominante, seule une intervention rapide du gouvernement pourra racheter le sang versé.

Il est vrai que la rivalité franco-anglaise attise aussi cette ardeur missionnaire. Pour défendre les intérêts de leurs marchands d'opium, les Britanniques viennent de forcer les portes de l'Empire. Lorsque le traité commercial de Nankin, en 1842, leur accorde d'importants privilèges, la France fait savoir qu'elle n'entend pas rester exclue du commerce chinois. À la fin de 1843, elle envoie une ambassade mi-commerciale mi-religieuse, conduite par Théodose de Lagrené. Escorté par cinq pères jésuites, ce notable vient négocier la liberté du culte catholique en Chine. Il l'obtient un an plus tard, par la signature du traité de Whampoa qui place la juridiction des missions à venir sous l'autorité des consuls de France, quelle que soit la nationalité des missionnaires.

L'empereur Tao Tang doit bientôt se résoudre à faire de nouvelles concessions. Le 20 février 1846, se référant aux donations accordées aux jésuites par l'empereur Kangxi au début du XVIIe siècle, il publie un décret selon lequel « toutes les églises chrétiennes qui ont été construites sous [son] règne et qui existent encore, seront rendues aux chrétiens des localités respectives où elles se trouvent, à l'exception toutefois de celles qui ont été transformées en pagodes ou en maisons particulières ». Dès lors, la légation de France devient l'arbitre officiel entre les missionnaires chrétiens et les Chinois qui s'estiment spoliés.

Toutefois, c'est après les massacres des missions étrangères de T'ien-tsin en 1885, puis les ravages de la guerre des Boxers, que les missions catholiques françaises prennent leur véritable essor. Les récits de ces atrocités suscitent en France de nouvelles vocations. Des sanctions financières sont infligées aux persécuteurs chinois ; grâce à ces fonds, auxquels s'ajoutent les sommes considérables collectées auprès des catholiques français, des collèges, des orphelinats, des manufactures catholiques vont marquer le paysage urbain des plus grandes villes chinoises. Jusque dans les provinces intérieures, la présence religieuse française sera, entre 1900 et 1930, bien supérieure à la présence civile.

ÉLISABETH DUFOURCQ

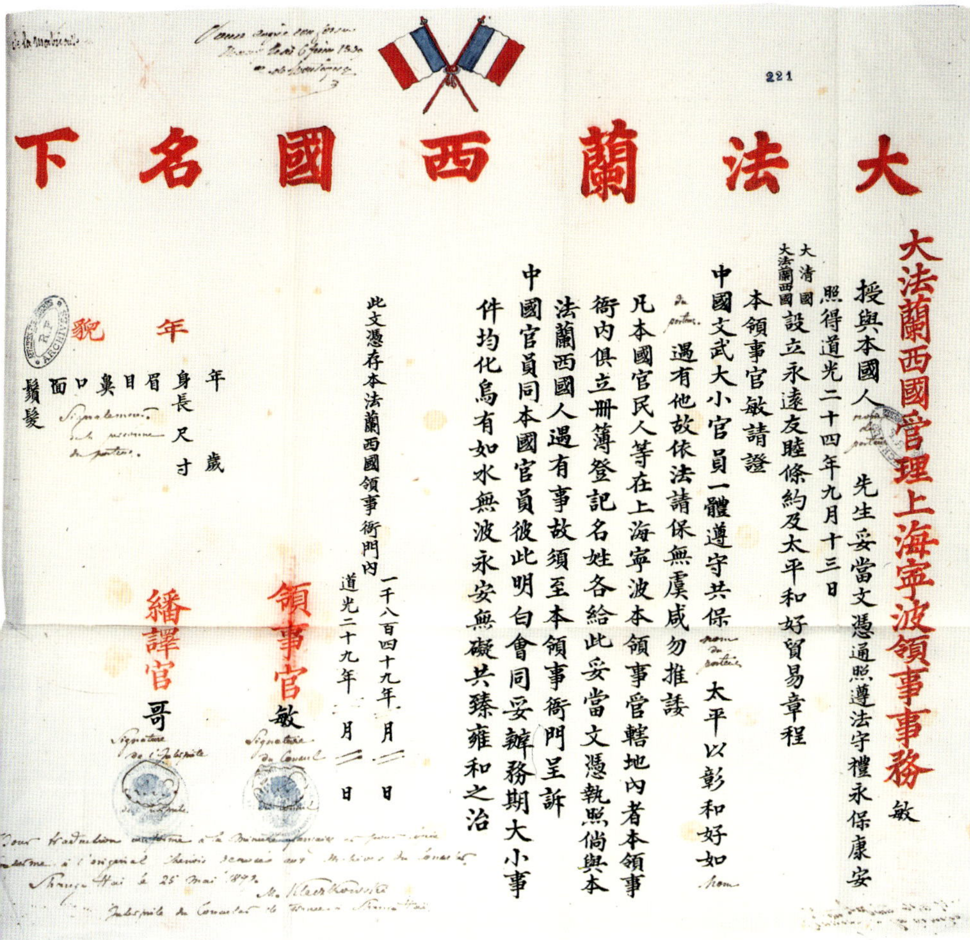

Modèle de laissez-passer conçu par M. de Montigny, premier consul à Shanghai, afin d'assurer la sécurité des missionnaires dans leur voyage en Chine, 1849. MAE, CP des consuls, Chine.

Charles de Montigny, nommé agent consulaire à Shanghai en 1847, a servi en Grèce pendant la guerre d'Indépendance; peut-être est-ce là-bas qu'il a pris connaissance des firmans turcs qui servaient de passeports aux consuls français, protecteurs des chrétiens. Les laissez-passer qu'il signe en faveur des missionnaires envoyés dans la circonscription de Shanghai semblent s'en inspirer. « Au nom du traité d'amitié et de commerce qui a été conclu entre le Céleste Empereur de la Chine et le Grand Peuple de France », est-il écrit, « moi, Montigny, le consul de France, je prie et invite les autorités chinoises, civiles et militaires, de prêter secours et appui au Sieur […]. *Les petites et grandes affaires seront évitées et la paix éternellement conservée si les mandarins et lui s'entendent bien et agissent dans ce but. »*

Plan d'une mission catholique dans le Kiang-si. MAE, CADN.

Ce document est une illustration des interventions de la légation de France dans les différends entre les missionnaires et les Chinois. Le terrain ci-dessous est revendiqué à la fois par le vicaire du Kiang-si méridional et par un collège chinois (dont les droits sont réaffirmés dans les cartouches rouges). Chacune des parties s'appuie sur des actes officiels et des plans. Celui-ci a été transmis en 1889 par les autorités chinoises à la légation de France, à laquelle il revient de trancher.

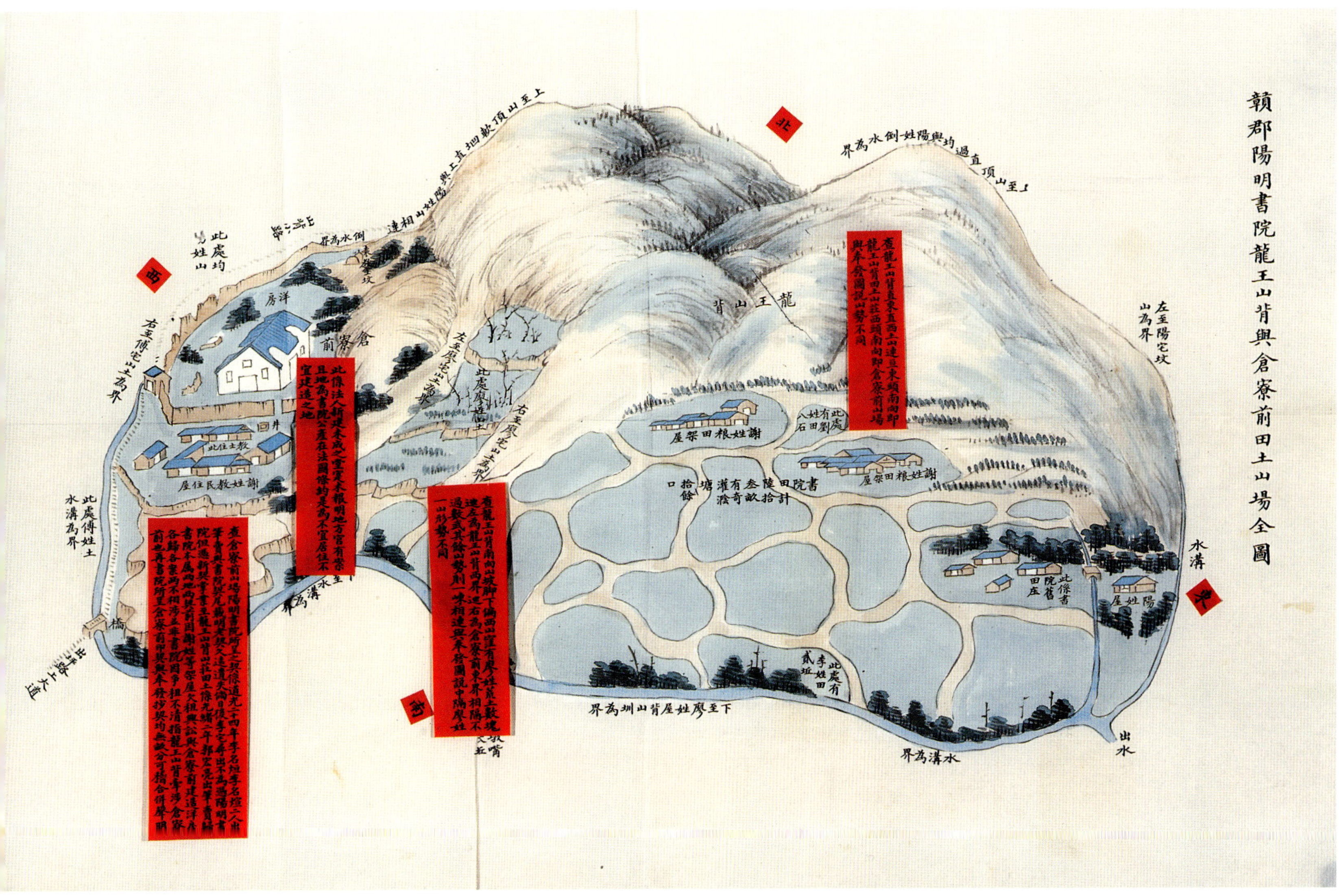

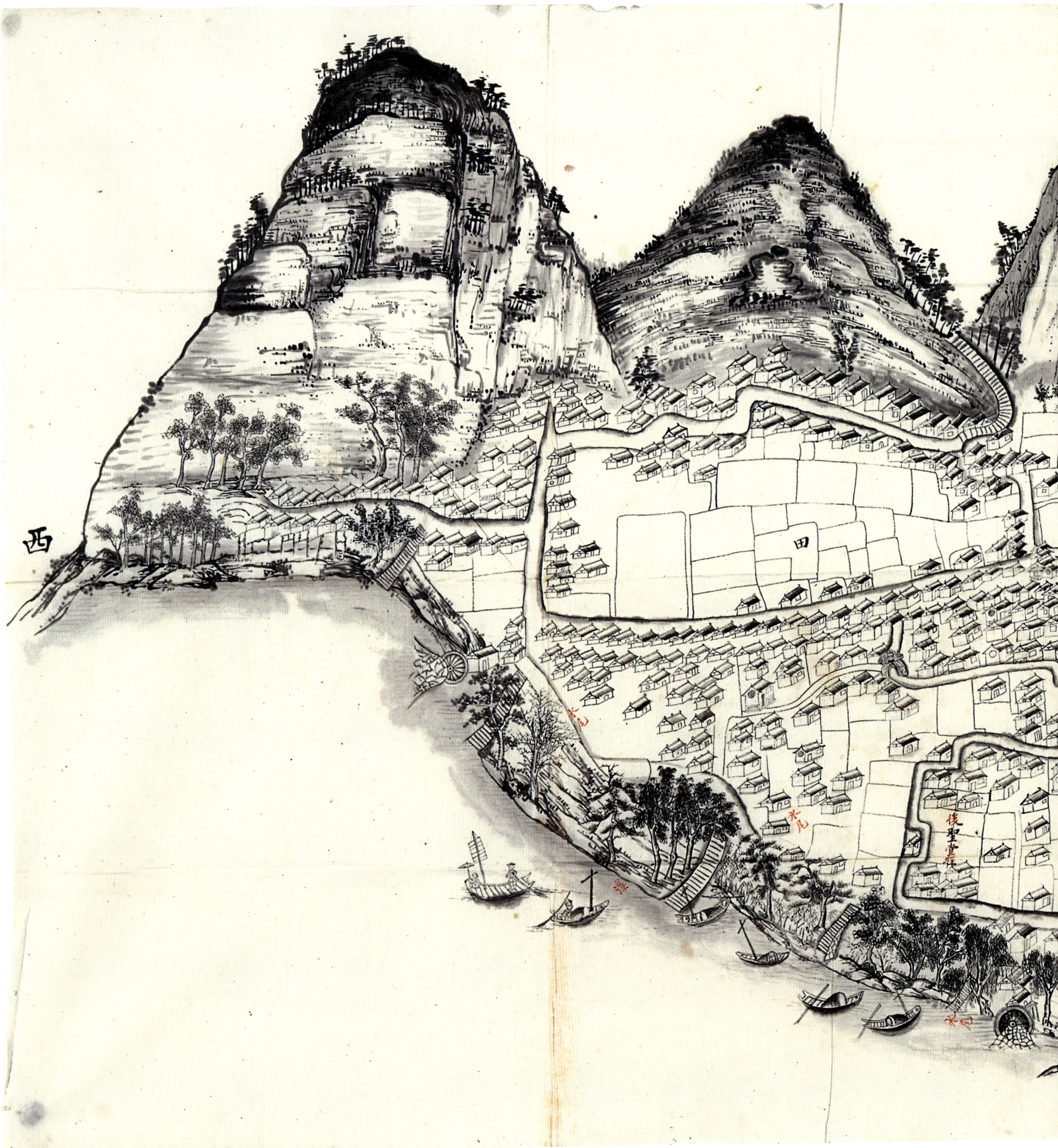

Plan du village de Mou-yang. MAE, CADN.

Sur la côte tropicale et commerçante de la Chine du Sud, face à l'île de Taiwan (Formose), les villages du Fujian et leurs missions naissantes sont longtemps restés à la merci des brigands et des pirates venus de la mer. En 1874, les Japonais envoient une petite armée pour mettre fin à ces atrocités ; ce qu'on a appelé l'« affaire de Formose » manque de mal tourner, mais une convention de sécurité est finalement conclue entre les deux empires. Quinze ans plus tard, la région est redevenue suffisamment sûre pour qu'on envisage d'y construire une église. Le vice-consul de France à Fou-Tcheou, capitale du Fujian, transmet ce plan à la légation de France à Pékin, en annexe d'une dépêche portant sur les négociations en cours pour le choix de l'emplacement de l'église.

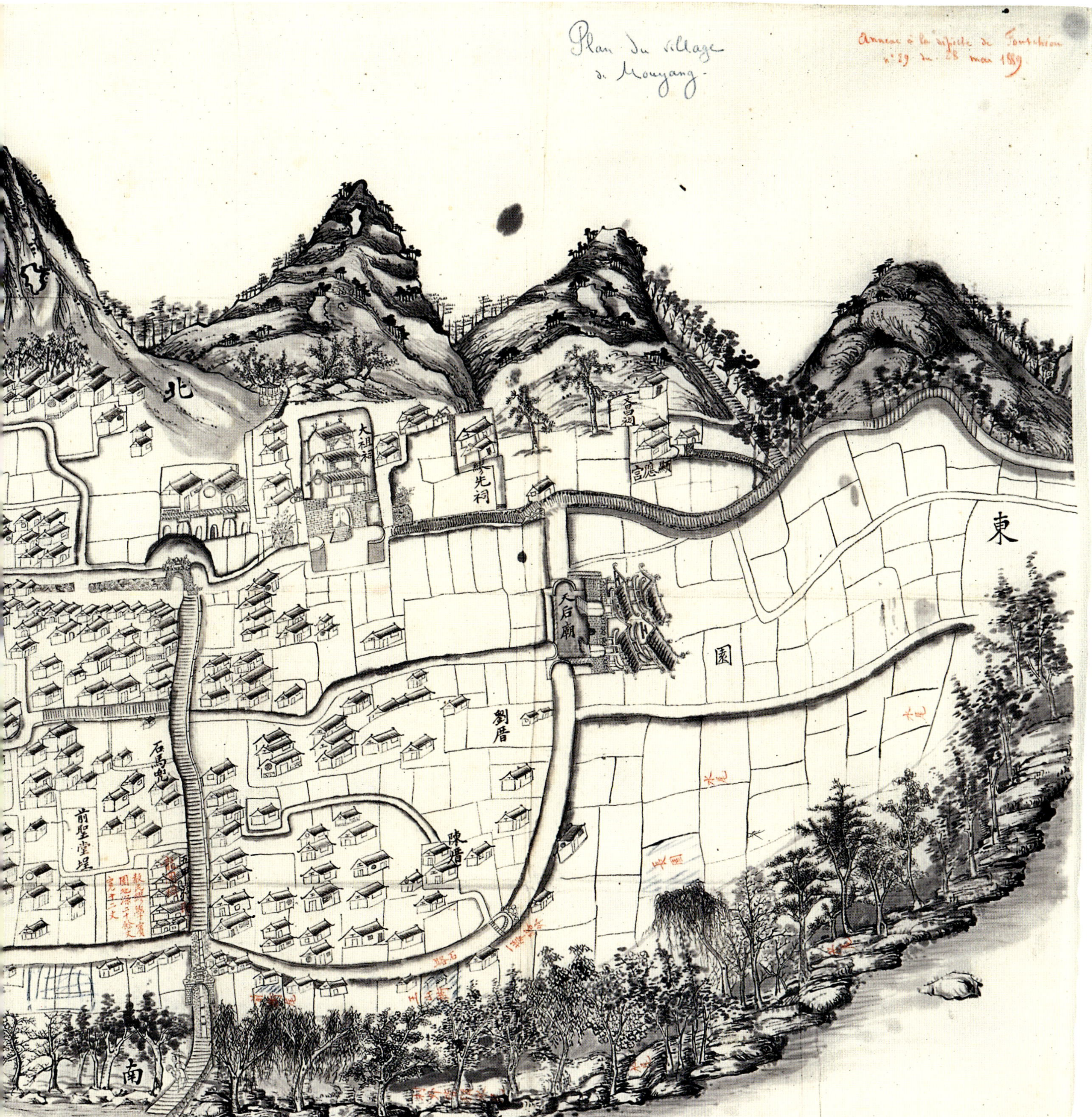
Plan du village de Mouyang
Annexe à la dépêche de Foutchéou n°29 du 28 mai 1889
北
東
南
大祖祠
天后廟
園
劉厝
陳厝
石馬兜
前聖堂埕

La Chine en révolte contre l'Occident

De l'émeute de Ningpo à la guerre des Boxers

La plaine des tombeaux dans les environs de Shanghai (en haut). Vendeur de cercueils (ci-dessus). Aquarelles d'Henri Zuber, 1867.

Les voyageurs comme Henri Zuber, officier de marine de passage à Shanghai en 1867, ont été frappés par la vision de ces « champs de morts » qui donnaient à la campagne chinoise l'aspect d'une immense nécropole. Le site des tombeaux, supposé influencer le repos du défunt et l'existence de ses descendants, était soigneusement choisi par les géomanciens. La pratique bouddhique de l'incinération, qui aurait pu résoudre les problèmes de place, ne parvint pas à s'imposer et fut même interdite sous les Ming, car jugée contraire au devoir de pitié filiale.

EN 1842, au terme de l'humiliante guerre de l'Opium, l'Empire du milieu doit accepter la présence permanente d'Européens sur son sol. Précédés par les Britanniques, les Français s'installent dans cinq ports, dont Shanghai. En 1860, à l'issue des expéditions menées de concert avec l'Angleterre (deuxième guerre de l'Opium), ils obtiennent de nouveaux avantages, dont le plus notable est l'admission de représentants diplomatiques à Pékin. Si la Chine intérieure leur reste interdite, ils ont toute latitude de renforcer leur emprise sur les enclaves qui leur sont concédées. Ils y vivent sous la protection de leurs consuls, hors de la juridiction des magistrats locaux, dans des quartiers qu'ils aménagent et font administrer par des conseils municipaux dont les Chinois sont alors exclus. Conçus initialement pour isoler les étrangers, ces îlots d'exterritorialité deviennent paradoxalement le lieu privilégié d'une violente confrontation avec la Chine traditionnelle.

L'un des premiers affrontements a lieu à Shanghai en 1874. Née vingt-cinq ans auparavant sur les bords du Huangpu, la concession française couvre un territoire d'une soixantaine d'hectares, limité au nord par la concession anglo-américaine, au sud par la ville chinoise. Sa population initiale de quelque trois cent trente étrangers a crû brutalement avec l'afflux de plusieurs milliers de réfugiés chinois, fuyant les campagnes environnantes dévastées par la guerre civile. L'urbanisation s'est accélérée : tous les travaux de voirie nécessaires au développement d'une ville française ont été mis en œuvre avec ardeur, mais sans tenir compte des susceptibilités locales. Car l'espace que l'on s'efforce d'aménager est encombré de bâtiments plus ou moins vétustes, et surtout des tombeaux : pour construire, il faut passer sur un véritable « champ de morts ». Le percement des nouvelles rues de Palikao, de Saigon et de Ningpo, en 1863, suppose aussi la destruction ou le transfert des tombes entretenues par la puissante guilde des Chinois originaires de Ning-po, confrérie religieuse et mutuelle d'entraide. Les représentants de la guilde ont beau, en janvier 1874, rédiger une supplique demandant que « les os de leurs ancêtres ne soient pas troublés dans leur dernier repos », les conseillers municipaux n'en ont cure. Aux observations des Chinois, « d'ordre sentimental », ils opposent des arguments rationnels de salubrité publique et refusent de remanier le plan de la concession.

Ils ont sous-estimé le pouvoir de mobilisation de la guilde. Le 3 mai 1874, un agent de la garde municipale est pris à partie par un groupe de Chinois et, très vite, le quartier ouest de la concession, entre l'usine à gaz et la pagode, s'embrase. Le consul général Godeaux doit faire appel aux marins des canonnières stationnées sur le Yang-tseu-kiang pour contrer les émeutiers qui menacent de faire exploser l'usine. On déplorera sept morts, tous chinois. Le plan aquarellé reproduit ci-contre illustre les incidents qui ont émaillé cette journée.

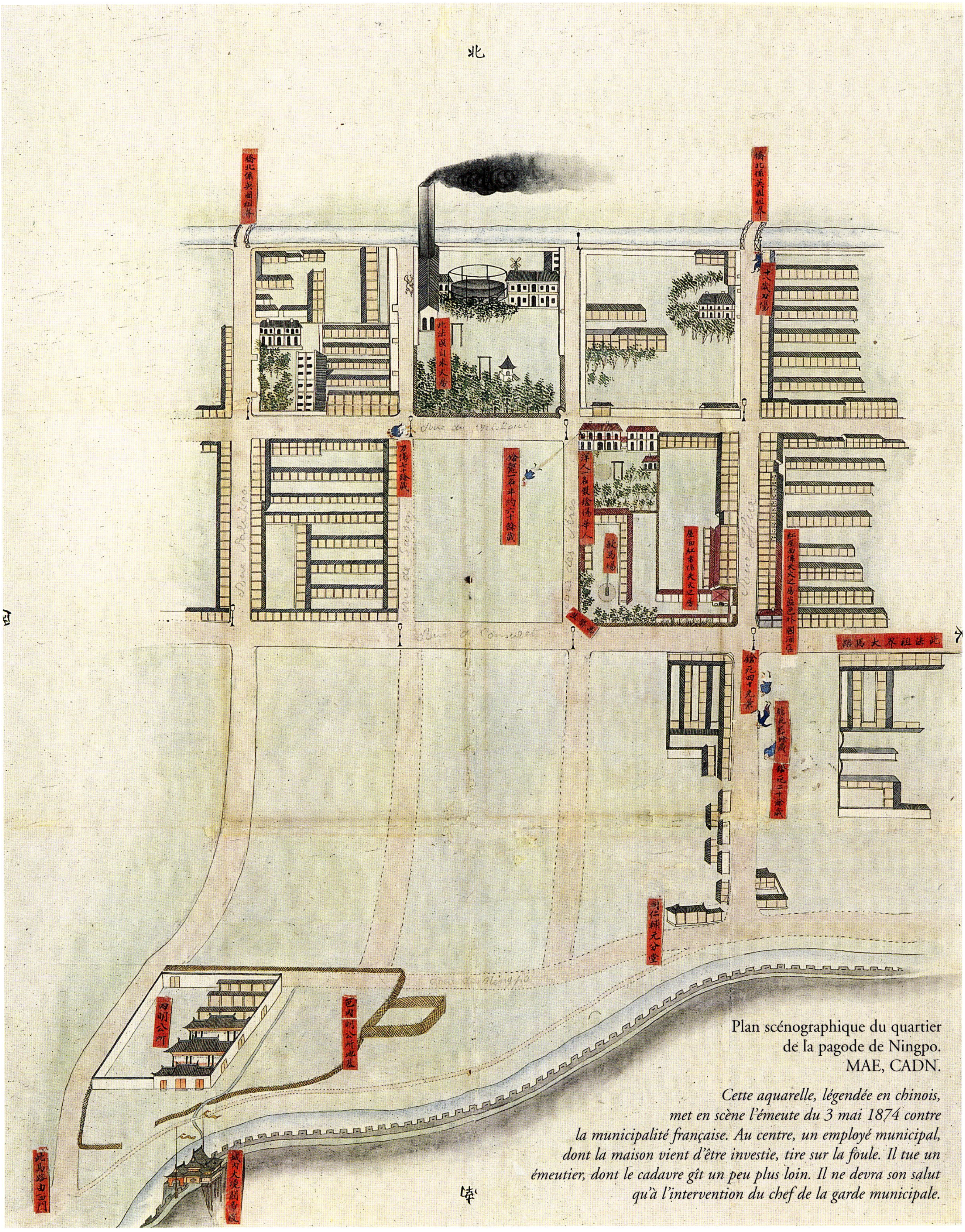

Plan scénographique du quartier
de la pagode de Ningpo.
MAE, CADN.

Cette aquarelle, légendée en chinois, met en scène l'émeute du 3 mai 1874 contre la municipalité française. Au centre, un employé municipal, dont la maison vient d'être investie, tire sur la foule. Il tue un émeutier, dont le cadavre gît un peu plus loin. Il ne devra son salut qu'à l'intervention du chef de la garde municipale.

La porte d'entrée de la légation de France, la vieille du siège, le 20 juin (en haut), et à la fin, le 15 août 1900 (en bas).

Une deuxième vague de violence, à Pékin cette fois, durera cinquante-cinq jours : terreur et coups de théâtre, tous les ingrédients sont présents pour un film à grand spectacle. Cette « guerre des Boxers » doit son nom aux « milices de justice et de concorde » (*Yihetuan*), secte nationaliste dont les adeptes pratiquent la boxe sacrée et divers rites censés les rendre invulnérables, et multiplient les attentats xénophobes. En 1900, le mouvement est récupéré par les lettrés hostiles à l'influence étrangère, avec pour mot d'ordre : « Soutien aux Qing, mort aux étrangers ». À la cour impériale, Ts'eu-hi cède à la pression du clan conservateur et déclare la guerre aux puissances occidentales le 21 juin 1900. Le siège des légations commence le jour même. D'un côté les Boxers, soutenus par cinq à six mille impériaux lourdement armés ; de l'autre une poignée d'étrangers de toutes nationalités, rejoints par trois mille chrétiens chinois. Stephen Pichon, alors en poste à Pékin, rapporte les événements en détail, cartes à l'appui (ci-contre). Ses récits et ceux des témoins, largement relayés par la presse à sensation, accréditeront pour longtemps l'image d'une Chine barbare. Le bilan des pertes occidentales (quatre-vingts morts) est pourtant sans commune mesure avec le désastre qui s'ensuit pour la Chine. Le palais est mis à sac, les populations massacrées, tandis que les diplomates négocient le versement d'indemnités de guerre considérables. La guerre des Boxers, qui se solde par le renforcement de l'ingérence européenne, engendre un profond traumatisme dans les consciences chinoises.

ISABELLE NATHAN

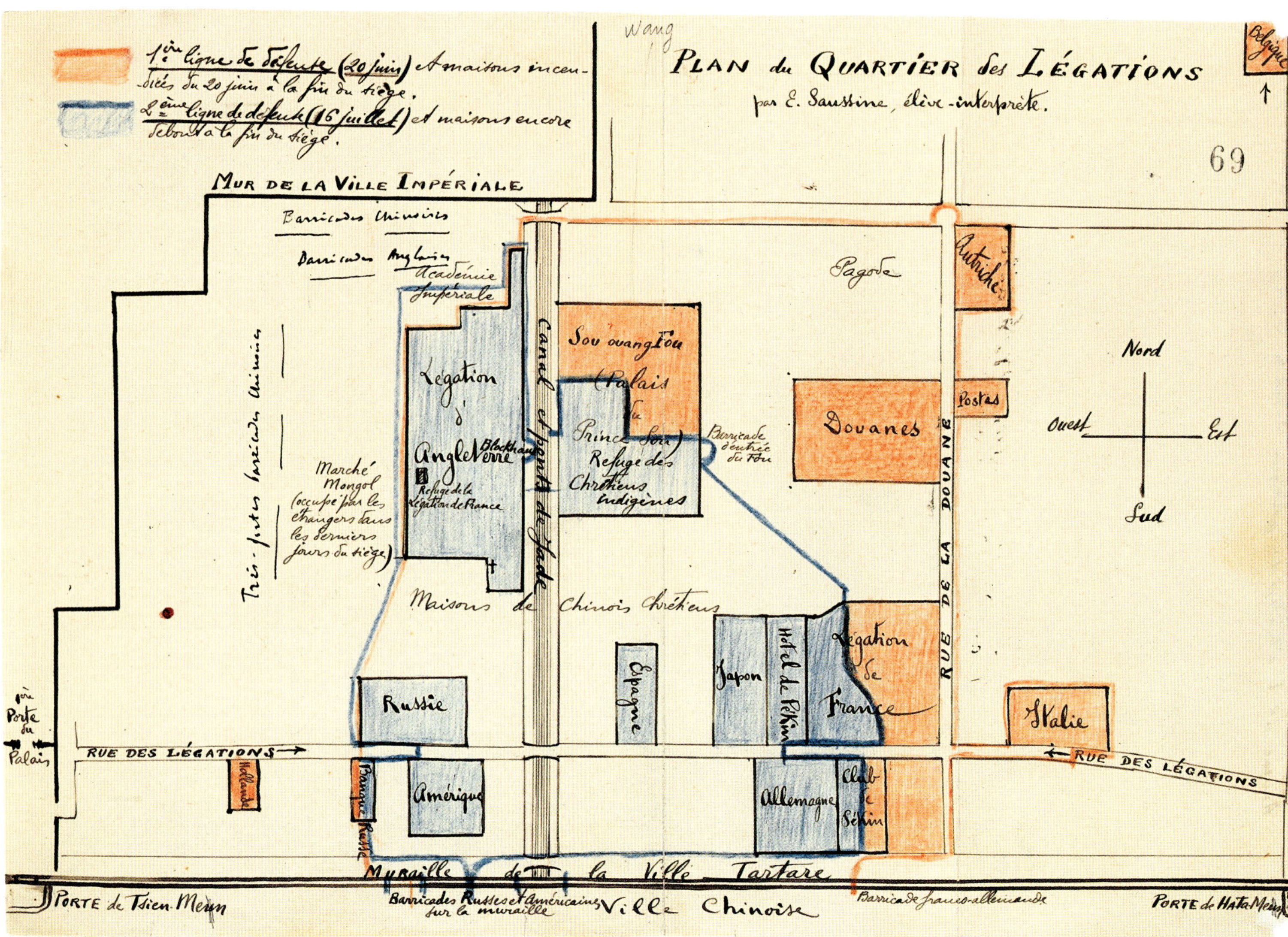

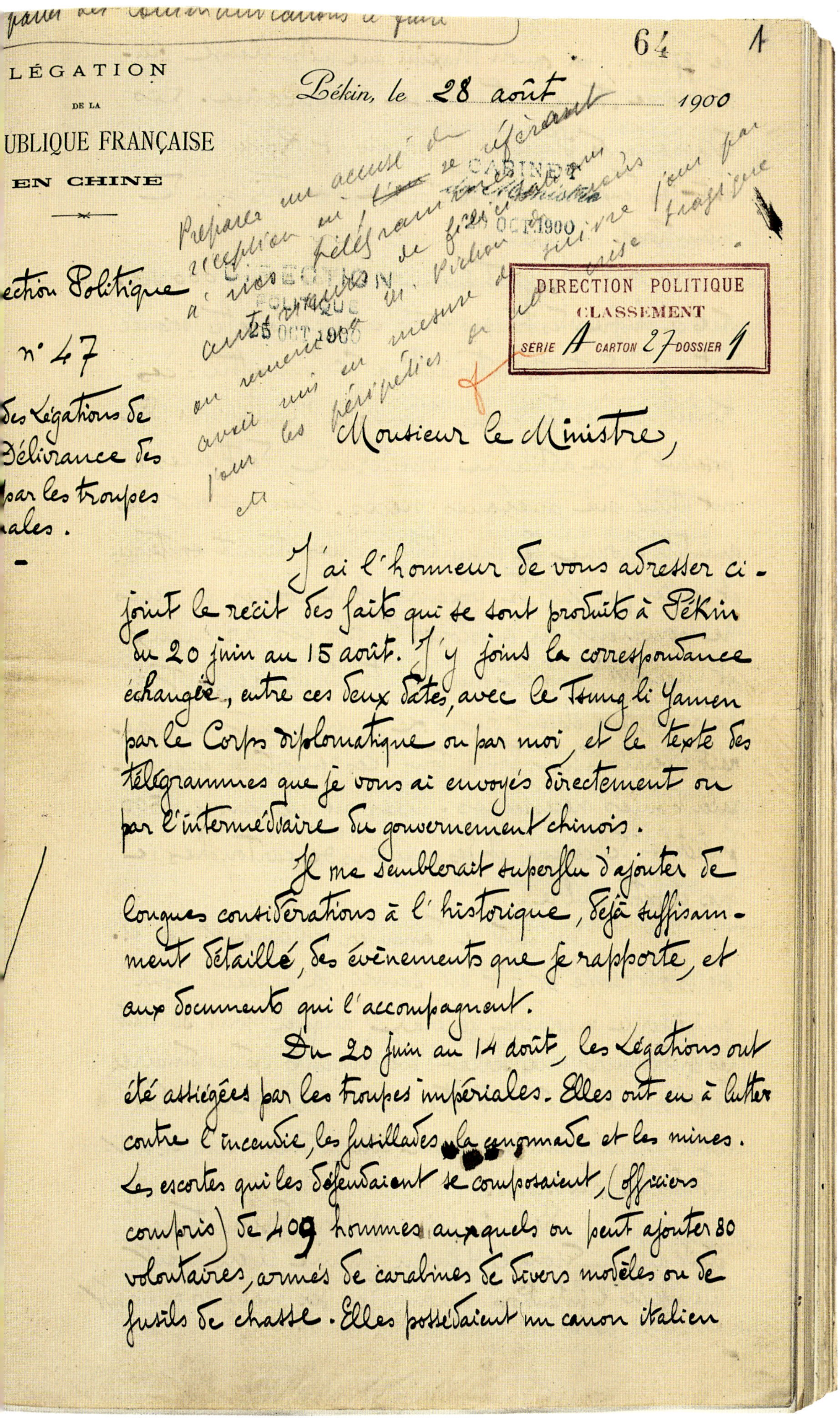
LÉGATION
DE LA
[RÉP]UBLIQUE FRANÇAISE
EN CHINE

64 1

Pékin, le 28 août 1900

[Dir]ection Politique

n° 47

[...]es Légations de
Délivrance des
par les troupes
[...]ales.

DIRECTION POLITIQUE
CLASSEMENT
SERIE A CARTON 27 DOSSIER 1

Monsieur le Ministre,

J'ai l'honneur de vous adresser ci-joint le récit des faits qui se sont produits à Pékin du 20 juin au 15 août. J'y joins la correspondance échangée, entre ces deux dates, avec le Tsungli Yamen par le Corps diplomatique ou par moi, et le texte des télégrammes que je vous ai envoyés directement ou par l'intermédiaire du gouvernement chinois.

Il me semblerait superflu d'ajouter de longues considérations à l'historique, déjà suffisamment détaillé, des événements que je rapporte, et aux documents qui l'accompagnent.

Du 20 juin au 14 août, les Légations ont été assiégées par les troupes impériales. Elles ont eu à lutter contre l'incendie, les fusillades, la canonnade et les mines. Les escortes qui les défendaient se composaient, (officiers compris) de 409 hommes auxquels on peut ajouter 80 volontaires, armés de carabines de divers modèles ou de fusils de chasse. Elles possédaient un canon italien

Dépêche de Stephen Pichon, le 28 août 1900.

Monsieur le Ministre,
J'ai l'honneur de vous adresser ci-joint le récit des faits qui se sont produits à Pékin du 20 juin au 15 août. J'y joins la correspondance échangée, entre ces deux dates, avec le Tsungli Yamen [ministère des Affaires étrangères] par le corps diplomatique ou par moi, et le texte des télégrammes que je vous ai envoyés directement ou par l'intermédiaire du gouvernement chinois. Il me semblerait superflu d'ajouter de longues considérations à l'historique, déjà suffisamment détaillé, des événements que je rapporte, et aux documents qui l'accompagnent. Du 20 juin au 14 août, les légations ont été assiégées par les troupes impériales. Elles ont eu à lutter contre l'incendie, les fusillades, la canonnade et les mines. Les escortes qui les défendaient se composaient (officiers compris) de 409 hommes auxquels on peut ajouter 80 volontaires, armés de carabines de divers modèles ou de fusils de chasse. […]
(Transcription complémentaire en fin de volume.)
MAE, NS Chine.

À gauche : Carte du quartier des légations, annexe à la dépêche de Stephen Pichon du 28 août 1900. MAE, NS Chine.

Les légations européennes sont regroupées au sud-est de la cité impériale. Les immeubles habités par les personnels des légations et des douanes maritimes côtoient les propriétés chinoises qui, dès le début du siège, sont passées sous le contrôle des Boxers et servent de base à leurs incursions. Les assiégés avaient établi, dans les premiers jours du siège, une première ligne de défense, le long de la rue de la Douane, jusqu'à la muraille. Du côté de la muraille, une barricade tenue par les Russes et les Américains complétait le dispositif. À la fin du mois de juillet, ils durent se replier derrière une deuxième ligne, alors qu'une partie de la légation de France avait déjà été détruite.

Auguste François

Un consul en Chine au temps des concessions

« J'ai parcouru son sol, ses fleuves, sur des milliers de lieues ; mes semelles mêmes ont couvert plus de huit mille kilomètres de ce qu'on nomme des routes ; je n'attends plus beaucoup d'inconnu et cependant, au moment de quitter cette Chine, je me sens entraîné par une sorte de vertige à m'enfoncer encore dans sa masse, à faire le tour de son énormité. »

Auguste François, 1904.

VOYAGEUR infatigable et solitaire, diplomate atypique, Auguste François a parcouru dans tous les sens la Chine méridionale. Sa forte personnalité a marqué de manière originale cette grande stratégie d'expansion que la France développa dans la région à la charnière des deux siècles. Aux yeux des Français, déjà installés en Indochine, l'enjeu était immense : la Chine du Sud, le Yunnan en particulier, ferait tôt ou tard partie d'une vaste zone d'influence française.

Issu de la petite bourgeoisie lorraine, Auguste François est un homme secret, de caractère difficile et d'humeur souvent tyrannique. Agnostique, royaliste par dégoût d'un système dont il a constaté les méfaits dans une Cochinchine en voie d'assimilation, il s'est peu livré. Il nous a cependant laissé de ses différentes missions d'étonnants récits à travers l'abondante correspondance qu'il a entretenue avec ses amis. D'une plume incisive, exubérante et impitoyable, il a décrit ce qu'il voyait avec un cynisme et un sens de la provocation peu coutumiers chez les diplomates : les contradictions de la politique française, ses collègues consuls, les « petits Français » de Saigon, les mandarins chinois, la plèbe xénophobe, etc. Il a aussi été photographe et les centaines de plaques photographiques récemment découvertes au musée Guimet révèlent un homme sensible et délicat, attaché à saisir les Chinois dans leur vie quotidienne.

C'est au cours d'un premier séjour au Tonkin, en 1886, que le tout nouvel administrateur découvre la réalité asiatique. S'il critique avec véhémence les excès de l'administration française, s'il ne supporte pas l'atmosphère qui règne à Saigon ou Hanoi, il est et restera un homme de devoir. Il exécute les ordres. Chargé d'organiser la répression contre les redoutables Pavillons-Noirs, ces anciens soldats chinois regroupés en bandes organisées, il n'hésite pas à faire trancher quelques têtes... Cette première expérience indochinoise va le marquer profondément, faisant de lui un des plus farouches pourfendeurs du colonialisme. Tout au long de sa carrière de consul en Chine (1896-1903), il s'efforcera de faire obstacle aux volontés interventionnistes du « parti colonial ». De ce point de vue, le Quai d'Orsay, soucieux d'éviter l'affrontement avec l'allié britannique et désireux de ne pas brusquer le partage de l'empire du Milieu, va trouver en lui un homme de confiance. On a déjà compris que la carrière de consul convient beaucoup mieux au tempérament de cet homme que celle d'administrateur des colonies.

Après un bref séjour de deux années (1893-1894) au consulat de France à Assomption, au Paraguay, Auguste François entame sa carrière proprement chinoise. De 1896 à 1904, il est successivement consul à Long-Tcheou, dans le Guangxi, à Mong-Tse puis à Yunnanfu. Il explore les moindres recoins du Yunnan, région montagneuse dépourvue de routes, encore inconnue des Européens, et étudie notamment le projet de construction d'une voie ferrée vers le Tonkin, qu'il juge pourtant dangereuse et inutile.

Auguste François à Haiphong, 1887.
Association A. François.

La carrière asiatique d'Auguste François commence en 1886 avec sa nomination dans l'administration française d'Indochine, au Tonkin et dans l'Annam. Il y est un des rares représentants du ministère des Affaires étrangères et, à ce titre, suscite une certaine méfiance. Fuyant dès qu'il le peut l'ambiance du petit monde des coloniaux, il aime à se réfugier dans la solitude des caps isolés, où les navires n'accostent qu'une fois par semaine.

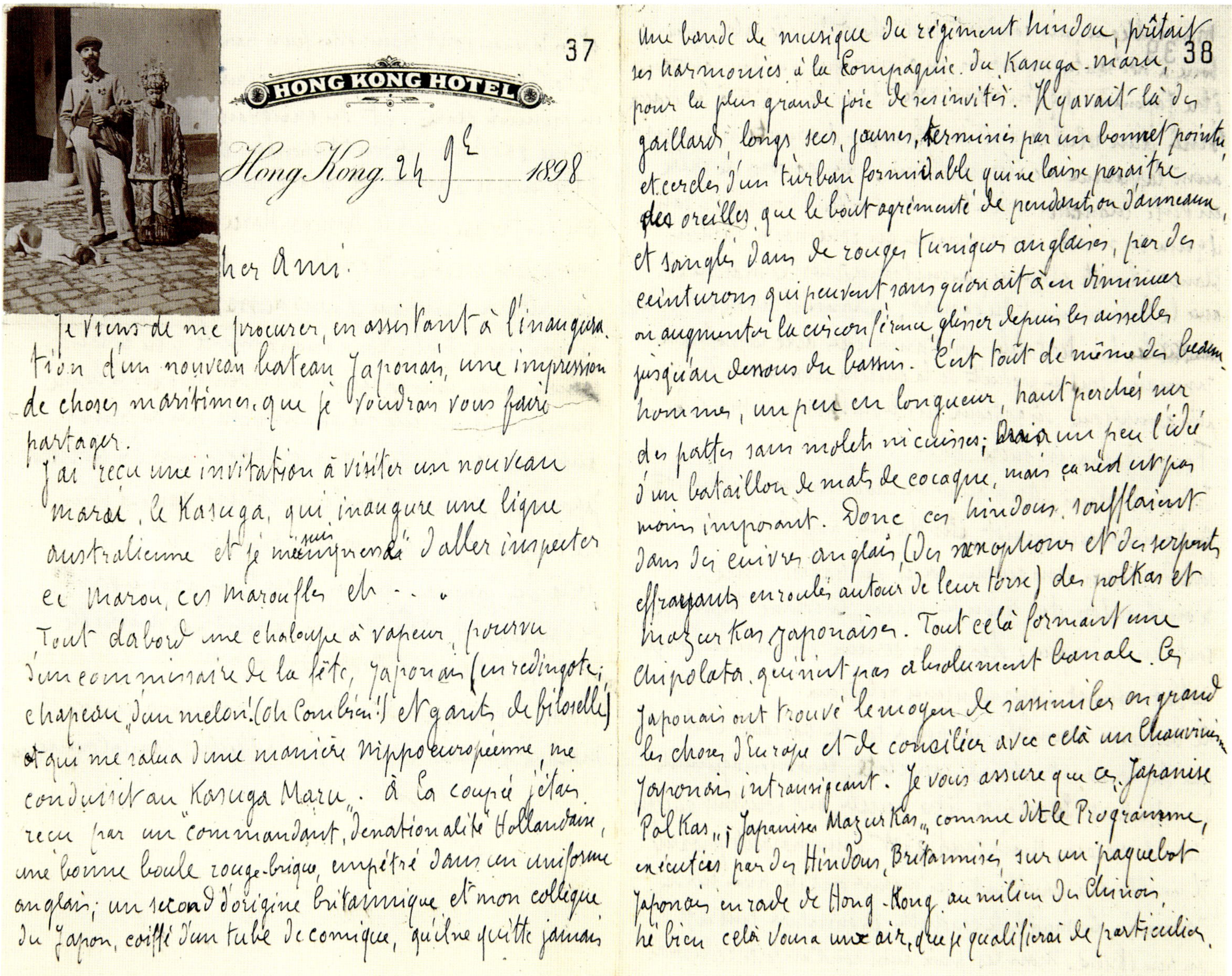

37

HONG KONG HOTEL

Hong Kong 24 9bre 1898

Cher Ami.

Je viens de me procurer, en assistant à l'inauguration d'un nouveau bateau Japonais, une impression de choses maritimes, que je voudrais vous faire partager.

J'ai reçu une invitation à visiter un nouveau marou, le Kasuga, qui inaugure une ligne australienne et je m'empresserai d'aller inspecter ce marou, ces marouflés etc...

Tout d'abord une chaloupe à vapeur, pourvue d'un commissaire de la fête, japonais (en redingote, chapeau d'un melon! (oh combien!) et gants de filorelli) et qui me salua d'une manière nippo-européenne, me conduisit au Kasuga Maru. À la coupée j'étais reçu par un "commandant" de nationalité Hollandaise, une bonne boule rouge-brique, empêtré dans un uniforme anglais; un second d'origine britannique et mon collègue du Japon, coiffé d'un tube de comique, qui ne quitte jamais

38

Une bande de musique du régiment hindou, prêtait ses harmonies à la Compagnie du Kasuga-maru, pour la plus grande joie de ses invités. Il y avait là des gaillards, longs, secs, jaunes, terminés par un bonnet pointu et cerclés d'un turban formidable qui ne laisse paraître des oreilles que le bout agrémenté de pendants ou d'anneaux, et sanglés dans de rouges tuniques anglaises, par des ceinturons qui peuvent sans qu'on ait à en diminuer ou augmenter la circonférence glisser depuis les aisselles jusqu'au dessous du bassin. C'est tout de même des beaux hommes, un peu en longueur, haut perchés sur des pattes sans mollets ni cuisses; d'où un peu l'idée d'un bataillon de mâts de cocagne, mais ça n'en est pas moins imposant. Donc ces hindous soufflaient dans des cuivres anglais (des saxophones et des serpents effrayants enroulés autour de leur torse) des polkas et mazurkas japonaises. Tout cela formant une chipolata qui n'est pas absolument banale. Les Japonais ont trouvé le moyen de s'assimiler en grand les choses d'Europe et de concilier avec cela un chauvinisme japonais intransigeant. Je vous assure que ces "Japanise Polkas", "Japanise Mazurkas", comme dit le Programme, exécutées par des Hindous britannisés, sur un paquebot japonais en rade de Hong-Kong au milieu des Chinois, eh bien cela vous a un air, que je qualifierai de particulier.

Lettre d'Auguste François, le 24 novembre 1898.

Cette lettre écrite de Hong-Kong, alors qu'Auguste François entame une de ses nombreuses missions d'exploration « commerciale », offre un bel exemple de ce style descriptif, corrosif et impitoyable avec lequel il croque ses contemporains, quelle que soit leur nationalité.

Mon cher ami,

Je viens de me procurer, en assistant à l'inauguration d'un nouveau bateau japonais, une impression de choses maritimes que je voudrais vous faire partager. J'ai reçu une invitation à visiter un nouveau *marou*, le *Kasuga*, qui inaugure une ligne australienne [...]. Tout d'abord, une chaloupe à vapeur, pourvue d'un commissaire de la fête japonais (en redingote, chapeau d'un melon! – oh combien! – et gants de filorelli) et qui me salua d'une manière nippo-européenne, me conduisit au *Kasuga Maru*. À la coupée, j'étais reçu par un commandant de nationalité hollandaise, une bonne boule rouge brique, empêtré dans un uniforme anglais [...].

Une bande de musique du régiment hindou prêtait ses harmonies à la compagnie du *Kasuga Maru*, pour la plus grande joie de ses invités. Il y avait là des gaillards, longs, secs, jaunes, terminés par un bonnet pointu et cerclés d'un turban formidable qui ne laisse paraître des oreilles que le bout, agrémenté de pendants ou d'anneaux, et sanglés dans de rouges tuniques anglaises par des ceinturons qui peuvent sans qu'on ait à en diminuer ou augmenter la circonférence glisser depuis les aisselles jusqu'au-dessous du bassin. C'est tout de même de beaux hommes, un peu en longueur, haut perchés sur des pattes sans mollets ni cuisses; d'où un peu l'idée d'un bataillon de mâts de cocagne, mais ça n'en est pas moins imposant. Donc ces Hindous soufflaient dans du cuivre anglais (des saxophones et des serpents effrayants roulés autour de leur torse) des polkas et des mazurkas japonaises. Tout cela formant une chipolata qui n'est pas absolument banale. [...]
(Transcription complémentaire en fin de volume.)
MAE, PAAP J.-B. Beau.

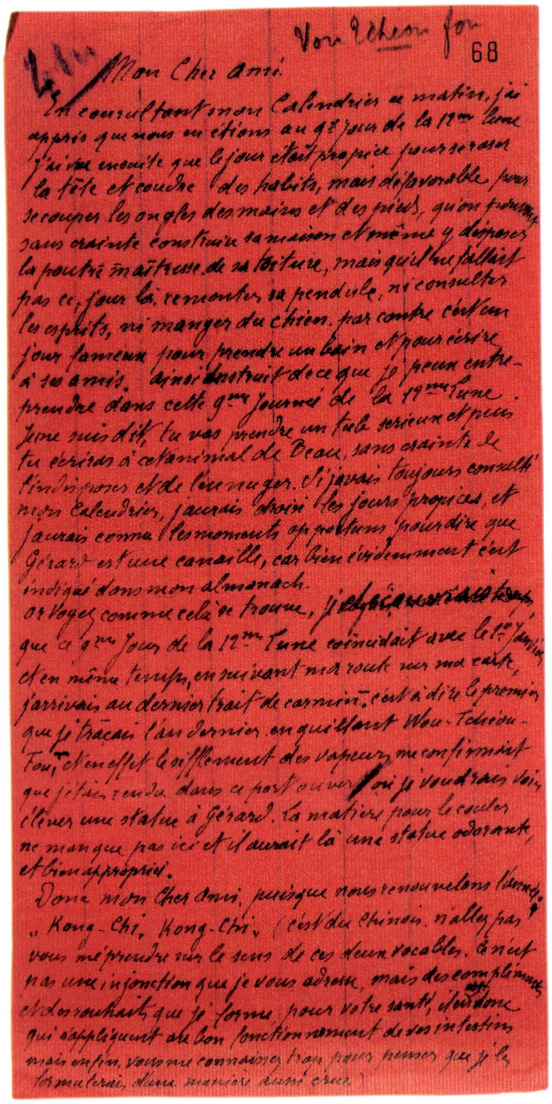

Voir Tchen fou 68

Mon Cher ami.

En consultant mon Calendrier ce matin, j'ai appris que nous en étions au 9e jour de la 12me lune j'ai vu ensuite que le jour était propice pour se raser la tête et coudre des habits, mais défavorable pour se couper les ongles des mains et des pieds, qu'on pouvait sans crainte construire sa maison et même y disposer la poutre maîtresse de sa toiture, mais qu'il ne fallait pas ce jour là, remonter sa pendule, ni consulter les esprits, ni manger du chien. par contre c'est un jour fameux pour prendre un bain et pour écrire à ses amis. ainsi instruit de ce que je peux entreprendre dans cette 9me journée de la 12me lune. Je me suis dit, tu vas prendre un tub sérieux et puis tu écriras à cet animal de Beau, sans crainte de t'indisposer et de l'[illegible]. Si j'avais toujours consulté mon Calendrier, j'aurais choisi les jours propices, et j'aurais connu les moments opportuns pour dire que Gérard est une canaille, car bien évidemment c'est indiqué dans mon almanach.

Or voyez comme cela se trouve, [illegible] que ce 9me jour de la 12me lune coïncidait avec le 1er janvier et en même temps, en suivant ma route sur ma carte, j'arrivais au dernier trait de carmin, c'est à dire le premier que je traçai l'an dernier en quittant Wou-Tcheou-Fou, et en effet le sifflement des vapeurs me confirmait que j'étais rendu dans ce port ouvert où je voudrais voir élever une statue à Gérard. La matière pour la couler ne manque pas ici et il aurait là une statue odorante, et bien appropriée.

Donc mon Cher ami, puisque nous renouvelons l'année, „Kong-Chi, Kong-Chi„ (c'est du Chinois. n'allez pas vous méprendre sur le sens de ces deux vocables. Ce n'est pas une injonction que je vous adresse, mais des compliments et des souhaits que je forme pour votre santé, et ils donc qui s'appliquent au bon fonctionnement de vos intestins mais enfin, vous me connaissez trop pour penser que je les formulerai d'une manière aussi crue.)

Lettre d'Auguste François à Jean-Baptiste Beau, le 2 janvier 1899. (Transcription en fin de volume.) MAE, PAAP, J.-B. Beau.

À l'automne de 1898, Auguste François est chargé d'une mission de reconnaissance dans la zone frontalière avec le Tonkin. Quelques mois plus tard, il adresse à l'un de ses amis diplomates une longue lettre dans laquelle, en termes crus, il évoque sa mission: «J'en empoisonnerai encore le ministère, puisque j'ai entrepris de dire la vérité; je serai désagréable jusqu'au bout. On me saura tout le mauvais gré que l'on voudra mais j'ai conscience de faire ce qui doit être fait.» Il raille les traditions chinoises et les interdits du calendrier (le 9e jour de la 12e lune, il ne faut ni «remonter sa pendule, ni consulter les esprits, ni manger du chien»). Surtout, il écrit pis que pendre d'Auguste Gérard, l'ambassadeur de France à Pékin, une «canaille» qui ne comprend rien au chemin de fer. Dans sa correspondance avec ses amis (comme c'est le cas ici), le consul utilise souvent un papier de soie de couleur, orné d'idéogrammes.

C'est la guerre des Boxers (voir p. 210) qui lui offre l'occasion de se couvrir de gloire. Au mois de juin 1900, il recueille les vingt-deux Français de sa circonscription dans sa résidence consulaire de Yunnanfu. Assiégés, menacés d'être massacrés par la foule fanatisée, les Français ne peuvent compter sur les autorités chinoises débordées par la violence des émeutes. Ils ne doivent leur salut qu'au sang-froid d'un consul qu'ils détestent autant qu'il les méprise… Sans tirer le moindre coup de feu, Auguste François parvient à les conduire sains et saufs à la frontière tonkinoise. La presse métropolitaine va donner un très large écho à son geste. Pendant quelques semaines, le consul de Yunnanfu sera un véritable héros national. Mais son hostilité aux menées annexionnistes du gouvernement général d'Indochine, dont il est devenu la bête noire, rend sa situation de plus en plus délicate. Il finit par obtenir son rappel en 1903 et entame alors un dernier voyage qui le conduira jusqu'au Tibet oriental puis, de là, jusqu'à Shanghai après une descente intégrale du Yang-tseu-kiang.

PIERRE FOURNIÉ

Auguste François en fumeur d'opium, 1897. Association A. François.

Auguste François devant son *yamen* (bâtiment administratif) à Yunnanfu.
Musée Guimet.

Au mois de juin 1900, en pleine guerre des Boxers, Yunnanfu est le théâtre d'un des épisodes les plus agités de la carrière d'Auguste François : assiégé dans son consulat avec vingt-deux de ses compatriotes, il réussit à faire évacuer tout le monde vers le Tonkin.

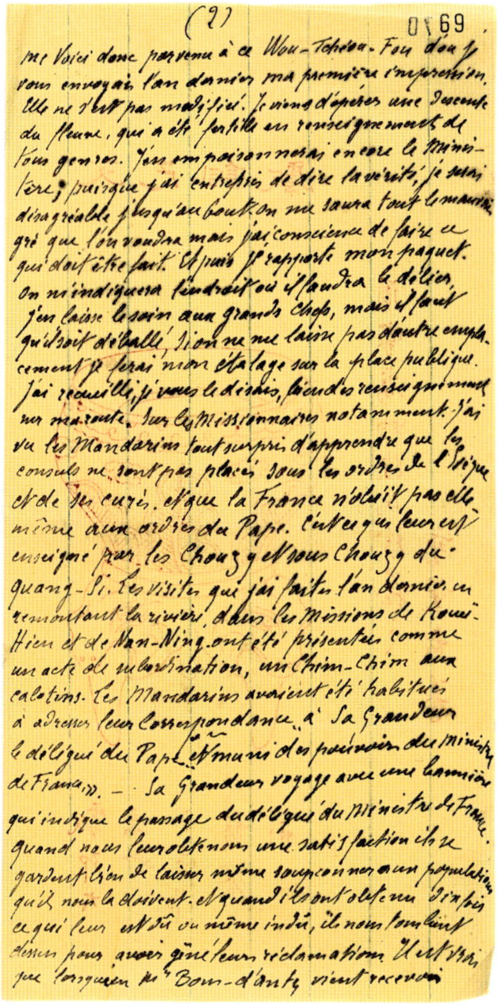

(2) 0169

me Voici donc parvenu à ce Wou-Tcheou-Fou d'où je vous envoyai l'an dernier ma première impression. Elle ne s'est pas modifiée. Je viens d'opérer une descente du fleuve, qui a été fertile en renseignements de tous genres. J'en empoisonnerai encore le Ministère ; puisque j'ai entrepris de dire la vérité, je serai désagréable jusqu'au bout. On me saura tout le mauvais gré que l'on voudra mais j'ai conscience de faire ce qui doit être fait. Et puis je rapporte mon paquet. On m'indiquera l'endroit où il faudra le délier, j'en laisse le soin aux grands Chefs, mais il faut qu'il soit déballé. Si on ne me laisse pas d'autre emplacement je ferai mon étalage sur la place publique. J'ai recueilli, je vous le disais, bien des renseignements sur ma route. Sur les Missionnaires notamment. J'ai vu les Mandarins tout surpris d'apprendre que les consuls ne sont pas placés sous les ordres de l'Évêque et de ses curés, et que la France n'obéit pas elle-même aux ordres du Pape. C'est ce qui leur est enseigné par les Chouzy et sous Chouzy du Quang-Si. Les visites que j'ai faites l'an dernier en remontant la rivière, dans les Missions de Kouei-Hien et de Nan-Ning ont été présentées comme un acte de subordination, un Chim-Chim aux calotins. Les Mandarins avaient été habitués à adresser leur Correspondance « à Sa Grandeur le délégué du Pape et muni des pouvoirs du ministre de France ». — Sa Grandeur voyage avec une bannière qui indique le passage du délégué du Ministre de France. Quand nous leur obtenons une satisfaction ils se gardent bien de laisser même soupçonner aux populations qu'ils nous la doivent. Et quand ils ont obtenu sans frais ce qui leur est dû ou même indu, ils nous tombent dessus pour avoir gêné leurs réclamations. Il est vrai que lorsque Mr Bons-d'Anty vient recevoir

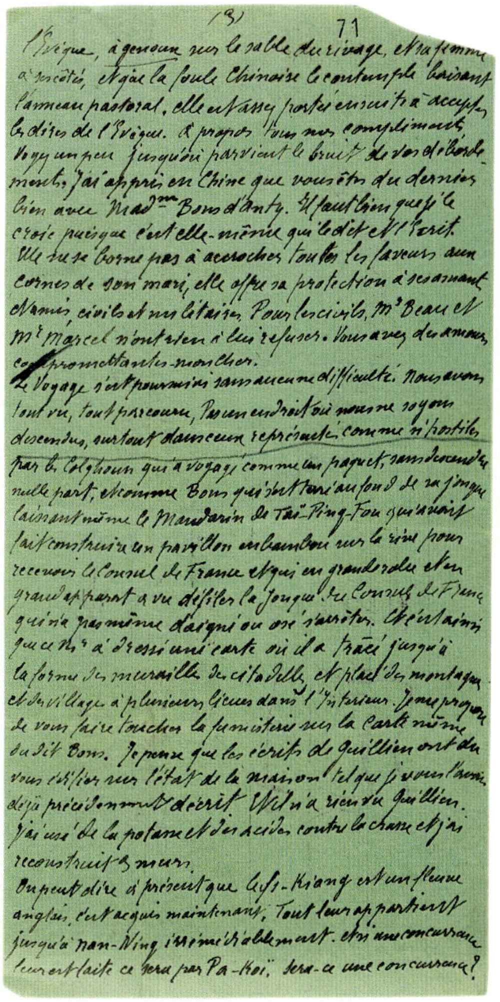

(3) 71

l'Évêque, à genoux sur le sable du rivage, et sa femme à ses côtés, et que la foule Chinoise le contemple baisant l'anneau pastoral, elle est assez portée ensuite à accepter les dires de l'Évêque. A propos tous mes compliments. Voyez un peu jusqu'où parvient le bruit de vos débordements. J'ai appris en Chine que vous êtes du dernier bien avec Madame Bons d'Anty. Il faut bien que je le croie puisque c'est elle-même qui le dit et l'écrit. Elle ne se borne pas à accrocher toutes les faveurs aux cornes de son mari, elle offre sa protection à ses amants et amis, civils et militaires. Pour les civils, Mr Beau et Mr Marcel n'ont rien à lui refuser. Vous avez des amours compromettantes mon cher.

Le Voyage s'est poursuivi sans aucune difficulté. Nous avons tout vu, tout parcouru, pas un endroit où nous ne soyons descendus, surtout dans ceux représentés comme si hostiles par le Colquhoun qui a voyagé comme un paquet, sans descendre nulle part, et comme Bons qui s'est terré au fond de sa jonque laissant même le Mandarin de Taï-Ping-Fou qui avait fait construire un pavillon en bambou sur la rive pour recevoir le Consul de France et qui en grande robe et en grand apparat a vu défiler la jonque du Consul de France qui n'a pas même daigné ou osé s'arrêter. C'est ainsi que ce Mr a dressé une carte où il a tracé jusqu'à la forme des murailles de citadelle et placé des montagnes et des villages à plusieurs lieues dans l'intérieur. Je me propose de vous faire toucher la fumisterie sur la carte même dudit Bons. Je pense que les écrits de Guillien ont dû vous édifier sur l'état de la maison tel que je vous l'avais déjà précédemment décrit. Il n'a rien vu Guillien. J'ai usé de la potasse et des acides contre la crasse et j'ai reconstruit les murs.

On peut dire à présent que le Si-Kiang est un fleuve anglais, c'est acquis maintenant. Tout leur appartient jusqu'à Nan-Ning irrémédiablement. Et si une concurrence leur est faite ce sera par Pa-Koï. Sera-ce une concurrence ?

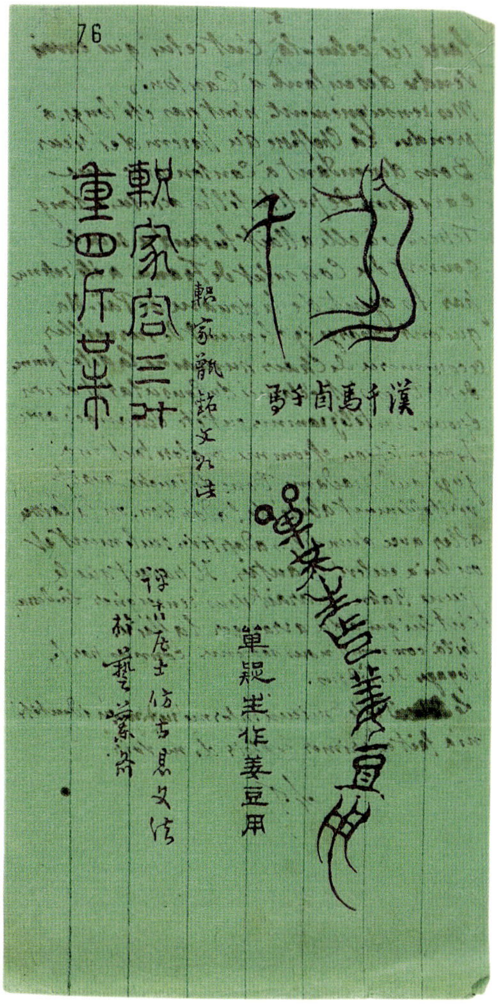

La difficile conquête de l'Afrique noire

Hamadou-Alpha, interprète du colonel Desbordes, Fouta-Djalon, 1881.
MAE, Fonds iconographique (pour toutes les illustrations, sauf mention contraire).

Guerriers de Kéniéra (rive droite du Niger).

La conquête de l'Afrique par les Européens ne se fait pas sans heurts. Une résistance acharnée s'organise, parfois conduite par des princes comme Béhanzin, roi d'Abomey, ou Amadou, sultan de Ségou. Le puissant roi Samory (voir page suivante), en particulier, dispose de troupes professionnelles. Les guerriers représentés ici sont des sofa, combattant à pied. Ils sont équipés d'armes traditionnelles (lances, arcs...) mais aussi de fusils. En 1890, la conférence de Bruxelles interdit l'exportation d'armes à feu vers l'Afrique et Samory doit en confier la fabrication à ses forgerons.

ILLUSION du poète... Il y a bien eu rencontre avec l'Afrique, mais elle ne s'est pas déroulée selon les vœux de Victor Hugo. Paradoxalement, c'est la lutte contre la traite des Noirs qui a fourni le premier prétexte à la conquête : ce qui n'était d'abord qu'un simple « devoir d'ingérence » a rapidement conduit les Européens à s'immiscer dans la politique africaine. Un commerce nouveau s'est mis en place, les uns important des arachides, de l'huile de palme, des bois précieux, de l'ivoire, les autres découvrant les cotonnades, les alcools, les armes... Jusqu'au second Empire, la présence de la France en Afrique noire s'est limitée à quelques établissements côtiers. Sous Napoléon III, le général Faidherbe a étendu la zone d'influence française en Sénégambie et sur le fleuve Sénégal.

Dans les années 1870, les initiatives se font beaucoup moins timides. Le jeune économiste Paul Leroy-Beaulieu, dans son best-seller *De la colonisation chez les peuples modernes* (1874), contribue à enraciner le mythe des « Indes noires ». En 1879-1880, Gambetta et Jules Ferry jugent le moment venu de rétablir la France au rang de grande puissance expansionniste. Ingénieurs, officiers, missionnaires, géographes vont faire du continent africain leur terrain de prédilection. La « ruée » va commencer.

La France n'est pas la seule à s'intéresser à l'Afrique. Léopold II, roi des Belges, rêve d'étendre un royaume dans lequel il se sent à l'étroit. Le mouvement de curiosité géographique qui se développe alors lui en offre l'occasion : il se proclame patron des géographes d'Europe et prend à son service le célèbre explorateur Henry Morton Stanley, qui a su retrouver le docteur Livingstone au cœur du « continent mystérieux ». Stanley est chargé de créer des « postes » dans les terres qu'il vient de traverser, de Zanzibar à l'Atlantique. Mais le Français (d'adoption) Savorgnan de Brazza a compris le dessein du souverain ; parti de la côte du Gabon, il devance Stanley au Congo, où il obtient du roi des Batéké le « traité Makoko », cédant à la France des terres jusqu'à la mer. Au même moment, le gouverneur de France au Sénégal dépêche le jeune officier Gallieni auprès du sultan toucouleur Amadou, dont il obtient aussi un traité.

La rivalité entre la France et la Belgique, celle entre la France et l'Angleterre (voir la mission Marchand, p. 222) et le brusque revirement de Bismarck qui, jusque-là hostile à la politique coloniale, comprend tout le parti qu'il peut en tirer, vont conduire à la conférence internationale de Berlin en 1884-1885. Il s'agit de libéraliser le commerce dans les bassins du Niger et du Congo, et d'instituer des règles d'occupation des territoires. Cette conférence n'opère pas le partage de l'Afrique (seul l'État indépendant du Congo est déclaré possession personnelle de Léopold II), mais elle le prépare. On invente d'abord les « sphères d'influence » ; puis, en 1890, sont négociés les grands traités partageant l'Afrique de l'Est entre Anglais et Allemands, l'Afrique occidentale entre Anglais et Français. Les découpages sont confirmés en 1898. En 1900, tout est terminé ; l'ensemble du territoire africain, à l'exception de l'Abyssinie, est passé sous la coupe de l'Europe.

« Le moment est venu de faire remarquer à l'Europe
qu'elle a à côté d'elle l'Afrique… Dieu offre l'Afrique à l'Europe.
Où les rois apporteraient la guerre, apportez la concorde.
Prenez-la, non pour le canon, mais pour la charrue ;
non pour le sabre, mais pour le commerce ; non pour la bataille,
mais pour l'industrie ; non pour la conquête,
mais pour la fraternité. »

Victor Hugo, 18 mai 1879.

Traité avec les chefs de la tribu des Bafilo et signatures des marabouts, le 5 janvier 1897.

À côté de la force militaire et de l'action missionnaire, un autre mode de pénétration des puissances européennes en Afrique est la diplomatie. Une diplomatie assez particulière, il est vrai, puisqu'il s'agit d'obtenir l'adhésion de chefs africains presque toujours ignorants des langues et des écritures européennes. Ceux-ci ne sont pas nécessairement les dupes dans l'affaire, mais la vision de leurs intérêts est le plus souvent limitée aux horizons locaux. Le traité présenté ici, signé après de longues palabres, est établi entre le roi du pays de Bafilo, une petite principauté aux confins du Togo et du Dahomey, et le représentant de la France dans cette colonie en 1896, le gouverneur Ballot. Le fait de « signer », même d'une simple croix, n'est pas un acte anodin de la part des Africains ; c'est au contraire conférer au papier des Blancs un caractère sacré. On notera la mention de deux « interprètes » dans la liste des Français présents ; en réalité, il était impossible de se passer d'intermédiaires africains bilingues.

[…] Je déclare, sous la foi du serment et en présence de mon peuple :

1. N'avoir jamais signé un traité ou autorisé un de mes chefs à signer en mon nom un traité autre que celui passé le 3 avril 1895 avec Monsieur le lieutenant Baud, traité plaçant le royaume de Bafilo sous le protectorat de la France ;
2. N'avoir jamais consenti à accepter dans ma ville la présence d'un soldat indigène allemand, attendu qu'un poste français existe à Bafilo depuis le 18 octobre 1896.

En foi de quoi, nous avons signé la présente déclaration. Fait à Bafilo le 5 janvier 1897.

MAE, Traités bilatéraux.

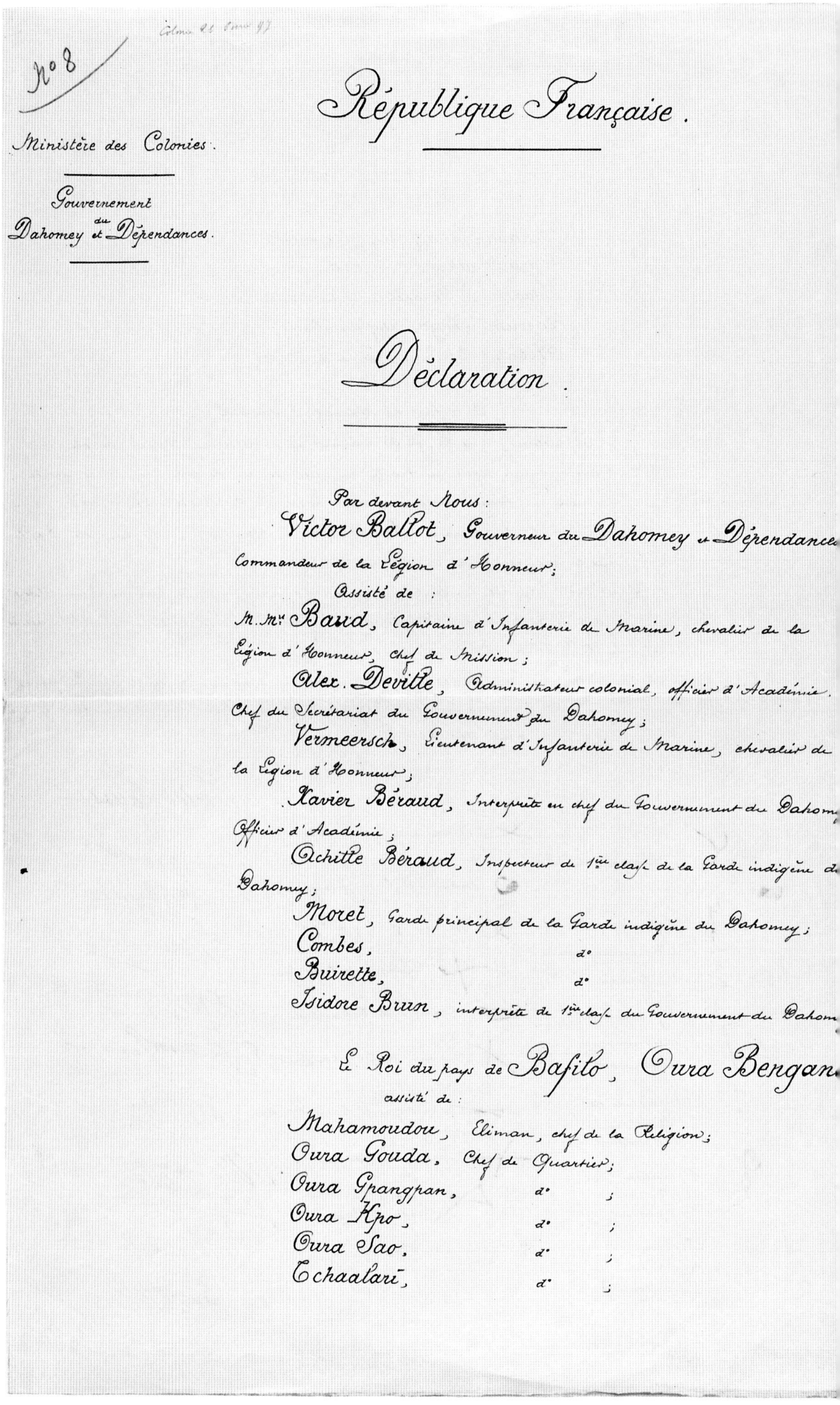

N° 8

Ministère des Colonies.

Gouvernement du Dahomey et Dépendances.

République Française.

Déclaration.

Par devant Nous :
Victor Ballot, Gouverneur du Dahomey et Dépendances, Commandeur de la Légion d'Honneur ;
Assisté de :
M.M. Baud, Capitaine d'Infanterie de Marine, chevalier de la Légion d'Honneur, Chef de Mission ;
Alex. Deville, Administrateur colonial, officier d'Académie, Chef du Secrétariat du Gouvernement du Dahomey ;
Vermeersch, Lieutenant d'Infanterie de Marine, chevalier de la Légion d'Honneur ;
Xavier Béraud, Interprète en chef du Gouvernement du Dahom[ey], Officier d'Académie ;
Achille Béraud, Inspecteur de 1ère classe de la Garde indigène d[u] Dahomey ;
Moret, Garde principal de la Garde indigène du Dahomey ;
Combes, d°
Buirette, d°
Isidore Brun, interprète de 1ère classe du Gouvernement du Dahom[ey]

Le Roi du pays de Bafilo, Oura Bengan[…]
assisté de :
Mahamoudou, Eliman, chef de la Religion ;
Oura Gouda, Chef de Quartier ;
Oura Grangpan, d° ;
Oura Kpo, d° ;
Oura Sao, d° ;
Tchaalari, d° ;

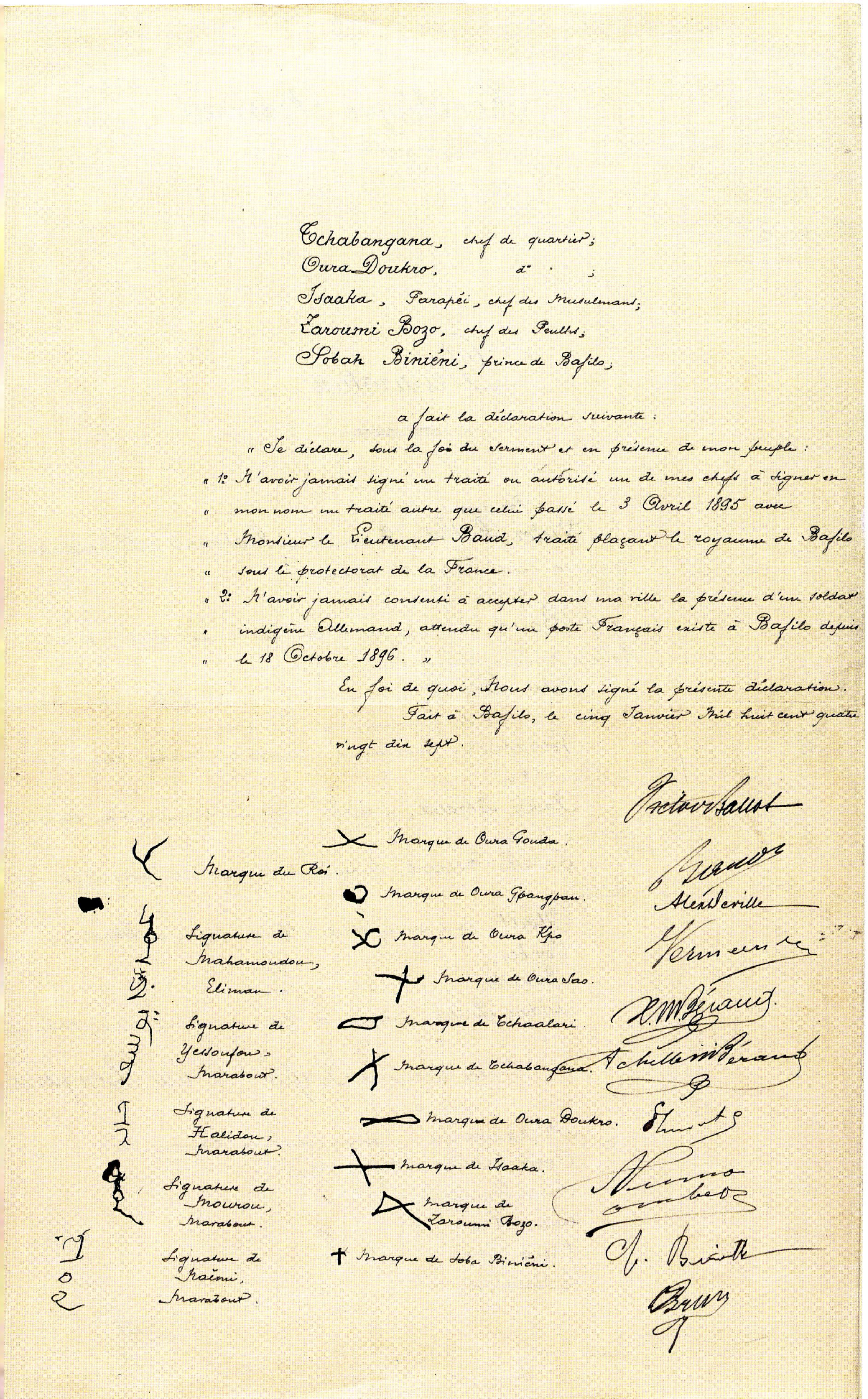

Tchabangana, chef de quartier;
Oura Doukro, d° ;
Isaaka, Parapéi, chef des Musulmans;
Zaroumi Bozo, chef des Peulhs;
Sobah Biniéni, prince de Bafilo;

a fait la déclaration suivante :

« Je déclare, sous la foi du serment et en présence de mon peuple :
« 1° N'avoir jamais signé un traité ou autorisé un de mes chefs à signer en
« mon nom un traité autre que celui passé le 3 Avril 1895 avec
« Monsieur le Lieutenant Baud, traité plaçant le royaume de Bafilo
« sous le protectorat de la France.
« 2° N'avoir jamais consenti à accepter dans ma ville la présence d'un soldat
« indigène Allemand, attendu qu'un poste Français existe à Bafilo depuis
« le 18 Octobre 1896. »

En foi de quoi, Nous avons signé la présente déclaration.

Fait à Bafilo, le cinq Janvier Mil huit cent quatre vingt dix sept.

Marque du Roi.
Marque de Oura Gouda.
Marque de Oura Gpangpan.
Signature de Mahamoudou, Elimau.
Marque de Oura Kpo.
Marque de Oura Sao.
Signature de Yessoufou, Marabout.
Marque de Tchaalari.
Marque de Tchabangana.
Signature de Halidou, Marabout.
Marque de Oura Doukro.
Marque de Isaaka.
Signature de Mourou, Marabout.
Marque de Zaroumi Bozo.
Signature de Naïmi, Marabout.
Marque de Soba Biniéni.

Le roi Samory, grand adversaire des Français en Afrique occidentale, est ici coiffé d'un turban, signe de son appartenance à l'islam. En réalité, ce descendant de marchands dioula, né vers 1830, a construit sur les régions du haut Niger une hégémonie plus militaire et commerciale que religieuse. Repoussé par les Français, il doit transformer son État en « empire itinérant » jusque dans les pays de la haute Côte-d'Ivoire. Pendant presque dix ans, il réussit à tenir en échec les colonnes françaises, mais il finit par succomber à un raid surprise des capitaines Gouraud et Gaden, le 29 septembre 1898 (page suivante). Sa capture, comme celle d'Abd el-Kader, est l'un des épisodes les plus fameux de l'épopée coloniale. Il mourra en exil au Gabon, en 1900.

LA MISSION MARCHAND

Le 19 septembre 1898, la canonnière transportant le général britannique Kitchener se présente à la tête d'une véritable flotte armée devant Fachoda, un vieux fort égyptien au Soudan, sur la rive ouest du haut Nil, où est retranchée la petite cohorte du capitaine Marchand. La France va-t-elle prendre le risque d'un conflit majeur avec l'Angleterre pour la possession de terres stériles et lointaines ? Le gouvernement, secoué alors par les soubresauts de l'affaire Dreyfus, a le courage de décider l'évacuation de Fachoda en dépit d'une opinion nationaliste déchaînée accusant le pouvoir de trahison. Marchand a la sagesse d'obéir, malgré les objurgations de son lieutenant Charles Mangin, persuadé que les Égyptiens les rejoindront « contre l'Anglais ».

L'affaire a commencé trois ans plus tôt, lorsque le petit groupe d'officiers coloniaux bien introduits dans les milieux politiques ont obtenu le feu vert des ministres Gabriel Hanotaux et d'André Lebon (respectivement aux Affaires étrangères et aux Colonies) de conduire une expédition à travers l'Afrique depuis la côte du Congo jusqu'au haut Nil, à Fachoda. On soupçonne les Britanniques de vouloir établir leur domination du Cap au Caire et de l'Atlantique à la mer Rouge ; en prenant une « option » sur le Nil, dans un site stratégique permettent de contrôler le cours du grand fleuve, on frappera au cœur de la « croix anglaise », explique Marchand. À l'arrière-plan, il s'agit aussi de rouvrir la fameuse question d'Égypte, entérinée en 1880 lorsque l'Angleterre y avait établi unilatéralement son protectorat de fait. Mais les objectifs de la mission Marchand deviennent vite un secret de polichinelle : les Anglais réagissent en entrant au Soudan, dont l'Égypte a perdu le contrôle en 1885 lors de la révolution mahdiste. La reconquête anglo-égyptienne s'achève avec l'anéantissement des cavaliers mahdistes par les mitrailleuses anglaises à Omdourman, le 3 septembre 1898. Quelques jours plus tard, Kitchener présente son ultimatum à Marchand, qui capitule.

Que reste-t-il de cette malheureuse mission Marchand ? Un exploit de six mille kilomètres à travers l'Afrique réalisé par une petite troupe, le souvenir ambigu d'une humiliation nationale et un motif de fierté devant la prouesse accomplie. Mais le plus important est sans doute que cette guerre évitée va enfin permettre ce rapprochement franco-britannique qu'est l'Entente cordiale.

LE CAPITAINE GOURAUD

À l'instar de son grand aîné Joseph Gallieni, de ses contemporains Hubert Lyautey et Charles Mangin, Henri Gouraud est une figure célèbre de l'aventure coloniale. Ses missions en Afrique s'étendent sur près de vingt ans. Lorsqu'il arrive au Soudan, les Français viennent de vaincre Amadou, sultan de Ségou et fils du chef religieux El-Hadj Omar ; ils prennent ainsi pied dans la boucle du Niger qu'ils remontent vers Tombouctou ; le commandant Joffre y entrera en 1894. Au sud, cependant, subsiste encore un adversaire de taille, le souverain Samory (voir p. 221). Pendant huit ans, les Français vont déployer leurs colonnes contre lui et ses redoutables guerriers. C'est finalement un coup de main audacieux mené par Gouraud et son ancien condisciple de Saint-Cyr Henri Gaden, qui permettra la capture du roi et la chute du potentat dioula en 1898.

Tirailleurs sénégalais de la mission Marchand.

Le 14 juillet 1899, les tirailleurs sont à l'honneur à la revue de Longchamp. Tous ont été recrutés au Soudan, parmi les meilleurs soldats bambara, par le lieutenant Mangin lui-même. L'ascendant de ce dernier sur ses hommes semble extraordinaire : « Un seul Blanc tu adoreras, le lieutenant Mangin, de tous les autres tu te moqueras », persifle un des compagnons de Marchand.

À droite, en haut : La mission Marchand dans la brousse, 1899. AN, Fonds Baratier.

Onze officiers, cent cinquante tirailleurs, tel est l'effectif de la mission Marchand. Une minuscule expédition pour un raid de six mille kilomètres et de deux ans et demi à travers une Afrique extraordinairement diverse et difficile, la « piste des caravanes » à travers la forêt du Congo, la remontée de l'Oubangui et du M'Bomou, les marais du Bahr el-Ghazal, l'attente à Fachoda et le pénible retour à travers l'Éthiopie vers Djibouti…

En bas, à gauche : *Le Faidherbe* hissé au poste des rapides, 1897. AN, Fonds Baratier.

Étonnantes aventures que celles de ce petit vapeur réquisitionné par Marchand au prix d'une brouille très sérieuse avec l'évêque Augouard, ancien zouave pontifical… Hissé, tiré à travers les rapides de l'Oubangui et du M'Bomou, finalement démonté en pièces détachées portées à tête d'homme ou roulées sur des billes de bois, il finira sur les bords du Nil après avoir usé des milliers de porteurs.

Le colonel Gouraud (à gauche) à table avec ses lieutenants, Saint-Louis du Sénégal, 1908.

Lorsque les expéditions lui en laissent le loisir, un officier colonial peut jouir du repos de garnison dans les postes ; à Saint-Louis du Sénégal, capitale de la plus vieille colonie française d'Afrique, le confort est sensible : on y est servi par une domesticité stylée, dans une salle à manger Henri II ; on peut abandonner l'eau des outres pour le vin et deviser de littérature, d'histoire ou de géographie. Amateur de photographie, Gouraud a tenu à immortaliser ces moments rares.

Gouraud est ensuite affecté au Niger et au Tchad. La colonne française Voulet-Chanoine d'un côté, les armées du lieutenant arabe Rabah de l'autre, viennent de ravager la région. Mais leurs exploits s'arrêtent là: Voulet et Chanoine sont exécutés par leurs hommes, Rabah écrasé à Kousséri, sur les bords du lac Tchad, en 1900. Les Français adoptent alors une nouvelle tactique, dite de «pacification», mêlant en réalité missions d'exploration, opérations militaires et actions politiques. Gouraud est chargé de diriger la pacification de l'Adrar, en Mauritanie, où se sont réfugiées des tribus maures menaçant la sécurité du Sénégal et du haut Niger. Partis de Gao, au Sénégal, Gouraud et ses hommes devront livrer plusieurs combats avant de mener à bien leur mission.

MARC MICHEL

Le lieutenant Muguier-Pollet dans le désert de l'Adrar (Mauritanie), 1909.

« Et devant, il y avait la terre, la terre scintillante, givrée de soleil, la terre de soleil, la terre sans grâce et sans honneur où errent, sous des tentes en poil de chameau, les plus misérables des hommes. »

Ernest Psichari, *Le Voyage du Centurion*, 1915.

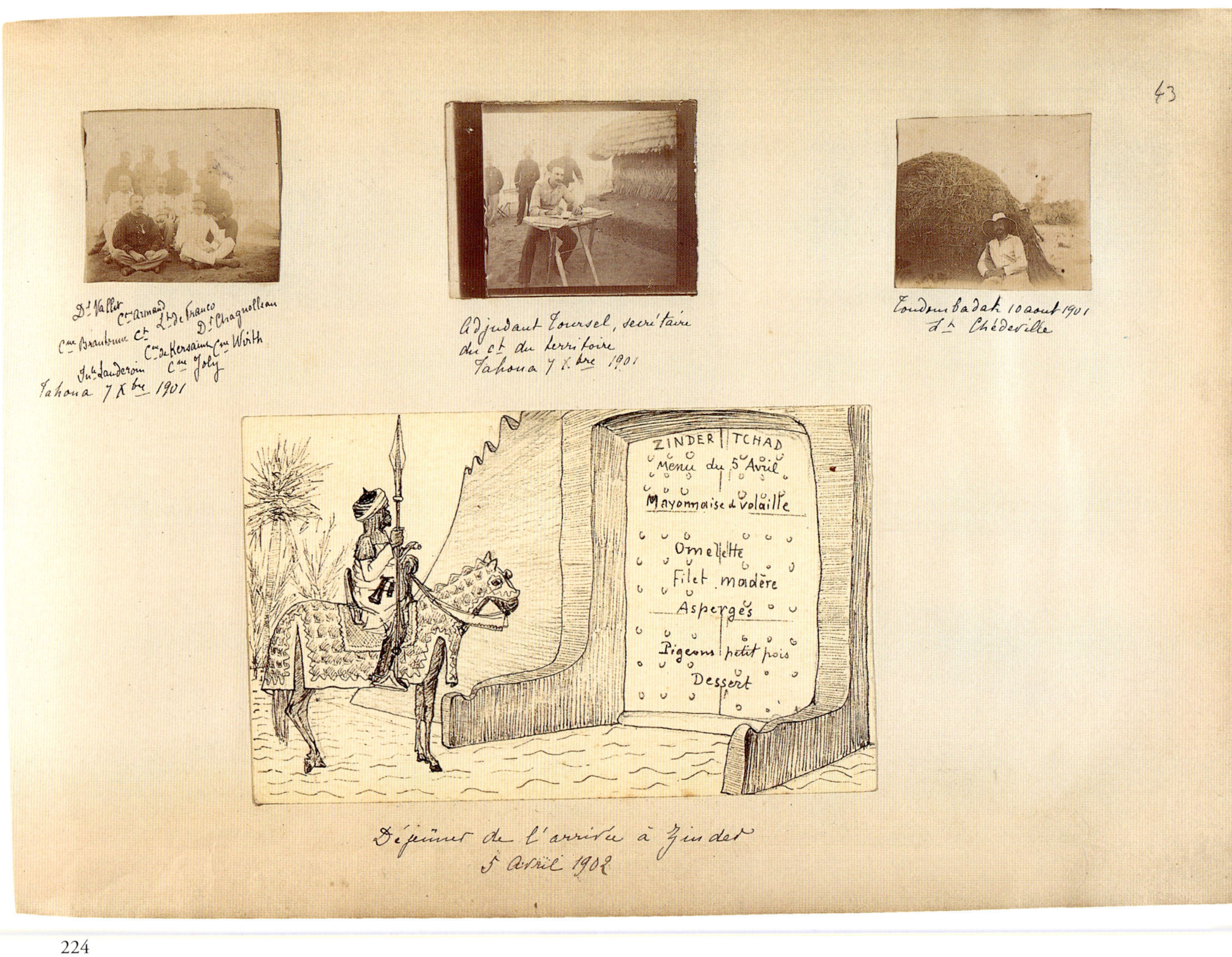

L'état-major du Territoire au départ de Gao 7 mars 1908
St Charrière Cap. Gerhart Lt Colonel Adjt Battini

L'ancienne et prestigieuse capitale sonrai, Gao, tout à fait au nord de la boucle du Niger, était tombée aux mains des Français en 1898. C'est à partir de cette base que les unités de méharistes dirigées par Gouraud (neuf cent dromadaires et plus de mille hommes) vont entreprendre la pacification de l'Adrar.

Page de gauche : Menu du déjeuner de l'arrivée à Zinder (Tchad), le 5 avril 1902.

Cet amusant carton de menu dessiné de façon un peu gauche sur l'une des portes de la ville de Zinder, alors capitale du Niger, témoigne de la frugalité des repas servis aux hommes en mission. Le soldat enturbanné, équipé d'une lance et monté sur un cheval caparaçonné, est sans doute un cavalier du sultan de Zinder. Bien que vaincu en 1899 par les troupes françaises, le sultan est resté en place et le système monarchique a été maintenu.

Départ de Gao 7 mars 1908, on charge les chameaux

Madagascar au temps du « protectorat fantôme »

Au milieu du XIXe siècle, la monarchie hova de Tananarive a unifié sous son autorité les petits royaumes merinas des hauts plateaux. L'île est prospère, volontiers ouverte aux étrangers qui contribuent à sa modernisation. Des accords commerciaux sont passés avec l'Angleterre et la France, mais cette dernière manifeste bientôt ses prétentions territoriales : en 1883, un premier conflit éclate. Après deux ans d'une guerre éprouvante, la France s'empare de Diégo-Suarez (Antseranana), sur la pointe nord de l'île. Le Premier ministre Rainiarilarivony se résout à signer un traité stipulant que la France représentera Madagascar dans toutes ses relations extérieures. La « Grande Île » est également tenue d'accueillir et de rétribuer un résident général français. C'est ainsi que Charles Le Myre de Vilers, ancien gouverneur de la Cochinchine, prend ses fonctions à Tananarive en 1886.

Étrange protectorat… En réalité, le territoire concédé aux Français se limite à la baie de Diégo-Suarez ; dans tout le reste de l'île, le gouvernement des provinces est confié à des fonctionnaires merinas, le plus souvent hostiles à la France. Pour étendre leurs positions, les militaires adoptent alors la manière pacifique : on photographie les gouverneurs et leur entourage, on distribue des médicaments, on organise des démonstrations de télégraphie… Ces opérations de charme atténueront parfois la défiance des Malgaches, mais les tensions ne cesseront de croître, les insurrections de se multiplier. En 1897, la dynastie hova sera déposée et la Grande Île déclarée colonie française.

MARC MICHEL

Vue prise au sommet du pic Ansatrakala : Ratovel et Raombanarivo quittent le pic en filakon, 4 décembre 1887.

Basé sur les hauteurs de la rade de Diégo-Suarez, un petit groupe de militaires français reçoit la visite du gouverneur Ratovel et de son aide de camp, tous deux vêtus à l'occidentale et montés sur un filakon. Ces fonctionnaires hovas étaient parmi les plus farouchement hostiles aux occupants, jusqu'à ce qu'ils reçoivent ce cliché et succombent à la magie de la photographie…

Campement d'un officier en mission topographique dans la montagne des Français, octobre 1887.
MAE, coll. Le Myre de Vilers (pour tous les documents).

Poste télégraphique du point 6, face à la chaîne des Français, octobre 1887.

Le télégraphe, à Madagascar comme ailleurs, est un auxiliaire indispensable de la pénétration européenne. La construction de la ligne enre Tamatave et Tananarive sera le principal succès de Le Myre de Vilers.

Les trois gouverneurs et leur état-major, Ambohimarine (Madagascar), 15 octobre 1887.

L'alliance franco-russe

La République s'allie avec le tsar de toutes les Russies

Menu du dîner donné par Nicolas II au palais de Peterhof en l'honneur du président Félix Faure, le 25 août 1897. MAE, Menus.

Ces deux dessins rappellent les journées historiques que furent l'accueil de la flotte française à Cronstadt, en juillet 1891, et le voyage en France du couple impérial commencé à Cherbourg le 5 octobre 1896.

VINGT ans après Sedan, la France croit toujours en sa revanche. Mais le chancelier Bismarck, jusqu'à sa démission en 1890, a établi avec les principales puissances européennes un réseau complexe d'accords et d'alliances qui maintient la République dans une position d'isolement et la réduit à l'impuissance.

Cependant, le « système bismarckien » commence à s'effriter. La Russie, opposée à l'Autriche et à l'Angleterre dans les Balkans et en Asie centrale, sensible aux humiliations infligées aux Français par Bismarck, est lasse de l'influence allemande et invite la France à la contrebalancer, ce que laisse espérer le succès des premiers emprunts russes. Le tsar Alexandre III, qui se méfie de son neveu l'empereur d'Allemagne Guillaume II, semble prêt à surmonter ses préventions contre le régime républicain qui vient de célébrer à Paris le centenaire de 1789. En mai 1890, le gouvernement Freycinet y fait arrêter un groupe de nihilistes russes soupçonnés de comploter contre la vie du tsar : les liens se resserrent. Trois mois plus tard, le général de Boisdeffre, sous-chef d'état-major général de l'armée française, est invité aux grandes manœuvres de l'armée impériale.

Peut-on aller plus loin ? Se lier par un accord écrit qui engagerait la politique des deux pays en cas de crise ? La France y aspire depuis longtemps, mais la Russie est-elle vraiment décidée à sortir de l'alliance allemande ou cherche-t-elle seulement à inquiéter Berlin pour augmenter le prix de sa fidélité ? La prudence est de rigueur. Cependant, le 29 juin 1891, l'Allemagne, l'Autriche et l'Italie annoncent le renouvellement précipité de leur Triple-Alliance et il apparaît que l'Angleterre pourrait y adhérer ; le ministre russe des Affaires étrangères, de Giers, fait alors une ouverture plus précise à l'ambassadeur de France Laboulaye, qui en informe aussitôt Paris. Dans le même temps, la Russie fait un accueil triomphal à la flotte française invitée à Cronstadt.

La réponse du ministre français Alexandre Ribot (reproduite ci-contre) ne se fait pas attendre : « Les circonstances n'ont jamais été plus favorables à la conclusion d'un pareil accord », observe-t-il. Après s'être une dernière fois concerté avec le président de la République et le président du Conseil, il charge Laboulaye d'engager enfin la négociation avec le tsar et son ministre. Le 27 août, l'accord est conclu, suivant les lignes définies par la lettre de Ribot. Il est complété et précisé un an plus tard par une convention militaire, définitivement ratifiée en janvier 1894. Malgré le secret officiel, des cérémonies spectaculaires en rendent l'existence évidente.

Applaudie par l'opinion, l'alliance renforce les deux pays et amorce un partage de l'Europe en deux blocs, dont l'équilibre permettra de réduire le risque de guerre entre les deux puissances, mais n'en créera pas moins, en cas d'échec des voies diplomatiques, les conditions d'un embrasement général.

GRÉGOIRE ELDIN

Le président Félix Faure reçoit le tsar Nicolas II à bord du *Pothuau*. Saint-Pétersbourg, 26 août 1897. MAE, Fonds iconographique.

Après la disparition d'Alexandre III, en novembre 1894, le gouvernement français craint que le nouveau tsar Nicolas II ne revienne sur les engagements de son père. Il s'efforce donc d'en faire confirmer et officialiser la pérennité, notamment à l'occasion des visites échangées en 1896 et 1897. Ce but semble atteint lorsque, le 26 août 1897, le président et le tsar, au cours d'un déjeuner à bord du cuirassé français Pothuau, *portent un toast aux « deux nations amies et alliées ».*

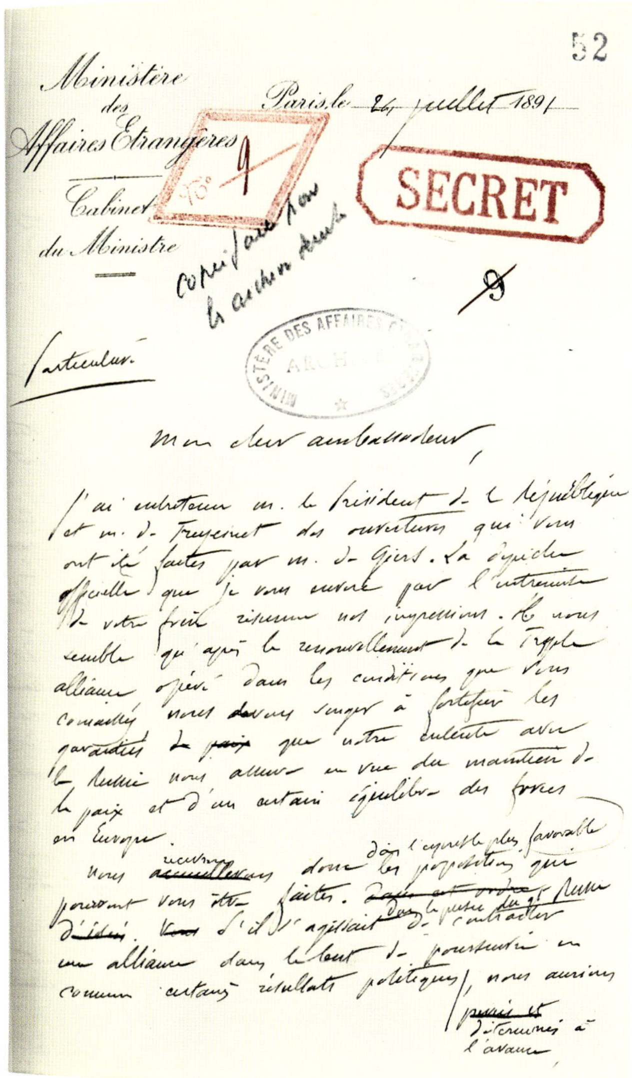

52

Ministère des Affaires Etrangères

Cabinet du Ministre

Paris, le 24 juillet 1891

SECRET

Particulier.

Mon cher ambassadeur,

J'ai entretenu M. le président de la République et M. de Freycinet des ouvertures qui vous ont été faites par M. de Giers. La dépêche officielle que je vous envoie par l'entremise de votre frère résume nos impressions. Il nous semble qu'après le renouvellement de la Triple alliance opéré dans les conditions que vous connaissez nous devons songer à fortifier les garanties que notre entente avec la Russie nous assure en vue du maintien de la paix et d'un certain équilibre des forces en Europe.

Nous recevrons donc dans l'esprit le plus favorable les propositions qui pourront vous être faites. S'il s'agissait dans la pensée du gouvernement russe de contracter une alliance dans le but de poursuivre en commun certains résultats politiques déterminés à l'avance, nous aurions

Lettre d'Alexandre Ribot à Paul de Laboulaye, ambassadeur de France à Saint-Pétersbourg, le 24 juillet 1891.

Mon cher ambassadeur,

J'ai entretenu M. le président de la République et M. de Freycinet des ouvertures qui vous ont été faites par M. de Giers. La dépêche officielle que je vous envoie par l'entremise de votre frère résume nos impressions. Il nous semble qu'après le renouvellement de la Triple-Alliance, opéré dans les conditions que vous connaissez, nous devons songer à fortifier les garanties que notre entente avec la Russie nous assure en vue du maintien de la paix et d'un certain équilibre des forces en Europe.
Nous recevrons donc dans l'esprit le plus favorable les propositions qui pourront vous être faites. S'il s'agissait dans la pensée du gouvernement russe de contracter une alliance dans le but de poursuivre en commun certains résultats politiques déterminés à l'avance, nous aurions naturellement à examiner avec attention les suggestions du cabinet de Pétersbourg. Cet examen pourrait faire naître des questions plus ou moins délicates. Mais, si je me rends bien compte des dispositions de M. de Giers, l'accord qu'il s'agit de conclure devrait se réduire aux termes les plus simples. […]
(Transcription complémentaire en fin de volume.)
MAE, NS Russie.

Lyautey au Maroc

Un résident général hors du commun

Lyautey et d'Amade photographiés par le docteur Veyre à Rabat en 1907. MAE, Fonds iconographique (pour tous les autochromes).

Ce beau portrait jumelé fait admirablement ressortir la différence de « classe » ou d'altitude entre le seigneur, inventeur de nouveau rapports humains, politique au sens le plus noble du terme, et le militaire traditionnel, limité à sa mission de combat.

DANS cette lettre (ci-contre) adressée à un certain Amédée Britsch, qui travaille à sa biographie, le général Lyautey évoque les circonstances de sa nomination à Rabat et les personnages qui y ont été mêlés. Aucun ne trouve grâce à ses yeux : ni l'ancien ministre des Affaires étrangères, Stephen Pichon ; ni le consul général à Tanger, Regnault ; ni son subordonné le général d'Amade (ci-contre), en poste à Casablanca, qu'il lui faut « orienter » (mot qui signifie clairement que cet officier a besoin d'être éclairé) ; ni son collègue d'Alger Bailloud, accusé de lui mettre « des bâtons dans les roues ». Et les coups de cravache dont il cingle ce menu fretin se font naturellement plus cruels quand il s'agit de Georges Clemenceau qui, après avoir reconnu son mérite, l'aurait « pris en grippe ». Querelle entre jacobin et royaliste ? Entre le « Tigre » et le « lion de l'Atlas » ?

On est souvent tenté de penser qu'un grand homme se reconnaît au moindre de ses billets. Ce n'est pas tout à fait le cas ici. Ces quelques lignes acides ne sauraient révéler le personnage de haute époque que fut Lyautey, digne du pinceau de Velázquez ou de Van Dyck. Compagnon de Gallieni au Tonkin et à Madagascar, il a appris de ce grand administrateur la technique de la « tache d'huile », ou pénétration pacifique, avant d'inventer lui-même au Maroc, à propos de la dynastie régnante, la « politique d'égards », tranchant sur le type de traitement appliqué jusque-là aux monarques colonisés. En 1916, date de cette lettre, Lyautey est depuis quatre ans « commissaire résident général » (on n'utilise d'ordinaire que les deux derniers mots) à Rabat, capitale de l'empire chérifien déclaré protectorat français par le traité de Fès de 1912. S'il a été choisi pour ce poste qui fait de lui le « protecteur » de l'État (maghzen) marocain, c'est parce qu'il a su, à partir des confins de l'Ouest algérien (Oran puis Oujda) par « chevauchement » entre Algérie et Maroc, entre action civile et militaire, mener de main de maître la prise en charge par l'autorité française d'un Maroc déchiré par les dissidences. Quand l'ouverture des hostilités en Europe fait craindre que le nouveau résident général ne puisse se maintenir à Rabat sans faire appel à des renforts, c'est au contraire lui qui envoie vers le front français, entre Somme et Champagne, des unités qui s'avéreront très utiles. Ce tour de force lui vaudra d'être nommé quelques mois plus tard, en pleine bataille de Verdun, ministre de la Guerre.

Le billet se conclut par le refus hautain d'être « biographié », fût-ce par un ami. Le futur maréchal préfère probablement attendre la fin de la guerre, qui le remettra au centre du tableau, et la plume d'un écrivain célèbre – ce sera Maurois – pour entrer de plain-pied au musée de l'histoire. Ce qui n'empêchera pas Amédée Britsch de publier la première biographie de Lyautey en 1921.

Il est tout de même des personnages qu'il semble avoir appréciés : des rebelles comme Isabelle Eberhardt, errante du Sahara, ou de curieux aventuriers tel le « docteur » Veyre, à qui l'on doit les photographies présentées ici (ci-contre et page suivante).

JEAN LACOUTURE

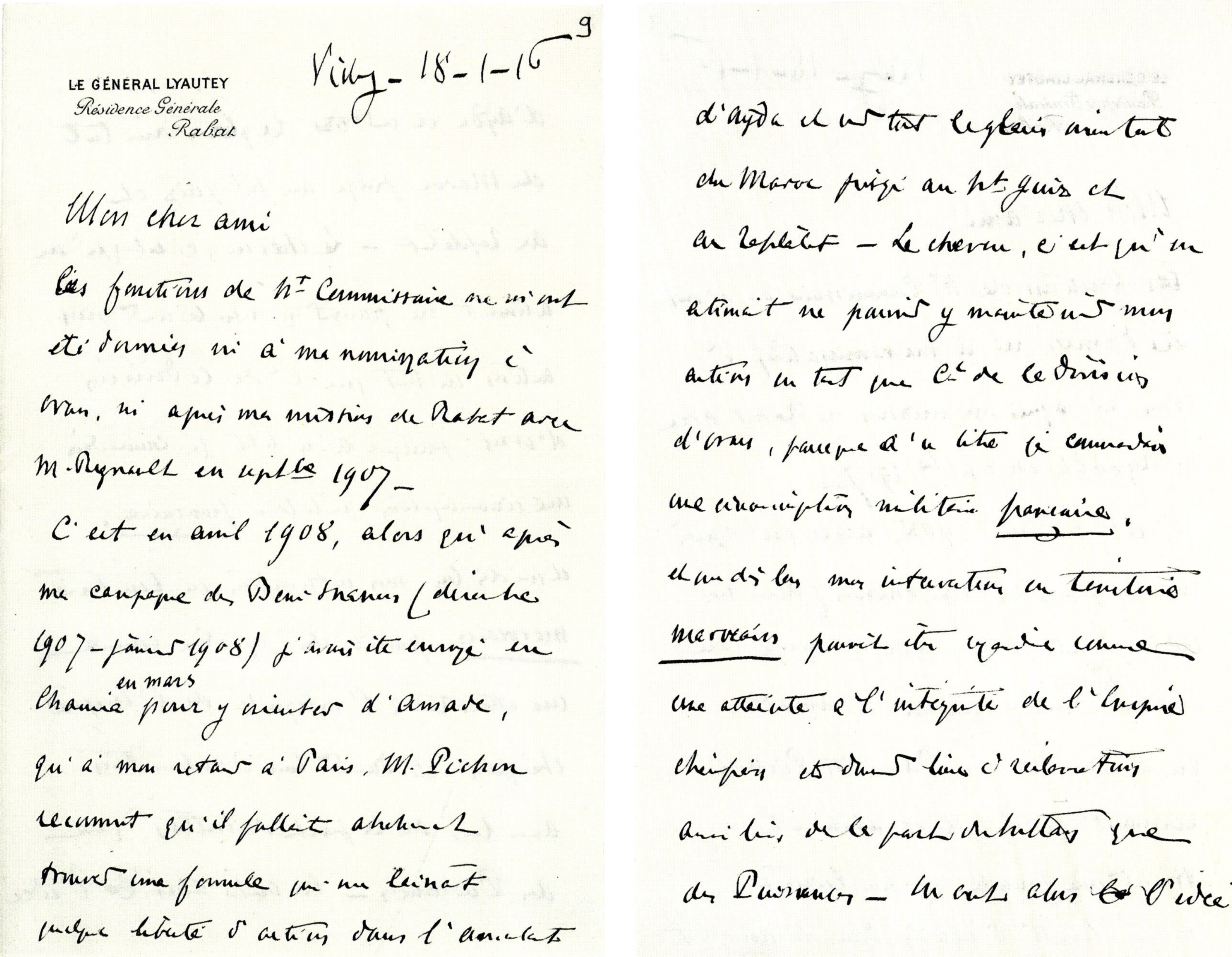

LE GÉNÉRAL LYAUTEY
Résidence Générale
Rabat

Vichy - 18-1-16 9

Mon cher ami
Les fonctions de Ht Commissaire ne m'ont été données ni à ma nomination à Oran, ni après ma mission de Rabat avec M. Regnault en septbre 1907 –
C'est en avril 1908, alors qu'après ma campagne des Beni Snassen (décembre 1907 - janvier 1908) j'avais été envoyé en Chaouia en mars pour y orienter d'Amade, qu'à mon retour à Paris, M. Pichon reconnut qu'il fallait absolument trouver une formule qui me laissât quelque liberté d'action dans l'émirat d'Oujda et surtout la plaine orientale du Maroc jusqu'au Ht Guir et au Tafilalet – Le cheveu, c'est qu'on estimait ne pouvoir y maintenir mon action en tant que Ct de la Division d'Oran, parce qu'à ce titre je commandais une circonscription militaire française, et que dès lors mon intervention en territoire marocain pouvait être regardée comme une atteinte à l'intégrité de l'Empire chérifien et donnant lieu à réclamations aussi bien de la part du Sultan que des Puissances – On eut alors l'idée

Mon cher ami,
Les fonctions de haut-commissaire ne m'ont été données ni à ma nomination à Oran, ni après ma mission à Rabat avec M. Regnault en septembre 1907. C'est en avril 1908, alors qu'après ma campagne des Beni Snassen (décembre 1907-janvier 1908), j'avais été envoyé en Chaouïa en mars pour y orienter d'Amade, qu'à mon retour à Paris, M. Pichon reconnut qu'il fallait absolument trouver une formule qui me laissât quelque liberté d'action dans l'émirat d'Oujda et surtout la plaine orientale du Maroc jusqu'au haut Guir et au Tafilafet. Le cheveu, c'est qu'on estimait ne pouvoir y maintenir mon action en tant que commandant de la division d'Oran, parce qu'à ce titre je commandais une circonscription militaire *française* et que dès lors mon intervention en territoire *marocain* pouvait être regardée comme une atteinte à l'intégrité de l'empire chérifien et donnant lieu à réclamation aussi bien de la part du sultan que des puissances. On eut alors l'idée de me dédoubler, en créant les fonctions de haut-commissaire sur les confins algéro-marocains, relevant à ce titre de la légation de Tanger, tout en continuant à relever du général commandant le 19e corps et du gouverneur général de l'Algérie en tant que commandant de la division d'Oran. […] L'idée était juste et la formule ingénieuse. Elle donna très peu dans la réalité et fut presque inopérante :
1. parce que M. Clemenceau, après m'avoir tenu en grande faveur pendant quelques jours, me prit en grippe et m'enleva toute liberté d'action ;
2. parce que M. Regnault n'admit jamais sincèrement ma collaboration ;
3. parce que le général Bailloud, commandant le 19e corps, […] me mit tous les bâtons dans les roues. […] ma conclusion, c'est que toute brochure écrite beaucoup trop près de nous est trop délicate pour être publiée […].

Lettre de Lyautey à Amédée Britsch, le 18 janvier 1916. (Transcription complémentaire en fin de volume.) MAE, Acq. Extr.

Gabriel Veyre, qui toute sa vie se fera appeler « docteur », s'initie chez les frères Lumière aux techniques photographiques et cinématographiques de l'époque. Après de nombreux voyages, il débarque en 1901 au Maroc, où il devient le photographe instructeur de Moulay Abd el-Aziz. Le fantasque sultan réclame le dernier cri de la technologie : la couleur (telles les plaques autochromes reproduites ici, toutes datées de 1907). À partir de 1907, le docteur Veyre se met à la disposition du contingent français venu « pacifier » la région de la Chaouïa (à l'intérieur des terres).

Ci-dessus : D'Amade et les chefs goumiers, 1907.

Ci-contre : Le chasseur Guilicci blessé à la mâchoire au combat de la Chaouïa (Maroc).

Page de gauche :
Le docteur Veyre
(autoportrait).

Ci-contre : Les officiers
de l'état-major
du général d'Amade.

Ci-dessous : La colonie
française de Casablanca
réunie lors du carnaval.

« Je suis un féodal et quiconque ne sait pas cela ne peut rien comprendre à mon action. »

Lyautey.

Cuisine diplomatique

« Les ministres français offrent des sauces pernicieuses et des plats aux saveurs trompeuses, aux couleurs criardes, tout juste bon à exciter les sens et à faciliter leurs machinations. »

Rapport anonyme au Foreign Office, 14 septembre 1898.

Le turbot à la Champeaux fait son entrée, avec toute la solennité requise par la présence des ambassadeurs de Prusse et d'Autriche. Les convives hument déjà le parfum des oignons et des tomates concassés, relevé par une louche de sauternes, quand le plat échappe au maître d'hôtel et se répand sur le sol. Talleyrand lève un sourcil et lance : « Apportez-en un autre ! » Le regard médusé des diplomates confirme au maître des lieux l'opportunité de cette mise en scène, concoctée avec le Premier consul. Bonaparte a donné des ordres précis à son ministre : « Recevez, donnez un dîner de trente-six couverts quatre fois par semaine afin de rendre compte de l'état des esprits. Que tout ce que la France compte d'hommes de valeur et d'amis étrangers soient conviés. »

Depuis le XVe siècle, le festin diplomatique sert en effet à mesurer la puissance de l'hôte, la conversation s'organisant ensuite autour du prétexte culinaire. Quant au cuisinier, qu'il s'agisse de Bouchesèche ou de Carême sous l'Empire, des trois frères Gouffé un demi-siècle plus tard, il doit composer le repas en fonction des ambitions de l'amphitryon : plat de viandes pour suggérer le désir de conquête, brouillade pour inciter au compromis. L'Europe des blocs qui se forme dans la tourmente napoléonienne conduit même à une distribution subtile des plats en fonction de l'importance relative des coalisés. Ainsi, au grand dîner offert le 18 juin 1814 aux vainqueurs de l'Empereur à Londres, les Hollandais ont droit à un potage au concombre, tandis que les Prussiens sont honorés par une galantine d'anguilles au beurre d'écrevisse, en souvenir du grand Frédéric II, le tout préparé par Antonin Carême car, sur le terrain culinaire, la France ne risque guère la défaite.

Ci-contre : Bal costumé offert par M. De Luca, ministre d'Italie, à la colonie étrangère de Shanghai le 15 mars 1885. MAE, Fonds iconographique (pour toutes les photographies).

Page de gauche en bas : Menu du dîner du 11/23 août 1897 au château de Peterhof. Gravure d'Ernst von Liphart. MAE, Menus (pour tous les menus).

Dans les années qui suivent la signature de l'alliance franco-russe (voir p. 228), Félix Faure se rend à Saint-Pétersbourg pour promouvoir un nouvel emprunt russe. Un dîner de gala est donné en son honneur au palais de Peterhof, dont une partie, dominant la baie de Kronstadt, est dessinée ici. Connaissant le goût du président pour la chasse, ses hôtes ont prévu un tiercé de gibiers, accommodés à la parisienne.

Page de gauche, en haut : Menu de la réception du 14 juillet 1897 dans un poste diplomatique français en Chine. Dessin aquarellé d'Antoine Tchao.

Le jour de la fête nationale, les menus doivent à la fois illustrer les plats du répertoire culinaire français (bouchées, gigot, filet de bœuf rôti aux cèpes, truffes ou foie gras) et indiquer les tendances de la mode gastronomique du temps – ici le tartare de poisson et le pudding. Ces menus ont été dessinés et aquarellés à la main par un artiste local qui signe du nom francisé d'Antoine Tchao. Il semble que le décor ait été personnalisé pour chaque convive.

Bal costumé donné au Public Hall de Yokohama en avril 1904 par les résidents étrangers au profit de la Croix-Rouge japonaise.

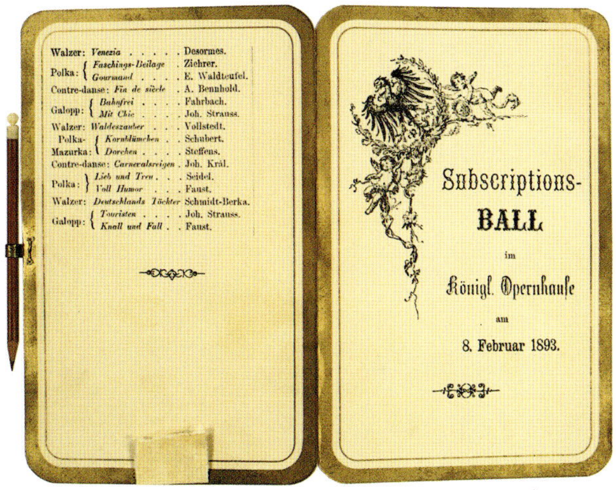

Ci-contre : Carnet de bal, 1893.

Sous la houlette des chefs français s'est ainsi organisé le rituel des rencontres diplomatiques «au sommet». On a pu voir, le 7 juin 1867, l'empereur Guillaume Ier de Prusse, Alexandre II de Russie et Napoléon III esquisser la nouvelle carte de l'Europe centrale autour de filets de sole à la vénitienne, d'un homard à la parisienne et d'ortolans sur canapés. Un demi-siècle plus tard, la sauce au sang des canetons à la rouennaise – extraordinaire lapsus – couronnait la conférence de la paix à Versailles. Et en novembre 1996 encore, le foie gras, invité permanent de ces agapes, inspirait à Jacques Chirac et à Helmut Kohl un vibrant plaidoyer européen. À sa manière elliptique, Auguste Escoffier, le pape de la «cuisine de prestige à la française» dans la première moitié du XXe siècle, a dit l'essentiel: «La table des diplomates a donné de l'éclat à notre art.» ANTHONY ROWLEY

Les membres du corps diplomatique et leurs épouses à la légation du Japon à Séoul, le 26 avril 1903.

Menu du dîner du 20 septembre 1901 offert au tsar au palais de Compiègne. Gravure d'Eugène Morand.

Mélange assez surprenant d'éléments classiques et d'Art nouveau, la composition d'Eugène Morand (père de Paul Morand) illustre les fastes qui entourèrent le voyage de Nicolas II et de la tsarine à Compiègne. Ce repas est l'occasion de raviver la pratique des «dîners de Compiègne» mis à l'honneur par Napoléon III et caractérisés par un protocole «allégé».

Menu du dîner offert par Aristide Briand à l'occasion de la signature du pacte Briand-Kellogg, le 27 août 1928. MAE, PA-AP.

Cette gravure représentant l'hôtel du ministre des Affaires étrangères à Paris, vu côté jardin, témoigne de la simplification de l'iconographie des menus dans l'entre-deux-guerres, qui se poursuivra après 1945. La signature du pacte semble avoir effacé la mémoire du repas chez les principaux protagonistes, puisque Kellogg confiera qu'il «avait dîné comme en rêve»; on sait ce qu'il advint du pacte Briand-Kellogg, censé condamner la guerre…

Menu du déjeuner du 18 septembre 1901 à la chambre de commerce de Dunkerque. Gravure d'André Devambez.

Ce déjeuner fut offert à l'occasion du voyage du tsar Nicolas II et de la tsarine à Dunkerque. Le livret de menu porte en or les armoiries russes et le chiffre du président de la République française. Il est relié par deux rubans, l'un aux couleurs de la France, l'autre aux couleurs de la Russie. Devambez parvient à peindre sous un jour onirique un sujet pourtant austère (la revue navale à laquelle les souverains russes et le président avaient assisté dans la matinée).

Menu d'un repas offert à la légation de France à La Haye en l'honneur du prince Henri des Pays-Bas, le 5 avril 1911.

Ce dessin aquarellé et écrit à la main est sans doute un projet ou une composition destinée au graveur.

Dîner offert à l'amiral Campion par Alcide Ébray, consul général de France à New York, le 2 mai 1906.

Alors que la médiation américaine à la conférence d'Algésiras sur le sort du Maroc est dans toutes les têtes, ce dîner tente de rapprocher les deux pays. On notera le chemin de table fleuri, typiques des réceptions américaines.

Au cœur du protocole : la lettre de créance

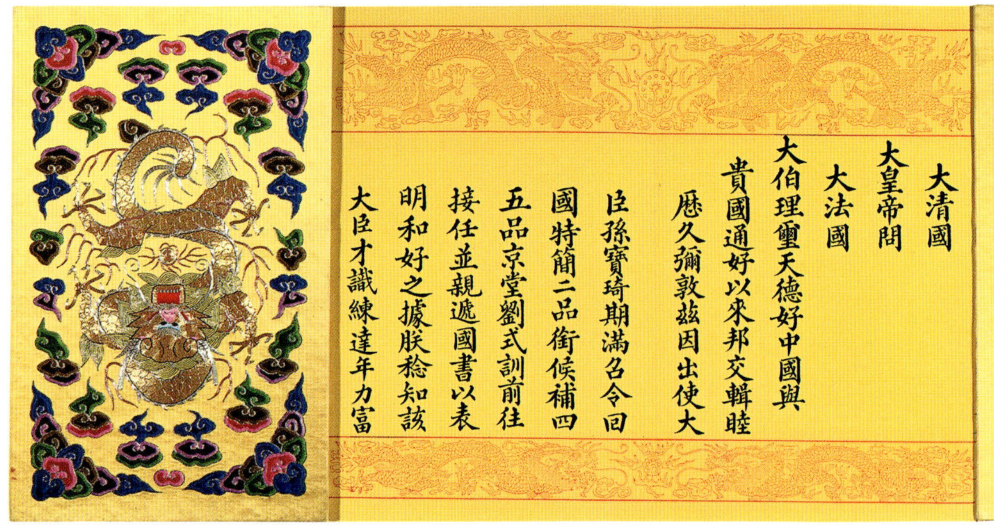
大清國
大皇帝問
大法國
大伯理璽天德好中國與
貴國通好以來邦交輯睦
歷久彌敦茲因出使大
臣孫寶琦期滿召令回
國特簡二品銜候補四
五品京堂劉式訓前往
接任並親遞國書以表
明和好之據朕稔知該
大臣才識練達年力富

Lettre du roi du Maroc, commandeur des croyants, Mohammed fils d'Abdullah fils d'Ismaïl, à Louis XVI, accréditant Sidi Tahar Fenis comme ambassadeur auprès du roi, 1777. MAE, CP Maroc.

Le sceau du roi figure en haut de la page, juste sous l'invocation « Au nom d'Allah le miséricordieux… »

L'UN des événements les plus solennels qui jalonnent le séjour d'un ambassadeur dans un pays étranger est la cérémonie de remise de ses lettres de créance au chef de cet État. Dès l'origine, les ambassadeurs ont été munis de pouvoirs. Aujourd'hui encore, les lettres de créance en font les représentants officiels de leur pays. Avant de nommer un ambassadeur, on s'est naturellement assuré que ce choix agrée le gouvernement du pays où il doit être envoyé : c'est la demande d'agrément, qui peut être acceptée ou refusée. S'il est *personna grata*, ce qui est en général le cas, l'ambassadeur rejoint son poste et, une fois sur place, sollicite l'audience qui lui permettra de remettre ses lettres, en mains propres, au chef de l'État qui le reçoit. Cette audience peut être accordée très vite ou au contraire après un certain délai, selon les disponibilités ou l'humeur du chef d'État étranger, selon aussi l'état des relations entre son pays et la France : certains ont été reçus plusieurs mois après leur arrivée, voire jamais, ce qui ne les a pas empêchés d'exercer leurs fonctions. La présentation des lettres de créance et leur acceptation signifient donc avant tout la reconnaissance mutuelle des deux États à travers leurs représentants.

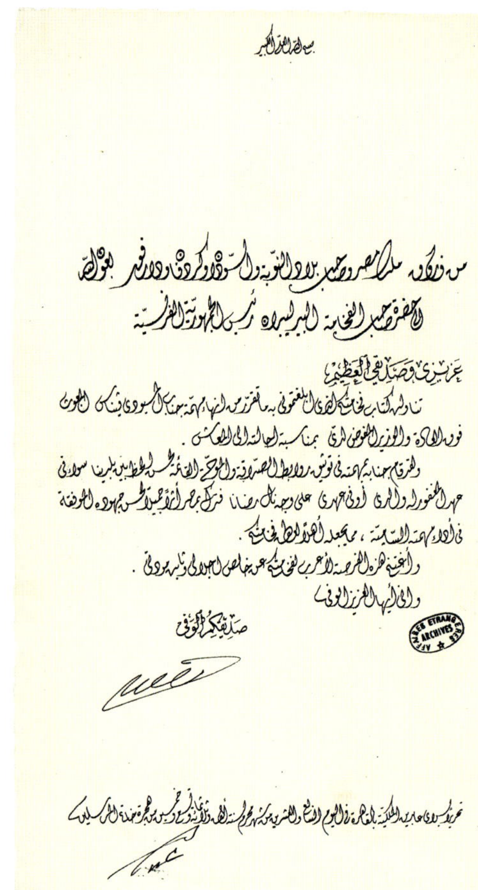

Lettre de Farouk Ier, roi d'Égypte, souverain de la Nubie, du Soudan, du Kordofan et du Darfour, au président de la République française Albert Lebrun, 27 Moharram 1359 (6 mars 1940).
MAE, Protocole (pour tous les documents).

Adressée par le roi Farouk à l'occasion du départ de l'ambassadeur de France au Caire Pierre de Witasse, cette lettre n'est à proprement parler ni une lettre de créance ni une lettre de rappel, mais elle s'en approche par la forme.

Lettre de l'empereur de Chine accréditant Liu Shi Shun comme envoyé extraordinaire et ministre plénipotentiaire en France, le 8e jour du 9e mois de l'an 31 du règne (6 octobre 1905).

Le portefeuille de soie jaune est brodé d'un dragon impérial environné de nuages en fils d'or et de couleur.

La cérémonie est l'occasion d'un protocole bien précis, qui varie selon les pays et les époques, mais qui est toujours très solennel, voire fastueux. La lettre elle-même porte toutes les marques de la plus haute solennité : écrite sur un papier de luxe, soigneusement calligraphiée, décorée aux armes du pays accréditeur, signée par le chef de l'État, elle s'adresse, de manière personnelle, au chef de l'État accréditant, le priant d'accepter son représentant.

FRANÇOISE WATEL

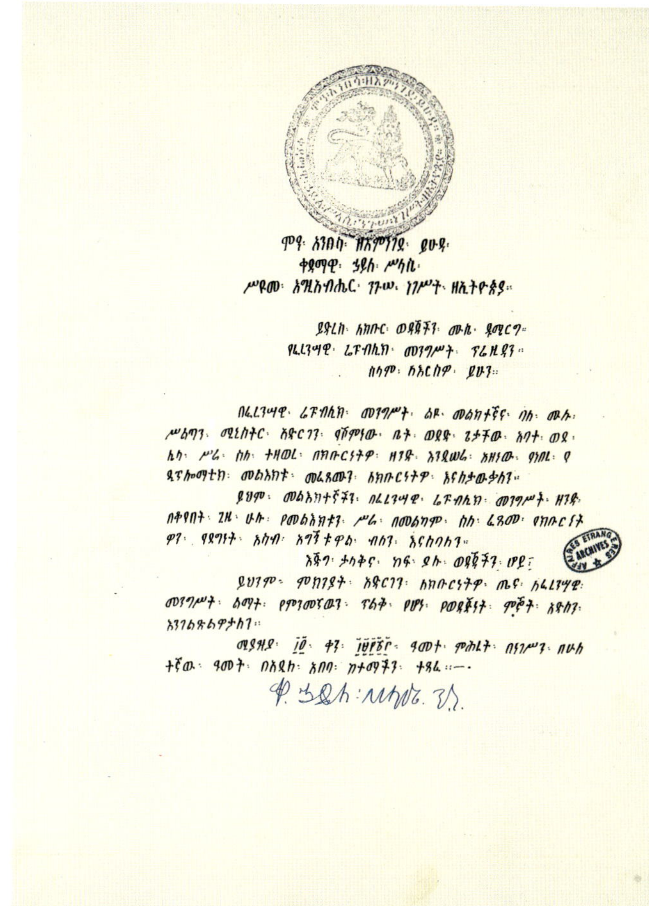

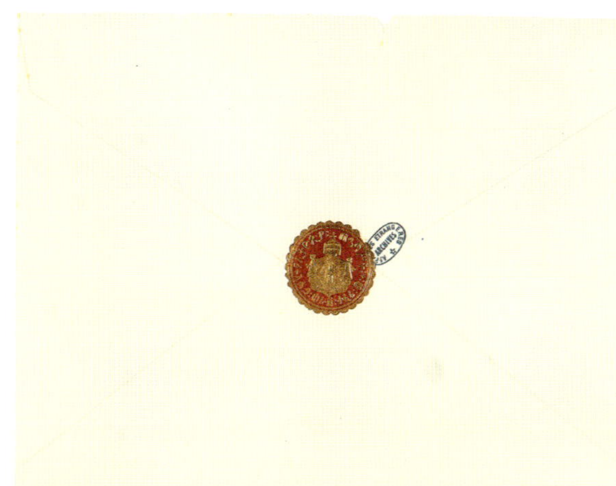

Lettre (et son enveloppe) de Hailé Sélassié Ier, empereur d'Éthiopie, au président de la République française Gaston Doumergue, accréditant le *badjeronde* Zelleke Aguedeou comme envoyé extraordinaire et ministre plénipotentiaire en France, 14 myazia 1923 (22 avril 1931).

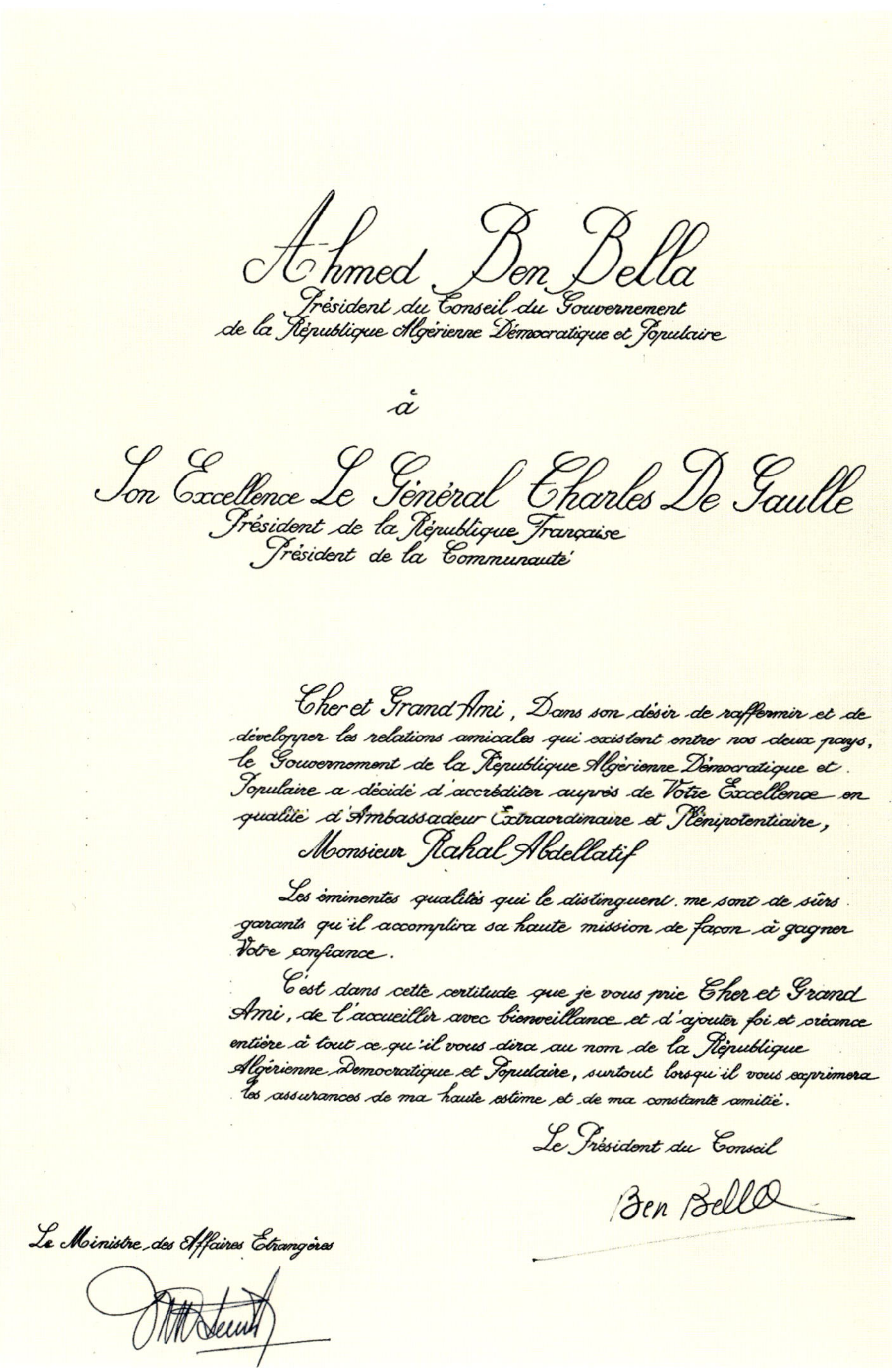

Ahmed Ben Bella
Président du Conseil du Gouvernement
de la République Algérienne Démocratique et Populaire

à

Son Excellence Le Général Charles De Gaulle
Président de la République Française
Président de la Communauté

Cher et Grand Ami, Dans son désir de raffermir et de développer les relations amicales qui existent entre nos deux pays, le Gouvernement de la République Algérienne Démocratique et Populaire a décidé d'accréditer auprès de Votre Excellence en qualité d'Ambassadeur Extraordinaire et Plénipotentiaire,

Monsieur Rahal Abdellatif

Les éminentes qualités qui le distinguent me sont de sûrs garants qu'il accomplira sa haute mission de façon à gagner Votre confiance.

C'est dans cette certitude que je vous prie Cher et Grand Ami, de l'accueillir avec bienveillance et d'ajouter foi et créance entière à tout ce qu'il vous dira au nom de la République Algérienne Démocratique et Populaire, surtout lorsqu'il vous exprimera les assurances de ma haute estime et de ma constante amitié.

Le Président du Conseil

Ben Bella

Le Ministre des Affaires Etrangères

Lettre d'Ahmed Ben Bella, président du Conseil de la République algérienne, accréditant Rahal Abdellatif comme ambassadeur extraordinaire et plénipotentiaire.

Rahal Abdellatif, premier ambassadeur d'Algérie en France, est arrivé à Paris le 29 janvier 1963 et a présenté cette lettre de créance au général de Gaulle quatre jours plus tard.

VI. UN MONDE DÉCHIRÉ

1914-1961)

Guernica
par Pablo Picasso, 1937.
Madrid, Centro de Arte Reina Sofia

LE XXe SIÈCLE aura-t-il été fatal à la puissance française ? À la Belle Époque, la France apparaît sûre d'elle-même, République affermie dans une Europe monarchique, démocratie parlementaire, riche au point de financer le développement de l'immense Russie, à la tête du second empire colonial. Quelques décennies plus tard, privée de ses colonies, elle est réduite à l'Hexagone, doute de son identité et hésite entre les revendications régionales, l'ambition européenne et la contrainte universelle.

C'est que la mondialisation et les guerres ont profondément transformé l'univers. Des relations internationales de plus en plus complexes, la multiplication du nombre des États, des réglementations en tout genre ont ramené la France au rang – correspondant à sa superficie et à sa population – d'une puissance moyenne, largement dominée par les superpuissances, empires continentaux.

Les guerres – pas seulement les deux guerres mondiales, mais aussi les guerres de décolonisation et la guerre froide – ont eu un profond effet sur la France, qui est une des rares nations à se trouver engagée dans tous les conflits et en ressent plus qu'une autre les effets. Tout en restant un acteur majeur de la scène internationale, elle cesse d'être une grande puissance.

La Grande Guerre est l'épreuve suprême. Engagée par la belle et bonne alliance à soutenir la Russie, déterminée à prendre sa revanche sur l'Allemagne, elle ne peut venir à bout des puissances centrales qu'en faisant appel à des renforts africains et asiatiques ; surtout, elle doit sa victoire – chèrement acquise – non seulement au soutien britannique mais surtout à l'intervention américaine, d'autant plus que l'allié russe sombre dans le chaos et connaît une révolution destinée à traverser tout le siècle. De l'Ouest aussi vient un vent nouveau – le message du président Wilson veut transformer le monde. Le traité de Versailles est le fruit d'un compromis laborieux entre le réalisme de Clemenceau et l'idéalisme de Wilson.

Ressenti par les Allemands comme un *Diktat* et contesté par les Anglais comme un frein au rétablissement économique de l'Europe, il est considéré par les Français comme le carcan nécessaire pour encadrer la puissance allemande. Après une trêve de dix ans, la rivalité franco-allemande reprend : l'élection d'Hitler n'est pas perçue comme un événement menaçant, mais les caractères du nouveau régime nazi – avec en particulier son racisme qui va dégénérer en génocide pendant la guerre – auraient dû alerter les diplomates français. En septembre 1939, une nouvelle fois, la France est précipitée dans la guerre : à force de reculades, elle a repris courage et se réarme moralement et matériellement.

Trop tard. S'ensuit une défaite inimaginable, mais compréhensible au regard de la lente décadence des années trente. Le pays est occupé, désarmé, humilié par l'armistice. Dans la tourmente des journées de juin 1940, rares sont ceux qui ont entendu l'appel du 18 juin, plus rares encore ceux qui croient que la France n'a perdu qu'une bataille. Les Français sont déboussolés : Pétain ou de Gaulle ?

La collaboration d'État instaurée par Laval les détourne progressivement du régime de Vichy. La France est livrée au pillage des Allemands, en particulier dans le domaine des œuvres d'art. Le défi lancé par de Gaulle de faire figurer le pays au nombre des vainqueurs est relevé, Leclerc tient son serment de Koufra, première grande victoire de la France libre. Un ministère des Affaires étrangères de la France combattante se recrée à Londres puis à Alger.

De Gaulle peut avoir l'illusion de tenir la balance égale entre les libérateurs anglo-saxons et l'Union soviétique, avec laquelle il conclut un pacte (décembre 1944). Pour autant, la France, absente des conférences de Yalta (février 1945) et de Potsdam (juillet 1945), est présente lors de la signature des capitulations de l'Allemagne, à Reims le 7 mai 1945, puis à Berlin dans la nuit du 8 au 9 mai. Elle est puissance occupante en Allemagne et à Berlin. Mais le défi majeur consiste probablement à ne pas recommencer les erreurs de l'après-Première Guerre mondiale et à surmonter son animosité à l'égard de l'Allemagne. C'est toute la pertinence du gouvernement français d'avoir jeté les ponts avec la République fédérale d'Adenauer ; la réconciliation entamée par la IVe République, dans le cadre de la construction européenne, est confirmée par de Gaulle lors de la rencontre de Colombey avec Adenauer puis consacrée par le traité de l'Élysée (janvier 1963).

Quand Khrouchtchev déclenche la crise de Berlin, la fermeté du général rassure Adenauer et montre ainsi comment il entend conjuguer indépendance nationale et solidarité. Pour la France, c'est le choix de l'Europe, après les déboires de la décolonisation, le retrait d'Indochine après les accords de Genève (1954), d'Afrique du Nord en 1956, d'Algérie en 1962. Trente ans plus tard, le monde sort du système de Yalta, rejeté par la France, qui en a tant bénéficié. À celle-ci d'imaginer désormais sa place au sein d'une Europe élargie dans le nouvel ordre mondial.

MAURICE VAÏSSE

« Songez à la responsabilité que vous me conseillez de prendre ! Songez aux milliers et milliers d'hommes qui vont être envoyés à la mort ! »

Le tsar Nicolas II à ses généraux, en 1914.

L'attentat de Sarajevo

Un scénario secrètement mis au point

L'archiduc François-Ferdinand et son épouse Sophie.

Neveu de François-Joseph dont le fils Rodolphe était mort à Mayerling en 1889, François-Ferdinand formait avec sa femme un couple très uni. Mais celle-ci, de petite noblesse tchèque, n'était pas de famille « souveraine » et ne pouvait recevoir le titre d'archiduchesse. Leurs enfants n'avaient pas le droit d'accéder au trône. Les projets de l'archiduc concernant la réorganisation de l'Empire sont assez mal connus, mais il était très opposé à une politique agressive envers la Serbie.

ALORS que les années précédentes ont été troublées par des crises dans les Balkans ou au Maroc, l'Europe est plutôt calme en 1914 quand, le 28 juin, l'archiduc François-Ferdinand et sa femme sont assassinés à Sarajevo, capitale de la Bosnie-Herzégovine. Cette province, administrée par l'Autriche-Hongrie depuis 1878, lui a été annexée en 1908. À côté des Croates et des musulmans (d'ailleurs souvent d'origine serbe), les Serbes constituent la partie la plus nombreuse et la plus active de la population de Bosnie-Herzégovine. Ils sont animés d'un très vif sentiment national contre la domination autrichienne. Beaucoup de lycéens et d'étudiants appartiennent aux groupements nationalistes de la Jeune Bosnie et c'est parmi des camarades de son âge que Gavrilo Princip, qui fait ses études à Belgrade, recrute les participants d'un complot. Son objectif : tuer François-Ferdinand, venu à Sarajevo en visite officielle lors de manœuvres militaires. Parmi les jeunes terroristes répartis le long du passage du cortège, un seul ose lancer une grenade ; elle manque le couple princier mais blesse plusieurs officiers de la suite. Une demi-heure plus tard, lorsque François-Ferdinand et sa femme se rendent à l'hôpital pour prendre des nouvelles des blessés, leur voiture s'arrête au bord du trottoir, à proximité immédiate de Princip qui n'a plus qu'à les tuer à bout portant…

À Sarajevo, l'attentat provoque de véritables émeutes. L'émotion est aussi très vive dans l'empire (même si l'empereur François-Joseph n'avait guère de sympathie pour son neveu et successeur) et une vague d'indignation déferle, dirigée contre les Serbes. Dans le reste de l'Europe, on condamne plus ou moins vigoureusement cet acte de terrorisme, puis, au bout de quelques jours, on n'en parle plus guère. Mais pour quelques dirigeants autrichiens, civils ou militaires, cet événement va être l'occasion de mettre au pas la Serbie, qu'ils accusent d'être un perpétuel foyer d'agitation menaçant la stabilité de l'empire.

Il n'existe aucune preuve que le gouvernement serbe soit impliqué dans l'attentat. Toutefois, l'enquête montre rapidement que Princip est venu de Serbie et que ce sont des dirigeants d'une société secrète violemment nationaliste, la Main noire, qui lui ont fourni les armes. Pour agir, néanmoins, il faut convaincre l'empereur François-Joseph, plutôt réticent, ainsi que Guillaume II. D'un côté, celui-ci ne peut ignorer les risques qu'il y aurait à laisser provoquer un conflit dans les Balkans, dont il n'est pas sûr qu'il resterait localisé ; de l'autre, il estime dangereux un affaiblissement de son allié austro-hongrois. En Autriche-Hongrie, où l'opinion est très montée contre les Serbes, les hésitations de l'empereur sont bientôt surmontées. Un scénario est secrètement mis au point : un ultimatum « inacceptable » sera adressé à la Serbie et le rejet qui ne manquera pas de s'ensuivre sera le prétexte pour lui déclarer la guerre.

Les pressions exercées sur François-Joseph, les multiples démarches menées auprès des responsables allemands, la mise au point du texte et la nécessité de maintenir le secret le plus absolu prennent beaucoup de temps.

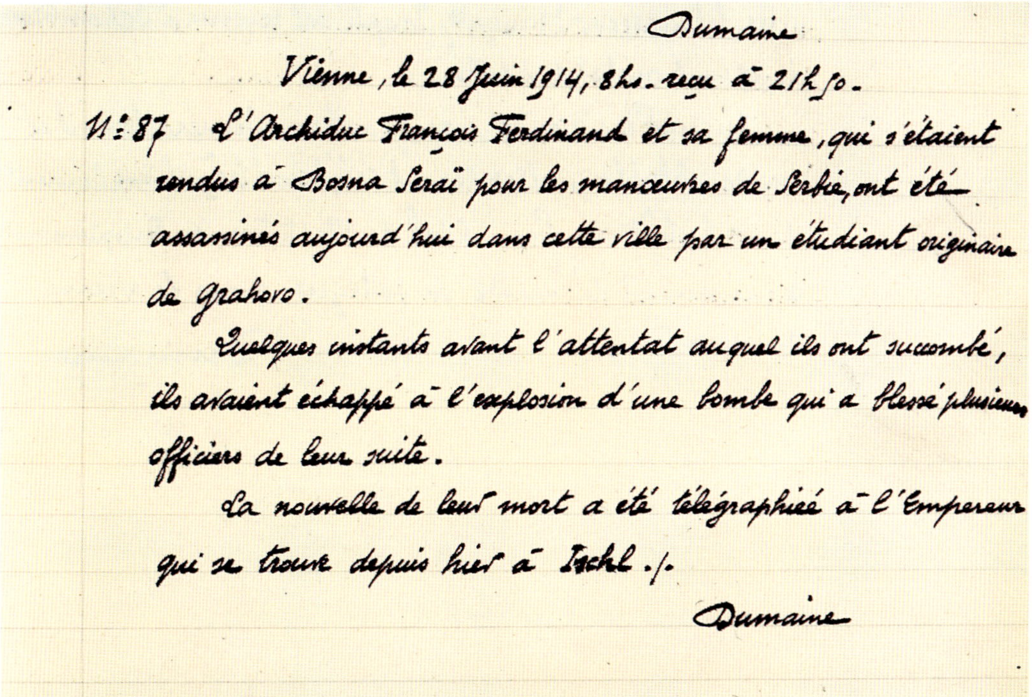

Dumaine

Vienne, le 28 Juin 1914, 8h. reçu à 21h 50.

N° 87 L'Archiduc François Ferdinand et sa femme, qui s'étaient rendus à Bosna Seraï pour les manœuvres de Serbie, ont été assassinés aujourd'hui dans cette ville par un étudiant originaire de Grahovo.

Quelques instants avant l'attentat auquel ils ont succombé, ils avaient échappé à l'explosion d'une bombe qui a blessé plusieurs officiers de leur suite.

La nouvelle de leur mort a été télégraphiée à l'Empereur qui se trouve depuis hier à Ischl./.

Dumaine

Télégramme de Dumaine, ambassadeur de France à Vienne, annonçant l'assassinat de l'archiduc, le 28 juin 1914. MAE, Télégrammes diplomatiques.

L'arrestation de Gavrilo Princip.

Aussitôt après l'attentat, Princip est arrêté par le service d'ordre, à vrai dire peu nombreux, auquel des civils prêtent main-forte. Dans les heures ou les jours suivants, tous les exécutants directs de l'attentat, sauf un, sont arrêtés, ainsi que de nombreux complices. Vingt-cinq inculpés sont jugés entre le 12 et le 23 octobre 1914. Aucun des exécutants ne sera condamné à mort, car la loi autrichienne l'interdit pour des jeunes gens de moins de vingt ans, mais trois d'entre eux, dont Princip, mourront en prison.

1719

Bienne, le 20 Juillet 1914.

176

Les rapports austro-serbes.

Nous faisons suivre notre communication d'hier du résumé de trois conversations que nous avons eues dans la journée d'aujourd'hui. Elles tendant toutes les trois à corroborerles conjectures défavorables énoncées précédemment, et nous laissent l'impression que la situation est encore plus incertaine, par conséquent pire que nous le pensions.

Nous avons rencontré un ami du chef de l'état-major. Comme nous l'abordions en lui faisant remarquer que ses apparitions étaient rares, il nous répondit : On ne me voit que dans les mauvais moments. Nous nous fîmes plus informé que nous ne l'étions, et lui demandâmes si la grande démarche venait dans huit jours ou dans quinze; il nous dit que ce serait plutôt dans quinze, et qu'il y avait lieu d'espérer que les choses marcheraient bien, car, ajouta-t-il, le vieux Monsieur est bien disposé; il reconnait lui-même qu'il faut agir. Le vieux Monsieur, dans le langage d'ici " der alte Herr" c'est l'empereur. Nous nous étions toujours dôté que s'il lui arrivait d'enterrer son neveu François Ferdinand, la joie lui rendrait quelques mois de jeunesse.

A Un ~~autre informateur (bonne source autrichienne)~~ personnalité parfaitement bien informée des nouvelles officielles est venu nous recommander de ne pas nous en rapporter aux semeurs d'optimisme; on exigera beaucoup de la Serbie; on lui imposera la dissolution de plusieurs sociétés de propagande nationaliste; on la sommera de réprimer le nationalisme, de surveiller la frontière en collaboration avec des commissaires autrichiens, de faire la police des écoles au point de vue de l'esprit anti-autrichien, et il est bien difficile qu'un gouvernement accepte de se faire ainsi le sergent de ville

177

d'un gouvernement étranger. On compte avec les échappatoires par lesquelles la Serbie voudra sans doute esquiver la réponse claire et directe; c'est pourquoi on lui fixera peut-être un délai bref pour déclarer si elle accepte oui ou non. La teneur de la note et son allure impérative garantissent presque sûrement que Belgrade refusera. Alors, on opérera militairement. Nous ferons observer que nous ne savons pas si la note est bien conforme au résumé ci-dessus; nous ne garantissons pas non plus la particularité du délai fixé; ce qui nous parait bien sûr, c'est qu'on cherche à provoquer le refus.

B ~~Nous avons demandé à notre interlocuteur si l'on commençait déjà à remuer des fusils et des hommes. Pas encore, nous a-t-il dit, mais on commencera probablement dans cinq jours, peut-être dans quatre. Ceci nous conduirait donc au 25 ou au 24. Nous verrons.~~

C Un autre informateur (~~excellente source italienne~~) nous dit : Il y a ici, et pareillement à Berlin, un clan qui accepte l'idée du conflit à dimensions généralisées, en d'autres termes la conflagration. L'idée directrice est probablement qu'il faudrait marcher avant que la Russie ait terminé ses grands perfectionnements de l'armée et des voies ferrées, et avant que la France ait mis au point les défectuosités signalées dernièrement au Sénat. Mais ici, il n'y a pas accord dans les hautes sphères : du côté de Berchtold et des diplomates, on voudrait tout au plus une opération localisée contre la Serbie. Mais, tout doit être envisagé comme possible, tout,

Les autorités austro-hongroises estiment finalement que le meilleur moment pour présenter l'ultimatum est le 23 juillet, lorsque le président de la République française, Raymond Poincaré, et le président du Conseil, René Viviani, alors en voyage officiel en Russie, auront repris la mer pour rentrer en France ; ils espèrent ainsi retarder la réaction des dirigeants français et du tsar, qui pourront difficilement communiquer. En réalité, Nicolas II et les Français n'ignorent pas totalement les intentions autrichiennes. Un certain nombre de dépêches, comme celle présentée ici (page suivante), envoyée par le consulat de France à Vienne quelques jours plus tôt, ont pu les alerter. Ils pressentent que l'Autriche-Hongrie prépare quelque chose, mais ils n'ont pas suffisamment de détails sur l'opération pour intervenir.

Le 28 juillet – délai de rigueur –, le gouvernement serbe accepte toutes les conditions de l'ultimatum, à l'exception de l'article 6 : des fonctionnaires autrichiens devraient participer à l'enquête chargée de déterminer les responsabilités de l'attentat. Comme prévu, le gouvernement autrichien estime la réponse de Belgrade insuffisante et déclare la guerre à la Serbie. La Russie, amie de la Serbie, peut-elle ne pas intervenir ? Nicolas II est très réticent, mais il se laisse arracher l'ordre de mobilisation générale le 30 juillet. Les généraux allemands, jugeant que l'Allemagne risque d'être prise entre deux feux, ne peuvent attendre pour agir, d'autant que leur plan de guerre prévoit d'accabler l'armée française en quelques semaines avant de se retourner contre l'armée russe. Ils « bousculent » l'empereur Guillaume II et le pressent de mobiliser. La France et l'Allemagne procèdent à la mobilisation générale le 1er août, pratiquement à la même heure. Le lendemain, les soldats allemands envahissent le Luxembourg et la Belgique. La Grande Guerre est commencée.

JEAN-JACQUES BECKER

Page de gauche : Télégramme sur les rapports austro-serbes, consulat de France à Vienne, le 20 juillet 1914.
(Transcription complète en fin de volume.)
MAE, NS Autriche-Hongrie.

L'empereur François-Joseph à Ischl, juillet 1914.

Cette photo a été prise le jour même de l'ultimatum à la Serbie, alors que François-Joseph séjournait dans sa propriété d'Ischl, en Haute-Autriche.

Le « mauvais frère », caricature de 1915.

Les premières opérations militaires ont lieu en Serbie dès le mois d'août 1914, mais les forces austro-hongroises, affaiblies par l'envoi du gros de l'armée contre les Russes, subissent d'humiliantes défaites. Il faudra l'intervention de la Bulgarie (le « mauvais frère », qui poignarde la Serbie dans le dos) aux côtés de l'Allemagne (le soldat allemand a les traits de Guillaume II) et de l'Autriche-Hongrie (François-Joseph) pour défaire l'armée serbe, en octobre 1915.

Ci-dessous : Manifestations d'enthousiasme au moment de la déclaration de guerre, à Berlin.

Les jeunes nationalistes saluent les portraits des deux empereurs d'Allemagne et d'Autriche-Hongrie, Guillaume II et François-Joseph.

Une guerre mondiale

Des travailleurs chinois à l'arrière des tranchées

Ci-dessus et à droite : Camp d'hébergement des volontaires chinois, près de T'ien-tsin, 1916. MAE, CADN.

Avant d'embarquer, les hommes sont rassemblés dans des camps où ils sont soumis à une visite médicale (en mars 1917, le poète Victor Segalen sera envoyé en Chine en tant que médecin pour participer à ces missions de recrutement). On leur inculque quelques rudiments de discipline et on leur distribue un sac, une blouse, une chemise et un pantalon de coton bleu, un caleçon, un chapeau de paille. À leur arrivée en France, ils recevront une paire de souliers en cuir et un manteau pour l'hiver.

En Europe, la Grande Guerre mobilise tous les hommes et la main-d'œuvre commence à manquer. C'est ainsi que la France décide de recruter des travailleurs à l'étranger, et notamment en Chine. Le gouvernement de Pékin, concurrent de celui de Canton au sud et en lutte contre les « seigneurs de la guerre » (*dujun*) qui contrôlent de très nombreuses régions, est le seul à posséder une certaine légitimité extérieure. Pour lors, il a proclamé la neutralité de la Chine (elle n'entrera en guerre aux côtés des Alliés qu'en août 1917), ce qui ne l'empêche pas d'accueillir favorablement la demande française. Les contrats de recrutement sont signés dès février 1916. Peu de temps après, l'Angleterre embauche à son tour.

Les premiers volontaires chinois quittent le port de Tianjin le 10 juillet 1916. Le voyage à lui seul est une épreuve puisqu'il dure trois mois, en passant par le cap de Bonne-Espérance, dans une mer infestée de sous-marins ennemis. Ces hommes proviennent principalement de la province de Shandong, gérée par le gouvernement de Pékin : seuls des Chinois du Nord, plus grands, plus endurants, estime-t-on, pourront s'adapter aux conditions climatiques. On compte parmi eux un pourcentage assez élevé d'étudiants, qui voient dans l'aventure l'occasion de venir en Occident.

150 000 Chinois débarquent ainsi en France pour travailler dans les usines d'armement ou derrière les lignes des armées françaises ou anglaises. Les deux tiers d'entre eux ont été recrutés par les Britanniques, ce qui explique qu'ils soient répartis principalement dans le Pas-de-Calais et dans la Somme. Le quartier général britannique qui les accueille est basé à Noyelles, à l'embouchure de la Somme. Le contrat est de trois ans. Assignés le plus souvent à des travaux du génie, ces ouvriers, sans être des soldats, ne sont plus tout à fait des civils. Ils sont astreints à une discipline très dure. Certes, on les nourrit convenablement, mais leurs conditions d'hébergement sont rudes et ils manquent de vêtements chauds. Près de deux mille de ces volontaires trouveront la mort, tombés sous les rafales de l'artillerie ou vaincus par la maladie. L'historienne Annie Kriegel, dans son étude sur les *Origines françaises du communisme chinois*, a rendu hommage à ces hommes : « Il est dans la plaine picarde un étrange cimetière. À l'écart du village de Noyelles-sur-Mer, à l'écart aussi de la route, rien ne le signale. […] C'est un cimetière chinois. Pour qui, pourquoi sont venus mourir sur notre terre, en 1917-1918, ces centaines de "jeunes célestes", comme on disait à l'époque… »

Ce recrutement a suscité en Chine des réactions hostiles, comme le montre le document ci-contre, dénonçant les mauvaises conditions de vie des travailleurs. En dépit des nombreuses contrevérités qu'il contient (ces hommes n'ont pas été utilisés comme soldats et ils étaient soignés normalement, en particulier dans l'hôpital du Native Labour à Noyelles), on peut y lire les débuts du nationalisme chinois.

JEAN-JACQUES BECKER

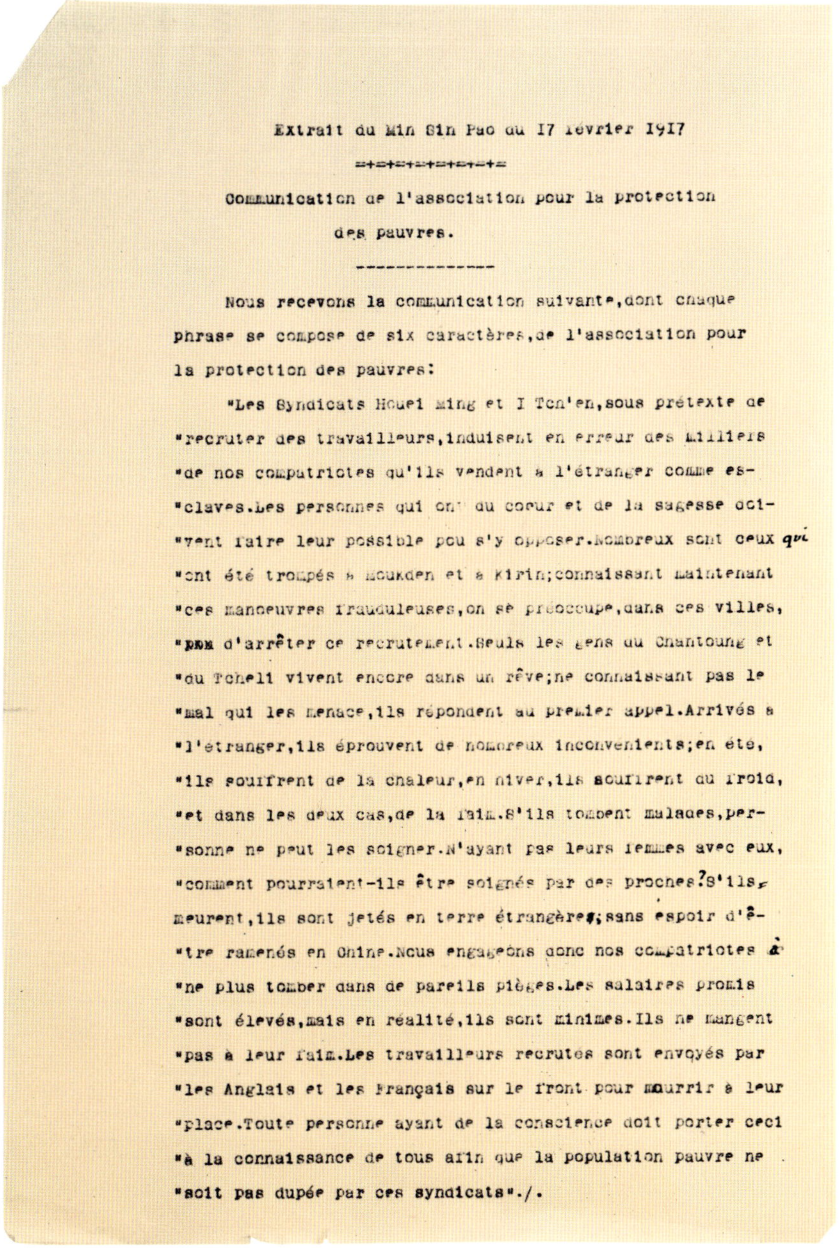

Extrait du Min Sin Pao du 17 février 1917

=+=+=+=+=+=+=+=

Communication de l'association pour la protection des pauvres.

Nous recevons la communication suivante, dont chaque phrase se compose de six caractères, de l'association pour la protection des pauvres:

"Les Syndicats Houei Ming et I Ton'en, sous prétexte de "recruter des travailleurs, induisent en erreur des milliers "de nos compatriotes qu'ils vendent à l'étranger comme es- "claves. Les personnes qui ont du coeur et de la sagesse doi- "vent faire leur possible pou s'y opposer. Nombreux sont ceux qui "ont été trompés à Moukden et à Kirin; connaissant maintenant "ces manoeuvres frauduleuses, on se préoccupe, dans ces villes, "pour d'arrêter ce recrutement. Seuls les gens du Chantoung et "du Tcheli vivent encore dans un rêve; ne connaissant pas le "mal qui les menace, ils répondent au premier appel. Arrivés à "l'étranger, ils éprouvent de nombreux inconvénients; en été, "ils souffrent de la chaleur, en hiver, ils souffrent du froid, "et dans les deux cas, de la faim. S'ils tombent malades, per- "sonne ne peut les soigner. N'ayant pas leurs femmes avec eux, "comment pourraient-ils être soignés par des proches? S'ils meurent, ils sont jetés en terre étrangère; sans espoir d'ê- "tre ramenés en Chine. Nous engageons donc nos compatriotes à "ne plus tomber dans de pareils pièges. Les salaires promis "sont élevés, mais en réalité, ils sont minimes. Ils ne mangent "pas à leur faim. Les travailleurs recrutés sont envoyés par "les Anglais et les Français sur le front pour mourrir à leur "place. Toute personne ayant de la conscience doit porter ceci "à la connaissance de tous afin que la population pauvre ne "soit pas dupée par ces syndicats"./.

Extrait du *Min Sin Pao*, journal chinois publié à T'ien-tsin, 17 février 1917. (Transcription complète en fin de volume.) MAE, CADN.

« Les travailleurs recrutés par la Russie et la France sont destinés aux champs de bataille ; il ne faut à aucun prix y aller, autrement on y court de grands dangers. »

Extrait du *Chanpao*, journal chinois de T'ien-tsin, juillet 1916.

Les États-Unis déclarent la guerre à l'Allemagne

Arrivée du 16e régiment d'infanterie à la caserne de Reuilly, le 3 juillet 1917.

Les premières troupes américaines du corps expéditionnaire débarquent à Saint-Nazaire à partir du 26 juin 1917. Entre cette date et le 2 juillet, 14 750 hommes et 103 infirmières gagnent ainsi le sol français. Chapeau de feutre à large bord, tunique à poches rapportées, ceinturons à pochettes multiples, guêtres de toile moulant le mollet…, l'uniforme des soldats d'infanterie ne passe pas inaperçu.

Le 6 avril 1917, le Congrès des États-Unis vote la guerre contre l'Allemagne. Trois mois plus tôt, cette décision paraissait improbable. Lors des élections de novembre 1916, le président Wilson avait promis de tenir le pays à l'écart du conflit européen, répondant ainsi aux vœux de l'immense majorité du peuple américain. Le 22 janvier 1917, il confiait encore au colonel House : « Nous sommes la seule des grandes nations blanches à rester en dehors de la guerre ; ce serait un crime contre l'humanité que d'y prendre part. »

Quelles sont donc les raisons qui ont poussé les Américains à entrer en guerre ? L'ambassadeur de France aux États-Unis, Jean-Jules Jusserand, résume dans le télégramme ci-contre les principales étapes de ce revirement.

Le 31 janvier, les Allemands reprennent la guerre sous-marine, un temps réduite après l'indignation causée par le torpillage du *Lusitania* deux ans plus tôt. Le risque est calculé : il s'agit de priver la France et l'Angleterre de munitions et de ravitaillement, et ce en l'espace de six mois, avant que les États-Unis aient le temps d'envoyer une armée en Europe. Wilson, confronté à l'une des décisions les plus difficiles de sa présidence, rompt les relations diplomatiques avec l'Allemagne le 3 février, mais espère encore pouvoir éviter la guerre.

Un peu plus tard, un télégramme du ministre allemand des Affaires étrangères Zimmerman, adressé aux autorités mexicaines, est intercepté : il propose de les aider à reconquérir le Sud-Ouest américain si le Mexique consent à déclarer la guerre aux États-Unis. La manœuvre allemande provoque la colère de l'opinion. Wilson fait placer des canons sur les navires, mais n'envisage toujours pas de sortir de la neutralité.

Le 18 mars, trois navires américains sont torpillés. Après avoir consulté son cabinet, Wilson estime qu'il ne peut plus reculer. Depuis février, les navires de commerce s'entassent dans les ports, n'osant plus se lancer sur l'océan, et les exportations chutent. Le plus grand des neutres ne peut laisser bafouer ses principes et ses intérêts sans risquer de perdre tout prestige et toutes chances d'influer sur l'issue du conflit. Le 2 avril, le Président propose au Congrès de déclarer la guerre à l'Allemagne. La décision est votée quatre jours plus tard.

Neutraliste convaincu, Wilson a plusieurs fois tenté de mettre fin aux hostilités par la médiation. Ayant échoué, il lui reste à espérer que la participation américaine va permettre d'abréger la guerre et que les États-Unis pourront peser de tout leur poids, au moment de la paix, en faveur des solutions qu'il préconise. Il juge en effet que le vieux système de l'équilibre européen n'est pas satisfaisant et qu'il faut lui substituer un nouvel ordre international propre à éviter les affrontements. En janvier 1918, il définira les « quatorze points » devant servir de base à une paix future. Mais le Sénat américain refusera finalement en 1920 de ratifier le traité de Versailles (voir p. 266), rejetant ainsi les idées de Wilson et notamment la participation des États-Unis à la SDN.

YVES-HENRI NOUAILHAT

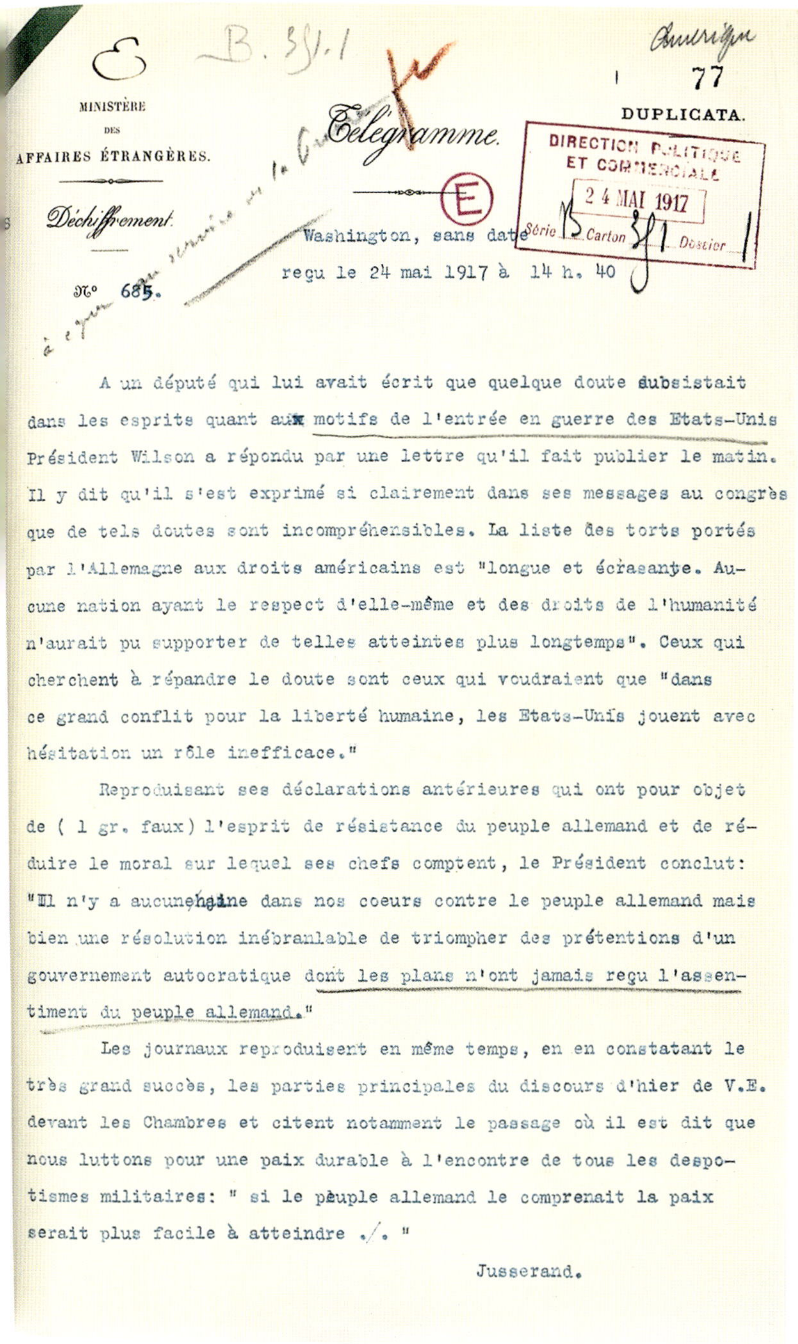

Amérique

MINISTÈRE DES AFFAIRES ÉTRANGÈRES.

Déchiffrement

N° 685.

77

DUPLICATA.

Télégramme.

DIRECTION POLITIQUE ET COMMERCIALE 24 MAI 1917 Série B Carton 391 Dossier 1

Washington, sans date

reçu le 24 mai 1917 à 14 h. 40

A un député qui lui avait écrit que quelque doute subsistait dans les esprits quant aux motifs de l'entrée en guerre des Etats-Unis Président Wilson a répondu par une lettre qu'il fait publier le matin. Il y dit qu'il s'est exprimé si clairement dans ses messages au congrès que de tels doutes sont incompréhensibles. La liste des torts portés par l'Allemagne aux droits américains est "longue et écrasante. Aucune nation ayant le respect d'elle-même et des droits de l'humanité n'aurait pu supporter de telles atteintes plus longtemps". Ceux qui cherchent à répandre le doute sont ceux qui voudraient que "dans ce grand conflit pour la liberté humaine, les Etats-Unis jouent avec hésitation un rôle inefficace."

Reproduisant ses déclarations antérieures qui ont pour objet de (1 gr. faux) l'esprit de résistance du peuple allemand et de réduire le moral sur lequel ses chefs comptent, le Président conclut: "Il n'y a aucune haine dans nos coeurs contre le peuple allemand mais bien une résolution inébranlable de triompher des prétentions d'un gouvernement autocratique dont les plans n'ont jamais reçu l'assentiment du peuple allemand."

Les journaux reproduisent en même temps, en en constatant le très grand succès, les parties principales du discours d'hier de V.E. devant les Chambres et citent notamment le passage où il est dit que nous luttons pour une paix durable à l'encontre de tous les despotismes militaires: " si le peuple allemand le comprenait la paix serait plus facile à atteindre ./. "

Jusserand.

« Le droit est plus précieux que la paix. »

Le président Wilson aux membres du Congrès, le 6 avril 1917.

Télégramme de Jean-Jules Jusserand, ambassadeur de France aux États-Unis, à Alexandre Ribot, président du Conseil et ministre des Affaires étrangères, le 24 mai 1917. MAE, Série Guerre 1914-1918.

Compagnie américaine du génie traversant un village de Meuse, septembre 1918.

En septembre 1918, la 1re armée américaine réduit le saillant de Saint-Mihiel, avancée allemande dans le front français, et participe à une offensive entre la Meuse et l'Argonne. De novembre 1917 à mars 1918, le corps expéditionnaire est passé de 80 000 à 285 000 hommes. Le 7 octobre, il atteindra 1 850 000.

Télégramme du colonel Brémond, le 10 mai 1917. MAE, Guerre 1914-1918.

Le militaire français évoque ici (point 5) le rôle de « bailleur de fonds » joué par le capitaine Lawrence auprès de l'émir Fayçal, l'un des fils du chérif Hussein. Dans ses mémoires, il se montrera plus cinglant, l'accusant de « dilapider le trésor de Sa Majesté pour soudoyer les tribus ».

Lawrence d'Arabie en vêtement arabe. Coll. particulière.

Dans une lettre du 8 novembre 1921 au colonel Newcombe, il confiera : « Je remercie tout ce que j'ai en fait de dieux de n'être ni un Arabe ni un Français, rien que la pauvre brute dont la fonction est de remettre de l'ordre après son passage. »

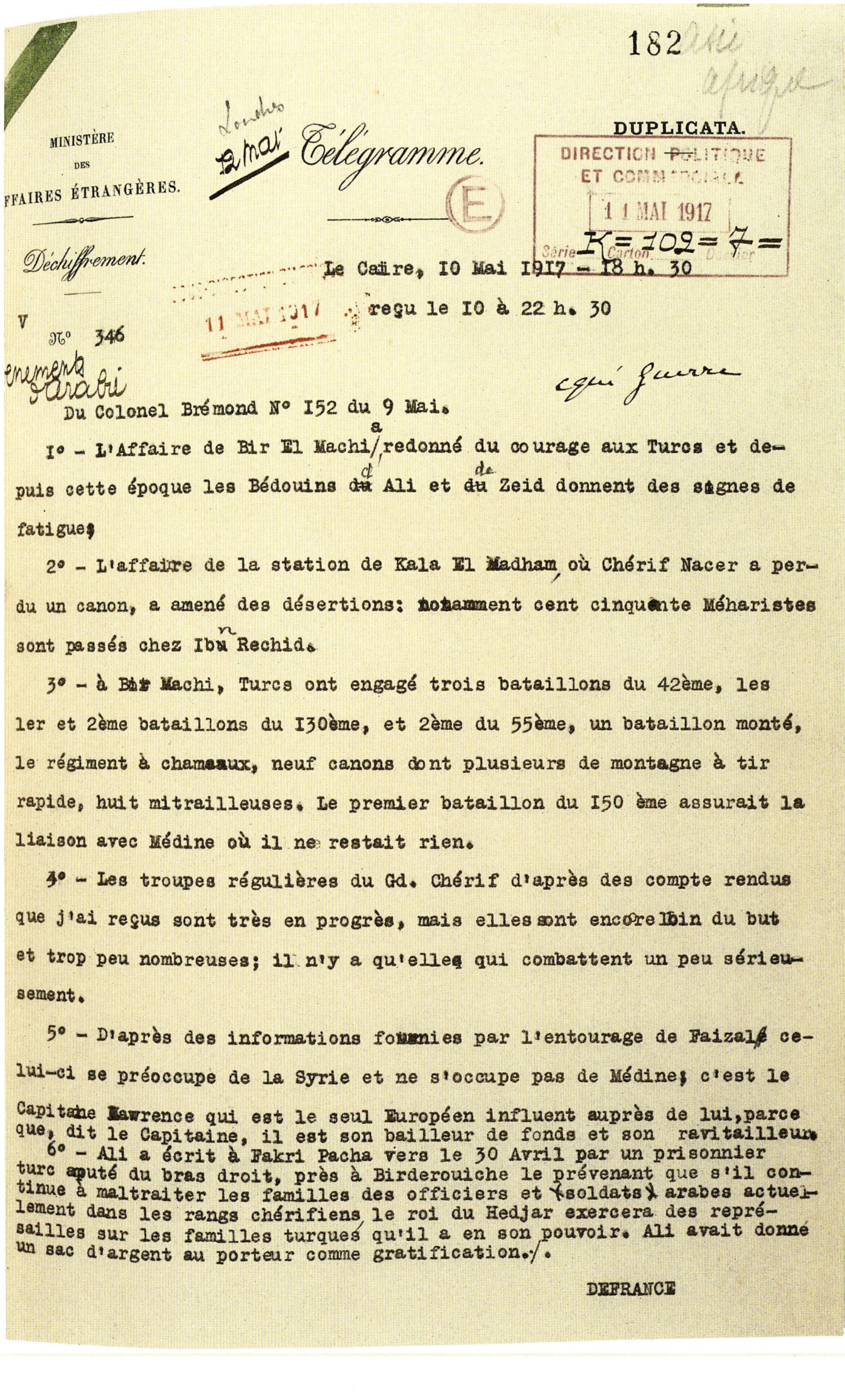

182

MINISTÈRE DES AFFAIRES ÉTRANGÈRES.

Déchiffrement.

Télégramme.

DUPLICATA.

DIRECTION POLITIQUE ET COMMERCIALE 11 MAI 1917

K = 102 = 7 =

Le Caire, 10 Mai 1917 - 18 h. 30

reçu le 10 à 22 h. 30

N° 346

Du Colonel Brémond N° 152 du 9 Mai.

1° - L'Affaire de Bir El Machi a redonné du courage aux Turcs et depuis cette époque les Bédouins d'Ali et de Zeid donnent des signes de fatigue.

2° - L'affaire de la station de Kala El Madham, où Chérif Nacer a perdu un canon, a amené des désertions: notamment cent cinquante Méharistes sont passés chez Ibn Rechid.

3° - à Bir Machi, Turcs ont engagé trois bataillons du 42ème, les 1er et 2ème bataillons du 130ème, et 2ème du 55ème, un bataillon monté, le régiment à chameaux, neuf canons dont plusieurs de montagne à tir rapide, huit mitrailleuses. Le premier bataillon du 150 ème assurait la liaison avec Médine où il ne restait rien.

4° - Les troupes régulières du Gd. Chérif d'après des compte rendus que j'ai reçus sont très en progrès, mais elles sont encore loin du but et trop peu nombreuses; il n'y a qu'elles qui combattent un peu sérieusement.

5° - D'après des informations fournies par l'entourage de Faizal, celui-ci se préoccupe de la Syrie et ne s'occupe pas de Médine; c'est le Capitaine Lawrence qui est le seul Européen influent auprès de lui, parce que, dit le Capitaine, il est son bailleur de fonds et son ravitailleur.

6° - Ali a écrit à Fakri Pacha vers le 30 Avril par un prisonnier turc amputé du bras droit, près à Birderouiche le prévenant que s'il continue à maltraiter les familles des officiers et soldats arabes actuellement dans les rangs chérifiens, le roi du Hedjar exercera des représailles sur les familles turques qu'il a en son pouvoir. Ali avait donné un sac d'argent au porteur comme gratification./.

DEFRANCE

Lawrence d'Arabie vu par les Français

L'envers du mythe

En juin 1916, le chérif Hussein de La Mecque a pris la tête de la révolte contre les Ottomans. Dans le rêve d'une grande nation arabe, les Britanniques soutiennent Hussein et ses fils, mais la France entend bien ne pas rester à l'écart. C'est ainsi que, deux mois plus tard, alors que des millions de leurs compatriotes se battent dans les tranchées du front occidental, des soldats français débarquent à Alexandrie, conduits par le colonel Brémond. On compte quarante-deux officiers et à peine mille hommes, un effectif dérisoire comparé aux dix divisions britanniques déjà présentes sur le terrain. Néanmoins, il y a là quelques éléments de valeur, dont les capitaines Cousse et Pisani, et plusieurs officiers musulmans originaires d'Afrique du Nord, tels le capitaine de spahis Hamet et le commandant Cadi, artilleur, polytechnicien, combattant de Verdun.

À son arrivée, Brémond ignore tout de la situation au Hedjaz et les officiers du renseignement britannique sont plutôt avares d'informations. Toutefois, il entend parler des exploits d'un certain major T. E. Lawrence… Le personnage a très tôt suscité des controverses passionnées, mais c'est sans doute chez ce petit groupe de Français qu'il a trouvé ses plus vifs détracteurs. Les télégrammes et les comptes rendus de mission que ceux-ci adressent au ministre des Affaires étrangères regorgent d'anecdotes sur ses activités (ci-contre et pages suivantes). Ce jeune homme blond aux yeux bleus, imberbe, dont le corps mince se perd dans un ample costume arabe, a semble-t-il provoqué bien des ricanements. Brémond dresse de ce « bouffon débraillé » un portrait peu flatteur : il est « indiscipliné », « insolent », il n'aime ni les militaires, ni le métier de soldat, ni les Français, ni les catholiques, « et surtout, il n'aime pas les Arabes ». Du reste, l'antipathie est réciproque, comme en témoignent plusieurs passages des *Sept Piliers de la sagesse* que Lawrence publiera en 1926. Quant aux bédouins, ils ne voient pas les Français d'un très bon œil et désapprouvent la mixité franco-musulmane de leur détachement.

Bon gré, mal gré, Arabes, Britanniques et Français doivent unir leurs forces pour une même cause.

Fayçal et deux officiers britanniques à Aqaba, un port sur la mer Rouge (aujourd'hui en Jordanie), octobre 1917.
MAE, Fonds iconographique (pour toutes les photographies).

Selon les mémoires du colonel Brémond, Lawrence, qu'on a pourtant du mal à reconnaître, figure à gauche, en uniforme de l'armée anglaise, culotte courte et brodequins cloutés.

Le camp français d'Aqaba en février 1918.

Le détachement du capitaine Pisani s'installe à Aqaba en août 1917, un mois après la prise de la citadelle turque par les Arabes en révolte entraînés par le major Lawrence.

Le rôle des Français se borne à l'envoi d'armes et à l'assistance technique auprès des trois colonnes de l'armée chérifienne commandées par les fils du chérif Hussein. Lawrence fait appel aux sapeurs français pour enseigner aux bédouins le maniement des explosifs et pour faire sauter les voies ferrées. Le capitaine Pisani l'assiste dans la plupart de ces opérations. Peu à peu, grâce à leur savoir-faire technique, les Français s'attirent la sympathie des fils de Hussein et prennent sur les troupes chérifiennes un petit ascendant moral. L'émir Fayçal décide même d'apprendre le français et s'abonne à *L'Illustration*...

En 1918, le maréchal Foch expédie au Hedjaz deux canons de 65. Cette petite artillerie va relever considérablement le prestige du détachement français lors de l'attaque de Maan où, pour la première fois, l'armée chérifienne affronte les Turcs en bataille rangée. La colonne du capitaine Pisani se couvre de gloire dans sa longue marche victorieuse qui la conduit d'Aqaba à Damas, où elle pénètre au mois d'octobre 1918 en même temps que les troupes arabes et britanniques. Lawrence pressent que le grand royaume qu'il avait promis à ses « amis » arabes ne verra pas le jour de sitôt... Il quitte le Proche-Orient, au grand soulagement des Français. En mars 1920, Fayçal deviendra roi d'une « Grande Syrie » qui eût dû englober la Syrie, le Liban et la Palestine, mais quelques mois plus tard il sera expulsé de Damas par les Français, qui instaureront leur mandat sur la Syrie.

PIERRE FOURNIÉ

« L'Angleterre contrôle les neuf dixièmes du monde arabe,
et donne forcément le ton sur lequel les Français doivent danser.
Nous suivons une politique arabe, ils doivent jouer arabe.
Si nous combattons les Arabes, ils doivent combattre les Arabes. »

Lawrence d'Arabie, dans *The Observer*, 8 août 1920.

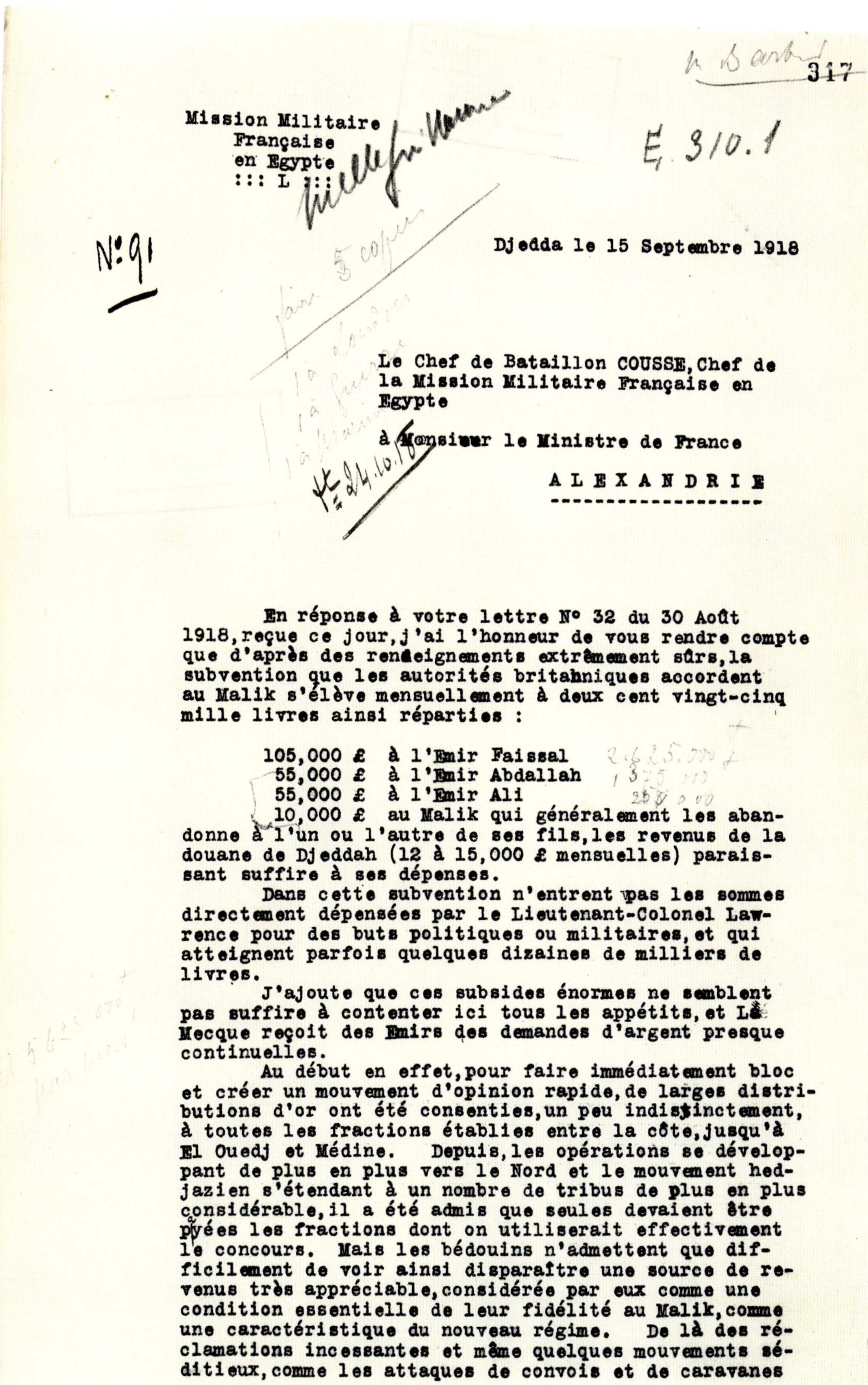

317

Mission Militaire
Française
en Egypte
::: L :::

E. 310.1

N°91

Djedda le 15 Septembre 1918

Le Chef de Bataillon COUSSE, Chef de la Mission Militaire Française en Egypte

à Monsieur le Ministre de France

ALEXANDRIE

24.10.18

En réponse à votre lettre N° 32 du 30 Août 1918, reçue ce jour, j'ai l'honneur de vous rendre compte que d'après des renseignements extrêmement sûrs, la subvention que les autorités britanniques accordent au Malik s'élève mensuellement à deux cent vingt-cinq mille livres ainsi réparties :

105,000 £ à l'Emir Faissal
55,000 £ à l'Emir Abdallah
55,000 £ à l'Emir Ali
10,000 £ au Malik qui généralement les abandonne à l'un ou l'autre de ses fils, les revenus de la douane de Djeddah (12 à 15,000 £ mensuelles) paraissant suffire à ses dépenses.

Dans cette subvention n'entrent pas les sommes directement dépensées par le Lieutenant-Colonel Lawrence pour des buts politiques ou militaires, et qui atteignent parfois quelques dizaines de milliers de livres.

J'ajoute que ces subsides énormes ne semblent pas suffire à contenter ici tous les appétits, et La Mecque reçoit des Emirs des demandes d'argent presque continuelles.

Au début en effet, pour faire immédiatement bloc et créer un mouvement d'opinion rapide, de larges distributions d'or ont été consenties, un peu indistinctement, à toutes les fractions établies entre la côte, jusqu'à El Ouedj et Médine. Depuis, les opérations se développant de plus en plus vers le Nord et le mouvement hedjazien s'étendant à un nombre de tribus de plus en plus considérable, il a été admis que seules devaient être payées les fractions dont on utiliserait effectivement le concours. Mais les bédouins n'admettent que difficilement de voir ainsi disparaître une source de revenus très appréciable, considérée par eux comme une condition essentielle de leur fidélité au Malik, comme une caractéristique du nouveau régime. De là des réclamations incessantes et même quelques mouvements séditieux, comme les attaques de convois et de caravanes

Ci-dessus : Le colonel Brémond à El-Ouedj, sur la mer Rouge, juin 1917.

Le caïmacam (au centre), sorte de préfet local, s'entretient avec le colonel Brémond (à droite) sous le regard du colonel Cousse (à gauche). À l'extrême droite, le capitaine Pisani.

À gauche : Passage d'une colonne de mitrailleurs français à Khan Jounous (Palestine), décembre 1917.

À droite : Dépêche du colonel Cousse, le 15 septembre 1918. (Transcription en fin de volume.) MAE, Série Levant.

Les Anglais ont obtenu le départ du colonel Brémond et c'est l'adjoint de ce dernier, le colonel Cousse, qui dirige désormais la mission française. Comme son prédécesseur, celui-ci semble impressionné par les sommes d'argent distribuées aux Arabes par Lawrence.

Oasis de Jiddah,
défilé des tribus bédouines, août 1917.

Située à 120 km d'El-Ouedj où se trouve basée la mission militaire française, l'oasis de Jiddah va faire l'objet du premier grand reportage photographique et cinématographique français. L'armée de Fayçal s'y trouve alors rassemblée.

Drapeau du Hedjaz, royaume du chérif Hussein.

Ce drapeau est arboré pour la première fois à Djeddah le 30 mai 1917, à l'occasion de la fête de l'Indépendance, anniversaire de l'appel à la révolte arabe. Il est composé de trois bandes horizontales : noire (couleur des Abbassides de Bagdad), blanche (couleur des Omeyyades de Damas) et verte (couleur des Fatimides du Caire et de Kairouan), et d'un triangle rouge cerise (couleur des Hachémites).

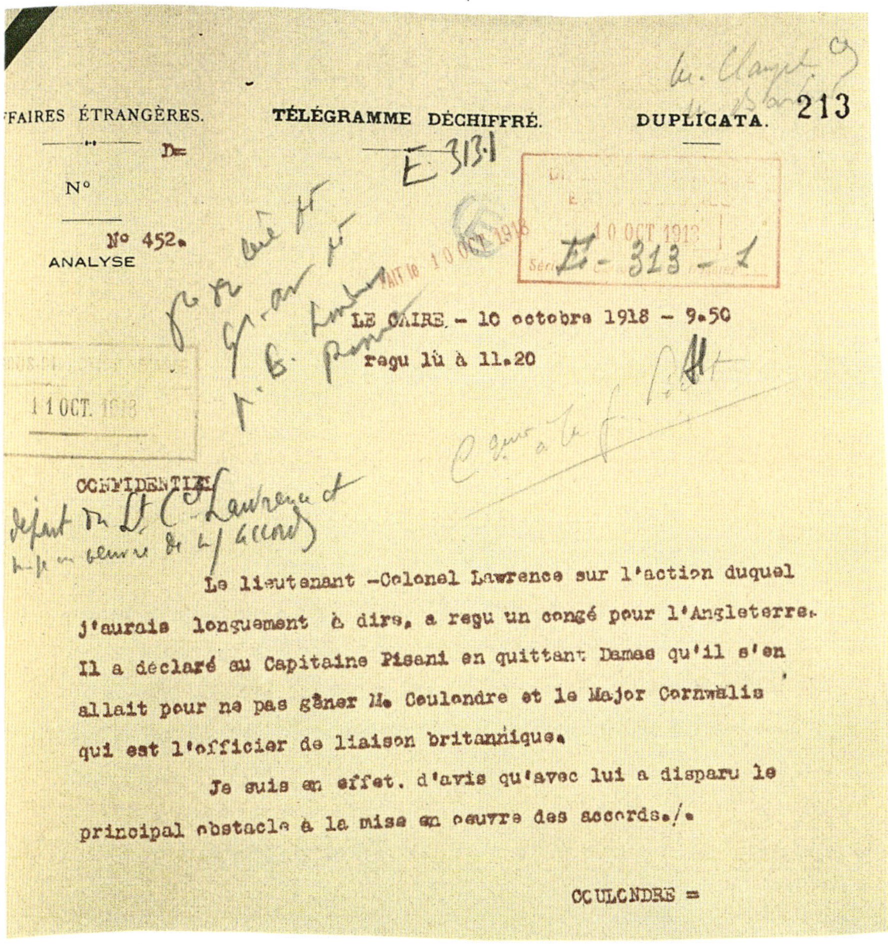

FFAIRES ÉTRANGÈRES. TÉLÉGRAMME DÉCHIFFRÉ. DUPLICATA. 213

De

N°

N° 452.

ANALYSE

E 313·1

10 OCT 1918

E - 313 - 1

11 OCT. 1918

LE CAIRE. - 10 octobre 1918 - 9.50

reçu lù à 11.20

CONFIDENTIEL

Le lieutenant -Colonel Lawrence sur l'action duquel j'aurais longuement à dire, a reçu un congé pour l'Angleterre. Il a déclaré au Capitaine Pisani en quittant Damas qu'il s'en allait pour ne pas gêner M. Coulondre et le Major Cornwalis qui est l'officier de liaison britannique.

Je suis en effet, d'avis qu'avec lui a disparu le principal obstacle à la mise en oeuvre des accords./.

COULONDRE =

Télégramme de Robert Coulondre,
le 10 octobre 1918.
MAE, Série E. Levant, Syrie, Liban.

C'est avec soulagement que les Français apprennent le départ définitif de Lawrence, persuadés pour la plupart qu'il est à l'origine de tous les malentendus entre les Alliés et les Arabes. L'avenir montrera que le rôle prêté à Lawrence fut en fait moins important qu'on ne l'imaginait et que les malentendus en question reposaient sur un profond différend franco-britannique (divergence d'interprétation des accords Sykes-Picot de 1916, par lesquels Français et Britanniques s'étaient partagé le Proche-Orient).

La délégation du Hedjaz à la conférence de la paix, Paris, 1919.

Au premier plan, l'émir Fayçal. Derrière lui, de gauche à droite : deux de ses aides de camp (Rustam Haïdar et Nouri Saïd), le capitaine Pisani, le colonel Lawrence et Hussein Kadri. À l'arrière-plan, un domestique noir de la suite de Fayçal.

La révolution russe

Les journées de mars 1917 racontées d'heure en heure depuis Petrograd

« Deux Russies s'installent côte à côte, celle des classes dirigeantes, qui avaient déjà perdu la partie et qui n'en savaient rien, et la Russie du travail qui avançait vers le pouvoir et ne le savait pas encore. »

Alexandre Kerenski.

ÉBRANLÉ par la guerre, les défaites de 1915 et le déferlement de réfugiés et de blessés sur la part du territoire russe qui échappe à la progression des troupes allemandes, l'empire des tsars va s'effondrer dans les premières semaines de 1917. Dès janvier, les manifestations se multiplient dans la capitale, notamment pour commémorer la révolution de 1905. Mais c'est la Journée internationale des femmes, le 8 mars (le 23 février dans le calendrier julien alors en vigueur, décalé de treize jours par rapport au calendrier grégorien), qui sera le déclencheur de la révolution : grève des ouvriers de la métallurgie et du textile qui défilent dans la capitale, mobilisation des femmes et manifestations multiples aux cris de : « Du pain ! », « La paix ! », « Mort à l'autocratie ! » À la Douma, les députés qui siègent sans désemparer appellent au renversement de la monarchie. Le 9 mars, les manifestations reprennent plus nombreuses et plus vives que la veille. Les slogans se durcissent, l'armée entre en scène, et les manifestants l'invitent déjà à pactiser.

Maurice Paléologue, ambassadeur de France à Petrograd, tient régulièrement informé Aristide Briand, alors ministre des Affaires étrangères. Son premier télégramme, daté du 9 mars (ci-dessous), ne rend qu'imparfaitement compte de la dégradation de la situation en l'espace de vingt-quatre heures. La dépêche suivante (ci-contre), deux jours plus tard, est elle aussi en retrait sur l'événement. Depuis la veille, la situation est incontrôlable. La ville de Petrograd (le nom de Saint-Pétersbourg, à consonance germanique, a été changé en 1914) est paralysée par une grève générale et, dans la soirée, les troupes tirent sur la foule rassemblée sur la perspective Nevski (à droite). Des affiches annoncent que tout rassemblement sera réprimé : elles sont arrachées et les rassemblements se poursuivent. Le soir du 11 mars, une compagnie du régiment Pavlovski se mutine. Durant toute la nuit, les militaires rebelles vont appeler les autres régiments à se joindre à l'émeute. C'est chose faite au matin du 12 mars. Les ouvriers récupèrent les armes abandonnées par l'armée et libèrent les détenus dans les prisons. La révolution est accomplie et s'étend à tout le pays.

Personne n'a pu résister au déferlement de la foule. Le tsar Nicolas II moins que quiconque. Le 12 mars, il est toujours sur le front à Moguilev. Il décrète la suspension de la Douma et annonce son retour dans la capitale pour, espère-t-il, « rependre la situation en main ». Il échoue sur ces deux points (télégrammes pages suivantes).

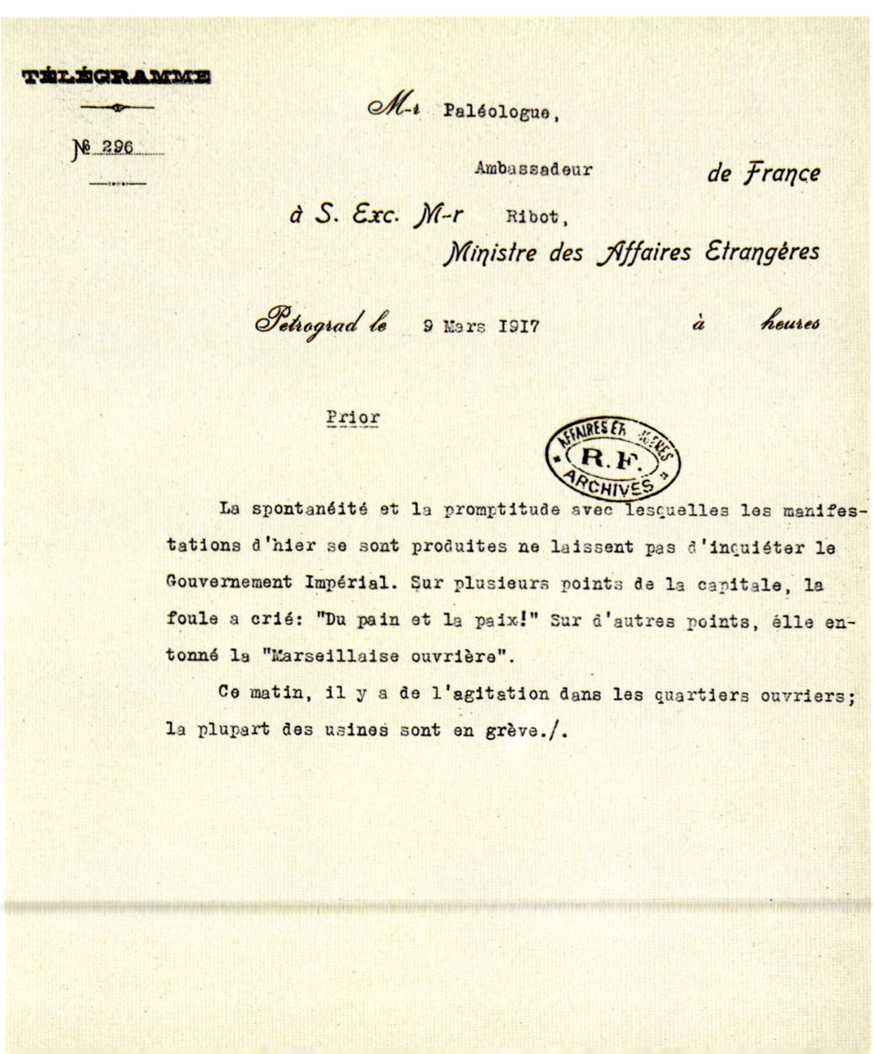

TÉLÉGRAMME

№ 296

M. Paléologue,

Ambassadeur de France

à S. Exc. M-r Ribot,

Ministre des Affaires Etrangères

Petrograd le 9 Mars 1917 à heures

Prior

AFFAIRES ÉTRANGÈRES R.F. ARCHIVES

La spontanéité et la promptitude avec lesquelles les manifestations d'hier se sont produites ne laissent pas d'inquiéter le Gouvernement Impérial. Sur plusieurs points de la capitale, la foule a crié: "Du pain et la paix!" Sur d'autres points, élle entonné la "Marseillaise ouvrière".

Ce matin, il y a de l'agitation dans les quartiers ouvriers; la plupart des usines sont en grève./.

Son train est détourné vers Pskov où, bloqué, soumis aux pressions de l'armée, il abdique le 16 mars. Sa famille est arrêtée à Tsarskoïe Selo.

À Petrograd aussi, les ordres du tsar sont sans effet. La Douma rejette l'ordre de dissolution et élit un Comité exécutif provisoire, dominé par des libéraux conservateurs mais comprenant également des représentants du socialisme modéré, tel Kerenski. Au soir du 13 mars, le Comité siège au palais de Tauride et semble bien incarner le pouvoir légal. Mais le soviet des ouvriers et des militaires s'installe aussi dans le palais, affirmant à son tour sa légitimité. Un nouveau télégramme de l'ambassadeur, rédigé à 23 heures, rend compte de la confusion qui en résulte (pages suivantes). D'emblée, une dualité du pouvoir s'est créée, dont Kerenski dira : « Deux Russies s'installent côte à côte, celle des classes dirigeantes, qui avaient déjà perdu la partie et qui n'en savaient rien, et la Russie du travail qui avançait vers le pouvoir et ne le savait pas encore. »

Répression sanglante sur la perspective Nevski
lors des journées de mars 1917.

Ci-contre et pages suivantes : Télégrammes de Maurice Paléologue au ministre des Affaires étrangères, mars 1917. (Transcription complémentaire en fin de volume.)
MAE, CADN (pour tous les télégrammes).

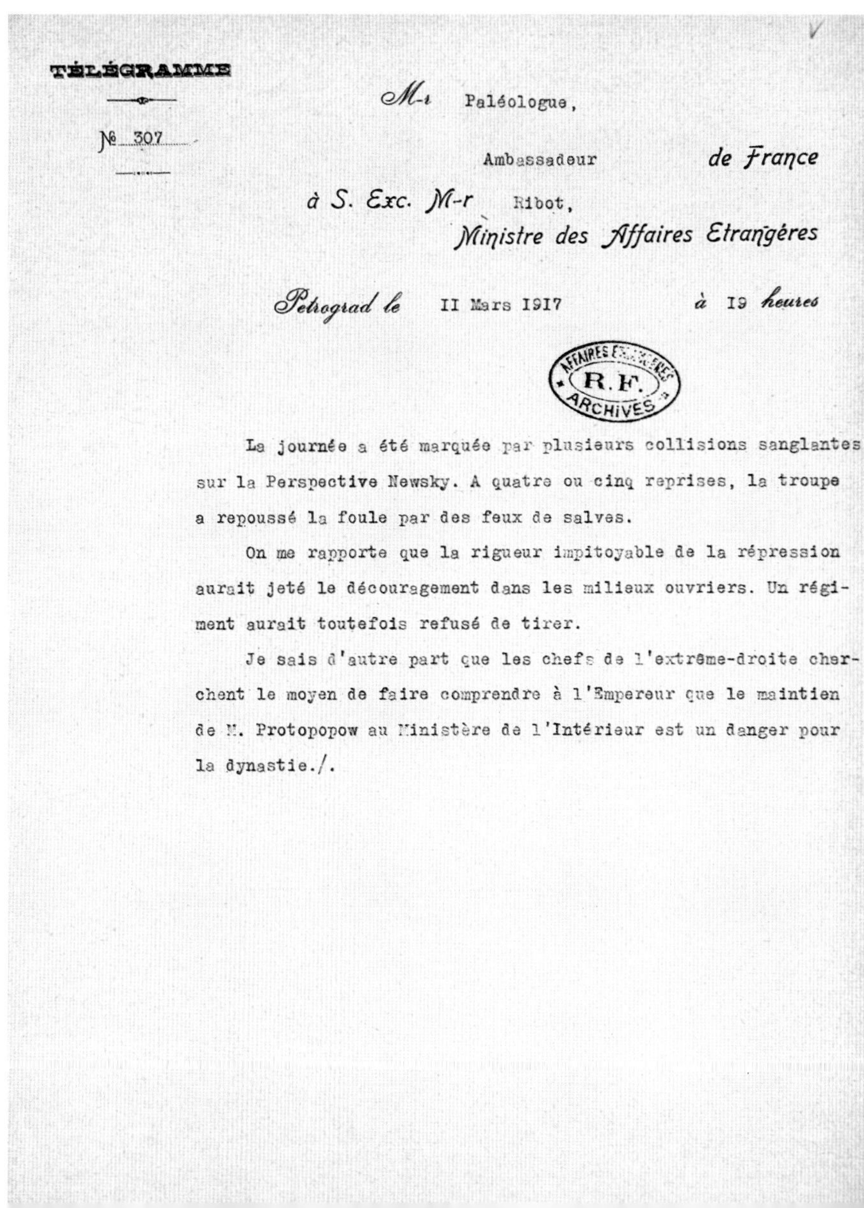

TÉLÉGRAMME

№ 307

M. Paléologue,

Ambassadeur de France

à S. Exc. M-r Ribot,

Ministre des Affaires Etrangères

Petrograd le II Mars 1917 à 19 heures

AFFAIRES ÉTRANGÈRES R.F. ARCHIVES

La journée a été marquée par plusieurs collisions sanglantes sur la Perspective Newsky. A quatre ou cinq reprises, la troupe a repoussé la foule par des feux de salves.

On me rapporte que la rigueur impitoyable de la répression aurait jeté le découragement dans les milieux ouvriers. Un régiment aurait toutefois refusé de tirer.

Je sais d'autre part que les chefs de l'extrême-droite cherchent le moyen de faire comprendre à l'Empereur que le maintien de M. Protopopow au Ministère de l'Intérieur est un danger pour la dynastie./.

« Du pain ! »,
« La paix ! »,
« Mort à l'autocratie ! »

Slogans scandant les manifestations dès le 8 mars 1917.

Manifestations lors des journées de mars 1917. Dessin de Louis de Robien, attaché à l'ambassade de France à Petrograd, témoin lui aussi des événements décrits par Paléologue.

TÉLÉGRAMME

№ 313

M-r Paléologue
Ambassadeur de France
à S. Exc. M-r Briand
Ministre des Affaires Etrangères

Petrograd, le 12 mars 1917 20 heures

AFFAIRES ÉTRANGÈRES R.F. ARCHIVES

Toute la moitié orientale de Petrograd est au pouvoir des insurgés.

L'arsenal de la Liteini et l'hotel du Ministre de l'Intérieur ont été saccagés. Les déterus des trois principales prisons ont été mis en liberté. Le Palais d'Hiver est envahi. Le Palais de Justice est en flammes. /.

Pétrograd, le 13 mars 1917 *à* 23 *heures*

AFFAIRES ÉTRANGÈRES R.F. ARCHIVES

13 mars 23 heures

Dans l'anarchie générale qui sévit à Petrograd, trois organes de direction tendent à se constituer.

1° - Le "Comité provisoire" de la Douma. Présidé par M. Rodzianko il comprend douze membres dont MM. Milioukow, Konovalow, Choulguine, Kerenski, Chidlowski et Tcheidze; il représente donc tous les partis du "groupe progressiste" et l'extrême gauche. Il s'efforce de réaliser immédiatement les réformes nécessaires afin de maintenir le régime en proclamant au besoin un autre Empereur. Mais le Palais de Tauride est envahi par les émeutiers. Le Comité délibère donc dans le tumulte et sous la menace de la foule. Ainsi s'expliquent la longueur et la confusion de ses délibérations.

2° - le "Comité des ouvriers et de l'armée". Il siège à la Gare de Finlande. C'est un Comité révolutionnaire qui veut proclamer la République sociale et mettre fin à la guerre. Il est en hostilité avec le Comité du Palais de Tauride et prend vis à vis de la Douma l'attitude qui fut celle de la Commune de Paris vis à vis de l'Assemblée législative en 1792.

3° - le "quartier général des troupes". Il siège à la forteresse Composé de quelques officiers acquis à la révolution et d'un groupe de sous officiers, il s'applique à mettre un peu d'ordre dans l'approvisionnement des troupes en vivres et en munitions. Il n'exerce d'autre part, aucune autorité sur les soldats qui répandent la terreur dans toute la capitale. Auprès d'eux, les ouvriers sont relativement calmes et organisés. Le pire dommage de la situation est dans le rôle anarchique et prépondérant que joue l'armée. J'espère toutefois que

l'excès même des violences ne leur permettra pas de durer.

Aucune nouvelle de Moscou ni de la province.

Recevez vous mes télégrammes ? /

Pétrograd, le 17 Mars 1917 *à* 14 *heures*

AFFAIRES ÉTRANGÈRES R.F. ARCHIVES

Il m'est encore impossible de savoir quelle répercussion la révolution de Petrograd a eu sur les armées du front et si leur discipline en est affectée.

Quant au spectacle militaire que j'ai sous les yeux, voici quelques observations directes:

- 1°. Les excès anarchiques des premiers jours ont pris fin. Beaucoup de soldats isolés se promènent dans les rues; tous sont en armes. De temps à autre, presque sans motif, quelquefois par simple amusement, ils tirent des coups de fusil.

- 2°. Les officiers ne sont plus salués. Tous portent la cocarde ou des galons rouges. La plupart ont l'air inquiet, humilié ou exaspéré; ils font peine à voir. La révision des grades, à laquelle les soldats ont procédé dans les casernes, est un scandale qui paralyserait totalement la puissance militaire de la Russie s'il devait s'étendre ou se prolonger.

- 3°. Les soldats qui participent activement aux délibérations du parti socialiste ne sont pas très-nombreux. La majorité ne s'occupe pas de politique. Beaucoup ont quitté Pétrograd afin d'aller voir ce qui se passe dans leur village et dans leur isba.

- 4°. C'est dans la Garde Impériale que se sont produites les plus honteuses défections. Le régiment "Préobrajensky", le régiment "Pavlosky", le régiment de "Volhynie, les "Tirailleurs de

la famille Impériale", les Cosaques de l' "Escorte", toutes les troupes, qui semblaient le plus ferme appui de la dynastie, ont passé immédiatement à la révolution./.

Le 15 mars, le gouvernement provisoire est formé. Présidé par le prince Lvov, il est composé en majorité de libéraux, mais déjà dominé par la forte personnalité de Kerenski, proche du soviet qui ne cesse de faire pression sur lui. Le programme du gouvernement, achevé dans la nuit du 13 mars, porte l'empreinte du Comité exécutif du soviet qui a participé à son élaboration. Des mesures significatives sont prises : amnistie de tous les prisonniers politiques, dissolution de tous les organes de police remplacés par une milice dont les chefs seraient élus, garanties données aux unités militaires mutinées qu'elles conserveraient leurs armes et ne retourneraient pas au front. Par ailleurs, le soviet adopte l'ordre du jour n° 1 : dans toutes les unités de l'armée, des comités seront élus par les soldats ; le contrôle militaire sera exercé par ces comités et non par les officiers, lesquels n'auront plus accès aux armes et verront leurs titres hiérarchiques supprimés. Le télégramme du 17 mars (page précédente) évoque, quoique incomplètement, cette situation inédite, qui aura pour conséquence la désagrégation de l'armée.

Dans ces conditions, le sort de la famille impériale n'est guère assuré. Le 21 mars, Nicolas II et les siens sont placés sous bonne garde au Palais, où ils passeront cinq mois livrés à des gardes grossiers et insolents. Pour les sauver, la Douma négocie avec l'Angleterre, mais le Premier ministre Lloyd George fera échouer les négociations visant à leur donner asile ; même échec avec le Danemark, patrie de l'impératrice mère. Malgré l'hostilité du soviet à l'égard des prisonniers – il a exigé que Nicolas II soit séparé de sa famille –, Kerenski s'efforce de trouver une solution. En juillet 1917, il décide de les faire transférer à Tobolsk, en Sibérie, puis à Iekaterinbourg où, aux termes de diverses pérégrinations, ils seront tous assassinés un an plus tard par les bolcheviks. L'ambassadeur Paléologue ne pouvait, le 24 mars 1917, imaginer une telle tragédie (ci-dessous) !

Joseph du Halgouët, secrétaire d'ambassade, a vécu en direct les journées d'ébullition de Petrograd que Paléologue décrit dans ses télégrammes. Il a saisi sur la pellicule les « collisions sanglantes » entre les troupes et la foule sur la perspective Nevski (p. 259), les voitures réquisitionnées par les révolutionnaires armés (dont la sienne, représentée ici). Dans le même temps, un jeune attaché, Louis de Robien, a croqué ces événements sur le papier à en-tête de l'ambassade : les manifestations de la foule (pages précédentes), les allées et venues des ouvriers en armes et des militaires rebelles… Ces dessins, trouvés dans une collection particulière, n'avaient jamais encore été montrés.

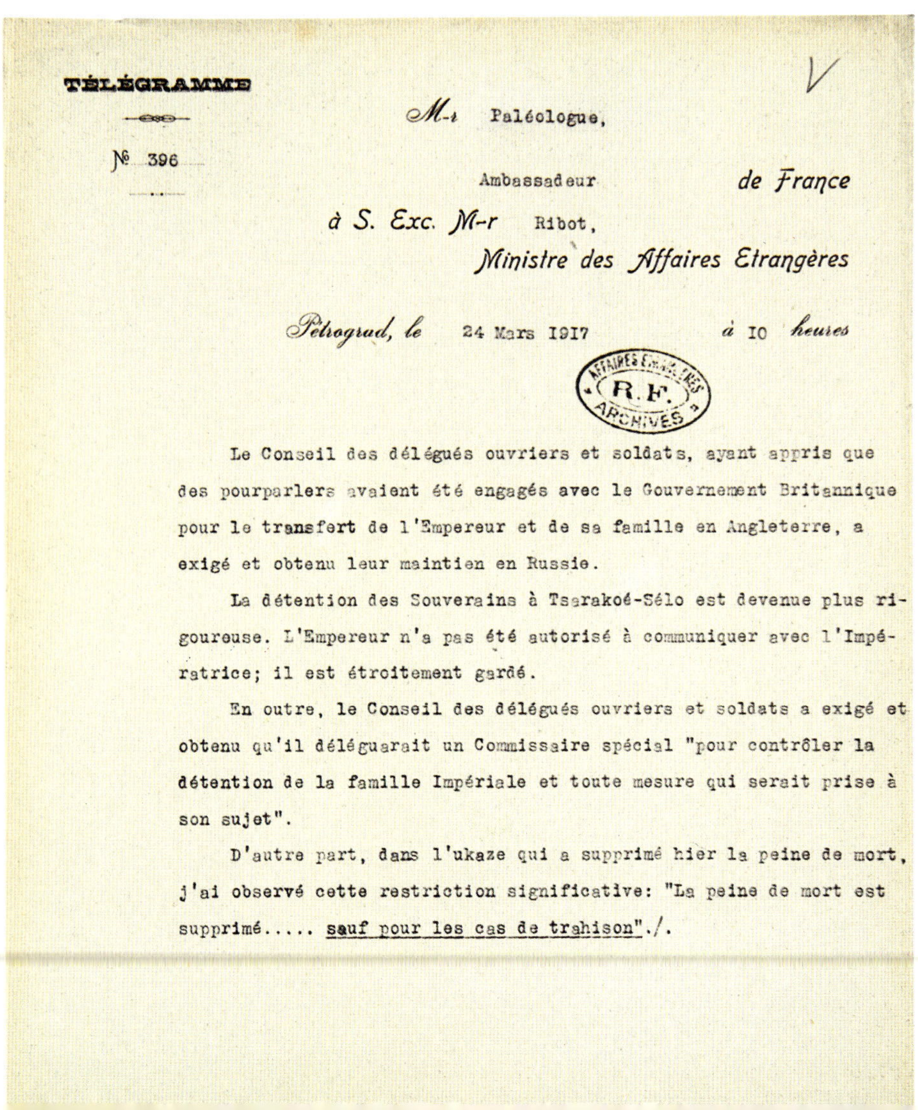

TÉLÉGRAMME

№ 396

V

M-r Paléologue,

Ambassadeur de France

à S. Exc. M-r Ribot,

Ministre des Affaires Etrangères

Petrograd, le 24 Mars 1917 à 10 heures

AFFAIRES ÉTRANGÈRES R.F. ARCHIVES

Le Conseil des délégués ouvriers et soldats, ayant appris que des pourparlers avaient été engagés avec le Gouvernement Britannique pour le transfert de l'Empereur et de sa famille en Angleterre, a exigé et obtenu leur maintien en Russie.

La détention des Souverains à Tsarakoé-Sélo est devenue plus rigoureuse. L'Empereur n'a pas été autorisé à communiquer avec l'Impératrice; il est étroitement gardé.

En outre, le Conseil des délégués ouvriers et soldats a exigé et obtenu qu'il déléguerait un Commissaire spécial "pour contrôler la détention de la famille Impériale et toute mesure qui serait prise à son sujet".

D'autre part, dans l'ukaze qui a supprimé hier la peine de mort, j'ai observé cette restriction significative: "La peine de mort est supprimé..... sauf pour les cas de trahison"./.

Les événements de mars 1917, qui pour l'essentiel ont été le fruit de la spontanéité populaire, et de l'incapacité de l'empereur et de son gouvernement à prendre la mesure de l'agitation grandissante pour y répondre, n'annoncent toutefois pas la suite, la préparation du coup d'État d'octobre. Ici intervient l'homme qui a voulu transformer une révolution populaire en une prise de pouvoir au profit d'une organisation centralisée et totalitaire, le parti bolchevik.

Lénine s'adressant à la foule
en avril 1917.

Lénine, que l'on voit ci-contre haranguer ouvriers et soldats, n'était pas en Russie aux heures décisives où la monarchie a été balayée. Réfugié en Suisse depuis des années, il va regagner son pays assez tardivement. Nombre de socialistes sont déjà rentrés à Petrograd. Grâce à l'aide des Empires centraux, Lénine et deux cents de ses fidèles sont autorisés à traverser le territoire allemand. Ils arrivent le 3 avril à Petrograd, où ils sont reçus par le gouvernement provisoire. Tchkheidze, président du soviet et sympathisant de longue date des vues de Lénine, prend la parole: « La tâche principale de la démocratie révolutionnaire est, à l'heure actuelle, la défense de notre révolution contre toute tentative ennemie, de l'intérieur comme de l'extérieur. Nous pensons qu'il ne faut pas diviser, mais resserrer les rangs de la démocratie »; à quoi Lénine, brutal, répond que « l'heure de la révolution mondiale a sonné ». Discours de rupture déjà. Mais surtout, se rendant sans tarder au quartier général des bolcheviks, installé dans le palais de la danseuse Kchessinska, il va s'adresser aux siens pour leur dire, sans nuances, durant deux heures d'horloge, que la guerre doit être transformée en guerre civile, que la « démocratie soviétique de Tchkheidze n'est qu'opportunisme, que le pouvoir doit être conquis par les bolcheviks ». La violence du propos et du projet de Lénine n'est pourtant pas du goût de tous ses fidèles. Staline, Kamenev et Mouranov, rentrés de Sibérie le 26 mars, écrivent dans la *Pravda* que, en temps de guerre, une armée ne peut déposer les armes. Et Bogdanov, autre vieux compagnon de combat, qualifie la position du chef bolchevik de « délire de fou ». L'ambassadeur Paléologue, observateur toujours attentif de ces événements, confiera au ministre des Affaires étrangères, Milioukov, sa conviction que « Lénine ne se remettrait jamais du ridicule où il avait sombré ».

HÉLÈNE CARRÈRE D'ENCAUSSE

La nouvelle police nationale,
les « militionnaires ».

« L'heure de la révolution mondiale a sonné. »

Lénine aux membres
du gouvernement provisoire,
le 3 avril 1917.

L'attaque du palais d'Hiver,
le 25 octobre 1917.

La prise du palais d'Hiver, accomplie quelques heures avant la réunion du Congrès des soviets, consacre le triomphe de Lénine.

Versailles, 1919

Le traité de toutes les illusions

Du traité de Versailles, il ne reste aujourd'hui aucune trace connue : l'original a disparu au cours de la Seconde Guerre mondiale. Dès le premier jour de leur entrée dans Paris, le 14 juin 1940, les troupes allemandes prirent possession des archives restées au Quai d'Orsay ; puis un commando spécial mena des investigations à Paris et en province, et le traité fut saisi au château de Rochecotte sur l'ordre d'Hitler. Il fut emporté en Allemagne et, selon la tradition, exposé dans le wagon de l'armistice, qui avait été déplacé de Rethondes à Berlin. C'est là qu'il aurait été détruit, dans un bombardement.

Le document reproduit ci-dessous est une épreuve avant impression. Étant donné le nombre des États représentés à la conférence de la paix, et par conséquent d'exemplaires à fournir, le texte a été confié à l'Imprimerie nationale avant même sa mise au point définitive. Six éditions au moins, qui ont servi de documents de travail aux diplomates, précèdent la première version officielle qui est remise solennellement au chef de la délégation allemande le 7 mai. Car il a été décidé de ne pas négocier avec l'Allemagne, mais de lui imposer les conditions dictées par les seuls vainqueurs, principalement le Français Clemenceau, le Britannique Lloyd George, l'Italien Orlando et l'Américain Wilson. Rédigé en français et en anglais, le texte porte le titre *Conditions de paix – Conditions of Peace*, qui ne variera plus. Les plénipotentiaires allemands sont priés de présenter leurs observations dans un délai de quinze jours. À mesure que des modifications leur sont accordées, les corrections correspondantes sont effectuées, donnant lieu à de nouveaux tirages. Le 19 juin, enfin, la dernière édition du traité est remise à la délégation allemande. Des épreuves sont également distribuées aux parlementaires et aux représentants de la presse.

L'Angleterre juge les clauses du traité très dures, mais seuls les États-Unis refusent de le ratifier. Outre-Rhin, il est très mal accueilli et qualifié de *Diktat* (ci-contre). Il est néanmoins signé par l'Allemagne le 28 juin 1919, dans la galerie des Glaces du château de Versailles, et entre en vigueur en janvier 1920. Ce traité, qui bouleverse la carte de l'Europe, va créer un profond ressentiment chez les vaincus et préparer une nouvelle flambée des nationalismes. La paix durable qu'il prétendait établir ne durera qu'une vingtaine d'années.

ISABELLE RICHEFORT

Wilson et Poincaré se rendant à la conférence de la paix, janvier 1919.

Le président des États-Unis, Wilson, accompagné ici du président de la République française, Raymond Poincaré, aborde ces négociations avec beaucoup d'idéalisme. Des « quatorze points » qui lui semblent indispensables au maintien de la paix (voir p. 250), un seul sera retenu : la création d'une « ligue des nations », la future SDN.

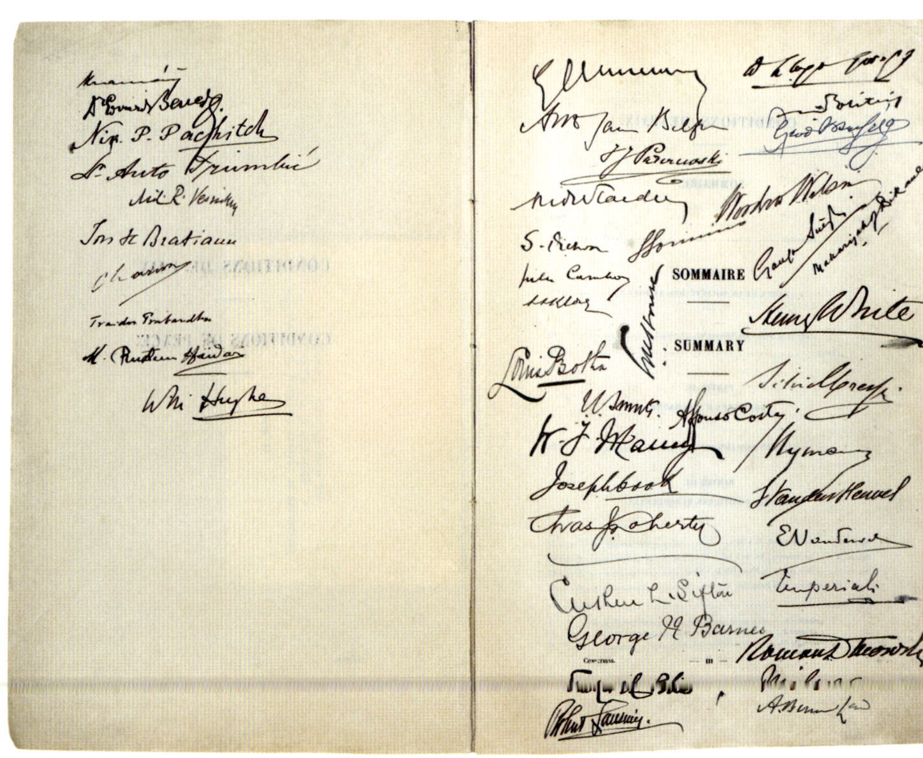

Épreuve avant impression du traité de Versailles. MAE, Traités multilatéraux.

Cette épreuve, signée par les plénipotentiaires le 26 juin 1919, provient des papiers de l'officier interprète Paul Mantoux. En tête figurent les signatures de Clemenceau, Lloyd George et Wilson.

« Le traité doit se voir dans son ensemble.
Il peut être critiqué comme toute œuvre humaine.
Mais il apporte à la France une puissance dont il lui appartient
de tirer parti et d'accroître l'étendue, comme il dépend de la nation,
par ses efforts dans l'ordre économique, de se maintenir à la hauteur
où sa vaillance l'a fait monter… »

Audition de Clemenceau par la commission de la paix de la Chambre des députés, le 11 juillet 1919.

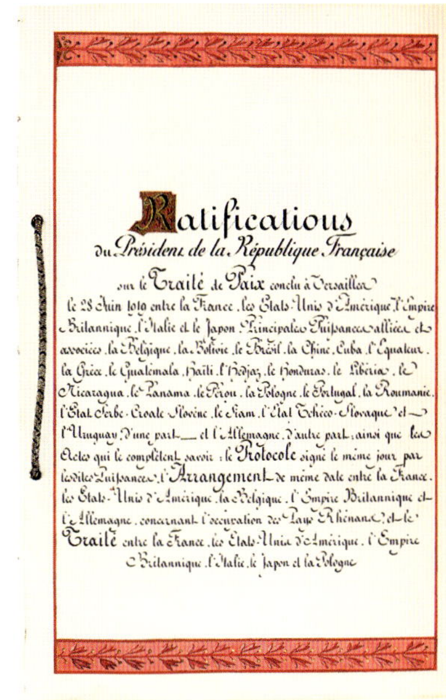

Ratifications du Président de la République Française sur le Traité de Paix conclu à Versailles le 28 Juin 1919 entre la France, les États-Unis d'Amérique, l'Empire Britannique, l'Italie et le Japon Principales Puissances alliées et associées, la Belgique, la Bolivie, le Brésil, la Chine, Cuba, l'Équateur, la Grèce, le Guatémala, Haïti, l'Hedjaz, le Honduras, le Libéria, le Nicaragua, le Panama, le Pérou, la Pologne, le Portugal, la Roumanie, l'État Serbe-Croate-Slovène, le Siam, l'État Tchéco-Slovaque et l'Uruguay d'une part — et l'Allemagne d'autre part ; ainsi que les Actes qui le complètent, savoir : le Protocole signé le même jour par lesdites Puissances, l'Arrangement de même date entre la France, les États-Unis d'Amérique, la Belgique, l'Empire Britannique et l'Allemagne, concernant l'occupation des Pays Rhénans, et le Traité entre la France, les États-Unis d'Amérique, l'Empire Britannique, l'Italie, le Japon et la Pologne

Instrument de ratification français du traité de Versailles. Paris, 13 octobre 1919.
MAE, Traités multilatéraux.

Par ce document, comme c'est le cas pour tout instrument de ratification, l'état français valide définitivement le traité de Versailles. Il est signé par Raymond Poincaré et scellé du sceau de la République française.

Signature du procès-verbal de dépôt des ratifications, le 10 janvier 1920.

« Le protocole de ratification du traité de paix est signé », déclare Clemenceau à 16 h15. « À partir de ce moment, le traité est en vigueur. Il doit être exécuté dans toutes ses clauses. »

Manifestation dans les rues de Berlin, novembre 1919.

Le traité de Versailles est très mal ressenti chez les vaincus, notamment en Allemagne, sans pour autant satisfaire toutes les puissances victorieuses. Ces mécontentements pèseront lourdement sur l'évolution des relations internationales.

Hitler prend le pouvoir

Un sombre diagnostic

Hitler saluant le président Hindenburg à l'issue d'une cérémonie.

Le 30 janvier 1933 au matin, à Berlin, aux abords de la chancellerie, une foule silencieuse est massée dans le froid. Elle attend le résultat des âpres négociations qui se déroulent à l'intérieur autour du président de la République, le maréchal Hindenburg, entre Hitler et les dirigeants de la droite nationaliste, Hugenberg et von Papen. Au début de l'après-midi, Hitler sort, rayonnant, investi du titre de chancelier du Reich. Après des années de misère, d'humiliation, d'agitation, voilà que l'ancien caporal autrichien accède au poste suprême, à la tête d'un gouvernement de coalition auquel il va imposer son pouvoir absolu. Son vieil ennemi, le général von Schleicher, chef du gouvernement depuis décembre 1932, est sacrifié par son compagnon de guerre Hindenburg (avant d'être exécuté l'année suivante par les SA lors de la « nuit des longs couteaux »), tandis que la figure aristocratique du baron von Neurath reste aux Affaires étrangères pour donner de la respectabilité au jeune pouvoir.

Pour le nouveau « dictateur légal », l'objectif est de faire du peuple allemand une communauté nationale authentique, une *Volksgemeinschaft* unifiée par les liens du sang et de la « race », et convaincue de sa mission supérieure dans le monde. Son mot d'ordre : *Ein Volk, ein Reich, ein Führer* (« un peuple, un empire, un chef »). Ainsi, après le cauchemar de 1918 et le trauma de la république de Weimar, Hitler se présente comme le véritable héritier et le continuateur de l'histoire allemande.

Hugenberg attendant devant le bureau de vote lors des élections de juillet 1932 (qui amèneront le parti national-socialiste au Reichstag).

À l'ambassade de France se trouve alors un fin germaniste, très averti des affaires allemandes, André François-Poncet, qui a assisté avec inquiétude à la montée inexorable du parti national-socialiste. Ce 30 janvier 1933, advient ce qu'il redoutait le plus : l'union des droites qui a permis l'association entre Hitler, von Papen, Hugenberg, les Casques d'acier (association d'anciens combattants) et les SA (sections d'assaut, garde prétorienne du nouveau maître du Reich). Alors que les chefs de la droite croient avoir trouvé un expédient provisoire et comptent bien se débarrasser au plus vite du parvenu qu'est à leurs yeux Hitler, c'est le contraire que pressent François-Poncet. La voie lui paraît ouverte à l'aventure dans une Allemagne blessée, humiliée et en plein marasme, ce qui à l'évidence ne peut qu'encourager les régimes fascistes ou fascisants en Europe. Aussi est-ce un diagnostic très sombre que l'ambassadeur de France câble au Quai d'Orsay au soir même de la prise du pouvoir par Hitler (dépêche ci-contre).

FRANÇOIS BÉDARIDA

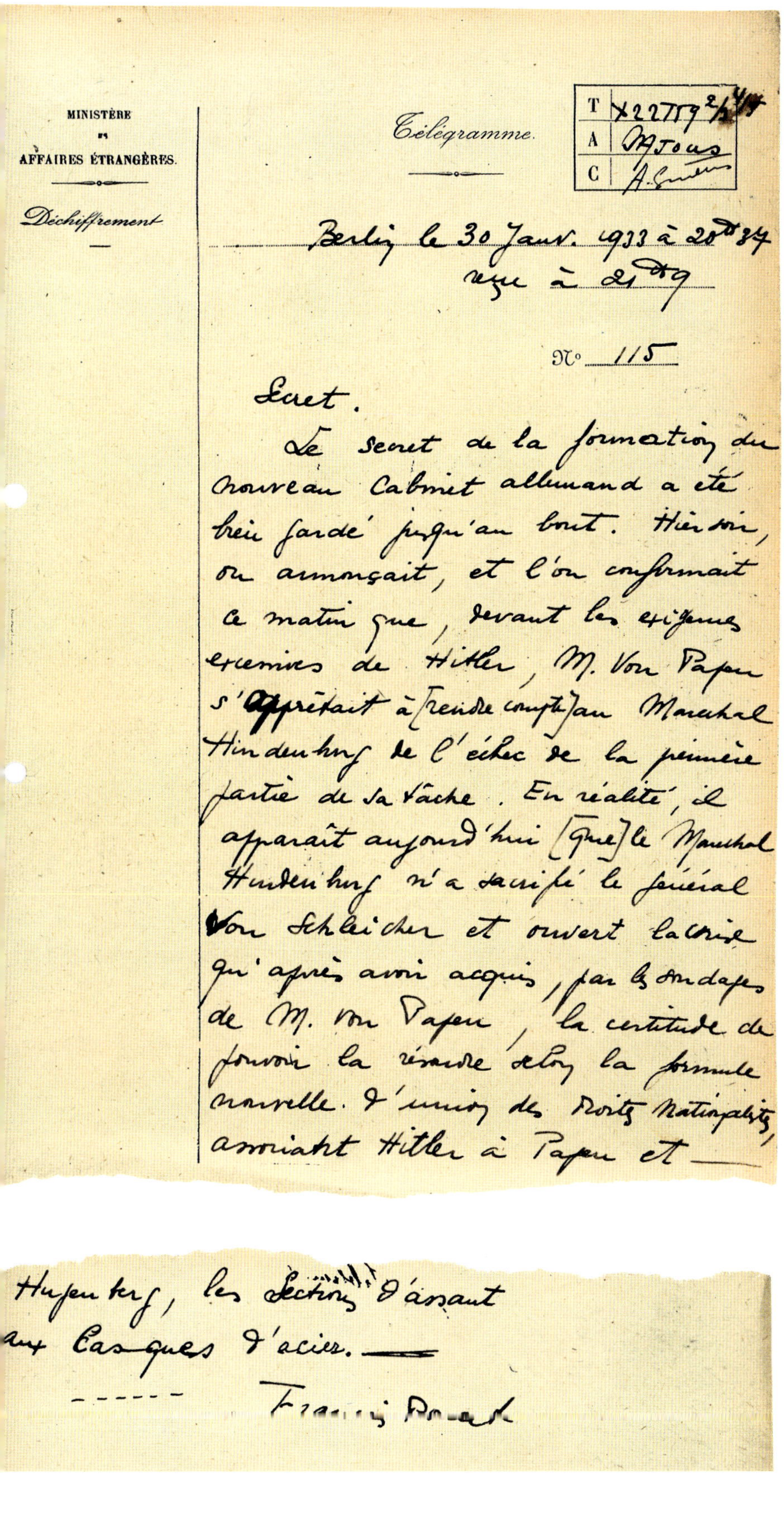
MINISTÈRE DES AFFAIRES ÉTRANGÈRES.

Déchiffrement

Télégramme.

T	X 22759
A	3 Jous
C	

Berlin le 30 Janv. 1933 à 20h 34
reçu à 21h 09

N° 115

Secret.

Le secret de la formation du nouveau Cabinet allemand a été bien gardé jusqu'au bout. Hier soir, on annonçait, et l'on confirmait ce matin que, devant les exigences excessives de Hitler, M. Von Papen s'apprêtait à [rendre compte] au Maréchal Hindenburg de l'échec de la première partie de sa tâche. En réalité, il apparaît aujourd'hui [que] le Maréchal Hindenburg n'a sacrifié le général Von Schleicher et ouvert la crise qu'après avoir acquis, par les sondages de M. von Papen, la certitude de pouvoir la résoudre selon la formule nouvelle d'union des Droites Nationalistes, associant Hitler à Papen et Hugenberg, les Sections d'assaut aux Casques d'acier.

François Poncet

Hitler au milieu de jeunes nazis, vers 1933.

Hitler exerce une véritable fascination sur la jeunesse allemande alors en plein désarroi. Par son magnétisme, il suscite une adhésion passionnée et un dévouement sans bornes, exaltant la grandeur de la patrie allemande humiliée, la supériorité de la « race aryenne », le culte de la force, la vertu de la camaraderie virile.

Télégramme de François-Poncet, le 30 janvier 1933.

Le secret de la formation du nouveau cabinet allemand a été bien gardé jusqu'au bout. Hier soir on annonçait, et l'on confirmait ce matin, que devant les exigences excessives de Hitler, M. von Papen s'apprêtait à [rendre compte] au maréchal Hindenburg de l'échec de la première partie de sa tâche. En réalité, il apparaît aujourd'hui [que] le maréchal Hindenburg n'a sacrifié le général von Schleicher et ouvert la crise qu'après avoir acquis, par les sondages de M. von Papen, la certitude de pouvoir la résoudre selon la formule nouvelle d'union des droites nationalistes, associant Hitler à Papen et Hugenberg, les Sections d'assaut aux Casques d'acier.
Dans quelles conditions l'accord s'est-il établi entre Hitler et le maréchal Hindenburg ? Hitler avait-il consenti à essayer de gouverner avec une majorité parlementaire ? Le maréchal lui a-t-il octroyé, au cas où cette tentative échouerait, les pouvoirs nécessaires pour dissoudre l'Assemblée ? On n'en sait encore rien à l'heure actuelle. […]
(Transcription complémentaire en fin de volume.)
MAE, Télégrammes diplomatiques.

La guerre civile espagnole

Le dernier carré républicain

Cérémonie d'adieu des volontaires de la Brigade internationale près de Barcelone, le 25 octobre 1938 (détail). Photographie de Robert Capa.

Les volontaires des brigades internationales, photographiés ici à la veille de leur retrait en octobre 1938, ont constitué le fer de lance de l'armée républicaine. Ils saluent le poing fermé, conformément à l'ordonnance officielle de cette armée, mais aussi à l'imitation de l'armée soviétique. Les brigades internationales ont rassemblé en tout une trentaine de milliers d'hommes : Français, Italiens et Allemands antifascistes, Britanniques, Américains et Belges principalement.

En février 1936, la victoire aux législatives des forces de gauche, unies au sein du *Frente popular*, est suivie d'une période de troubles et de violences anticléricales. Calvo Sotelo, chef de la droite monarchiste, appelle à l'insurrection et réussit à rallier à sa cause bon nombre de modérés, bourgeois et catholiques. Son assassinat, le 13 juillet, met le feu aux poudres : cinq jours plus tard, la rébellion éclate et les troupes du Maroc espagnol, commandées par un certain Franco, débarquent dans la Péninsule. C'est le début de la guerre civile.

Ce conflit n'est pas seulement une lutte fratricide entre nationalistes et républicains, l'Espagne noire livrant « croisade » contre l'Espagne rouge. Sorte de répétition générale de la Seconde Guerre mondiale, il divise idéologiquement le monde entre ce qu'on appelle alors le fascisme et l'antifascisme. Plus précisément, ce sont deux totalitarismes qui s'affrontent par Espagnols interposés : celui d'Hitler et de Mussolini, qui soutiennent les insurgés militaires, et celui de l'Union soviétique des pires moments du stalinisme, qui apporte une aide financière et logistique aux républicains. Dans cette conjoncture internationale menaçante, la Grande-Bretagne et la France se réfugient derrière un pacte de non-intervention. Plusieurs dizaines de milliers de volontaires européens, en majorité communistes, viennent toutefois combattre aux côtés des républicains dans les Brigades internationales (ci-contre, à gauche).

Dès novembre 1936, le gouvernement légal, présidé par Largo Caballero (ci-contre, à droite), a quitté la capitale pour se réfugier à Valence. Au début de 1937, les troupes franquistes sont solidement implantées dans le Sud et autour de Burgos. Madrid continuant de lui résister, Franco dirige son offensive vers le Pays basque qui, profondément catholique, n'en est pas moins farouchement attaché au gouvernement républicain. Le 26 avril 1937, les bombardiers allemands de la légion Condor fondent sur Guernica (voir double page suivante), une petite ville de sept mille habitants qui ne constitue en aucune façon un objectif militaire mais représente le berceau du peuple basque. La ville est rasée, le Pays basque tombe. Les troupes de Franco atteignent bientôt la Méditerranée et s'attaquent à la Catalogne.

Le gouvernement légal, présidé alors par Juan Negrín, doit quitter Barcelone, abandonnée aux franquistes le 26 janvier. Les dernières troupes républicaines ne se rendront sans conditions que le 30 mars 1939, mais pour l'essentiel leur défaite se trouve déjà scellée au début de février. Tandis que quelques unités de couverture sacrifiées ralentissent à peine l'avancée des divisions franquistes, plus de 300 000 réfugiés franchissent la frontière des Pyrénées orientales : soldats républicains blessés, officiels en voiture, vieillards à pied tremblant d'épuisement, enfants au visage grave, femmes traînant la poussette de leur bébé surchargée de pauvres trésors entassés à la hâte... Du matériel a été envoyé d'urgence par l'URSS, mais les forces républicaines n'ont pas eu le temps de le déployer avant de l'abandonner au Perthus à la garde des gendarmes français.

AFFAIRES ETRANGERES Dossiers Georges BONNET TELEGRAMME A L'ARRIVEE Primata 178

En clair

RESERVE

N°176

Perpignan le 9 Février 1939
reçu par courrier le 10 à 16 h 30

URGENT

Le rideau est tombé ce matin sur le drame de la Catalogne. Les troupes franquistes se sont présentées à notre frontière du Perthus à 13 h 50 dans des conditions que rapporte l'Attaché militaire qui était présent. Plus un seul officier de l'Etat-Major républicain ne s'y trouvait. Le général Rojo avait quitté lui-même le Perthus en même temps que le Chef du Gouvernement.

Ainsi que je vous l'ai téléphoné, en compagnie du Général Pagalde, j'avais vu M. Negrin quelques instants auparavant. En m'annonçant à titre confidentiel son départ pour Toulouse d'où il compte se rendre cette nuit par avion dans le sud de l'Espagne, il m'a prié de transmettre au Gouvernement français l'expression de sa gratitude pour l'accueil réservé par la France aux réfugiés, aux prisonniers aux blessés et à l'armée ainsi que pour l'assistance de nos autorités civiles et militaires ne cessent de donner à ses compatriotes.

Après quoi, un large sourir aux lèvres, il m'a dit au revoir. J'ai trouvé chez cet homme qui a donné des preuves de courage et d'energie et sur les épaules duquel pèsent tant de responsabilités dans les circonstances les plus tragiques pour son Pays, une insouciance qui m'a stupéfait .

Il est encore difficile de déterminer les raisons qui poussent M. Negrin à se rendre dans le sud où nous apprendront prochainement de quelle manière il y a été accueilli. Il semble bien qu'à son point de vue il considère le transfert du Gouvernement comme la condition même de son existence politique. Mais on peut se demander ce que

.....

« Aujourd'hui, l'armée des Rouges captive et désarmée, les troupes nationales ont atteint leurs derniers objectifs militaires. La guerre est terminée. »

Communiqué militaire du général Franco, 1er avril 1939

Télégramme de Jules Henry, adressé à Georges Bonnet, ministre français des Affaires étrangères, le 9 février 1939.
(Transcription intégrale en fin de volume.)
MAE, Papiers 1940.

Largo Caballero, leader du *Frente popular*, au milieu de miliciens sur le front près de Madrid, en juillet 1936.

Surnommé le « Lénine espagnol », un peu exagérément compte tenu de son tempérament versatile, Largo Caballero dirige de l'automne 1936 au printemps 1937 le gouvernement légal réfugié à Valence. Faute de parvenir à imposer son autorité aux anarchistes et à d'autres courants d'extrême gauche afin de réorganiser une armée républicaine digne de ce nom et efficace, il doit démissionner pour céder la place au président du Conseil Juan Negrín, socialiste lui aussi, mais aux intentions beaucoup plus fermes (voir télégramme). Cette photographie illustre bien le caractère improvisé et indiscipliné des premières forces opposées aux militaires insurgés.

Le bombardement civil de Guernica suscite un sentiment d'horreur dans le monde entier. Picasso, à qui le gouvernement républicain avait passé commande d'un tableau pour l'Exposition universelle de 1937 à Paris, décide de dédier son travail au martyre de la ville basque : « La guerre d'Espagne est la bataille de la réaction contre la liberté. Dans le panneau auquel je travaille et que j'appellerai Guernica, *j'exprime clairement mon horreur de la caste militaire qui a fait sombrer l'Espagne dans un océan de douleur et de mort. » Les trois dessins préparatoires présentées ici ont précédé de peu la réalisation de la fresque.*

Étude pour *Guernica. Femme et son enfant mort.*
Madrid, musée du Prado.

Étude pour *Guernica. Tête pleurant.*
Toile et dessin. Madrid, Centro de Arte Reina Sofía.

Étude pour *Guernica. Femme avec son enfant mort.*
Toile et dessin. Madrid, Centro de Arte Reina Sofía.

L'accueil réservé aux réfugiés n'est pas celui que Negrín imagine et pour lequel il exprime toute sa gratitude aux autorités françaises (voir télégramme). Les militaires républicains s'entassent dans un dénuement absolu, sans protection contre les duretés de l'hiver, dans les camps d'Argelès, de Gurs ou de Saint-Cyprien. Certains seront transférés ensuite en Algérie ; d'autres, la guerre mondiale venue, regroupés dans des compagnies de travailleurs. Certains encore s'engageront dans la Légion étrangère pour finir dans les Forces françaises libres ou dans la Résistance, antichambre pour des milliers d'entre eux des camps nazis.

Negrín décide de poursuivre la résistance. Quand il quitte Toulouse pour rejoindre Valence, l'ultime bastion des républicains, croit-il vraiment pouvoir continuer la lutte ou n'est-il mû que par l'honneur ? Bien que socialiste réformiste, il s'appuie sur les communistes, ses alliés dans sa politique de restauration de l'État démembré par les syndicats et dont les brigades disciplinées ont été le fer de lance de la lutte contre les « nationaux » franquistes. Mais les représentants des autres forces de gauche font preuve d'un profond défaitisme : réfugié en France, le président de la République Manuel Azaña refuse de rentrer en Espagne ; le président de l'Assemblée Martinez Barrio fait de même, ainsi que le général Rojo, artisan de la nouvelle armée populaire. Il est vrai que ce sont des modérés, mais les anarchistes et le gros des socialistes adoptent une attitude analogue. Pis encore, au début de mars, le chef du front de Madrid, le colonel Casado, croyant pouvoir négocier une reddition honorable avec l'État dit « national », celui de Franco, organise un coup de force par lequel il « destitue » le gouvernement. Il en résulte pour quelques jours une guerre civile dans la guerre civile, les brigades socialistes et anarchistes de Casado se heurtant aux troupes communistes fidèles au pouvoir légal tandis que le grand leader socialiste Julian Besteiro se range du côté des putschistes. Ce sera la fin ultime, la capitulation sans condition des 30 et 31 mars, et l'exil sans retour de Negrín.

GUY HERMET

Ruines de Guernica après son bombardement par la légion Condor, le 26 avril 1937.

Pendant plus de trois heures, les avions allemands au service des forces franquistes se sont succédé dans le ciel de la petite ville basque, ne laissant que ruines et cadavres. La propagande dite « nationale » (franquiste) tentera longtemps d'imputer cette action de guerre totale aux autonomistes basques eux-mêmes, accusant ces alliés des républicains d'avoir délibérément incendié la ville avant de capituler devant les divisions italiennes envoyées par Mussolini à l'aide des insurgés.

La « nuit de cristal »

Une Allemagne à feu et à sang

Une rue de Berlin après la « nuit de cristal ».

Au lendemain du pogrom perpétré par les nazis dans la nuit du 9 au 10 novembre 1938, des commerçants de la Potsdamerstrasse ramassent les débris de vitres. Ce sont ces monceaux de verre brisé qui ont donné à ce dramatique événement le nom de « nuit de cristal ».

En octobre 1938, 15 000 juifs polonais vivant en Allemagne sont renvoyés dans leur pays d'origine. Le 3 novembre, le jeune Herschel Grynszpan, dont les parents viennent d'être ainsi expulsés, abat d'un coup de pistolet le troisième secrétaire de l'ambassade d'Allemagne à Paris, Ernst von Rath. Prenant prétexte de cet attentat, les nazis vont déclencher un vaste pogrom sur l'ensemble du territoire : dans la nuit du 9 au 10 novembre, on assiste partout à des actes de violence dirigés contre les juifs. Le pogrom est précédé d'une énorme campagne de propagande accompagnée de cérémonies solennelles dans les établissements scolaires, les administrations et les entreprises, et couronnée par un discours d'une extrême violence prononcé le 9 novembre à Munich par Goebbels. Ce dernier pourra bien par la suite parler de « manifestation purement spontanée de la fureur qui s'était emparée du peuple allemand », personne ne sera dupe : ni les représentants de la presse étrangère, ni les diplomates en poste en Allemagne, ni les gouvernements européens ; ni même la majorité des Allemands, plus terrorisés semble-t-il que consentants, et en tout cas partie prenante dans cette démonstration de retour à la barbarie.

Dans la dépêche reproduite ci-contre, datée du 13 novembre, le chargé d'affaires de France à Berlin, Montbas, rend compte de l'événement au ministre des Affaires étrangères. Tout a été minutieusement préparé et organisé par les instances dirigeantes du parti et, si Goebbels a été le chef d'orchestre de cette « nuit de cristal » (ainsi nommée en raison des morceaux de verre résultant du bris des fenêtres et des vitrines des magasins), nous savons aujourd'hui que le véritable instigateur est Hitler lui-même. Les exécutants, de tout jeunes gens pour la plupart, comme le souligne le chargé d'affaires français, appartiennent aux organisations paramilitaires du parti, notamment à la SA. Ils ont tout loisir d'accomplir leur sinistre besogne sous les regards d'une population « apathique » (*dixit* Montbas) et d'ailleurs tenue à distance par la police.

Bilan de la « nuit de cristal » : 7 000 magasins tenus par des juifs détruits ou mis à sac, la quasi-totalité des synagogues incendiées, de nombreuses maisons d'habitation réduites en cendres et près d'une centaine de victimes, lynchées et mises à mort par les militants nazis. Aucune poursuite ne sera engagée contre les vandales et les meurtriers, à l'exception de ceux qui ont commis un « délit sexuel racial » (autrement dit le viol d'une femme juive). Parallèlement, la police et les SS procèdent à l'arrestation de plusieurs dizaines de milliers de personnes qui devront attendre dans les camps d'internement l'autorisation d'émigrer sans emporter leurs biens.

Pour comble de cynisme, Hitler décide de faire payer les dégâts par les juifs et les condamne collectivement à verser 1,25 milliard de Reichsmarks. C'est la première des « mesures expiatoires » décrétées par Goebbels à l'encontre de la communauté juive. À l'étranger, la réprobation est vive, particulièrement aux États-Unis où Roosevelt décide de rappeler son ambassadeur en poste à Berlin.

PIERRE MILZA

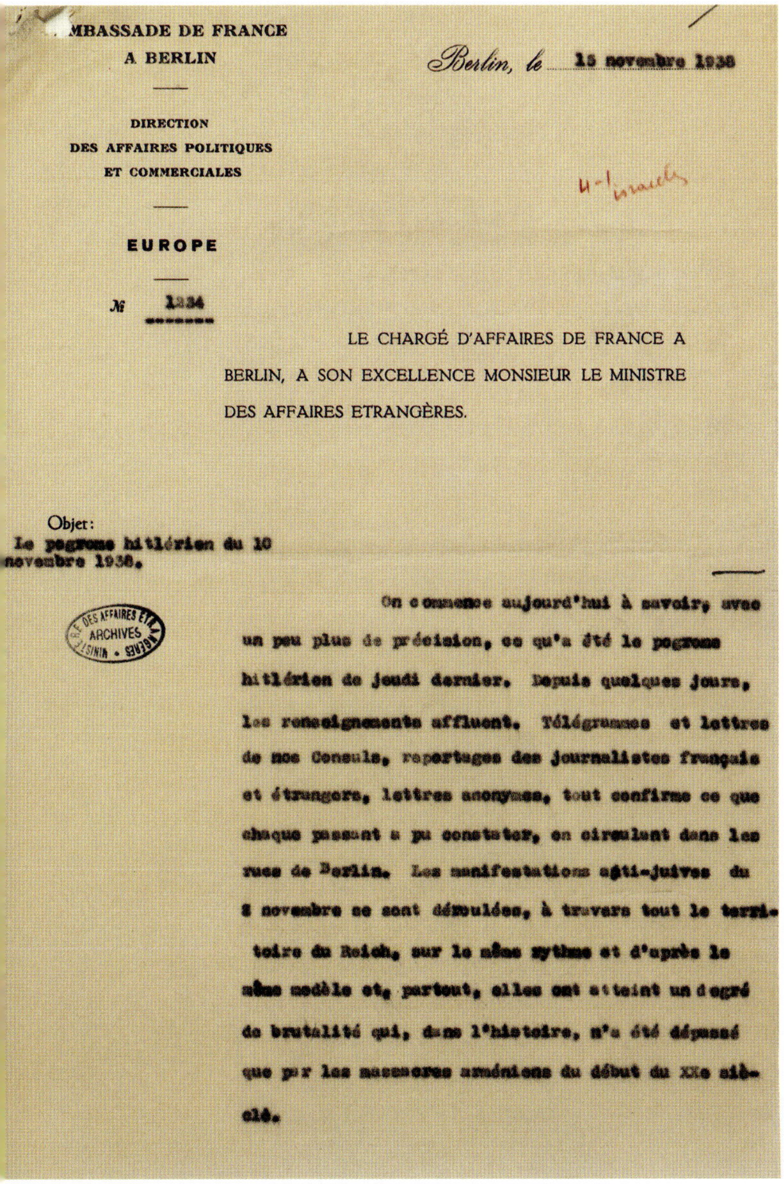
…MBASSADE DE FRANCE
A BERLIN

Berlin, le 15 novembre 1938

DIRECTION
DES AFFAIRES POLITIQUES
ET COMMERCIALES

EUROPE

№ 1234

LE CHARGÉ D'AFFAIRES DE FRANCE A BERLIN, A SON EXCELLENCE MONSIEUR LE MINISTRE DES AFFAIRES ETRANGÈRES.

Objet:
Le pogrome hitlérien du 10 novembre 1938.

ARCHIVES

On commence aujourd'hui à savoir, avec un peu plus de précision, ce qu'a été le pogrome hitlérien de jeudi dernier. Depuis quelques jours, les renseignements affluent. Télégrammes et lettres de nos Consuls, reportages des journalistes français et étrangers, lettres anonymes, tout confirme ce que chaque passant a pu constater, en circulant dans les rues de Berlin. Les manifestations anti-juives du 8 novembre se sont déroulées, à travers tout le territoire du Reich, sur le même rythme et d'après le même modèle et, partout, elles ont atteint un degré de brutalité qui, dans l'histoire, n'a été dépassé que par les massacres arméniens du début du XXe siècle.

Une synagogue en feu durant
la « nuit de cristal ».

Dépêche de Montbas à Georges Bonnet, ministre des Affaires étrangères, le 13 novembre 1938.

On commence aujourd'hui à savoir, avec un peu plus de précision, ce qu'a été le programme hitlérien de jeudi dernier. Depuis quelques jours, les renseignements affluent. Télégrammes et lettres de nos consuls, reportages des journalistes français et étrangers, lettres anonymes, tout confirme ce que chaque passant a pu constater, en circulant dans les rues de Berlin. Les manifestations anti-juives du 8 novembre se sont déroulées, à travers tout le territoire du Reich, sur le même rythme et d'après le même modèle, et, partout, elles ont atteint un degré de brutalité qui, dans l'histoire, n'a été dépassé que par les massacres arméniens du début du XXe siècle. […]
(Transcription complémentaire en fin de volume.)
MAE, CADN.

Un passant
devant la vitrine
détruite
d'un magasin
juif de la
Potsdamerstrasse
à Berlin.

Un face-à-face avec Hitler à dix jours de l'entrée en guerre

Brutalité, menaces, duplicité

Albert Forster présidant un défilé de nazis, août 1939.

Chef du parti national-socialiste (Gauleiter) *à Dantzig depuis 1930, Albert Forster a été un instrument clé de la politique hitlérienne. À ce poste, il a travaillé sans relâche, par la propagande et par l'action, au rattachement de la cité au Reich. Condamné à mort après la guerre, il verra sa peine commuée en prison à perpétuité.*

*« Je le répète : je souhaite éviter
un conflit avec la France.
Je ne l'attaquerai pas.
Mais si elle rentre dans le conflit,
j'irai jusqu'au bout…
Je pense que je vaincrai.
Vous pensez que vous vaincrez.
Ce qui est sûr, c'est que
ce sont surtout le sang allemand
et le sang français qui couleront… »*

Hitler à Coulondre, le 25 août 1939.

DEPUIS le début de l'année 1939, la conjoncture est dramatique. Toutefois, c'est dans la dernière semaine d'août que se déclenche l'engrenage fatal vers la guerre. À quelques mois d'intervalle, deux coups de tonnerre ont ébranlé de fond en comble l'équilibre européen. Le 15 mars, les troupes allemandes sont entrées dans Prague : la preuve est faite que l'expansionnisme national-socialiste déborde largement l'espace des terres allemandes. La politique d'« apaisement » en reçoit un coup fatal. Qui peut croire désormais aux engagements et aux promesses d'Hitler ? La conséquence en est que, le 31 mars, le gouvernement britannique apporte publiquement sa garantie à la Pologne, prochaine victime désignée. Second coup de tonnerre : alors que, depuis le printemps, Paris et Londres menaient, assez mollement il est vrai, des négociations avec Moscou en vue d'une alliance tripartite contre le Reich, le 23 août, à la surprise générale, est annoncée la conclusion d'un pacte de non-agression entre l'Allemagne et l'URSS. Du jour au lendemain, cette entente Hitler-Staline fait tomber toutes les illusions. « Croque-mitaine se dégonflera », croyait encore pouvoir annoncer le diplomate Paul Claudel le 18 août dans *Le Figaro*. Maintenant, même les plus optimistes ont compris que le pacte a donné un blanc-seing au Führer pour attaquer la Pologne.

On sait aujourd'hui en quoi consistaient les calculs stratégiques d'Hitler. À ses yeux, la question polonaise était posée depuis longtemps, puisque de fortes minorités allemandes habitaient le couloir polonais séparant le territoire du Reich de la Prusse-Orientale – appelé improprement « couloir de Dantzig ». Or, dès 1938, Hitler est persuadé, et il l'a dit à ses collaborateurs, que le temps travaille contre l'Allemagne. Le 22 août 1939, il déclare à nouveau : « Le temps nous est plus favorable maintenant qu'il ne le sera dans deux ou trois ans. Nous devons nous rendre compte que l'alternative est de frapper tout de suite ou d'être anéantis tôt ou tard. » Dès avril, il a donné l'ordre à la Wehrmacht de préparer un plan d'attaque de la Pologne et d'être prête à le réaliser à partir du 1er septembre. De fait, le 19 août, sur le terrain, les unités d'attaque ont commencé à faire mouvement vers leurs positions de départ, et au soir du 25 août les troupes se massent à la frontière.

C'est dans ces conditions que le Führer convoque ce jour à 17 h 30 l'ambassadeur de France, Robert Coulondre, pour le charger d'un message au président du Conseil français, Édouard Daladier. Coulondre, arrivé à Berlin en novembre 1938, est un personnage moins brillant que son prédécesseur François-Poncet, mais un diplomate chevronné, qui a été directeur adjoint des Affaires politiques au Quai d'Orsay de 1933 à 1936, puis ambassadeur à Moscou de 1936 à 1938. Alors que le lendemain 26 août Daladier répond sur un mode peu convaincant (entre Français et Allemands, on peut encore s'entendre « dans l'honneur et la dignité »), Hitler fait savoir brutalement le 27 août : « Dantzig et le corridor doivent revenir à l'Allemagne. » Pour l'Europe, pour le monde, le sort en est jeté.

FRANÇOIS BÉDARIDA

Ci-contre et double page suivante :
Télégrammes de Robert Coulondre
au ministère des Affaires étrangères,
les 25 et 26 août 1939.
MAE, Télégrammes diplomatiques.

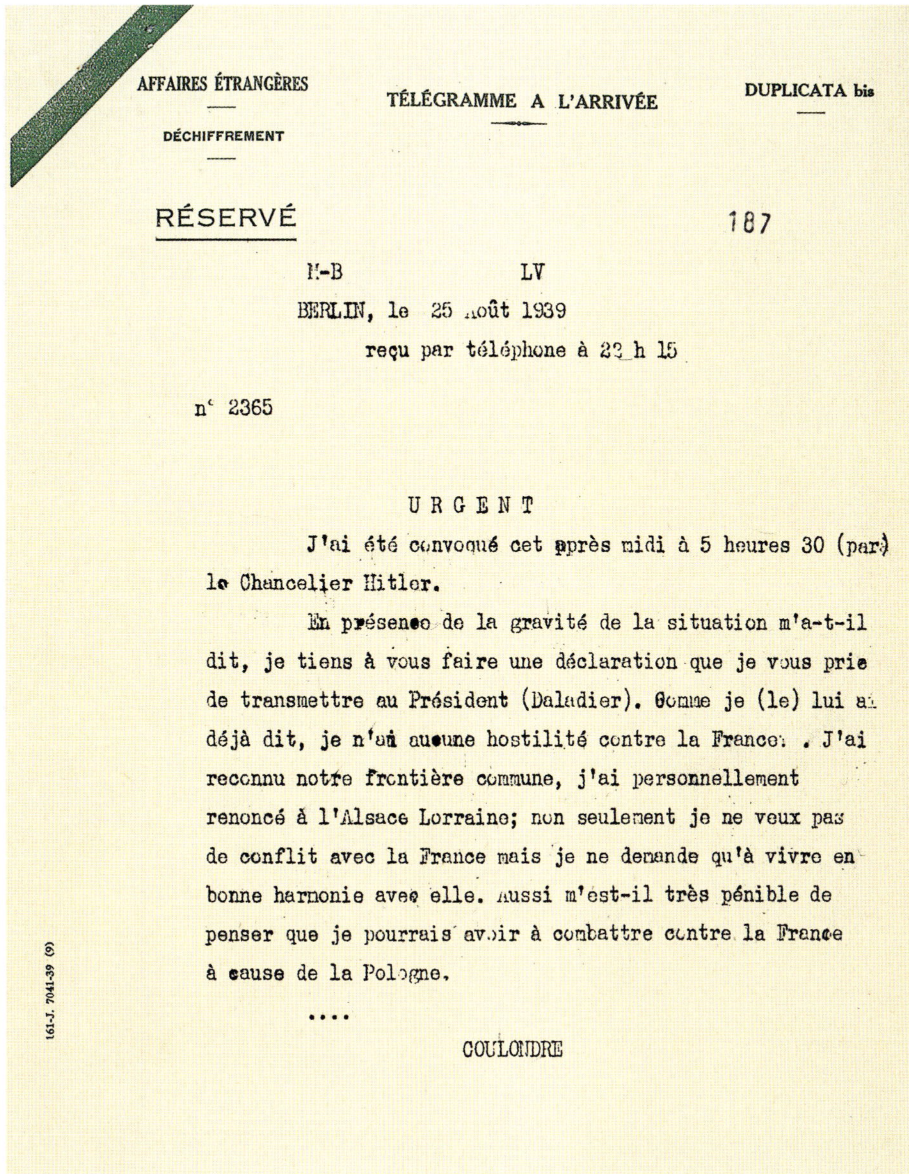

AFFAIRES ÉTRANGÈRES

DÉCHIFFREMENT

TÉLÉGRAMME A L'ARRIVÉE

DUPLICATA bis

RÉSERVÉ

187

M-B LV

BERLIN, le 25 Août 1939

reçu par téléphone à 23 h 15

n° 2365

URGENT

J'ai été convoqué cet après midi à 5 heures 30 (par) le Chancelier Hitler.

En présence de la gravité de la situation m'a-t-il dit, je tiens à vous faire une déclaration que je vous prie de transmettre au Président (Daladier). Comme je (le) lui ai déjà dit, je n'ai aucune hostilité contre la France. J'ai reconnu notre frontière commune, j'ai personnellement renoncé à l'Alsace Lorraine; non seulement je ne veux pas de conflit avec la France mais je ne demande qu'à vivre en bonne harmonie avec elle. Aussi m'est-il très pénible de penser que je pourrais avoir à combattre contre la France à cause de la Pologne.

....

COULONDRE

161-J. 7041-39 (9)

Inauguration du nouveau pont
de Dantzig, près de Rohebude,
le 20 août 1939.

La banderole porte un slogan hitlérien : « Dantzig est une ville allemande et veut appartenir à l'Allemagne. » Une des tactiques employées par les autorités nazies tout au long du printemps et de l'été de 1939 est de multiplier les manifestations et les violences à la frontière séparant l'Allemagne de la Pologne. Il s'agit ainsi d'entretenir une agitation endémique et menaçante, et de préparer psychologiquement l'agression contre la Pologne le 1er septembre.

AFFAIRES ÉTRANGÈRES

DÉCHIFFREMENT

TÉLÉGRAMME A L'ARRIVÉE

DUPLICATA bis

RÉSERVÉ

188

M-B LV

BERLIN, le 25 Août 1939

reçu par téléphone à 22 h 30

n° 2366

....

Or la situation qui est faite à l'Allemagne par les provocations polonaises ne peut pas se prolonger. J'ai fait en son temps à la Pologne des propositions extrêmement raisonnables. J'ai demandé le retour (au) Reich de Dantzig ville allemande et une étroite bande reliant la Prusse Orientale au reste du territoire . Mais la garantie anglaise a rendu les Polonais intransigeants. Et ils ne se sont pas bornés à repousser ces propositions. Ils ont mobilisé et ils ont infligé les pires traitements à nos frères de race des minorités allemandes (.) J'avais tout d'abord interdit que la presse publiât les ....

161-J. 7041-39 (9)

COULONDRE

BERLIN, le 25 Août 1939

reçu par téléphone à 22 h 30

n° 2367

.... sévices subis par nos gens.

Mais cela passe toute mesure tolérable. Savez-vous que j'ai (plus de) 70.000 réfugiés dans des camps d'accueil (qu'il y a) eu des cas de castration? Hier encore à Bielitz sept allemands ont été tués par la police polonaise. A Lodz 30 réservistes allemands ont été mitraillés. Les (avions) ne peuvent plus circuler entre l'Allemagne et la Prusse Orientale sans être canonnés. J'ai changé leur itinéraire mais ils (sont) également attaqués au dessus de la mer, un fait nouveau que je n'ai pas pu signaler à votre collègue anglais ce matin: l'avion qui transportait le Secrétaire d'Etat Stuckardt a subi le (feu) (des) navires de guerre polonais".

Ici la voix du Führer s'est enflée. "Il n'est pas un état digne de ce nom qui ......

COULONDRE

M-B LV

BERLIN, le 25 Août 1939

reçu par téléphone à 22 h 30

n° 2368

.... pourrait supporter de tels affronts. Votre pays ne le tolérerait pas plus que le mien. Cela a assez duré, en cas de nouvelles provocations je répondrai par la force. Je le répète, je souhaite éviter un conflit avec la France. Je ne l'attaquerai pas. Mais si elle rentre dans le conflit, j'irai jusqu'au bout. Vous savez que je viens de conclure avec la Russie un accord qui n'est pas seulement théorique, qui est comment dirais-je positif . Je pense que je vaincrai. Vous pensez que vous vaincrez. Ce qui est sûr, c'est que ce sont surtout le sang allemand et le sang français qui couleront, c'est à dire le sang de deux nations égales.......

COULONDRE

BERLIN, le 25 Août 1939 -

reçu par téléphone à 22 H.45

n° 2369

... courageuses. Je le répète, cela me fait de la peine de penser que nous pouvons en venir là. Dites cela de ma part au Président Daladier.

Sur ces mots M. Hitler s'est levé pour me donner congé. Je n'ai pu (dans ces conditions) répondre que brièvement aux paroles de M. Hitler.

Je lui ai tout d'abord dit que je savais qu'il ne pouvait plus y avoir de malentendu mais cependant je tenais, dans ce moment si grave, à lui donner ma parole de soldat que je n'avais pas le moindre doute que la France serait avec ses forces aux côtés de la Pologne si celle-ci était attaquée. (Mais) je pouvais également lui donner ma parole que le Gouvernement français ferait jusqu'au dernier moment ce qui dépendrait de lui pour sauver la paix, et qu'il ne ménagerait pas ses conseils de prudence à Varsovie.

Je le crois m'a répondu M. Hitler, je crois même que des hommes.......

COULONDRE

L.V.

BERLIN, le 25 Août 1939
reçu par téléphone à 22 H.45

N° 2370

.... comme . . Beck sont modérés, mais ils n'ont plus la situation en mains ".

J'ai ajouté qu'il était bien vrai que coule(rait) surtout le sang français et le sang allemand. Mais il n'y aurait pas à payer que l'impot du sang déjà si lourd, il y aurait celui des misères effrayantes qu'entraîneraient les ravages d'une guerre, certainement longue. Et je pouvais dire au Chancelier que si je pensais effectivement que nous serions victorieux, j'avais aussi le sentiment qu'il n'y aurait qu'un vainqueur réel : M. Trotzky. " Mais alors, s'est-il écrié, pourquoi avoir donné un chèque en blanc à la Pologne ? " Je lui ai répondu en lui rappelant les évènements du mois..........

COULONDRE

BERLIN, le 25 Août 1939 -
reçu par téléphone à 23 H.

N° 2371

...... (de) Mars la révolution qu'ils avaient produite dans les esprits français, le sentiment d'insécurité qu'ils avaient créé et qui nous avait conduit, à resserrer nos alliances. J'ai répété que nous avions le plus ardent désir de maintenir la paix, que nous continuons à nous employer à Varsovie dans le sens de la modération et que je ne pouvais (pas) croire qu'on ne parviendrait pas à mettre fin aux incidents dont se plaignait le Chancelier. J'avais précédemment indiqué incidemment qu'à mon avis les journaux allemands exagéraient le nombre et l'importance des incidents et j'avais mentionné le cas de l'ingénieur allemand cité par l'"Angriff " du 15 (Août) (comme) sauvagement assassiné pour raison politique alors qu'il avait été victime le 15 Juin d'un........

COULONDRE

BERLIN, le 25 Août 1939
reçu par téléphone à 21 h.

N° 2372

.... drame passionnel de droit commun. M. Hitler m'a répondu qu'effectivement on lui disait qu'on donnait des conseils de modération à Varsovie mais que les incidents se multipliaient. Quant aux évènements du mois de Mars, il était vrai qu'il avait pris la Bohême et la Moravie sous sa protection, mais il avait maintenu leur liberté aux habitants de ces régions et il en coûtait cher de toucher à un cheveu de leur tête; c'était là un point d'honneur pour le Reich. La minorité polonaise ne subirait aucun sévice, et en Sarre pas un Français n'avait eu à se plaindre.

Cela me fait de la peine, a répété encore M. Hitler, de penser que je pourrais avoir à combattre la France. Mais cela ne dépend pas de moi. Dites-le à M. Daladier. Je ne pouvais pas insister davantage et je me suis retiré./.

COULONDRE

BERLIN, le 25 Août 1939
reçu par téléphone à 23 h 15

N° 2373

M. Hitler m'a parlé avec gravité mais avec calme./.

COULONDRE

BERLIN, le 26 AOUT 1939
Reçu par téléphone à 1 h

N°2373 bis

(Suite à mon télégramme) précédent.

J'ai cru sentir, lorsque je lui ai dit que nous ferions par la guerre le jeu de Trotsky, que cet argument trouvait un écho en lui.

Il est impossible de savoir si les incidents dont se plaint le Führer sont ou non la cause déterminante de son attitude actuelle et de l'avertissement qu'il vient de me communiquer. J'estime que rien ne doit être négligé pour sauver la paix et qu'il faut à tout prix obtenir du Gouvernement polonais et s'assurer qu'il fait matériellement le nécessaire pour qu'il n'y ait plus d'incident du fait des autorités régionales.

Mon collègue britannique (a été) reçu ce matin à 11 h 30. Je vais le voir ainsi que mon collègue polonais et vous télégraphierai aussitôt mon impression./.

COULONDRE

L'armistice, juin 1940

En direct du wagon de Rethondes

Hitler et les officiers allemands devant le wagon de l'armistice, le 21 juin 1940.

Les dignitaires de la Wehrmacht (dont Keitel de dos et, lui faisant face, Göring), auxquels se sont joints le ministre des Affaires étrangères Ribbentrop et Rudolf Hess, le « dauphin » d'Hitler, écoutant le Führer savourer la revanche tant attendue.

Clairière de Rethondes, le 21 juin 1940.

Les quatre plénipotentiaires français (faisant face à l'objectif, Léon Noël et le général Huntziger) s'apprêtent à monter dans le wagon sous le regard d'un sous-officier SS.

Le 25 juin 1940 à 0 h 35, l'armistice entre officiellement en vigueur, après d'ultimes pourparlers avec les Italiens. L'acte décisif s'est joué les 21 et 22 juin, en clairière de Rethondes. L'événement est primordial à trois titres. Tout d'abord, signifiant que la guerre est finie, il oppose fondamentalement Pétain à de Gaulle. Ensuite, Hitler refusant à cause de la résistance anglaise de signer un traité de paix à l'Ouest, les Français subiront durant quatre années les clauses drastiques de l'armistice. Enfin, Pétain, qui s'est imposé à la tête des partisans de l'armistice, va pouvoir mettre en œuvre une révolution culturelle, sa « Révolution nationale ».

Dans les jours qui précèdent la rencontre de Rethondes, le capitaine Roger Gasser, officier d'ordonnance et intime du général Weygand (qui avait été nommé chef des armées le 19 mai), note la chronologie des événements (ci-contre). Le drame, qui rassemble moins de vingt-cinq personnes, se déroule dans des conditions rétrospectivement stupéfiantes. Qu'on en juge : le 10 juin, dans la nuit, les membres du gouvernement quittent Paris en catimini et roulent tous feux éteints jusqu'en Touraine. Dans plusieurs châteaux de la région, fort mal équipés pour recevoir ces excellences, on organise deux conseils de ministres (auxquels Weygand participe ès qualités), puis deux réunions des états majors français et britanniques. Les discussions sont interrompues le 14 : l'aérodrome de Tours est bombardé. Le gouvernement reprend la route, dans les encombrements de l'exode, et se réfugie à Bordeaux. La défaite de la France semble certaine, celle de l'Angleterre hautement probable. Ne pourrait-on pas au moins s'enquérir auprès d'Hitler des conditions d'un armistice, quitte à les repousser si elles s'avèrent déshonorantes pour le pays ? Le président du Conseil Paul Reynaud est hésitant, il s'estime tenu par l'engagement pris par la France et la Grande-Bretagne de ne pas conclure d'armistice ni de paix séparée. Churchill tente de l'aider en proposant une « union » entre les deux pays, mais la majorité des ministres rejette ce projet. Reynaud, broyé par les événements, démissionne le 16 juin et cède la place à Philippe Pétain, appelé dès le mois de mai à la vice-présidence du Conseil. Celui-ci cherche immédiatement à négocier avec le Reich. L'intermédiaire sera Lequerica, l'ambassadeur de l'Espagne franquiste en France.

Les notes de Gasser, dans leur sécheresse, ne rendent pas l'âpreté des débats. Si la grande majorité de la classe politique estime que la lutte n'est plus possible dans l'Hexagone, deux clans s'opposent : les premiers, derrière Paul Reynaud, sont pour une capitulation militaire, qui laisserait aux autorités légales la possibilité de se replier en Afrique du Nord pour continuer la lutte ; les seconds, pour qui la guerre est définitivement perdue, entendent imposer l'armistice. Weygand, en particulier, malgré ses soixante-quatorze ans, s'en prend vivement à Paul Reynaud et refuse catégoriquement de signer une capitulation qu'il juge « déshonorante » pour l'armée. Le « vainqueur de Verdun » prend le relais, posant que l'armistice et le maintien du gouvernement dans l'Hexagone sont les conditions de la pérennité de la France. Il gagne la partie politique le 16 juin au soir.

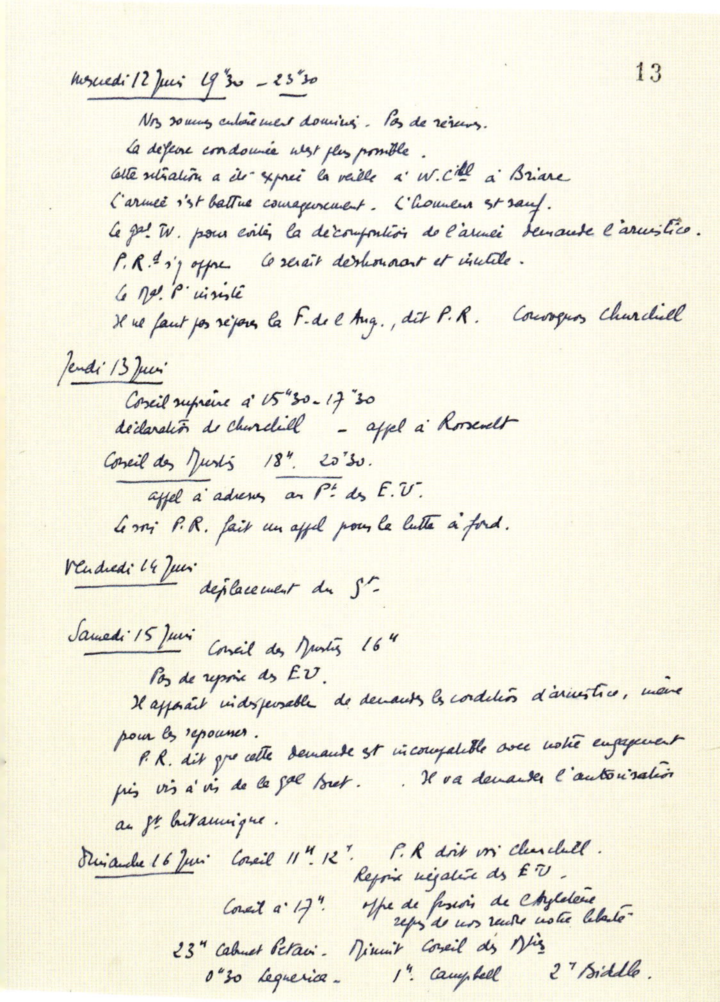

13

Mercredi 12 Juin 19h30 – 23h30

Nous sommes entièrement dominés. Pas de réserves.
La défense coordonnée n'est plus possible.
Cette situation a été exposée la veille à W. Cill à Briare
L'armée s'est battue courageusement. L'honneur est sauf.
Le gal W. pour éviter la décomposition de l'armée demande l'armistice.
P. Rd s'y oppose. Ce serait déshonorant et inutile.
Le Mal P. insiste
Il ne faut pas séparer la F. de l'Ang., dit P.R. Convoquons Churchill

Jeudi 13 Juin

Conseil suprême à 15h30 – 17h30
déclaration de Churchill – appel à Roosevelt
Conseil des Mtres 18h. 20h30.
appel à adresser au Pt des E.U.
Le soir P.R. fait un appel pour la lutte à fond.

Vendredi 14 Juin

déplacement du gt

Samedi 15 Juin Conseil des Mtres 16h

Pas de réponse des E.U.
Il apparaît indispensable de demander les conditions d'armistice, même pour les repousser.
P.R. dit que cette demande est incompatible avec notre engagement pris vis à vis de la Gde Bret. Il va demander l'autorisation au gt britannique.

Dimanche 16 Juin Conseil 11h. 12h. P.R doit voir Churchill.
Réponse négative des E.U.
Conseil à 17h. offre de fusion de l'Angleterre
refus de nous rendre notre liberté
23h Cabinet Pétain. Minuit Conseil des Mtres
0h30 Lequerica 1h Campbell 2h Biddle.

Notes de Roger Gasser, officier d'ordonnance de Weygand, 12-16 juin 1940.

Mercredi 12 juin, 19 h 30-23 h 30

Nous sommes entièrement dominés. Pas de réserves. La défense coordonnée n'est plus possible. Cette situation a été exposée la veille à W. Cill [Winston Churchill] à Briare. L'armée s'est battue courageusement. L'honneur est sauf. Le gal W. [général Weygand], pour éviter la décomposition de l'armée, demande l'armistice. P. Rd [Paul Reynaud] s'y oppose. Ce serait déshonorant et inutile. Le mal P. [maréchal Pétain] insiste. Il ne faut pas séparer la F. [France] de l'Ang. [Angleterre], dit P. R. Convoquons Churchill.

Jeudi 13 juin

Conseil suprême à 15 h 30-17 h 30. Déclaration de Churchill – appel à Roosevelt. Conseil des ministres, 18h-20 h 30. Appel à adresser au Pdt [président] des E.U. [États-Unis]. Le soir, P. R. fait un appel pour la lutte à fond.

Vendredi 14 juin

Déplacement du gt [gouvernement].

Samedi 15 juin

Conseil des ministres, 16 h. Pas de réponse des E.U. Il apparaît indispensable de demander les conditions d'armistice, même pour les repousser. P. R. dit que cette demande est incompatible avec notre engagement pris vis-à-vis de la Gde Bret. [Grande-Bretagne]. Il va demander l'autorisation au gt britannique.

Dimanche 16 juin

Conseil 11 h-12 h. P. R. doit voir Churchill. Réponse négative des E.U. Conseil à 17 h. Offre de fusion de l'Angleterre. Refus de nous rendre notre liberté. 23 h, cabinet Pétain. Minuit, conseil des mtres [ministres]. 0 h 30, Lequerica. 1 h, Campbell. 2 h, Biddle.

MAE, Papiers 1940, Papiers Baudoin.

Arrivée des plénipotentiaires français, emmenés par le général Huntziger, dans la clairière de Rethondes.

21 juin - 21 h. 20 (heure allemande)

Conversation téléphonique du Général Huntziger avec le Général Weygand, de Rethondes à Bordeaux.

Général Huntziger - Vous devinez où je suis. Je suis dans le wagon.

Général Weygand - Mon pauvre ami.

Général Huntziger - On ne nous communique pas de conditions de paix : refus.

Nous avons reçu un document qui comporte 24 articles. Il forme un tout et ne peut être modifié. Je suis seulement autorisé à demander des éclaircissements. Je l'ai fait.

Impressions de la délégation tout entière : conditions très dures, mais rien qui soit directement contraire à l'honneur, en particulier pour le point que nous avions discuté ensemble à Bordeaux (I)

Je vais vous lire les choses essentielles, article par article .

Article I.- Formule : le Gouvernement français ordonne cessation hostilités, etc.. conforme au texte.

Article 2.- La ligne verte d'occupation est marquée d'une manière générale par Genève - Dôle - Châlon sur Saône - Paray le Monial - Moulins - Vierzon - se dirige ensuite vers Tours, s'arrête à quelques kilomètres à l'est de Tours, puis est parallèle à la voie ferrée Angoulême-Bordeaux, et se poursuit jusqu'à

Mont-de Marsan et St-Jean-Pied-de Port.

Article 3.- lecture

Article 4 - lecture

commentaires : les troupes nécessaires au maintien de l'ordre. On nous accorde 100.000 hommes pour les territoires non occupés par les Allemands ou les Italiens.

Article 5 - lecture

commentaires : 100.000 hommes étant fixés, cet article tombe en grande partie.

Articles 6-7-8-9-IO : lecture.

Article 11 -

commentaires : Jodl ne s'oppose pas au fonctionnement d'un organisme international de ravitaillement; cette question intéresse les Allemands autant que nous. Il a ajouté que dans nos territoires français occupés, s'il n'y avait pas eu l'action puissante des services allemands de ravitaillement, il y aurait eu des famines terribles.

Faisant des remarques sur la situation générale le Général Huntziger s'exprime ainsi : je dois vous transmettre toutes ces indications ce soir, afin que vous me téléphoniez demain à 9 heures les instructions du gouvernement.

Article 12.- A propos du décollage d'avions, se référer à l'article I? Je n'ai pas insisté. Vous comprenez pourquoi (territoire français par opposition aux possessions).

Article I3.- Rien

Article 14.- Commentaire au sujet de la radio. La raison est la guerre avec l'Angleterre, afin d'éviter des indiscrètions, mais les Allemands prendront très rapidement toutes dispositions pour nous faciliter les choses, sous réserve que la surveillance reste organisée.

Articles I5.- 16 - Rien

Article 17.- Nous n'avons pas ici de compétence financière mais cette question mériterait d'être étudiée, car nous n'en connaissons pas les répercussions.

Articles 18, 19, 20, 2I, 22 - Rien

Article 23 - Commentaire : des avions seront mis à notre disposition pour aller trouver les Italiens.

Le Général Huntziger demande si le Gouvernement français a reçu une réponse du Gouvernement italien.

Le Général Weygand répond : aucune

Le Général Huntziger remarque que nous n'avons aucune garantie que l'Italie ne demandera pas à occuper une partie du territoire français.

Le Général Weygand dit que l'article 23 est un véritable traquenard, puisque nous ne savons pas ce que nous demanderons les Italiens.

Le Général Huntziger : nous n'avons en effet aucune garantie à ce sujet.

Le Général Huntziger a dit qu'il ne pouvait pas y avoir dans l'article 23 la raison suffisante pour refuser de signer la convention avec l'Allemagne.

Le Général Weygand a rappelé qu'il avait choisi Rethondes à la clairière de la forêt de Compiègne pour que les Plénipotentiaires puissent y travailler tranquillement, sans être aperçus, et qu'un avion avait été mis à leur disposition pour se rendre à Berlin pour consulter leur Gouvernement.

Les Allemands n'ont donc pas de raison de refuser à la Délégation française un avion.

En terminant, Le Général Weygand demande au Général Huntziger de lui faire parvenir le texte allemand avec une carte./.

Cinq jours plus tard, une délégation française se retrouve dans la clairière de Rethondes, en forêt de Compiègne. Il y a là le général Huntziger, qui préside, Léon Noël, ancien ambassadeur de France en Pologne, le général d'aviation Bergeret et le vice-amiral Le Luc. Hitler a exigé de signer l'armistice dans le wagon 2419D de la Compagnie internationale des wagons-lits, celui-là même qu'on avait transformé en wagon-bureau, en novembre 1918, pour que Weygand y dicte ses conditions à l'Allemagne vaincue. À 15 h 30, les quatre Français franchissent le seuil de cette étrange « salle de conférence » où, déjà, les attend la délégation allemande. S'abstenant de tout commentaire, Hitler se contente de tendre un exemplaire de la convention d'armistice, avant de quitter le wagon suivi par Hess, son second, le feld-maréchal Göring, Ribbentrop, ministre des Affaires étrangères, et l'amiral Raeder. Seul reste, pour imposer le *Diktat*, le colonel-général Keitel, rogue et cassant. Les Français, épuisés par un long voyage, assommés par la lecture des vingt-quatre clauses, ont bien du mal à obtenir d'en référer par téléphone à Bordeaux. C'est précisément Weygand, ministre de la Défense nationale dans le gouvernement Pétain, qui est au bout du fil, ce vendredi 21 juin 1940, vers 21 heures, à la fin de cette pénible journée d'expiation. Un à un, Huntziger énumère les articles de la convention (une partie de leur conversation est transcrite ci-contre). Les Allemands ont mis la communication sur table d'écoute – pourquoi devrait-on ménager ces Français si arrogants en 1918…

À gauche : Conversation téléphonique du général Huntziger avec le général Weygand.
MAE, Série guerre 1939-1945.

L'article 23, suspendant l'entrée en vigueur de la convention à l'accord avec les Italiens, jugée ici comme « un véritable traquenard », sera en réalité sans conséquence.

Discussion des articles de la convention.

Les Français, à gauche, tentent d'obtenir des amendements au texte primitif. Leurs demandes seront presque toutes rejetées. Le seul point qui leur sera accordé concerne l'article 23 : l'aviation sera désarmée mais non livrée.

Lecture des clauses de l'armistice.

L'expiation a commencé : face aux quatre Français, particulièrement attentifs, le maréchal Keitel, en qualité de chef de la Wehrmacht, lit debout, en allemand, les vingt-quatre articles de la convention d'armistice.

Les négociations reprennent le lendemain. La délégation française tente d'amender les clauses. Mais, sommée de signée, elle reçoit le feu vert du gouvernement de Pétain en fin d'après-midi.

Que les conditions soient très dures, c'est évident ; que rien ne soit directement contraire à l'honneur, on en doutera au seul vu de l'article 19, qui fait obligation de livrer au Reich les réfugiés politiques allemands, « traîtres à leur patrie » (essentiellement des anti-nazis, souvent juifs). Huntziger et Noël, malgré leurs efforts, n'ont pas obtenu sa suppression ; le seul commentaire que cet article inspire ici est un laconique « rien ». Si les exigences militaires sont relativement classiques, plusieurs clauses politiques vont avoir des conséquences que les signataires du wagon sont loin d'imaginer, puisqu'elles vont engager la France pour les quatre années à venir. Selon l'article 20, les prisonniers de guerre devront le demeurer jusqu'à la conclusion de la paix : ainsi se trouve scellé, jusqu'en 1944, le sort d'un million et demi de captifs. Un autre point concerne les frais d'entretien des troupes d'occupation, qui vont représenter un lourd tribut financier, à raison tout d'abord de 400 millions de francs par jour. Enfin, si la convention ne comporte aucune revendication territoriale, l'article 2 stipule que, « pour assurer les intérêts du Reich allemand, le territoire français situé au nord et à l'ouest de la ligne tracée sur la carte ci-annexée [signée à la fois par Huntziger et Keitel, reproduite ci-contre] sera occupé par les troupes allemandes ». Tandis que la zone sud reste sous l'autorité du gouvernement, installé désormais à Vichy, le Nord et tout le littoral occidental passent sous contrôle allemand, l'administration française étant tenue de « collaborer » avec l'occupant « d'une manière correcte ». Une ligne de démarcation, qui s'étire sur quelque 1 200 km, laisse soigneusement en zone occupée toutes les façades maritimes, hormis la côte méditerranéenne, et assure, au besoin en scindant les départements, le contrôle des plus importants centres ferroviaires. Pour reprendre la formule d'un des commandants militaires allemands, c'est « un mors que nous avons mis dans la bouche d'un cheval ». Particulièrement efficace en 1940 et 1941, ce mors entravera la France jusqu'en mars 1943.

JEAN-PIERRE AZEMA

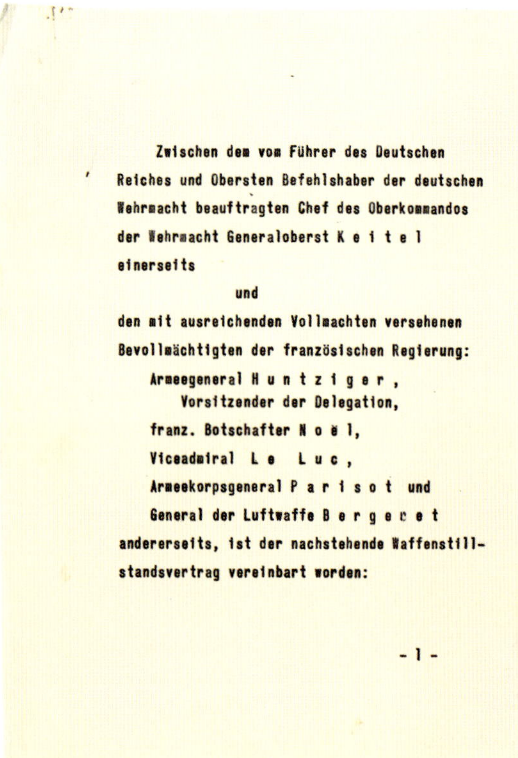

Zwischen dem vom Führer des Deutschen Reiches und Obersten Befehlshaber der deutschen Wehrmacht beauftragten Chef des Oberkommandos der Wehrmacht Generaloberst K e i t e l einerseits

und

den mit ausreichenden Vollmachten versehenen Bevollmächtigten der französischen Regierung:

Armeegeneral H u n t z i g e r,
Vorsitzender der Delegation,
franz. Botschafter N o ë l,
Viceadmiral L e L u c,
Armeekorpsgeneral P a r i s o t und
General der Luftwaffe B e r g e r e t

andererseits, ist der nachstehende Waffenstillstandsvertrag vereinbart worden:

- 1 -

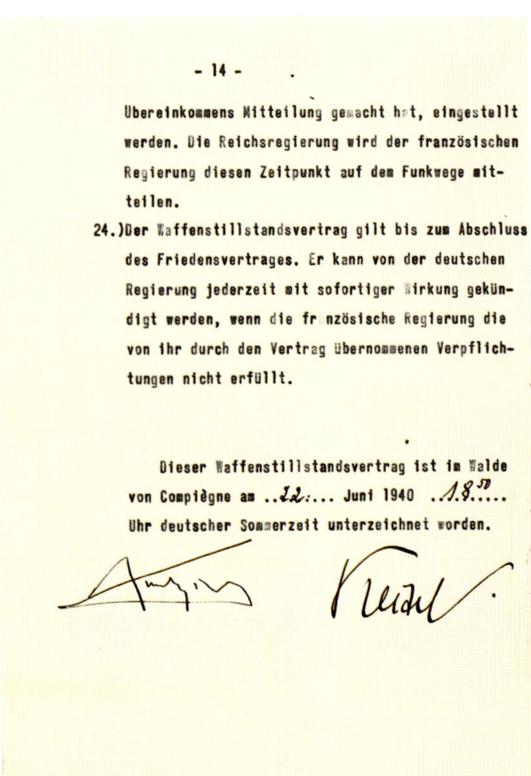

- 14 -

Übereinkommens Mitteilung gemacht hat, eingestellt werden. Die Reichsregierung wird der französischen Regierung diesen Zeitpunkt auf dem Funkwege mitteilen.

24.)Der Waffenstillstandsvertrag gilt bis zum Abschluss des Friedensvertrages. Er kann von der deutschen Regierung jederzeit mit sofortiger Wirkung gekündigt werden, wenn die französische Regierung die von ihr durch den Vertrag übernommenen Verpflichtungen nicht erfüllt.

Dieser Waffenstillstandsvertrag ist im Walde von Compiègne am ..22.... Juni 1940 ..18.50.... Uhr deutscher Sommerzeit unterzeichnet worden.

Première et dernière page du texte original, rédigé en allemand, de la convention d'armistice.
MAE, Série guerre 1939-1945.

Ce document est signé par le général Huntziger et le maréchal Keitel le 22 juin 1940, à 18 h 50 (heure allemande). L'article 24 stipule que le Reich s'octroie le droit de dénoncer l'armistice si la France ne remplissait pas toutes ses obligations.

Carte (et détails) signée par le général allemand Keitel et le général français Huntziger, avec le tracé de la ligne de démarcation. Elle fut annexée à la convention d'armistice.
MAE, Traités bilatéraux, Allemagne.

La ligne verte, partant des Pyrénées et aboutissant au pays de Gex, délimite une zone nord, occupée, et une moindre zone sud, dépourvue de sources d'énergie, de matières premières, voire de ressources céréalières. Sur cette ligne de démarcation, Moulins et Chalon-sur-Saône seront jusqu'en mars 1943 des points de passage particulièrement redoutés par les voyageurs empruntant le train. Les signatures de Huntziger et de Keitel sont tracées au large des côtes de la Méditerranée, les seules que contrôlera l'« État français ».

« La ligne de démarcation est un mors que nous avons mis dans la bouche d'un cheval. »

Le général allemand Otto von Stülpnagel, en 1940.

Le général Keitel signant la convention d'armistice.

Paul Morand à Londres en 1940

Délit de fuite

Paul Morand à Londres,
le 19 juillet 1940.

Morand à Londres, tel qu'il s'est rêvé, en diplomate à rayures, à l'égal des maîtres de sa jeunesse, Berthelot et Cambon. Il vient de commencer à écrire L'Homme pressé. *À peine arrivé, voilà qu'il repart, sans ordres, laissant derrière lui quelques propos acides sur ses collègues. Il s'était déjà laissé aller ainsi à lui-même, vingt ans auparavant, au Siam. Mais en juillet 1940 c'est la guerre, et la défaite. L'ombre de ce fuyard le poursuivra toute sa vie.*

PARMI les diplomates français qui se sont fait un nom dans la littérature, rares sont ceux qui ont mis, délibérément, leur talent de plume, ou leur esprit artistique, au service de leurs fonctions. Paul Morand, lui, ne s'est jamais laissé retenir par les scrupules propres à ceux qui, soit par respect de l'art soit par respect de l'État, ont voulu séparer leur vie de fonctionnaire et leur vie d'écrivain. Il préférait d'ailleurs la seconde et, pour la première, la réputation de fantaisiste qu'il avait acquise au Département, la jalousie peut-être pour ses tirages et la publicité qui l'accompagnait, l'ont empêché d'accéder naturellement aux plus hauts emplois.

Une partie essentielle pour Paul Morand s'est jouée en juin-juillet 1940, sans qu'il en ait eu, sur le moment, une conscience claire. Dans son *Commentaire*, Jean Chauvel, qui devait rejoindre la France libre en 1942 et devenir, à la Libération, secrétaire général du Quai d'Orsay, remarque, s'agissant du comportement, en juin 1940, des diplomates français en poste à Londres: «Je ne le voyais [Morand] que de loin en loin et étais resté, sur ses dispositions à l'égard de l'Angleterre, au temps d'*Ouvert la nuit.* J'ignorais que son épouse fût germanophile, que lui-même le fût devenu.» Rien de tout cela n'était inévitable, en effet, et c'est en 1940 que Morand se divise durablement contre lui-même.

Il n'a cependant mis aucune audace dans le choix politique qui devait lui valoir, par la suite, tant de mécomptes, et dont la note pour le ministre du 20 juillet 1940, datée de Liverpool, constitue un signe avant-coureur. Après l'armistice et l'affaire de Mers el-Kébir, les relations diplomatiques avec l'Angleterre étant rompues, l'ambassade est invitée à rejoindre la France par le Portugal. Roger Cambon démissionne et reste sur place. Le Département, nonobstant le cours différent de la politique extérieure française, se préoccupe de maintenir un contact avec l'ancien allié. Sous prétexte de coordonner la liquidation des missions d'achat, le Quai d'Orsay propose la nomination à Londres d'un agent important, aux tâches utiles et imprécises. Nouveau ministre des Affaires étrangères, Paul Baudouin, peu suspect pourtant d'anglophilie, se prête à cette manœuvre. Sur quoi Paul Morand, sans instructions, quitte son poste sous prétexte de remettre au ministre un message particulier de lord Halifax. Le message, n'était, semble-t-il, qu'un prétexte. Il remet aussitôt au ministre, en revanche, la note du 20 juillet. Les propos venimeux qu'elle contient à l'égard de ses collègues, joints à l'espèce d'abandon de poste dont il s'était rendu coupable, valent à Morand sa mise à la retraite en qualité de conseiller, puisqu'il eût fallu, pour le prolonger, le promouvoir au grade de ministre plénipotentiaire, ce que son comportement avait rendu difficile. Il devait en conserver une amertume durable et surtout, par la suite, transformer en un acte positif d'adhésion à la politique collaborationniste de Vichy ce qui avait été d'abord, en 1940, une fuite bureaucratique, en crabe, vers des rivages plus sûrs que ceux de l'Angleterre, attitude dont personne à la vérité, pas même Baudouin, ne lui avait su gré.

FRANÇOIS SUREAU

De Gaulle lançant l'appel du 18 juin 1940.

À compter de ce jour, de Gaulle est devenu l'obsession de bien des hommes, de Morand à Mitterrand, qui à ses yeux n'ont jamais eu beaucoup d'importance, et qui l'ont haï d'abord pour ce dédain.

1

CABINET 23 Juin 40

Monsieur CORBIN à LONDRES

La radio anglaise a diffusé hier une allocution du Général de GAULLE.

Veuillez faire observer au Gouvernement Britannique que le Gouvernement Français doit considérer comme un acte inamical de sa part le fait de permettre à un Officier Général français de lancer par la radio anglaise un appel à la révolte contre ses décisions./.

Message du cabinet du gouvernement de Vichy à Corbin, ambassadeur à Londres, commentant l'appel du 18 juin 1940.
MAE, Papiers Baudouin.

16 59

NOTE POUR LE MINISTRE

CONFIDENTIEL

RELATION SOMMAIRE DE LA SITUATION A LONDRES

du I7 Juin au 20 Juillet

Liverpool, 20 Juillet I940

L'annonce de notre armistice s'est abattue sur une opinion britannique mal préparée ; la première réaction nous fut cependant favorable : grand élan de sympathie et de pitié pour une France qui restait l'alliée élue ; on comprenait qu'elle dût abandonner la lutte. "Que les Français se reposent ; c'est à nous maintenant de continuer seuls", disait Harold Nocholson, un des plus fidèles partisans de l'Entente. Mais, dès le I8 Juin, le "Times" porte déjà la question sur le terrain politique : "Le Maréchal Pétain forme un gouvernement de droite".

Le général de Gaulle avait débarqué à Londres le I4 Juin. Autour de lui s'étaient cristallisées aussitôt les tendances, jusque là éparses, visant à créer un noyau français de résistance loin d'une France vassalisée par l'Allemagne, noyau constitué surtout avec des éléments français de gauche, sur lesquels, malgré des déboires, l'Angleterre croit toujours pouvoir compter. Dès lors, les mots "French Government" sont remplacés par "The Petain Government", gouvernement qui est censé ne pas représenter la nation. (Cette formule adoptée par la presse, la B.B.C. etc...subsiste encore). On espère que le Général de Gaulle saura rallier les colonies françaises, et le Ministère de la Guerre économique, tout occupé à ce moment d'un pool des ressources coloniales interalliées, insiste pour qu'en dépit de l'armistice, la mission française du Blocus y participe. La mission décline cette offre.

Dès le I7 Juin M. de KERILLIS était arrivé à Londres et y avait commencé ses démarches et le Général de Gaulle parlait pour la première fois à la B.B.C. Sous le patronage du Ministre de l'Information, M. Duff COOPER, ils orchestrent toute une propagande injurieuse contre le Maréchal, troublent l'opinion anglaise, divisent la colonie française d'Angleterre, font pleuvoir les nouvelles tendancieuses ou fausses (arrivée imminente de MM. Blum, Mendel, Campinchi, Delbos, - attentat de la Gestapo contre M. Paul Reynaud, assassinat de M. Pierre Cot, etc...). Cependant, le I9 Juin, M. Churchill fait à la radio un discours où, sauf une allusion à la rupture par la France de ses engagements envers son alliée, le ton est encore très modéré. ("Quoiqu'il arrive, notre victoire sera celle de la France...").

...

Note de Paul Morand, le 20 juillet 1940. (Transcription complémentaire en fin de volume.)
MAE, Papiers Baudouin.

Qualifiée de « torchon » par le ministre, cette note se laisse cependant lire. La personnalité « saturnienne et malchanceuse » de Jean Monnet, les ombres de Maurois et de Léger, y sont croquées avec un talent sûr, mais qui ne fait pas oublier le présupposé politique par l'effet duquel on reconnaît à une vessie du même camp que le sien tous les avantages de la lanterne.

Vichy et la question juive

La lucidité d'un diplomate

Hitler et le maréchal Antonescu, à Munich, le 12 juin 1941.

Ion Antonescu, chef de l'État roumain depuis septembre 1940, est venu débattre avec son allié Hitler des termes de la coopération germano-roumaine dans l'offensive contre l'URSS, prévue pour le 22 juin. Le Conducator (« le guide ») compte notamment recouvrer les provinces de Bucovine et de Bessarabie, cédées à Moscou une année auparavant.

À l'automne de 1941, le ministre de France à Bucarest, Jacques Truelle, s'inquiète des brutalités frappant les juifs des provinces orientales roumaines et prend le parti d'en informer le gouvernement de Vichy (télégramme ci-contre). Ce n'est pas la première fois qu'il semble préoccupé par le sort des 800 000 juifs de Roumanie, soumis depuis 1937 à un antisémitisme d'État venu relayer des préjugés populaires puissants. En juin déjà, alors même que les troupes allemandes et roumaines, alliées, se lançaient à l'assaut de l'URSS, il avait rendu compte du terrifiant pogrom de Jassy, en Moldavie (page de droite).

Témoin de la déportation des quelque 160 000 juifs de Bessarabie et de Bucovine, déclenchée par les Roumains au début de juillet et intensifiée à la mi-septembre, Truelle pressent un phénomène d'une autre portée : avec l'« évacuation » brutale et systématique d'une population entière – adultes, enfants, vieillards – au-delà du Dniestr, le gouvernement du maréchal Antonescu entreprend, sous le regard intéressé de Berlin, une « extermination » inspirée par la seule passion antisémite. Car Truelle n'accorde aucune foi aux accusations de procommunisme et de trahison portées par les autorités roumaines contre les victimes juives de ces provinces frontalières orientales, cédées de force à Moscou en juin 1940 et tout juste recouvrées à la faveur de l'opération Barbarossa.

Lucidité remarquable que celle de ce diplomate, témoin d'un épisode à la fois périphérique et annonciateur de la Shoah, alors même que la « solution finale » proprement dite, bien que déjà probablement décidée à cette époque par Hitler, n'est pas encore lancée. Dès l'été de 1941, l'URSS occidentale, envahie par la Wehrmacht et ses alliés, est le théâtre de tueries chaotiques, mais les centres de mise à mort de Pologne ne seront opérationnels, pour la plupart, qu'à partir du printemps de l'année suivante.

Attitude surprenante surtout pour un agent de Vichy, serviteur d'un gouvernement qui, depuis le « statut des juifs » du 3 octobre 1940, pratique lui-même l'antisémitisme d'État et s'emploie, indépendamment des mesures allemandes appliquées à la seule zone nord, à isoler, à marginaliser, à dépouiller les juifs de France. À partir de 1942, nombre d'agents diplomatiques français en poste dans les Balkans transmettront des informations alarmantes concernant les juifs, au point qu'il est difficile d'admettre l'ignorance des plus hautes autorités de l'État français sur le génocide en cours dans l'ensemble de l'Europe occupée. Simple réflexe professionnel ? Compassion à l'égard des victimes et souci d'engager Vichy à protéger les juifs de France ? Signe d'une distance prise avec le régime pétainiste ? Il y a de tout cela dans le comportement de Jacques Truelle, un ancien familier de Marcel Proust et de la haute société israélite, un anglophile qui, comme maints de ses collègues en poste dans la région, ne tardera pas à rallier le camp gaulliste. CATHERINE NICAULT

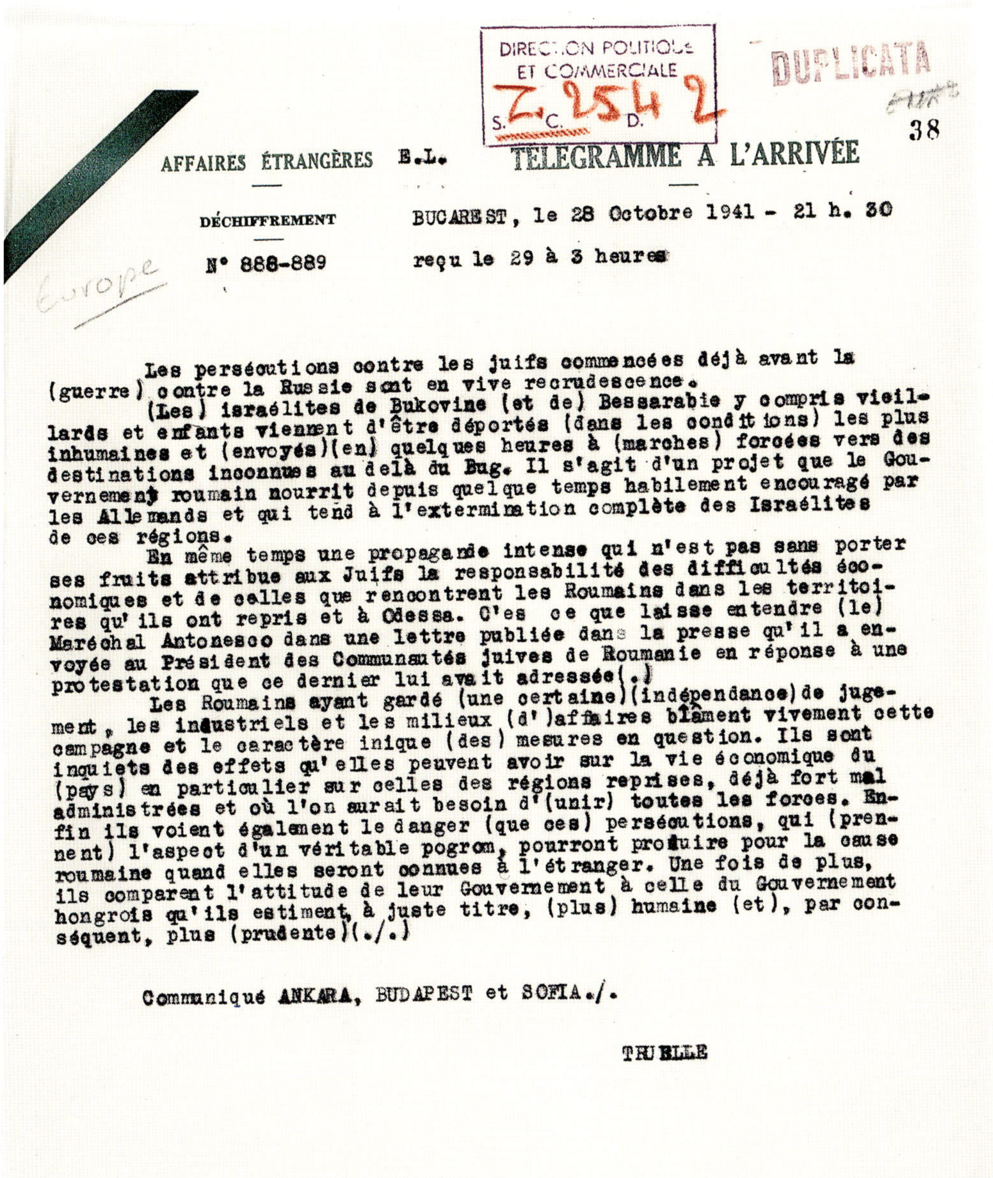

DIRECTION POLITIQUE ET COMMERCIALE
S. Z. C. 2542 D.

DUPLICATA

38

AFFAIRES ÉTRANGÈRES E.L. TÉLÉGRAMME À L'ARRIVÉE

DÉCHIFFREMENT

N° 888-889

BUCAREST, le 28 Octobre 1941 - 21 h. 30

reçu le 29 à 3 heures

Europe

Les persécutions contre les juifs commencées déjà avant la (guerre) contre la Russie sont en vive recrudescence.

(Les) israélites de Bukovine (et de) Bessarabie y compris vieillards et enfants viennent d'être déportés (dans les conditions) les plus inhumaines et (envoyés)(en) quelques heures à (marches) forcées vers des destinations inconnues au delà du Bug. Il s'agit d'un projet que le Gouvernement roumain nourrit depuis quelque temps habilement encouragé par les Allemands et qui tend à l'extermination complète des Israélites de ces régions.

En même temps une propagande intense qui n'est pas sans porter ses fruits attribue aux Juifs la responsabilité des difficultés économiques et de celles que rencontrent les Roumains dans les territoires qu'ils ont repris et à Odessa. C'es ce que laisse entendre (le) Maréchal Antonesco dans une lettre publiée dans la presse qu'il a envoyée au Président des Communautés juives de Roumanie en réponse à une protestation que ce dernier lui avait adressée(.)

Les Roumains ayant gardé (une certaine)(indépendance) de jugement, les industriels et les milieux (d')affaires blâment vivement cette campagne et le caractère inique (des) mesures en question. Ils sont inquiets des effets qu'elles peuvent avoir sur la vie économique du (pays) en particulier sur celles des régions reprises, déjà fort mal administrées et où l'on aurait besoin d'(unir) toutes les forces. Enfin ils voient également le danger (que ces) persécutions, qui (prennent) l'aspect d'un véritable pogrom, pourront produire pour la cause roumaine quand elles seront connues à l'étranger. Une fois de plus, ils comparent l'attitude de leur Gouvernement à celle du Gouvernement hongrois qu'ils estiment, à juste titre, (plus) humaine (et), par conséquent, plus (prudente)(./.)

Communiqué ANKARA, BUDAPEST et SOFIA./.

TRUELLE

« Jusqu'à présent, […] on pouvait croire que les persécutions étaient dues à des initiatives de quelques militaires isolés ou de tyranneaux locaux. Aujourd'hui il n'y a plus de doute qu'on est en présence d'un plan systématique d'extermination conçu depuis déjà quelque temps. »

Jacques Truelle, à propos du sort des juifs de Bucovine et de Bessarabie, dépêche du 10 novembre 1941.

Télégramme de Jacques Truelle à Vichy, le 28 octobre 1941. (Transcription intégrale en fin de volume.) MAE, Guerre 1939-1945.

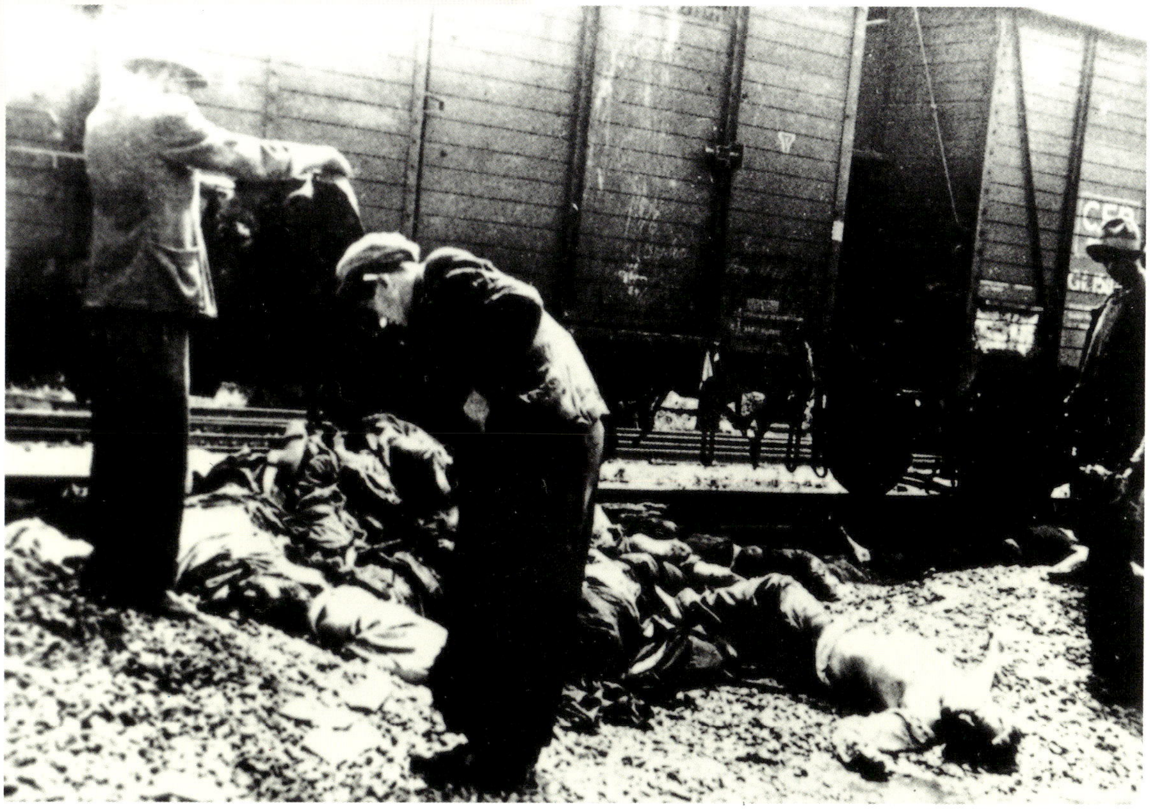

Le massacre de Jassy, le 25 juin 1941.

Trois jours après le début de l'opération Barbarossa, lancée par la Wehrmacht contre l'URSS, les soldats de la 14e division et la police roumaine, sur des rumeurs de trahison, massacrent une bonne partie de la population juive de Jassy, alors capitale de la Moldavie. Le 30 juin, plus de 4 000 hommes juifs sont arrêtés et entassés sans eau ni vivres dans les wagons cadenassés de deux trains de marchandises.

Un pacte entre de Gaulle et Staline

Quand se joue le destin de la Pologne

Signature du pacte franco-soviétique d'alliance et d'assistance mutuelle, le 10 décembre 1944.

Le pacte est signé à l'aube, après une nuit de discussions acharnées, en particulier sur la Pologne. Molotov est assis à la table; tout à fait à droite, son homologue français, le ministre des Affaires étrangères Georges Bidault. Debout entre Staline et de Gaulle, le diplomate Jean Laloy, grand spécialiste de l'URSS. C'est à lui que le général confiera un peu plus tard, dans le train du retour: « Nous les avons pour cent ans sur les bras, ces gens-là! »

À droite: Visite du général de Gaulle à Stalingrad, le 1er décembre 1944.

Entretien entre de Gaulle et Staline lors de la négociation du pacte franco-soviétique, 6 décembre 1944. (Transcription complémentaire en fin de volume.) MAE, PAAP.

QUAND de Gaulle se rend en URSS en décembre 1944, ses objectifs sont clairs: rétablir le rôle international de la France au niveau des grandes puissances et se garantir contre tout danger allemand dans l'avenir. Pour cela, il aimerait obtenir un traité d'alliance franco-soviétique aussi solide que l'alliance franco-russe d'avant 1914 (voir p. 228); et un appui de Staline pour ses projets allemands (détachement de la Ruhr et de la Rhénanie du Reich, rattachement de la Sarre à la France). Certes, l'URSS est communiste, mais de Gaulle estime que, sur le plan géostratégique, la France éternelle devrait pouvoir s'entendre avec la Russie de toujours. Ce qui compte avant tout, c'est la fraternité d'armes face à l'Allemagne nazie.

Churchill se méfie de ce tête-à-tête franco-soviétique: d'où la proposition qu'il transmet à Staline, pendant le séjour de de Gaulle, d'un pacte tripartite incluant la Grande-Bretagne. Mais Staline ne tient pas à favoriser les projets français, car il mise sur le nationalisme allemand pour faire entrer l'ancien Reich dans la zone d'influence soviétique. Néanmoins, il est prêt à accepter un pacte franco-soviétique d'alliance et d'assistance mutuelle, pacte qui ferait tomber la France dans la sphère d'influence soviétique plutôt qu'américaine et qui éviterait qu'elle ne forme un « bloc occidental » (sa hantise). À long terme, qui sait, une « communisation » du pays pourrait être envisagée... Dans l'immédiat, en tout cas, une entente avec la France, protectrice traditionnelle de la Pologne, pourrait s'avérer très utile.

Voici donc le marché (détaillé dans le document ci-contre) que Staline propose à de Gaulle: l'URSS accepte de conclure un pacte avec la France si celle-ci, en échange, reconnaît le Comité de Lublin, sorte de gouvernement polonais provisoire mis en place par les Soviétiques en juillet 1944, opposé au gouvernement polonais en exil à Londres et dominé par les communistes. De Gaulle est parfaitement conscient de la gravité de la chose: c'est l'avenir de la Pologne et de l'Europe orientale qui est en jeu, et il ne se fait aucune illusion sur les méthodes de Staline en Pologne.

Le 10 décembre, jusqu'aux petites heures du matin, les Soviétiques s'efforcent de le convaincre. Il finit par accepter un échange de représentants entre le Comité de Lublin et la France, ce qui revient à reconnaître *de facto* le Comité, et donc la Pologne communiste.

Toutefois, les désillusions vont bientôt l'emporter: Staline comprend très vite que la France n'entrera pas dans son système, et dès l'été 1945 de Gaulle s'inquiète des objectifs expansionnistes de Staline en Europe et au Moyen-Orient. Le pacte n'aura pas les effets importants que l'on espérait de part et d'autre.

GEORGES-HENRI SOUTOU

178

SECRET

Entrevue du Vendredi 8 Décembre
entrele Général de Gaulle et le Maréchal Staline

Présents du côté Français : Général de Gaulle
M. Bidault
M. Garreau

Présidents du côté soviétique : Maréchal Staline
M. Molotov
M. Bogomolov.

Vous nous avez saisi d'une proposition de pacte tripartite anglo-franco-soviétique. Je tiens à vous dire que nous n'avons pas d'objection de principe à un tel pacte. Mais nous considérons qu'il ne répond pas au problème. Nous préférons de beaucoup un système de sécurité à trois étages,

1/er pacte franco-soviétique

2° pacte anglo-soviétique
et franco-britannique

3° sécurité collective (avec înclusion de l'Amérique).

Un point que je tiens à souligner est qu'un pacte tripartite présente des complications très grandes. Entre la ~~France et l'U.R.S.S.~~, il n'y a pas ~~de divergences directes. Nous en avons toujours eu et nous en aurons toujours.~~ Vous aussi, vous avez ~~des contestations en Iran. Vous en avez peut-être en Extrême-Orient.~~

Il n'est donc pas sûr qu'il soit facile de conclur un pacte tripartite. En outre, son jeu peut être gêné et

181
4.

~~compli~~qué par des oppositions d'intérêts ; cela est d'autant plus vrai que les Allemands s'entendront à combiner leur agression avec des complications entre Alliés. Nous considérons donc que le pacte tripartite n'est pas la meilleure méthode pour réaliser la sécurité.

Maréchal Staline vante les avantages d'un pacte tripartite. Les Anglais seraient liés directement à la France et à l'U.R.S.S. Ce serait sérieux et solide. On pourrait se concerter, amener l'Angleterre à agir plus vite. Staline se demande si cela ne vaudrait pas mieux. Puis brusquement il change de sujet.

Après tout, nous pouvons faire un pacte à nous deux. Il faut que la France comprenne l'intérêt essentiel de la Russie soviétique dans l'affaire polonaise. Nous ne pouvons pas admettre une Pologne qui, tantôt, marche contre Moscou, tantôt contre l'Allemagne. Nous voulons une Pologne franchement sympathique aux Alliés et résolument antiallemande. Cela n'est pas possible avec le Gouvernement de Londres. Il représente un esprit antirusse qui a toujours existé en Pologne. Au contraire, nous pourrions nous rencontrer avec une autre Pologne, grande, forte, amie de la France et de l'U.R.S.S. parce que démocratique. Si vous partagez cette manière de voir, faites un arrangement avec Lublin et nous pourrons ~~faire~~ conclure un pacte avec vous. Churchill sera évidemment très froissé. Tant pis. Cela ne fera qu'une fois de plus. Lui aussi, m'a offensé souvent.

L'interpréte s'étant exprimé peu clairement, le Général de Gaulle comprend qu'il s'agit d'un pacte tripartite, à condition qu'un arrangement officiel intervienne avec le Comité de Lublin. Il estime que cette proposition présente peu d'intérêt.

Il répète que le Gouvernement français veut bien envoyer un délégué à Lublin et accepter à Paris un Délégué de Lublin. Mais il ne veut pas faire de Convention avec le Comité de Lublin qu'il connaît mal. La France et l'U.R.S.S . ont un intérêt commun à une Pologne unie. Mais pas à une Pologne artificielle, en laquelle la France n'aurait pas confiance.

Staline termine l'entretien en parlant de l'Escadrille " Normandie " et du dîner qui doit avoir lieu le lendemain soir au Kremlin.

La capitulation allemande

Premiers jours de l'« année zéro »

Reddition des soldats allemands, mains levées, devant la cathédrale de Cologne en ruines, mars 1945.

DEPUIS les débarquements en Normandie et en Provence à l'été de 1944, l'armée allemande a dû se replier progressivement sur le territoire du Reich. De son côté, l'Armée rouge est rapidement parvenue jusqu'à Berlin, qu'elle conquiert le 2 mai 1945. Avant de se suicider, Hitler a transmis ses pouvoirs à l'amiral de la flotte, Karl Dönitz, qui a constitué un gouvernement où le comte Schwerin von Krosigk cumule les fonctions de Premier ministre, ministre des Finances et ministre des Affaires étrangères. C'est ce gouvernement qui va devoir affronter l'épreuve de la capitulation.

Le 3 mai, l'amiral von Friedeburg, l'émissaire de Dönitz, présente au général Montgomery la reddition « purement militaire » des armées allemandes du nord-ouest de l'Allemagne. Puis il se rend à Reims, au PC avancé des forces alliées, le SHAEF (Supreme Headquarter Allied Expeditionnary Forces), pour mettre au point les termes de la capitulation sur le front occidental. Eisenhower a nommé comme négociateurs le général Bedell Smith, son chef d'état-major, et le général Strong, chef du service de renseignements du SHAEF.

Les négociations achoppent d'emblée sur un point : dès l'entrée en vigueur de la capitulation, les soldats allemands devront se considérer comme prisonniers sur place, sans avoir le droit de faire mouvement. Friedeburg, craignant pour la vie de ses hommes sur le front oriental, demande qu'ils se rendent aux armées alliées du front ouest. Bedell Smith repousse la requête et exige une reddition totale et simultanée. Les Allemands obtiennent néanmoins un délai de quarante-huit heures : les hostilités devront avoir cessé sur tous les fronts le 8 mai à 23 h 01, heure d'Europe centrale. La signature a lieu le 7 mai en pleine nuit, au Collège moderne et technique de Reims. Au mur, un thermomètre monté sur fond de croix gammées figure le flot croissant des prisonniers allemands aux mains des Alliés. Par méfiance, Staline tient à ce que la cérémonie de la capitulation allemande soit répétée à Berlin, « d'où est partie l'agression fasciste ». Au dernier moment, le général de Lattre est invité à y participer. En toute hâte, on doit fabriquer un drapeau français, mais les couleurs sont montées dans le mauvais sens et le drapeau de la République se transforme… en drapeau hollandais ! À Washington, à Londres et à Paris, l'annonce officielle de la capitulation est faite le 8 mai à 15 heures. L'Europe fête la victoire et le retour à la paix.

Pour l'Allemagne, c'est « l'année zéro ». L'heure des comptes est arrivée, signifiant le démembrement du pays en quatre zones d'occupation. Von Krosigk, chef du gouvernement provisoire, s'adresse à ses compatriotes pour rendre publique la défaite. Il est intéressant de noter que le terme de « capitulation sans condition » n'apparaît pas dans cette déclaration (ci-contre), de même que rien n'est dit à propos d'Hitler. En revanche, l'auteur insiste sur « le sens des responsabilités du gouvernement », ce qui prend tout son sens quand on sait que plusieurs hauts dignitaires recommandaient de poursuivre l'action militaire. Lucide, et ne manquant pas d'une certaine hauteur de vue, il évoque ensuite les difficultés et les sacrifices qui attendent le peuple allemand ; il lui faudra faire preuve de courage et se rallier au triptyque : unité, justice et liberté.

MAURICE VAÏSSE

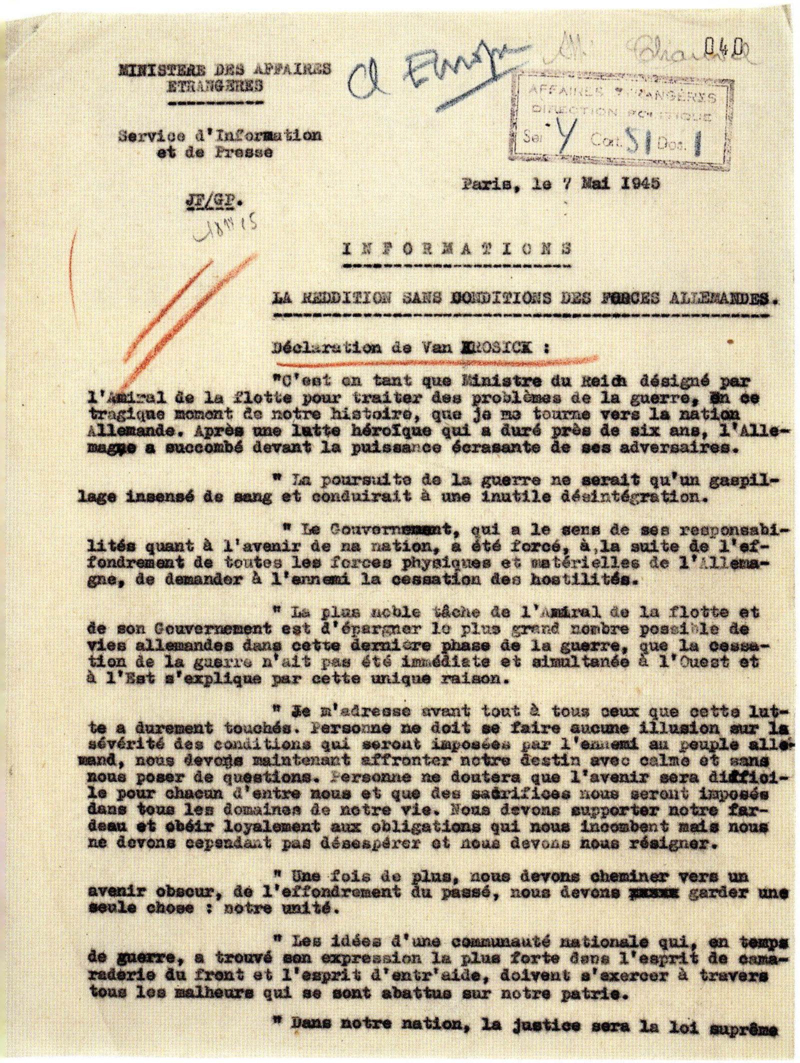

040

MINISTERE DES AFFAIRES ETRANGERES

Service d'Information et de Presse

JF/GP.

AFFAIRES ÉTRANGÈRES
DIRECTION POLITIQUE
Sér. Y Cart. 51 Dos. 1

Paris, le 7 Mai 1945

I N F O R M A T I O N S

LA REDDITION SANS CONDITIONS DES FORCES ALLEMANDES.

Déclaration de Van KROSICK :

"C'est en tant que Ministre du Reich désigné par l'Amiral de la flotte pour traiter des problèmes de la guerre, en ce tragique moment de notre histoire, que je me tourne vers la nation Allemande. Après une latte héroïque qui a duré près de six ans, l'Allemagne a succombé devant la puissance écrasante de ses adversaires.

" La poursuite de la guerre ne serait qu'un gaspillage insensé de sang et conduirait à une inutile désintégration.

" Le Gouvernement, qui a le sens de ses responsabilités quant à l'avenir de sa nation, a été forcé, à la suite de l'effondrement de toutes les forces physiques et matérielles de l'Allemagne, de demander à l'ennemi la cessation des hostilités.

" La plus noble tâche de l'Amiral de la flotte et de son Gouvernement est d'épargner le plus grand nombre possible de vies allemandes dans cette dernière phase de la guerre, que la cessation de la guerre n'ait pas été immédiate et simultanée à l'Ouest et à l'Est s'explique par cette unique raison.

" Je m'adresse avant tout à tous ceux que cette lutte a durement touchés. Personne ne doit se faire aucune illusion sur la sévérité des conditions qui seront imposées par l'ennemi au peuple allemand, nous devons maintenant affronter notre destin avec calme et sans nous poser de questions. Personne ne doutera que l'avenir sera difficile pour chacun d'entre nous et que des sacrifices nous seront imposés dans tous les domaines de notre vie. Nous devons supporter notre fardeau et obéir loyalement aux obligations qui nous incombent mais nous ne devons cependant pas désespérer et nous devons nous résigner.

" Une fois de plus, nous devons cheminer vers un avenir obscur, de l'effondrement du passé, nous devons garder une seule chose : notre unité.

" Les idées d'une communauté nationale qui, en temps de guerre, a trouvé son expression la plus forte dans l'esprit de camaraderie du front et l'esprit d'entr'aide, doivent s'exercer à travers tous les malheurs qui se sont abattus sur notre patrie.

" Dans notre nation, la justice sera la loi suprême

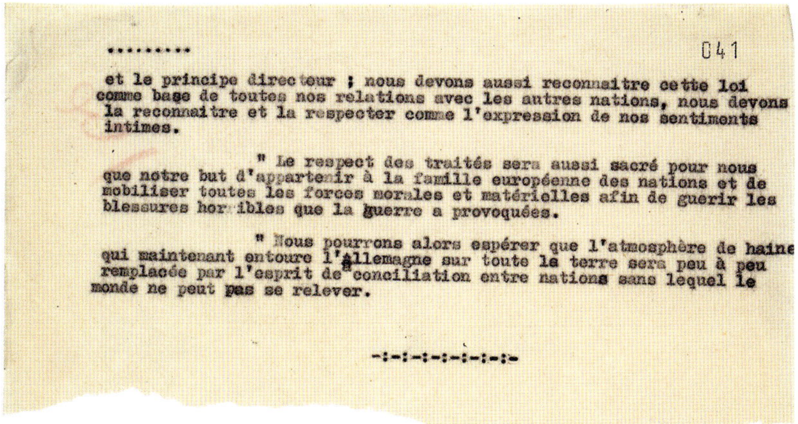

....

041

et le principe directeur ; nous devons aussi reconnaitre cette loi comme base de toutes nos relations avec les autres nations, nous devons la reconnaitre et la respecter comme l'expression de nos sentiments intimes.

" Le respect des traités sera aussi sacré pour nous que notre but d'appartenir à la famille européenne des nations et de mobiliser toutes les forces morales et matérielles afin de guerir les blessures horribles que la guerre a provoquées.

" Nous pourrons alors espérer que l'atmosphère de haine qui maintenant entoure l'Allemagne sur toute la terre sera peu à peu remplacée par l'esprit de conciliation entre nations sans lequel le monde ne peut pas se relever.

-:-:-:-:-:-:-:-

Note d'information sur la capitulation allemande, le 7 mai 1945. (Transcription en fin de volume.) MAE, Série Y, Europe.

Cologne en mars 1945.

Après la contre-offensive des Ardennes (décembre 1944), les Alliés reprennent l'initiative avec comme objectif de franchir le Rhin. La ville de Cologne, atteinte le 5 mars grâce à l'avance foudroyante du XIIe groupe d'armées, est conquise le 7. Le même jour, des troupes américaines franchissent le Rhin à Remagen.

Sur les traces des œuvres volées

Une visite chez Göring en 1947

Rose Valland, vers 1947.

Chercheuse infatigable, Rose Valland, attaché de conservation au Louvre, continuera à se dévouer jusqu'en 1966 à ce qu'elle considérait comme sa cause. De nombreuses armures telles que celles-ci avaient été saisies par les Allemands au musée de l'Armée à Paris.

NOUS sommes en novembre 1947, un an après le procès de Nuremberg. Göring s'est suicidé en janvier 1946. Depuis 1944 déjà, le gouvernement français se préoccupe de recouvrer les œuvres d'art spoliés par les Allemands pendant la Seconde Guerre mondiale. Une Commission de récupération artistique a été créée, et des missions sont envoyées en Allemagne et en Autriche pour tenter de retrouver les dépôts et les caches.

La capitaine Rose Valland a été choisie pour plusieurs de ces missions. Attachée pendant la guerre au musée du Jeu de paume, qui servait alors de gare de triage aux biens spoliés, elle a vu Göring faire son choix parmi ces trésors et a pris des notes en cachette. Elle sait que le maréchal a rassemblé dans sa propriété de Karinhall une multitude d'objets d'art pris à la France, à la Hollande ou à d'autres pays occupés : peintures, meubles, sculptures, tapisseries, orfèvrerie, etc., transportés en Allemagne par wagons entiers. Un inventaire de ses collections précise ainsi que des peintures de Bartolo Di Fredi, saisies dans une galerie de la place Vendôme en juin 1940, se trouvent dans le grand bureau, tandis que des Boucher de la famille de Rothschild sont accrochés dans la salle de séjour de Mme Göring. À la fin de la guerre, l'officier a fait transporter la quasi-totalité de ces biens dans sa maison de Berchtesgaden, puis a ordonné de faire sauter Karinhall à la dynamite.

Deux ans plus tard, Rose Valland, espérant que l'explosion n'a pas tout détruit, part à la recherche de ces œuvres. Karinhall, que Göring avait ainsi baptisé en hommage à sa première femme Karine, dont il était éperdument amoureux, se trouve en zone soviétique (aujourd'hui en ex-Allemagne de l'Est). Beaucoup de ces missions s'effectueront donc plus ou moins clandestinement. La plus officielle, rapportée dans le compte rendu ci-contre, date du 13 novembre 1947. Hélas, les pièces qui subsistent – des statues disséminées dans la forêt de la propriété –, laissées à l'abandon, ont subi d'importantes dégradations ; certaines, même, ont été mutilées depuis peu. La tombe de la bien-aimée Karine a été profanée. Quant à l'enlèvement des statues, il s'annonce difficile, « en raison de l'épaisseur de la forêt et de l'enchevêtrement des matériaux projetés un peu partout par l'explosion ». « Cependant, conclut le rapport, grâce à de précieux concours, nous gardons l'espoir de réussir. »

Le bilan global n'est pas aussi négatif que l'on pourrait croire. Des divers rapports établis en 1950 par la Commission de récupération artistique, il ressort que 61 233 biens culturels ont pu être récupérés en Allemagne, en Autriche, dans les pays de l'Axe et même en France, dont 45 441 ont pu être restitués à leurs propriétaires. Le reste – objets de la vie courante ou biens de médiocre qualité – a été confié à l'administration des Domaines. Enfin, 2 000 objets d'art et peintures ont été remis à la garde des Musées de France par l'Office des biens et intérêts privés, soit parce que leurs possesseurs n'avaient pas été identifiés, soit parce que ces biens avaient été « volontairement » vendus aux Allemands par leurs propriétaires.

MARIE HAMON

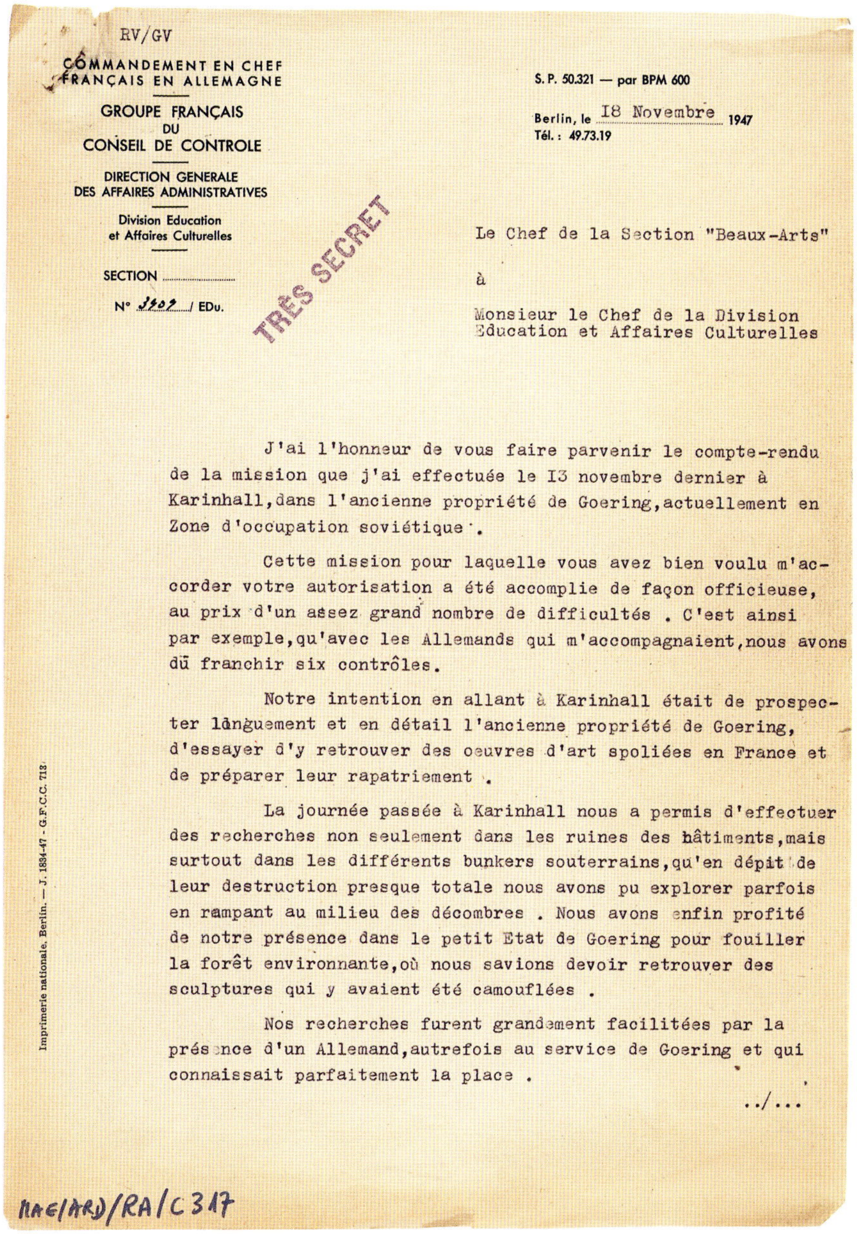
RV/GV

COMMANDEMENT EN CHEF
FRANÇAIS EN ALLEMAGNE

GROUPE FRANÇAIS
DU
CONSEIL DE CONTROLE

DIRECTION GENERALE
DES AFFAIRES ADMINISTRATIVES

Division Education
et Affaires Culturelles

SECTION ....

N° 3409 / EDu.

S. P. 50.321 — par BPM 600

Berlin, le 18 Novembre 1947
Tél. : 49.73.19

TRÈS SECRET

Le Chef de la Section "Beaux-Arts"

à

Monsieur le Chef de la Division
Education et Affaires Culturelles

J'ai l'honneur de vous faire parvenir le compte-rendu de la mission que j'ai effectuée le 13 novembre dernier à Karinhall, dans l'ancienne propriété de Goering, actuellement en Zone d'occupation soviétique.

Cette mission pour laquelle vous avez bien voulu m'accorder votre autorisation a été accomplie de façon officieuse, au prix d'un assez grand nombre de difficultés. C'est ainsi par exemple, qu'avec les Allemands qui m'accompagnaient, nous avons dû franchir six contrôles.

Notre intention en allant à Karinhall était de prospecter longuement et en détail l'ancienne propriété de Goering, d'essayer d'y retrouver des oeuvres d'art spoliées en France et de préparer leur rapatriement.

La journée passée à Karinhall nous a permis d'effectuer des recherches non seulement dans les ruines des bâtiments, mais surtout dans les différents bunkers souterrains, qu'en dépit de leur destruction presque totale nous avons pu explorer parfois en rampant au milieu des décombres. Nous avons enfin profité de notre présence dans le petit Etat de Goering pour fouiller la forêt environnante, où nous savions devoir retrouver des sculptures qui y avaient été camouflées.

Nos recherches furent grandement facilitées par la présence d'un Allemand, autrefois au service de Goering et qui connaissait parfaitement la place.

../...

Imprimerie nationale, Berlin. — J. 1834-47 - G.F.C.C. 713.

MAE/ARD/RA/C 317

Rapport de Rose Valland sur la zone soviétique, le 18 novembre 1947.

[…] Nos recherches dans la forêt nous ont également amenés à un rond-point célèbre dans l'histoire de Karinhall. Celui où Göring avait installé le tombeau de Karine, sa première femme pour laquelle nous savons qu'il avait gardé un véritable culte. […] Un grand escalier central descend au tombeau. La porte en est arrachée. Au centre du caveau le tombeau de porphyre est vide. Sur une des parois du caveau subsiste une couronne de laurier, offerte par Hitler et par Röhm. Celui qui nous accompagne nous apprend que lorsque le corps de Karine a été retiré du cénotaphe la tête fut fracassée contre la paroi et détachée du corps. Ce qui restait du squelette a été mis dans une autre sépulture qui fut violée à nouveau. Il tint à préciser que ce ne fut pas le fait des Allemands. […]
(Transcription complémentaire en fin de volume.)
MAE, ARD, RA.

Vase à la tulipe, par Dirk Van Delen, 1637.

Saisi dans la collection Schloss en 1943, ce tableau a été restitué aux héritiers en 1999 après les négociations menées par le ministère des Affaires étrangères.

Vue partielle du jardin de Göring à Karinhall pendant la guerre.

Cette sculpture, comme la plupart des œuvres d'art que Göring avait laissées sur place, est vraisemblablement détruite lorsque Rose Valland arrive à Karinhall.

La guerre d'Indochine

Le général, le péril jaune et les dominos

Le général de Lattre inspectant des troupes vietnamiennes, 1951.

Après avoir été l'un des vainqueurs de la Seconde Guerre mondiale en tant que chef de la première armée française et du débarquement sud, en août 1944, le général de Lattre a été l'un des quatre signataires de la capitulation du Reich hitlérien, le 8 mai 1945. Affecté en catastrophe en Indochine, après Lang Son, il rétablit en quelques mois, au moins en apparence, une situation qu'on disait désespérée. En septembre 1951, il est reçu à Washington (voir télégramme ci-contre). Le cancer dont il est atteint ne lui laisse que quatre mois à vivre.

EN apparence, le télégramme qu'Henri Bonnet, ambassadeur de France à Washington, adresse au cabinet d'Henri Queuille, président du Conseil, est le rapport classique d'un diplomate à son gouvernement. À y regarder de plus près, c'est l'un des textes les plus abracadabrants qui soient sortis des cerveaux et des mains de hauts responsables de la politique mondiale du milieu du siècle. C'est aussi l'un des plus lourds de conséquences, moins d'ailleurs pour l'histoire de la France que pour celle des États-Unis et de la guerre froide: car ce qui est évoqué ici sous la plume d'un « expert » concerne tout simplement un quart de siècle de guerre au Viêtnam.

La dépêche est datée du 21 septembre 1951. Le général de Lattre de Tassigny est depuis un peu plus de dix mois commandant en chef et haut-commissaire en Indochine. Il y a été appelé comme un sauveur au lendemain du désastre tonkinois de Lang Son et de l'installation de la Chine rouge, alliée du Viêt-minh communiste, sur la frontière sino-vietnamienne. Cette position assure à Hô Chi Minh et à son armée une gigantesque base arrière. Pékin est toutefois engagé au nord, depuis 1950, dans la guerre que se livrent les deux Corée, celle du Sud étant soutenue par les Nations unies, c'est-à-dire pour l'essentiel par les États-Unis.

Contre des ennemis communs, il faut faire lutte commune. Voilà sur quoi se fonde le général français pour faire appel à la solidarité américaine: faisant valoir qu'il s'agit du même combat contre les « Rouges », au nord contre les Sino-Coréens, au sud contre les Sino-Vietnamiens, de Lattre réclame des Américains la reconnaissance d'une même volonté d'action, dans la guerre comme dans l'éventuelle négociation.

Il y aurait beaucoup à dire sur la similitude des deux combats telle que tente de l'établir le haut-commissaire en Indochine. Mais ce qui donne son caractère saisissant (et tragique) au texte visiblement dicté par de Lattre à Bonnet, c'est l'exposé qu'il fait, sans nuances, de la « théorie des dominos » qui inspirera bientôt tous les stratèges américains, d'Eisenhower à Westmoreland: si vous ne maintenez pas les verrous au Viêtnam, c'est, de domino en domino, toutes les positions de l'Occident qui seront balayées par les bolcheviks, jusqu'à Suez…

Ressuscitant le thème du « péril jaune » cher à Guillaume II pour mieux épouvanter ses auditeurs américains (le secrétaire à la Défense, Robert Lovett, qui n'est pourtant pas un naïf, en sera ébranlé), le général de Lattre trace ici les perspectives d'un quart de siècle d'histoire. Ce ne sera pas celle qu'il avait prévue. Le Viêtnam est bien devenu « rouge », mais seul. Il est plus facile de jauger une prophétie un demi-siècle après la mort du prophète…

JEAN LACOUTURE

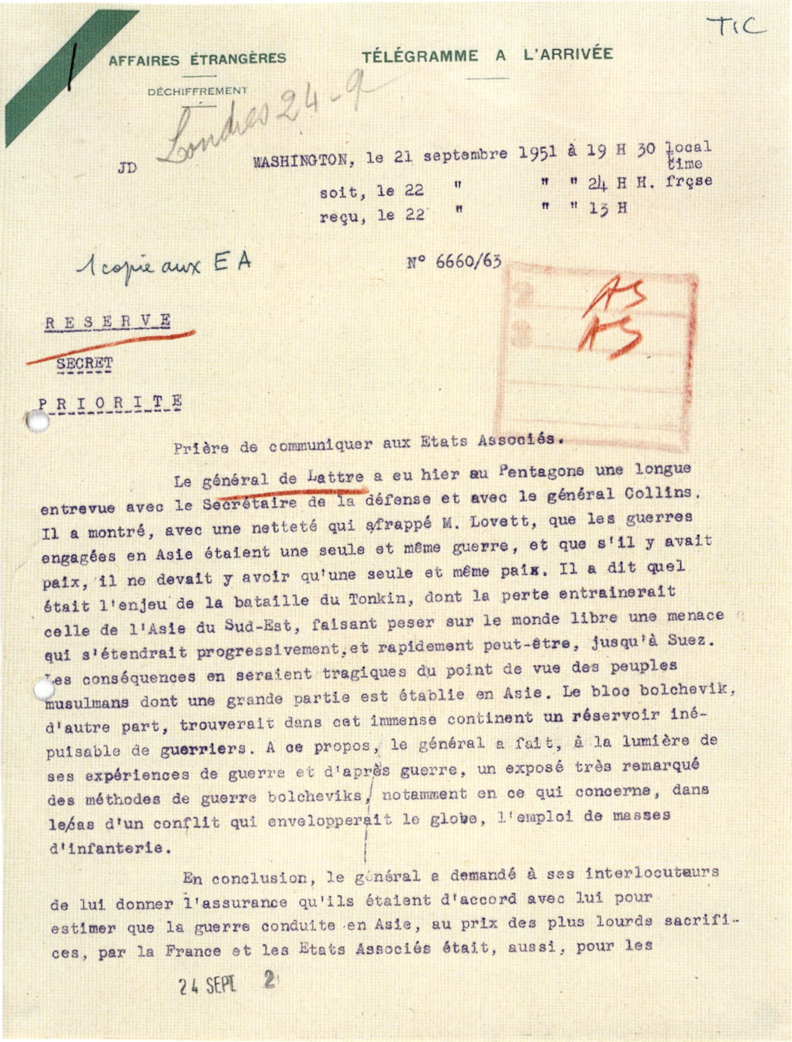

TIC

AFFAIRES ÉTRANGÈRES

DÉCHIFFREMENT

TÉLÉGRAMME A L'ARRIVÉE

Londres 24-9

JD

WASHINGTON, le 21 septembre 1951 à 19 H 30 local time
soit, le 22 " " " 24 H H. frçse
reçu, le 22 " " " 13 H

1 copie aux EA

N° 6660/63

AS
AS

RESERVE

SECRET

PRIORITE

Prière de communiquer aux Etats Associés.

Le général de Lattre a eu hier au Pentagone une longue entrevue avec le Secrétaire de la défense et avec le général Collins. Il a montré, avec une netteté qui a frappé M. Lovett, que les guerres engagées en Asie étaient une seule et même guerre, et que s'il y avait paix, il ne devait y avoir qu'une seule et même paix. Il a dit quel était l'enjeu de la bataille du Tonkin, dont la perte entrainerait celle de l'Asie du Sud-Est, faisant peser sur le monde libre une menace qui s'étendrait progressivement et rapidement peut-être, jusqu'à Suez. Les conséquences en seraient tragiques du point de vue des peuples musulmans dont une grande partie est établie en Asie. Le bloc bolchevik, d'autre part, trouverait dans cet immense continent un réservoir inépuisable de guerriers. A ce propos, le général a fait, à la lumière de ses expériences de guerre et d'après guerre, un exposé très remarqué des méthodes de guerre bolcheviks, notamment en ce qui concerne, dans le cas d'un conflit qui envelopperait le globe, l'emploi de masses d'infanterie.

En conclusion, le général a demandé à ses interlocuteurs de lui donner l'assurance qu'ils étaient d'accord avec lui pour estimer que la guerre conduite en Asie, au prix des plus lourds sacrifices, par la France et les Etats Associés était, aussi, pour les

24 SEPT 2

Télégramme d'Henri Bonnet, ambassadeur de France à Washington, relatif au voyage du général de Lattre aux États-Unis, septembre 1951.
(Transcription complémentaire en fin de volume.)
MAE, Télégrammes diplomatiques.

Ci-dessus : Largage de matériel au Nord-Viêtnam, 1951.

Un village du Nord-Viêtnam, 1951.

Le type d'opération que suggère cette image d'un village de la Haute-Région était devenu rare en 1951 : depuis le désastre de Cao-Bang, l'année précédente, le corps expéditionnaire français et ses alliés vietnamiens de l'armée de Bao-Daï concentraient l'essentiel de leurs efforts à la défense du delta tonkinois et de la côte. Mais en 1951, de Lattre tente par deux fois, et non sans succès, de se « donner de l'air » vers le nord et l'ouest. La mort mit fin à cette ultime tentative stratégique.

De Gaulle et Adenauer à Colombey

Aux sources d'une amitié

De Gaulle et Adenauer à Colombey, le 14 septembre 1958.

En recevant le chancelier allemand dans sa propriété familiale de La Boisserie, de Gaulle donne d'emblée à l'entrevue un ton personnel qui influencera les relations entre les deux pays.

À droite, en haut : Entretien du général de Gaulle et du chancelier Adenauer. (Transcription complémentaire en fin de volume.) MAE, Entretiens et messages.

Le général de Gaulle en visite à Bonn, le 5 septembre 1962.

Après le voyage d'Adenauer en France, en juillet 1962, c'est au tour de de Gaulle de visiter l'Allemagne en septembre. Photographié ici sur la Marktplatz à Bonn, il salue le « grand peuple allemand ».

EN septembre 1958, trois mois après son retour au pouvoir, de Gaulle invite Konrad Adenauer, chancelier de la République fédérale d'Allemagne, dans sa résidence privée de La Boisserie, à Colombey-les-deux-Églises. Rien ne rapproche les deux hommes : l'un est un militaire, devenu un héros national ; l'autre est un juriste et homme politique. Mais ils ont en commun leur génération (Adenauer a quatre-vingt-deux ans, de Gaulle soixante-huit), leur longue expérience, un même goût pour le commandement et leur foi catholique. Le tête-à-tête dans l'intimité d'une demeure familiale va créer entre eux un lien fort, qui sera le ciment de l'entente franco-allemande.

Dans cette conversation à cœur ouvert (dont le début est retranscrit ci-contre), tous les problèmes de politique internationale vont être abordés, en particulier le danger soviétique et la solidarité atlantique. Adenauer affirme d'emblée sa volonté de renforcer l'amitié et la coopération entre la France et l'Allemagne. De Gaulle, de son côté, déclare qu'il n'est pas anti-allemand et qu'il considère l'Allemagne comme « un partenaire possible, voire souhaitable ». Il souhaite ardemment que l'Europe se fasse, par un contact étroit entre les deux pays. Bien que défavorable à la supranationalité, il accepte le Marché commun, ce qui rassure Adenauer.

Néanmoins, quelques petites divergences se font jour. S'ils nourrissent une même méfiance à l'égard du communisme soviétique, ils ont une perception différente de la menace de l'Est : pour Adenauer, il s'agit de l'ennemi par excellence, celui qui occupe un tiers de son territoire ; pour de Gaulle, la Russie représente l'éventuelle alliance de revers. Vis-à-vis des Américains et de l'Otan, Adenauer se montre très critique, mais il estimera plus tard que, « entre l'allié américain et l'allié français, il voudrait ne pas avoir à choisir ». En outre, si de Gaulle affirme à Adenauer que la réunification lui « paraît être le destin normal du peuple allemand », il précise en 1959 qu'elle doit avoir ses limites, et d'abord la fixation de la frontière sur la ligne Oder-Neisse.

Entre les deux hommes s'instaure une entente tacite. Pour le chancelier, seuls des liens très étroits avec la France pourront permettre d'obtenir la réunification ; à cette fin, l'Allemagne doit concéder la direction des affaires européennes à la France. Pour de Gaulle, qui revendique ce leadership, l'appui de l'Allemagne est indispensable. La France pourra ainsi assurer sa suprématie en Europe continentale, et l'Allemagne voir reconnaître son statut de puissance européenne.

Quelques jours plus tard, une ombre fâcheuse vient troubler la « lune de miel » : de Gaulle adresse aux États-Unis et à la Grande-Bretagne un mémorandum dans lequel il propose de créer un directoire à trois au sein de l'Otan. Adenauer, qui n'a pas été tenu au courant, est furieux. Mais les liens forgés à Colombey viendront à bout de toutes les difficultés et aboutiront au traité de l'Élysée de janvier 1963, fondement historique de la coopération franco-allemande.

MAURICE VAÏSSE

TRÈS SECRET

265

ENTRETIEN DU GENERAL DE GAULLE ET DU
CHANCELIER ADENAUER,
le 14 SEPTEMBRE 1958, A COLOMBEY-les- DEUX EGLISES
de 16 heures à 18 h 30.

Extraits.

Le Général de Gaulle.- Je voudrais que nous parlions d'homme à homme des charges qui nous incombent vis-à-vis de nos deux pays et à l'égard du monde. Comment pouvons-nous nous aider? Que pensez-vous de la situation mondiale?

Le Chancelier Adenauer.- ....
Il en est des peuples comme des hommes. Ils ont de bonnes et de mauvaises qualités. L'Allemagne a connu un écroulement. Cet écroulement a engendré la détresse qui, à son tour, a donné naissance à certaines forces. De vastes milieux allemands ont reconnu le danger que constituait le national-socialisme, cette doctrine athée. C'est pourquoi nous avons créé mon parti, ce qui a été une performance particulièrement délicate en face d'une population composée pour moitié de protestants et pour moitié de catholiques. La suspicion régnait dans les deux camps. Elle a disparu grâce au bien-être matériel, mais il a été difficile de maintenir la base spirituelle. C'est là une des tâches qui devra marquer notre activité à l'avenir. Il a été possible d'éliminer totalement le national-socialisme et le peuple allemand ne comprend même plus comment il a pu se laisser entraîner dans cette aventure et cette folie de grandeur qui ont marqué cette époque aujourd'hui révolue. Notre parti, et j'en suis un peu responsable, a été créé pour lutter contre ce nationalisme, ce matérialisme et ces tendances athées. Je vous dis cela pour que vous compreniez la base spirituelle de notre politique. J'ai, de plus en plus, l'espoir que la jeune génération, celle qui a aujourd'hui entre vingt et trente ans, comprend cette évolution. J'avais

266

- 2 -

craint qu'elle ne la comprît pas. Je suis maintenant rassuré.

La deuxième guerre mondiale a donné naissance à deux grandes puissances, l'U.R.S.S. et les Etats-Unis, avec à l'arrière plan, l'épouvantail de la Chine communiste. L'URSS tient actuellement dans ses griffes, outre les pays balkaniques, la Tchécoslovaquie, la Pologne et une grande partie de l'Allemagne, mais il faut avouer que nous autres Européens avions fait une politique malheureuse. C'est pourquoi l'idée européenne a gagné rapidement du terrain en Allemagne, notamment auprès de la jeunesse, de même que l'idée d'une coopération et d'une amitié avec la France existe chez les jeunes. Les raisons en sont toutes nos traditions humaines et chrétiennes. Mais il existe chez nous le voisinage immédiat de l'U.R.S.S. et en outre nous ne pouvons pas toujours compter sur les Etats-Unis.

Les Américains ont beaucoup et généreusement aidé l'Europe, mais ils sont trop rapides dans leurs bons comme dans leurs mauvais réflexes. C'est un peuple trop jeune et on ignore qu'elle sera l'attitude des Etats-Unis à longue échéance. Il y a des élections présidentielles en 1960. Il est encore possible de prévoir le résultat de ces élections, mais il y aura d'autres élections en 1964 dont personne, à l'heure actuelle, ne peut imaginer l'issue. Par ailleurs, le Traité de l'Atlantique peut être dénoncé en 1968 avec un préavis d'un an. Si ce Traité n'est pas prolongé en 1964 ou 1965, et s'il fait partie de la campagne électorale américaine, je ne puis vraiment pas me prononcer sur les réactions du peuple américain. Dans ces circonstances, nous devons prévoir le cas le plus grave et rendre l'Europe indépendante des Etats-Unis.

L'U.R.S.S. n'est plus un pays communiste. C'est une dictature asiatique. J'ai suivi de près les évènements en Russie, notamment son évolution économique. Mais il ne m'a pas été possible d'en déduire les voies qu'emprunterait ce pays dans telle ou telle ...

Le mur de Berlin

De la construction à la chute

Réparation d'un pan du mur, mai 1962.

Les tentatives pour franchir le mur sont diverses : creusement d'un tunnel, passage en force avec un camion, cache dans une voiture... Du côté ouest, la construction est aussi en butte aux attentats. Ainsi, en mai 1962, un inconnu détruit un pan du mur de la Bernauerstrasse, obligeant des maçons est-allemands à le réparer sous l'œil vigilant des gardes.

PROFITANT d'un chaud week-end d'été, alors que les chancelleries occidentales sont désertées et que les partis politiques de RFA sont mobilisés par les prochaines élections législatives, la RDA verrouille soudainement la frontière entre Berlin-Ouest et Berlin-Est. En quelques heures, dans la nuit du 12 au 13 août 1961, des barbelés et des chevaux de frise barrent 67 des 81 points de passage avec Berlin-Ouest (télégramme ci-contre), tandis que les services de transport en commun sont interrompus. Décidée par Ulbricht, chef du parti communiste, et planifiée par Honecker, responsable de la sécurité, l'opération vise à stopper l'hémorragie humaine qui menace le régime communiste : entre 1949 et 1961, plus de 1,6 million d'Allemands de l'Est se sont réfugiés en RFA en passant par Berlin-Ouest.

La RDA s'assure d'abord que la fermeture de la frontière ne soulève que des protestations formelles de la part des Alliés : ceux-ci semblent estimer que cette mesure ne remet pas foncièrement en cause leur présence dans la ville, ni les accès à Berlin-Ouest, ni la liberté de sa population. L'édification d'un mur commence seulement le 15 août, un court répit qui permet encore à 6904 Allemands de l'Est de franchir la frontière.

Pour comprendre la construction de ce mur, il faut remonter à 1945, quand les accords interalliés ont découpé l'Allemagne en quatre zones d'occupation ; la ville de Berlin s'est retrouvée au cœur de la zone soviétique et a été divisée elle-même en quatre secteurs (américain, soviétique, britannique et français). Ce statut particulier en a fait un enjeu de la guerre froide en Europe. Le blocus de la ville, de juin 1948 à mai 1949, a mis fin à l'unité de l'Allemagne. Sont alors nées la République démocratique allemande (RDA) et la République fédérale d'Allemagne (RFA). Berlin-Est est devenue la capitale de l'une, Berlin-Ouest une extension non intégrée de l'autre. Dix ans plus tard a éclaté une nouvelle crise, causée par l'afflux de réfugiés est-allemands. Khrouchtchev a exigé la transformation de Berlin-Ouest en « ville libre démilitarisée », menaçant de signer un traité de paix séparé avec la RDA. De conférences quadripartites en sommets américano-soviétiques, cette crise s'est prolongée pendant près de trois ans, pour culminer avec l'érection du mur. « Mur de la honte » pour les uns, « mur de protection antifasciste » pour les autres.

Dans un premier temps, ce rempart n'empêche pas les évasions (ci-contre). Mais, au fil des années, il devient de plus en plus hermétique. Il coupe 192 rues, 32 voies ferrées, 8 lignes de S-Bahn et 4 de métro, 3 autoroutes, des rivières et des lacs. En tentant de franchir ce rideau de fer et de béton, long de 155 km, surveillé par 14000 gardes et 600 chiens, au moins 239 personnes perdent la vie.

La situation va rester figée durant vingt-huit ans, même si des arrangements rétablissent les visites privées à Berlin-Est et en RDA. L'accord quadripartite de 1971 et, l'année suivante, le « traité fondamental » entre les deux États allemands se contentent d'améliorer les liaisons autoroutières et ferroviaires entre la RFA et Berlin-Ouest.

Télégramme de Serge Arnault de Guényveau, chef de la division politique du gouvernement militaire français de Berlin (GMFB), le 14 août 1961.

1. La situation semble calme actuellement dans les deux parties de Berlin. La seule manifestation qui aurait pu prendre des proportions dangereuses est celle qui a eu lieu hier au soir à la porte de Brandebourg, où quelques milliers d'Occidentaux s'étaient groupés jusqu'à minuit face à la frontière sectorale. L'Est vient d'autre part d'annoncer une manifestation qui aurait dû avoir lieu aujourd'hui en secteur occidental, celle des « marcheurs de la paix ». […]
(Transcription complémentaire en fin de volume.)
MAE, Europe.

AFFAIRES ÉTRANGÈRES

TÉLÉGRAMME A L'ARRIVÉE 114

DÉCHIFFREMENT

ATTRIBUTIONS : 2 - EU - EU - EU
3 - PA
SC - SJ - IP

HAUSSAIRE BERLIN LE 14 AOUT 1961
RECU LE - - 18H.30

NO 1150/1160

COMMUNIQUE DIPLOMATIE PARIS-ADRESSE AMBAFRANCE BONN. NO 1245/1255

1/ LA SITUATION SEMBLE CALME ACTUELLEMENT DANS LES DEUX PARTIES DE BERLIN. LA SEULE MANIFESTATION QUI AURAIT PU PRENDRE DES PROPORTIONS DANGEREUSES EST CELLE QUI A EU LIEU HIER AU SOIR A LA PORTE DE BRANDEBOURG OU QUELQUES MILLIERS D'OCCIDENTAUX S'ETAIENT GROUPES, JUSQU'A MINUIT, FACE A LA FRONTIERE SECTORALE. L'EST VIENT D'AUTRE PART D'ANNULER UNE MANIFESTATION QUI AURAIT DU AVOIR LIEU AUJOURD'HUI EN SECTEUR OCCIDENTAL: CELLE DES ''MARCHEURS DE LA PAIX'' (MON TELEGRAMME BONN 1192-PARIS 1105). IL A INTERDIT EN EFFET A CES TRENTE HUIT PERSONNES DE PENETRER A BERLIN-OUEST.

2/ TREIZE POINTS DE PASSAGE RESTENT OUVERTS. QUANT AUX AUTRES, ON SIGNALE ICI ET LA QUE D'EPAIS MURS DE MACONNERIE COMMENCENT A ETRE CONSTRUITS, QUE DES FOSSES SONT CREUSES. LES LIGNES S/BAHN RELIANT BERLIN-OUEST A LA ZONE (TELLE QUE CELLE DE POTSDAM OU D'ORANIENBOURG) SONT INTERROMPUES A LA FRONTIERE ZONALE, LES RAILS ETANT ENLEVES SUR UNE CERTAINE LONGUEUR. LES LIGNES S. ET U. BAHN RELIANT BERLIN-OUEST A BERLIN-EST RESTENT OUVERTES, MAIS LES TRAINS ABOUTISSANT EN SECTEUR ORIENTAL A DEUX POINTS DE CONTROLE SYSTEMATIQUES: LA FRIEDRICHBAHNHOF POUR LE S'BAHN ET LA GARE STADTMITTE POUR LES U. BAHN . DE NOMBREUSES GARES EN SECTEUR ORIENTALE SONT FERMEES .

Un autobus servant de poste d'observation à Wedding (secteur français de Berlin), septembre 1961.

Durant les premiers mois, les familles et les amis séparés parviennent encore à s'adresser des signes de la main, en se hissant sur des lampadaires ou en se juchant sur le toit des autobus. Rapidement, la RDA interdit les abords de la fortification et installe de hauts panneaux barrant la vue ; à l'ouest, des plates-formes d'observation sont disséminées le long du mur.

« Berlin est comme un durillon au pied du monde occidental. Nous pouvons lui marcher dessus chaque fois que l'envie nous en prend. »

Nikita Khrouchtchev.

La chute du mur est aussi soudaine que sa construction. Il tombe par une nuit froide le 9 novembre 1989, après 10 315 jours d'existence.

Déstabilisée par la politique réformatrice de Gorbatchev, par les départs massifs d'Allemands de l'Est qui traversent la Hongrie ou se réfugient dans les ambassades de RFA, et par un mouvement contestataire qui se développe à l'abri des églises, la RDA célèbre son quarantième anniversaire dans le trouble et l'incertitude. Devant l'ampleur des manifestations de Leipzig et de Berlin-Est (près d'un million de personnes le 4 novembre sur l'Alexanderplatz), la direction du parti communiste se saborde, en autorisant « immédiatement » le 9 novembre la libre circulation des Allemands de l'Est vers la RFA. Cette annonce donne le signal d'une ruée de milliers de citoyens est-allemands vers les points de passage entre les deux Berlin. Dépourvus d'ordre précis, les gardes les laissent passer. Une joyeuse folie s'empare de la ville toute la nuit : hourras, pleurs, chants, champagne, pétards, concerts de klaxon se mêlent en une cacophonie d'allégresse et d'exubérance. Les événements s'accélèrent. Le 12 novembre, une brèche est pratiquée sur la Potsdamerplatz. Le 22 décembre 1989, la porte de Brandebourg, symbole de la ville, est ouverte (ci-contre). La réunification allemande s'opère enfin le 3 octobre 1990, en même temps que cessent les droits des quatre anciennes puissances occupantes. La chute du mur, qui symbolisait la division de l'Europe en deux blocs antagonistes, annonce celle de l'empire soviétique et ouvre une ère nouvelle. CYRIL BUFFET

La porte de Brandebourg, le 22 décembre 1989.

Symbole de la ville depuis deux cents ans, la porte de Brandebourg est rouverte dans une ambiance solennelle et joyeuse. Quelques jours plus tard, pour la première fois depuis vingt-huit ans, les Berlinois fêtent ici ensemble la fête de Noël.

Le mur comme une immense toile peinte.

Dans les années 80, le mur devient une gigantesque toile couverte de graffitis sans cesse renouvelés. À l'initiative de deux jeunes Français, il sert de support à des fresques colorées dont il ne reste pour unique témoignage que la East Side Gallery, réalisée après le 9 novembre 1989.

La chute du mur dans la nuit du 9 au 10 novembre 1989.

L'événement donne lieu pendant plusieurs jours à une formidable liesse populaire. De partout, des Allemands et des étrangers accourent. Munis de marteaux et de piques, ils creusent des trous qui s'agrandissent de plus en plus. Chaque ouverture de passage est une fête joyeuse et émouvante. La destruction du mur ne sera vraiment complète qu'en 1991.

Le cabinet du ministre des Affaires étrangères Alexandre, comte Colonna Walewski (1855-1860), décembre 1859.

TRANSCRIPTIONS

partielles ou intégrales des textes et documents reproduits en fac-similé

I. DE L'ANCIEN AU NOUVEAU MONDE (1500-1580)

Christophe Colomb
Cartulaire de Christophe Colomb, lettre des souverains espagnols du 14 mars 1502 (p. 28-29 et 31)

Le roi et la reine
À don Christophe Colomb, notre amiral des Îles et de la Terre ferme situées dans l'Océan du côté des Indes.
Nous avons lu votre lettre du 26 février et celles qui l'accompagnaient et les mémoriaux que vous nous avez fait parvenir ; et concernant ce que vous dites sur votre volonté, lors du voyage que vous allez maintenant entreprendre, de passer par l'île d'Hispaniola, nous vous disons qu'il n'y a pas de raison pour que vous perdiez du temps dans ledit voyage, vous accordant tout au plus que, au retour, si Dieu le veut, vous vous y rendiez de passage si vous l'estimez nécessaire pour ne vous y arrêter que peu de temps ; car comme vous le voyez, il convient que, une fois revenu du voyage que vous allez entreprendre, vous nous informiez en personne de tout ce que vous aurez découvert et fait afin que, aidés de votre avis et de votre conseil, nous prenions à ce sujet les dispositions qui conviennent le mieux à notre service et pourvoyions d'ici les choses nécessaires au troc.
Nous vous envoyons ici les instructions de ce que, si Dieu le veut, vous aurez à faire lors de ce voyage ; sur ce que vous dites concernant le Portugal, nous avons écrit au roi du Portugal, notre fils, sur ce qui convient et nous vous envoyons ici la lettre que vous nous demandez pour son capitaine, où nous l'informons de votre départ vers l'Ouest et du fait que nous avons eu connaissance de son départ vers l'Est, pour que, si vous vous rencontriez, vous vous traitiez les uns et les autres en amis, et comme il se doit entre des capitaines et des sujets des rois entre lesquels existe un si grand respect et amitié, lui disant que nous vous avons ordonné la même chose, et nous ferons en sorte que le roi du Portugal, notre fils, écrive une lettre similaire au dit capitaine.
Concernant ce que vous demandez pour que nous vous autorisions à emmener dans ce voyage votre fils don Fernando et que le traitement qui lui devrait être accordé soit alloué à votre fils don Diego, nous l'approuvons.
Concernant ce que vous dites au sujet d'emmener avec vous une ou deux personnes parlant l'arabe, nous l'approuvons, à condition que cela ne vous retarde pas.
Concernant ce que vous dites sur la part du gain qui sera distribuée entre les gens qui vous accompagnent dans les bateaux, nous vous répondons qu'ils partent dans les mêmes conditions faites à ceux qui sont auparavant partis.
Sur les dix mille pièces de monnaie dont vous nous parlez, nous avons décidé qu'elles ne seront pas fabriquées pour ce voyage, jusqu'à ce qu'on en sache davantage.
Sur la poudre et l'artillerie que vous demandez, vous verrez que nous avons déjà ordonné de vous en pourvoir.
Sur ce que vous dites que, à cause de votre départ, vous ne pouvez pas parler au docteur Angulo et au licencié Zapata, écrivez-nous longuement et de façon détaillée.
Quant aux autres questions abordées dans vos mémoriaux et lettres vous concernant vous et vos enfants et frères, vous constaterez que, nous-mêmes nous trouvant en chemin et vous sur le point de partir, nous ne pourrons pas nous en entretenir avant que nous ayons fixé notre résidence quelque part et que, si vous deviez attendre cela, votre voyage ne pourrait pas avoir lieu. C'est ainsi qu'une fois achevés les préparatifs nécessaires à votre voyage, il vaut mieux que vous partiez sans plus tarder et que votre fils reste à la charge de solliciter ce que contiennent lesdits mémoriaux. Et soyez certain que votre emprisonnement nous a beaucoup peinés, ce que vous avez bien pu voir et tout le monde comprendre clairement, car dès que nous l'apprîmes nous ordonnâmes d'y mettre un terme ; et vous savez la faveur avec laquelle nous avons toujours ordonné que vous soyez traité ; et nous tenons plus que jamais à vous honorer et à vous traiter favorablement, et les faveurs qui vous ont été accordées vous seront entièrement conservées, suivant la forme et la teneur de nos propres privilèges que vous tenez de ces faveurs, et sans que rien ne vienne à l'encontre, et vous et vos enfants jouirez d'elles comme il se doit, et s'il est nécessaire de les confirmer à nouveau nous le ferons, et nous ordonnerons que votre fils soit mis en possession de tout cela. Et bien au-delà, nous avons la volonté de vous honorer et de vous accorder des faveurs, et de vos enfants et de vos frères nous prendrons le soin qui s'impose. Et tout cela pourra être fait si vous partez le plus tôt possible et vous en laissiez la charge à votre fils comme il a été dit. Et c'est ainsi que nous vous prions de partir sans plus tarder. À Valencia de la Torre, le 14 mars 1502. Moi, le Roi. Moi, la Reine. Par ordre du roi et de la reine, Miguel Pérez de Almazán. Et au dos de cette lettre il y avait écrit ce qui suit : du roi et la reine à don Christophe Colomb, leur amiral des Îles et de la Terre ferme situées dans l'Océan du côté des Indes.
Cette transcription a été collationnée avec lesdites déclarations et cédules et lettres originales d'où elle a été extraite, en présence des greffiers de Séville qui avec leurs noms et signatures en témoignèrent dans ladite ville de Séville le 22 mars de l'année 1502 de la nativité de Notre Sauveur Jésus-Christ.
Moi, Gómez Nieto, greffier de Séville, en suis témoin. [...] Moi, Alfonso Lucas, greffier de Séville, en suis témoin. [...]
Moi, Martín Rodríguez, greffier de Seville, fis établir cette transcription et j'appose ma signature et en suis témoin.

La paix des Pyrénées
Copie du contrat de mariage de Louis XIV et de Marie-Thérèse (extraits), signé le 7 novembre 1659 dans l'île des Faisans (p. 71)

1. Qu'avec la grâce et bénédiction de Dieu, préalablement obtenue dispense de Sa Sainteté, à raison de la proximité et consanguinité qui est entre le roi très-chrétien et la Sérénissime Infante; ils fassent célébrer leurs épousailles et mariage, par parole de présent, selon la forme et solennité prescrite par les sacrés canons et constitutions de l'Église catholique, apostolique et romaine. Et se feront lesdites épousailles et mariage en la cour de Sa Majesté catholique, où elle sera avec la Sérénissime Infante dame Marie-Thérèse; et ce en vertu du pouvoir et commission du roi très-chrétien, qui le ratifiera et accomplira en personne, quand la Sérénissime Infante dame Marie-Thérèse sera amenée et arrivée en France; Sa Majesté se joignant avec Son Altesse, et recevant les bénédictions de l'Église: et la conclusion et ratification dudit mariage, soit par pouvoir spécial ou en présence, se feront quand et dans le temps accordé et concerté entre Leurs Majestés.
2. Que Sa Majesté catholique promet et demeure obligée de donner, et donnera à la Sérénissime Infante dame Marie-Thérèse, en dot et en faveur du mariage avec le roi très-chrétien de France, et paiera à Sa Majesté très-chrétienne, ou à celui qui aura pouvoir et commission d'Elle, la somme de cinq cent mille écus d'or sol, ou leur juste valeur, en la ville de Paris. Et ladite somme sera payée en la manière suivante: le tiers, au temps de la consommation du mariage; l'autre tiers, à la fin de l'année depuis ladite consommation; et la dernière troisième partie, six mois après: en sorte que l'entier paiement de ladite somme de cinq cent mille écus d'or sol, ou leur juste valeur, sera fait en dix-huit mois de temps, aux termes et portions qui viennent d'être spécifiées.
3. Que Sa Majesté très-chrétienne s'oblige d'assurer et assurera la dot de la Sérénissime Infante dame Marie-Thérèse, sur rentes bonnes et bien assurées, et sur fonds et assignats valables, au contentement de Sa Majesté catholique, ou des personnes qu'il nommera pour cet effet, à mesure et à proportion de ce que Sadite Majesté aura reçu des cinq cent mille écus d'or sol, ou leur juste valeur, dans les termes ci-dessus dits; et enverra aussitôt à Sa Majesté catholique les actes de ladite assignation et consignation de rentes: et en cas de dissolution du mariage, et que de droit la restitution de la dot ait lieu; elle sera rendue à la Sérénissime Infante, ou à celui qui aura charge ou droit de son Altesse; et pendant le temps qui courra, qu'on ne lui rendra point sondit dot, son Altesse, ou les héritiers et successeurs jouiront des revenus, à quoi se monteront lesdits cinq cent mille écus d'or sol, à raison du dernier vingt, qui seront payés en vertu desdites assignations. [...]
6. Que la Sérénissime Infante dame Marie-Thérèse, avant que célébrer le mariage, par paroles de présent, donnera, promettra et octroiera son écrit, par lequel elle s'obligera, tant pour elle que pour ses successeurs héritiers, à l'accomplissement et observation de tout ce que dessus, et de son exclusion, et de celle de ses descendants; approuvera le tout selon comme il est contenu en cette présente capitulation, avec les clauses et jurements nécessaires et requis. Et en insérant la susdite obligation et ratification, que Son Altesse aura donnée et faite à la présente capitulation, elle en fera une autre pareille et semblable, conjointement avec le roi très-chrétien, sitôt qu'elle sera épousée et mariée, laquelle sera enregistrée au Parlement de Paris, selon la forme accoutumée, avec les autres clauses nécessaires. Comme aussi de la part de Sa Majesté catholique, elle fera approuver et ratifier la renonciation et ratification en la forme et force accoutumée, avec les autres clauses nécessaires; la fera aussi enregistrer en son Conseil d'État. Et soit que lesdites renonciations, ratifications et approbations soient faites, ou non faites; dès à présent, en vertu de cette présente capitulation, et du mariage qui s'en ensuivra, et en contemplation de toutes les susdites choses, elles seront tenues et censées pour bien et dûment faites et octroyées, et pour passées et registrées dans le Parlement de Paris, par la publication de la paix dans le royaume de France.
7. Que Sa Majesté très-chrétienne donnera à la Sérénissime Infante dame Marie-Thérèse, pour ses bagues et joyaux, la valeur de cinquante mille écus d'or sol, lesquelles, et toutes autres qu'elle portera avec soi, lui appartiendront, sans difficulté, comme étant biens de son patrimoine, propres à Son Altesse, et à ses héritiers et successeurs, ou à ceux qui auront son droit et cause.
8. Que Sa Majesté très-chrétienne, suivant l'ancienne et louable coutume de la Maison de France, assignera et constituera à la Sérénissime Infante dame Marie-Thérèse, pour son douaire, vingt mille écus d'or sol, chacun an, qui seront assignés sur revenus et terres, où y aura justice; dont le principal lieu aura titre de duché, et consécutivement jusqu'à la concurrence de ladite somme de vingt mille écus d'or sol, chacun an: desquels lieux et terres ainsi donnés et assignés, ladite Sérénissime Infante jouira par ses mains et de son autorité, et de celles de ses commissaires et officiers, et aura la justice, comme il a été toujours pratiqué. Davantage, à elle appartiendra la provision de tous les offices vacants, comme ont accoutumé d'avoir les reines de France. Bien entendu néanmoins, que lesdits offices ne pourront être donnés qu'à naturels Français, comme aussi l'administration et les fermes desdites terres, conformément aux lois et coutumes du royaume de France. De laquelle susdite assignation, ladite Sérénissime Infante Dame Marie-Thérèse entrera en possession et jouissance sitôt que douaire aura lieu, pour en jouir toute sa vie, soit qu'elle demeure en France, ou qu'elle se retire ailleurs hors de France. [...]
11. Qu'en cas que le mariage se dissolve entre Sa Majesté très-chrétienne et la Sérénissime Infante dame Marie-Thérèse, et que Son Altesse survive à Sa Majesté très-chrétienne: en ce cas elle s'en pourra retourner librement, et sans autre empêchement quelconque, au royaume d'Espagne, et aux lieux et endroits qu'elle choisira plus convenables hors de France toutesfois et quantes que bon lui semblera, avec tous ses biens, dot, douaire, bagues, joyaux et vêtements, vaisselle d'argent, et tous autres meubles quelconques, avec ses officiers et serviteurs de sa maison; sans que pour aucune chose que ce soit, ou serait survenue, on lui puisse donner aucun empêchement quelconque, ni arrêter son départ directement, ni indirectement, empêcher la jouissance et recouvrement de sesdits dot et douaire, ni autres assignations, qu'on lui aurait données, ou dû donner. Et pour cet effet, Sa Majesté très-chrétienne donnera à Sa Majesté catholique, pour ladite Sérénissime Infante Dame Marie-Thérèse sa fille, telles lettres de sûreté, qui seront nécessaires, signées de sa propre main, et scellées de son sceau; et dès à présent comme dès lors, Sa Majesté très-chrétienne le leur assurera, et promettra, pour foi et pour ses successeurs trois, en foi et parole de roi. [...]

Des esclaves chrétiens
Lettre du roi du Maroc à Louis XIV, le 18 août 1693 (p. 83)

Au plus grand prince des chrétiens, le monarque de France Louis quatorzième, le salut de paix soit donné à ceux qui suivent les inspirations de la vérité.
Au nom de Dieu le Miséricordieux, le Misérateur, n'y ayant point de force ni de puissance que par lui, étant le Très Haut et le Très Grand. [*Ici est le sceau du roi du Maroc contenant ces termes*

en lettre d'or : Ismaël, fils du chérif de la lignée de Hassan, que Dieu veuille rendre victorieux et triomphant. *Autour du sceau sont écrits ces mots :*] Dieu veut sur toutes choses nous nettoyer de toute souillure, ô princes du sang du Prophète, et nous purifier entièrement.]

Au plus grand prince des chrétiens, le monarque du royaume de France, Louis quatorzième, Dieu donne sa paix à ceux qui suivent les inspirations de la vérité.

Votre Majesté saura qu'aussitôt que votre serviteur l'ambassadeur est arrivé sur les terres bienheureuses de notre obéissance, nous en avons été informés par notre serviteur et notre fidèle et ami conseiller, l'alcade Ali fils d'Abdalla, qui nous a demandé congé de le faire venir en notre cour. Nous le lui avons agréablement permis, dans l'opinion que nous avions qu'il ne venait que pour traiter des affaires de la dernière conséquence, qui nous achemineraient à obtenir tout ce que nous désirerions de Votre Majesté, et elle tout ce qu'elle pourrait désirer de nous.

Mais après qu'il est arrivé à notre haut trône, que nous lui avons parlé et que nous l'avons interrogé (amplement), nous avons connu qu'il n'était en fait chargé que de propositions qui concernaient les esclaves et nous ne l'avons pas trouvé revêtu de pouvoirs assez amples pour traiter avec nous d'autres affaires. Ce que n'ayant pas jugé assez considérable, nous n'avons pas cru qu'il fût à propos de nous ouvrir à lui sur des affaires de grande importance, étant certain que le sujet de son ambassade s'exécuterait parfaitement par les mains d'un simple marchand dont la dignité serait bien au-dessous de la sienne.

Aussitôt qu'il s'est retiré de notre présence royale, nous avons remis l'expédition de ses affaires à notre serviteur et ami conseiller l'alcade Ali fils d'Abdalla, en conséquence de l'autorité et du commandement général dont il est revêtu par notre ordre souverain dans tous nos ports, villes, bourgs et tribus de nos côtes maritimes. Nous lui avons permis de négocier avec votre ambassadeur et nous lui avons donné un pouvoir suffisant pour tout ce qu'il traitera et contractera avec lui dans les affaires de la plus grande importance, en cas que cet ambassadeur eût aussi quelque plein pouvoir incontestable et indissoluble, tel que l'a notre serviteur qui négociera avec lui ce qu'il jugera à propos, tant pour le présent que pour l'avenir.

Au reste, le salut de paix soit donné à ceux qui suivent les inspirations de la vérité.

Écrit le dixième jour du mois de zilhadgé dernier de l'année 1104 [*c'est-à-dire le 18 août de l'an de grâce 1693*]

Interprété par La Croix le fils le 2 septembre 1693.

Marie Leszczynska
Lettre du duc de Noailles à Stanislas Leszczynski, le 11 août 1725 (p. 105)

À Strasbourg, ce 11 août 1725
Je n'ai point eu l'honneur, Monsieur, de vous écrire pendant mon voyage, n'ayant rien eu qui méritât de vous être mandé. J'ai attendu à me renouveler dans l'honneur de votre souvenir que je fusse arrivé ici où je suis depuis quelques jours. J'y ai trouvé un beau et magnifique spectacle, tout s'y dispose pour la cérémonie et la princesse dont Sa Majesté a fait choix fait connaître de plus en plus combien elle en est digne. Il n'y a point d'éloges qui ne soient au-dessous de tout ce que l'on peut en dire. Sa personne plaît infiniment sans être ce que l'on appelle une beauté et ces agréments sont soutenus par un esprit également orné et solide. Mais ce que l'on ne peut assez louer en elle est une très grande piété dont elle a l'exemple dans sa propre maison. Il faut espérer que Dieu répandra ses bénédictions sur ce mariage et l'on ne peut augurer que toute sorte de bonheur pour le roi avec une princesse aussi accomplie et aussi respectable. Il y a ici un grand concours de princes et de seigneurs allemands et l'on peut dire que tout répond à la dignité et à la majesté d'une aussi auguste cérémonie. Comme je ne doute point que bien des gens ne vous rendent compte de toutes choses, je crois que ce serait abuser de vos moments de vous en faire un plus grand détail. On dit que nous partirons d'ici le 17 et je ne doute point qu'on ne fasse toute la diligence qui sera possible pour satisfaire la juste impatience que Leurs Majestés ont de se voir. Je vous prie de croire que la mienne ne peut être plus grande de vous assurer de tous les sentiments avec lesquels je vous honore et de l'attachement sincère avec lequel je suis, Monsieur, votre très humble et très obéissant serviteur.
Le duc de Noailles.

Les jésuites et l'empereur de Chine
Copie de la lettre du roi de la Chine écrite au pape, traduite par le père secrétaire des Indes de la Compagnie de Jésus, 1730 (p. 111)

Vous Clément II, béni par-dessus tous les pontifes bénis et grand empereur de tous les pontifes et pasteurs chrétiens, dispensateur de l'huile des rois de l'Europe, Gionatta VII, favori et ami de Dieu, le plus puissant de tous les puissants de la terre, qui surpasse toutes les grandeurs qui sont sous le soleil et la lune et qui est assis sur le trône d'émeraude de l'Empire de la Chine élevé sur cent degrés d'or pour expliquer la parole de Dieu à tous les fidèles enfants d'Abraham, qui a droit de vie et de mort sur cent quinze royaumes et cent soixante et dix îles, il écrit cette lettre avec la plume d'autruche vierge, salut et longue vie.
Le temps étant venu que la fleur de notre royale jeunesse doit mûrir les fruits de notre vieillesse et satisfaire en même temps aux désirs de nos fidèles sujets et leur donner un successeur qui les protège, nous avons résolu de nous unir en mariage à une belle et illustre fille qui ait sucé le lait d'une courageuse lionne et d'une douce brebis. C'est pourquoi votre peuple romain ayant toujours passé pour le père des femmes fortes, chastes et invincibles, nous voulons bien étendre notre puissante main pour prendre une d'elles pour notre épouse.
Nous souhaitons que ce soit une de vos nièces ou de quelque autre fameux prêtre latin, laquelle soit regardée de l'œil droit de Dieu, qui ait l'autorité de Sara, la fidélité d'Ester et la sagesse de Raab. Nous voulons qu'elle ait les yeux de la colombe qui regarde le ciel et la terre et les lèvres d'une coquille qui se nourrit de la rosée du matin.
Son âge ne doit pas passer deux cents lunes. Il faut que sa taille soit de la hauteur d'un épi de blé vert et sa grosseur comme celle d'une poignée de blé sec. Nous lui enverrons une ambassade de nos mandarins pour la voir de notre part, qui la conduiront ici. Nous irons à sa rencontre au bord de la grande rivière et la ferons monter sur notre char et elle pourra adorer auprès de nous son dieu avec vingt-quatre filles dont nous lui laisserons le choix comme la tourterelle en printemps. En satisfaisant vous, père et notre ami, au désir que nous avons, vous aurez occasion de faire une alliance et une amitié éternelle entre vos royaumes d'Europe et notre Empire dominant et nos lois seront unies ensemble comme le lierre s'attache aux arbres.
Nous répandrons nous-même notre race royale en tant de provinces en réchauffant le lit de vos princes avec les feux de quelqu'une de nos belles amazones dont les mandarins nos ambassadeurs vous porteront les portraits.
Nous vous prions d'entretenir la paix entre les deux bonnes familles religieuses des missionnaires noirs, enfants d'Ignace, et des blancs et noirs, enfants de Dominique. Nous vous servons dans notre Empire du conseil des uns et des autres et de leurs lumières pour l'interprétation des divines Écritures à peu près comme l'on jette de l'huile dans la mer pour servir de lumière. Nous élevant cependant de notre trône pour vous embrasser, nous vous déclarons que cette lettre a été scellée du sceau de notre Empire de notre ville, capitale du monde, le troisième jour de la huitième lune et la quatrième année de notre Empire.

La fin du rêve français aux Indes
Lettre du comte de Lally au duc de Choiseul, le 17 octobre 1759 (p. 115)

À Pondichéry, ce 17 octobre 1759
Vous gouvernez l'Europe, monsieur le Duc, et moi l'Asie, vous avez, j'en conviens, le plus noble partage, mais à tout examiner vous conviendrez aussi que la différence n'est que du blanc au noir, les gens à qui vous avez affaire s'appellent ambassadeurs, ceux avec qui je traite se nomment *vaquils*, les vôtres vous parlent chaussés et les mains vides, les miens ne m'approchent que pieds nus et les mains pleines, vous les trompez tant que vous pouvez, et moi je les attrape quand je peux.
La situation politique de cette colonie ne jette qu'une légère influence dans ce moment sur votre état avec l'Angleterre, elle eût pu être très grande si M. d'Aché [officier de marine] m'eut apporté six mois plus tôt, ou s'il eut laissé venir M. de L'Eguille [*id.*] pendant mon siège de Madras, s'il m'y eut laissé l'année dernière six à sept cents hommes de débarquement que je lui demandais et qu'il m'a laissé cette année par honte de n'avoir paru que quatre jours avec nous depuis quatorze mois, ou enfin s'il eut gagné l'une des trois batailles qu'il a perdues et s'il n'eut pu refuser la quatrième qui lui mettait la victoire à la main.
Je me suis donc borné jusqu'ici comme homme de compagnie à des équivalents pour ce que cette Compagnie a perdu par les fautes d'autrui.
Je vais faire un dernier effort d'ici au 1er mars sur l'annonce que l'on me fait des forces formidables arrivées à l'ennemi à Bombay et qui ne peuvent être à cette côte avant ce temps.
Vous rendriez un service éclatant à l'État en général et à la Compagnie si vous pouviez déterminer messieurs les Hollandais à marquer moins de partialité pour nos ennemis qui les traitent ici comme en Europe, la verge à la main. Je ne sais par quelle fatalité ils préfèrent les coups de bâton que les Anglais leur donnent aux révérences que nous leur faisons. Je n'ose trop vous dire qu'il y a un vice caché que j'attribue au plus de bonne foi qu'ils trouvent chez eux que chez

nous. Ce gouvernement-ci est et veut être le prototype de celui de France et cette portion de la Compagnie qui ne devrait être que comme le centre, ne sait être que monopole.

Le baron de Waneck, qui commande à cette côte, ne se cache pas même en public d'une préférence qu'il affecte en faveur de notre ennemi, elle est répandue dans tous ses discours. Il a fourni aux Anglais le vaisseau, à lui appartenant, pour transporter de Madras pendant le siège les effets les plus précieux qui étaient dans cette ville et je me suis vu forcé de prévenir les Anglais, en la possession de Sadras que j'ai prise pendant trois semaines, pour empêcher cette ville de fournir des secours continuels à Madras et pour favoriser en même temps ma communication avec Pondichéry qui eût été totalement interceptée. Du reste, on n'a dépossédé ni le gouvernement ni les habitants et tout a été inventorié en règle jusqu'à notre extradition.

Votre curiosité n'est point sans doute tentée de se procurer des raretés de ce pays, soit en meuble, soit en étoffes, car vous m'auriez donné la préférence de la commission qu'un commissaire du roi ici est en état de remplir mieux qu'un autre et je ne m'eusse certainement pas fait payer comme cela se pratique dans tout ce que font ici nos honnêtes gens.

Vous avez tant franchi d'échelons depuis Ettingen que vous m'avez quasi laissé au pied de l'échelle et vous me mettez dans le cas de crier de bas en haut : tendez-moi donc la main.

Je suis votre ami et serviteur et personne ne vous est plus tendrement et plus respe[illegible]ement attaché que moi.

[illegible]lly

LE « SECRET [illegible]
Lettre [illegible]
le 1[illegible]

[illegible]o,
[illegible]aroles,
c[illegible]ission par
M. [illegible] Durand a eu
grand[illegible]u de papiers qui se
trouvai[illegible]mi ceux du dépôt des
Affaires ét[illegible] et il m'a remis tout ce qui
était relatif à [illegible]ffaire secrète. Moyennant toutes ces précautions, Votre Majesté peut être sûre qu'il n'a passé aucune trace de ce secret sous les yeux des personnes qui doivent l'ignorer et tout ce qui peut y avoir rapport se trouve actuellement réuni dans un cabinet chez moi, où cela est en sûreté. Comme cette correspondance est volumineuse et augmentera encore tous les jours, je me proposerais, si Votre Majesté le juge à propos, d'en faire l'examen lorsque j'en aurai le temps et de brûler tout ce qui me paraîtra inutile ; mais je ne le ferai qu'après en avoir reçu l'ordre de Votre Majesté.

Quoique M. le duc de Choiseul n'ait aucune preuve par écrit de la correspondance dont le Sr Tercier était chargé, je ne saurais douter qu'il n'en ait appris assez pour confirmer les soupçons qu'il avait déjà montrés en plusieurs occasions, puisqu'en envoyant vendredi M. Durand lever les scellés, il lui a dit en propres termes : « Quoique la correspondance volumineuse de M. le comte de Broglie et de Tercier avec le roi ait été enlevée dès le premier jour, allez lever les scellés et rapportez-moi les papiers du dépôt et tout ce que vous trouverez. » Il lui a répété à peu près la même chose ce matin lorsqu'il lui a rendu compte de cette commission, d'où il résulte que me voilà de nouveau regardé par M. de Choiseul comme un homme qui intrigue contre lui. Cela m'embarrasse infiniment en m'empêchant de l'aller voir, de peur d'en recevoir un accueil public peu convenable et même d'en essuyer des reproches et des questions auxquelles il me serait difficile de répondre. Comme il m'est cependant impossible d'éviter d'aller chez lui, je dois supplier Votre Majesté de me prescrire Elle-même ce que je dois répondre s'il me parle de cette correspondance qui, selon M. Durand, lui donne tant d'humeur. Dois-je simplement lui soutenir que ce sont de ses chimères et de ses soupçons ordinaires et m'en tenir à une négation absolue ? Dois-je, au contraire, lui avouer la vérité et, sans entrer en détail, convenir qu'il y avait une correspondance, que j'y avais part et que j'en avais reçu l'ordre de [illegible]tre Majesté ? Je n'ai en tout cela d'autre désir [illegible] de me conformer à sa volonté ; je ne [illegible]de que de la connaître et, quelles qu'en [illegible]tre les suites, je la suivrai avec le zèle et [illegible]ssance que je Lui dois.

BEAUMARCHAIS CONTRE D'ÉON
Lettre du chevalier d'Éon à Vergennes, le 27 mai 1776 (p. 131)

Londres, le 27 mai 1776

Monseigneur,

Je pense n'avoir pu donner une plus grande preuve de ma modération et de la reconnaissance dont je me croyais redevable envers M. de Beaumarchais, qu'en ayant différé, depuis le mois d'octobre jusqu'à présent, à vous rendre un compte fidèle de la conduite bizarre et déshonnête que cet envoyé extraordinaire a tenue tant envers moi qu'envers milord Ferrers. Comme la plupart des faits sont consignés dans la correspondance dont j'ai l'honneur de vous envoyer copie ci-jointe, et quoique le style des lettres de M. de Beaumarchais ne soit que le diminutif de l'insolence de ses discours et de sa conduite, de peur d'abuser de votre patience et d'un temps que vous savez mieux employer aux besoins de l'État, je me contenterai de vous observer ici, Monseigneur, que *la véritable raison secrète de la mauvaise humeur de M. de Beaumarchais envers moi, dans cette affaire, provient du refus constant que je lui ai fait, ainsi qu'à son intime ami M. de Morande, de les laisser avec leurs associés gagner tout l'argent des polices scandaleuses qui se sont élevées sur mon sexe, sans qu'ils aient pu même m'ébranler par leur promesse de mettre dans ma poche sept ou huit mille louis, si je voulais avoir pour eux cette infâme complaisance.* Ceux qui ont bien connu la trempe de mon caractère en France, en Russie, à l'armée, en Allemagne, et les Anglais qui m'ont vu refuser constamment 15 000 guinées, en 1771, pour une pareille opération, n'auront pas de peine à concevoir qu'en cette circonstance mon indignation a été cent fois plus grande que mon humiliation.

Si ce refus obstiné de ma part a eu le malheur de m'aliéner le cœur de M. de Beaumarchais, mon esprit s'est encore plus aliéné de lui par les actes d'infidélité, de manque de parole d'honneur, et d'une impertinence aussi incroyable que son libertinage. Ce sont tous ces faits, contenus dans cette correspondance et les notes qui y sont jointes, qui ont *empêché la conclusion d'une malheureuse affaire, qui dure depuis tant d'années ; et qui, sous la justice de votre ministère, devait être heureusement terminée, sans l'avarice sordide et la conduite impudique, malhonnête et insolente du sieur Caron de Beaumarchais.*

Croiriez-vous, Monseigneur, que depuis près d'un an que le sieur Caron galope de Versailles à Londres et de Londres à Paris, tant pour mon affaire particulière que pour les autres affaires générales et importantes de la cour, *dont il se dit lui-même et lui seul chargé*, tout le temps qu'il m'a accordé pour son travail sérieux et badin avec moi, calculé ensemble, ne peut pas composer l'espace de quatre ou cinq heures ? Il semble qu'il soit venu à Londres plutôt pour ses plaisirs que pour ses affaires, plutôt pour négocier *avec Morande* qu'avec moi. Il n'a jamais travaillé une heure de suite chez moi ; jamais il n'a rien approfondi ; quelques petites phrases, cent bons mots étrangers à notre besogne : voilà à quoi tout son travail s'est réduit ; peut-il appeler cela une besogne faite ?

La célébrité qu'ont donnée au sieur Caron ses *Mémoires contre Goëzman*, son *Barbier de Séville* et sa facilité à être l'instrument ou le jouet de la faction de quelques grands en France ; tout cela joint à son impudence naturelle, lui a donné l'insolence d'un laquais parvenu, ou d'un garçon horloger qui, par hasard, aurait trouvé le mouvement perpétuel. Déjà il se croit un grand seigneur : il lui faut un lever, un coucher, des compagnons de voyage et des complaisants dans ses plaisirs journaliers et nocturnes ; l'on doit même imputer à son avarice, si ce sycophante ministériel n'a point encore de table et de parasites.

Trop grand seigneur pour traiter lui-même avec moi, qui ai eu l'honneur de négocier avec les rois, l'impératrice de Russie et leurs Premiers ministres, ce Caron avait subdélégué son ami Morande pour négocier à sa place auprès de moi, tandis que lui, enveloppé dans sa robe de chambre, ne la quittait que pour courir à ses plaisirs ; et s'il passait quelquefois un instant chez moi, c'était la plupart du temps sans se donner la peine de descendre de sa voiture : il lui suffisait de me dire un mot à ma porte dans son char de triomphe. J'ai eu, contre mon propre caractère, la complaisance de patienter trop longtemps ; mais à la fin, ennuyé de tant d'insolence, de ses tours et détours, des bavardages et des mensonges de son plat Morande, quoique plus spirituel et plus adroit que lui en affaires, j'ai envoyé paître ce Caron, et ai mis à la porte *son conseiller Bonneau*, qui, non content de lui avoir procuré une bonne v...le au mois d'octobre dernier, le mène régulièrement trois fois par semaine dans les b...ls de Covent Garden, à Londres, où ils font ramasser plusieurs groupes de filles des rues, les dépouillent et les font servir à danser toutes nues pendant leurs merveilleuses orgies. La connaissance des danses nocturnes de ces saltimbanques avec *de pareils ministraillons noctambules, est publique ici.* On y sait que le directeur de ces ballets impudiques est le sieur Caron de Beaumarchais, chargé par le roi et ses dignes ministres d'arranger, en tout bien et tout honneur, les affaires de Mlle de Beaumont [c'est-à-dire du chevalier d'Éon].

[...] Quels que soient mon sort et la décision de mon affaire, je vous supplie d'être bien persuadé que je ne cesserai d'être avec une parfaite reconnaissance et un profond respect,

Monseigneur, votre dévoué serviteur
Le chevalier d'Éon

LA FAYETTE À YORK TOWN
Lettre de La Fayette du camp devant York, le 30 septembre 1781 (p. 133)

Camp devant York, ce 30 septembre 1781

Enfin, Monsieur le Chevalier, nous voici devant la ville d'York et nos opérations vont bientôt devenir bouillantes. Une lettre de M. de Grasse nous avait fait craindre sa sortie de la baie. Je fus député pour en représenter les inconvénients. L'armée navale ne sortira pas, et je revins le 28 au moment où nos troupes s'avançaient de Williamsburg ici. Le 29 a été employé à reconnaître et entourer la place. Ce matin, les ennemis avaient évacué leurs ouvrages avancés. Ceux de la droite ont été occupés par les Français qui ont eu un officier tué et quelques hommes blessés, ceux de la gauche ont été occupés par nous. Le colonel Flamel a été blessé et pris en reconnaissant de trop près. Voilà tout ce qu'il nous en a coûté dans la journée et l'ennemi se tient dans ses fortifications intérieures ; il est vrai que ce qu'ils ont évacué ne valait rien, et ne pouvait pas même se défendre d'un coup de main, mais aussi nous les approchons plus que nous en pouvions l'espérer, et nous voyons que l'expédition n'offrira pas de bien grandes difficultés. Ceci doit naturellement raccourcir notre journal de quelques jours. M. de Grasse reprendra son ancien mouillage à Linn Haven Bay. Tout bien comparé, les marins ont décidé que c'était la meilleure position qu'ils pussent prendre. Ils nous promettent de bien fermer la porte ou de faire un mauvais parti à ce qui entrera. J'ai été enchanté de la franchise et de la bonne volonté de notre amiral. Il désire emmener le plus de vaisseaux possible et a de grands projets pour la suite de la campagne. Si ceci finit vite, je voudrais bien qu'il pût nous prêter encore quelques jours d'assistance pour quelque opération dans le sud, soit grande soit petite.

Il paraît que nous n'aurons point de vaisseaux au-dessus d'York dont bien me fâche, mais nous en aurons trois au-dessous avec deux frégates. Les ennemis envoyèrent l'autre jour cinq brûlots sans aucun effet. Le général Rawdon avec 1 500 miliciens, Lauzun avec sa légion et M. de Choisy avec 600 hommes qu'il a été chercher à la flotte sont pour le présent les seules troupes du côté de Gloucester. Il est vraisemblable qu'on en fera passer quelques-unes d'ici.

Par une lettre du général Jones de la Caroline du Nord, j'apprends que le général Greene a eu une affaire très vive avec le colonel Stuart. Le commencement ne nous réussit pas bien, mais la fin nous fut très avantageuse et comme le colonel Lee avec quelques autres troupes seraient détachés, comme le lendemain après la jonction on entendit recommencer une affaire, nous espérons que ces bruits assez bien fondés seront suivis par la nouvelle d'un avantage très décisif. On parle même de couper le corps anglais. Mais sans trop nous livrer à l'espoir, je ne doute pas que le général Greene n'ait eu quelque grand succès contre ce Stuart que lord Rawdon m'a dit lui-même avoir laissé en Caroline pour commander les troupes hors de la ville. En revenant de la flotte, je m'arrêtai à bord de *La Diligente* et le hasard me procura l'honneur de souper avec Sa Seigneurie. Quand les paquets de M. de Grasse pour *L'Engageante* vous arriveront, je demanderai la permission d'y joindre les miens que je tiendrai tous prêts en conséquence. Adieu, Monsieur le Chevalier, vous recevrez exactement nos bulletins ; je suis charmé qu'ils me donnent une occasion pour vous répéter l'assurance de mon tendre attachement.

Mille compliments, je vous prie,
à M. de Marbois.

MIRABEAU À LA COUR DU ROI DE PRUSSE
Mémoire de Mirabeau, le 2 juin 1786 (p. 135)

« Sur la situation actuelle de l'Europe » est l'original autographe d'un mémoire écrit pour Calonne à l'issue de son premier séjour. Remarquable par sa facture et par la franchise et la justesse de ses prévisions, il est en faveur d'une alliance avec l'Angleterre, à laquelle aurait pu s'associer la Prusse : cette proposition si conforme aux vues de Calonne et de Talleyrand, (alors abbé de Périgord) qui tenaient à une alliance franco-anglaise cimentée par un traité de commerce, recueillit l'adhésion de Vergennes et décida de l'envoi de Mirabeau en Prusse.

2 juin 1786

Sur la situation actuelle de l'Europe.

Le roi de Prusse va mourir ; il est peut-être mort au moment où j'écris. Il est impossible qu'il vive encore deux mois. Avec lui tombera la clef qui resserrait la voûte politique de l'Europe. Tout annonce la guerre.

L'empereur s'est engagé d'amour-propre et très récemment encore à tâter le nouveau roi de Prusse aussitôt son avènement au trône. Tâter, *c'est son mot.* Faire cesser la criante usurpation de qui a ravi la Silésie à l'auguste maison d'Autriche, *c'est le cri de ralliement de tous ses écrivains* ; l'empereur a peu d'argent, mais 400 000 soldats, quelques officiers et le fatal pouvoir d'engloutir jusqu'au dernier de ses sujets dans l'abîme de la guerre. Tous ses engagements publics et secrets avec l'impératrice de Russie, tendent à réaliser et cimenter le système oriental, devenu la passion de Catherine II, le salut, l'espoir et l'asile de Potemkine. L'empereur n'abandonnera jamais ce système que pour l'invasion de l'Italie qui nous serait encore plus funeste que le démembrement de la Turquie européenne ou pour le bouleversement de l'Allemagne qui ruinerait tout équilibre en Europe. Quelque plan qu'il choisisse, sa turbulence naturelle, ses projets gigantesques appellent la confusion, le trouble, la discorde ; c'est son élément.

Il est douteux que Frédéric-Guillaume ne le prévienne pas. La préservation de la liberté germanique, très sérieusement menacée, lui serait un motif spécieux aujourd'hui, dût le nouveau roi de Prusse vouloir finir un jour par en être le plus actif oppresseur. Mais sa sûreté personnelle crie plus haut encore, puisque les vastes projets de l'empereur, la complicité de la Russie, l'agonie de la Pologne, les tracasseries de la Courlande, nos alliances secrètes etc. paraissent compromettre son existence politique. Enfin, indépendamment de toute autre considération, il est difficile qu'il ne soit pas tenté de s'essayer contre un émule, un rival dont il a éprouvé des injures personnelles. Frédéric-Guillaume aura plus de 300 millions dans ses coffres, 200 000 hommes qui composent la meilleure armée de l'Europe, sans comparaison aucune, le plus grand général connu, aussi influent dans la paix que dans la guerre, et qui peut être pressé de cueillir des lauriers pour son compte.

Frédéric-Guillaume est mécontent de la France. Il craint sa lenteur, ses délais, ses tergiversations et pour tout dire ce que nous appelons sagesse et prudence, et ce qu'ailleurs on appelle impéritie ou perfidie. Il adore sa sœur ; il est furieux de la manière dont nous traitons son beau-frère. Les agitations de la Hollande influeront, surtout dans le premier moment de son règne, sur son cœur, son esprit et ses projets.

Les Anglais l'observent, le surveillent, l'investissent, ils l'échaufferont, ils l'exalteront, ils l'enivreront, pour troubler la paix du continent et se ménager l'occasion d'une revanche. On ne saurait se déguiser qu'ils se préparent pour cette occasion. 115 vaisseaux en commission, un accroissement considérable de revenu, puissante hypothèque pour de nouveaux et immenses emprunts, une caisse d'amortissement très propre à les favoriser ; les intarissables espérances qu'ouvre le prodigieux succès de la commutation de droits, un crédit tel que les 3 % ; le principal de leurs fonds qui ne représente pas moins de 5 milliards de notre monnaie a monté depuis huit mois graduellement et constamment de 57 % à 74 ; le procès de Hastings qui peut leur rendre la confiance des Indiens ; la faiblesse, la nullité de leurs ennemis dans cette contrée qui leur vomit l'or et pompe une bonne partie du nôtre, l'incendie général prêt à s'allumer en Europe, les divisions inextinguibles des Hollandais, leurs ennemis redoutables pour leur commerce lointain.

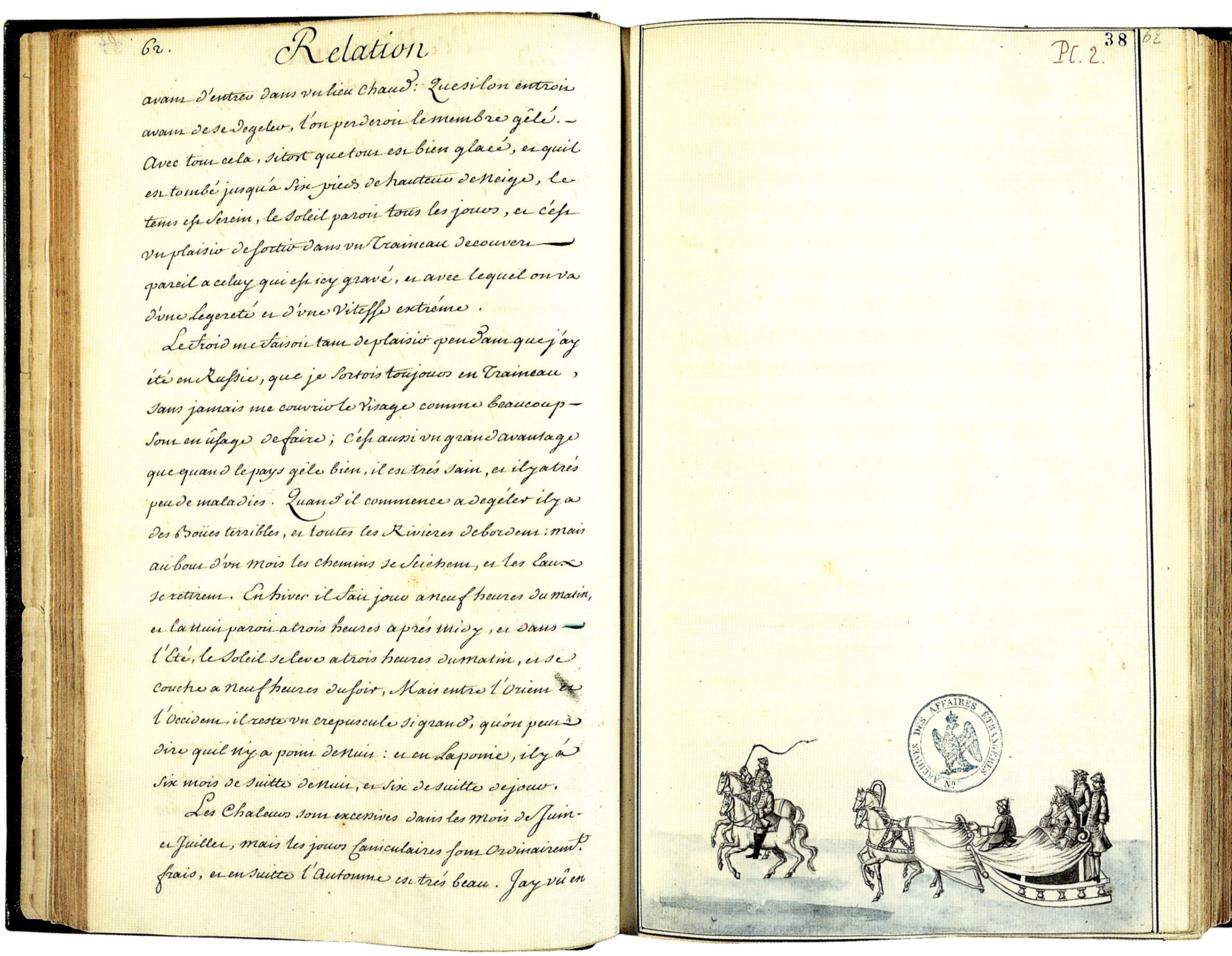
62. Relation

avant d'entrer dans un lieu chaud: Que si l'on entroit
avant de se degeler, l'on perderoit le membre gelé. —
Avec tout cela, sitost que tout est bien glacé, et quil
est tombé jusqu'a six pieds de hauteur de Neige, le
tems est Serein, le Soleil paroit tous les jours, et c'est
un plaisir de sortir dans un Traineau decouvert
pareil a celuy qui est icy gravé, et avec lequel on va
d'une legereté et d'une Vitesse extrême.
Le froid me faisoit tant de plaisir pendant que j'ay
été en Russie, que je Sortois toujours en Traineau,
sans jamais me couvrir le Visage comme beaucoup
sont en usage de faire; c'est aussi un grand avantage
que quand le pays gele bien, il est très sain, et il y a très
peu de maladies. Quand il commence a degeler il y a
des Boües terribles, et toutes les Rivieres debordent: mais
au bout d'un mois les chemins se Seichent, et les Eaux
se retirent. En hiver il fait jour a neuf heures du matin,
et la nuit paroit a trois heures après midy, et dans
l'Été, le Soleil se leve a trois heures du matin, et se
couche a neuf heures du soir. Mais entre l'Orient et
l'Occident il reste un crepuscule si grand, qu'on peut
dire quil n'y a point de Nuit: et en Laponie, il y a
six mois de suitte de Nuit, et six de suitte de jour.
Les Chaleurs sont excessives dans les mois de Juin
et Juillet, mais les jours caniculaires sont Ordinairemt.
frais, et ensuitte l'Automne est très beau. J'ay vû en

Pl. 2. 38

IV. UN MONDE QUI CHANGE (1789-1815)

La bataille des Pyramides
Rapport du consul Magallon, le 9 février 1798 (p. 147)

Mémoire sur l'Égypte
Présenté au ministre des Relations extérieures de la République française
Par Charles Magallon, consul général de la République en Égypte.

[...] L'expédition devrait être prête à partir de Toulon ou de Corfou le 15 juin, pour être rendue à Alexandrie le 5 juillet, pour mettre nos troupes à couvert de la peste, ce fléau ayant cessé vers ce temps et même avant. Nos troupes ne feraient qu'un très court séjour à Alexandrie, avant que les beys eussent le temps de se reconnaître, il conviendrait d'en envoyer un fort détachement à Rossette [Rosette], pour être les maîtres de la barre du Nil et pour faciliter au reste des troupes et aux munitions le passage à Rossette par mer, sans fatigues et sans dangers. Toutes nos forces étant réunies à Rossette, on se mettrait immédiatement en route pour Le Caire, partie sur terre en suivant le Nil, partie dans des bateaux précédés de l'artillerie nécessaire; cinq à six jours suffiraient pour se rendre au Caire.

Il faudrait à l'armée des provisions pour trente jours, pour nous donner le temps d'arriver au Caire où on trouverait l'abondance.

Arrivé aux environs du Caire, il pourra y avoir une bataille. L'issue n'en peut être douteuse. Les beys tâcheront de prendre la fuite dans l'Égypte supérieure, il sera nécessaire qu'on les poursuive sans leur donner le temps de respirer; ils iront jusqu'auprès d'Assouan. Alors toute la haute Égypte sera à nous; on devra s'attacher à en faire descendre les denrées, elles nous serviront au paiement du fret des navires de transport qui reviendront approvisionner le midi de la France et les îles de Corfou, Zante et Céphalonie.

Dans le temps de la poursuite des beys par le gros de notre armée, on devra laisser au Caire cinq à six mille hommes pour le contenir; ce nombre sera plus que suffisant, n'y étant pas resté de mamelouks.

Ce plan est pour la conquête absolue pour laquelle j'opine; mais si le gouvernement a d'autres vues et qu'il veuille laisser subsister le gouvernement d'Égypte, au moins en apparence, il n'a rien à changer à l'attaque ni aux forces qu'il convient d'y employer. Il faudra toujours diminuer autant que nous pourrons les mamelouks, et après entrer en capitulation avec ceux qui pourront rester.

Ce second plan exigerait un choix parmi ceux qui sont actuellement en place; je connais parfaitement ceux à qui il ne faudrait pas se fier et ceux que l'on devrait choisir.

Dans ce cas il serait nécessaire de laisser subsister quelques beys, parmi lesquels il y aurait un Chek-el-Beled, ou commandant; un Émir-hag, ou conducteur de la caravane de La Mecque. Ces choix tomberaient sur des personnages qui ne seraient pas dangereux. Nous aurions également à nommer les officiers des corps de milices. Il s'agirait de donner à toutes les personnes que nous mettrions en place des revenus proportionnés aux dignités dont elles seraient revêtues. Il conviendrait alors de recevoir le Pacha et de donner au Grand Seigneur les six cent mille piastres que le sultan Selim s'était réservées.

Je ne crains pas que le peuple s'oppose à nos entreprises, il est fatigué de l'oppression que les mamelouks exercent contre lui; je connais sa manière de penser et le désir qu'il a que notre nation vienne à son secours. J'ai, dans ma longue résidence, acquis des amis dans tous les états; bien loin d'être effarouchés de nos entreprises sur l'Égypte, ils les verront avec transport. [...]

Bonaparte et le Concordat
Rapport au Premier consul, 1er frimaire an IX (22 novembre 1800) [p. 151]

Dans les temps anciens, les gouvernements libres tiraient leur force de deux grands ressorts qui, loin de se contrarier, agissaient toujours ensemble, et se prêtaient un mutuel appui. Ces deux ressorts étaient la religion et l'amour de la patrie.

Dans les temps modernes, quelques gouvernements ont trouvé, dans l'accord de ces deux sentiments, une puissance qui les a mis en état de triompher des obstacles sans nombre qui se sont opposés à leur établissement, de lutter avec avantage contre des gouvernements plus puissants qu'eux, et de faire de très grandes choses avec de faibles moyens. Tels furent les gouvernements de Hollande, de Genève, de Suisse et de quelques États libres d'Allemagne.

Les gouvernements successifs, que la Révolution française a créés n'ont pas eu le même bonheur. La Révolution n'a d'abord considéré l'établissement religieux que sous le point de vue de ses rapports politiques avec l'organisation féodale qu'elle avait intérêt à détruire. De là cette ferveur inopinée qui, en haine de la liberté, a rapproché de la religion les hommes et les classes qui auparavant avaient le plus dédaigné ses pratiques. [...]

[En marge, de la main de Bonaparte :]
1. Combien y aura-t-il de diocèses en France?
2. Combien d'archevêchés?
3. Combien auront-ils d'appointements?
4. La vérification de la bulle du pape
   1. qui fixe la nouvelle division de la France en diocèses;
   2. légalise la vente des biens nationaux;
   3. [contienne une conciliation?] de toutes les opinions énoncées pendant la Révolution sur l'objet de religion;
   4. ordonne obéissance et fidélité au gouvernement.
5. Le projet de traité secret avec le pape
   1. pour la nomination aux places;
   2. pour les redevances qui étaient dues à la cour de Rome;
   3. pour les dispenses de mariage, etc. etc.
6. Les noms des évêques à nommer

La bataille d'Austerlitz
Relation de la bataille d'Austerlitz (p. 163)

On a vu que le 19 novembre (1er décembre) nos colonnes ne parvinrent à leur destination que vers les dix heures du soir. Vers onze heures tous les chefs de ces colonnes (excepté le prince Bagration qui était trop éloigné) reçurent l'ordre de se rendre à Krjenovitz chez le général Koutouzov, entendre la lecture des dispositions pour la bataille du lendemain.

À une heure du matin, lorsque nous fûmes rassemblés, le général Weyrother arriva, déploya sur une grande table une immense carte, très exacte et très détaillée des environs de Brünn [Brno] et d'Austerlitz et nous lut ses dispositions, d'un ton élevé et avec un air de jactance qui annonçaient en lui la persuasion intime de son mérite et celle de notre incapacité. Il ressemblait à un régent de collège qui lit une leçon à de jeunes écoliers. Nous étions peut-être effectivement des écoliers, mais il était loin d'être un bon professeur. Koutouzov assis et à moitié endormi, lorsque nous arrivâmes chez lui, finit par s'endormir tout à fait avant notre départ. Buxhoewden debout, écoutait et sûrement ne comprenait rien. Miloradowitch se taisait, Pribischewsky se tenait en arrière et Doktourov seul examinait la carte avec attention : lorsque Weyrother eut fini de pérorer, je fus le seul qui prit la parole. Je lui dis : « Mon général, tout cela est fort bien, mais si les ennemis nous préviennent et nous attaquent près de Pratzé

[Pratzen], que ferons-nous ? » – « Le cas n'est pas prévu », il me répondit. « Vous connaissez l'audace de Buonaparte, s'il eut pu nous attaquer, il l'eût fait aujourd'hui. – Vous ne le croyez donc pas fort ? » lui dis-je. « C'est beaucoup s'il a quarante mille hommes. – Dans ce cas il court à sa perte en attendant notre attaque mais je le crois trop habile pour être si imprudent, car si, comme vous le voulez et le croyez, nous le coupons de Vienne, il n'a d'autre retraite que les montagnes de la Bohême. Mais je lui suppose un autre projet : il a éteint ses feux ; on entend beaucoup de bruit dans son camp. C'est qu'il se retire ou qu'il change de position et même en supposant qu'il prenne celle de Touras il nous épargne beaucoup de peine et les dispositions restent les mêmes. »

Koutouzov alors s'étant réveillé nous congédia en nous ordonnant de laisser un adjudant pour copier les dispositions que le lieutenant colonel Toll de l'état-major allait traduire de l'allemand en russe. Il était alors près de trois heures du matin et nous ne reçûmes la copie de ces fameuses dispositions qu'à près de huit heures et déjà lorsque nous étions en marche.

Voici quelles étaient ces dispositions :

Dispositions pour la bataille d'Austerlitz faites par le général major autrichien Weyrother, faisant les fonctions de quartier-maître général des armées combinées russes et autrichiennes.

Le flanc gauche des ennemis étant appuyé à des montagnes couvertes de forêts et leur flanc droit s'étendant aux étangs de Kobelnitz, de Sokolnitz et de Tellnitz : par notre position actuelle nous débordons de beaucoup ce flanc avec notre aile gauche, d'après il est de notre avantage d'attaquer l'aile droite des Français et lorsque nous aurons occupé les villages de Tellnitz, de Sokolnitz et de Kobelnitz nous aurons absolument tourné cette aile et nous pourrons continuer notre attaque dans la plaine qui se trouve entre Schlapanitz et le bois de Touras, en côtoyant les défilés de Schlapanitz et de Belovitz qui couvrent actuellement le front des ennemis. [...]

La veille de la bataille, en arrivant dans mon camp, je vis tous les bivouacs français éclairés spontanément et j'entendis des cris qui se prolongèrent pendant plus d'une heure. Nous avons su depuis que Napoléon était venu visiter ses lignes et ses avant-postes et reconnaître notre position par nos feux et qu'il avait été salué par les acclamations de ses soldats. Bientôt après il fit éteindre tous les feux de ses camps et ce fut alors et au milieu de la nuit qu'il fit ses dispositions et qu'il fit marcher des troupes pour percer notre centre dès le commencement de l'action : c'est une de ses manœuvres favorites et elle lui a souvent réussi.

Napoléon a si bien deviné nos projets, il les a déjoués si à propos et avec une telle adresse, que beaucoup de personnes (comme je l'ai dit plus haut) ont cru (et ce n'est pas sans fondement) qu'il avait eu connaissance de nos dispositions. [...] Il savait qu'il avait à combattre de braves soldats, à la vérité, mais des généraux dont la plupart étaient sans habitude de la guerre ; il ne fallait pas leur laisser le temps d'exécuter leurs dispositions, il devait prendre l'initiative, effrayer, dérouter son ennemi par une manœuvre inattendue et hardie, jeter dans ses rangs un désordre auquel il ne saurait pas remédier et s'assurer par là une victoire facile et prompte.

Il pouvait encore juger parfaitement que les hauteurs de Pratzé étaient la clef de toute cette position. [...]

La retraite de Russie
Ordre de mobilisation de l'armée russe, octobre 1812 (p. 166)

Quartier général à Malay Jaroslawitz

Traduction de l'ordre du jour du 12/24 octobre 1812.

Il est ordonné à tous les commandants de corps, aux chefs des régiments de cosaques, ainsi qu'à tous leurs partisans qui voltigent autour des restes de la Grande Armée française, commandée par l'empereur Napoléon en personne, de redoubler d'activité et d'attention dans l'exécution de ce qui leur est enjoint, afin que rien ne puisse échapper des débris de cette armée. Après les pertes immenses qu'elle a faites depuis plus de six semaines que nos troupes légères lui ont enlevé journellement de 100 à 1 000 hommes, après avoir vu exterminer une grande partie de sa cavalerie et surtout après la journée glorieuse du 6/18 de ce mois, où le général Bennigsen a battu complètement le roi de Naples, qui a perdu une partie de son artillerie, et dont la cavalerie a été tellement abîmée qu'elle n'ose plus se présenter devant la nôtre, il serait honteux à nos troupes légères si un homme de l'armée ennemie parvenait à retourner en France, et ne payait point de sa vie ou par la captivité l'audace criminelle d'avoir osé suivre dans le cœur des provinces russes le coupable agresseur qui se fait un jeu du sang de ses peuples.

Les renforts de cavalerie qui nous sont arrivés depuis peu, se montent à 20 000 chevaux, au nombre desquels il y a 26 régiments de cosaques du Don, qui enlèvent journellement des dizaines de pièces de canon sur les derrières de l'ennemi qui, affaibli, harassé, exténué, se trouve dans l'état le plus déplorable, et emploie toutes ses ressources pour tromper notre vigilance et échapper à nos cosaques. Avec ces avantages décidés, on le répète, aucun Français ne doit revoir sa patrie ; mais on met principalement sur la responsabilité des commandants et chefs des régiments de cosaques, ainsi qu'à tous les détachements ou partis, d'entourer tellement l'armée française que l'empereur Napoléon ne puisse pas échapper de sa personne. On joint pour cela son signalement à cet ordre du jour. Ce signalement doit servir également à tous les chefs de districts, à toutes les autorités civiles ou armées, à tous les maîtres de postes, etc. Si cet ordre est fidèlement exécuté, artillerie, munitions, équipages, tout tombera en notre pouvoir. Nous reprendrons de même, comme nous l'avons déjà fait, en partie les dépouilles sacrées qu'un profanateur sacrilège a enlevées dans nos temples, renouvelant ainsi les scènes du vandalisme révolutionnaire.

Signalement de l'emp[ereur] Napoléon :

La taille épaisse et ramassée, les cheveux noirs, plats et courts, la barbe noire et forte, rasée jusqu'au-dessus de l'oreille, des sourcils bien arqués, mais froncés vers le nez, le regard atrabilaire ou fougueux, le nez aquilin avec des traces continuelles de tabac, le menton très saillant ; toujours en petit uniforme sans appareil, et le plus souvent enveloppé d'un petit surtout gris, pour n'être point remarqué, et sans cesse accompagné d'un mamelouk.

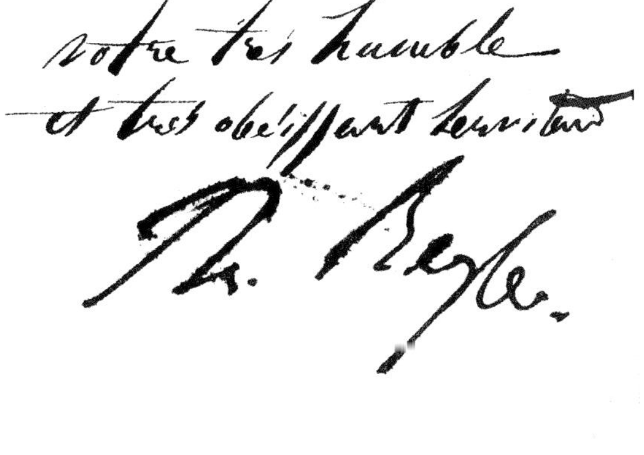

Napoléon III et l'Italie
La campagne d'Italie de Charles Robert (p. 184)

Petit épisode de notre séjour à Alexandrie (Palazzo reale).

Sono pregati li Signori chè abbiteranno da questa parte di far meno rumore che sia posibile perche sotto habita Sua Maestà [« Les personnes logeant dans cette partie du Palais sont priées de faire le moins de bruit de possible, car c'est ici qu'habite Sa Majesté »].

Cet écriteau était cloué dans l'escalier qui de l'étage où habitait l'empereur dans le Palais royal d'Alexandrie, mène aux chambres plus que modestes de MM. Ch. Robert et Lemarié.

Le dessin ci-dessous prouve que les précautions prises dans l'intérêt de Victor-Emmanuel et de Charles-Albert n'ont pas suffi pour assurer la tranquillité de Napoléon III.

Explication. Un soir de notre séjour à Alexandrie du 14 au 30 mai, vers 10 heures, nous nous étions couchés tous deux, mais avec cette différence que je voulais dormir et mon compagnon veiller. Il s'obstinait à me lire le *Constitutionnel* à haute voix ; je le prie de se taire, il continue ; j'insiste, c'est comme si je chantais, je le menace, il se moque de moi. Alors je me lève en courroux pour aller souffler sa chandelle. Devinant mon projet il saisit d'une main le chandelier, de l'autre son journal, saute du lit et se sauve en renversant les chaises ; je le poursuis, il fuit dans ma chambre, escalade mon lit et tombe dans la ruelle en faisant le bruit que comporte son poids... Mais à l'instant on frappe à la porte... C'est un valet de chambre de l'empereur qui vient nous prier de vouloir bien ne pas troubler le repos de Sa Majesté.

La Chine en révolte contre l'Occident
Dépêche de Stephen Pichon, le 28 août 1900 (p. 213)

Monsieur le Ministre,

J'ai l'honneur de vous adresser ci-joint le récit des faits qui se sont produits à Pékin du 20 juin au 15 août. J'y joins la correspondance échangée, entre ces deux dates, avec le Tsungli Yamen par le corps diplomatique ou par moi, et le texte des télégrammes que je vous ai envoyés directement ou par l'intermédiaire du gouvernement chinois. Il me semblerait superflu d'ajouter de longues considérations à l'historique, déjà suffisamment détaillé, des événements que je rapporte, et aux documents qui l'accompagnent. Du 20 juin au 14 août, les légations ont été assiégées par les troupes impériales. Elles ont eu à lutter contre l'incendie, les fusillades, la canonnade et les mines. Les escortes qui les défendaient se composaient (officiers compris) de 409 hommes, auxquels on peut ajouter 80 volontaires, armés de carabines de divers modèles ou de fusils de chasse. Elles possédaient un canon italien de 37 mm, un canon Maxim, une mitrailleuse autrichienne et une mitrailleuse américaine. Les détachements italien, japonais et russe, n'avaient – les deux premiers surtout – que très peu de munitions.

[...] On peut se demander comment les assiégés ont résisté et ont été sauvés. Il a fallu, pour empêcher le massacre général, auquel tout semblait les condamner, une série d'événements extraordinaires, dont l'origine tient peut-être moins à la volonté des hommes qu'à un concours de circonstances échappant à toutes les prévisions.

Si, le 20 juin, le corps diplomatique était allé au Tsungli Yamen comme il en avait manifesté l'intention, aucun des membres n'aurait échappé à la mort ou pour le moins à la fusillade des soldats chinois. Le hasard a voulu que, seul, le ministre d'Allemagne se rendît à l'audience qu'il avait demandée : il a été assassiné.

Si le 22 juin, l'évacuation des légations de France, d'Allemagne, d'Amérique et de Russie avait été maintenue, ou si elle avait eu lieu quelques jours plus tard, comme il en était sérieusement question, la légation d'Angleterre aurait succombé en moins d'une quinzaine.

Si, dès le commencement du siège, nous n'avions pas découvert dans des maisons abandonnées assez de riz et de blé pour nourrir 900 réfugiés et 2 400 chrétiens indigènes pendant plus de deux mois, nous aurions été pris par la famine.

Si nos agresseurs, au lieu d'envoyer la plupart de leurs artilleurs à T'ien-tsin, avaient conservé quelques bons pointeurs à Pékin, nous aurions été hors d'état de nous protéger contre leurs canons. Si, d'ailleurs, les Chinois avaient eu quelque courage, et tenté l'assaut de nos murs et de nos barricades, nous aurions été écrasés par la supériorité numérique qu'ils pouvaient nous opposer.

Si, à partir du 17 juillet, nous n'avions profité d'une sorte d'armistice intermittent dont il est difficile de démêler toutes les causes, les pertes que nous aurions subies – en les évaluant suivant les mêmes proportions que celles qui nous avaient été infligées jusqu'à la suspension partielle du feu –, nous auraient réduits à l'impuissance.

En outre, nos munitions auraient été absorbées complètement avant la possibilité de notre libération.

Si l'armée internationale, arrivée le 14 août dans la capitale chinoise, avait ajourné de 24 heures son entrée, il est probable qu'elle ne nous aurait plus trouvés vivants. Les Chinois avaient creusé sous la légation d'Angleterre une mine de 54 mètres de long, qui, en éclatant, aurait pu tuer 100 personnes et aurait ouvert aux assaillants le refuge des femmes et des enfants. Ils avaient effectué sur la muraille un travail de même nature qui aurait fait sauter la barricade russo-américaine, et ils étaient près d'aboutir au même résultat à la légation de France.

Notre salut tient donc à un ensemble d'événements inattendus qui ne peuvent s'expliquer par un raisonnement logique et par un enchaînement de considérations rationnelles.

J'ajoute que la saison, qui risquait de créer de sérieux obstacles aux mouvements de l'armée envoyée à notre secours, nous a été particulièrement clémente. Au lieu des pluies habituelles du mois de juillet, nous avons eu, sauf quelques orages rafraîchissants et bienfaisants, une température sèche et peu élevée. Tout rendait possible et pratique, même à une date plus rapprochée que celle qui a été choisie, un coup de main sur Pékin, d'où les Chinois se seraient enfuis – comme ils l'ont fait du reste – à l'approche de notre artillerie.

[...] Il est assez curieux à ce propos, de faire la comparaison des pertes subies par chaque détachement : sur 82 hommes (officiers compris) les Anglais ont eu 3 tués, 10 blessés.

Sur 81 hommes (officiers compris), les Russes ont eu 4 tués, 19 blessés ;

sur 58 hommes les Américains 7 tués 10 blessés
sur 51 hommes les Allemands 12 tués 15 blessés
sur 48 hommes les Français 11 tués 22 blessés
sur 35 hommes les Autrichiens 4 tués 11 blessés
sur 29 hommes les Italiens 7 tués 12 blessés
sur 25 hommes les Japonais 5 tués 20 blessés.

À ce total de 53 tués et 119 blessés, il faut ajouter 12 tués et 23 blessés parmi les volontaires, ce qui fait, pour moins de 500 hommes – 65 tués et 142 blessés. Les 35 volontaires tués ou blessés sont pour la plupart des Japonais, des Anglais ou des Russes. Nous avons eu toutefois à déplorer la mort de trois Français [...]. Le moment n'est pas venu de fixer les responsabilités engagées dans ce drame horrible que couvrent encore trop d'obscurités. Ce qu'on peut dire dès maintenant, c'est que le rôle principal y a été joué par trois personnages dont les noms sont à retenir, et dont le châtiment, quel qu'il soit, ne saurait être trop sévère : le prince Toan, père de l'héritier présomptif du trône ; le général Tung-fou-siang, commandant des troupes du Kan-Sou, connu pour une hostilité de sauvage contre tout homme civilisé, et le grand secrétaire d'État Kang-I. En dehors de ces meneurs de haute marque, il y a eu des comparses d'un rang moins élevé, et d'une influence moins grande, comme Li-ping-Heng, ancien gouverneur du Chantoung, révoqué sous la pression allemande lors de la prise de Kiao-Tcheou ; le prince Lan, frère de Toan, et le prince Tchouang, qui avait été désigné pour enrôler et diriger les Boxers.

L'action du triumvirat formé par Toan, Tung-fou-siang et Kang-I, s'est exercée dictatorialement sur l'impératrice, dont je suis loin d'excuser ou d'atténuer les criminelles entreprises, mais qui n'a été, sous ses allures autoritaires, qu'un instrument à la disposition de ces fanatiques imbéciles. On peut dire que, du 20 juin au 15 août, Pékin a été gouverné officiellement par les Boxers, qui s'y sont livrés aux pires brigandages, volant, pillant, assassinant les chrétiens ou les habitants paisibles qui refusaient de prendre part ou de payer tribut à leurs orgies. Ces actes se sont accomplis au milieu d'une anarchie sans pareille, les pillards tirant les uns sur les autres, et les soldats se combattant réciproquement pour se disputer les meilleures proies.

Les leçons infligées par les victoires européennes (la prise de T'ien-tsin surtout) et par l'approche de l'armée internationale ont, par intervalles, jeté le trouble et le désarroi dans l'entourage de la souveraine. La stupide infatuation des mandarins qui s'étaient crus de taille à faire la guerre au monde, a reçu le contre-coup de nos succès, et s'en est plusieurs fois ressentie. L'élément modéré, personnifié par le prince Tching, et le Tiers-Parti, dont Jong lou semble avait été l'incarnation, a essayé de réagir contre les odieuses folies qui conduisaient l'Empire aux catastrophes. Mais le courage n'est pas ce qui distingue les hauts mandarins chinois, et ceux-là mêmes qui comprenaient le péril n'osèrent pas faire ce qu'il fallait pour le conjurer. Ils s'arrêtèrent à mi-route, préférant avoir les mains ensanglantées, et laisser les légations sous la menace des mines et des barricades, plutôt que de s'exposer personnellement à la vengeance des fous furieux auxquels l'impératrice obéissait. Ils avaient, d'ailleurs, sous les yeux, des exemples faits pour entretenir cette lâcheté : quatre membres du Tsung-li-Yamen, et un ministre de la maison impériale, furent exécutés peu de jours avant l'entrée de nos troupes à l'endroit où l'on coupe la tête aux criminels de droit commun. Parmi les victimes de ce supplice que le raffinement barbare de ses auteurs avait rendu plus infamant qu'aucun autre, deux (Hin-Tching-Tcheng, ancien ministre à Pétersbourg et à Paris, et Sin-Yong-Yi) étaient principalement coupables d'avoir fait acheter un cercueil pour le ministre d'Allemagne, assassiné sur l'ordre exprès de Tung-fou-Siang. Les trois autres (Yuan-Tch'ang, Lien-Yuang et Li-chan) étaient accusés de tiédeur dans les tentatives de massacre dont les étrangers étaient l'objet.

La docilité avec laquelle l'impératrice se prêtait à ces représailles impressionnait ceux qui redoutaient d'en être victimes à leur tour. De là le caractère instable et équivoque de l'armistice qui nous a néanmoins permis d'atteindre vivants le terme de nos épreuves. De là de sourdes luttes entre les divers partis représentés au pouvoir, lutte dont nous pouvions constater les effets par le degré de violence des attaques que nous avions à repousser. Suivant que le prince Toan et ses acolytes étaient plus ou moins confiants dans leur dictature, ou que le prince Tching et (à un degré moindre) Jong-lou, se sentaient ou non rassurés, nous étions plus ou moins en butte à la fusillade ennemie. Ce sont ces alternatives de persévérance ou de défaillance dans le mal qui ont contribué à l'échec de l'attentat organisé par un gouvernement qui prenait sur lui d'ordonner le massacre général des étrangers vivant dans sa capitale, et qui s'efforçait en particulier d'assassiner tous les membres du corps diplomatique sans excepter les femmes et les enfants. En même temps, il répandait partout au-dehors, avec une maestria de mensonge et de perfidie dont on chercherait vainement un autre exemple, le bruit qu'il prenait les mesures de protection les plus efficaces en faveur de ceux qu'il faisait mitrailler jour et nuit. Aucune peuplade d'anthropophages peut-elle se vanter d'avoir travaillé mieux que cela ?

Veuillez agréer, Monsieur le Ministre, les assurances de ma très haute considération.

S. Pichon

Auguste François
Lettre d'Auguste François, le 24 novembre 1898 (p. 215)

Mon cher ami,

Je viens de me procurer, en assistant à l'inauguration d'un nouveau bateau japonais, une impression de choses maritimes que je voudrais vous faire partager. J'ai reçu une invitation à visiter un nouveau *marou*, le *Kasuga*, qui inaugure une ligne australienne et je me suis empressé d'aller inspecter ce marou, ces maroufles, etc.

Tout d'abord, une chaloupe à vapeur, pourvue d'un commissaire de la fête japonais (en redingote, chapeau d'un melon ! – oh combien ! – et gants de de filorelli) et qui me salua d'une manière nippo-européenne, me conduisit au *Kasuga Maru*. À la coupée, j'étais reçu par un commandant de nationalité hollandaise, une bonne boule rouge brique, empêtré dans un uniforme anglais ; un second d'origine britannique et mon collègue du Japon, coiffé d'un tube de comique, qu'il ne quitte jamais. Une bande de musique du régiment hindou prêtait ses harmonies à la compagnie du *Kasuga Maru*, pour la plus grande joie de ses invités. Il y avait là des gaillards, longs, secs, jaunes, terminés par un bonnet pointu et cerclés d'un turban formidable qui ne laisse paraître des oreilles que le bout, agrémenté de pendants ou d'anneaux, et sanglés dans de rouges tuniques anglaises par des ceinturons qui peuvent sans qu'on ait à en diminuer ou augmenter la circonférence glisser depuis les aisselles jusqu'au-dessous du bassin. C'est tout de même de beaux hommes, un peu en longueur, haut perchés sur des pattes sans mollets ni cuisses ; d'où un peu l'idée d'un bataillon de mâts de cocagne, mais ça n'en est pas moins imposant. Donc ces Hindous soufflaient dans du cuivre anglais (des saxophones et des serpents effrayants roulés autour de leur torse) des polkas et des mazurkas japonaises. Tout cela formant une chipolata qui n'est pas absolument banale. Les Japonais ont trouvé le moyen de s'assimiler en grand les choses d'Europe et de concilier avec cela un chauvinisme japonais intransigeant. Je vous assure que ces *Japanise polkas*, *Japanise mazurkas*, comme dit le programme, exécutées par des Hindous britannisés sur un paquebot japonais en rade de Hong-Kong, au milieu de Chinois, eh bien cela vaut un air que je qualifierai de particulier.

Lettre d'Auguste François à Jean-Baptiste Beau, le 2 janvier 1899 (p. 216)

Mon cher ami,

En consultant mon calendrier ce matin, j'ai appris que nous étions au 9e jour de la 12e lune ; j'ai vu ensuite que le jour était propice pour se raser la tête et coudre des habits, mais déplorable pour se couper les ongles des mains et

des pieds, qu'on pouvait sans crainte construire sa maison et même y disposer la poutre maîtresse de sa toiture, mais qu'il ne fallait pas ce jour-là remonter sa pendule, ni consulter les esprits, ni manger du chien. Par contre, c'est un jour fameux pour prendre un bain et pour écrire à ses amis. Ainsi instruit de ce que je peux entreprendre dans cette 9e journée de la 12e lune, je me suis dit : « Tu vas prendre un tube sérieux et puis tu écriras à cet animal de Beau, sans crainte de l'indisposer et de l'ennuyer. » Si j'avais toujours consulté mon calendrier, j'aurais choisi les jours propices et j'aurais connu les moments opportuns pour dire que Gérard est une canaille, car bien évidemment c'est indiqué dans mon almanach. [...]
Le voyage s'est poursuivi sans aucune difficulté. Nous avons tout vu, tout parcouru. Pas un endroit où nous ne soyons descendus, surtout dans ceux présentés comme si hostiles par le *Colqhoun* qui a voyagé comme un paquet, sans descendre nulle part, et comme Bons qui s'est terré au fond de sa jonque, laissant même le mandarin de Taï-Ping-Fou qui avait fait construire un pavillon en bambou sur la rive pour recevoir le consul de France et qui en grande robe et en grand apparat a vu défiler la jonque du consul de France qui n'a même pas daigné ou osé s'arrêter. Et c'est ainsi que ce monsieur a dressé une carte où il a tracé jusqu'à la forme des murailles des citadelles et placé des montagnes et des villages à plusieurs lieux dans l'intérieur. Je me propose de vous faire toucher la fumisterie sur la carte même dudit Bons. Je pense que les écrits de Guillien ont dû vous édifier sur l'état de la maison tel que je vous l'avais déjà précédemment décrit. Et il n'a rien vu, Guillien ! J'ai usé de la potasse et des acides contre la crasse et j'ai reconstruit les murs.
On peut dire que le Si-Kiang est un fleuve anglais, c'est acquis maintenant. Tout leur appartient jusqu'à Nan-Ning, irrémédiablement. Et si une concurrence leur est faite, ce sera par Pa-Koï. Sera-ce une concurrence ? Le chemin de fer de Pa-Koï à Nan-Ning fait son chemin dans les esprits. Il est plus avancé matériellement même que ceux que les Grille feront jamais. Les études sont faites et les prix fixés. Que nous fassions notre stupide ligne Grille-Gérard, et vous verrez éclore celle de Pa-Koï - Nan-Ning avant même que les autres aient planté le premier piquet. Et alors le Tonkin vous en dira des nouvelles. M. Doumer le comprend et le dit déjà. Quel est donc l'aveuglement qui peut faire marcher derrière un Gérard qui ne connaît pas un mot de la question et qui ne connaît pas les lieux ?
Au revoir, mon cher ami. Je ne puis vous dire encore à bientôt car cette lettre expédiée par chaloupe me précédera passablement. Je ne veux pas transplanter mes poumons pleurétiques tout d'un coup dans votre hiver. Voilà qui est bien égal, n'est-ce pas, quand il s'agit d'être agréable à un Gérard. Mais on souffrira que j'aie une autre opinion.

Amitiés et très affectueusement vôtre.

A. François.

L'ALLIANCE FRANCO-RUSSE
Lettre d'Alexandre Ribot, ministre des Affaires étrangères, à Paul de Laboulaye, ambassadeur de France à Saint-Pétersbourg, le 24 juillet 1891 (p. 229)

Paris, le 24 juillet 1891
Mon cher ambassadeur,
J'ai entretenu M. le président de la République et M. de Freycinet des ouvertures qui vous ont été faites par M. de Giers. La dépêche officielle que je vous envoie par l'entremise de votre frère résume nos impressions. Il nous semble qu'après le renouvellement de la Triple-Alliance, opéré dans les conditions que vous connaissez, nous devons songer à fortifier les garanties que notre entente avec la Russie nous assure en vue du maintien de la paix et d'un certain équilibre des forces en Europe.
Nous recevrons donc dans l'esprit le plus favorable les propositions qui pourront vous être faites. S'il s'agissait dans la pensée du gouvernement russe de contracter une alliance dans le but de poursuivre en commun certains résultats politiques déterminés à l'avance, nous aurions naturellement à examiner avec attention les suggestions du cabinet de Pétersbourg. Cet examen pourrait faire naître des questions plus ou moins délicates. Mais, si je me rends bien compte des dispositions de M. de Giers, l'accord qu'il s'agit de conclure devrait se réduire aux termes les plus simples.
Il nous paraîtrait, quant à nous, suffisant de convenir d'une part que les deux gouvernements se concerteront sur toute question qui pourrait mettre en cause le maintien de la paix. D'autre part, il serait entendu que si la paix était effectivement menacée par l'initiative d'une des puissances de la Triple-Alliance, la France et la Russie prendraient sans aucun retard les mesures nécessaires pour prévenir toute surprise. En d'autres termes, la France et la Russie se mettraient d'ores et déjà d'accord pour mobiliser simultanément leurs forces, dès qu'un des pays liés par la Triple-Alliance mobiliserait les siennes. Les conditions de cette mobilisation simultanée pourraient d'ailleurs être l'objet d'une entente à établir entre les états-majors des deux pays.
Nous pensons qu'un arrangement conclu dans ces termes est tout ce que nous pouvons souhaiter dans l'état actuel de l'Europe. Il attesterait tout à la fois nos dispositions pacifiques et la ferme volonté des deux nations amies non seulement de s'entendre, le cas échéant, sur toute question qui viendrait à surgir en Europe, mais encore de se tenir prêtes à repousser toute attaque qui serait tentée contre l'une d'elles.
Les circonstances n'ont jamais été plus favorables à la conclusion d'un pareil accord. Vous verrez, d'après les conversations que vous aurez avec l'empereur et avec M. de Giers, s'il est possible d'en arrêter la rédaction avant votre départ. Dans ce cas, vous ne manqueriez pas de me demander, en temps utile, des instructions définitives et les pouvoirs qui vous seraient nécessaires.

Veuillez croire, je vous prie, mon cher ambassadeur, à mes sentiments tout dévoués,

A. R[ibot]

LYAUTEY AU MAROC
Lettre de Lyautey à Amédée Britsch, le 18 janvier 1916 (p. 231)

Mon cher ami,
Les fonctions de haut-commissaire ne m'ont été données ni à ma nomination à Oran, ni après ma mission à Rabat avec M. Regnault en septembre 1907. C'est en avril 1908, alors qu'après ma campagne des Beni Snassen (décembre 1907-janvier 1908), j'avais été envoyé en Chaouïa en mars pour y orienter d'Amade, qu'à mon retour à Paris, M. Pichon reconnut qu'il fallait absolument trouver une formule qui me laissât quelque liberté d'action dans l'émirat d'Oujda et surtout la plaine orientale du Maroc jusqu'au haut Guir et au Tafilafet.
Le cheveu, c'est qu'on estimait ne pouvoir y maintenir mon action en tant que commandant de la division d'Oran, parce qu'à ce titre je commandais une circonscription militaire *française* et que dès lors mon intervention en territoire *marocain* pouvait être regardée comme une atteinte à l'intégrité de l'empire chérifien et donnant lieu à réclamation aussi bien de la part du sultan que des puissances. On eut alors l'idée de me dédoubler, en créant les fonctions de haut-commissaire sur les confins algéro-marocains, relevant à ce titre de la légation de Tanger, tout en continuant à relever du général commandant le 19e corps et du gouverneur général de l'Algérie en tant que commandant de la division d'Oran. On avait fini par comprendre que dans cette zone marocaine, il ne

pouvait y avoir d'efficace qu'une action chevauchante – et en même temps une unité de direction. La fiction de la distinction formelle entre Algérie et Maroc était maintenue par la création de deux emplois distincts. L'unité d'action était réalisée par l'attribution de ces deux emplois à la même personne.
L'idée était juste et la formule ingénieuse. Elle donna très peu dans la réalité et fut presque inopérante :

1. parce que M. Clemenceau, après m'avoir tenu en grande faveur pendant quelques jours, me prit en grippe et m'enleva toute liberté d'action ;
2. parce que M. Regnault n'admit jamais sincèrement ma collaboration ;
3. parce que le général Bailloud, commandant le 19e corps, écuma de me voir ne pas mériter de lui pour une part et me mit tous les bâtons dans les roues.

[…] Et ma conclusion, c'est que toute brochure écrite beaucoup trop près de nous est trop délicate pour être publiée et que ce n'est vraiment pas le moment de me biographier (attendez donc que je sois mort). Vous aurez alors en main […], beaucoup plus de recul et d'indépendance) et je vous avoue que toute publicité me concernant ne peut avoir en ce moment que des inconvénients.

Lyautey

VI. UN MONDE DÉCHIRÉ (1914-1961)

L'attentat de Sarajevo
Télégramme sur les rapports austro-serbes, consulat de France à Vienne, le 20 juillet 1914 (p. 247)

Les rapports austro-serbes.

Nous faisons suivre notre communication d'hier du résumé de trois conversations que nous avons eues dans la journée d'aujourd'hui. Elles tendent toutes les trois à corroborer les conjectures défavorables énoncées précédemment, et nous laissent l'impression que la situation est encore plus incertaine, par conséquent pire que nous le pensions.

Nous avons rencontré un ami du chef de l'état-major. Comme nous l'abordions en lui faisant remarquer que ses apparitions étaient rares, il nous répondit: on ne me voit que dans les mauvais moments. Nous nous fîmes plus informé que nous ne l'étions, et lui demandâmes si la grande démarche venait dans huit jours ou dans quinze; il nous dit que ce serait plutôt dans quinze, et qu'il y avait lieu d'espérer que les choses marcheraient bien, car, ajouta-t-il, le vieux Monsieur est bien disposé; il reconnaît lui-même qu'il faut agir. Le vieux Monsieur, dans le langage d'ici *der alte Herr*, c'est l'empereur. Nous nous étions toujours douté que s'il lui arrivait d'enterrer son neveu François-Ferdinand, la joie lui rendrait quelques mois de jeunesse.

Une personnalité particulièrement bien informée des nouvelles officielles est venue nous recommander de ne pas nous en rapporter aux semeurs d'optimisme; on exigera beaucoup de la Serbie; on lui imposera la dissolution de plusieurs sociétés de propagande nationaliste; on la sommera de réprimer le nationalisme, de surveiller la frontière en collaboration avec des commissaires autrichiens, de faire la police des écoles au point de vue de l'esprit anti-autrichien, et il est bien difficile qu'un gouvernement accepte de se faire ainsi le sergent de ville d'un gouvernement étranger. On compte avec les échappatoires par lesquelles la Serbie voudra sans doute esquiver la réponse claire et directe; c'est pourquoi on lui fixera peut-être un délai bref pour déclarer si elle accepte oui ou non. Le teneur de la note et son allure impérative garantissent presque sûrement que Belgrade refusera. Alors, on opérera militairement. Nous ferons observer que nous ne savons pas si la note est bien conforme au résumé ci-dessus; nous ne garantissons pas non plus la particularité du délai fixé; ce qui nous paraît bien sûr, c'est qu'on cherche à provoquer le refus.

Nous avons demandé à notre interlocuteur si l'on commençait déjà à remuer des fusils et des hommes. Pas encore, nous a-t-il dit, mais on commencera probablement dans cinq jours, peut-être dans quatre. Ceci nous conduirait donc au 25 ou au 24. Nous verrons.

Un autre informateur (excellente source italienne) nous dit: il y a ici, et pareillement à Berlin, un clan qui accepte l'idée du conflit à dimensions généralisées, en d'autres termes la conflagration. L'idée directrice est probablement qu'il faudrait marcher avant que la Russie ait terminé ses grands perfectionnements de l'armée et des voies ferrées, et avant que la France ait mis au point les défectuosités signalées dernièrement au Sénat. Mais ici, il n'y a pas accord dans les hautes sphères: du côté de Berchtold et des diplomates, on voudrait tout au plus une opération localisée contre la Serbie. Mais, tout doit être envisagé comme possible, tout.

21 juillet

Nous avons cherché ce matin notre informateur n° 2 et nous l'avons remis sur la question avec instances et questions précises. Suivant lui, l'action militaire contre la Serbie est bien décidée, et l'on fera tout le possible pour qu'elle réponde négativement à la démarche. On a, dit-il, informé les gouvernements étrangers qu'on ne voulait rien prendre, mais seulement obtenir satisfaction avec garanties pour l'avenir, et l'on a reçu l'assurance que pas une puissance ne s'interposerait. Les opérations militaires commenceraient vers le 7 ou 8 août, et, suivant les calculs des militaires, tout serait fini pour le mois de septembre. On ne fait rien jusqu'ici parce que les effectifs de la région frontière sont suffisants. Le surplus s'effectuera sans bruit et sur une échelle restreinte, dès la remise de la note.

Ainsi, nous avons ici une opinion opposée à celle de notre informateur n° 3, car ce dernier admet la possibilité des immixtions et de la conflagration, tandis que selon l'autre conception, la querelle se réglera entre Autriche et Serbie.

Nous sommes frappé d'un fait singulier: généralement, l'Agence télégraphique officielle, dans ses résumés et revues de presse étrangère, ne tient compte que des journaux officieux et des organes les plus importants; elle omet toute citation, toute mention des autres. C'est une règle et une tradition. Or, depuis une dizaine de jours, l'Agence officielle fournit quotidiennement à la presse d'Autriche-Hongrie une revue complète de toute la presse serbe, en donnant une large place aux journaux les plus ignorés, les plus petits et insignifiants, qui par cela même, ont un langage plus libre, plus hardi, plus agressif et souvent injurieux. Ce travail de l'Agence officielle a visiblement pour but d'animer l'opinion, de faire une opinion favorable à la guerre. Le fait est significatif.

Revu aujourd'hui notre informateur n° 3, qui nous confirme encore l'adhésion de l'Allemagne, et nous dit: « Méfiez-vous, je sais positivement que ces gens-là ont de mauvaises intentions. »

Une guerre mondiale
Extrait du *Min Sin Pao*, journal chinois publié à T'ien-tsin, le 17 février 1917 (p. 249)

Communication de l'Association pour la protection des pauvres.

Nous recevons la communication suivante, dont chaque phrase se compose de six caractères, de l'Association pour la protection des pauvres:

« Les syndicats Houei Ming et I. Tch'en, sous prétexte de recruter des travailleurs, induisent en erreur des milliers de nos compatriotes qu'ils vendent à l'étranger comme esclaves. Les personnes qui ont du cœur et de la sagesse doivent faire leur possible pour s'y opposer. Nombreux sont ceux qui ont été trompés à Moukden et à Kirin; connaissant maintenant ces manœuvres frauduleuses, on se préoccupe, dans ces villes, d'arrêter ce recrutement. Seuls les gens du Chantoung et du Tcheli vivent encore dans un rêve; ne connaissant pas le mal qui les menace, ils répondent au premier appel. Arrivés à l'étranger, ils éprouvent de nombreux inconvénients; en été, ils souffrent de la chaleur, en hiver, ils souffrent du froid, et dans les deux cas, de la faim. S'ils tombent malades, personne ne peut les soigner. N'ayant pas leurs femmes avec eux, comment pourraient-ils être soignés par des proches? S'ils meurent, ils sont jetés en terre étrangère; sans espoir d'être ramenés en Chine. Nous engageons donc nos compatriotes à ne plus tomber dans de pareils pièges. Les salaires promis sont élevés, mais en réalité, ils sont minimes. Ils ne mangent pas à leur faim. Les travailleurs recrutés sont envoyés par les Anglais et les Français sur le front pour mourir à leur place. Toute personne ayant de la conscience doit porter ceci à la connaissance de tous afin que la population pauvre ne soit pas dupée par ces syndicats. »

Lawrence d'Arabie
Dépêche du colonel Sousse, le 15 septembre 1918 (p. 255)

Djedda, le 15 septembre 1918

Le chef de bataillon Cousse, chef de la mission militaire française en Égypte

À Monsieur le Ministre de France

En réponse à votre lettre n° 32 du 30 août 1918, reçue ce jour, j'ai l'honneur de vous rendre compte

que d'après des renseignements extrêmement sûrs, la subvention que les autorités britanniques accordent au Malik s'élève mensuellement à deux cent vingt-cinq mille livres ainsi réparties :
105 000 £ à l'émir Fayçal
55 000 £ à l'émir Abdallah
55 000 £ à l'émir Ali
10 000 £ au Malik qui généralement les abandonne à l'un ou l'autre de ses fils, les revenus de la douane de Djeddah (12 à 15 000 £ mensuelles) paraissant suffire à ses dépenses.
Dans cette subvention n'entrent pas les sommes directement dépensées par le lieutenant-colonel Lawrence pour des buts politiques ou militaires, et qui atteignent parfois quelques dizaines de milliers de livres.
J'ajoute que ces subsides énormes ne semblent pas suffire à contenter ici tous les appétits, et La Mecque reçoit des émirs des demandes d'argent presque continuelles.
Au début en effet, pour faire immédiatement bloc et créer un mouvement d'opinion rapide, de larges distributions d'or ont été consenties, un peu indistinctement, à toutes les fractions établies entre la côte, jusqu'à El-Ouedj et Médine. Depuis, les opérations se développant de plus en plus vers le nord et le mouvement hedjazien s'étendant à un nombre de tribus de plus en plus considérable, il a été admis que seules devaient être payées les fractions dont on utiliserait effectivement le concours. Mais les bédouins n'admettent que difficilement de voir ainsi disparaître une source de revenus très appréciable, considérée par eux comme une condition essentielle de leur fidélité au Malik, comme une caractéristique du nouveau régime. De là des réclamations incessantes et même quelques mouvements séditieux, comme les attaques de convois et de caravanes signalées à plusieurs reprises, notamment entre Yambo et la région où opère l'émir Ali. De là aussi pour le Malik et pour ses fils la nécessité de transiger de temps à autre et d'accorder parfois des subsides exceptionnels prélevés sur les sommes qu'en principe ne devraient être distribuées qu'aux tribus réellement combattantes.
Chaque nouvelle adhésion entraîne immédiatement des dépenses considérables : Moudjehem ben Chaalan venu en juin 1918 rejoindre Fayçal à Ouheida a reçu d'un seul coup 24 000 livres. Je passe enfin rapidement sur les réserves personnelles que deux au moins des émirs, Ali et Abdallah, semblent vouloir se constituer, sur les gratifications insensées accordées par moments à certains officiers syriens ou bagdadiens, le plus souvent sur leurs demandes instantes, enfin sur des malversations de tout ordre qu'en l'état actuel on ne peut ni prévenir ni empêcher.
En fait les chérifiens sont toujours à court d'argent ; la solde des troupes régulières elle-même est souvent de plusieurs mois en retard.
Depuis une année environ nos Alliés se sont préoccupés de réduire dans toute la mesure possible les sorties d'or considérables qu'entraîne l'importance de la subvention accordée au Malik. La maison Gellatly Hankey qui en l'absence de toute banque reconnue possède pour tout envoi de fonds un monopole de fait, reçoit des commerçants de Djeddah le versement en or du prix des marchandises, vivres et étoffes surtout, demandées par eux en Égypte et aux Indes et se charge d'en assurer le paiement. Elle reverse ensuite à la Mission anglaise, moyennant une commission d'un demi pour cent, les 70 à 80 000 livres qu'elle parvient ainsi à recueillir chaque mois.
Une faible partie de l'or répandu au Hedjaz peut passer dans le Nedjd et même en Mésopotamie où se rendent quelques caravanes, mais la plus grosse part reste encore entre les mains des bédouins.

La révolution russe

Télégrammes de Maurice Paléologue au ministre des Affaires étrangères, 9-30 mars 1917 (p. 259 et suiv.) [sélection]

Télégramme n° 296
Petrograd, le 9 mars 1917
La spontanéité et la promptitude avec lesquelles les manifestations d'hier se sont produites ne laissent pas d'inquiéter le gouvernement impérial. Sur plusieurs points de la capitale, la foule a crié : « Du pain et la paix ! » Sur d'autres points, elle a entonné la « Marseillaise ouvrière ».
Ce matin, il y a de l'agitation dans les quartiers ouvriers ; la plupart des usines sont en grèves.

Télégramme n° 308
Petrograd, le 12 mars 1917 à 14 h 30
La situation s'est aggravée ce matin.
Quelques régiments se sont mutinés et sont entrés en collision avec la police.

Télégramme n° 313
Petrograd, le 12 mars 1917 à 20 heures
Toute la moitié orientale de Petrograd est au pouvoir des insurgés.
L'arsenal de la Liteini et l'hôtel du ministre de l'Intérieur ont été saccagés. Les détenus des trois principales prisons ont été mis en liberté. Le palais d'Hiver est envahi. Le palais de justice est en flammes.

Télégramme n° 320
Petrograd, le 13 mars 1917 à 23 heures
13 mars 23 heures
Dans l'anarchie générale qui sévit à Petrograd, trois organes de direction tendent à se constituer.
1. Le « comité provisoire » de la Douma. Présidé par M. Rodzianko, il comprend douze membres dont MM. Milioukov, Konovalov, Choulguine, Kerenski, Chidlowski et Tcheidze ; il représente donc tous les partis du « groupe progressiste » et l'extrême gauche. Il s'efforce de réaliser immédiatement les réformes nécessaires afin de maintenir le régime en proclamant au besoin un autre empereur. Mais le palais de Tauride est envahi par les émeutiers. Le Comité délibère donc dans le tumulte et sous la menace de la foule. Ainsi s'expliquent la longueur et la confusion de ses délibérations.
2. Le « Comité des ouvriers et de l'armée ». Il siège à la gare de Finlande. C'est un comité révolutionnaire qui veut proclamer la République sociale et mettre fin à la guerre. Il est en hostilité avec le Comité du palais de Tauride et prend vis-à-vis de la Douma l'attitude qui fut celle de la Commune de Paris vis-à-vis de l'Assemblée législative en 1792.
3. Le « quartier général des troupes ». Il siège à la forteresse. Composé de quelques officiers acquis à la révolution et d'un groupe de sous-officiers, il s'applique à mettre un peu d'ordre dans l'approvisionnement des troupes en vivres et en munitions. Il n'exerce, d'autre part, aucune autorité sur les soldats qui répandent la terreur dans toute la capitale. Auprès d'eux, les ouvriers sont relativement calmes et organisés. Le pire dommage de la situation est dans le rôle anarchique et prépondérant que joue l'armée. J'espère toutefois que l'excès même des violences ne leur permettra pas de durer.
Aucune nouvelle de Moscou ni de la province.
Recevez-vous mes télégrammes ?

Télégramme n° 349
Petrograd, le 17 mars 1917 à 11 heures
Tout est remis en question.
L'extrême gauche, revenant sur ses concessions, exige non seulement qu'une assemblée constituante soit convoquée dans le plus bref délai, mais que la déchéance définitive des Romanov soit immédiatement prononcée.
Toutes les forces agissantes du parti socialiste sont concentrées dans un « Conseil des délégués ouvriers et soldats » qui compte environ 250 membres et qui siège maintenant au palais de Tauride. Un comité de 12 membres assure l'exécution des motions adoptées par le Conseil. Les socialistes-démocrates, qui forment au moins les trois quarts du Conseil, sont opposés à la guerre. Les socialistes révolutionnaires, qui composent le reste de l'Assemblée, sont au contraire animés d'un ardent patriotisme.

Télégramme n° 352
Petrograd, le 17 mars 1917 à 14 heures
Il m'est encore impossible de savoir quelle répercussion la révolution de Petrograd a eue sur les armées du front et si leur discipline en est affectée.
Quant au spectacle militaire que j'ai sous les yeux, voici quelques observations directes :
1. Les excès anarchiques des premiers jours ont pris fin. Beaucoup de soldats isolés se promènent dans les rues ; tous sont en armes. De temps à autre, presque sans motif, quelquefois par simple amusement, ils tirent des coups de fusil.
2. Les officiers ne sont plus salués. Tous portent la cocarde ou des galons rouges. La plupart ont l'air inquiet, humilié ou exaspéré ; ils font peine à voir. La révision des grades, à laquelle les soldats ont procédé dans les casernes, est un scandale qui paralyserait totalement la puissance militaire de la Russie si elle devait s'étendre ou se prolonger.
3. Les soldats qui participent activement aux délibérations du parti socialiste ne sont pas très nombreux. La majorité ne s'occupe pas de politique. Beaucoup ont quitté Petrograd afin d'aller voir ce qui se passe dans leur village et dans leur *isba*.
4. C'est dans la garde impériale que se sont produites les plus honteuses défections. Le régiment « Preobrajensky », le régiment « Pavlosky », le régiment de « Volhynie », les « Tirailleurs de la famille impériale », les Cosaques de « l'Escorte », toutes les troupes qui paraîtraient le plus ferme appui de la dynastie ont passé immédiatement à la révolution.

Télégramme n° 364
Petrograd, le 19 mars 1917 à 9 heures
La journée d'hier a été tout à fait calme à Petrograd. Aujourd'hui, quelques magasins se rouvrent ; la tendance à la reprise du travail s'accentue ; on déblaie la neige pour rétablir le service des tramways. La société demeure néanmoins très inquiète, à cause des représailles qu'on annonce de toutes parts.
Les équipages insurgés de la flotte baltique rentrent dans l'ordre ; ils ont massacré une soixantaine de leurs officiers.
La flotte de Sébastopol est en révolte.

Télégramme n° 380
Petrograd, le 21 mars 1917 à 10 heures
20 mars à 22 heures
Les partis d'extrême gauche estiment que « le citoyen Nicolas Romanov et son épouse Alexandra » prolongent trop leur séjour en Russie, ils les accusent de préparer secrètement une restauration de l'*aucratisme*, de complicité avec les ministres modérés et de connivence avec l'empereur d'Allemagne. C'est l'état d'esprit qui régnait en France après le retour de Varennes. Il y a toutefois cette différence que les ministres modérés se préoccupent uniquement de sauver la vie de leurs anciens souverains et se bornent à souhaiter intérieurement l'institution d'une monarchie constitutionnelle.
Quant à l'accusation de connivence avec l'empereur Guillaume, ce n'est qu'une absurdité.
Très troublé de cette situation, M. Milioukov a demandé à mon collègue d'Angleterre si le gouvernement britannique consentirait à assurer la garde de l'empereur et de l'impératrice sur le territoire britannique jusqu'à la fin de la guerre.

Télégramme n° 381
Petrograd, le 21 mars 1917 à 11 heures
Le gouvernement provisoire a ordonné, hier soir, l'arrestation de l'empereur et délégué 4 députés pour le ramener de Mohilev à Tsarskoïe Selo.

Télégramme n° 396
Petrograd, le 24 mars 1917 à 10 heures
Le Conseil des délégués ouvriers et soldats, ayant appris que des pourparlers avaient été engagés avec le gouvernement britannique pour le transfert de l'empereur et de sa famille en Angleterre, a exigé et obtenu leur maintien en Russie.
La détention des souverains à Tsarskoïe Selo est devenue plus rigoureuse. L'empereur n'a pas été autorisé à communiquer avec l'impératrice ; il est étroitement gardé.
En outre, le Conseil des délégués ouvriers et soldats a exigé et obtenu qu'il déléguerait un commissaire spécial « pour contrôler la détention de la famille impériale et toute mesure qui serait prise à son sujet ».
D'autre part, dans l'ukase qui a supprimé hier la peine de mort, j'ai observé cette restriction significative : « La peine de mort est supprimée... *sauf pour les cas de trahison.* »

Télégramme n° 432
Petrograd, le 30 mars 1917 à 10 heures
Dissentiment entre ouvriers et soldats continue. Manifestations militaires se sont répétées hier. J'ai croisé en ville 4 régiments défilant correctement et portant bannières rouges avec inscription : « Ouvriers au travail ! Soldats à la guerre ! » Mais sur d'autres bannières plus vastes on lisait : « La terre au peuple ! » Les ouvriers s'efforcent en effet provoquer révolution agraire pour garder sympathies armée.
Beaucoup de personnes estiment qu'un coup d'État militaire pourrait seul préserver la Russie d'une dislocation nationale.
Situation demeure donc précaire.

Hitler prend le pouvoir
Télégramme de François-Poncet, le 30 janvier 1933 (p. 268)

Secret.
Le secret de la formation du nouveau cabinet allemand a été bien gardé jusqu'au bout. Hier soir, on annonçait, et l'on confirmait ce matin que, devant les exigences excessives de Hitler, M. von Papen s'apprêtait à rendre compte au maréchal Hindenburg de l'échec de la première partie de sa tâche. En réalité, il apparaît aujourd'hui [que] le maréchal Hindenburg n'a sacrifié le général von Schleicher et ouvert la crise qu'après avoir acquis, par les sondages de M. von Papen, la certitude de pouvoir la résoudre selon la formule nouvelle d'union des droits nationalistes, associant Hitler à Papen et Hugenberg, les Sections d'assaut aux Casques d'acier.
Dans quelles conditions l'accord s'est-il établi entre Hitler et le maréchal Hindenburg ? Hitler a-t-il consenti à essayer de gouverner avec une majorité parlementaire ? Le maréchal lui a-t-il octroyé, au cas où cette tentative échouerait, les pouvoirs nécessaires pour dissoudre l'Assemblée ? On n'en sait encore rien à l'heure actuelle. Le parti du centre n'a pas [non plus clairement] fait connaître son attitude. En constituant le cabinet sans attendre davantage, on a indiqué d'ailleurs qu'on était prêt à se passer de lui. C'est pourtant de lui que dépendront, en définitive, le sort du Reichstag et peut-être l'avenir du régime parlementaire. Quoi qu'il en soit, la présence de M. von Papen aux côtés d'Hitler et à la tête de la [Prusse], le maintien de M. von Neurath aux Affaires étrangères et de M. von Krosigk aux Finances, la nomination du général von Blomberg, qui passe pour un esprit pondéré, au ministère de la Reichswehr, ont pu faire penser au président du Reich qu'il s'était entouré des garanties indispensables et qu'Hitler se trouverait encadré comme il convenait.
La formation du cabinet Hitler-Papen-Hugenberg n'en constitue pas moins pour l'Allemagne et pour l'Europe une expérience hasardeuse. On s'étonnera, à l'étranger, qu'Hitler se [voie] confier le pouvoir au moment même où, abstraction faite de l'état de Lippe, les récentes consultations populaires ont accusé le déclin de son mouvement.
Mais précisément l'une des intentions de ceux qui ont préparé et provoqué la crise a été de conserver, au bénéfice de la cause du nationalisme, ce qui reste, et qui est encore conservé, de la force des nazis.
Reste à savoir si, en la sauvant, on ne lui aura pas remis entre les mains des moyens d'action dont elle sera tentée d'abuser et qu'elle ne lâchera plus.
Toutes les personnalités de la droite que j'ai ren-

contrées ces jours-ci se sont efforcées de me convaincre qu'Hitler était devenu raisonnable et ne souhaiterait rien tant que de s'entendre avec la France. À supposer que tel soit bien son désir, il n'est pas sûr que ses troupes, exaltées par son arrivée au pouvoir, le laissent libre d'agir à sa guise, sinon... de la France, du moins à l'égard de la Pologne. Il est à craindre d'ailleurs que les fascistes italiens, hongrois, autrichiens, ne se sentent singulièrement enhardis par l'arrivée au pouvoir des nazis en Allemagne.

À l'intérieur, il faut prévoir que la lutte contre le communisme sera l'un des mots d'ordre du nouveau gouvernement. Mais cette lutte s'étendra fatalement au socialisme et au libéralisme. L'appui des Sections d'assaut, des Casques d'acier et de la Reichswehr permettra sans doute d'imposer l'ordre dans la rue, mais non la paix dans les esprits. Il est clair d'ailleurs que s'il ne réalise pas tout le programme du IIIe Reich, le nouveau cabinet voudra procéder à des réformes profondes. On peut se demander comment elles seront accueillies par les États du sud de l'Allemagne.

La nomination de Hugenberg à un ministère créé pour lui et qui rassemble les anciens portefeuilles de l'Agriculture et de l'Économie publique rend probable en outre une politique protectionniste qui soulèvera maintes difficultés.

Le nouveau gouvernement enferme, il est vrai, dans son sein, des contradictions et des rivalités qui rendent problématiques sa cohésion et sa durée. Mais les droites qui se sont réconciliées pour lui donner naissance, se rendent compte de l'importance de la partie qu'elles ont engagée. De toute façon, l'aventure qu'ouvre l'accès d'Hitler à la chancellerie du Reich a de quoi préoccuper.

LA GUERRE CIVILE ESPAGNOLE
Télégramme de Jules Henry adressé à Georges Bonnet, ministre français des Affaires étrangères, le 9 février 1939 (p. 271)

Perpignan, le 9 février 1939
Reçu par courrier le 10 à 16 h 30

Le rideau est tombé ce matin sur le drame de la Catalogne. Les troupes franquistes se sont présentées à notre frontière du Perthus à 13 h 50 dans des conditions que rapporte l'attaché militaire qui était présent. Plus un seul officier de l'état-major républicain ne s'y trouvait. Le général Rojo avait quitté lui-même le Perthus en même temps que le chef du gouvernement.

Ainsi que je vous l'ai téléphoné, en compagnie du général Pagalde, j'avais vu M. Negrín quelques instants auparavant. En m'annonçant à titre confidentiel son départ pour Toulouse d'où il compte se rendre cette nuit par avion dans le sud de l'Espagne, il m'a prié de transmettre au gouvernement français l'expression de sa gratitude pour l'accueil réservé par la France aux réfugiés, aux prisonniers, aux blessés et à l'armée ainsi que pour l'assistance [que] nos autorités civiles et militaires ne cessent de donner à ses compatriotes.

Après quoi, un large sourire aux lèvres, il m'a dit au revoir. J'ai trouvé chez cet homme qui a donné des preuves de courage et d'énergie et sur les épaules duquel pèsent tant de responsabilités dans les circonstances les plus tragiques pour son pays, une insouciance qui m'a stupéfait.

Il est encore difficile de déterminer les raisons qui poussent M. Negrín à se rendre dans le sud où nous apprendrons prochainement de quelle manière il y a été accueilli. Il semble bien qu'à son point de vue il considère le transfert du gouvernement comme la condition même de son existence politique. Mais on peut se demander ce que M. Negrín entend faire de cette existence ministérielle à laquelle il paraît ne pas vouloir renoncer, du moins encore.

S'il ne compte en user que pour se concerter avec les membres du gouvernement qui voudront bien le suivre et procéder à une liquidation de l'affaire espagnole, liquidation dont la première condition pourrait être sa démission, son geste est compréhensible, peut-être même nécessaire.

Si, au contraire, il a l'intention de transporter dans la zone sud, dans des conditions dont il reconnaît lui-même les faiblesses et la vanité, la résistance qui a fléchi en Catalogne, il se heurtera aux plus grandes difficultés, politiques et autres. Il est vrai qu'il emporte avec lui le secret espoir que son gouvernement pourrait survivre à la faveur d'un conflit général qui servirait la cause que son armée n'a pu défendre.

L'ascendant que M. Negrín avait su prendre il y a un an s'est écroulé à la suite des derniers événements militaires qui ont apporté un terrible démenti à l'assurance qui faisait sa force. Même ses amis politiques, même ses ministres, dont sept ne sont pas venus siéger hier au dernier conseil qu'il présidait en Espagne, portent à l'heure actuelle, sur lui, des jugements sévères, et il n'est que M. del Vayo qui paraisse lui avoir encore gardé une entière fidélité.

Votre Excellence sait d'autre part la position de M. Azaña qui d'un geste pourrait retirer au gouvernement son support de légalité constitutionnelle et qui n'attend, me dit-on, pour prendre une décision que le retour de M. Indalevio Prieto attendu à Paris dans deux jours. Les sentiments de M. Azaña sont partagés, je le sais, par le président des Cortes qui garde le silence sans doute en raison de sa position. Toutes ces personnalités paraissent convaincues que M. Negrín ne saurait être l'homme de la paix.

Enfin, dans le sud, M. Negrín devra, qu'il le veuille ou non, compter avec la personnalité du général Miaja. Il a tenu à me dire au cours de notre entretien de ce matin que toutes les rumeurs qui avaient circulé sur une mésentente entre eux étaient dénuées de fondement, que d'ailleurs le général Miaja, comme officier, n'avait qu'à se soumettre aux ordres du gouvernement. Ces déclarations spontanées sont *a priori* suspectes. Il est vraisemblable que le général Miaja, qui se fait de son pouvoir une autre idée que le président du Conseil, hésitera à compromettre sa popularité et ses chances personnelles au service d'une cause qui lui paraîtrait d'avance perdue.

Il existe, il est vrai, dans le sud un élément syndical, plus homogène et certainement plus tenace qu'en Catalogne, sur lequel le président du Conseil pourrait prendre appui. Mais cet appui qui accuserait des divergences avec les éléments modérés serait de nature à compromettre les sympathies internationales envers l'Espagne républicaine et les chances d'accord avec les nationalistes. Or, celles-ci, d'après ce que M. Stevenson me rapporte de la conversation qu'a eue M. Hogson avec les autorités de Burgos, si elles sont faibles, ne sont point absolument nulles. M. Negrín pourrait-il se hasarder à les sacrifier ?

Dans ces conditions, lorsqu'on fait le tour de la question et des possibilités d'action du gouvernement actuel dans le sud, on doit reconnaître que celles-ci sont quasi nulles et que si M. Negrín persiste dans ses intentions, il risque de se trouver entièrement isolé.

Cette considération me semble ne devoir pas être perdue par le Département lorsque celui-ci examinera les conditions dans lesquelles le gouvernement français continuera à assurer sa liaison avec le gouvernement de la zone centrale. M. Negrín m'a demandé ce matin quelles étaient nos intentions à cet égard. Je lui ai répondu que j'étais sans instructions. Il appartiendra à mon gouvernement de décider selon les circonstances.

Jules Henry

LA « NUIT DE CRISTAL »
Dépêche de Montbas à Georges Bonnet, ministre des Affaires étrangères, le 13 novembre 1938 (p. 275)

Ambassade de France à Berlin
Berlin, le 15 novembre 1938

Le chargé d'affaires de France à Berlin, à son excellence Monsieur le Ministre des Affaires étrangères

Objet: Le pogrom hitlérien du 10 novembre 1938

On commence aujourd'hui à savoir, avec un peu plus de précision, ce qu'avait été le pogrom hitlérien de jeudi dernier. Depuis quelques jours, les renseignements affluent. Télégrammes et lettres de nos consuls, reportages des journalistes français et étrangers, lettres anonymes, tout confirme ce que chaque passant a pu constater, en circulant dans les rues de Berlin. Les manifestations anti-juives du 8 novembre se sont déroulées, à travers tout le territoire du Reich, sur le même rythme et d'après le même modèle et, partout, elles ont atteint un degré de brutalité qui, dans l'histoire, n'a été dépassé que par les massacres arméniens du début du XXe siècle.

Ces manifestations ont revêtu trois formes principales:

– incendies des synagogues
– pillage de boutiques
– arrestations et assassinats

Presque toutes les synagogues que les Juifs possédaient encore en Allemagne ont été, dans la journée de jeudi, sinon complètement détruites, du moins rendues pratiquement inutilisables.

[...] Il convient de rappeler, en outre, que les incendies se sont partout déroulés de la même façon. Vers 4 ou 5 heures du matin, on a vu apparaître des équipes de jeunes gens qui ont arrosé d'essence bancs et boiseries et se sont retirés en y mettant le feu. Souvent, les objets du culte, les livres et les ornements sacrés ont été lacérés. Les pompiers ne sont jamais intervenus que pour protéger les maisons voisines que l'incendie menaçait de gagner. Des synagogues, il ne reste que des murs noircis.

Autant qu'aux synagogues, les exécuteurs du pogrom se sont acharnés sur les boutiques et les magasins juifs. Partout, à travers tout le Reich, se sont déroulées les mêmes scènes, dont le récit est d'une pitoyable monotonie. Il semble, cependant, que celles-ci aient pris à Berlin un caractère plus systématique qu'ailleurs. Elles y ont eu pour principal centre le quartier du Kurfürstendam et de la Tautzienstrasse. Ces deux rues, qui sont les plus riches et les plus élégantes de Berlin, comptaient de nombreuses boutiques juives. Pas une n'a été épargnée. Toutes les glaces ont été brisées et toutes les devantures pillées. Le soir du 10 novembre, ces rues, d'habitude brillantes de lumière, étaient sombres et une boutique sur deux ne présentait plus qu'une façade mal protégée par des planches hâtivement cloutées. Des scènes analogues se sont déroulées dans l'ancien centre de Berlin, autour de la Friedrichstrasse, de la Leipzigerstrasse et de l'avenue des Tilleuls où se trouvaient beaucoup de maisons de confection israélites. La foule est montée dans ces maisons, et a jeté pêle-mêle par la fenêtre, meubles, mannequins, étoffes, machines à écrire et papiers. Dans le même quartier, le rez-de-chaussée du grand magasin Israël a été entièrement saccagé. D'autres quartiers plus pauvres n'ont pas été épargnés. Le nord de Berlin, où habite une population juive souvent misérable, présentait, dès jeudi matin, un aspect de désolation et, le soir, l'*Angriff*, journal du Dr Goebbels, pouvait se féliciter du «bon travail» qu'on y avait fait. Partout d'ailleurs, dans les quartiers riches comme dans les quartiers ouvriers, le travail d'exécution a été le même. Des équipes de jeunes gens sont arrivées très tôt le matin, munis des clés nécessaires pour ouvrir les portes ou lever les rideaux de fer. Ayant fait irruption, ils ont – presque toujours de l'intérieur – brisé les vitres des devantures, qui tombaient à l'extérieur sur le pavé. Puis, après avoir bouleversé la boutique, ils se retiraient, sans d'ailleurs, au début du moins, se livrer à aucun pillage. Le travail commencé a été achevé par de nouvelles équipes, le plus souvent par des enfants de la jeunesse hitlérienne, qui prenaient plaisir à démolir, comme dans un jeu de massacre, ce qu'on pouvait encore démolir. Les pillages n'ont commencé qu'un peu plus tard. Très vite, en effet, les passants se sont aperçus qu'on pouvait, sans crainte, se servir. Sous l'œil bienveillant de la police, ils ont raflé tout ce qui était emportable: objets de maroquinerie, chaussures, étoffes, bas, cravates, fourrures, lingeries... Personne n'osait protester.

Incendies et pillages se sont complétés par des arrestations en masse de la population juive. À Munich, plus d'un millier de personnes ont été appréhendées au cours de rafles exécutées dans le quartier juif de la ville. Le bruit a même couru qu'il n'était laissé que 48 heures aux Juifs pour quitter définitivement Munich. Bien que la nouvelle ait été ultérieurement démentie, il semble à tout le moins vraisemblable que certains éléments du parti national-socialiste ont songé à purger définitivement de toutes tares judaïques la capitale du mouvement hitlérien. À Hambourg, on a opéré également de nombreuses arrestations parmi la population juive de la ville. Il en a été de même à Sarrebruck, à Francfort-sur-le-Main, à Leipzig et à Königsberg. À Berlin, un communiqué officiel du DND a avoué 1 800 arrestations «du reste en grande partie temporaires».

[...] Dès les premières heures de la journée de jeudi, la police a, en effet, procédé à une opération de grande envergure qui a surtout frappé les Juifs des quartiers riches: avocats, médecins et hommes d'affaires. Rassemblés dans le nord de Berlin, ceux-ci ont été chargés sur des camions, et, de là, conduits au camp de concentration d'Oranienburg, à 40 kilomètres environ au nord de la ville. Des témoins allemands qui ont vu défiler ces colonnes de voitures, estiment, sans d'ailleurs qu'aucun contrôle soit possible, que le chiffre des arrestations atteint au moins plusieurs dizaines de mille. Enfin, à mesure que les jours passent, on entend se multiplier les récits de suicides ou d'assassinats.

[...] Tels sont les grands traits du pogrom qui a incendié et ensanglanté l'Allemagne dans la journée du 10 novembre.

Or, dans plusieurs déclarations publiques, le Dr Goebbels, ministre de la Propagande et *Gauleiter* de Berlin, a affirmé qu'il ne s'est agi, en l'espèce, que d'une manifestation purement spontanée de la fureur qui s'était emparée du peuple allemand, lorsqu'avait été connue la mort de M. von Rath, secrétaire de l'ambassade d'Allemagne à Paris, tombé sous les balles d'un assassin juif.

On peut affirmer qu'il s'agit là d'un mensonge cynique.

[...] Le pogrom du 10 novembre a été, systématiquement préparé et exécuté. Commencé partout à la même heure, il a revêtu partout les mêmes formes et, partout, la police a eu la même attitude. Il semble certain que la décision a été prise par le gouvernement du Reich, avec la pleine approbation du Führer et chancelier d'Empire, dont on n'a pas le droit de contester la responsabilité.

[...] Devant ces persécutions, qui évoquent les souvenirs de Babylone et de Ninive, la réaction de l'opinion étrangère à Berlin a été unanime et sa réprobation des plus énergiques. Malgré la crainte qu'ils peuvent avoir du ministre de la Propagande, la plupart des journalistes n'ont pas hésité à dire au moins une grande partie de ce qu'ils avaient vu. D'autre part, plusieurs de mes collègues ont été obligés d'intervenir pour défendre leurs ressortissants. Certains d'entre eux, comme le nouveau ministre de Colombie, ont eu directement maille à partir avec la police berlinoise, qui les a malmenés comme de vulgaires malfaiteurs. Partout, parmi les observateurs étrangers de l'Allemagne national-socialiste, règne la même inquiétude devant le triomphe du radicalisme hitlérien.

La réaction de la population allemande reste jusqu'à présent plus difficile à définir. Extérieurement, la foule s'est montrée apathique. Elle n'a pas participé aux pillages, mais n'a rien fait pour les empêcher. Elle reste dominée par la peur des dénonciations, et, comme toujours, lors de crises du régime, cette ambassade reçoit des séries de lettres anonymes qui protestent contre la terreur nationale-socialiste.

Mais, déjà, commence à circuler, dans Berlin, le bruit que tout le monde, en haut lieu, n'a pas approuvé le pogrom du 10 novembre. On a remarqué le soin avec lequel le Dr Goebbels s'est efforcé de compromettre le maréchal Göring en lui réservant le mérite d'avoir décrété les nouvelles lois anti-juives. La violente explosion de jeudi dernier n'est peut-être que la manifestation brutale d'un conflit qui oppose les chefs du IIIe Reich et leurs coteries rivales.

Paul Morand à Londres en 1940
Note de Paul Morand, le 20 juillet 1940 (p. 287)

Note pour le Ministre
Relation sommaire de la situation à Londres du 17 juin au 20 juillet
Liverpool, 20 juillet 1940
L'annonce de notre armistice s'est abattue sur une opinion britannique mal préparée; la première réaction nous fut cependant favorable: grand élan de sympathie et de pitié pour une France qui restait l'alliée élue; on comprenait qu'elle dût abandonner la lutte. « Que les Français se reposent; c'est à nous maintenant de continuer seuls », disait Harold Nicholson, un des plus fidèles partisans de l'entente. Mais, dès le 18 juin, le *Times* porte déjà la question sur le terrain politique: « Le maréchal Pétain forme un gouvernement de droite. »
Le général de Gaulle avait débarqué à Londres le 14 juin. Autour de lui s'étaient cristallisées aussitôt les tendances, jusque-là éparses, visant à créer un noyau français de résistance loin d'une France vassalisée par l'Allemagne, noyau constitué surtout avec des éléments français de gauche, sur lesquels, malgré des déboires, l'Angleterre croit toujours pouvoir compter. Dès lors, les mots *French Government* sont remplacés par *The Petain Government*, gouvernement qui est censé ne pas représenter la nation. (Cette formule adoptée par la presse, la BBC, etc. subsiste encore). On espère que le général de Gaulle saura rallier les colonies françaises, et le ministère de la Guerre économique, tout occupé à ce moment d'un *pool* des ressources coloniales interalliées, insiste pour qu'en dépit de l'armistice, la mission française du Blocus y participe. La mission décline cette offre.
Dès le 17 juin M. Kérillis était arrivé à Londres et y avait commencé ses démarches et le général de Gaulle parlait pour la première fois à la BBC. Sous le patronage du ministre de l'Information, M. Duff Cooper, ils orchestrent toute une propagande injurieuse contre le maréchal, troublent l'opinion anglaise, divisent la colonie française d'Angleterre, font pleuvoir les nouvelles tendancieuses ou fausses (arrivée imminente de MM. Blum, Mandel, Campinchi, Delbos, attentat de la Gestapo contre M. Paul Reynaud, assassinat de M. Pierre Cot, etc.). Cependant, le 19 juin, M. Churchill fait à la radio un discours où, sauf une allusion à la rupture par la France de ses engagements envers son alliée, le ton est encore très modéré (« Quoi qu'il arrive, notre victoire sera celle de la France... »).
Rapidement, le bruit se répand que le général de Gaulle a refusé d'exécuter l'ordre qu'il vient de recevoir de rentrer en France; il va grouper tous les Français désireux de poursuivre la lutte, il se déclare sûr de l'appui que lui ont promis télégraphiquement les généraux Noguès, Catroux, Mittelhauser; il a pour lui l'ambassade de France, il déjeune chez M. Corbin à qui Kérillis a dit brutalement: « De toute façon, vous êtes fini; autant venir avec nous. » Les 19, 20, 21 juin, le général de Gaulle et Kérillis sont installés comme chez eux dans le bureau de l'ambassadeur et de son secrétaire de confiance, M. de Charbonnière. Kérillis, qui prétend avoir refusé les fonds de la propagande anglaise en vue de la création d'un journal français à Londres, obtient néanmoins de la Bank of England l'autorisation d'exporter avec lui aux États-Unis les 40 000 livres sterling qu'il avait en dépôt à Londres « depuis juin 1936 ». La Bank of England lui accorde cette faveur unique (aucun autre Français n'a été autorisé à sortir plus d'une livre sterling), sur une intervention écrite de l'ambassade.
Parti pour Bordeaux dans un avion anglais avec lord Lloyd, le chef du Comité de coordination, M. Jean Monnet (accrédité à Londres en novembre 1939 par M. Daladier) est rentré à Londres le 20 juin. Depuis, il assiège Downing Street et, au Foreign Office, M. Vansittart. À l'ambassade, c'est chez M. Roger Cambon qu'il tient ses assises: il est de notoriété publique qu'il sera le président du Conseil de ce gouvernement français en préparation dont tous les réfugiés français notables se voient offrir les portefeuilles.
Mais Bordeaux donne l'ordre à nos unités navales réfugiées en Angleterre de rentrer dans leurs ports. Cette mesure pose devant le public la question de la flotte française. L'opinion britannique en est si émue que le gouvernement croit pouvoir prendre une décision à laquelle, heureusement, il ne sera pas donné suite: il annonce à la radio que le général de Gaulle est autorisé à prendre sous sa juridiction tous les Français habitant en Angleterre; résultat de l'influence de M. Jean Monnet. Et ce même soir du 23 juin, le général de Gaulle lance sur un ton comminatoire un appel à tous les Français, qui jette la consternation dans leurs rangs car ils se voient contraints d'opter entre un internement probable ou un engagement chez les factieux. Affaissé, ambigu et spectral, M. Corbin annonce le 22 juin sa démission à ses intimes. L'avant-veille M. Alexis Léger, arrivant d'Arcachon, était débarqué à Londres où il logeait chez Vansittart. Désapprouvant la politique des réfugiés, il cherche à se désolidariser d'eux au plus vite et consacre son séjour en Angleterre à s'efforcer de faire comprendre à ses amis anglais les dangers de cette politique et à préparer son départ pour les États-Unis. De même, M. André Maurois, à qui de Gaulle a offert le sous-secrétariat d'État aux Affaires étrangères, a répondu: « Faites une légion, mais non un gouvernement. » Pendant tout ce temps, M. Élie Bois et Mme G. Tabouis ameutent la presse du dimanche contre le gouvernement français.
Cependant, de tous côtés, les esprits modérés s'inquiètent et font tous leurs efforts pour éviter une définitive rupture franco-anglaise. Ronald Tree agit sur M. Duff Cooper (Tree est secrétaire parlementaire), le major Morton, chef de l'Intelligence Service de Downing Street, influe sur le Premier ministre qui consent à retarder sa déclaration d'investiture au gouvernement de Gaulle mais à regret, car le mouvement de Gaulle était devenu un élément de la politique intérieure anglaise. « Que voulez-vous, répondait Vansittart au commandant du C., si nous ne créons pas un gouvernement français de lutte à outrance, nous ne pourrons pas soutenir le moral de notre peuple. » – Cependant M. Jean Monnet doit sentir que l'atmosphère se refroidit car il modère l'élan de ses interventions: cet homme brillant et habile, cette personnalité saturnienne et malchanceuse semble ébranler l'édifice en même temps qu'il le construit, suivant ainsi la ligne brisée de toute une vie mystérieuse et internationale, semée de faillites.
Les troupes françaises, ramenées de Norvège en Écosse, s'impatientent et réclament leur rapatriement. Le 26 juin, un incident éclate qui fera réfléchir l'ambassade et les Anglais raisonnables: les ouvriers d'arsenaux français retenus à Liverpool marchent sur le consulat de France et il faut les arrêter par des barrages de police. Du coup l'ambassadeur se décide à donner suite aux demandes réitérées des missions et, les convoquant chez lui, promet, bien que mollement, de les faire rapatrier.
Le gouvernement anglais, ne voyant débarquer aucun des hommes politiques annoncés, commence à s'interroger sur la politique à suivre: c'est au cours de ces dernières journées de juin qu'est né le projet de la mise hors de combat de la flotte française. Dès le 26 juin, le ministre de la Guerre économique, M. Dalton, travailliste « dur », se refuse à toute conversation sur le ravitaillement de la France et annonce le blocus des côtes françaises. Le 1er juillet, les ministères britanniques auprès desquels sont accréditées des missions françaises, convoquent les chefs de ces missions et les invitent à prendre du service en Angleterre, en leur laissant le choix entre le général de Gaulle ou l'administration britannique. C'est alors qu'éclate l'affaire de Mers el-Kébir.

Cet attentat a eu à Londres des contrecoups moraux immédiats : secrètement blâmé par une partie de l'opinion publique anglaise, il a ouvert les yeux à beaucoup de Français encore hésitants ou même déjà inscrits chez de Gaulle ; il a rendu impossible la création en Angleterre d'un gouvernement et même d'un Comité national français ; il a obligé l'ambassade à se dégager entièrement de ses liens avec le général, et les réfugiés à mettre une sourdine à leurs conspirations.

La rupture des relations diplomatique qui a suivi gêne beaucoup le gouvernement britannique ; la presse l'annonça par de très discrets entrefilets. Bien qu'elle eût été rendue publique dès le 3 juillet par les radios étrangères, elle ne fut officielle que huit jours après, les télégrammes de Vichy ayant subi un curieux retard. Avec le départ de M. Roger Cambon, l'ambassade se trouvait enfin placée sous les ordres d'un chef impartial, M. de Castellane. Grâce à lui, les télégrammes partaient et arrivaient normalement et le rapatriement des missions était préparé avec la collaboration du Foreign Office.

M. Winston Churchill, désorienté, avait en effet repassé la main aux diplomates et les chargeait de réparer ses erreurs. Pour obtenir un avantage naval très discutable, l'amirauté avait ruiné en quelques heures trente-cinq ans d'alliance. Mais nous n'avions pas encore vu la fin des maladresses du Premier ministre. Irrité par certaines discrètes interventions de nos missions, mettant en garde soldats, marins et réfugiés français contre des engagements irréfléchis, le gouvernement faisait arrêter par la police anglaise, les 5 et 6 juillet, les quartiers-maîtres de la mission navale coupables d'avoir parlé breton dans la rue à des compatriotes ; des tracts étaient saisis, deux de nos officiers étaient mis au secret à Glasgow ; un courrier de la marine, le lieutenant de Saint-Seine, était dépouillé d'un pli officiel ; la pression administrative sur les blessés et les réfugiés en faveur de la légion de Gaulle, dont l'effectif s'élevait maintenant à 4 000 hommes, s'accentuait de jour en jour. Enfin, le 9 juillet au matin, une trentaine d'officiers de nos missions se voyaient assigner une résidence forcée à Oxford avec huit heures de préavis. Dans les missions, l'émotion était à son comble. Averti à temps, le Foreign Office faisait rapporter la mesure deux heures avant son exécution, obtenant même la mise hors de cause de nos attachés naval et militaire spécialement visés.

Dès le lendemain, 10 juillet, une détente immédiate en résultait : le Foreign Office acceptait d'échanger avec le gouvernement français un agent diplomatique. Il trouvait sur l'heure un bateau pour le rapatriement des missions et quelques jours plus tard celles-ci partaient pour la France.

Nous laissions derrière nous une situation pleine de difficultés auxquelles il faudra parer : nos marins, internés dans de mauvaises conditions, sont en danger d'être réexpédiés trop vite sans les garanties de sécurité nécessaires par les autorités anglaises inquiètes de leur esprit de révolte ; les blessés et les convalescents sont soumis à des pressions administratives les dirigeant sur de Gaulle ; des marins de commerce et des réfugiés civils, non encore recensés, errent à travers l'Angleterre, oubliés de tous ; nos consulats, encore tolérés, risquent d'être fermés s'ils se manifestent activement ; le personnel des missions, resté volontairement pour assurer la liquidation ou retenu contre son gré par les Anglais, a beaucoup de peine à communiquer avec Vichy. La presse anglaise ne publie que des nouvelles françaises tendancieuses et l'ancienne mission d'information (Bret) ne fait plus rien de bon ; l'Institut français, dirigé par M. Denis Seurat, bien que subventionné par les Affaires étrangères, sert de cabinet politique au général de Gaulle ; un bureau politique de placement et de renseignements pour réfugiés vient de s'ouvrir où l'influence de M. P. Comert et de Mme G. Tabouis s'exerce dans le sens le plus défavorable au gouvernement français.

Paul Morand

Vichy et la question juive
Télégramme de Jacques Truelle à Vichy, le 28 octobre 1941 (p. 289)

Télégramme à l'arrivée
Bucarest, le 28 octobre 1941 à 21h30
Reçu le 29 à 3 heures

Les persécutions contre les juifs commencées déjà avant la (guerre) contre la Russie sont en vive recrudescence.

(Les) israélites de Bucovine (et de) Bessarabie y compris vieillards et enfants viennent d'être déportés (dans les conditions) les plus inhumaines et (envoyés) (en) quelques heures à (marches) forcées vers des destinations inconnues au-delà du Bug. Il s'agit d'un projet que le gouvernement roumain nourrit depuis quelque temps habilement encouragé par les Allemands et qui tend à l'extermination complète des Israélites de ces régions. En même temps une propagande intense qui n'est pas sans porter ses fruits attribue aux Juifs la responsabilité des difficultés économiques et de celles que rencontrent les Roumains dans les territoires qu'ils ont repris et à Odessa. C'est ce que laisse entendre (le) maréchal Antonescu dans une lettre publiée dans la presse qu'il a envoyée au président des Communautés juives de Roumanie en réponse à une protestation que ce dernier lui avait adressée.

Les Roumains ayant gardé (une certaine) (indépendance) de jugement, les industriels et les milieux (d')affaires blâment vivement cette campagne et le caractère inique (des) mesures en question. Ils sont inquiets des effets qu'elles peuvent avoir sur la vie économique du (pays) en particulier sur celles des régions reprises, déjà fort mal administrées et où l'on aurait besoin d'(unir) toutes les forces. Enfin ils voient également le danger (que ces) persécutions, qui (prennent) l'aspect d'un véritable pogrom, pourront produire pour la cause roumaine quand elles seront connues à l'étranger. Une fois de plus, ils comparent l'attitude de leur gouvernement à celle du gouvernement hongrois qu'ils estiment, à juste titre, (plus) humaine (et), par conséquent, plus (prudente) (./.)

Communiqué Ankara, Budapest
et Sofia Truelle

Un pacte entre de Gaulle et Staline
Entretien entre le général de Gaulle et Staline lors du pacte franco-soviétique, le 6 décembre 1944 (p. 290)

Entrevue du vendredi 8 décembre entre le général de Gaulle et le maréchal Staline.

Présents du côté français : général de Gaulle, M. Bidault, M. Garreau.

Présents du côté soviétique : maréchal Staline, M. Molotov, M. Bogomolov.

Général de Gaulle

Vous nous avez saisi d'une proposition de pacte tripartite anglo-franco-soviétique. Je tiens à vous dire que nous n'avons pas d'objection de principe à un tel pacte. Mais nous considérons qu'il ne répond pas au problème. Nous préférons de beaucoup un système de sécurité à trois étages.

1. Pacte franco-soviétique
2. Pacte anglo-soviétique et franco-britannique
3. Sécurité collective (avec inclusion de l'Amérique)

Un point que je tiens à souligner est qu'un pacte tripartite présente des complications très grandes. Entre la France et l'URSS, il n'y a pas [*rayé :* de divergences directes. Nous en avons toujours et nous en aurons toujours. Vous aussi, vous avez des contestations en Iran. Vous en avez peut-être en Extrême-Orient. *Correction manuscrite :* d'objet de contestation directe. Avec la Grande-Bretagne, nous en avons toujours eu et nous en aurons toujours. Vous aussi, vous avez avec les Britanniques des divergences, par exemple en Iran. Vous en aurez peut-être en Extrême-Orient.]

Il n'est donc pas sûr qu'il soit facile de conclure un pacte tripartite. En outre son jeu peut être gêné [*rayé :* compliqué ; *correction manuscrite :* et même entravé] par des oppositions d'intérêts ; cela est d'autant plus vrai que les Allemands s'entendront à combiner leur agression avec des complications entre Alliés. Nous considérons donc que le pacte tripartite n'est pas la meilleure méthode pour réaliser la sécurité.

Maréchal Staline

Vante les avantages d'un pacte tripartite. Les Anglais seraient liés directement à la France et à l'URSS. Ce serait sérieux et solide. On pourrait se concerter, amener l'Angleterre à agir plus vite. Staline se demande si cela ne vaudrait pas mieux. Puis brusquement il change de sujet.

Après tout, nous pouvons faire un pacte à nous deux. Il faut que la France comprenne l'intérêt essentiel de la Russie soviétique dans l'affaire polonaise. Nous ne pouvons pas admettre une Pologne qui, tantôt, marche contre Moscou, tantôt contre l'Allemagne. Nous voulons une Pologne franchement sympathique aux Alliés et résolument anti-allemande. Cela n'est pas possible avec le gouvernement de Londres. Il représente un esprit anti-russe qui a toujours existé en Pologne. Au contraire, nous pourrions nous rencontrer avec une autre Pologne, grande, forte, amie de la France et de l'URSS, parce que démocratique. Si vous partagez cette manière de voir, faites un arrangement avec Lublin et nous pourrons [*rayé :* faire ; *correction manuscrite :* conclure] un pacte avec vous. Churchill sera évidemment très froissé. Tant pis. Cela ne fera qu'une fois de plus. Lui aussi, m'a offensé souvent.

L'interprète s'étant exprimé peu clairement, le général de Gaulle comprend qu'il s'agit d'un pacte tripartite, à condition qu'un arrangement officiel intervienne avec le Comité de Lublin. Il estime que cette proposition présente peu d'intérêt.

Il répète que le gouvernement français veut bien envoyer un délégué à Lublin et accepter à Paris un délégué de Lublin. Mais il ne veut pas faire de convention avec le Comité de Lublin qu'il connaît mal. La France et l'URSS ont un intérêt commun à une Pologne unie. Mais pas à une Pologne artificielle, en laquelle la France n'aurait pas confiance.

Staline termine l'entretien en parlant de l'escadrille Normandie et du dîner qui doit avoir lieu le lendemain soir au Kremlin.

En rentrant à l'ambassade, le général de Gaulle constate que M. Bidault et M. Garreau ont [*rayé :* compris autrement ; *correction manuscrite :* interprété différemment] les paroles de Staline relatives à la conclusion d'un pacte et à un arrangement avec Lublin. Selon M. Bidault et M. Garreau, Staline avait en vue le pacte bilatéral franco-soviétique et non le pacte tripartite.

M. Bidault et M. Garreau ont à 11 heures du soir une nouvelle entrevue avec M. Molotov qui confirme cette interprétation.

Staline a bien offert de conclure le pacte bilatéral, si le Comité de Lublin et le gouvernement provisoire de la RF [République française] échangent des délégués.

Là-dessus, le général décide que M. Garreau recevra le lendemain, samedi à 13 heures à l'ambassade, les représentants du Comité [*rayé :* actuellement à Moscou ; *correction manuscrite :* polonais de libération nationale]. Au cours de l'entrevue, le général de Gaulle viendra à l'ambassade et les verra.

La capitulation allemande
Note d'information sur la capitulation allemande, le 7 mai 1945 (p. 293)

Informations

La reddition sans conditions des forces allemandes

Déclaration de von Krosigk

C'est en tant que ministre du Reich désigné par l'amiral de la flotte pour traiter des problèmes de la guerre, en ce tragique moment de notre histoire, que je me tourne vers la nation allemande. Après une lutte héroïque qui a duré près de six ans, l'Allemagne a succombé devant la puissance écrasante de ses adversaires.

La poursuite de la guerre ne serait qu'un gaspillage insensé de sang et conduirait à une inutile désintégration.

Le gouvernement, qui a le sens de ses responsabilités quant à l'avenir de sa nation, a été forcé, à la suite de l'effondrement de toutes les forces physiques et matérielles de l'Allemagne, de demander à l'ennemi la cessation des hostilités.

La plus noble tâche de l'amiral de la flotte et de son gouvernement est d'épargner le plus grand nombre possible de vies allemandes dans cette dernière phase de la guerre, que la cessation de la guerre n'ait pas été immédiate et simultanée à l'Ouest et à l'Est s'explique par cette unique raison.

Je m'adresse avant tout à tous ceux que cette lutte a durement touchés. Personne ne doit se faire aucune illusion sur la sévérité des conditions qui seront imposées par l'ennemi au peuple allemand, nous devons maintenant affronter notre destin avec calme et sans nous poser de questions. Personne ne doutera que l'avenir sera difficile pour chacun d'entre nous et que des sacrifices nous seront imposés dans tous les domaines de notre vie. Nous devons supporter notre fardeau et obéir loyalement aux obligations qui nous incombent mais nous ne devons cependant pas désespérer et nous devons nous résigner.

Une fois de plus, nous devons cheminer vers un avenir obscur, de l'effondrement du passé, nous devons garder une seule chose : notre unité.

Les idées d'une communauté nationale qui, en temps de guerre, a trouvé son expression la plus forte dans l'esprit de camaraderie du front et l'esprit d'entraide, doivent s'exercer à travers tous les malheurs qui se sont abattus sur notre patrie.

Dans notre nation, la justice sera la loi suprême et le principe directeur ; nous devons aussi reconnaître cette loi comme base de toutes nos relations avec les autres nations, nous devons la reconnaître et la respecter comme l'expression de nos sentiments intimes.

Le respect des traités sera aussi sacré pour nous que notre but d'appartenir à la famille européenne des nations et de mobiliser toutes les forces morales et matérielles afin de guérir les blessures horribles que la guerre a provoquées.

Nous pourrons alors espérer que l'atmosphère de haine qui maintenant entoure l'Allemagne sur toute la terre sera peu à peu remplacée par l'esprit de conciliation entre nations sans lequel le monde ne peut se relever.

Sur les traces des œuvres volées
Rapport de Rose Valland sur la zone soviétique, le 18 novembre 1947 (p. 295)

Berlin, le 18 novembre 1947

Le chef de la Section « Beaux-Arts » à

Monsieur le Chef de la Division

Éducation et Affaires culturelles

J'ai l'honneur de vous faire parvenir le compte rendu de la mission que j'ai effectuée le 13 novembre dernier à Karinhall, dans l'ancienne propriété de Göring, actuellement en zone d'occupation soviétique.

Cette mission pour laquelle vous avez bien voulu m'accorder votre autorisation a été accomplie de façon officieuse, au prix d'un assez grand nombre de difficultés. C'est ainsi par exemple, qu'avec les Allemands qui m'accompagnaient, nous avons dû franchir six contrôles.

Notre intention en allant à Karinhall était de prospecter longuement et en détail l'ancienne propriété de Göring, d'essayer d'y retrouver des œuvres d'art spoliées en France et de préparer leur rapatriement.

La journée passée à Karinhall nous a permis d'effectuer des recherches non seulement dans les ruines des bâtiments, mais surtout dans les différents bunkers souterrains, qu'en dépit de leur destruction presque totale nous avons pu explorer parfois en rampant au milieu des décombres.

Nous avons enfin profité de notre présence dans le petit État de Göring pour fouiller la forêt environnante, où nous savions devoir retrouver des sculptures qui y avaient été camouflées.

Nos recherches furent grandement facilitées par la présence d'un Allemand, autrefois au service de Göring et qui connaissait parfaitement la place.

Recherches dans le bâtiment

Depuis notre dernier passage en mai dernier, nous avons constaté que les ruines de Karinhall, qui à ce moment-là étaient encore debout, se sont presque totalement effondrées et il apparaît de plus en plus difficile dans cet amoncellement de matériaux et de poutres de fer de dégager ce qui s'y trouve.

Cependant nous avons pu y repérer un portail gothique dont 4 ou 5 bas-reliefs ont été épargnés par l'explosion. Il semble possible de les sortir de cette montagne d'éboulis, en les détachant de leur armature.

Recherches dans les bunkers

Le bunker personnel de Göring qui s'enfonce sous le bâtiment était vide. Cependant nous avons fait l'impossible pour pénétrer dans ce souterrain en partie effondré en croyant y trouver une ouverture donnant accès à d'autres caves situées encore plus profondément. L'explosion qui a détruit Karinhall par ordre de Göring ayant été provoquée au niveau du rez-de-chaussée, nous espérions avoir la possibilité de retrouver intacts des tableaux et des meubles français qui se trouvent dans le *Stuhlkammer*. Si nos efforts se sont révélés vains aux prises avec cette maçonnerie de béton armé, nous avons pu cependant examiner sur place certaines possibilités d'accès à exploiter plus tard si nous arrivons à obtenir les moyens matériels nécessaires.

Le grand bunker de la propriété, à 200 mètres du bâtiment, et qui a été détruit à la dynamite par les autorités soviétiques, ne contenait que quelques fragments de meubles, aucune pièce intacte ne subsistait. Quant aux tapis et aux tapisseries qui, selon les indications du *Hausmeister* de Göring avaient été déposés à l'étage de ce bunker, ils ont dû disparaître avant l'explosion, car je n'ai retrouvé aucun fragment. L'étage du bunker s'est d'ailleurs totalement effondré.

Dans un troisième bunker situé en avant d'une des ailes du bâtiment, nous avons retrouvé la base et les nombreux fragments d'une des statues emportées du Jeu de Paume et qui provient des collections Rothschild, ancienne collection Ménard. Cette statue entièrement réduite en pièces n'est pas reconstituable. Seule la base, avec un carquois rempli de flèches et des corps de putti, permet de l'identifier.

Enfin, des pieds de meubles de style XVIIIe siècle français, avec des motifs de bronze d'un travail remarquable, indiquent la disparition de meubles précieux qui durent un certain temps trouver asile dans ce bunker.

Recherches dans la forêt

Nos investigations dans la forêt ont été plus heureuses. Nous savions par nos interrogatoires de Munich que de nombreuses statues, quelquefois non encore déballées, y avaient été disséminées. Grâce à notre guide nous avons pu nous diriger dans la forêt et en retrouver un certain nombre. Malheureusement ces statues dispersées ont subi de nombreuses déprédations. Il n'est pas rare de trouver dans leur voisinage des tessons de bouteilles avec lesquels elles ont été frappées et mutilées. Le nez, les bras ont presque toujours disparu. Il semble que l'on se soit acharné par jeu à les détruire. Elles ont souvent servi de cible à des balles. Ainsi lors de notre dernier voyage nous avions remarqué la copie faite en France de la Diane d'Anet ; la tête bien que détachée était intacte, maintenant la statue est entièrement brisée.

Voici la liste des principales œuvres repérées aux alentours de Karinhall :

Nombreuses statues décoratives appartenant à une fontaine. D'après l'antiquaire allemand Bornheim qui a servi d'intermédiaire pour l'achat de cet ensemble en France, la fontaine n'avait pas été déballée. Nous avons en effet retrouvé camouflées sous les arbres des caisses encore fermées, un certain nombre d'éléments ont cependant perdu leurs emballages, mais l'ensemble parait reconstituable. [...]

Nous avons repéré deux nouvelles fosses non encore ouvertes et dont nous nous efforcerons bientôt de connaître le secret.

Nos recherches dans la forêt nous ont également amenés à un rond-point célèbre dans l'histoire de Karinhall. Celui où Göring avait installé le tombeau de Karine, sa première femme pour laquelle nous savons qu'il avait gardé un véritable culte. Ce rond-point est entouré de dalles en granit présentant chacune un motif sculptural, toutes sont encore en parfait état. Un grand escalier central descend au tombeau. La porte en est arrachée. Au centre du caveau le tombeau de porphyre est vide. Sur une des parois du caveau subsiste une couronne de laurier, offerte par Hitler et par Röhm.

Celui qui nous accompagne nous apprend que lorsque le corps de Karine a été retiré du cénotaphe la tête fut fracassée contre la paroi et détachée du corps. Ce qui restait du squelette a été mis dans une autre sépulture qui fut violée à nouveau. Il tint à préciser que ce ne fut pas le fait des Allemands.

J'inspecte ce caveau pour savoir si aucune œuvre d'art n'y a trouvé asile. En sortant, dans l'encoignure de la paroi du premier escalier, je crois trouver mêlé à l'herbe et à la terre un tesson de poterie. En y regardant de plus près je m'aperçois qu'il s'agit de la boîte crânienne de Karine. Assez impressionnés par cette découverte, nous relevons les pauvres restes et leur donnons une sépulture décente au pied d'une des dalles de granit qui entoure le rond-point.

Sans vouloir épiloguer sur cet épisode, qu'il me soit simplement permis de constater l'étrangeté du fait qui voulut que ce geste soit celui d'une Française qui s'efforça pendant sept ans de reprendre à Göring les trésors d'art qu'il dérobait à la France pour faire d'un simple rendez-vous de chasse perdu dans la forêt la maison de Karine. Après Nuremberg il ne me paraissait pas possible de pénétrer plus loin et plus bas dans l'effondrement de cette destinée factice et orgueilleuse.

Recherches dans le lac

L'homme de confiance de Göring qui était resté le dernier à Karinhall après le départ de son maître pour exécuter ses ordres, m'avait appris au cours d'un interrogatoire qu'une quinzaine de statues de bronze, dont plusieurs de provenance française, avaient été jetées dans le lac. Dans cette pièce d'eau de plusieurs kilomètres de long elles étaient difficilement repérables. Un pêcheur habitué à ce lac à qui nous avions demandé de faire des recherches croit avoir localisé leur emplacement. Là encore des moyens et des autorisations officielles nous sont nécessaires pour les extraire de leur cachette. En attendant, elles sont à l'abri des déprédations que nous avons constatées ailleurs.

Spoliations faites à Karinhall après la défaite allemande

Nous avons pu recueillir un certain nombre d'adresses d'Allemands qui dans les villages environnants ont profité de la grande curée.

Quelques-uns appartenaient à la maison de Göring, comme son valet de chambre Herman Essling. Les membres de la famille Schulz, tous au service du *Reichmarschal*. Le médecin personnel de Göring qui habite aussi la région de Golline. L'intendant du domaine, qui, si les indications qui m'ont été données sont exactes, doit avoir dans le même village des meubles modernes de provenance française.

Tous ces gens seront abordés et des explications leur seront demandées.

Moyens pratiques de ramener les possessions françaises

Ne considérant pour l'instant que les moyens matériels, nous nous sommes rendu compte de nombreuses difficultés qui nous attendent pour sortir les statues de Karinhall.

L'enlèvement de ces poids très lourds nécessiterait un outillage approprié qu'il nous sera difficile de transporter sur le terrain.

D'autre part, amener les camions à pied d'œuvre sera également très malaisé, en raison de l'épaisseur de la forêt et de l'enchevêtrement des matériaux projetés un peu partout par l'explosion.

Cependant, grâce à de précieux concours, nous gardons l'espoir de réussir.

Rose Valland

La guerre d'Indochine
Télégramme d'Henri Bonnet, ambassadeur de France à Washington, relatif au voyage du général de Lattre aux États-Unis, septembre 1951 (p. 297)

Washington, le 21 septembre 1951 à 19h30 local
Prière de communiquer aux États associés
Le général de Lattre a eu hier au Pentagone une longue entrevue avec le secrétaire de la Défense et avec le général Collins. Il a montré, avec une netteté qui a frappé M. Lovett, que les guerres engagées en Asie étaient une seule et même guerre, et que s'il y avait paix, il ne devait y avoir qu'une seule et même paix. Il a dit quel était l'enjeu de la bataille du Tonkin, dont la perte entraînerait celle de l'Asie du Sud-Est, faisant peser sur le monde libre une menace qui s'étendrait progressivement, et rapidement peut-être, jusqu'à Suez. Les conséquences en seraient tragiques du point de vue des peuples musulmans dont une grande partie est établie en Asie. Le bloc bolchevik, d'autre part, trouverait dans cet immense continent un réservoir inépuisable de guerriers.
À ce propos, le général a fait, à la lumière de ses expériences de guerre et d'après-guerre, un exposé très remarqué des méthodes de guerre bolcheviks, notamment en ce qui concerne, dans le cas d'un conflit qui envelopperait le globe, l'emploi de masses d'infanterie.
En conclusion, le général a demandé à ses interlocuteurs de lui donner l'assurance qu'ils étaient d'accord avec lui pour estimer que la guerre conduite en Asie, au prix des plus lourds sacrifices, par la France et les États associés était, aussi, pour les États-Unis, une guerre qui devait être considérée comme leur propre guerre. Il acceptait toutes ses responsabilités à condition d'être mis en mesure d'y faire face; il n'accepterait pas en revanche, de conduire ses troupes à la défaite, faute d'une aide matérielle suffisante. S'il était, au contraire, d'accord avec les Américains et sûr, par conséquent, de les voir tirer les conséquences de cet accord, il serait en mesure, à son retour en Indochine, de communiquer à tous la confiance qui l'animerait.
Le secrétaire à la Défense a donné au général de Lattre l'assurance, qu'il avait déjà reçue du département d'État, que sa conception de la guerre d'Extrême-Orient, de l'importance du Tonkin pour la défense du monde libre, de la solidarité franco-américaine dans cette région du monde, était partagée par le gouvernement des États-Unis. Il a déclaré, de même que le général Collins, que dans la limite des disponibilités en matériel et des stipulations législatives en vigueur, tout le possible serait fait pour répondre aux besoins des armées d'Indochine.
La discussion qui a suivi a montré que les requêtes présentées au général Collins, et qu'il avait fait étudier par ses services, pouvaient être satisfaites dans une large mesure. Les dispositions voulues vont être prises pour que des quantités importantes de matériel arrivent en Indochine avant le 1er janvier prochain. M. Lovett s'est fait confirmer par un représentant des services des transports qu'il n'y aurait pas de difficulté à se procurer le tonnage nécessaire. Il a donné des instructions pour que, dans toute la mesure du possible, les chargements à destination de l'Indochine se fassent par bateaux entiers, de manière à éviter des allongements de parcours à travers le Pacifique et des délais de déchargement.
Des indications données par le général Collins, il résulte que les demandes présentées par le général de Lattre pourront être complètement satisfaites, dans les délais indiqués, en ce qui concerne le matériel de transports, *jeeps* et *camions* 4500. Il en sera de même pour les *munitions*, les *petites* armes et les *mitrailleuses*. La plus grosse partie des véhicules de combat seront également fournis (250 sur 330 demandés). En revanche, *600 appareils de radio* seulement sur 2700 pourront être expédiés d'ici la fin de l'année.
Le chef d'état-major de l'armée américaine a donné, en outre, l'assurance que les services compétents allaient s'employer à voir immédiatement ce qu'il serait possible de *prélever* sur les réserves constituées pour les besoins de l'armée, tant en Amérique que sur les théâtres extérieurs. Ces prélèvements viendraient en sus des matériels qui viennent d'être promis.
Les *30 petites* unités demandées à la marine pourront être dirigées sur l'Indochine d'ici la fin de l'année, si nous nous procurons en France les plaques de blindage. Il y aurait un délai de plusieurs mois si les cuirasses devaient être fournies par les États-Unis qui en sont à court.
Nos demandes d'*avions* ont fait l'objet d'une première discussion qui se poursuivra demain matin avec le secrétaire de l'Air.

Bonnet

De Gaulle et Adenauer à Colombey
Entretien du général de Gaulle et du chancelier Adenauer (p. 298)

Entretien du général de Gaulle et du chancelier Adenauer, le 14 septembre 1958, à Colombey-les-deux-Églises, de 16 heures à 18 h 30.
[Extraits]

Le général de Gaulle
Je voudrais que nous parlions d'homme à homme des charges qui nous incombent vis-à-vis de nos deux pays et à l'égard du monde. Comment pouvons-nous nous aider ? Que pensez-vous de la situation mondiale ?

Le chancelier Adenauer
Il en est des peuples comme des hommes. Ils ont de bonnes et de mauvaises qualités. L'Allemagne a connu un écroulement. Cet écroulement a engendré la détresse qui, à son tour, a donné naissance à certaines forces. De vastes milieux allemands ont reconnu le danger que constituait le national-socialisme, cette doctrine athée. C'est pourquoi nous avons créé mon parti, ce qui a été une performance particulièrement délicate en face d'une population composée pour moitié de protestants et pour moitié de catholiques. La suspicion régnait dans les deux camps. Elle a disparu grâce au bien-être matériel, mais il a été difficile de maintenir la base spirituelle. C'est là une des tâches qui devra marquer notre activité à l'avenir. Il a été possible d'éliminer totalement le national-socialisme et le peuple allemand ne comprend même plus comment il a pu se laisser entraîner dans cette aventure et cette folie de grandeur qui ont marqué cette époque aujourd'hui révolue. Notre parti, et j'en suis un peu responsable, a été créé pour lutter contre ce nationalisme, ce matérialisme et ces tendances athées. Je vous dis cela pour que vous compreniez la base spirituelle de notre politique. J'ai, de plus en plus, l'espoir que la jeune génération, celle qui a aujourd'hui entre vingt et trente ans, comprend cette évolution. J'avais craint qu'elle ne la comprît pas. Je suis maintenant rassuré.
La Deuxième Guerre mondiale a donné naissance à deux grandes puissances, l'URSS et les États-Unis, avec à l'arrière-plan l'épouvantail de la Chine communiste. L'URSS tient actuellement dans ses griffes, outre les pays balkaniques, la Tchécoslovaquie, la Pologne et une grande partie de l'Allemagne, mais il faut avouer que nous autres Européens avions fait une politique malheureuse. C'est pourquoi l'idée européenne a gagné rapidement du terrain en Allemagne, notamment auprès de la jeunesse, de même que l'idée d'une coopération et d'une amitié avec la France existe chez les jeunes. Les raisons en sont toutes nos traditions humaines et chrétiennes. Mais il existe chez nous le voisinage immédiat de l'URSS et en outre nous ne pouvons pas toujours compter sur les États-Unis.
Les Américains ont beaucoup et généreusement aidé l'Europe, mais ils sont trop rapides dans leurs bons comme dans leurs mauvais réflexes. C'est un peuple trop jeune et on ignore quelle sera l'attitude des États-Unis à longue échéance. Il y

a des élections présidentielles en 1960. Il est encore possible de prévoir le résultat de ces élections, mais il y aura d'autres élections en 1964 dont personne, à l'heure actuelle, ne peut imaginer l'issue. Par ailleurs, le traité de l'Atlantique peut être dénoncé en 1968 avec un préavis d'un an. Si ce traité n'est pas prolongé en 1964 ou 1965, et s'il fait partie de la campagne électorale américaine, je ne puis vraiment pas me prononcer sur les réactions du peuple américain. Dans ces circonstances, nous devons prévoir le cas le plus grave et rendre l'Europe indépendante des États-Unis.

L'URSS n'est plus un pays communiste. C'est une dictature asiatique. J'ai suivi de près les événements en Russie, notamment son évolution économique. Mais il ne m'a pas été possible d'en déduire les voies qu'emprunterait ce pays dans telle ou telle circonstance. L'économie russe est très inégale. Certains secteurs sont bien développés, comme par exemple, celui des armements. D'autres sont négligés. J'ai eu, à ce propos, une très longue conversation avec Mikoïan au début de l'année, à Bonn. Je lui ai dit que la vie économique en URSS était absolument désordonnée et je lui ai expliqué que cela était dû aux décisions capricieuses du gouvernement soviétique. Il m'a répondu qu'au cours des dernières années de sa vie, Staline n'acceptait plus le moindre changement. Une conversation normale avec lui était devenue impossible, mais Mikoïan était certain que tout ceci allait s'apaiser.

Si le peuple russe est très passif, il ne semble pas qu'à la longue le régime puisse imposer aux masses soviétiques le niveau de vie actuel. C'est pourquoi j'ai l'impression que Khrouchtchev est sincère dans les efforts qu'il poursuit en vue d'un désarmement. Il y a trois ans, j'ai passé une semaine en Russie. J'ai vu la politique que l'on y pratique, mais j'ai surtout compris que Khrouchtchev, à cette époque déjà, craignait la Chine communiste, « dont la population », m'a-t-il dit, « augmente de 12 millions par an et se nourrit d'une poignée de riz ». Khrouchtchev a poursuivi : « Ils nous sucent comme des sangsues. Aidez-nous, vous autres Allemands, à surmonter ces difficultés. Une simple carte de géographie montre que la Russie a 200 millions d'habitants, alors que la Chine en a 600 millions. Quel autre débouché que l'URSS peut-on offrir à cette masse ? » Je crois que les Russes veulent désarmer mais qu'ils craignent les États-Unis et surtout Foster Dulles. Lors de ma conversation avec Mikoïan, il a abordé le problème du désarmement. Moi, je lui ai parlé de la Chine communiste et lui ai demandé quelle était l'attitude de la Russie à l'égard de ce pays. Il m'a répondu : « Nos relations sont excellentes. Nous n'avons même pas de troupes de ce côté. Toutes nos forces sont à l'Ouest. » J'ai poussé plus loin : « Et dans dix ou vingt ans ? » lui ai-je demandé. Il n'a pas répondu. Je lui ai aussi parlé de Dulles. Il m'a dit que Dulles ne voulait pas désarmer mais qu'eux, Russes, étaient prêts à négocier, même avec lui.

Ce désarmement contrôlé, aussi bien pour les armes conventionnelles que pour les armes nucléaires, est une nécessité politique, sinon nous sommes tous perdus. Mon ambition est de parvenir à un tel désarmement contrôlé. Ce n'est certainement pas Eisenhower qui pourra le négocier. Le processus exigera beaucoup d'années pendant lesquelles l'humanité connaîtra beaucoup d'inquiétudes. De toute manière, nous ignorons de quoi le monde sera fait dans quarante ou cinquante ans. C'est un fait que les grandes puissances existent et c'est la raison pour laquelle l'Europe doit s'unir et pour laquelle aussi, en premier lieu, l'amitié et la coopération entre la France et l'Allemagne doivent être renforcées. Je me suis déjà fait le champion de cette idée dès 1925. Je suis convaincu de la nécessité absolue de cette union. Notre rôle, à nous Européens, est important dans la politique mondiale. Les liens économiques ont été les premiers à être créés, ce qui est normal, car après la guerre mondiale les bases politiques n'existaient pas. Il s'agit aujourd'hui de les trouver.

Je voudrais parler maintenant de l'Otan. L'Otan m'a rendu malheureux. Je ne suis d'ailleurs toujours pas satisfait. Cette institution a été négligée pendant de longues années par les États-Unis. L'ancien ambassadeur américain auprès de l'Otan est longtemps resté sans instructions. J'en ai parlé à Eisenhower, à Dulles et à certains membres du Congrès. J'ai noté quelques améliorations. Elles sont insuffisantes. Quant à la Grande-Bretagne, elle poursuit une politique impossible, notamment à Chypre et à l'égard de l'Islande. La Turquie a été négligée. Et c'est cela l'Otan ?

L'appareil de politique étrangère dont disposent les États-Unis est mauvais. Aucun fonctionnaire du département d'État ne peut accéder au rang d'ambassadeur. Cette charge s'achète en finançant les élections américaines. C'est pourquoi la carrière diplomatique est peu attrayante aux États-Unis. J'ai constaté que les meilleurs éléments du département d'État quittaient le service vers l'âge de 40 ans, et entraient dans les affaires. En outre, le département d'État est mal informé sur l'Orient. Nous, Européens, devons essayer de conseiller l'Amérique. Lorsque Dulles est récemment venu à Bonn, nous avons parlé du Moyen-Orient et il a émis des idées qui m'ont fait frissonner. Je l'ai calmé et il m'a promis d'agir dans le sens de ce que je lui avais dit.

La France et l'Allemagne doivent entrer dans l'ère du dialogue permanent. Il ne s'agit pas de se consulter sur les cas d'espèce. Je souhaite que nos deux pays entretiennent les contacts les plus étroits et permanents sur les problèmes internationaux. Nous éviterions ainsi que les petits États puissent s'offusquer, ce qui serait le cas s'il s'agissait de contacts occasionnels.

Je définirais volontiers la Grande-Bretagne selon un mot d'un Américain : « L'Angleterre est comme un homme riche qui a perdu toute sa fortune et qui ne le sait pas encore. » Mais c'est encore une grande puissance économique et son influence est considérable auprès des États-Unis.

Je voudrais dire maintenant un mot de la zone de libre-échange. Certains pensent que la Grande-Bretagne a voulu créer la zone de libre-échange pour anéantir le Marché commun. Moi, je crois que M. MacMillan est honnête et qu'il cherche, par ce moyen, à se rapprocher de l'Europe.

Je voudrais encore vous faire part de deux idées. La première, c'est que je suis certain que nous pourrons surmonter la situation dangereuse qui s'est créée dans le monde et que, pour cela, nous devons opposer aux forces du matérialisme, celles du christianisme.

La deuxième, c'est que la France doit devenir forte. La faiblesse de la France a constitué un grave danger. Je vous souhaite tout le succès possible et je vous souhaite surtout longue vie pour que vous puissiez veiller à la mise en œuvre et à l'exécution de la nouvelle Constitution.

Le général de Gaulle

Le peuple français a traversé une grave maladie. Il a été un très grand peuple. Il s'est surtout cru très grand. Il s'est cru la vedette du monde. Il est vrai qu'il l'a été bien souvent. Mais il ne s'est pas adapté à la situation réelle. Il ne se console pas de ne plus être cette vedette. C'est pourquoi nous avons le communisme et l'anarchie intellectuelle dans beaucoup de milieux. La France doit trouver un nouvel équilibre moral, fondé sur des réalités nouvelles, pour redevenir une nation cohérente. La situation est meilleure aujourd'hui qu'auparavant. Il existe maintenant, en France, une bonne volonté, une sincérité à l'égard de soi-même et des autres. Il est vrai que la situation actuelle en Europe, et surtout en Allemagne, offre au peuple français de nouvelles perspectives. La France s'est toujours sentie menacée. Elle ne l'est plus, sauf par le danger qui vient de l'Est. Ce nouvel état de choses peut susciter en France une évolution qui n'aurait pas été possible il y a vingt-cinq ans.

Le peuple français n'a pas d'illusions quant à la bienveillance ou la bonne volonté des autres, notamment pour ce qui concerne le bloc soviétique, bien qu'il n'ait pas renoncé à la Russie. Il n'a pas d'illusions non plus en ce qui concerne la bienveillance et l'habileté des États-Unis. Les Américains restent les Américains. Je ne parle pas de l'Angleterre qui constitue un problème secondaire et qui reste une île.

Il existe en Europe pour la France un partenaire possible, voire souhaitable, l'Allemagne, l'Allemagne nouvelle. C'est là un miracle historique, mais ce n'en est pas moins un fait. On a dit de moi, en Allemagne, lorsque j'étais aux Affaires, que je poursuivais une politique de grandeur, de puissance, de vengeance, contre l'Allemagne. Je peux vous fournir des preuves du contraire. J'ignorais, à la fin de la guerre, le chemin qu'allait emprunter cette Allemagne. Je devais, en 1944 et 1945, protéger mon peuple contre les réactions éventuelles de la colère allemande. Je voulais que l'Allemagne ne retrouve plus jamais ses moyens d'invasion, mais non point par hostilité, et vous vous souviendrez, à cet égard, que, déjà pendant la guerre, j'ai déclaré que l'Europe devait se faire et que ce n'était pas possible sans l'Allemagne.

Et maintenant, pour nos deux pays, il n'y a pas d'autre chemin que celui que nous devons prendre ensemble. C'est un chemin très difficile. Il y a chez vous quelque chose qui gêne cette marche en commun ; il en est de même chez nous. Pour vous, il y a votre séparation territoriale. La Russie tient une partie de votre territoire. On ignore par quel moyen vous pourrez obtenir la réunification de votre pays à laquelle nous sommes d'ailleurs favorables. Mais faut-il pour cela une guerre universelle ? Nous n'en sommes pas certains.

Ce qui nous gêne, pour nous, dans cette marche en commun, ce sont nos obligations, nos charges lointaines, en Afrique à Madagascar, au Pacifique, dans les îles américaines et même sur le continent américain. Le problème est plus difficile pour nous, car tous vos intérêts se trouvent en Europe. Il existe des forces centrifuges qui nous poussent, vous vers la Prusse, et nous vers l'Afrique. Mais nous savons que le danger véritable, c'est l'Asie. Raison de plus de faire revivre l'Europe face à l'Asie. Nous devons étendre la paix vers l'Est, vers la Pologne, par exemple, qui ne doit pas rester dans des mains asiatiques. Cela est vrai aussi pour la Tchécoslovaquie, pour la Hongrie, pour la Roumanie, et même – pourquoi pas ? – pour la Russie d'Europe. Nous devons coopérer sans être l'instrument de l'Amérique, et nous devons le faire dans un cadre plus large que celui qui nous unit seulement à l'Italie et aux pays du Benelux. Nous devons attirer à nous d'autres pays. Je souhaite établir avec l'Allemagne des contacts permanents. J'y suis disposé, pour l'avenir de l'Europe, donc pour le vôtre comme pour le nôtre. Il s'agit de faire toute l'Europe, ou bien il n'y aura pas d'Europe. [...]

Le chancelier Adenauer

Il n'est question pour personne de vouloir la réunification de l'Allemagne par la guerre. C'est exclu. Mais il y a le problème psychologique : il faut éviter que cette réunification ne fournisse à l'URSS un moyen d'agir sur l'opinion publique allemande, en se servant de la zone orientale comme d'une monnaie d'échange pour obtenir, en contrepartie, autre chose. La réunification, les problèmes polonais, hongrois, tchécoslovaque, roumain et peut-être bulgare, peuvent être réglés par une détente, grâce au désarmement contrôlé. Nous pourrions offrir à la Russie, en échange, une aide économique.

En ce qui concerne la Pologne, il y a de longues années déjà que j'ai déclaré que l'Allemagne réunifiée entretiendrait les meilleures relations avec ce pays. Il ne s'agit pas de faire une politique prussienne contre la Pologne.

Moi non plus, je ne veux pas que nous soyons un instrument des États-Unis. J'ai eu même des controverses avec M. Dulles sur la politique qu'il pratiquait à l'égard de l'URSS, mais, tant que le danger existe et qu'il n'y a pas de désarmement, nous devons rester unis avec les États-Unis. Ce serait une chose terrible que les États-Unis, eux, se dissocient de l'Europe. Cependant, il faudra toujours leur dire franchement ce que nous pensons de leur politique.

Le mur de Berlin

Télégramme de Serge Arnault de Guényveau, chef de la division politique du gouvernement militaire français de Berlin (GMFB), le 14 août 1961 (p. 301)

Haussaire Berlin

Reçu le 14 août 1961 à 18h30

1. La situation semble calme actuellement dans les deux parties de Berlin. La seule manifestation qui aurait pu prendre des proportions dangereuses est celle qui a eu lieu hier au soir à la porte de Brandebourg où quelques milliers d'Occidentaux s'étaient groupés jusqu'à minuit, face à la frontière sectorale. L'Est vient d'autre part d'annuler une manifestation qui aurait dû avoir lieu aujourd'hui en secteur occidental : celle des « marcheurs de la paix » (mon télégramme Bonn 1192-Paris 1105). Il a interdit en effet à ces trente-huit personnes de pénétrer à Berlin-Ouest.

2. Treize points de passage restent ouverts. Quant aux autres, on signale ici et là que d'épais murs de maçonnerie commencent à être construits, que des fossés sont creusés. Les lignes S-Bahn reliant Berlin-Ouest à la zone (telle que celle de Potsdam ou d'Oranienburg) sont interrompues à la frontière zonale, les rails étant enlevés sur une certaine longueur. Les lignes S- et U-Bahn reliant Berlin-Ouest à Berlin-Est restent ouvertes, mais les trains aboutissant en secteur oriental à deux points de contrôle systématiques : la Friedrichbahnhof pour le S-Bahn et la gare Stadtmitte pour les U-Bahn. De nombreuses gares en secteur oriental sont fermées.

3. Au total 3700 réfugiés se sont présentés à Marienfelde entre samedi 12 heures et dimanche 14 heures. Brandt a précisé hier soir qu'encore 800 s'étaient présentés au centre d'accueil dans la journée entre 10 heures du matin et 6 heures du soir.

Mais notre service de la sûreté précise qu'une cinquantaine de personnes seulement, parmi celles qui se sont fait enregistrer, avaient passé après la fermeture des frontières. Ce chiffre doit probablement être multiplié par deux ou trois, pour tenir compte des gens qui sont allés directement chez des amis ou parents à Berlin-Ouest.

4. On n'a pas signalé de refoulement de Berlinois de l'Ouest à la frontière sectorale, et la circulation des alliés s'effectue sans difficultés.

5. À la séance de la chambre des députés M. Brandt a fait applaudir chaleureusement la présence des commandants. Il a lancé un appel aux habitants de la zone soviétique leur demandant de ne pas se laisser aller au désespoir et les assurant que « nous ne nous accommoderons jamais de cette division contre nature ». Il a réclamé des habitants de la République fédérale qu'ils refusent de participer à des manifestations du régime de Pankow, et qu'ils fassent preuve de la plus grande solidarité avec Berlin et la population de la zone soviétique. Il a évoqué d'une façon générale les mesures que l'Occident pourrait prendre. Nous ne nous contenterons pas de protestation, pour dire que toute décision dans ce domaine n'était pas du ressort berlinois.

6. Le seul quotidien occidental qui paraisse le lundi, la feuille à grand tirage *B.Z.*, publie un éditorial portant comme titre « Faites enfin quelque chose – il est grand temps ». Il réclame une manifestation de masse, déclare qu'il n'y a plus de raison de respecter les accords que Pankow foule au pied, que l'on devrait expulser les fonctionnaires SED [Sozialistische Einheitpartei Deutschlands] et les agents communistes de Berlin-Ouest et prendre en main l'administration du S-Bahn dans les secteurs occidentaux afin de ne plus payer en marks ouest ces « gens-là ».

INDEX DES NOMS PROPRES

mentionnés dans les textes et les légendes

(en gras, les pages des documents d'archives dont les noms propres correspondants sont les auteurs)

COTES DES DOCUMENTS REPRODUITS EN FAC-SIMILÉ ISSUS DES ARCHIVES DU MINISTÈRE DES AFFAIRES ÉTRANGÈRES

I. DE L'ANCIEN AU NOUVEAU MONDE (1500-1580)

Le cartulaire de Christophe Colomb
MAE, MD Gênes, vol. 37, f°s 2r^{o}, 3r^{o}, 4r^{o}, 53v^{o} et 54r^{o}-v^{o}

François Ier et Charles Quint après la bataille de Pavie
MAE, Acq. Extr. 51-195, f° 84r^{o}

Soliman le Magnifique
MAE, MD Turquie, vol. 28, f°s 121r^{o}-v^{o}

Henri d'Anjou, roi de Pologne à contre coeur
MAE, Traités, Pologne

II. LA FRANCE RAYONNE DANS LE MONDE (1600-1715)

Les lettres d'amour d'Henri IV à Marie de Médicis
MAE, MD France, vol. 394, f°s 20r^{o}-v^{o}, 21r^{o} et 64

Les limites de la France
MAE, Fonds des limites, vol. 38, f° 143 et 234r^{o}

Louis XIII et Richelieu
MAE, MD France, vol. 244, f°s 5r^{o}, 6r^{o} et 35r^{o}

Le testament politique de Richelieu
MAE, MD France, vol. 82, f° 6r^{o}

Le nouvel atlas du monde
MAE, Bibliothèque, 3F17, vol. 1

Un « théâtre des guerres » pour Richelieu
MAE, Bibliothèque

La paix des Pyrénées et le mariage de Louis XIV
MAE, CP Espagne vol. 37, f°s 379-380
MAE, Traités bilatéraux, Espagne
MAE, Fonds iconographique

Louis XIV et le roi de Siam
MAE, MD Asie, vol. 2, f°s 78 et 80

Sur les routes du Roi-Soleil
MAE, MD France, vol. 991, f° 171

Vauban, le « vagabond du roi »
MAE, MD France 1515, f°s 72-73

Des esclaves chrétiens aux mains des barbaresques
MAE, MD Afrique, vol. 2, f° 39
MAE, CP Maroc, vol. 1, f° 157

La traite des Noirs
MAE, MD Afrique, vol. 12, f° 126

À la découverte de mondes inconus
MAE, Bibliothèque, 30F2 (p. 86-87)
MAE, Bibliothèque, 31A30 (p. 88)
MAE, Bibliothèque, 32F14 (p. 89, h, g)
MAE, Bibliothèque, 48B14 (p. 89, h, d)
MAE, Bibliothèque, 20G135 (89, b)
MAE, Bibliothèque, 32F14 (p. 90-91)
MAE, MD Afrique, vol. 3

La mort de Louis XIV
MAE, MD France, vol. 125, f°s 264v^{o} et 265v^{o}

III. LES SECRETS DU MONDE (1715-1789)

La minorité de Louis XV
MAE, MD France, vol. 1255, f° 67

Marie Leszczynska, l'élue de Louis XV
MAE, MD France, vol. 1258, f°s 1r^{o} et 77r^{o}

Un voyage en Moscovie
MAE, MD Russie, vol. 8, f°s 5, 37-38, 42-43, 45, 51, 56, 65 et 67-68

Les jésuites et l'empereur de Chine
MAE, MD Asie, vol. 3, f° 252 r°

Voltaire, agent secret à La Haye
MAE, PA-AP 170, Lemaire vol. 1, f°s 24-25
MAE, CP Hollande, vol. 447, f° 249

La fin du rêve français aux Indes
MAE, MD Asie, vol. 15, f° 120

Bougainville à Montevideo
MAE, MD Amérique, vol. 10, f° 379r^{o}

Les Échelles du Levant
MAE, CADN, Constantinople, série A, Fonds Saint-Priest, série marine, vol. 79, f° 135 (p. 118)
MAE, CADN, Constantinople, ambassade, série D, Smyrne, 10

Sur les routes d'Europe
MAE, Bibliothèque, 68 Fz 1

Frontières, douanes et passeports
MAE, CADN, Passeports
MAE, Passeports, Pays-Bas et Saxe, carton 4

Le « secret du roi »
MAE, MD France, 539*bis*, f°s 175-176

De l'argent pour l'Amérique
MAE, CP Angleterre, vol. 511, f°s 450r^{o}

Beaumarchais contre d'Éon
MAE, CP Angleterre, vol. 516, f°s 211v^{o} et 212r^{o}

La Fayette sur le champ de bataille de York Town
MAE, CP États-Unis, Suppl. 14, f° 261r^{o}

Mirabeau, agent secret à la cour du roi de Prusse
MAE, MD France, vol. 1884, f°s 6 et 29

IV. UN MONDE QUI CHANGE (1789-1815)

Le double jeu de Louis XVI
MAE, MD France, vol. 518, f° 55

Surcouf et les corsaires de la République
MAE, CADN Gênes, Consulat, n° 277
MAE, CADN Cadix, Consulat série B, carton 68 dos. 1341, Prise La Nancy

Bonaparte en Italie
MAE, MD France, vol. 1769, f° 13

La bataille des Pyramides
MAE, MD Égypte, vol. 21, f°s 64, 68 et 348

Bonaparte et le Concordat
MAE, MD France, vol. 1770, f° 25

Le vrai-faux départ du général Bernadotte aux États-Unis
MAE, MD France, vol. 1770, f° 62

Napoléon, Talleyrand, une diplomatie au son du canon
MAE, Acq. Extr. 1995, 55-206

Des espions contre Napoléon
MAE, MD France, vol. 640, f° 247

La bataille d'Austerlitz
MAE, MD Russie, vol. 20 (dessins)
MAE, MD Russie, vol. 22, f°s 44, 219 et 225-227 (textes, plans)

La retraite de Russie
MAE, CP Russie, vol. 154, f°s 612r° et 613r°

Le congrès de Vienne
MAE, Fonds iconographique, Estampes Eb 9
MAE, Traités multilatéraux

V. LE PARTAGE DU MONDE (1830-1914)

Louis-Philippe et la révolution de 1830
MAE, MD France, vol. 724, f° 216r°

Stendhal: un consul diplomatiquement incorrect
MAE, MD Rome, vol. 129, 1814-1842, f°s 1 et 14

Des consuls-archéologues sur les traces des Assyriens
MAE, CCC Mossoul, vol. 1, f°s 57r° et 238

Napoléon III et l'Italie
MAE, Album Charles Robert

Abd el-Kader, le « harki » de Napoléon III
MAE, Acq. Extr. 51-176, f° 13

L'épopée du canal de Suez
MAE, MD Égypte, vol. 13, f° 245 (plan)
MAE, MD Égypte, vol. 14, f° 205 (carte)

La guerre de 1870
MAE, Corr. pol., Prusse, vol. 379, f°s 224r°-v°, 246r° et 272r°

La colonisation: une invitation à l'aventure
MAE, Fonds iconographique
MAE, Division géographique

De l'empire d'Annam à la Cochinchine
MAE, Fonds iconographique, photos Émile Gzell

Auguste Pavie en mission au Laos
MAE, ADP Indochine, carton 10 (sceau)
MAE, PA-AP Auguste Pavie, vol. 6, p. 41-42
MAE, PA-AP Auguste Pavie, vol. 40, Mission Rivière II (5 janvier-12 mars 1891)
MAE, Fonds iconographique, Mission Pavie

Des missionnaires en Chine
MAE, CP des consuls, Chine/Shanghai, vol. 1, f°s 206 et 221
MAE, CADN, Pékin ambassade, série A, n° 32

La Chine en révolte contre l'Occident
MAE, CADN Shanghai, Consulat général, série carton n° 63
MAE, NS Chine, vol. 106, f°s 64 et suiv. (plan et lettre)

Auguste François
MAE, PA-AP Jean-Baptiste Beau, vol. 36, f°s 37-38 et 68 à 73

La difficile conquête de l'Afrique noire
MAE, Fonds iconographique, coll. Bayol, Marchand et Gouraud
MAE, Traités bilatéraux, Afrique

Madagascar au temps du « protectorat fantôme »
MAE, Fonds iconographique, coll. Le Myre de Vilers

L'alliance franco-russe
MAE, Nouvelle série, Russie, vol. 30, f°s 52-53
MAE, Fonds iconographique
MAE, Menus

Lyautey au Maroc
MAE, Acq. Extr., vol. 68-270, f°s 9-11
MAE, Fonds iconographique

Cuisine diplomatique
MAE, Menus, coll. Roger Braun
MAE, PA-AP 335, vol. 28, f° 126
MAE, Fonds iconographique

Au cœur du protocole: la lettre de créance
MAE, Protocole, série A, c. 72, 75 et 342
MAE, CP Maroc, vol. 1, f° 203

VI. UN MONDE DÉCHIRÉ (1914-1961)

L'attentat de Sarajevo
MAE, TD Vienne, 17*bis* (16 avril-12 juillet 1914), f° 19
MAE, NS Autriche-Hongrie, vol. 31, f°s 176-178

Une guerre mondiale
MAE, CADN, Fonds Tientsin, carton 93

Les États-Unis déclarent la guerre à l'Allemagne
MAE, Guerre 1914-1918, dossier 507, f° 77r°, Tél. 685 du 24 mai 1917

Lawrence d'Arabie vu par les Français
MAE, Guerre 1914-1918, TD n° 152 du 9 mai 1917 (Brémond)
MAE, TD du 15 septembre 1918
MAE, TD Série E. Levant, Syrie, Liban, f° 213
MAE, Fonds iconographique

La révolution russe
MAE, CADN, Saint-Pétersbourg, TD de Maurice Paléologue, entre le 11 mars et le 24 mars 1917

Versailles 1919
MAE, Traités multilatéraux

Hitler prend le pouvoir
MAE, TD, Berlin-arrivée n° 115 du 3 janvier 1933

La guerre civile espagnole
MAE, Papiers 1940, reconstitution Fouques-du-Parc, vol. 18, f° 178

La « nuit de cristal »
MAE, CADN, Londres série C, vol. 69, 15 novembre 1938

Un face-à-face avec Hitler
MAE, TD, Berlin-arrivée, TD 2365 à 2373 du 25 août 1939, f° 187

L'armistice, juin 1940
MAE, Papiers 1940, Papiers Baudoin, vol. 1, f° 13
MAE, Guerre 1939-1945, Vichy, Europe, vol. 20, f°s 19- 22
MAE, Traités bilatéraux, Allemagne

Paul Morand à Londres en 1940
MAE, Papiers 1940, Papiers Baudoin, vol. 12, f°s 1 (Corbin) et 59-63 (P. Morand)

Vichy et la question juive
MAE, Guerre 1939-1945, Vichy, Europe, vol. 685, f° 38

Un pacte entre de Gaulle et Staline
MAE, PA-AP Maurice Dejean, vol. 288, décembre 1944, f°s 180-181

La capitulation allemande
MAE, Série Y Internationale, 1944-1949

Sur les traces des œuvres volées
MAE, ARD, RA carton 317r°

La guerre d'Indochine
MAE, TD, Washington-arrivée n° 6660 du 21 septembre 1951 f° 106

De Gaulle et Adenauer à Colombey
MAE, SG, Entretiens et messages 1944-1966, f°s 265-266

Le mur de Berlin
MAE, Europe, RFA, 1961-1970, vol. 449 f° 114

Crédits photographiques

AKG, Paris : 18, 21, 34, 54, 60, 68, 78, 84m, 95h, 96-97, 116m, 122, 130, 166-167, 190m, 194, 246h, 247, 267b, 273h, 274, 275h, 277, 278-279, 280 (photo Hoffmann), 281m, 283m/b, 285, 288, 300, 301, 302-303. Agence Novosti : 291h. Archives nationales : 221h, 221b. Artephot, Paris : 272h/b, 273b, © Succession Picasso, Paris 2001 ; 33, 36 (Ali Meyer) ; 26 (Oronoz), 240-241 © Succession Picasso, Paris 2001 ; 167h (Silvio Fiore). BDIC : 266, 281b. Bibliothèque municipale de la ville de Grenoble : 178. Bibliothèque nationale de France (ph. BNF) : 37, 48, 72b, 74h, 76-77, 91, 120, 140, 169. BPK, Berlin : 275b. Bridgemann : 30b, 252. Cabinet d'assyriologie du Collège de France : 182h, 183. J.-L. Charmet : 128, 131. Collection particulière : 204h/b, 205m, 206b, 259, 263. Collection particulière Henri Zuber : 201. Corbis Sygma : 196b, 197h, 245, 264, 265, 271, 286, 302h (P. Habans), 303h (R. Bossu), 303m (D. Aubert) ; Bettmann/Corbis Sygma : 276, 292, 293, 299b. DICOD/ECPA, France : 297. Dagli Orti : 7, 30h, 115, 121. Étude Tajan : 295b. Fondation Auguste François : 175, 214-215, 216. Giraudon : 126 ; Lauros Giraudon : 104, 141, 168. Keystone : 250, 298 ; Keystone/L'Illustration : 244, 246b, 251, 264-265. Magnum/Robert Capa : 270. Musée de l'Armée : 195. Musée de la Marine : 119. Photothèque des Musées de la Ville de Paris : 134. Photothèque du CDJC : 289b. Photo Josse : 142. RMN : 5, 16, 17, 19, 22-23, 38, 40, 44-45, 49, 51, 56, 58, 64, 70, 72m, 74m, 80, 82, 84b, 94b, 100, 101, 105, 110, 112, 114, 127, 132, 136-137, 144, 145, 146, 148, 150-151, 153, 154, 157, 176, 177, 179, 180, 181, 190-191, 217. Roger Viollet : 193h/b, 267h, 268h/b, 269h, 296. Scala : 41. Service historique de l'Armée de terre : 81b. Service historique de la Marine : 116b.

Délégation française à la conférence de La Haye, 1909.
Photographie de Zimmermans.
MAE, fond iconographique.

Cet ouvrage
a été imprimé
en août 2001
sur les presses
de l'imprimerie Artegrafica
à Vérone (Italie),
sur un papier
Satimat naturel, 170 gr.
des papeteries Antalys

Dépôt légal août 2001.